FACHBUCHREIHE
für wirtschaftliche Bildung

Demokratie gestalten

Sozialkunde und Wirtschaftslehre

Lernbausteine 1, 2, 3

10. Auflage

Graupner
Sauer-Beus

VERLAG EUROPA-LEHRMITTEL
Nourney, Vollmer GmbH & Co. KG
Düsselberger Straße 23
42781 Haan-Gruiten

Europa-Nr.: 82316

EUROPA LEHRMITTEL

Autoren
Graupner, Peter StD
Sauer-Beus, Michael OStR

Mitarbeiter vorheriger Auflagen
Rieck, Hans-Werner OStD, Dipl.-Hdl.
Söndgen, Peter OStR
Willemsen, Joachim StD, Dipl.-Hdl.

10. Auflage 2019

Druck 5 4 3 2 1

Alle Drucke derselben Auflage sind parallel einsetzbar, da sie bis auf die Behebung von Druckfehlern untereinander unverändert sind.

ISBN 978-3-8085-8359-3

http://www.europa-lehrmittel.de

Gestaltung, Umschlag und Satz: Punkt für Punkt GmbH · Mediendesign, 40545 Düsseldorf
Umschlagfoto: © Claudio Divizia – Shutterstock.com
Druck: RCOM Print GmbH, 97222 Würzburg-Rimpar

Vorwort

Sozialkunde und Wirtschaftslehre ist ein handlungsorientiertes und kompetenzvermittelndes Lehrbuch für **Berufsschulen** der gewerblich-technischen Ausbildungsberufe.

Es richtet sich u. a. an

- Anlagenmechaniker/-innen für Sanitär-, Heizung-, Klimatechnik
- Bauzeichner/-innen
- Elektroniker/-innen
- Fahrzeuglackierer/-innen
- Friseur/-innen
- Industriemechaniker/-innen
- Koch/Köchinnen
- Konstruktionsmechaniker/-innen
- Kraftfahrzeugmechatroniker/-innen
- Maler/-innen
- Maurer/-innen
- Metallbauer/-innen
- Tischler/-innen
- Zimmerer/-innen

sowie an Schüler/-innen und Lehrer/-innen in der **Berufsfachschule II** und der **Höheren Berufsfachschule.**

Grundlage ist der nach Lernbausteinen organisierte neue Lehrplan des Landes Rheinland-Pfalz für das Fach Sozialkunde/Wirtschaftslehre. Durch diese systematische Didaktik ist das Buch **für Bundesländer** einsetzbar, in denen das Fach Sozialkunde/Wirtschaftslehre unterrichtet wird.

Berücksichtigt werden die „Elemente für den Unterricht der Berufsschule im Bereich Wirtschafts- und Sozialkunde". Die Elemente sind auf entsprechende Ausbildungsinhalte und **Prüfungsanforderungen gewerblich-technischer Ausbildungsordnungen** für anerkannte Ausbildungsberufe gemäß Berufsbildungsgesetz/Handwerksordnung bezogen.

In jedem Lernbereich findet der/die Leser/in eine **Lernsituation** aus dem täglichen Leben oder aus dem Beruf, die dann in den jeweiligen sozialen und wirtschaftlichen Zusammenhang gebracht wird und so für die Handlungsorientierung und Kompetenzvermittlung sorgt. Die vorliegende 10. Auflage berücksichtigt Wünsche und Anregungen von Kolleginnen und Kollegen sowie Änderungen wirtschaftlicher Daten und gesetzlicher Rahmenbedingungen bis zum 01.03.2019.

Hinweise zur Benutzung dieses Buches

Titelseiten zu Beginn der Lernbausteine zeigen im Überblick die behandelten Inhalte an und geben durch eine Abbildung die Möglichkeit mit einer Diskussion in das Thema einzusteigen.

Die **LERN-BOX** enthält wichtiges Wissen in Kurzform, das vorher in dem Lernbereich ausführlich behandelt wurde.

Im **WISSENS-CHECK** werden zu den Lernbereichen Fragen und Aufgaben gestellt, die auf der Grundlage der vorher bearbeitenden Inhalte beantwortet werden können. Der momentane Wissensstand kann hier selbstständig überprüft werden.

Im **Pressespiegel** dargestellte Pressetexte dienen als Grundlage für ausführliche Diskussionen.

Im **Exkurs** werden wichtige Themen sehr ausführlich kommentiert und/oder erläutert. Er bietet die Möglichkeit, Detailwissen zu fördern und weiter aufzubauen.

Einen **kostenlosen Online-Support** für Lehrer/-innen mit **Arbeitsblättern** und **Folien** einschließlich **Lösungen** zum Download finden Sie unter: www.europa-lehrmittel.de/sozialkunde-und-wirtschaftslehre-in-lernbausteinen. Nutzen Sie auch www.sowibrd.eu

Ihr **Feedback** nehmen wir unter lektorat@europa-lehrmittel.de gerne auf.

Linz am Rhein, 2019 Autoren und Verlag

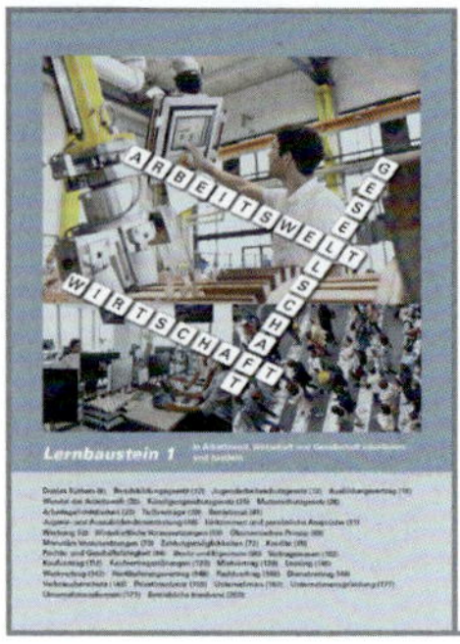

Lernbaustein 1

In Arbeitswelt, Wirtschaft und Gesellschaft orientieren und handeln

Lernbaustein 2

Am politischen und sozialen System der Bundesrepublik Deutschland aktiv teilhaben

Lernbaustein 3

In Europa und der globalisierten Welt orientieren

Lernbaustein 1

In Arbeitswelt, Wirtschaft und Gesellschaft orientieren und handeln

Duales System

Volker (15) hat vergangenes Schuljahr die Berufsreife (Abschluss nach Klasse 9) erfolgreich abgelegt. Seit etwa einem Jahr überlegt er, welchen Beruf er erlernen soll.

So wie Volker geht es fast allen Jugendlichen, die nach der Realschuleplus vor der Berufswahl stehen.

Viele Motive und Einflüsse wirken auf die Berufswahlentscheidung.

Voraussetzung für eine spätere Erwerbsarbeit ist eine qualifizierte Berufsausbildung

Bevor die Entscheidung zur Berufswahl vorgenommen werden kann, sind sämtliche Einflussfaktoren zu berücksichtigen. Es findet ein vielfältiger und wechselhafter Abwägeprozess statt, an dessen Ende sich der gewünschte bzw. der am Ausbildungsmarkt mögliche Ausbildungsberuf herauskristallisiert.

Volker hat sich entschieden. Nach einem mehrwöchigen Praktikum in einer Tischlerei ist ihm die Entscheidung leicht gefallen. Er möchte den Beruf des Tischlers erlernen.

Da Ausbildungsstellen knapp sind, muss sich Volker bei mehreren Tischlereibetrieben in der Umgebung bewerben. Gemeinsam mit seinen Eltern beschließt er, nicht wie üblich mit einer schriftlichen Bewerbungsmappe auf sich aufmerksam zu machen, sondern die in Frage kommenden Betriebe persönlich zu besuchen und sich gleich vorzustellen.

Nach mehreren erfolglosen Vorstellungsgesprächen hat Volker doch noch Glück. Er kann in einer 20 Kilometer von seinem Heimatort entfernten Tischlerei die Ausbildung zum 1. August beginnen.

Die Berufsausbildung erfolgt für Volker in **Partnerschaft zwischen Betrieb und Berufsschule** (Duales System). Das heißt, die Berufsschule führt als gleichberechtigte Partnerin der betrieblichen Berufsausbildung zu berufsqualifizierenden Abschlüssen.

Die Berufsschule

- **vermittelt die für den Beruf erforderlichen Kenntnisse und Fertigkeiten**
- **fördert die Allgemeinbildung**
- **verleiht unter bestimmten Voraussetzungen im Zusammenhang mit der Ausbildungsabschlussprüfung und dem Hauptschulabschluss einen dem qualifizierten Sekundarabschluss I gleichwertigen Bildungsstand für die Aufnahme in weiterführende Schulen.**

Sie wird von Jugendlichen besucht, die eine berufliche Erstausbildung durchlaufen, in einem Arbeits- oder Dienstverhältnis stehen sowie von Jugendlichen ohne Beschäftigung.

Berufsschule
+ Betrieb
= Duales System

Für alle Jugendlichen besteht eine gesetzliche Schulpflicht von 12 Jahren.

Auch Volker wird während seiner Ausbildungszeit die Berufsschule an ein bis zwei Wochentagen besuchen.

Der Ausbildungsbetrieb

- **vermittelt fachpraktische Fertigkeiten und Kenntnisse**
- **ermöglicht den Erwerb der erforderlichen Berufserfahrung**

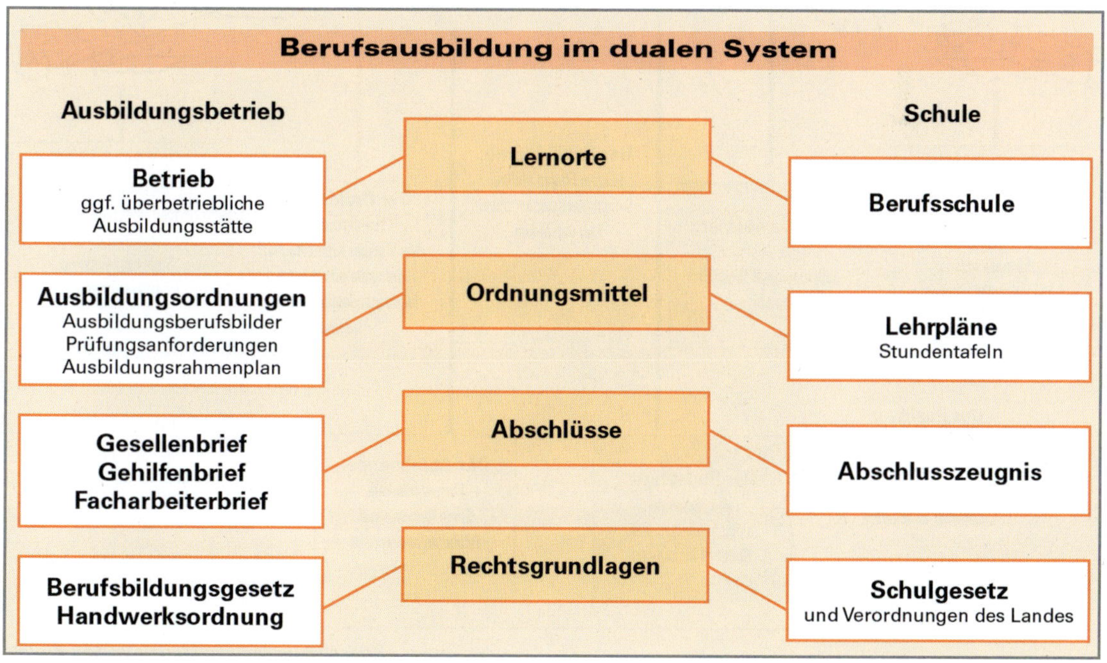

Quelle: Die Berufsbildende Schule in Rheinland-Pfalz

Schülerinnen und Schüler Vertretungen

> **„Bei der Verwirklichung des Bildungs- und Erziehungsauftrages der Schule wirken die Schülerinnen und Schüler durch ihre Vertretungen eigenverantwortlich mit."**
>
> *Schulgesetz § 31 (1)*

Das Schulgesetz schreibt eine umfassende Beteiligung der Schülerinnen und Schüler am Schulleben vor. Sie sollen an der Erziehungs- und Unterrichtsarbeit mitwirken. Um dabei Schule erfolgreich mitzugestalten, bündeln sie ihre Interessen in der Schülervertretung.

Die Schülervertretung stellt sich somit als Sprachrohr für die gesamte Schülerschaft dar, ist aber auch unter Umständen Anwalt eines einzelnen Schülers. Sie wird aufgefordert, bei der Gestaltung des Unterrichtes mitzuwirken.

Tipps für den SV-Konferenzteilnehmer

Gerade neuere, auf Selbsttätigkeit der Schüler zielende Unterrichtsformen räumen den Schülern viele Möglichkeiten ein, sich an der Vorbereitung, der Durchführung und der Nachbereitung des Unterrichtes zu beteiligen.

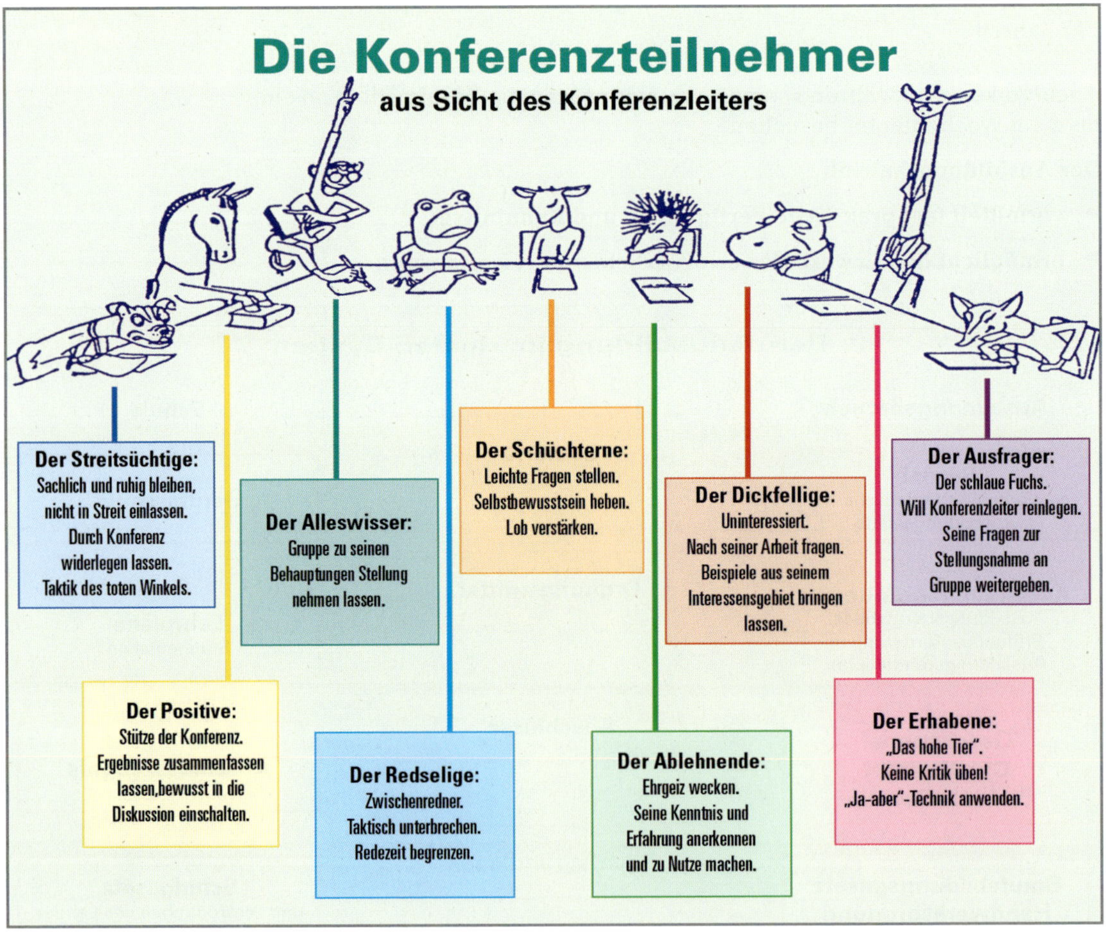

Kritisches Lesebuch; Merkur-Verlag, Rinteln

Für die Mitwirkung der Schülervertretungen gilt, was der deutsche Bildungsrat zu Schüler-Vollversammlungen feststellte:

„Schüler lernen, miteinander zu diskutieren, einer Minderheit oder Mehrheit anzugehören, Argumente und Gegenargumente oder auch Scheinargumente abzuwägen; selbst Versuche der Manipulation und Demagogie sind als Erfahrungen zu begreifen, die für den politischen Bildungsprozess von erheblicher Bedeutung sind.“

Das Leben und die Entwicklung einer Schule hängt entscheidend von dem Engagement und der Identifikation der Schülerinnen und Schüler mit **„ihrer“** Schule ab.

Eine solche aktive Identifikation kann sich entwickeln, wenn man andere und ihre Meinung respektiert und bereit ist, voneinander zu lernen.

Verhalten in Konfliktsituationen

Was erschwert ⊖, was erleichtert ⊕ die Lösung eines Konfliktes?

⊖ Die Schuld nur bei anderen suchen.	⊕ Fehler auch bei sich selbst suchen.
⊖ Negative Einstellungen der anderen Seite sammeln.	⊕ Positive Ansätze der anderen Seite nutzen.
⊖ Sich um nichts kümmern, aber stets meckern.	⊕ Hilfe anbieten.
⊖ Bei Konflikten den Beleidigten spielen.	⊕ Konflikte nicht als Angriff auf die eigene Person sehen.
⊖ Drohungen aussprechen, den anderen einschüchtern.	⊕ Sachlich verhandeln und kompromissbereit sein.
⊖ Heimliches Agieren hinter den Kulissen.	⊕ Offen die Probleme diskutieren.
⊖ Sich nur auf eine Seite stellen.	⊕ Alle Seiten hören und objektiv bewerten.
⊖ Den Konflikt alleine lösen.	⊕ Hilfe von anderen annehmen, mit ihnen zusammenarbeiten.
⊖ Ausweitung des Konfliktes durch Einbeziehung neuer Gruppen.	⊕ Konflikte möglichst nicht in die Öffentlichkeit tragen.
⊖ Auf der eigenen Einstellung beharren.	⊕ Selbst Lösungsmöglichkeiten anbieten und bereit sein zur Änderung des eigenen Verhaltens.

Quelle: SV-Handbuch, MBWW Rheinland-Pfalz

Berufsbildungsgesetz

Das Berufsbildungsgesetz gilt für die Berufsbildung, soweit sie nicht in berufsbildenden Schulen durchgeführt wird, die den Schulgesetzen der Länder unterstehen.

Berufsbildungsgesetz § 3 (1)

Das BBiG regelt die Berufsausbildung

Das Berufsbildungsgesetz regelt die Berufsausbildung, die berufliche Fortbildung und die berufliche Umschulung (§ 1 BBiG)[1].

Die Berufsausbildung hat die für die Ausübung einer qualifizierten beruflichen Tätigkeit in einer sich wandelnden Arbeitswelt notwendigen beruflichen Fertigkeiten, Kenntnisse und Fähigkeiten (berufliche Handlungsfähigkeiten) in einem geordneten Ausbildungsgang zu vermitteln. Sie hat ferner den Erwerb der erforderlichen Berufserfahrungen zu ermöglichen (BBiG § 1 (3)).

Berufliche Fortbildung soll es ermöglichen, die berufliche Handlungsfähigkeit zu erhalten und anzupassen oder zu erweitern und beruflich aufzusteigen (BBiG § 1 (4)).

Die berufliche Umschulung soll zu einer anderen beruflichen Tätigkeit befähigen (BBiG § 1 (5)).

Jugendarbeitsschutzgesetz

Das Jugendarbeitsschutzgesetz regelt den besonderen Arbeitsschutz für Jugendliche während eines Arbeits- beziehungsweise eines Ausbildungsverhältnisses.

Geltungsbereich des Jugendarbeitsschutzgesetzes

Nach den §§ 1 und 2 hat das Gesetz für alle Jugendlichen bis zum 18. Lebensjahr Gültigkeit, die als Auszubildende, Anlernlinge, Angestellte, Arbeiter, Praktikanten oder Volontäre beschäftigt werden.

Achtung: Auszubildende, die **über 18 Jahre** alt sind, müssen nach der Berufsschule nachmittags im Betrieb arbeiten.

Ausgewählte Paragrafen des Jugendarbeitsschutzgesetzes

§ 8 Dauer der Arbeitszeit

(1) **Jugendliche dürfen nicht mehr als acht Stunden täglich und nicht mehr als 40 Stunden wöchentlich beschäftigt werden.**

(2) Wenn in Verbindung mit Feiertagen an Werktagen nicht gearbeitet wird, damit die Beschäftigten eine längere, zusammenhängende Freizeit haben, so darf die ausfallende Arbeitszeit auf die Werktage von fünf zusammenhängenden, die Ausfalltage anschließenden Wochen nur dergestalt verteilt werden, dass die Wochenarbeitszeit im Durchschnitt dieser fünf Wochen 40 Stunden nicht überschreitet. Die tägliche Arbeitszeit darf hierbei achteinhalb Stunden nicht überschreiten.

(2a) Wenn an einzelnen Werktagen die Arbeitszeit auf weniger als acht Stunden verkürzt wird, können Jugendliche an den übrigen Werktagen der selben Woche achteinhalb Stunden beschäftigt werden.

1 BBiG = Berufsbildungsgesetz vom 23.03.2005

(3) In der Landwirtschaft dürfen Jugendliche über 16 Jahre während der Erntezeit nicht mehr als neun Stunden täglich und nicht mehr als 85 Stunden in der Doppelwoche beschäftigt werden.

§ 9
Berufsschule

(1) **Der Arbeitgeber hat den Jugendlichen für die Teilnahme am Berufsschulunterricht freizustellen.** Er darf den Jugendlichen nicht beschäftigen

1. vor einem vor 9 Uhr beginnenden Unterricht,
2. an einem Berufsschultag mit **mehr als fünf Unterrichtsstunden** von mindestens je 45 Minuten, einmal in der Woche,
3. in Berufsschulwochen mit einem planmäßigen **Blockunterricht von mindestens 25 Stunden an mindestens fünf Tagen;** zusätzliche betriebliche Ausbildungsveranstaltungen bis zu zwei Stunden wöchentlich sind zulässig.

(2) Auf die Arbeitszeit werden angerechnet

1. Berufsschultage nach Absatz 1 Nr. 2 mit acht Stunden,
2. Berufsschulwochen nach Absatz 1 Nr. 3 mit 40 Stunden,
3. im übrigen die Unterrichtszeit einschließlich der Pausen.

(3) **Ein Entgeltausfall darf durch den Besuch der Berufsschule nicht eintreten.**

§ 10
Prüfungen und Ausbildungsmaßnahmen

(1) **Der Arbeitgeber hat den Jugendlichen**

1. für die Teilnahme an Prüfungen und Ausbildungsmaßnahmen, die auf Grund öffentlich-rechtlicher oder vertraglicher Bestimmungen außerhalb der Ausbildungsstätte durchzuführen sind,
2. an dem Arbeitstag, der der **schriftlichen Abschlussprüfung** unmittelbar vorangeht, freizustellen.

(2) Auf die Arbeitszeit werden angerechnet

1. die Freistellung nach Absatz 1 Nr. 1 mit der Zeit der Teilnahme einschließlich der Pausen,
2. die Freistellung nach Absatz 1 Nr. 2 mit acht Stunden.

Ein Entgeltausfall darf nicht eintreten.

§ 13
Freizeit

Nach Beendigung der täglichen Arbeitszeit dürfen Jugendliche nicht vor Ablauf einer ununterbrochenen Freizeit von **mindestens 12 Stunden** beschäftigt werden.

(1) Jugendliche dürfen nur in der Zeit von **6 bis 20 Uhr** beschäftigt werden.

(2) Jugendliche über 16 Jahre dürfen

1. im Gaststätten- und Schaustellergewerbe bis 22 Uhr,
2. in mehrschichtigen Betrieben bis 23 Uhr,
3. in der Landwirtschaft ab 5 Uhr oder bis 21 Uhr,
4. in Bäckereien und Konditoreien ab 5 Uhr beschäftigt werden.

(3) Jugendliche über 17 Jahre dürfen in Bäckereien ab 4 Uhr beschäftigt werden.

(4) An dem einem Berufsschultag unmittelbar vorangehenden Tag dürfen Jugendliche auch nach Absatz 2 Nr. 1 und Absatz 3 Nr. 1 und 2 nicht nach 20 Uhr beschäftigt werden, wenn der Berufsschulunterricht am Berufsschultag vor 9 Uhr beginnt.

(5) Nach vorheriger Anzeige an die Aufsichtsbehörde dürfen in Betrieben, in denen die übliche Arbeitszeit aus verkehrstechnischen Gründen nach 20 Uhr endet, Jugendliche bis 21 Uhr beschäftigt werden, soweit sie hierdurch unnötige Wartezeiten vermeiden können. Nach vorheriger Anzeige an die Aufsichtsbehörde dürfen ferner in mehrschichtigen Betrieben Jugendliche über 16 Jahre ab 5.30 Uhr oder bis 23.30 Uhr beschäftigt werden, soweit sie hierdurch unnötige Wartezeiten vermeiden können.

(6) Jugendliche dürfen in Betrieben, in denen die Beschäftigten in außergewöhnlichem Grade der Einwirkung von Hitze ausgesetzt sind, in der warmen Jahreszeit ab 5 Uhr beschäftigt werden. Die Jugendlichen sind berechtigt, sich vor Beginn der Beschäftigung und danach in regelmäßigen Zeitabständen arbeitsmedizinisch untersuchen zu lassen. Die Kosten der Untersuchungen hat der Arbeitgeber zu tragen, sofern er diese nicht kostenlos durch einen Betriebsarzt oder einen überbetrieblichen Dienst von Betriebsärzten anbietet.

(7) Jugendliche dürfen bei Musikaufführungen, Theatervorstellungen und anderen Aufführungen, bei Aufnahmen im Rundfunk (Hörfunk und Fernsehen), auf Ton und Bildträger sowie bei Film- und Fotoaufnahmen bis 23 Uhr gestaltend mitwirken. Eine Mitwirkung ist nicht zulässig bei Veranstaltungen, Schaustellungen oder Darbietungen, bei denen die Anwesenheit Jugendlicher nach den Vorschriften des Jugendschutzgesetzes verboten ist. Nach Beendigung der Tätigkeit dürfen Jugendliche nicht vor Ablauf einer ununterbrochenen Freizeit von mindestens 14 Stunden beschäftigt werden.

§ 15
Fünf-Tage-Woche

Jugendliche dürfen nur an fünf Tagen in der Woche beschäftigt werden. § 5 Abs. 3 gilt entsprechend.

§ 16
Samstagsruhe

(1) An Samstagen dürfen Jugendliche nicht beschäftigt werden.

(2) Zulässig ist die Beschäftigung Jugendlicher an Samstagen nur

1. in Krankenanstalten sowie in Alten-, Pflege- und Kinderheimen,
2. in offenen Verkaufsstellen, in Betrieben mit offenen Verkaufsstellen, in Bäckereien und Konditoreien, im Friseurhandwerk und im Marktverkehr,
3. im Verkehrswesen,
4. in der Landwirtschaft und Tierhaltung,
5. im Familienhaushalt,
6. im Gaststätten- und Schaustellergewerbe,
7. bei Musikaufführungen, Theatervorstellungen und anderen Aufführungen, bei Aufnahmen im Rundfunk (Hörfunk und Fernsehen), auf Ton und Bildträger sowie bei Film- und Fotoaufnahmen,
8. bei außerbetrieblichen Ausbildungsmaßnahmen,
9. beim Sport,
10. im ärztlichen Notdienst,
11. in Reparaturwerkstätten für Kraftfahrzeuge.

Mindestens zwei Samstage im Monat sollen beschäftigungsfrei bleiben.

(3) Werden Jugendliche am Samstag beschäftigt, ist ihnen die Fünf-Tage-Woche (§ 15) durch Freistellung an einem anderen berufsschulfreien Arbeitstag derselben Woche sicherzustellen. In Betrieben mit einem Betriebsruhetag in der Woche kann die Freistellung auch an diesem Tage erfolgen, wenn die Jugendlichen an diesem Tag keinen Berufsschulunterricht haben.

(4) Können Jugendliche in den Fällen des Absatzes 2 Nr. 2 am Samstag nicht acht Stunden beschäftigt werden, kann der Unterschied zwischen der tatsächlichen und der nach § 8 Abs. 1 höchstzulässigen Arbeitszeit an dem Tage bis 13 Uhr ausgeglichen werden, an dem die Jugendlichen nach Absatz 3 Satz 1 freizustellen sind.

§ 17
Sonntagsruhe

(1) An Sonntagen dürfen Jugendliche nicht beschäftigt werden.

(2) Zulässig ist die Beschäftigung Jugendlicher an Sonntagen nur

1. in Krankenanstalten sowie in Alten-, Pflege- und Kinderheimen,
2. in der Landwirtschaft und Tierhaltung mit Arbeiten, die auch an Sonn- und Feiertagen naturnotwendig vorgenommen werden müssen,
3. im Familienhaushalt, wenn der Jugendliche in die häusliche Gemeinschaft aufgenommen ist,
4. im Schaustellergewerbe,
5. bei Musikaufführungen, Theatervorstellungen und anderen Aufführungen sowie bei Direktsendungen im Rundfunk (Hörfunk und Fernsehen),
6. beim Sport,
7. im ärztlichen Notdienst,
8. im Gaststättengewerbe.

Jeder zweite Sonntag soll, mindestens zwei Sonntage im Monat müssen beschäftigungsfrei bleiben.

(3) Werden Jugendliche am Sonntag beschäftigt, ist ihnen die Fünf-Tage-Woche (§ 15) durch Freistellung an einem anderen **berufsschulfreien** Arbeitstag derselben Woche sicherzustellen. In Betrieben mit einem Betriebsruhetag in der Woche kann die Freistellung auch an diesem Tage erfolgen, wenn die Jugendlichen an diesem Tage **keinen** Berufsschulunterricht haben.

§ 18
Feiertagsruhe

(1) Am 24. und 31. Dezember **nach 14 Uhr** und an gesetzlichen Feiertagen dürfen Jugendliche nicht beschäftigt werden.

(2) Zulässig ist die Beschäftigung Jugendlicher an gesetzlichen Feiertagen in den Fällen des § 17 Abs. 2, **ausgenommen am 25. Dezember, am 1. Januar, am ersten Osterfeiertag und am 1. Mai.**

3) Für die Beschäftigung an einem gesetzlichen Feiertag, der auf einen Werktag fällt, ist der Jugendliche an einem anderen berufsschulfreien Arbeitstag derselben oder der folgenden Woche freizustellen. In Betrieben mit einem Betriebsruhetag in der Woche kann die Freistellung auch an diesem Tage erfolgen, wenn die Jugendlichen an diesem Tage **keinen** Berufsschulunterricht haben.

§ 19
Urlaub

(1) Der Arbeitgeber hat Jugendlichen für jedes Kalenderjahr einen bezahlten Erholungsurlaub zu gewähren.

(2) Der Urlaub beträgt jährlich

1. **mindestens 30 Werktage,** wenn der Jugendliche zu Beginn des Kalenderjahres **noch nicht 16 Jahre** alt ist,
2. **mindestens 27 Werktage,** wenn der Jugendliche zu Beginn des Kalenderjahres **noch nicht 17 Jahre** alt ist,
3. **mindestens 25 Werktage,** wenn der Jugendliche zu Beginn des Kalenderjahres **noch nicht 18 Jahre** alt ist.

Jugendliche, die im Bergbau unter Tage beschäftigt werden, erhalten in jeder Altersgruppe einen zusätzlichen Urlaub von drei Werktagen.

(3) **Der Urlaub soll Berufsschülern in der Zeit der Berufsschulferien gegeben werden.** Soweit er nicht in den Berufsschulferien gegeben wird, ist für jeden Berufsschultag, an dem die Berufsschule während des Urlaubs besucht wird, ein weiterer Urlaubstag zu gewähren.

(4) Im übrigen gelten für den Urlaub der Jugendlichen § 3 Abs. 2, §§ 4 bis 12 und § 13 Abs. 3 des Bundesurlaubsgesetzes. Der Auftraggeber oder Zwischenmeister hat jedoch abweichend von § 12 Nr. 1 des Bundesurlaubsgesetzes den jugendlichen Heimarbeitern für jedes Kalenderjahr einen bezahlten Erholungsurlaub entsprechend Absatz 2 zu gewähren. Das Urlaubsentgelt der jugendlichen Heimarbeiter beträgt bei einem Urlaub von 30 Werktagen 11,6 vom Hundert, bei einem Urlaub von 27 Werktagen 10,3 vom Hundert und bei einem Urlaub von 25 Werktagen 9,5 vom Hundert.

§ 23
Akkordarbeit, tempoabhängige Arbeiten

(1) **Jugendliche dürfen nicht beschäftigt werden**

1. mit Akkordarbeit und sonstigen Arbeiten, bei denen durch ein gesteigertes Arbeitstempo ein höheres Entgelt erzielt werden kann,
2. in einer Arbeitsgruppe mit erwachsenen Arbeitnehmern, die mit Arbeiten nach Nummer 1 beschäftigt werden,
3. mit Arbeiten, bei denen ihr Arbeitstempo nicht nur gelegentlich vorgeschrieben, vorgegeben oder auf andere Weise erzwungen wird.

(2) Absatz 1 Nr. 2 gilt nicht für die Beschäftigung Jugendlicher,

1. soweit dies zur Erreichung ihres Ausbildungszieles erforderlich ist oder
2. wenn sie eine Berufsausbildung für diese Beschäftigung abgeschlossen haben und ihr Schutz durch die Aufsicht eines Fachkundigen gewährleistet ist.

Ausbildungsvertrag

Grundlage für eine geordnete und einheitliche Berufsausbildung sind die **staatlich anerkannten Ausbildungsberufe** und die hierzu verbindlich erlassenen Ausbildungsordnungen.

Abstimmung von Ausbildungsordnungen und Rahmenplänen betimmen den Berufsschulunterricht

Auf Grund von Vereinbarungen des Bundes und der Länder werden Ausbildungsordnungen und ländereinheitliche Rahmenlehrpläne für den Berufsschulunterricht inhaltlich und zeitlich aufeinander abgestimmt.

Das Bundesinstitut für Berufsbildung (BIBB) führt ein „Verzeichnis der anerkannten Ausbildungsberufe". Dieses Verzeichnis macht die Entwicklung in den einzelnen Ausbildungsberufen überschaubar und kann bei der Argentur für Arbeit eingesehen werden.

Partner zur Begründung eines Berufsausbildungsverhältnisses sind der Auszubildende und der Ausbildende. Sie schließen einen **Berufsausbildungsvertrag** ab. Bei Vertragsabschluss mit einem Minderjährigen ist die Zustimmung des gesetzlichen Vertreters notwendig.

Hierbei ist zu beachten, dass der wesentliche Inhalt des Vertrages spätestens vor Beginn der Ausbildung schriftlich niedergelegt wird. Am Ende der Ausbildungszeit muss der Auszubildende eine Abschlussprüfung vor der Industrie- und Handelskammer (IHK) zum Facharbeiter oder vor der Handwerkskammer (HwK) zum Gesellen ablegen.

Beispiel

Facharbeiterprüfung als Zerspanungsmechaniker, Industriemechaniker, Kommunikationselektroniker. Gesellenprüfung als Zimmerer, Tischler, Kraftfahrzeugmechatroniker.

Nach § 11 des Berufsbildungsgesetzes muss die **Vertragsniederschrift** mindestens folgende Angaben beinhalten:

- Namen und Anschriften der Vertragspartner
- Art, sachliche und zeitliche Gliederung sowie Ziel der Berufsausbildung
- Beginn und Dauer der Berufsausbildung
- Ausbildungsmaßnahmen außerhalb der Ausbildungsstätte
- Dauer der regelmäßigen täglichen Arbeitszeit
- Dauer der Probezeit (mind. 1 Monat, höchstens 4 Monate)
- Zahlung und Höhe der Vergütung
- Dauer des Urlaubs
- Kündigungsvoraussetzungen
- Hinweis auf die Tarifverträge, Betriebs- oder Dienstvereinbarungen, die auf das Berufsausbildungsverhältnis anzuwenden sind

Der Berufsausbildungsvertrag legt **Rechte und Pflichten beider Vertragspartner** fest. Dabei sind die Pflichten des einen Vertragspartners die Rechte des anderen Vertragspartners.

➤ Pflichten des Auszubildenden (§ 13 BBiG)
  - Berufliche Handlungsfähigkeit erwerben, die zum Erreichen des Ausbildungszieles erforderlich sind
  - Teilnahme an Ausbildungsmaßnahmen (Berufsschulpflicht)
  - Weisungen des Vorgesetzten befolgen
  - Betriebsordnung beachten
  - Betriebsvermögen (Werkzeuge, Maschinen) pfleglich behandeln
  - Betriebsgeheimnisse wahren (Schweigepflicht)

➤ Pflichten des Ausbildenden (§ 14 BBiG)
- Pflicht, die berufliche Handlungsfähigkeit zu vermitteln, die zum Erreichen des Ausbildungsziels erforderlich ist
- planmäßig, zeitgemäß und sachlich gegliedert ausbilden
- persönliche oder vertretungsweise Ausbildung
- Bereitstellung der Mittel für Ausbildung und Prüfung
- charakterliche Förderung (Erziehung zu gewissenhafter Arbeit, Fleiß, Pünktlichkeit, Ehrlichkeit u. a.) und Schutz vor sittlicher und körperlicher Gefährdung
- Angemessenheit der Arbeit (nur Arbeiten übertragen, die dem Ausbildungsziel dienen)
- Vergütungspflicht
- Auszubildende zum Besuch der Berufsschule sowie zum Führen von schriftlichen Ausbildungsnachweisen anhalten
- Zeugnis nach Abschluss der Berufsausbildung ausstellen

Der Ausbildende hat dem Auszubildenden eine **monatliche Vergütung** zu gewähren. Die Höhe der Vergütung wird meist in den Tarifverträgen vereinbart. Sollte kein Tarifvertrag vorliegen, wird die Vergütung unter Berücksichtigung von Ort- und Branchenüblichkeit frei bemessen. Dabei müssen die Vergütungssätze im Berufsausbildungsvertrag vermerkt und für die Dauer der gesamten Ausbildung im Voraus festgelegt werden. Unterliegt das Ausbildungsverhältnis einem Tarifvertrag, so vergrößern sich bei Tariferhöhungen während der laufenden Ausbildungszeit die Vergütungssätze automatisch. Die Vergütung ist für den laufenden Kalendermonat spätestens am letzten Arbeitstag des Monats zu zahlen (§§ 17–19 BBiG).

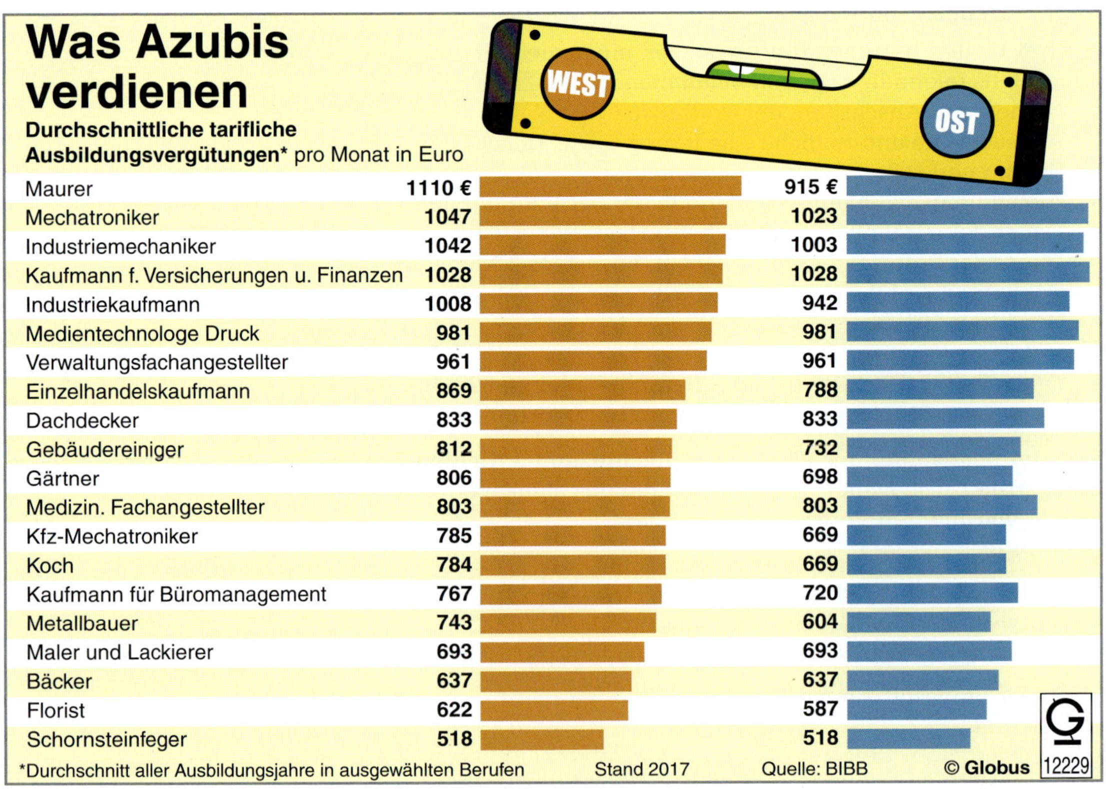

Das **Berufsausbildungsverhältnis endet** automatisch **mit dem Ablauf der Vertragsdauer** der Ausbildungszeit. Besteht der Auszubildende vor Ablauf der Ausbildungszeit die Abschlussprüfung, so endet das Berufsausbildungsverhältnis mit dem Tage des Bestehens der Prüfung. Eine Abschlussprüfung gilt dann als bestanden, wenn alle Prüfungsanforderungen erfüllt sind und der Prüfungsausschuss das erfolgreiche Ergebnis protokolliert und verkündet hat. Dies ist in der Regel der Tag, an dem die mündliche Prüfung stattfindet.

Sollte der Auszubildende die Abschlussprüfung nicht bestehen, endet das Ausbildungsverhältnis zum ursprünglich vereinbarten Zeitpunkt. Besteht der Auszubildende die am Ende der Ausbildungszeit vereinbarte Ausbildungsprüfung nicht, so verlängert sich das Berufsausbildungsverhältnis auf sein Verlangen bis zur nächst möglichen Wiederholungsprüfung, höchstens jedoch um 1 Jahr (§ 21 BBiG).

Arbeitszeugnis

Nach Beendigung eines Ausbildungs- oder Arbeitsverhältnisses besteht ein Anspruch auf ein schriftliches Zeugnis. Es wird dabei zwischen einem einfachen und einem qualifizierten Zeugnis unterschieden.

- **Einfaches Zeugnis**

Es enthält den Namen des Arbeitnehmers, Name und Anschrift des Arbeitgebers, Art und Dauer der Beschäftigung sowie Ort und Datum der Ausstellung. Führung und Leistung des Arbeitnehmers werden nicht beschrieben.

- **Qualifiziertes Zeugnis**

Wer ausdrücklich vom Arbeitgeber ein Zeugnis über die Leistung und Führung verlangt, dem wird ein sog. qualifiziertes Zeugnis ausgestellt. Es wird sich dabei eines Geheimcodes bei der Beurteilung des Arbeitnehmers bedient – Formulierungen, die eine bestimmte Bedeutung haben.

Beispiele

Er (sie) hat die ihm (ihr) übertragenen Arbeiten stets zu unserer vollsten Zufriedenheit erledigt. (sehr gute Leistungen)

Er (sie) hat die ihm (ihr) übertragenen Arbeiten stets zu unserer vollen Zufriedenheit erledigt. (gute Leistungen)

Er (sie) hat die ihm (ihr) übertragenen Arbeiten zu unserer vollen Zufriedenheit erledigt. (befriedigende Leistungen)

Er (sie) hat die ihm (ihr) übertragenen Arbeiten zu unserer Zufriedenheit erledigt. (ausreichende Leistungen)

Er (sie) hat die ihm (ihr) übertragenen Arbeiten im Großen und Ganzen zu unserer Zufriedenheit erledigt. (mangelhafte Leistungen)

Er (sie) hat sich bemüht, die ihm (ihr) übertragenen Arbeiten zu unserer Zufriedenheit zu erledigen. (unzureichende Leistungen)

Probezeit

Während der **Probezeit** kann das Berufsausbildungsverhältnis jederzeit ohne Einhaltung einer Kündigungsfrist von beiden Vertragspartnern unbegründet gekündigt werden.

Nach der Probezeit kann das Berufsausbildungsverhältnis von beiden Vertragspartnern nur aus wichtigem Grund ohne Einhaltung einer Kündigungsfrist (fristlose Kündigung) gekündigt werden. Die **Kündigung** muss innerhalb von zwei Wochen nach Kenntnis der zur Kündigung berechtigten Tatsachen erfolgen. Wichtige Gründe sind beispielsweise Betriebsstilllegungen, länger anhaltende Krankheiten des Auszubildenden, häufige Verspätungen des Auszubildenden und ausbleibender Berufsschulbesuch des Auszubildenden, wenn der Betrieb wiederholt abgemahnt hat. Das Berufsausbildungsverhältnis kann aber auch nach der Probezeit vom Auszubildenden aufgelöst werden, z. B. wegen wiederholt grober Beleidigungen, wegen Verstöße gegen das Jugendarbeitsschutzgesetz sowie gegen die Ausbildungspflicht und wegen Nichtbezahlung der Ausbildungsvergütung. Eine Kündigung muss immer schriftlich unter Angabe des Kündigungsgrundes erfolgen.

Bei eventuellen **Streitigkeiten**, die aus dem Ausbildungsverhältnis hervorgehen, vermitteln die Industrie- und Handelskammern, die Handwerkskammern, die Innungsausschüsse, der Ausbildungswart der Innungen, Gewerkschaften (nur für Mitglieder), Rechtsanwälte und Arbeitsgerichte.

Wandel der Arbeitswelt

Der Wandel der Arbeitswelt führt zu neuen Tätigkeitsfeldern. Notwendigerweise müssen dann auch neue Bildungsgänge bzw. Bildungsprofile entwickelt werden.

Im Jahr 2018 wurde folgender Ausbildungsberuf neu eingeführt:
- Kaufmann im E-Commerce/Kauffrau im E-Commerce

Die nachfolgenden Berufe wurden 2018 neu geordnet (modernisiert):
- Anlagenmechaniker/Anlagenmechanikerin
- Behälter- und Apparatebauer/Behälter- und Apparatebauerin
- Chemikant/Chemikantin
- Edelsteinschleifer/Edelsteinschleiferin
- Elektroniker für Automatisierungstechnik/Elektronikerin für Automatisierungstechnik
- Elektroniker für Betriebstechnik/Elektronikerin für Betriebstechnik
- Elektroniker für Gebäude- und Infrastruktursysteme/Elektronikerin für Gebäude- und Infrastruktursysteme
- Elektroniker für Geräte und Systeme/Elektronikerin für Geräte und Systeme
- Elektroniker für Informations- und Systemtechnik/Elektronikerin für Informations- und Systemtechnik
- Fachinformatiker/Fachinformatikerin
- Flachglastechnologe/Flachglastechnologin
- Industriemechaniker/Industriemechanikerin
- Informatikkaufmann/Informatikkauffrau
- Informations- und Telekommunikationssystem-Elektroniker/Informations- und Telekommunikationssystem-Elektronikerin
- Informations- und Telekommunikationssystem-Kaufmann/Informations- und Telekommunikationssystem-Kauffrau
- Konstruktionsmechaniker/Konstruktionsmechanikerin
- Maßschuhmacher/Maßschuhmacherin
- Mechatroniker/Mechatronikerin
- Präzisionswerkzeugmechaniker/Präzisionswerkzeugmechanikerin
- Prüftechnologe Keramik/Prüftechnologin Keramik
- Steinmetz und Steinbildhauer/Steinmetzin und Steinbildhauerin
- Verfahrenstechnologe Metall/Verfahrenstechnologin Metall
- Werkzeugmechaniker/Werkzeugmechanikerin
- Zerspanungsmechaniker/Zerspanungsmechanikerin

Die **Notwendigkeit lebenslangen Lernens** ist heute wichtiger als früher. Will der Einzelne den Anforderungen einer sich ständig wandelnden Arbeitswelt gerecht werden, darf es nicht bei einer **„abgeschlossenen" Berufsausbildung** bleiben.

Um diesen Anforderungen gerecht zu werden, sind folgende **Schlüsselqualifikationen** (überfachliche Fähigkeiten) immer wichtiger:

- **Lernbereitschaft** (z. B. Aufgaben selbstständig lösen)
- **Teamfähigkeit** (z. B. verantwortungsbewusstes Mitarbeiten)
- **Kreativität** (z. B. neue Problemlösungen finden)
- **Verantwortungs-/Pflichtbewusstsein** (z. B. Aufgaben übernehmen)
- **Kritikfähigkeit** (z. B. Verhaltensweisen, Entwicklungen überprüfen)
- **Flexibilität** (z. B. Bereitschaft in einer anderen Stadt zu arbeiten)

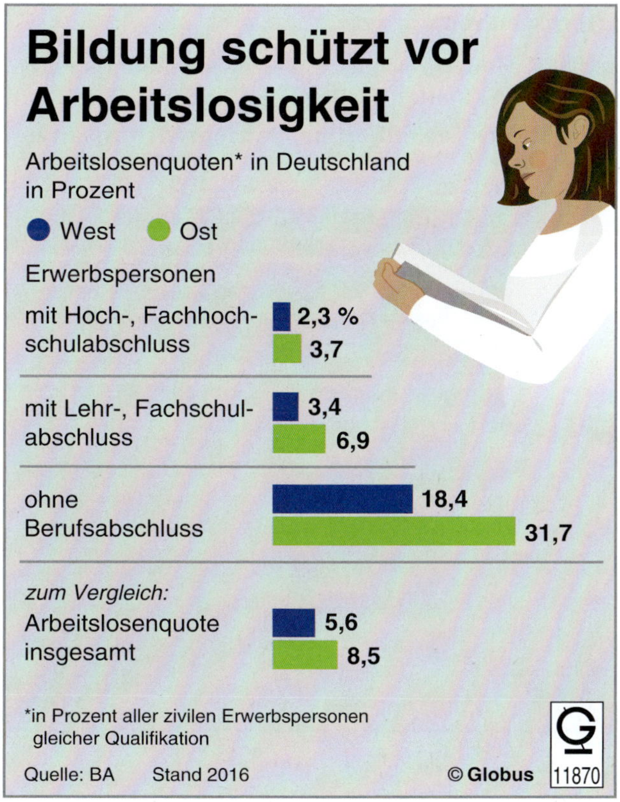

Je höher das Bildungsniveau, desto besser die Chancen am Arbeitsmarkt: Menschen mit Hochschulabschluss bzw. Meisterausbildung stehen fest im Berufsleben, sind gefragte Arbeitskräfte und haben große Chancen auf ein gutes monatliches Einkommen.

Heute gibt es ein reichhaltiges Angebot an beruflichen **Weiterbildungsmöglichkeiten**. Neben der betrieblichen Weiterbildung bieten Handwerks-, Industrie- und Handelskammern, private Institute und Berufsbildende Schulen Fort- und Weiterbildungsmaßnahmen an.

Gerade im berufbildenden Schulwesen tragen viele Schulformen und Bildungsgänge auch zur Vorbereitung weiterer schulischer Bildungswege bei. Die Mannigfaltigkeit der Lebens- und Berufsaufgaben spiegelt sich in der Vielfalt der beruflichen Bildungswege wider.

Möglichkeiten der Weiterbildungsangebote der BBS (Auswahl):

- **Fachhochschulreifeunterricht** Höherqualifizierung für Berufsschüler/-innen mit qualifiziertem Sekundarabschluss I

  Ziel: Fachhochschulreife

- **Berufsoberschule I** (Technik, Wirtschaft, Sozialwesen, Gestaltung)

  Ziel: Fachhochschulreife

- **Berufsoberschule II** (Technik, Wirtschaft, Sozialwesen)

  Ziel: Fachgebundene oder allgemeine Hochschulreife

- **Berufliches Gymnasium** (Wirtschaft, Technik)

  Ziel: Allgemeine Hochschulreife

- **Fachschule** (Gestaltung, Hauswirtschaft, Hotel-/Gaststättengewerbe, Landwirtschaft, Naturwissenschaften, Sozialwesen, Technik, Wirtschaft)

  Ziel: „Staatlich geprüfte(r) Techniker(in), Betriebswirt(in), Erzieher(in), Gestalter(in)“ etc.

© picture alliance/JOKER

Berufliche Fortbildung

Berufliche Fortbildung

Die berufliche Fortbildung soll es ermöglichen, die berufliche Handlungsfähigkeit zu erhalten und anzupassen oder zu erweitern, um beruflich aufzusteigen.

Berufliche Umschulung

Berufliche Umschulung

Die berufliche Umschulung soll zu einer **anderen beruflichen Tätigkeit** befähigen. Sie kann notwendig werden, wenn der Arbeitnehmer aus gesundheitlichen Gründen seinen erlernten Beruf nicht mehr ausüben kann oder wenn er schon längere Zeit in dem erlernten Beruf arbeitslos ist.

Neue Arbeitsbeziehungen

Die Tarifautonomie bezeichnet die Freiheit der Sozialpartner, die Tarife für die Arbeitsleistungen durch vertragliche Verhandlung zu bestimmen. Um jedoch auch wettbewerbsfähig zu bleiben, sind Unternehmen gezwungen, die Fähigkeiten der Mitarbeiter optimal zu nutzen. Dies geschieht unter anderem durch die Einführung von **Gruppenarbeit** und anderer Elemente einer modernen Arbeitsorganisation wie die **Selbstorganisation**. Im Rahmen der vorgegebenen Ziele entscheiden die Gruppenmitglieder in weisungsbefugten und eigenverantwortlichen Teams über die erforderlichen Arbeitsmaßnahmen wie Arbeitstempo, Qualitätskontrollen oder Urlaubsregelungen.

Jeden Tag pendeln Millionen von Menschen zwischen Wohn- und Arbeitsort. Immense Energiekosten und große Umweltbelastungen wie Smog sind die Folge. Dies kann und könnte in vielen Fällen reduziert werden. Denn mit der Einführung neuer Technologien werden auch neue und vor allem auch **neuartige Arbeitsplätze** geschaffen. Die Kosten von Zeit, Raum, Material und Reisen lassen sich durch die Kommunikationstechnologien erheblich vermindern. Fax, Handy und Laptop sind heute für Geschäftsreisende mittlerweile unverzichtbar.

Dabei weist das Internet für die Ausbreitung der **Telearbeit** einen großen Anteil auf. Telefongespräche, Videokonferenzen und Datenübertragung sind zu wesentlich **geringeren Kosten als bisher möglich**.

Telearbeit: Die stille, elektronische Revolution

Schon heute verdienen viele Menschen ihren Lebensunterhalt mit der Telearbeit. Sie arbeiten **zu Hause zeitlich flexibel und individuell**, anstatt zu festen Arbeitszeiten im Büro zu sitzen.

Presse

Flexibler ohne starres Zeitkorsett

Mehr Service und eine bessere Auslastung durch die Einführung von flexiblen Arbeitszeitmodellen

Düsseldorf – Sie federn saisonale Schwankungen ab und ermöglichen kundenfreundliche Servicezeiten. Mitarbeiter können Beruf und Familie besser vereinbaren. Wer die Vorteile flexibler Arbeitszeiten nutzen möchte, muss allerdings rund ein Jahr Zeit investieren, bis es tatsächlich klappt.

Wochenendarbeit oder Schichtdienst? Nachtarbeit? Für jeden zweiten Erwerbstätigen sind Arbeitszeiten außerhalb der klassischen Zeitschiene – das berühmte „nine to five“ – längst selbstverständlich. Weil teure Maschinen länger und besser laufen können, war es in den vergangenen 50 Jahren schon aus rein ökonomischen Gründen notwendig, die Arbeits- und Maschinenlaufzeiten zu entkoppeln. Rund 140.000 Euro kostet einen Betriebsinhaber im Schnitt die maschinelle Ausstattung eines Arbeitsplatzes – und eine Jahresarbeitszeit von 1.600 bis 1.800 Stunden rechnet sich einfach nicht mehr. Die Folge: „Starre Arbeitszeitmodelle mit Arbeitszeiten zwischen acht und fünf Uhr an fünf Tagen in der Woche gehören mehr und mehr der Vergangenheit an“, urteilt das Institut der deutschen Wirtschaft in Köln.

Doch nicht nur eine wirtschaftlich sinnvollere Ausnutzung der Maschinenkapazitäten – was ohnehin fast nur die Industrie betraf – hat für eine Aufweichung des starren Zeitkorsetts gesorgt. Das bessere Handling von auftragsstarken und -schwachen Zeiten, kundenorientiertere Servicezeiten, die eine Reparatur auch am Abend noch ermöglichen, die Vermeidung von zuschlagpflichtiger Mehrarbeit oder nur der Wunsch der Mitarbeiter nach mehr Zeitsouveränität haben für einen Boom von Arbeitszeitmodellen gesorgt. Die Vorteile machten flexible Arbeitszeiten auch im Handwerk populär.

Acht Grundtypen unterscheidet das Kölner Institut, die sogar miteinander kombinierbar sind: Arbeitszeitkonten, Teilzeit, Arbeitsplatzteilung, Abrufarbeit, Schichtarbeit, Vertrauensarbeitszeit, amorphe Arbeitszeit oder Telearbeit.

Arbeitszeitmodelle im Überblick

Abrufarbeit:

Per Einzelarbeitsverträgen erhält der Chef das Recht, die Arbeitsleistung des Arbeitnehmers abhängig von der Auftragslage festzusetzen. Das bedeutet, dass der Arbeitnehmer nur dann arbeitet, wenn im Betrieb für ihn Arbeit anfällt.

Amorphe Arbeitszeit:

Amorph heißt gestaltlos: Chef und Mitarbeiter vereinbaren das Volumen an Arbeitszeit, was er in einem bestimmten Zeitrahmen zu leisten hat. Die Verteilung der Arbeitszeit, das heißt die konkrete Lage und Dauer der Arbeitszeitphasen, wird bewusst offen gelassen.

Arbeitsplatzteilung:

Mehrere Arbeitnehmer teilen sich einen Arbeitsplatz. Im Regelfall teilt sich der Job in zwei Halbtagsarbeitsplätze auf.

Arbeitszeitkonten:

Auf Zeitkonten werden die Abweichungen von der tatsächlichen und vereinbarten Arbeitszeit festgehalten. Man unterscheidet Kurzzeit- und Langzeitkonten, entsprechend den Laufzeiten. Langzeitkonten ermöglichen einen früheren Ausstieg aus dem Berufsleben oder wahlweise ein Sabbatjahr.

Schichtarbeit:

Sie teilt die Arbeitszeit im Betrieb in mehrere Zeitabschnitte auf mit unterschiedlichem Arbeitsbeginn. Ein Team löst das andere auf dem Arbeitsplatz ab. Der 24-Stunden-Tag kann beispielsweise in drei Schichten aufgeteilt werden.

Teilzeitarbeit:

Klassische variante, wenn die Arbeitszeit (wesentlich) kürzer ist als die sonst übliche Wochenarbeitszeit, etwa der Halbtagsjob.

Telearbeit:

Der Mitarbeiter arbeitet nicht mehr im Betrieb, sondern zum Beispiel zu Hause oder in externen Büros mit entsprechender Ausstattung.

Vertrauensarbeitszeit:

Der Chef verzichtet auf eine Kontrolle, wie lang der Mitarbeiter tatsächlich arbeitet. Die Mitarbeiter entscheiden eigenverantwortlich, wann sie ihre Aufgaben erfüllen, und erhalten volle Zeitsouveränität – allerdings im Rahmen der arbeits- und tarifvertraglichen Vereinbarungen.

Quelle: Dt. Handwerksblatt

Selbstständigkeit

Ab den 90er Jahren wurde auch von einer anderen Art neuer Arbeitsbeziehung rege Gebrauch gemacht: **Der Selbstständigkeit**.

Viele Unternehmen reduzierten ihre Personaldecke und zwangen so den ein oder anderen Mitarbeiter in die scheinbare Selbstständigkeit, um die Sozialabgaben einzusparen.

Mit dem Gesetz zur Bekämpfung der **Scheinselbstständigkeit** wird versucht, diesen Missbrauch zu verhindern und die Finanzlage der Sozialkassen zu stärken.

Scheinselbstständigkeit

Als Scheinselbstständig gilt ein Unternehmer, wenn **zwei** der folgenden **vier Kriterien** erfüllt sind:

- Außer Familienangehörigen beschäftigt der Betroffene keine versicherungspflichtigen Arbeitnehmer.
- Er ist regelmäßig und im wesentlichen nur für einen Auftraggeber tätig.
- Seine Tätigkeit ist für Beschäftigte typisch.

  Er arbeitet nach Weisungen des Auftraggebers und ist in dessen betriebliche Organisation integriert.
- Er tritt nicht wie ein Unternehmer am Markt auf.

Minijob

Seit dem Jahre 2013 ist die Einkommensgrenze bei Minijobs von 400 Euro auf 450 Euro erhöht worden.

Bis zu dieser Verdiensthöhe (Geringfügigkeitsgrenze) fallen für den Arbeitnehmer keine Steuern/Abgaben an.

Die Einkommensgrenze bei einem **Minijob** beträgt 450 Euro. Bis zu dieser Verdiensthöhe fallen für den Arbeitnehmer keine Steuern/Abgaben an. Da der Arbeitgeber eine Pauschale von 15 % in die gesetzliche Rentenversicherung bezahlen muss, beträgt die Höhe des zu zahlenden Betrages für den Minijober nur 3,6 % (Differenz 18,6 %–15 %).

Dafür ist der Minijober vollwertiges Mitglied der gesetzlichen Rentenversicherung und erwirbt auch Beitragszeiten.

Der **Arbeitgeber** zahlt neben den
15 % gesetzliche Rentenversicherung noch
13 % gesetzliche Krankenversicherung und **2 % Steuern**.

Minijober können sich von der Rentenversicherungspflicht mittels Antrags beim Arbeitgeber befreien lassen.

Kündigungsschutzgesetz

Das Kündigungsschutzgesetz (KSchG) verhilft allen Arbeitnehmern unter bestimmten Voraussetzungen, d. h. bei einer Beschäftigungsdauer von mehr als sechs Monaten in einem Betrieb, der kein „Kleinbetrieb" ist, zu einem gesetzlich festgelegten Schutz vor arbeitgeberseitigen Kündigungen.

Des Weiteren ist eine Absicherung des Arbeitnehmers vor plötzlichem Arbeitsverlust durch die im BGB geregelten Kündigungsfristen gegeben.

Darüber hinaus sind im Kündigungsschutzgesetz Regelungen über die Zahlung von Abfindungen enthalten.

Das Kündigungsschutzgesetz gliedert sich in vier Abschnitte:

Abschnitt ❶ – Allgemeiner Kündigungsschutz

- Sozial ungerechtfertigte Kündigung (§ 1)
- Abfindungsanspruch (§ 2)
- Änderungskündigung (§ 3)
- Kündigungseinspruch (§ 4)
- Anrufung des Arbeitsgerichtes (§ 5)

Abschnitt ❷ – Kündigungsschutz im Rahmen der Betriebsverfassung und Personalvertretung

- Unzulässigkeit der Kündigung (§ 15)
- Neues Arbeitsverhältnis; Auflösung des alten Arbeitsverhältnis (§ 16)

Abschnitt ❸ – Anzeigepflichtige Entlassungen

- Anzeigepflicht (§ 17)
- Entlassungssperre (§ 18)
- Zulässigkeit von Kurzarbeit (§ 19)

Abschnitt ❹ – Schlussbestimmungen

- Geltungsbereich (§ 23)
- Kündigung in Arbeitskämpfen (§ 25)
- Inkrafttreten (§ 26)

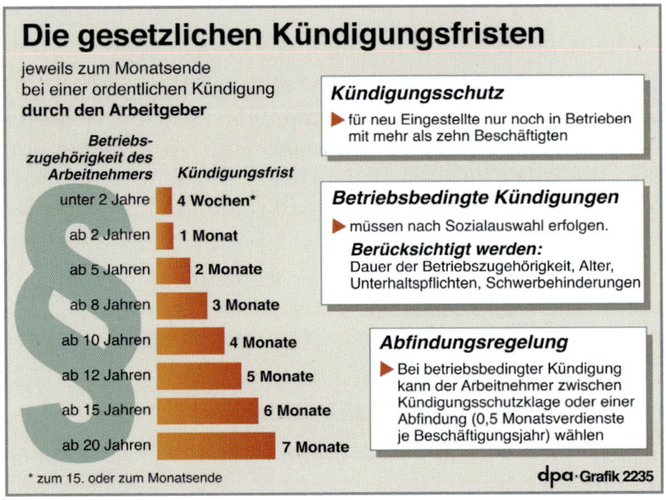

Mutterschutzgesetz

Arbeitnehmerinnen genießen aufgrund ihrer körperlichen Konstitution einen besonderen Schutz. Werdende Mütter dürfen in den letzten **sechs Wochen vor der Entbindung** nur mit Einwilligung beschäftigt werden. **Nach der Entbindung** dürfen sie **acht Wochen nicht arbeiten**, bei Früh- und Mehrlingsgeburten gilt ein Beschäftigungsverbot von zwölf Wochen.

Das **Mutterschutzgesetz (MuSchG)** gilt für alle werdenden Mütter, die in einem Arbeitsverhältnis stehen. Das überarbeitete und 2018 neu in Kraft getretene Gesetz schließt auch weibliche Auszubildende und unter bestimmten Voraussetzungen auch Schülerinnen und Studentinnen mit ein.

Das MuSchG sieht folgende **Leistungen** vor:

- Mutterschaftsgeld (höchstens 13 Euro pro Kalendertag)
- Arbeitgeberzuschuss zum Mutterschaftsgeld während der Mutterschutzfristen
- Mutterschutzlohn (Arbeitsentgelt bei Beschäftigungsverboten außerhalb der Mutterschutzfristen)

Eine **Kürzung des Urlaubs** aufgrund mutterschutzrechtlicher Beschäftigungsverbote ist **nicht zulässig**.

Eine **Kündigung** ist vom Beginn der Schwangerschaft an bis zum Ablauf von 4 Monaten nach der Entbindung **unzulässig**. Dies gilt auch für eine Kündigung nach einer Fehlgeburt nach der 12. Schwangerschaftswoche.

Arbeitsgerichtsbarkeit

Das Arbeitsleben verläuft nicht immer ohne Meinungsverschiedenheiten und ohne Rechtsverletzungen.

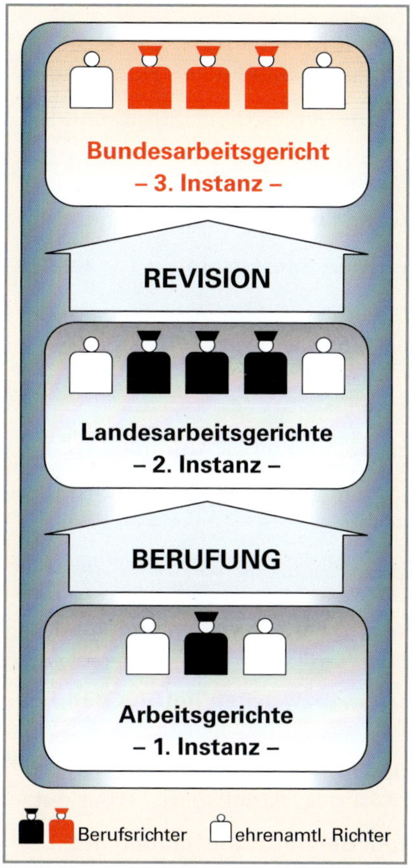

Bei Streitigkeiten zwischen Arbeitgeber und Arbeitnehmer ist die Arbeitsgerichtsbarkeit als eigenständiger Zweig der Rechtspflege zuständig.

Die Arbeitsgerichte gewährleisten eine sachgemäße Behandlung und eine einheitliche Rechtsprechung bei allen arbeitsrechtlichen Streitigkeiten.

Die Arbeitsgerichtsbarkeit ist dreistufig aufgebaut.

Arbeitsgerichtsbarkeit verfügt über drei Instanzen:
- Arbeitsgericht
- Landesarbeitsgericht
- Bundesarbeitsgericht

In der ersten Instanz entscheiden die **Arbeitsgerichte** in der Besetzung mit einem Berufsrichter als Vorsitzenden und zwei ehrenamtlichen Richtern aus Kreisen der Arbeitnehmer und Arbeitgeber. Vor den Arbeitsgerichten kann sowohl im Urteils- als auch im Beschlussverfahren jeder selbst auftreten **(kein Anwaltszwang)** oder sich vertreten lassen.

In der zweiten Instanz sind die **Landesarbeitsgerichte (Berufungsinstanz)** zuständig. Die Kammern der Landesarbeitsgerichte entscheiden in der Besetzung mit drei Berufsrichtern und zwei ehrenamtlichen Richtern aus den Kreisen der Arbeitnehmer und Arbeitgeber. Im Urteilsverfahren müssen sich die Parteien durch den Vertreter einer Gewerkschaft oder eines Arbeitgeberverbandes oder durch Rechtsanwälte vertreten lassen.

Die dritte Instanz ist das **Bundesarbeitsgericht (Revisionsinstanz)** in Erfurt.

Die Senate des Bundesarbeitsgerichts bestehen ebenfalls aus drei Berufsrichtern und zwei ehrenamtlichen Richtern aus Kreisen der Arbeitnehmer und der Arbeitgeber.

Im **Urteilsverfahren** muss der Einzelne sich durch einen Rechtsanwalt vertreten lassen.

© MEV Verlag GmbH

Das Bundesarbeitsgericht in Erfurt

Im **Urteilsverfahren** sind die Arbeitsgerichte insbesondere zuständig für Rechtsstreitigkeiten

- zwischen den Tarifvertragsparteien, z.B. Gültigkeit eines Tarifvertrages, unzulässiger Streik
- zwischen Arbeitnehmern und einzelnen Arbeitgebern, z.B. aus dem Arbeits- und Berufsausbildungsvertrag, aus unerlaubten Handlungen
- zwischen Arbeitnehmern aus gemeinsamer Arbeit untereinander, z.B. Gruppenakkord

Das Urteilsverfahren wird eingeleitet, wenn eine Partei Klage erhebt.

Im **Beschlussverfahren** sind die Arbeitsgerichte zuständig für Rechtsstreitigkeiten

- aus dem Betriebsverfassungsgesetz, z.B. Zusammensetzung, Geschäftsführung des Betriebsrates

Das Beschlussverfahren beginnt mit der Stellung eines Antrages.

Das Gericht hat den Auftrag, den vorliegenden Sachverhalt zu überprüfen.

LERN-BOX

- **Grundvoraussetzung** für eine spätere Erwerbsarbeit **ist eine qualifizierte Berufsausbildung.**
- **Berufsausbildung** erfolgt in Partnerschaft zwischen **Betrieb und Berufsschule (Duales System).**
- Instrumente zum **Interessensausgleich:** Schülervertretung, Berufsbildungsgesetz, Jugendarbeitsschutzgesetz, Arbeitsgerichtsbarkeit.
- Die berufliche Weiterbildung baut auf die Berufsausbildung auf. **Lebenslanges Lernen** wird zur Notwendigkeit. Berufsbildende Schulen, Betriebe und andere Bildungsträger bieten Weiterbildungsmöglichkeiten an.
- Die **Telearbeit** wird immer beliebter. Anstatt den Menschen zur Arbeit zu befördern, begibt sich die Arbeit zum Menschen.
- **Zu Hause, zeitlich flexibel** und **individuell** verdienen schon heute viele Menschen ohne feste Bürozeiten ihren Lebensunterhalt.
- Der **Minijob** soll helfen, mehr Menschen aus der Arbeitslosigkeit heraus zu holen und den Einstieg ins Arbeitsleben zu erleichtern.
- Das **Kündigungsschutzgesetz** (KSchG) verhilft allen Arbeitnehmern unter bestimmten Voraussetzungen, d.h. bei einer Beschäftigungsdauer von mehr als sechs Monaten in einem Betrieb, der kein „Kleinbetrieb" ist, zu einem gesetzlich festgelegten Schutz vor arbeitgeberseitigen Kündigungen.
- **Arbeitsgerichte** gewährleisten eine sachgemäße Behandlung und eine einheitliche Rechtsprechung bei allen arbeitsrechtlichen Streitigkeiten.

WISSENS-CHECK

1. Erarbeiten Sie auf Grund Ihrer Erfahrungen die verschiedenen **Einflussfaktoren Ihrer Berufswahlentscheidung** und vergleichen Sie diese mit den Einflussfaktoren Ihrer Mitschüler/-innen.

2. Beschreiben Sie die **Berufsausbildung in der Bundesrepublik Deutschland**, indem Sie die Aufgaben der dualen Partner in Gruppenarbeit vorstellen.

3. Bewerten Sie kritisch die **Arbeit der Schülervertretung** Ihrer berufsbildenden Schule. Entwerfen Sie dazu im Unterricht einen Fragebogen, den Sie nach Beantwortung gemeinsam auswerten und die Ergebnisse präsentieren (Gruppenarbeit).

4. Begründen Sie den **Sinn und Zweck des Jugendarbeitsschutzgesetzes.**

5. Die 17-jährige Friseurauszubildende Kerstin besucht die Berufsschule von 8:00 bis 12:15 Uhr. Muss sie **nachmittags** im Ausbildungsbetrieb arbeiten?

6. Siggi, 16-jähriger Maurerauszubildender, wird im **Blockunterrich**t beschult. In der kommenden Woche werden täglich anstatt 6 Unterrichtsstunden nur 5 Stunden erteilt. Muss Siggi nachmittags arbeiten?

7. Wie viel bezahlte **Urlaubstage** hat der Arbeitgeber jedes Kalenderjahr Jugendlichen zu gewähren?

8. Die Arbeitsgerichtsbarkeit verfügt über drei Instanzen. Entwickeln Sie mit Ihren Mitschülern in einem Rollenspiel einen **Fall**, der vor der dreistufigen Arbeitsgerichtsbarkeit verhandelt wird.

9. Erarbeiten Sie anhand des Buches mindestens **acht Inhaltspunkte** eines Berufsausbildungsvertrages.

10. Wozu dient im Berufsausbildungsvertrag die **Probezeit** und wie lange dauert sie?

11. Erarbeiten und präsentieren Sie in Gruppenarbeit die **Pflichten** des **Ausbildenden** bzw. die **Pflichten** des **Auszubildenden**.

12. Erklären Sie den Begriff **„Schlüsselqualifikationen“** und begründen Sie die überaus hohe Wichtigkeit dieser Fähigkeiten.

13. Erkundigen Sie sich an „Ihrer“ berufsbildenden Schule nach den **Weiterbildungsangeboten** und erarbeiten Sie die verschiedenen Möglichkeiten in der Gruppe. Präsentieren Sie die Ergebnisse Ihren Mitschülern.

14. Erarbeiten Sie schriftlich die Vorteile flexibler Arbeitszeitmodelle. Lesen Sie dazu aufmerksam den Zeitungsartikel auf der Seite 23f.

Tarifverträge

Schon im 19. Jahrhundert verschärften sich mit Beginn der Großindustrie die sozialen Verhältnisse. Die Notlage der arbeitenden Bevölkerung wurde größer, immer mehr Menschen verloren ihre selbstständige Existenz und wurden als Lohnarbeiter abhängig. Dabei waren die Löhne auf Grund des großen Angebotes an Arbeitskräften extrem niedrig. Viele Arbeiter lebten in bitterer Armut.

© akg images GmbH

Arbeiterwohnung in Berlin. Es gab nur ein einziges Bett für alle Bewohner.

Arbeitsbedingungen im 19. Jahrhundert: 7-Tage-Woche, 16-Stunden-Tag

Deshalb waren meistens auch die Frauen und Kinder gezwungen, in den Fabriken zu arbeiten, um die Familien einigermaßen „über Wasser zu halten". Dabei waren die Arbeitsbedingungen äußerst hart: Sieben Tage wöchentlich und bis zu 16 Stunden täglich musste gearbeitet werden. Wer dazu nicht bereit war, konnte sofort entlassen werden. Kündigungsschutz gab es nicht. Die Unternehmer waren wie Herrscher, was sie wollten war Gesetz.

Durch die Industrialisierung bildeten sich zwei neue Bevölkerungsgruppen: die **wohlhabenden Fabrikbesitzer** und die **lohnabhängige Arbeiterklasse**. So entstand die so genannte Klassengesellschaft.

Auf die industriellen Ballungszentren begann ein enormer Bevölkerungsansturm. Große Bevölkerungsverschiebungen vom Land in die Stadt (Landflucht) waren die Folge.

Die meisten Städte waren diesen immensen Menschenmassen nicht gewachsen. Es fehlte an Wohnraum. Die hygienischen Verhältnisse waren katastrophal.

Zwar wurden schnell Mietshäuser gebaut, doch die Arbeiter mussten oft in qualvoller Enge in einem Zimmer mit ihren Familien leben. In Folge langer Arbeitszeiten, hoher Unfallraten, niedriger Löhne und schlechter Wohnverhältnisse wurde von den Arbeitern und vom aufgeklärten Bürgertum immer öfter die **„soziale Frage"** gestellt.

Hierbei wurden in erster Linie die sozialen Bedingungen, wie **wirtschaftliche Unsicherheit, politische Machtlosigkeit, harte Arbeitsbedingungen und die Ungerechtigkeiten durch ungleiche Besitzverhältnisse,** unter denen die Arbeiterklasse litt, kritisiert.

In dieser Zeit machte sich vor allem der Gesellschaftstheoretiker **Karl Marx** einen Namen. Zusammen mit dem Fabrikbesitzer Friedrich Engels brachte er 1848 das **„Kommunistische Manifest"** heraus. 1867 veröffentlichte Karl Marx sein Hauptwerk **„Das Kapital"**, das die Grundlage des späteren Marxismus darstellte. Hierbei betrachtete Marx die Geschichte als Kampf der Kapitalisten (besitzenden Klasse) gegen die Proletarier (lohnabhängige Klasse). Nach Marx läuft der **„Klassenkampf"** stets nach bestimmten, wissenschaftlich nachweisbaren Gesetzmäßigkeiten ab, sodass man schon voraussagen könne, wie er sich in der Zukunft entwickeln müsse, damit soziale Gerechtigkeit erreicht werde. Er prophezeite eine Revolution der Arbeiterklasse und die **„Diktatur des Proletariats"**. Das Ende dieser Entwicklung sollte im Kommunismus (lateinisch: communis = gemeinsam) münden, einer Gesellschaftsform, in der es weder Kapitalisten noch Proletarier geben sollte, in der alle Menschen gleich sind und der Reichtum allen gehören solle.

Beflügelt von dieser Theorie schlossen sich die Arbeiter zu Arbeiterbewegungen zusammen. Sie erkannten schnell, dass sie die Arbeitgeber durch gezielte Arbeitsverweigerungen empfindlich treffen konnten. Dieses Kampfmittel wurde von den Unternehmern ernst genommen. Es entwickelten sich bald Gewerkschaften , die die Interessen der Arbeiterschaft gegenüber den Unternehmern vertraten bzw. Arbeiterparteien, die die Arbeiter politisch repräsentierten.

Auch Reichskanzler Bismarck erkannte den gesellschaftlichen Sprengstoff, den die **soziale Frage** in sich trug. Um auf gesetzlichem Wege die Arbeits- und Lebensbedingungen der Arbeiter zu verbessern, entstanden ab 1883 die gesetzlichen Kranken-, Unfall- und Rentenversicherungen. Dieses große Sozialgesetzgebungswerk bildet heute immer noch die Grundlage unseres Sozialversicherungssystems.

Soziale Frage: Arbeits- und Lebensbedingungen der Arbeiter

Zu jeder Zeit besteht die soziale Frage, da die Lösung sozialer Probleme in jeder Gesellschaft ständige Aufgabe von Sozialreform und Sozialpolitik bleibt.

Heute machen viele unterschiedliche Interessenverbände Vorschläge zur Humanisierung und zur Gestaltung der Arbeitswelt. Dabei spielen die so genannten **Sozialpartner (Gewerkschaften und Arbeitgeberverbände)** eine bedeutende Rolle.

Die Gewerkschaften bilden als Vereinigungen von Arbeitnehmern eine der wichtigsten Organisationen innerhalb der modernen Industriegesellschaft, mit dem Ziel, die wirtschaftliche und soziale Lage ihrer Mitglieder zu verbessern. Sie stehen als Sozialpartner den Arbeitgeberverbänden gegenüber.

Aufgaben der Gewerkschaften:

- Mitregelung der Löhne und Arbeitsbedingungen durch Tarifverträge
- Vertretung der Arbeitnehmerinteressen gegenüber Regierung und Parlament

- Unterstützung bei Arbeitsstreitigkeiten und bei Arbeitskampf (Arbeitsgericht, Streik)
- Finanzielle Unterstützung in Notfällen
- Förderung durch Bildungsmaßnahmen

Der Deutsche Gewerkschaftsbund (DGB) umfasst als größte Organisation der Arbeitnehmer 8 Einzelgewerkschaften mit über 6,1 Millionen Mitgliedern.

Weitere gewerkschaftliche Spitzenverbände sind der

- Deutsche Beamten-Bund (DBB)
- Christlicher Gewerkschaftsbund Deutschlands (CGB)
- Marburger Bund (mb)
- Deutscher Bundeswehr-Verband (DBwV)

Gewerkschaften und Arbeitgeberverbände = Sozialpartner

In der Industrie, im Handel und in der übrigen Wirtschaft haben sich Unternehmer, Kaufleute und Gewerbetreibende aller Art in **Arbeitgeberverbänden** zusammengeschlossen.

Arbeitgeberverbände sind Zweckverbände, die insbesondere die Interessen der Arbeitgeber gegenüber den Gewerkschaften vertreten.

Aufgaben der Arbeitgeberverbände:

- Wahrung der unternehmerischen Interessen gegenüber den Gewerkschaften durch Abschluss von Tarifverträgen.
- Wahrung der unternehmerischen Interessen gegenüber den staatlichen Stellen, indem man zur sozial- und wirtschaftspolitischen Gesetzgebung Stellung nimmt.

Die Arbeitgeberverbände verteidigen, ebenso wie die Gewerkschaften, die Soziale Marktwirtschaft. Sie betonen den Beitrag am wirtschaftlichen Wachstum und am sozialen Ausgleich. In der Bundesrepublik gibt es momentan über 20 Arbeitgeberfachverbände.

Dazu gehören:

- Bundesvereinigung der deutschen Arbeitgeberverbände (BDA)
- Bundesverband der deutschen Industrie (BDI)
- Deutscher Industrie- und Handelskammertag (DIHK)
- Zentralverband des Deutschen Handwerks
- Deutscher Bauernverband

Die Sozialpartner üben das Recht auf Förderung der Arbeits- und Wirtschaftsbedingungen für die Arbeitnehmer in den Unternehmen durch Abschluss von Tarifverträgen aus.

Tarifvertrag

Der **Tarifvertrag** (arab.: Tarif = geregelter Preis für eine Leistung) regelt die Rechte und Pflichten der Tarifvertragsparteien (Gewerkschaften und Arbeitgeber) und enthält Rechtsnormen, die den Inhalt, den Abschluss und die Beendigung von Arbeitsverhältnissen sowie betriebliche und betriebsverfassungsrechtliche Fragen nach dem Tarifvertragsgesetz ordnen können. Der Tarifvertrag legt ferner die Höhe des Lohnes oder Gehaltes fest **(Lohn- und Gehaltstarifvertrag)**.

Wichtig ist, dass die Tarifvertragsparteien nach dem Grundsatz der **Tarifautonomie** Tarifverträge selbstständig und ohne Mitwirkung des Staates aushandeln können.

In der Öffentlichkeit sind Tarifverhandlungen vor allem wegen Lohn- und Gehaltserhöhungen im Bewusstsein.

Der **Manteltarifvertrag** gilt meistens für längere Zeit und regelt Arbeitszeit, Pausen, Urlaub, Kündigungsgründe, Kündigungstermine, Kündigungsfristen, Mehrarbeit, Sonn- und Feiertagsarbeit, zu zahlende Zuschläge, Akkord- und Prämienlohn u. ä.

Alle Arbeitnehmer, die der Vertrag schließenden Gewerkschaft angehören, sind an den Tarifvertrag gebunden.

Ebenfalls gilt er für alle Arbeitgeber, die für ihren Betrieb einen Tarifvertrag abgeschlossen haben oder Mitglied des vertragsschließenden Arbeitgeberverbandes sind.

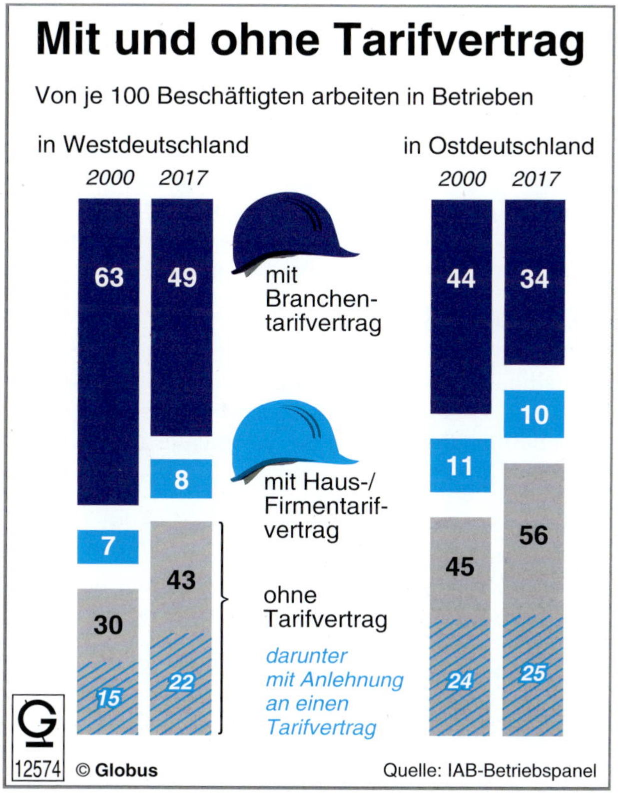

Wird ein Tarifvertrag für **allgemein verbindlich** erklärt, gelten die Bedingungen für alle Arbeitnehmer und alle Arbeitgeber dieses Wirtschaftszweiges, d. h. auch alle Nichtorganisierten sind daran gebunden.

Vorteile der Tarifverträge

- einheitliche Verbesserung der Arbeitsbedingungen
- Schaffung klarer Rechtsverhältnisse
- Begrenzung der Macht des wirtschaftlich stärkeren Arbeitgebers gegenüber den wirtschaftlich schwächeren Arbeitnehmern
- Hilfe bei der Erhaltung des Arbeitsfriedens

Die Sozialpartner

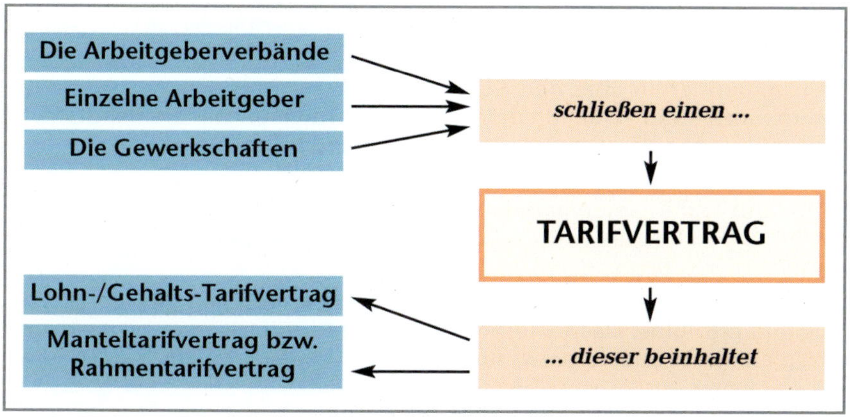

Jeder Tarifvertrag beinhaltet folgende Funktionen:

Schutzfunktion

Mit der Schutzfunktion ist gemeint, dass der wirtschaftlich stärkere Arbeitgeber gegenüber dem wirtschaftlich schwächeren Arbeitnehmer seine Vorstellungen bei der Festlegung der Arbeitsbedingungen nicht einseitig durchsetzen kann. Damit soll Chancengleichheit zwischen den Tarifpartnern hergestellt werden. Die Arbeitnehmer werden somit vor einseitigen Festlegungen von Arbeitsbedingungen durch den Arbeitgeber geschützt. Die im Tarifvertrag festgelegten Arbeitsbedingungen dürfen nicht unterschritten werden.

Ordnungsfunktion

Während des Geltungszeitraums eines Tarifvertrages sind die Arbeitsverträge bzw. die Arbeitsinhalte gleich. Der Tarifvertrag regelt die Rechtsbeziehung zwischen den Tarifvertragsparteien. Damit werden beispielsweise stabile Lohnstrukturen und Arbeitsbedingungen geschaffen (Typisierung der Arbeitsverträge, Überschaubarkeit der Personalkosten).

Friedensfunktion

Während eines ungekündigt geltenden Tarifvertrages darf hinsichtlich der vereinbarten Regelungen nicht gestreikt oder ausgesperrt werden. Es gilt die sogenannte Friedenspflicht während der Laufzeit. Die Friedenspflicht endet mit dem Ablauf der vereinbarten Dauer des Tarifvertrages oder mit dem Ablauf der Kündigungsfrist.

Tarifkonflikt

Verdi ruft erneut zu Streiks bei Amazon auf

Frankfurt/Berlin – Im zähen Tarifkonflikt bei Amazon ruft die Gewerkschaft Verdi erneut zu Streiks auf. Die Ausstände sollten bundesweit mit dem Beginn der Frühschicht an diesem Montag beginnen und bis Dienstagabend dauern, teilte Verdi in Berlin mit.

Im Tarifkonflikt bei Amazon ruft Verdi erneut zu Streiks auf. Foto: Guido Kirchner/dpa

Betroffen seien die Amazon-Standorte in Bad Hersfeld, Koblenz, Leipzig, Rheinberg und Werne. Allein in Bad Hersfeld, dem größten Amazon-Logistikzentrum hierzulande, beteiligen sich laut Verdi rund 500 Beschäftigte an dem Streik vor dem Tag der Deutschen Einheit. Man rechne mit Lieferverzögerungen.

Amazon habe Lohnerhöhungen von 2,0 bis maximal 2,7 Prozent ab Oktober angeboten, erklärte Verdi. Diese „geringen" Steigerungen zementierten aber den Abstand zu den Tariflöhnen im Einzel- und Versandhandel. Der Konzern versuche, die Beschäftigten mit einseitigen Lohnerhöhungen von Streiks abzuhalten. Sicherheit biete jedoch nur ein Tarifvertrag.

Amazon erklärte, man erwarte keine Lieferverzögerungen wegen der Streiks. Der Konzern passe die Löhne jährlich an und habe dies auch in den vergangenen Jahren getan. Trotzdem sei es zu Streiks gekommen.

Verdi kämpft seit 2013 um einen Tarifvertrag für die rund 16.000 Beschäftigten des US-Händlers in Deutschland – bislang erfolglos. Das Unternehmen betonte zuletzt, man könne auch ohne einen solchen Vertrag ein fairer und verantwortungsvoller Arbeitgeber sein.

https://www.stern.de/wirtschaft/news/tarifkonflikt-verdi-ruft-erneut-zu-streiks-bei-amazon-auf-8383538.html 03.04.2018

Industriegewerkschaft Metall Bezirk Baden-Württemberg

Ausbildungsvergütung für Beschäftigte des Schreinerhandwerks in Baden-Württemberg

Abschluss: 21.09.2016 · Gültig ab: 01.11.2015
Kündbar zum: 31.10.2018 · Frist: 3 Monate zum Monatsende

Rechtsanspruch auf diesen Tarifvertrag haben nur Mitglieder der IG Metall

Ausbildungstarifvertrag

Zwischen dem
Landesfachverband Schreinerhandwerk Baden-Württemberg
(Landesinnungsverband des Schreinerhandwerks Baden-Württemberg)
Danneckerstr. 35, 70182 Stuttgart

einerseits und der
IG Metall, Bezirk Baden-Württemberg, Bezirksleitung Baden-Württemberg,
Stuttgarter Str. 23, 70469 Stuttgart

andererseits wird folgender Ausbildungstarifvertrag abgeschlossen:

§ 1 Geltungsbereich

Diese Vereinbarung gilt:

räumlich: Für Baden-Württemberg;

fachlich: Es gilt der fachliche Geltungsbereich aus § 1 Manteltarifvertrag für das Schreinerhandwerk Baden-Württemberg in seiner jeweils gültigen Fassung.

persönlich: Für alle Auszubildenden.
Auszubildender ist, wer in einem anerkannten Ausbildungsberuf aufgrund eines Berufsausbildungsvertrages ausgebildet wird.

Tarifgebundenheit:

Tarifgebunden sind gemäß § 3 Tarifvertragsgesetz die Mitglieder der vertragsschließenden Gewerkschaft und die Mitglieder einer Mitgliedsinnung sowie Einzelmitglieder des Landesfachverbandes Schreinerhandwerk Baden-Württemberg, soweit diese im Schreinerhandwerk tätig sind.

§ 2 Ausbildungsvergütung

1. Auszubildende erhalten eine Ausbildungsvergütung. Die Ausbildungsvergütung für den laufenden Monat soll so bezahlt werden, dass diese spätestens am 10. des folgenden Monats dem Auszubildenden zur Verfügung steht.

2. Die Ausbildungsvergütung beträgt bis 31.10.2016 monatlich brutto:

   im 1. Ausbildungsjahr 606,00 €
   im 2. Ausbildungsjahr 680,00 €
   im 3. Ausbildungsjahr 780,00 €

   Die Ausbildungsvergütung beträgt ab 01.11.2016 monatlich brutto:

   im 1. Ausbildungsjahr 625,00 €
   im 2. Ausbildungsjahr 700,00 €
   im 3. Ausbildungsjahr 800,00 €

   Die Ausbildungsvergütung beträgt ab 01.09.2017 monatlich brutto:

   im 1. Ausbildungsjahr 640,00 €
   im 2. Ausbildungsjahr 715,00 €
   im 3. Ausbildungsjahr 815,00 €

3. Wird ein erfolgreicher Fachschulbesuch oder eine Vorbildung auf die Ausbildungszeit angerechnet, so gilt für die Höhe der Ausbildungsvergütung der Zeitraum, um den die Ausbildungszeit verkürzt wird, als geleistete Ausbildungszeit.
4. Wird die regelmäßige Ausbildungszeit aus Gründen, die in der Person des Auszubildenden liegen, verlängert, so ist während des Zeitraums der Verlängerung die Ausbildungsvergütung des letzten regelmäßigen Ausbildungsabschnittes zu bezahlen.
5. Nach Abschluss der Ausbildungszeit entsprechend dem Ausbildungsvertrag oder nach bestandener Abschlussprüfung ist dem Auszubildenden die seiner Tätigkeit entsprechende tarifliche Vergütung zu bezahlen. Dies gilt auch bei vorzeitiger Zulassung zur Abschlussprüfung nach § 45 Berufsbildungsgesetz.

§ 3 Mehrarbeit

Leistet ein Auszubildender Mehrarbeit, so ist jede über die in § 5 MTV festgelegte Arbeitszeit hinausgehende Arbeitsstunde zusätzlich zu vergüten. Die Mehrarbeitsvergütung beträgt je Mehrarbeitsstunde 1,25 % der Ausbildungsvergütung.

§ 4 Ausfallzeiten

1. Für die infolge des Besuchs der Berufsschule ausfallende Arbeitszeit und bei einer unverschuldeten Arbeitsverhinderung im Sinne des § 9 MTV ist die Ausbildungsvergütung weiter zu bezahlen.
2. Auszubildenden ist bei einer durch Krankheit verursachten Arbeitsunfähigkeit die Ausbildungsvergütung bis zur Dauer von sechs Wochen, jedoch nicht über die Beendigung des Ausbildungsverhältnisses hinaus, weiter zu gewähren.

§ 5 Übergangsbestimmung

Bestehende günstigere betriebliche bzw. ausbildungsvertragliche Regelungen werden durch das Inkrafttreten dieses Ausbildungstarifvertrages nicht berührt.

§ 6 Betriebliche Sonderzahlungen (zusätzliches Urlaubsgeld, anteiliges 13. ME)

Auszubildende erhalten als betriebliche Sonderzahlung im

2. Ausbildungsjahr 130,00 €
3. Ausbildungsjahr 230,00 €

Die Auszahlung erfolgt mit der Ausbildungsvergütung für den Monat November.

§ 7 Vermögenswirksame Leistungen

Auszubildende erhalten nach 6 Monaten Betriebszugehörigkeit vermögenswirksame Leistungen in Höhe von 27,00 € monatlich.

§ 8 Inkrafttreten und Kündigung

Dieser Tarifvertrag tritt mit Wirkung vom 01.01.2016 in Kraft. Er kann mit einer Frist von drei Monaten zum Monatsende, erstmalig zum 30.10.2018 gekündigt werden. Bei einer Kündigung dieses Tarifvertrages vereinbaren die Tarifvertragsparteien, noch während der Kündigungsfrist in Verhandlungen zur Neuregelung einzutreten.

Stuttgart, den 21. September 2016

Landesfachverband Schreinereihandwerk
Baden-Württemberg
(Landesinnungsverband des Schreinerhandwerks Baden-Württemberg)

gez. August Wannenmacher
(Tarifausschuss-Vorsitzender)

gez. Dr. Klaus Heß
(Geschäftsführer)

Industriegewerkschaft Metall
Bezirk Baden-Württemberg
Bezirksleitung Baden-Württemberg

gez. Roman Zitzelsberger
(Bezirksleiter)

gez. Martin Sambeth
(Bezirkssekretär)

Streik und Aussperrung sind in keinem Gesetz ausdrücklich verankert, obwohl das Streikrecht der Arbeitnehmer unbestritten ist. Es darf aber kein Arbeitnehmer gezwungen werden, sich am Streik zu beteiligen.

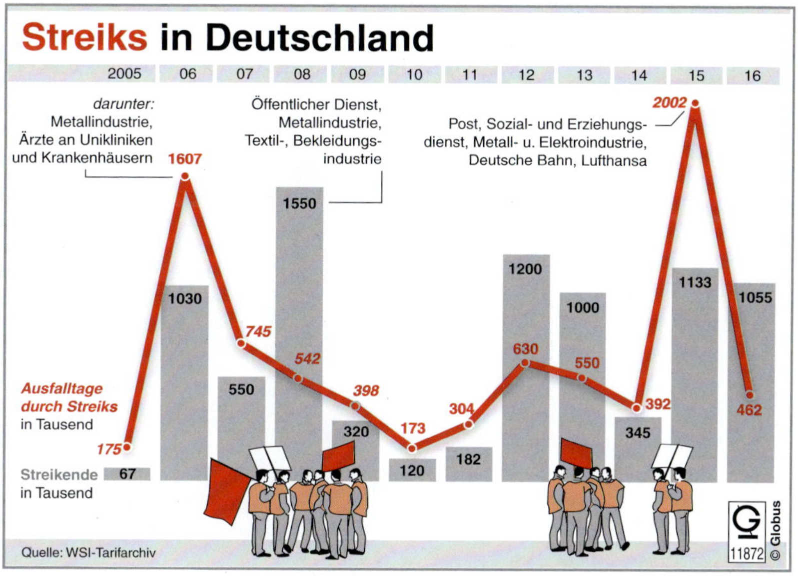

Das **Recht auf Aussperrung** ist umstritten. Während die Gewerkschaften der Meinung sind, dass die Aussperrung mit dem geltenden Recht nicht vereinbar ist, lässt das Bundesarbeitsgericht die Aussperrung nach dem Grundsatz der Waffengleichheit (Kampfparität) zu; allerdings nur als Abwehraussperrung.

Der **organisierte Streik** wird vom Hauptvorstand der zuständigen Gewerkschaft beschlossen, wobei mindestens 75 % der organisierten Arbeitnehmer in einer geheimen Urabstimmung für den Streik stimmen müssen.

Für die Dauer des Streiks erhalten die streikenden Gewerkschaftsmitglieder aus einem Fonds der Gewerkschaft finanzielle Unterstützung.

Presse SPIEGEL

Streikfrei bis 2021
Deutsche Bahn und Lokführer einigen sich

Mehr Geld für die Lokführer: Die Deutsche Bahn hat sich mit der Gewerkschaft GDL auf einen neuen Tarifvertrag geeinigt. Weitere Streiks des Fahrpersonals sind damit bis 2021 ausgeschlossen.

© MKS – stock.adobe.com

Fahrgäste der Deutschen Bahn müssen in den kommenden Jahren keine Streiks des Personals fürchten. Nach der Einigung mit der Eisenbahn- und Verkehrsgewerkschaft (EVG) ist das Unternehmen nun auch mit den Lokführern der GDL einig geworden. Beide Seiten verständigten sich am Freitag in Frankfurt/Main auf einen langfristigen Tarifvertrag bis Ende Februar 2021, wie beide Seiten mitteilten.

Die rund 36.000 Beschäftigten des Fahrpersonals erhalten in zwei Schritten zusammen 6,1 Prozent mehr Geld sowie eine Einmalzahlung von 1.000 Euro. Statt der zweiten Tariferhöhung zum Juli 2020 können sie auch zusätzlichen Urlaub oder eine kürzere Wochenarbeitszeit wählen. Mit der GDL wurden zusätzlich Vereinbarungen zur Jahresarbeitszeit und zu den Pausenregelungen getroffen.

In den Verhandlungen mit der Gewerkschaft Deutscher Lokomotivführer (GDL) ging es zuletzt auch um den Umgang mit digitalen Arbeitsmitteln. „Wir lehnen es ab, dass unsere Leute rund um die Uhr erreichbar sein sollen", hatte GDL-Chef Claus Weselsky vor dem Beginn der Gespräche erklärt. Die GDL hatte im Dezember die Tarifverhandlungen zunächst für gescheitert erklärt – zuletzt aber verkündet, sie habe von der Bahn ein verbessertes Angebot erhalten.

29 Monate Streikfrei-Garantie

Mit der konkurrierenden EVG hatte sich die Bahn im Dezember schon auf einen Abschluss verständigt. Die Laufzeit mit beiden Gewerkschaften beträgt nun 29 Monate bis Ende Februar 2021. So lange sind auch die Fahrgäste der Bahn vor Streiks geschützt.

Von den rund 160.000 Tarifbeschäftigten der Bahn gehören rund 36.000 zum Fahrpersonal, dessen Belange von beiden Gewerkschaften vertreten werden. Die Bahn will in getrennten Verhandlungen widerspruchsfreie Abschlüsse erreichen, die sich aber in Details durchaus unterscheiden können. In der betrieblichen Praxis werden dann die Regelungen für das gesamte Fahrpersonal einheitlich gleich angewendet. Verhandlungserfolge der EVG kommen so auch GDL-Mitgliedern zugute und umgekehrt.

beb/dpa

http://www.spiegel.de/wirtschaft/unternehmen/deutsche-bahn-und-lokfuehrer-gewerkschaft-gdl-einigen-sich-auf-tarifvertrag-a-1246372.html, Freitag, 04.01.2019 09:23 Uhr

Der **wilde Streik** wird ohne die Gewerkschaften alleine von den Arbeitnehmern eines oder mehrerer Betriebe geleitet. Er gilt arbeitsrechtlich als Arbeitsverweigerung. Der Arbeitgeber kann somit einen Streikenden fristlos entlassen. Streiksonderformen sind: Warnstreik, Proteststreik, Sympathiestreik, politischer Streik, Generalstreik und „Dienst nach Vorschrift".

Die **Aussperrung** ist die dem Streik entsprechende Kampfmaßnahme der Arbeitgeber, d.h. eine Anzahl von Arbeitnehmern wird ohne Kündigung vorübergehend entlassen.

Arbeitsvertrag

Der **Individualarbeitsvertrag** bietet die Möglichkeit, den Vertragsinhalt zwischen den Vertragspartnern frei auszuhandeln und ist die Grundlage eines jeden Arbeitsverhältnisses.

Zwar gibt es über den Vertragsabschluss keine Formvorschriften, doch sollte ein Arbeitsvertrag aus Beweisgründen immer schriftlich abgeschlossen werden. Sollte ein Arbeitsvertrag dennoch mündlich abgeschlossen werden, so ist der Arbeitgeber nach dem so genannten **Nachweisgesetz** verpflichtet, spätestens einen Monat nach Beginn des Arbeitsverhältnisses dem Beschäftigten eine Niederschrift über die wichtigsten Vertragsinhalte auszuhändigen.

Nachweisgesetz: Der Arbeitgeber ist verpflichtet, dem Arbeitnehmer eine Niederschrift der wichtigsten Vertragsinhalte auszuhändigen.

Folgende Inhalte sollten in der Niederschrift aufgeführt sein:

- Personalien der Vertragspartner
- Art der Tätigkeit (Stellenbeschreibung)
- Probezeit
- Beginn des Arbeitsverhältnisses
- Ende des Arbeitsverhältnisses bei Zeitverträgen
- Arbeitszeit
- Urlaubsdauer
- Verdiensthöhe
- Kündigungsfristen
- Sozialleistungen des Arbeitgebers

Abänderungen des Tarifvertrages nur zu Gunsten des Arbeitnehmers

Der Gesetzgeber hat beim Arbeitsvertrag die Vertragsfreiheit stark eingeschränkt, um den Arbeitnehmer vor Benachteiligungen zu schützen. So müssen Arbeitsverträge den gültigen Tarifverträgen, den Betriebsvereinbarungen und anderer gesetzlicher Regelungen (z.B. Kündigungsschutzgesetz, Bundesurlaubsgesetz, Mutterschutzgesetz, Betriebsverfassungsgesetz) entsprechen. Zu beachten ist, dass der Arbeitgeber die Bestimmungen der einzelnen Gesetze, die gültigen Tarifverträge und Betriebsvereinbarungen nur **zu Gunsten des Arbeitnehmers** abändern darf.

Auf Grund eines Arbeitsvertrages bestehen folgende Pflichten/Rechte:

Pflichten des Arbeitnehmers/Rechte des Arbeitgebers

- **Arbeitspflicht** (vereinbarte Arbeitsleistung erbringen),
- **Gehorsamspflicht** (Anweisungen befolgen),
- **Sorgfaltspflicht** (sorgfältig arbeiten),
- **Treuepflicht** (Betriebsgeheimnisse wahren, keine Arbeiten privat durchführen, die für den Arbeitgeber als Konkurrenz anzusehen ist).

Pflichten des Arbeitgebers/Rechte des Arbeitnehmers

- **Beschäftigungspflicht**
  (mit der vereinbarten Arbeit beschäftigt werden),
- **Vergütungspflicht**
  (für die geleistete Arbeit Lohn/Gehalt zahlen),
- **Fürsorgepflicht**
  (Gesundheit und Leben des Arbeitnehmers schützen, Sozialversicherungsbeiträge abführen),
- **Zeugnispflicht**
  (bei Beendigung des Arbeitsverhältnisses ein Zeugnis ausstellen).

Die Nichteinhaltung der Rechte/Pflichten berechtigt zur Kündigung bzw. zum Schadensersatz.

LERN-BOX

- Durch Industrialisierung entstehen im 19. Jahrhundert zwei neue Bevölkerungsgruppen: die **wohlhabenden Fabrikbesitzer** und die **lohnabhängigen Arbeiter**.
- Als **„Soziale Frage"** bezeichnet man die sozialen Probleme, die aufgrund von Arbeits- und Lebensbedingungen in einer Gesellschaft entstehen. Ursprünglich wurden im 19. Jahrhundert mit diesem Begriff die sozialen Missstände bezeichnet, die durch die Folgen der Industriellen Revolution entstanden waren.
- Die **Sozialpartner** (Arbeitgeberverbände bzw. einzelne Arbeitgeber und Gewerkschaften) schließen Tarifverträge ab.
- Der **Individualarbeitsvertrag** unterliegt dem Nachweisgesetz, d.h., der Arbeitgeber ist verpflichtet dem Arbeitnehmer eine Niederschrift der wichtigsten Vertragsinhalte auszuhändigen. Der Arbeitgeber darf Bestimmungen einzelner Gesetze, gültiger Tarifverträge und Betriebsvereinbarungen nur **zu Gunsten** des Arbeitnehmers abändern.

WISSENS-CHECK

1. Erläutern Sie die Aussage: **„Zu jeder Zeit besteht die soziale Frage"**.
2. Welche Aufgaben haben die **Sozialpartner?**
3. Erklären Sie den Unterschied zwischen **Tarifvertrag** und **Manteltarifvertrag**.
4. Welche **Vorteile** bieten Tarifverträge?
5. Erläutern Sie die Aussage „Der Tarifvertrag wird für **allgemeinverbindlich** erklärt".
6. Erläutern Sie folgende Begriffe:
   a) **Streik**
   b) **wilder Streik**
   c) **Aussperrung**
7. Erklären Sie beim Individualarbeitsvertrag anhand eines Beispiels die Bedeutung des so genannten **Nachweisgesetzes**.
8. Welche vier **Rechte** des Arbeitgebers/**Pflichten** des Arbeitnehmers bestehen auf Grund eines Arbeitsvertrages?

Betriebsrat

Der Betrieb ist heute nicht nur als organisatorische Einheit zu verstehen, mit der ein Unternehmen allein oder mit seinen Mitarbeitern bestimmte arbeitstechnische Ziele und Zwecke verfolgt, sondern er ist auch ein soziales System, in dem sich soziale Verhaltensweisen wie Hilfsbereitschaft und Engagement entwickeln, Freundschaften geschlossen und gepflegt werden oder betriebliche Konflikte, die sich oft aus subjektiven, sozialen oder organisatorischen Ansprüchen ableiten, bewältigt werden müssen.

© Kasto – Fotolia.com

Betriebliche Probleme werden im Team besprochen.

So zeichnet sich jeder Betrieb durch seine untereinander abhängigen Arbeitsbeziehungen, d.h., durch sein soziales System aus.

Der Betrieb ist auch Sozialisationsinstanz

Viele betriebliche Vorgänge zeigen, dass der Betrieb Sozialisationsinstanz ist.

Unter **Sozialisation (= soziale Erziehung)** verstehen wir alle Umwelteinflüsse, die gesellschaftlich vermittelt werden und sich auf die Persönlichkeitsentwicklung auswirken.

Beispiel

Evelyne lernt Bauzeichnerin. Dabei vermittelt der Betrieb ihr in erster Linie berufliche Kenntnisse und Fertigkeiten. Evelyne lernt Beurteilen und Bewerten, Organisieren und Planen und sammelt im Arbeitsalltag Berufserfahrung. Die Ausbildungsinhalte sind sachbezogen.
Der Betrieb ist aber auch für Evelyne Sozialisationsinstanz mit Erziehungsauftrag.
Sie erkennt schnell, dass Ordnungsprinzipien wie Pünktlichkeit, Sauberkeit oder andere „Spiel"-Regeln für das Zusammenarbeiten sehr wichtig sind.
Verantwortliches Denken oder persönliche Grundhaltungen (Bereitschaft zur konstruktiven Kritik) sind weitere Beispiele, die Evelyne durch die Sozialisationsinstanz Betrieb für unverzichtbar hält.

Evelyne erkennt schnell, dass an die einzelnen Mitarbeiter im Betrieb unterschiedliche Verhaltenserwartungen gestellt werden.

Die Summe der Verhaltensweisen, die von uns in einer bestimmten sozialen Lage erwartet oder erbracht werden, bezeichnet man als **soziale Rolle**.

Welche Rolle der Einzelne in einer Gruppe einnimmt, richtet sich nach seiner speziellen Befähigung, und danach, was er zum Erreichen des Gruppenzieles beiträgt und wie er sich in die Gruppe integriert.

- Wir Gefühl
- Gleiche Ziele
- Normen
- Rollenverteilung
- Rangordnung(en)

= Merkmale einer Gruppe

Der **Status** der einzelnen Rolle ist an der Rangordnung der Gruppe erkennbar. Sie ist die Wertschätzung (Position) einer Rolle.

Normen sind Regeln, Absprachen und Vereinbarungen, die ein Zusammenleben bzw. Zusammenarbeiten der Menschen bzw. der Mitarbeiter ermöglichen sollen.

Auch Evelyne hat unterschiedliche Erwartungen zu erfüllen, z. B. gegenüber

Sie gehört als „Rolleninhaber" unterschiedlichen Gruppen an. Welche Rolle Evelyne in einer Gruppe spielt, welchen Status bzw. welche Position sie einnimmt, hängt hauptsächlich von der Art und Form der Gruppe ab.

Formelle Gruppen sind beispielsweise Betriebsgruppen oder Abteilungen. Sie haben eine festgelegte Betriebsorganisation.

Die Aufgaben- und Rollenverteilung ist klar umrissen und überschaubar.

Im Betrieb bilden sich aber auch Gruppen, die spontan und gefühlsmäßig orientiert sind.

Sie finden sich auf Grund der persönlichen Interessen zusammen.

Diese Gruppen bezeichnet man als **informelle Gruppen**.

Sie sind Sympathiegruppen wie Freizeitgruppen oder Sportvereine, entstehen oft spontan und dienen der Befriedigung emotionaler und sozialer Bedürfnisse.

Informelle Gruppen kommen meistens **außerhalb** des Betriebes zu Stande. Dies kann für den Betrieb und die Mitarbeiter Vor- und Nachteile haben.

© MEV Agency UG

Beispiel

Spielt Evelyne in der Betriebsfußballmannschaft, so trägt sie damit zu einem guten Betriebsklima bei. Trifft sie sich abends mit einigen Auszubildenden in einer Diskothek und äußert sich dabei negativ über andere Auszubildende, Mitarbeiter oder den Ausbilder, so belastet dies das Betriebsklima.

In den vergangenen Jahren haben Konflikte im Betrieb durch das so genannte **Mobbing** stark zugenommen. Darunter versteht man das systematische „fertig machen" eines Arbeitskollegen bzw. einer Arbeitskollegin.

Mobbing = Psychoterror unter Arbeitskollegen

Durch gezielte Schikanen und Pöbeleien (engl.: to mob = pöbeln), durch gemeine Gerüchte und Intrigen, durch Arbeitsaufgaben, die kränkenden Charakter haben, durch sexuelle Belästigungen am Arbeitsplatz soll die betreffende Person geschnitten, isoliert und damit ausgegrenzt werden.

Die Ursachen von Mobbing sind nicht eindeutig auszumachen und äußerst unterschiedlich. Neid, Missgunst und Karrierestreben von Kollegen, Angst um den Arbeitsplatz, fehlende Anerkennung durch den Chef oder Ausbilder und der Konkurrenzkampf untereinander sind die Hauptgründe für den Psychoterror unter Arbeitskollegen.

Leider gibt es im Arbeitsalltag immer wieder Konflikte, die nicht gütlich in beiderseitigem Einvernehmen gelöst werden können. Bei diesen Streitigkeiten ist die **Arbeitsgerichtsbarkeit** zuständig (siehe Seite 27).

Betriebsverfassungsgesetz: Geschichtlicher Rückblick

Die Forderung der Arbeitnehmer, an wirtschaftlichen Entscheidungen beteiligt zu werden, wurde schon 1848 erhoben. In der verfassungsgebenden Nationalversammlung in Frankfurt/Main wurde in der evangelischen Paulskirche über die Einführung einer Gewerbeordnung beraten, die die Gründung demokratischer Fabrikausschüsse für ganz Deutschland vorsah.

1916 mussten in Betrieben mit mehr als 50 Beschäftigten auf Grund des vaterländischen Hilfsdienstgesetzes Arbeiter- und Angestelltenausschüsse gebildet werden. Ihnen wurde ein Anhörungsrecht vorwiegend in sozialen Angelegenheiten zugebilligt.

Durch das Betriebsrätegesetz vom 04.02.1920 wurde in Betrieben mit 20 und mehr Beschäftigten die Bildung von Betriebsräten ermöglicht, die Mitwirkungs- und Mitbestimmungsrechte in bestimmten sozialen, personellen und wirtschaftlichen Angelegenheiten besaßen.

Das Betriebsrätegesetz wurde dann unter Hitler 1933 durch das „Gesetz zur Ordnung der nationalen Arbeit" außer Kraft gesetzt. Nach dem Zusammenbruch Deutschlands führten die alliierten Siegermächte (USA, UdSSR, Großbritannien, Frankreich) 1946 durch das Kontrollratsgesetz wieder Betriebsräte ein. Es folgten ebenso deutsche Ländergesetze.

Das **„Gesetz über die Mitbestimmung der Arbeitnehmer in den Aufsichtsräten und Vorständen der Unternehmen des Bergbaus und der Eisen und Stahl erzeugenden Industrie" (= Montanmitbestimmung) vom 21. Mai 1951** brachte in diesem Bereich die paritätische (= gleichberechtigte) Mitbestimmung. Arbeitnehmer und Anteilseigner haben Stimmengleichheit im Aufsichtsrat; ein neutraler „elfter" Mann verhindert das Patt.

Durch Inkrafttreten des **Betriebsverfassungsgesetzes (11. November 1952)** wurde bei Aktiengesellschaften den Arbeitnehmern ein Drittel der Aufsichtsratsmandate sowie Mitwirkungs- und Mitbestimmungsrechte in sozialen, personellen und wirtschaftlichen Angelegenheiten zugestanden.

1972 trat das **Betriebsverfassungsgesetz** in Kraft und verbesserte die innerbetriebliche Mitbestimmung beträchtlich.

Die entscheidende Phase in der mitbestimmungspolitischen Auseinandersetzung begann mit der Regierungserklärung des damaligen Bundeskanzlers Willy Brandt vom 18. Januar 1973.

In dieser Erklärung bekundete er den Willen der SPD/FDP-Regierung, die **paritätische Mitbestimmung** noch in dieser Legislaturperiode auf der Grundlage der Parität von Kapital und Arbeit zu verwirklichen.

Die Unternehmer lehnen heute noch die paritätische Mitbestimmung entschieden ab und wenden sich gegen jede Mitbestimmung durch betriebsfremde Gewerkschaftsvertreter.

Mitbestimmungsgesetz

So wurde dann nach langen Debatten das **Mitbestimmungsgesetz am 18. März 1976** vom Bundestag verabschiedet und trat am 1. Juli 1976 in Kraft. Es greift neben dem Betriebsverfassungsgesetz am weitesten in das Verhältnis zwischen Arbeitgeber und Arbeitnehmer ein.

Das Betriebsverfassungsgesetz von 1972 stellte das Mitwirkungs- und Mitbestimmungsrecht durch Betriebsrat, Betriebsausschuss und Wirtschaftsausschuss sicher.

Das Gesetz wurde 1989 nach gründlicher Novellierung – den Gewerkschaften wurden als Organisation mehr Rechte zugebilligt – erneut geändert. Der Begriff des leitenden Angestellten wurde genauer definiert und ein Minderheitenschutz für kleinere Gewerkschaften und Gruppierungen bei der Wahl und im Betriebsrat eingeführt.

BetrVG

Im Jahre 2001 wurde das Betriebsverfassungsgesetz reformiert. Wesentliche Elemente der Reform sind ein vereinfachtes Wahlverfahren der Betriebsräte in Betrieben bis zu 100 Arbeitnehmer, Vergrößerung der Betriebsräte und bessere Freistellungsbedingungen, Beachtung der Geschlechter-(Frauen)-Quote bei der Betriebsratswahl sowie Initiativrechte beim betrieblichen Umweltschutz und gegen Rassismus und Fremdenfeindlichkeit.

Der Betriebsrat ist die Interessenvertretung der Arbeitnehmer des Betriebes. Arbeitgeber und Betriebsrat haben die **Pflicht zur vertrauensvollen Zusammenarbeit.** „Arbeitgeber und Betriebsrat arbeiten unter Beachtung der geltenden Tarifverträge vertrauensvoll und im Zusammenwirken mit den im Betrieb vertretenen Gewerkschaften und Arbeitgebervereinigungen zum Wohl der Arbeitnehmer und des Betriebes zusammen" (§ 2 Abs. 1 BetrVG). Das Betriebsverfassungsgesetz eröffnet auch für Handwerksbetriebe die Möglichkeit, Mitbestimmung durch die Bildung des Betriebsrates zu praktizieren.

Die **Zahl der Betriebsratsmitglieder** hängt von der Anzahl der wahlberechtigten Arbeitnehmer ab (siehe nachfolgende Grafik):

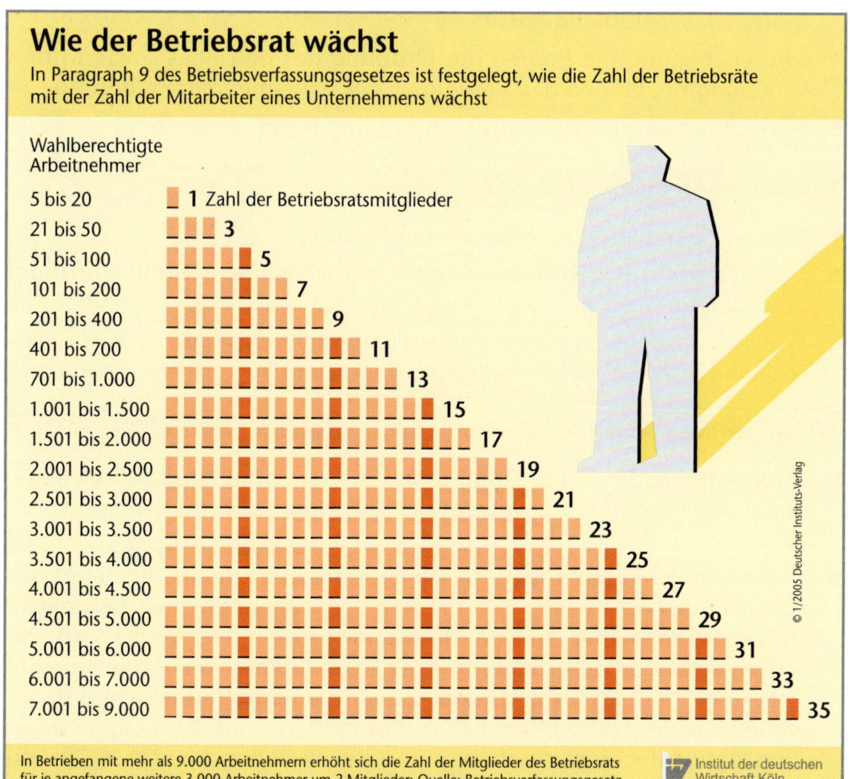

Wahlberechtigt sind alle Arbeitnehmer, die das 18. Lebensjahr vollendet haben (aktives Wahlrecht zum Betriebsrat). Der Betriebsrat wird in geheimer und unmittelbarer Wahl für 4 Jahre gewählt.

Wählbar sind alle Wahlberechtigten, die mindestens 6 Monate dem Betrieb angehören (passives Wahlrecht zum Betriebsrat). Dies gilt auch für ausländische Arbeitnehmer.

Betriebsrat und seine Aufgaben

Allgemeine Angelegenheiten

- Maßnahmen, die dem Betrieb und der Belegschaft dienen, beim Arbeitgeber zu beantragen.
- Darüber zu wachen, dass die zugunsten der Arbeitnehmer geltenden Gesetze, Verordnungen, Tarifverträge und Betriebsvereinbarungen eingehalten werden.
- Beschwerden und Anregungen von Arbeitnehmern entgegen zu nehmen und, falls sie berechtigt sind, darüber mit dem Arbeitgeber zu verhandeln. Der Betriebsrat hat die Arbeitnehmer über den Stand und das Ergebnis der Verhandlungen zu unterrichten.

Soziale Angelegenheiten

- Mitbestimmung bei Aufstellung von Entlohnungsgrundsätzen und Einführung neuer Entlohnungsmethoden,
- Mitbestimmung bei Arbeitszeit-, Pausen- und Urlaubsfestlegungen,
- Mitbestimmung bei der Verwaltung und Handhabung sozialer Einrichtungen des Unternehmens,
- Mitbestimmung bei Fragen der Ordnung des Betriebes sowie Mitbestimmung bei Fragen des Verhaltens der Arbeitnehmer im Betrieb,
- Mitbestimmung bei der Durchführung der Berufsausbildung.

Personelle Angelegenheiten

- Beschäftigung älterer Arbeitnehmer fördern,
- Eingliederung Schwerbeschädigter und sonstiger schutzbedürftiger Personen fördern,
- Widerspruchsrecht bei Einstellungen und Anhörungs- und Widerspruchsrecht bei Kündigungen, Umgruppierungen und Versetzungen ausüben.

Wirtschaftliche Angelegenheiten

- Informationspflicht des Unternehmers gegenüber dem Wirtschaftsausschuss oder dem Betriebsrat bei wichtigen wirtschaftlichen Angelegenheiten.
- In Betrieben mit mehr als 100 Arbeitnehmern tritt monatlich ein Wirtschaftsausschuss aus 3–7 Mitgliedern zusammen, die vom Betriebsrat für die Dauer seiner Amtszeit bestimmt werden. Der Wirtschaftsausschuss dient der Unterrichtung über Fabrikations- und Arbeitsmethoden, über Produktionsprogramme, über die wirtschaftliche und finanzielle Lage des Unternehmens, die Produktions- und Absatzlage sowie über Rationalisierungsvorhaben und die Verlegung und den Zusammenschluss einzelner Betriebe.

Mitwirkung und Mitbestimmung des Betriebsrats

§ 90 Planung von Bauvorhaben, Investitionen
§§ 92 (1) Planung betrieblicher Berufsbildung,
96 (1), 97 Einrichtung und Ausstattung, Fragen der Berufsbildung der Arbeitnehmer
§ 92 (1) Personalmaßnahmen
§ 92 a Beschäftigungssicherung
§ 106 Wirtschaftliche, finanzielle Absatzlage (Wirtschaftsausschuss)
§ 111 Planung von Einschränkung, Verlagerung, Stilllegung oder Zusammenschluss von Betrieben
§ 111 Planung von Änderungen der Betriebsorganisation, des Betriebszwecks, der Betriebsanlage
§ 111 Planung der Einführung neuer Arbeitsmethoden und Fertigungsverfahren

§ 102 Kündigung im Einzelfall

§ 87 (1), 2, 3 Kollektive Arbeitszeitregelungen
§ 87 (1), 8 Form, Ausgestaltung und Verwaltung von Sozialeinrichtungen
§ 87 (1), 9 Zuweisung und Kündigung von Werks wohnungen
§ 87 (1), 4 Zeit, Ort und Art der Auszahlung der Arbeitsentgelte
§ 87 (1), 10 Fragen der betrieblichen Lohngestaltung, Entlohnungsgrundsätze und -methoden
§ 87 (1), 11 Leistungsentgelt, Prämien, Akkord
§ 87 (1), 13 Grundsätze über die Durchführung von Gruppenarbeit
§ 87 (1), 6 Technische Kontrolleinrichtungen zur Leistungs- und Verhaltensüberwachung
§ 87 (1), 1 Ordnung des Betriebs und Verhalten der Arbeitnehmer
§ 87 (1), 7 Regelungen zu Unfallverhütung und Gesundheitsdienst
§ 98 (1), 4 Betriebliche Berufsbildung
§ 87 (1), 5 Urlaubsgrundsätze, Urlaubsplan, Urlaubstermin im Einzelfall bei Meinungsverschiedenheiten
§ 87 (1), 12 Grundsätze des betrieblichen Vorschlagswesens

§ 92 a (1) Sicherung und Förderung der Beschäftigung
§ 92 (2) Einführung einer Personalplanung
§ 80 Beschäftigung und Eingliederung älterer, ausländischer und schwerbeschädigter Arbeitnehmer

§ 95 Auswahlrichtlinien bei Einstellungen, Versetzungen oder Kündigungen in Betrieben unter 500 Mitarbeitern
§ 103 Außerordentliche Kündigung von Mitgliedern der Betriebsverfassungsorgane
§ 94 (2) Festlegung von Beurteilungsgrundsätzen
§ 94 (1) Gestaltung des Personalfragebogens

§ 83 Einsicht in Personalakte, Zustimmung des Arbeitnehmers
§ 80 Einsicht in Lohn- und Gehaltslisten
§ 82 (2) (2) Berufliche Entwicklung des einzelnen Arbeitnehmers
§ 92 Personalplanung
§ 106 (1) Wirtschaftliche Lage und Entwicklung der Unternehmen (Wirtschaftsausschuss)
§ 108 Jahresabschluss (Wirtschaftsausschuss)
§ 82 (5) Leistungsbeurteilung im Einzelfall
§ 82 (2) Berechnung des Entgelts im Einzelfall
§§ 84 (2) Beschwerden im Einzelfall
§ 89, 85 Auflagen zur Unfallverhütung
§ 89 (2) Unfallanzeigen
§ 105 (5) Einstellung leitender Angestellter

§ 95 Auswahlrichtlinien bei Einstellungen, Versetzungen oder Kündigungen in Betrieben über 500 Mitarbeitern
§ 98 (2) (5) Bestellung und Abberufung von Ausbildungspersonal
§ 104 Entlassung, Versetzung betriebsstörender Arbeitnehmer
§ 93 Interne Arbeitsplatzausschreibung
§ 102 Mitteilung der Gründe für Einzelkündigung
§ 99 Vorlage von Bewerbungsunterlagen bei Einstellung, Versetzung, Ein- und Umgruppierung
§ 91 Abwendung, Milderung von Belastungen am Arbeitsplatz
§ 92 (3) Initiativrecht zur Aufstellung von Förderplänen für die Geschlechter

§ 99 Ein- und Umgruppierung. Einstellung und Versetzung im Einzelfall
§ 100 Vorläufige personelle Maßnahmen

Quelle: Horst-Udo Niedenhoff, Mitbestimmung in der Bundesrepublik Deutschland, Deutscher Instituts-Verlag, Köln

Institut der deutschen Wirtschaft Köln

Bei Unternehmen, die in Unternehmensformen wie Aktiengesellschaft (AG), Kommanditgesellschaft auf Aktien (KGaA) und Gesellschaft mit beschränkter Haftung (GmbH) – hier mit mehr als 500 bis 2.000 Beschäftigte – geführt werden, haben die **Arbeitnehmer** nach dem Betriebsverfassungsgesetz **Mitbestimmungsrechte durch Beteiligung im Aufsichtsrat**. Dies bedeutet, dass der Aufsichtsrat der oben genannten Unternehmensformen zu einem Drittel aus Vertretern der Arbeitnehmer bestehen muss.

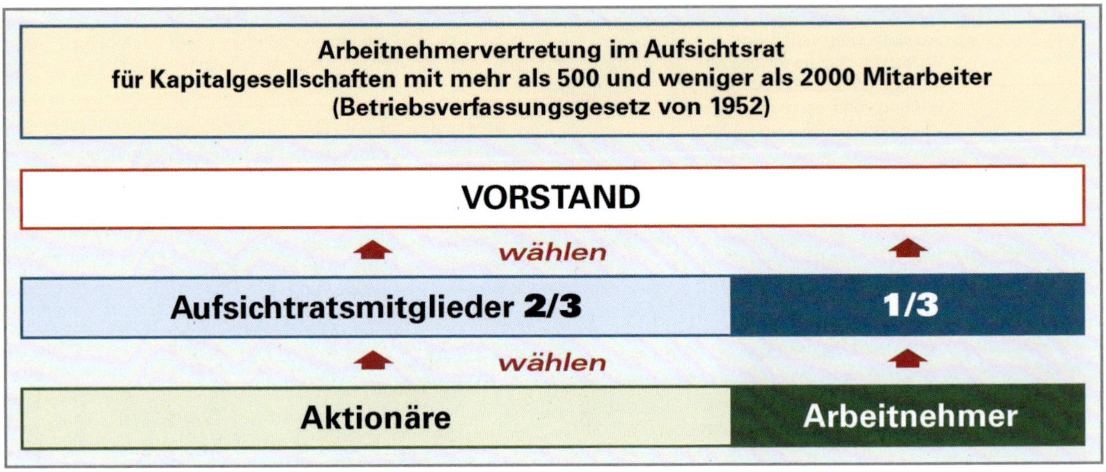

Jugend- und Auszubildendenvertretung

Betriebe mit mindestens fünf jugendlichen Arbeitnehmern (unter 18 Jahren) sowie Auszubildende unter 25 Jahren wählen eine **Jugend- und Auszubildendenvertretung**.

Wahlberechtigt sind jugendliche Arbeitnehmer und Auszubildende.

Wählbar sind Arbeitnehmer und Auszubildende, die das 25. Lebensjahr noch nicht vollendet haben.

Die Mitgliederzahl der Jugend- und Auszubildendenvertretung hängt von der Anzahl der jugendlichen Arbeitnehmer (AN) und der Auszubildenden (Azubis) ab:

5 – 20	jugendliche AN und Azubis	=	1 Vertreter
21 – 50	jugendliche AN und Azubis	=	3 Vertreter
51 – 150	jugendliche AN und Azubis	=	5 Vertreter
151 – 300	jugendliche AN und Azubis	=	7 Vertreter
301 – 500	jugendliche AN und Azubis	=	9 Vertreter
501 – 700	jugendliche AN und Azubis	=	11 Vertreter
701 – 1000	jugendliche AN und Azubis	=	13 Vertreter
über 1000	jugendliche AN und Azubis	=	15 Vertreter

Die Jugend- und Auszubildendenvertretung soll sich möglichst aus Vertretern der verschiedenen Beschäftigungsarten der im Betrieb arbeitenden Jugendlichen und Auszubildenden zusammensetzen, wobei die Geschlechter entsprechend ihrem zahlenmäßigen Verhältnis vertreten sein sollen.

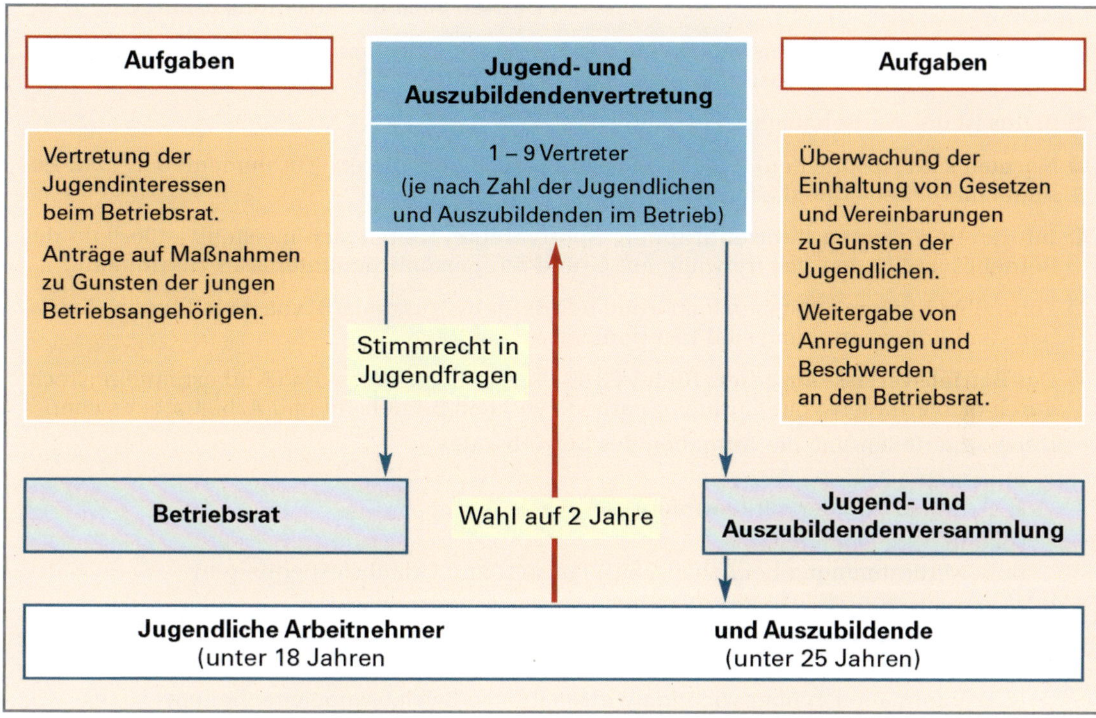

Allgemeine Aufgaben der Jugendvertretung (§ 70 BetrVG)

1. Die Jugendvertretung hat folgende allgemeine Aufgaben:
   a) Sie beantragt Maßnahmen beim Betriebsrat, die den Jugendlichen Arbeitnehmern dienen, insbesondere in Fragen der Berufsbildung.
   b) Sie wacht darüber, dass die zugunsten der jugendlichen Arbeitnehmer geltenden Gesetze, Verordnungen, Unfallverhütungsvorschriften, Tarifverträge und Betriebsvereinbarungen beachtet werden.
   c) Sie nimmt Anregungen von jugendlichen Arbeitnehmern entgegen, insbesondere in Fragen der Berufsausbildung, und wirkt, falls diese berechtigt erscheinen, beim Betriebsrat auf deren Erledigung hin. Die Jugendvertretung hat die betroffenen jugendlichen Arbeitnehmer über den Stand und das Ergebnis der Verhandlungen zu informieren.
2. Zur Durchführung ihrer Aufgaben ist die Jugendvertretung durch den Betriebsrat rechtzeitig und umfassend zu unterrichten. Die Jugendvertretung kann verlangen, dass ihr der Betriebsrat die zur Durchführung ihrer Aufgaben erforderlichen Unterlagen zur Verfügung gestellt werden.

LERN-BOX

- Jeder Betrieb zeichnet sich durch seine untereinander abhängigen Arbeitsbeziehungen, d.h. durch sein soziales System aus.

  Dabei werden an einzelne Mitarbeiter unterschiedliche Erwartungen gestellt.

  Viele betriebliche Vorgänge zeigen, dass der **Betrieb auch Sozialisationsinstanz** ist.
- Die Summe der Verhaltensweisen, die von uns in einer bestimmten sozialen Lage erwartet oder erbracht werden, bezeichnet man als **soziale Rolle**.
- **Status** ist die Wertschätzung (Position) einer Rolle.
- **Normen** sind Absprachen, Regeln und Vereinbarungen, die ein Zusammenleben bzw. Zusammenarbeiten ermöglichen sollen.
- **Informelle Gruppen** (Freizeitgruppen, Sportvereine) treffen sich meistens außerhalb des Betriebes und finden sich freiwillig auf Grund des persönlichen Interesses zusammen.
- **Formelle Gruppen** entstehen auf Grund der Betriebsstruktur, z.B. von Abteilungen. Aufgaben- und Rollenverteilung sind klar definiert.
- Das **Betriebsverfassungsgesetz (BetrVG)** stellt das Mitwirkungs- und Mitbestimmungsrecht durch die vertrauensvolle Zusammenarbeit zwischen Betriebsrat und Arbeitgeber sicher.

  Dabei unterteilen sich die **Aufgaben des Betriebsrates** in
  - **allgemeine** Angelegenheiten (z.B. Einhaltung der Tarifverträge)
  - **soziale** Angelegenheiten (z.B. Mitbestimmung bei Arbeitszeit-, Pausen- und Urlaubsfestlegungen)
  - **personelle** Angelegenheiten (z.B. Eingliederung Behinderter)
  - **wirtschaftliche** Angelegenheiten (z.B. Informationen über wichtige wirtschaftliche Betriebsangelegenheiten)
- Betriebe mit mindestens 5 jugendlichen Arbeitnehmern bzw. Auszubildenden wählen eine **Jugend- und Auszubildendenvertretung**.

WISSENS-CHECK

1. Wieso ist heute jeder Betrieb nicht nur organisatorische Einheit, sondern auch ein **soziales** System?
2. Erklären Sie anhand eines persönlichen Beispiels die **Merkmale** einer Gruppe sowie den Unterschied zwischen formeller und informeller Gruppe.
3. Warum ist **Mobbing** kein Kavaliersdelikt?
4. Wer ist nach dem Betriebsverfassungsgesetz für den **Betriebsrat** wahlberechtigt, wer ist wählbar?
5. Erläutern Sie anhand von Beispielen **Mitwirkungs- und Mitbestimmungsrechte** des Betriebsrates in **sozialen, personellen** und **wirtschaftlichen** Angelegenheiten.
6. Welche **Aufgaben** hat die Jugend- und Auszubildendenvertretung?
7. Welche Betriebe können **Jugend- und Auszubildendenvertretung** wählen?
8. Erläutern Sie die Gründe für eine vermehrte **eigenverantwortliche Teambildung** in Unternehmen.

Einkommen und persönliche Ansprüche

Unter Einkommen versteht man den Vermögenszugang (Einnahmen) einer natürlichen Person oder eines Haushaltes innerhalb eines bestimmten Zeitraums. Im Allgemeinen umfasst der Zeitraum, über den das Einkommen gemessen wird, ein Kalenderjahr.

Viele Menschen kommen heute mit ihrem laufenden Einkommen nicht mehr vollständig ihren Zahlungsverpflichtungen nach, weil oft die persönlichen Ansprüche höher als das zur Verfügung stehende Einkommen sind.

Jeder Mensch hat Wünsche bzw. **Bedürfnisse**. Bedürfnisse sind menschliche Empfindungen, einen Mangel aufheben zu müssen, also Bedürfnisse zu befriedigen. Heben wir den Mangel auf, decken wir unsere Bedürfnisse; wir wirtschaften. Die Bedürfnisse sind demnach die Ursachen unseres wirtschaftlichen Handelns; die Deckung der Bedürfnisse ist folglich das wirtschaftliche Handeln.

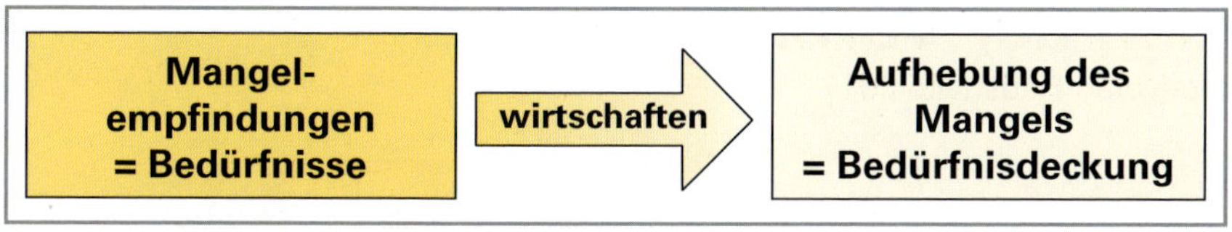

Da die Bedürfnisse des Menschen unbegrenzt sind, können sie auch nicht alle gleichzeitig befriedigt werden. Jeder Mensch stellt deshalb eine eigene Rangordnung über die Befriedigung seiner Bedürfnisse auf. Der eine hält seine Lebenshaltungskosten niedrig, um sich eine Urlaubsreise leisten zu können, ein anderer spart lieber für einen Sportwagen oder hält ein eigenes Haus mit Garten für erstrebenswert. **Wirtschaften heißt also, planvoll mit den vorhandenen Gütern** (Geld, Kleider, Lebensmittel) **umzugehen, damit der Nutzen möglichst groß ist.**

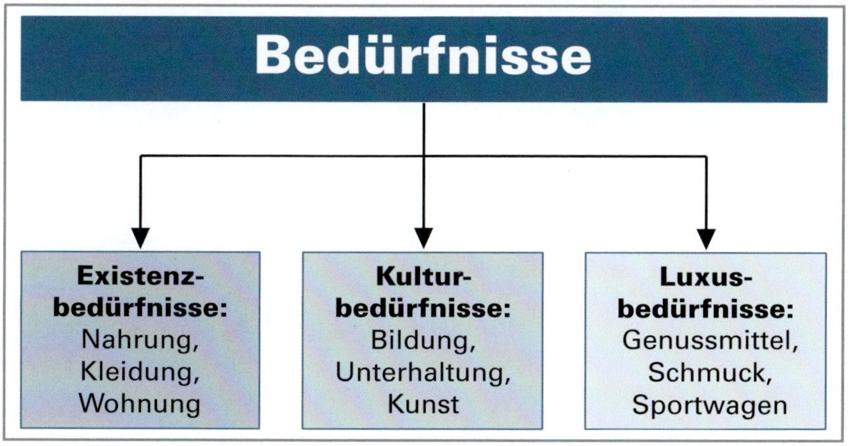

Als Bedarf bezeichnet man den Teil der Bedürfnisse, zu dessen Befriedigung die eigenen Geldmittel ausreichen würden, für die also Geld vorhanden ist. Wird doch nicht alles zur Verfügung stehende Geld ausgegeben, so tritt nur ein Teil des Bedarfs am Markt in Erscheinung. Diesen Teil des Bedarfs nennt man Nachfrage.

Bedürfnis des Menschen

↓

Bedarf =
mit finanziellen Mitteln versehene Bedürfnisse

↓

Nachfrage =
auf dem Markt erscheinender Bedarf

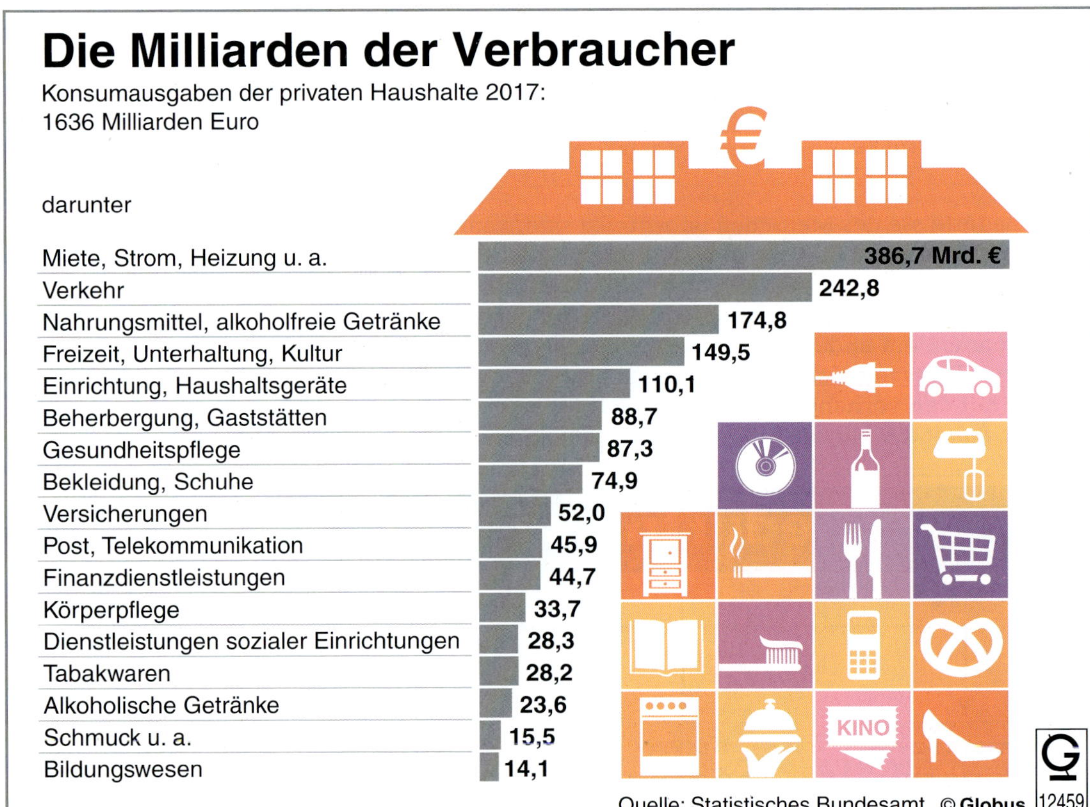

Zu den verfügbaren Einkommen gehören die Einkünfte aller zum Haushalt zählenden Personen aus allen Quellen; das monatliche Netto-Einkommen des Hauptverdieners fließt ebenso ein wie Kindergeld, Ausbildungsvergütungen, Zinseinkünfte, Wohngeld, Urlaubs- oder Weihnachtsgeld.

Die Realisierung von Konsumwünschen und die Finanzierung eingegangener Verpflichtungen (z. B. Handy, Auto) führen geradewegs in eine Schuldenfalle.

Der Unterschied zwischen dem marktwirtschaftlichen, vielfältigen Angebot und den persönlichen, oftmals eingeschränkten Realisierungsmöglichkeiten verlangt nach Lösungsvorschlägen. Eine Verbesserung dieser Situation könnte durch die Reduzierung des Lebensstandards vorgenommen werden.

Eine Überschuldung kann verhindert bzw. überwunden werden, wenn folgende Sachverhalte für die eigene Person kritisch analysiert, hinterfragt und entsprechend geändert werden:

Überschuldungsgründe

- Wer heute bucht, morgen in den Urlaub fliegt, übermorgen bezahlt, lebt über seine Verhältnisse.
- Im Internet surfen macht Spaß, man erhält viele Informationen, kann Musik und Spiele herunterladen – doch Vorsicht: Ohne eine Flatrate und ohne den richtigen Vertrag steigen die Gebühren unaufhaltsam.
- Mit Kreditkarte einkaufen erhöht die Bereitschaft, das eine oder andere Teil mehr zu kaufen und so sein Konto zu überziehen. Der Überblick über die Kontoführung geht schnell verloren.
- Finger weg von Eil- oder Sofortkrediten; sie sind immer teurer als Kredite bei Markenbanken.
- Stets das neueste Smartphone oder Tablet besitzen.
- Auf Pump kaufen ist zu teuer – deshalb Ratenkäufe vermeiden, denn diese summieren sich zu einer Kette von Verbindlichkeiten, die oftmals Monate und Jahre später noch abzuzahlen sind.
- Spielhallen meiden, Gewinner sind immer die Automatenbetreiber.
- Zu oft zu viele Schnäppchen kaufen belastet das Konto zu sehr.
- Keine Bürgschaft eingehen. Für jemand anderen die Schulden tilgen kann eine langwierige und kostspielige Sache werden.

Werbung

Unter **Werbung** versteht man die Maßnahmen eines Anbieters von Gütern und Dienstleistungen, die das Ziel haben, ihre Produkte bekannt zu machen und Kaufinteresse zu wecken.

Hauptsache schöne Hülle

Es muss schon irgend etwas dran sein, an der Jeans, dem Walkman oder der Cola, die täglich aufs Neue um die Gunst der jungen Verbraucher wetteifern. Wären die Verbraucher nicht so wählerisch, gäbe es nur eine Automarke, eine Sorte Schokoriegel und ein Waschmittel. **Da der Konsument auf Anhieb aber nicht weiß, was ihm am besten gefällt, braucht er die Werbung**. Werbemacher behaupten, dass „no name"-Artikel out sind.

Bestimmte Markenartikel stehen andererseits für eine bestimmte Qualität. Ihr bleibt der Verbraucher treu, wenn er sich einmal an das Produkt gewöhnt hat. So fängt die Gewöhnung durch die Werbung immer früher an.

Die Inhalte und Werte eines Produktes spielen heute nur untergeordnete Rollen: je nachdem, ob man sich besonders jung, dynamisch oder frisch zu gebärden hat, steht neben der Marke „cool", „light" oder „fresh". Auf das äußere Erscheinungsbild, auf die Wirkung beim Hinschauen kommt es an.

Die Marke entscheidet

Gerade junge Verbraucher fangen erst an, sich auf bestimmte Marken festzulegen. Es ist also logisch, dass die Werbung gerade sie umwirbt, da sie einerseits schon heute immer mehr Geld in der Tasche haben, andererseits der Grundstock für die Markenbindung möglichst früh gelegt werden soll.

Es gilt frühzeitig die Vorliebe für eine bestimmte Marke im Bewusstsein zu verankern.

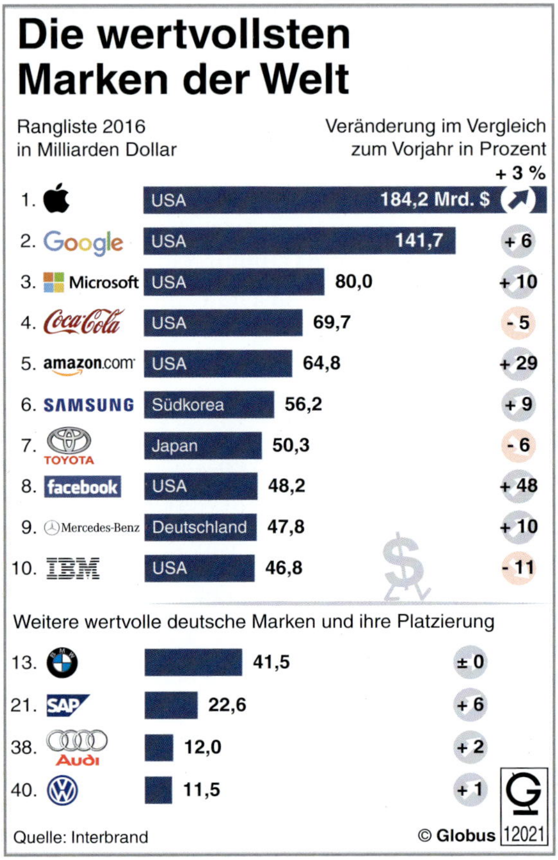

Daher werden jugendliche Verbraucher besonders massiv in den einschlägigen Jugendzeitschriften, auf Plakaten, per SMS, via Internet und Email und besonders im Fernsehen angesprochen. Durch planmäßigen Einsatz von Werbemitteln soll die Werbung die Waren und Leistungen eines Unternehmens bekanntmachen, den Verbraucher beeinflussen, ihn zum Kauf anregen und in ihm neue Bedürfnisse wecken.

Aufgaben der Werbung

Die Werbung umfasst folgende Aufgaben:

- neue Kunden gewinnen
- alte Kunden erhalten,
- neuen Waren und Dienstleistungen den Weg zum Verbraucher bahnen,
- den Verbraucher durch informative und sachbezogene Werbung unterrichten und aufklären,
- Waren und Dienstleistungen einen Vertrauensgewinn verschaffen, um darüber ein Markenimage aufzubauen, z. B. Coca-Cola, BOSS, Mercedes-Benz u. v. a.
- neue Bedürfnisse wecken,
- psychologische Anreize vermitteln, ein bestimmtes Produkt zu kaufen.

EXKURS:

Produktnamen – sinnvoller Unsinn mit versteckter Bedeutung

Haribo, Persil, Sinalco, Golf, Adidas – so häufig uns solche Wörter in der Werbung und in Geschäften begegnen, so selten überlegen wir uns, welchen Sinn sie haben könnten. Die Welt der Produktnamen ist allerdings auch derart bizarr und wild wuchernd, dass es schwerfällt, bei den meist unverständlichen Wörtern ein System oder einen Sinn auszumachen. Doch hinter vielen verbirgt sich Erstaunliches.

Klangwirkung.

Aufmerksamkeit kann man mit einprägsamen und auffallenden Klangbildern erwecken. Sanso lässt einen unmittelbar die Weichheit der Sanso-gespülten Wäsche spüren. Pritt demonstriert, wie schnell und hart der Klebstoff wirkt. Manche Namen prägen sich durch ihr besonderes Wortbild ein; Wörter wie Omo, Ata, Imi, Mum, Maoam, Sugus, Civic, Xerox lauten rückwärts gelesen gleich oder ähnlich wie von vorn gelesen.

Verschlüsselte Informationen.

Nirosta ist das Material, das „nie rostet"; Vileda ist so gut „wie Leder", Wuxal gibt den Pflanzen guten „Wuchs", Darmol hilft im „Darm". Man kann das Gemeinte auch in eine fremde Sprache übersetzen: Milka (Milchschokolade) ist gebildet aus engl. milk „Milch", Moltex (Windeln) aus ital. mollo = „weich", Nutella aus engl. nut „Nuss", und Audi ist die wörtliche lateinische Übersetzung von „Horch!" – der Firmengründer hieß tatsächlich Horch.

Zusammengesetzte Bruchstücke.

Hinter den Bruchstücken können Herstellernamen versteckt sein: Adidas = Adi Dassler, Eduscho = Eduard Schopf, Hakle = Hans Klenk, Haribo = Hans Riegel Bonn.

Grundstoffe.

Auch Grundstoffe können im Namen verborgen sein: Hanuta setzt sich zusammen aus „Hasel-" und engl. „nut". Persil ist gebildet aus „Perborat" und „Silikat", Osram aus „Osmium" und „Wolfram" (zwei Metalle, die bei der Herstellung von Glühbirnen verwendet werden).

Andere Eigenschaften des Produkts deuten Onko („ohne Koffein"), Sinalco (lat. sine „ohne" „Alkohol"), Styropor („poröses Polystyrol" – Kunststoff), Metabo („Metallbohrdreher").

Initialen und Prestigewörter.

Die Zigarette HB ist vom Haus Bergmann produziert, hinter Elbeo verbirgt sich die Abkürzung L.B.O. = Louis Bahner Oberlungwitz; Agfa ist eigentlich „Actien-Gesellschaft für Anilinfabrikation", Geha meint „Georg Hübner".

Prestigewörter.

Dies sind attraktive, wohlklingende Wörter, die mit dem Produkt nichts zu tun haben, aber unbestimmte Assoziationen wecken. Beispiele für Personenbezeichnungen sind: Diplomat, Ambassador, Lord, Peer, Admiral, Commodore; für (Traum-)Landschaften Ascona, Capri, Granada, Tahiti, Pacific.

An alle Werbemaßnahmen sind im wesentlichen folgende Anforderungen zu stellen:

Grundsätze der Werbung

Wirksamkeit:
Werbung sollte z. B. zu messbaren Umsatzsteigerungen führen.

Wahrheit:
Der Werbeinhalt muss wahr sein. Unwahre Werbung stellt unlauteren Wettbewerb dar.

Wirtschaftlichkeit:
Das erstrebte Werbeziel ist mit geringstmöglichem Aufwand anzustreben (Beachtung des ökonomischen Prinzips).

Klarheit:
Werbeaussagen sollen verständlich formuliert sein.

Einheitlichkeit:
Abstimmung verschiedener Einzelmaßnahmen, z. B. Werbung in Zeitungen oder im Fernsehen.

Originalität:
Die eigene Werbung soll sich von der Konkurrenzwerbung abheben.

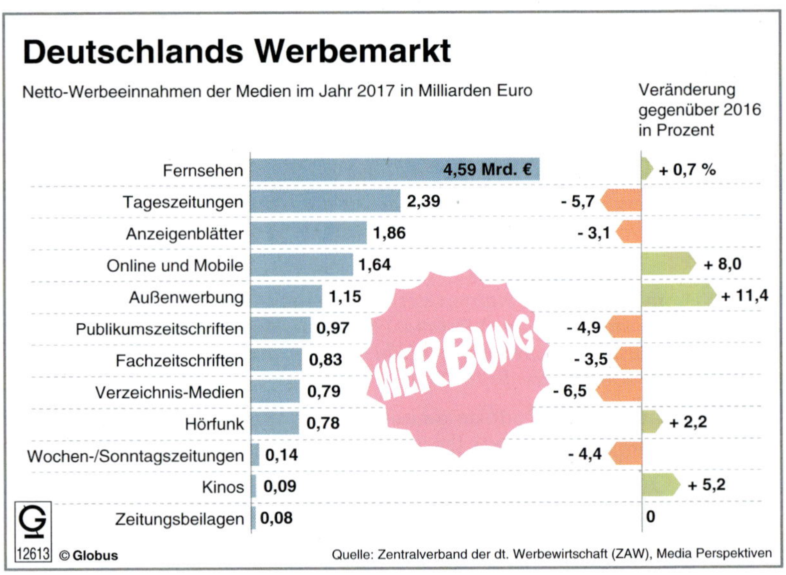

Werbearten

Nach der Zahl der umworbenen Kunden unterscheidet man zwischen direkter und indirekter Werbung.

Direkte (persönliche) Werbung
Diese Werbemaßnahme spricht den Kunden direkt an, z. B. durch Werbebrief, Werbegespräch, Besuch von Vertretern oder Reisenden.

Indirekte (unpersönliche) Werbung
Sie wendet sich über die verschiedenen Massenmedien wie Zeitung, Rundfunk und Fernsehen an die Allgemeinheit der Verbraucher. Diese Art der Werbung erzielt eine hohe Breitenwirkung.

Nach der Anzahl der Werbenden unterscheidet man zwischen

- Einzel- oder Alleinwerbung,
- Sammelwerbung,
- Gemeinschaftswerbung.

Sammelwerbung

Von Sammelwerbung spricht man, wenn mehrere Unternehmen eine gemeinsame Werbeaktion durchführen, wobei jeder unter seiner Firma wirbt, z. B. gemeinsame Anzeige aller am Bau eines Schwimmbades beteiligten Firmen oder Werbung der Einzelhändler einer Einkaufsstraße.

Gemeinschaftswerbung

Sie liegt vor, wenn allgemein für eine Branchengruppe geworben wird; der einzelne Unternehmer wird nicht erwähnt, z. B. landwirtschaftliche Produkte: „Aus deutschen Landen frisch auf den Tisch" oder für Wein: „Badischer Wein – von der Sonne verwöhnt".

Werbemittel

Grafische Werbemittel

- Anzeigen in Zeitungen, Zeitschriften, Illustrierten, Internet usw.
- Werbebriefe als persönlicher Brief oder als Schemabrief
- Werbedrucke als Zeitungs- und Zeitschriftenbeilagen, Prospekte, Kataloge, Handzettel, Preislisten, Kundenzeitschriften
- Werbeplakate an Litfaßsäulen, Plakatwänden, Häusern, Fahrzeugen
- Lichtwerbung (Leucht- und Laufschriften) an Häusern, in Schaufenstern, auf Dächern
- Werbefotos in Prospekten

Akustische und optische Werbemittel

- Werbespots in Rundfunk und Fernsehen
- Werbefilme, Werbesendungen
- Werbevorführungen, z. B. Waschen, Probieren, Modeschauen
- Werbevorträge bei Betriebsbesichtigungen, Messen, Ausstellungen
- Werbeumzüge

Ausstattung als Werbemittel

- Ausstattung von Geschäfts-, Verkaufs- und Ausstellungsräumen
- Gestaltung von Schaufenstern und Vitrinen
- besonders sind gute Raumaufteilung, übersichtliche Anordnung, geschmackvolle Dekoration, wirkungsvolle Beleuchtung und Licht- und Farbabstimmungen zu beachten

Warenverpackung als Werbemittel

- Form, Farbe und grafische Gestaltung der Verkaufsverpackung
- bei Allsichtpackungen wirbt die Ware für sich selbst

Werbeverkaufshilfen

- Kundendienst, z. B. Wartungsverträge, eigene Reparaturwerkstatt
- Werbegeschenke, z. B. Zugaben, Warenproben
- Aktionen, z. B. Sonderpreise, Preisausschreiben, Autogrammstunden

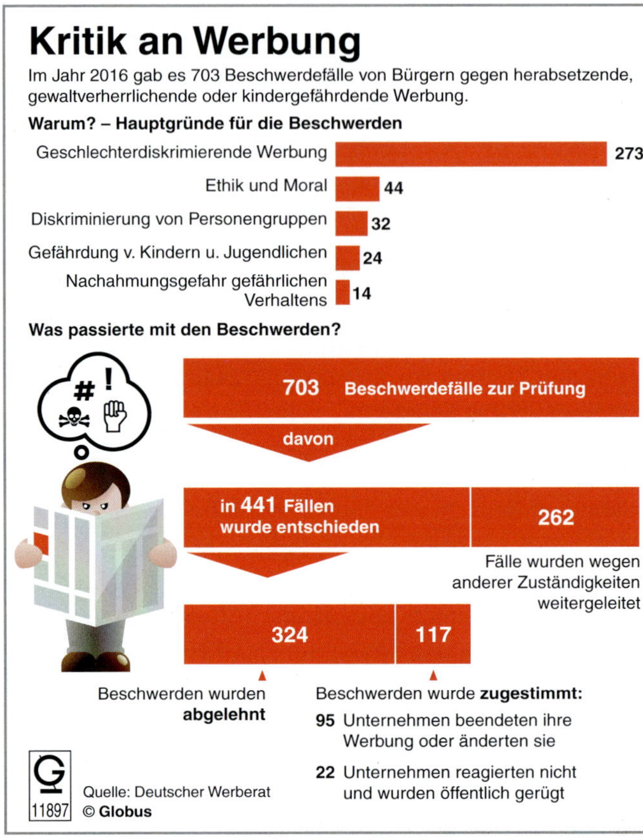

Wirtschaftliche Voraussetzungen

Zur Bedürfnisbefriedigung sind **Güter** notwendig. Jedoch hält die Natur nicht alle Güter konsumfertig zur Verfügung. Freie Güter wie Luft und Wasser stehen uns ohne großen Aufwand bereit. Alle anderen Güter sind begrenzt vorhanden. Man bezeichnet sie deshalb auch als knappe oder wirtschaftliche Güter. Die Knappheit der Güter (z. B. Erdöl) zwingt die Menschen zum Wirtschaften.

Freie Güter	**Knappe (Wirtschaftliche) Güter**
z.B. Luft, Tageslicht – sind unbegrenzt vorhanden – verursachen keinen Aufwand – haben keinen Preis – sind von Natur aus konsumreif – sind nicht Gegenstand des Wirtschaftens	z.B. Kleidung, Nahrung – sind knapp – Herstellung erfordert Aufwand – haben einen Preis – häufig nicht direkt konsumreif – sind Gegenstand des Wirtschaftens

Bedürfnisbefriedigung

Güter: Sammelbegriff für Waren und Dienstleistungen

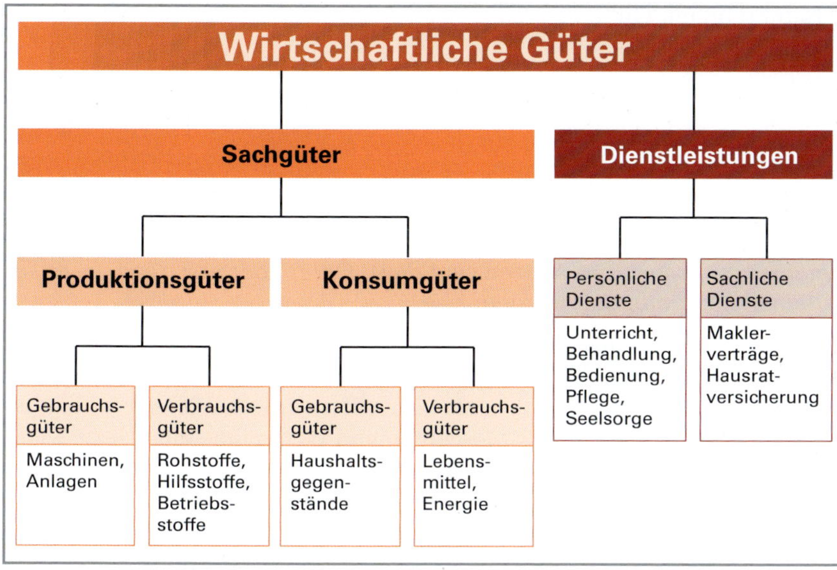

Ein Gebrauchsgut kann sowohl Produktionsgut als auch Konsumgut sein.

Beispiel

Den Rasenmäher, den ein Gartenbaumeister für seine Arbeit anschafft, braucht er für die Pflege der Gärten seiner Kunden. Der gleiche Rasenmäher kann jedoch auch für die Rasenpflege seines Privatanwesens genutzt werden.

Unter Produzieren versteht man das Bereitstellen von Leistungen, also auch Sachleistungen und Dienstleistungen, für den Konsum. Hierzu gehören die Fertigung und Herstellung von Gütern im landwirtschaftlichen, handwerklichen sowie im industriellen Bereich. Dienstleistungen erbringen Handel, Verkehr, Versicherungen und Banken. Sie alle tragen dazu bei, die Sachleistungen und Dienstleistungen dem Verbraucher zuzuführen.

Produktionsfaktoren werden die Einsatzgrößen genannt, die für die Produktion von Waren und Dienstleistungern erforderlich sind.

Der vielfältige Bedarf eines Menschen an Nahrungsmitteln, Kleidung, Wohnung und anderen Gütern wird ihm nicht von der Natur konsumreif zur Verfügung gestellt. Die Güter müssen erst in Unternehmen produziert und dem Verbraucher konsumreif bereit gestellt werden.

Produktionsfaktoren: Einsatzgrößen, die für die Produktion von Waren und Dienstleistungen erforderlich sind.

In den Unternehmungen werden bestimmte Grundelemente bzw. Leistungskräfte so kombiniert, dass als Ergebnis ihres Zusammenwirkens (Produktion) ein Gut entsteht.

Beispiel

Um einen Tisch zu produzieren, müssen u. a. die Grundelemente

- *Holz*
- *Maschinen*
- *Arbeitsleistungen*

eingesetzt werden. Von Nutzen sind diese Güter aber erst dann, wenn sie miteinander kombiniert werden.

Um einen Tisch produzieren zu können, ist erst einmal menschliche **Arbeit** unentbehrlich. Weiterhin gehört zur Produktion der **Boden** (auch als Natur bezeichnet), auf dem bzw. mit dem gearbeitet wird. Zur Erleichterung der menschlichen Arbeit werden Maschinen und Werkzeuge eingesetzt. Diese Ausstattung eines Betriebes bezeichnet man als (Sach-)**Kapital**. Diese Grundelemente nennt man Produktionsfaktoren.

Alle Produktionsvorgänge in der Wirtschaft lassen sich zurückführen auf die Produktionsfaktoren Boden, Arbeit und Kapital. Weil das Kapital erst mit Hilfe der beiden anderen Produktionsfaktoren geschaffen werden muss, nennt man es auch den abgeleiteten Produktionsfaktor.

Dem gegenüber werden die beiden Produktionsfaktoren Arbeit und Boden ursprüngliche Produktionsfaktoren genannt. Sie werden von der Natur bereit gestellt und sind vorhanden, ohne dass der Mensch dafür wirtschaftlich tätig werden müsste.

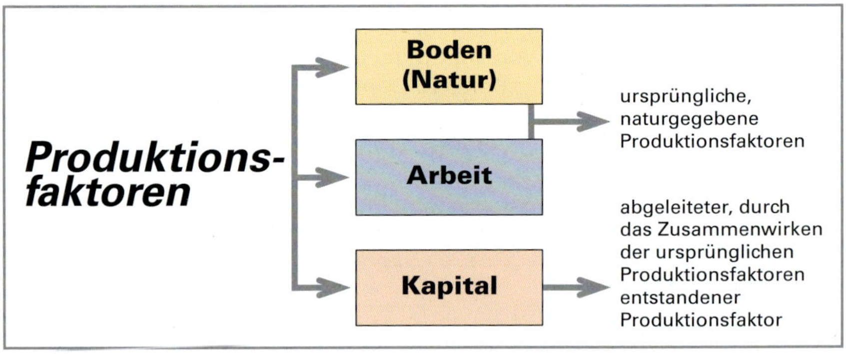

In der heutigen Zeit wird häufig das **Management** als vierter Produktionsfaktor genannt. Es handelt sich um die leitende und dirigierende Tätigkeit von Menschen im Produktionsprozess, wie Planungsaufgaben, Organisationsaufgaben oder Kontrollaufgaben.

Der Produktionsfaktor Boden

Die Natur ist für den Menschen unentbehrlich. Das Land hat Bodenschätze und bietet dem Menschen Nahrungsmittel durch Viehzucht, Ackerbau, Obst-, Wein- und Gartenbau.

Die Menschen brauchen Land zum Bau von Eigenheimen, Mietshäusern, Gemeinschaftsanlagen (Schulen, Krankenhäusern, Sportplätzen, Hallenbädern) sowie für gewerbliche Unternehmen. Das Wasser braucht der

Mensch als elementares Grundnahrungsmittel, es dient ihm weiterhin als Transportweg für Binnen- und Überseeschifffahrt.

Der Boden im volkswirtschaftlichen Sinne ist die **Natur**, die zu wirtschaftlichen Zwecken genutzt wird.

Der Produktionsfaktor Boden umfasst:

- Felder, Wälder, Wiesen
- Flüsse, Seen, Meere
- Wind, Sonne
- Bodenschätze

Der Boden als Produktionsfaktor weist einige Besonderheiten gegenüber den anderen Produktionsfaktoren auf:

- Der Boden ist nicht beliebig vermehrbar.
- Der Boden ist nicht transportierbar, also an einen bestimmten Ort gebunden und deshalb
- ist sein Wert von der entsprechenden Lage bzw. natürlichen Beschaffenheit abhängig.

Der Produktionsfaktor Boden wird unter wirtschaftlichen Gesichtspunkten in dreifacher Weise genutzt:

zum Anbau
Land-, Forst- und Weidewirtschaft

zum Abbau
Steinkohle-, Braunkohle-, Salzbergbau, Förderung von Erdöl und Erdgas

als Standort für
land- und forstwirtschaftliche Betriebe, Industriebetriebe, Verkehrsanlagen, Wohnungsbau, Bürohäuser, Lagerhallen, Verkaufsräume

Zur landwirtschaftlichen Nutzfläche **(Anbauboden)** gehören:

Anbauboden

Ackerland	➠	Getreide
Dauergrünland	➠	Tierzucht, Milchwirtschaft
Gartenbaufläche	➠	Gemüse, Obst

Die Bewirtschaftung der Landwirtschaftsflächen hat sich in den letzten Jahrzehnten

- durch den verstärkten Einsatz von Maschinen
- durch Flurbereinigungen
- durch verbesserte Züchtungen
- durch Schädlingsbekämpfungsmittel
- durch neue Anbau- und Düngemethoden

stark gewandelt, sodass diese Maßnahmen zu erheblichen Ertragssteigerungen führten. Infolge der schnellen Vermehrung der Erdbevölkerung steigt der Bedarf an landwirtschaftlichen Erzeugnissen.

Die besondere wirtschaftliche Bedeutung des Produktionsfaktors Boden zeigt sich in der Rohstoffversorgung.

Die Bundesrepublik Deutschland ist ein **rohstoffarmes** Land. Dies führt zu einer stärkeren Abhängigkeit gegenüber rohstoffreichen Ländern.

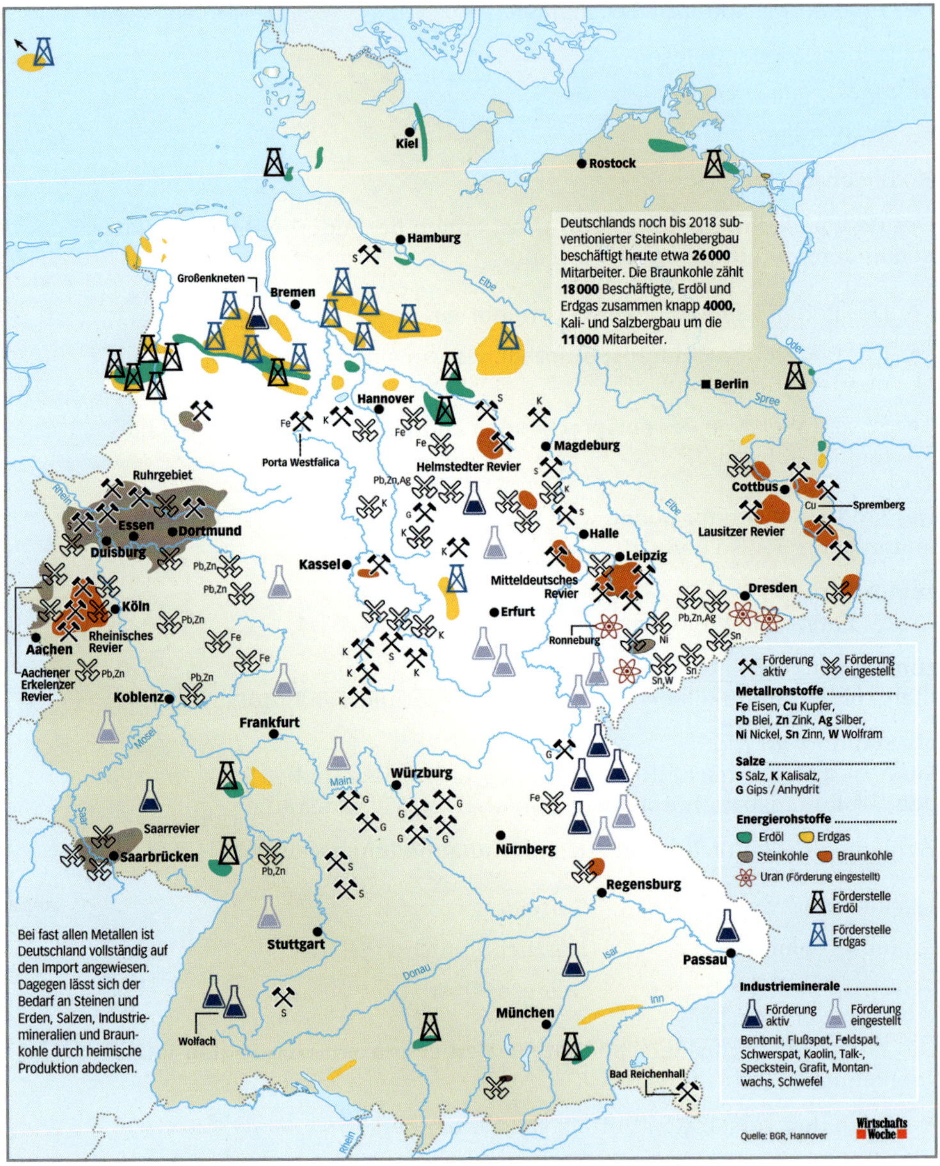

Standortboden

Der Boden dient als **Standort der Produktion**:

- in der Landwirtschaft
- in der Industrie
- im Dienstleistungsbereich

Die Wahl des Standortes kann nach verschiedenen Gesichtspunkten erfolgen:

Rohstofforientierte Standorte

Beispiele

Bergbau, Zuckerfabrik

Arbeitskraftorientierte Standorte

Beispiele

Feinmechanikindustrie, Textilindustrie

Energieorientierte Standorte

Beispiele

Aluminiumproduktion, Chemieindustrie

Verkehrsorientierte Standorte

Beispiele

Transportunternehmen von Massengütern, Raffinerien

Absatzorientierte Standorte

Beispiele

Handelsunternehmen, Dienstleistungsunternehmen

Politisch orientierte Standorte

Beispiele

Standortwahl nach:

- *Steuervorteilen*
- *politischem Klima*
- *Subventionspolitik usw.*

Sonstige Standorte

Beispiele

Historische Gründe, z. B.: Kölsch-Bier-Produktion nur in Köln

Der Produktionsfaktor Arbeit

Der **Produktionsfaktor Arbeit** umfasst jede

- körperliche und
- geistige

Tätigkeit, die darauf gerichtet ist, Güter zu produzieren, Dienstleistungen zu verrichten sowie Einkommen zu erwerben.

Dazu gehört die körperliche Tätigkeit auf der Baustelle und in der Landwirtschaft ebenso wie die Tätigkeit eines Arztes in der Praxis oder die Tätigkeit der Verkäuferin im Geschäft.

Die Arbeit lässt sich nach den verschiedensten Merkmalen einteilen:

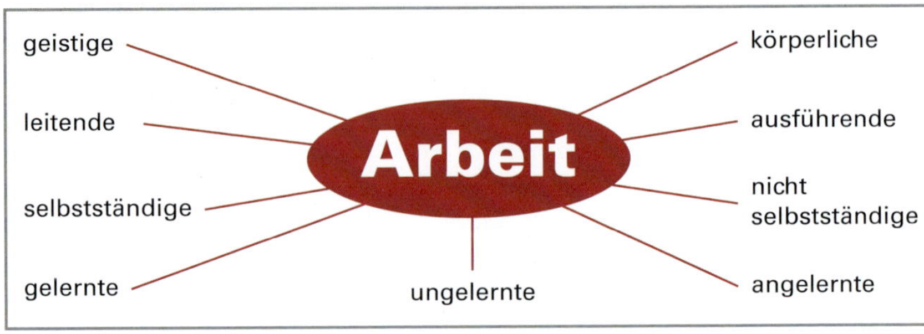

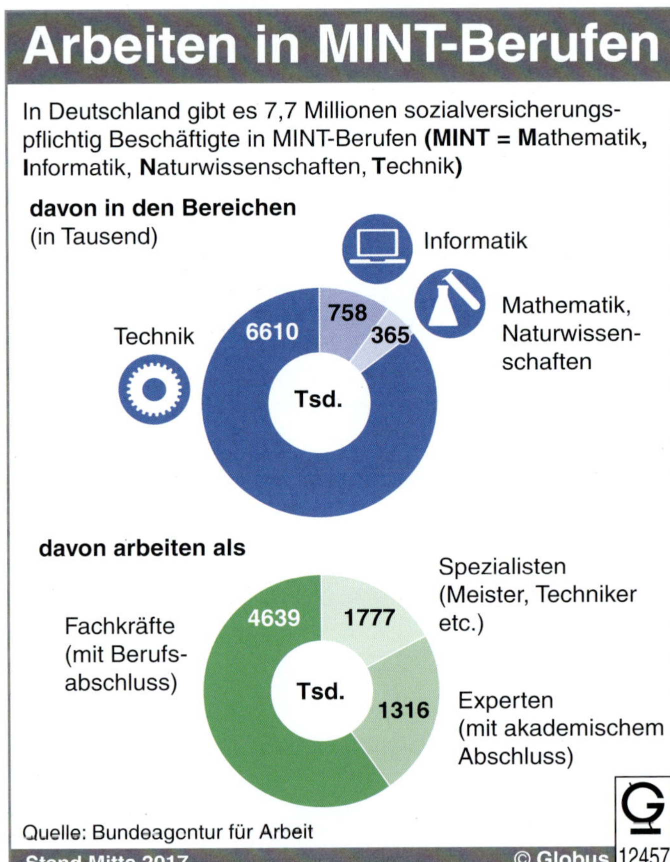

Schon früh hat sich eine **Arbeitsteilung** herausgebildet, weil man erkannt hatte, dass die Fertigkeiten zunehmen, wenn sich jeder auf die Herstellung ganz bestimmter Güter spezialisiert.

Der Grad der Arbeitsteilung nahm lange Zeit immer weiter zu.
Die Urform der Arbeitsteilung entwickelte sich in der Familie.

Arbeitsteilung

Auf Grund der unterschiedlichen Begabungen und Neigungen entwickelten sich die ersten Berufe (Bauern und Handwerker). Diese Arbeitsteilung bezeichnet man als **Berufsbildung**.

Mit fortschreitender Entwicklung der modernen Arbeitswelt nahm die Zahl der Berufe weiterhin zu, andererseits wuchsen die Aufgabengebiete der einzelnen Berufe so stark an, dass sich die meisten wiederum aufteilten. Dies bezeichnet man als **Berufsteilung**.

Berufsbildung, Berufsspaltung, Arbeitszerlegung

Den früheren Beruf des Elektroinstallateurs gibt es nicht mehr. Aus ihm ist der Elektroniker in unterschiedlichen Fachrichtungen entstanden, z. B. Elektroniker für Energie- und Gebäudetechnik, Elektroniker für Informations- und Kommunikationstechnik sowie Elektroniker für Automatisierungstechnik.

Mit der beruflichen Arbeitsteilung entwickelte sich gleichzeitig auch innerbetrieblich eine weitere Sozialisierung, die **Arbeitszerlegung**.

Hierbei handelt es sich um eine Aufgliederung des betrieblichen Arbeitsablaufes in Einzeltätigkeiten. Während beispielsweise früher der Handwerker ein Werkstück selbst anfertigte, führt heute der einzelne Arbeiter oft nur kurze Teilverrichtungen aus. Perfektioniert ist diese Arbeitszerlegung im Fließbandverfahren.

Arbeitsteilung hat sowohl **positive** als auch **negative Auswirkungen**.

Positiv

Vorteile

⊕ vermehrtes Güter- und Dienstleistungsangebot
⊕ erhöhte Produktivität
⊕ technischer Fortschritt
⊕ steigendes Einkommen
⊕ angelernte und ungelernte Arbeitskräfte können eingesetzt werden

= steigender Lebensstandard

Negativ

Nachteile

⊖ Tendenz zur Konzentration
⊖ Einzelner bestimmt nicht mehr sein Arbeitstempo, sondern die Maschine
⊖ Zunahme der Bürokratie
⊖ Verlust der Perspektive für die Ganzheit
⊖ Entfremdung der Arbeitswelt, geringe Mobilität der Arbeiter
⊖ Abstumpfung der Arbeitskräfte
⊖ Monotonie (körperliche und geistige Schäden)
⊖ Spezialisten werden krisenempfindlicher (begrenzte Einsatzmöglichkeit)

= verminderte Arbeitsfreude

Das **Kapital einer Volkswirtschaft** setzt sich zusammen aus dem so genannten **Geldkapital** und dem **Sach- oder Realkapital**.

Der Produktionsfaktor Kapitel

Zum **Sachkapital** gehören die Produktionsmittel, also Gebäude, Maschinen, Einrichtungen, Roh-, Hilfs- und Betriebsstoffe soweit sie der Produktion dienen.

Im Gegensatz dazu steht das **Geldkapital** in Form von Geld zur Verfügung. Dieses Geldkapital wird beispielsweise verwandt, um Löhne und Gehälter zu zahlen.

Beispiele

Beim Bau eines Sportplatzes setzt der Bauunternehmer Jürgen Schneider z.B. eine Raupe, einen Lkw, Schaufeln, Hacken und andere Werkzeuge ein. Diese Maschinen und Geräte gehören zum Sachkapital.

Zum Ausbau des Sportplatzes wird der Unternehmer auch Zement, Sand und Lava-Asche verwenden. Um dieses Material und die Löhne bezahlen zu können, benötigt der Unternehmer Geld bzw. Geldkapital.

Die Bildung von Sachkapital kann nur durch Bildung von Geldkapital erfolgen. Das Geldkapital dient zur Finanzierung des Sachkapitals.

Dazu gibt es folgende Möglichkeiten:

Kapitalbildung durch private Haushalte

Die privaten Haushalte erhalten durch die Bereitstellung ihrer Arbeitskraft Löhne und Gehälter. Einen Teil dieses Einkommens benötigen sie zur Bedürfnisbefriedigung, einen Restbetrag dieses Einkommens können sie sparen.

Diese Sparaufkommen (Geldkapital) werden bei der Bank gesammelt und der Sparer erhält für seinen Konsumverzicht einen Zins. Die Banken verleihen diese Sparbeträge wieder an Unternehmen, die damit beispielsweise Maschinen kaufen.

Diesen Vorgang der Umwandlung des Geldes in Produktionsmittel nennt man auch **„investieren"**.

Diese Kapitalbildung geschieht also durch Sparen der privaten Haushalte und durch die Investition der Unternehmen.

Voraussetzung zur Bildung von Kapital

KONSUMVERZICHT	+	PRODUKTIONSUMWEG
= Sparen		= Investition in Produktivgüter (produzierte Produktionsmittel)

SPAREN IST VORAUSSETZUNG FÜR INVESTITION

Der Faktor Boden und der Faktor Arbeit stellen nicht direkt Konsumgüter her, sondern fertigen zunächst einen dritten Produktionsfaktor, das Kapital (z. B. Maschinen, Werkzeuge.

Mit Hilfe des Kapitals kann die Konsumgüterproduktion dann schneller und besser ausgeführt werden. Diesen Vorgang nennt man Produktionsumweg.

Durch die Umwandlung von Geld in Kapitalgüter wird volkswirtschaftlich Kapital gebildet. Jede Kapitalbildung geht zu Lasten des Konsums, da anstelle von Konsumgütern Produktivgüter hergestellt werden.

Direkte Produktion

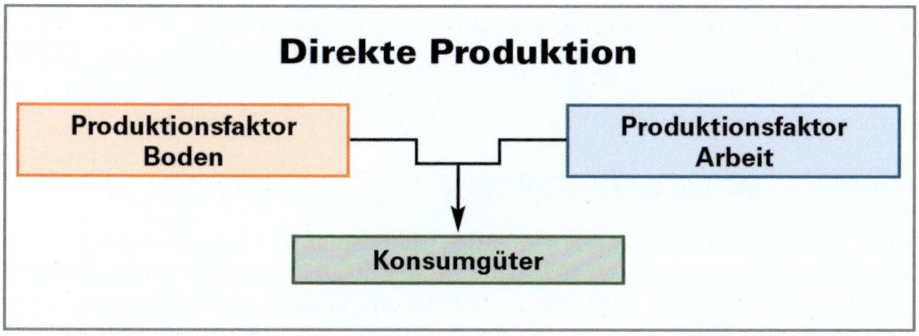

Indirekte Produktion

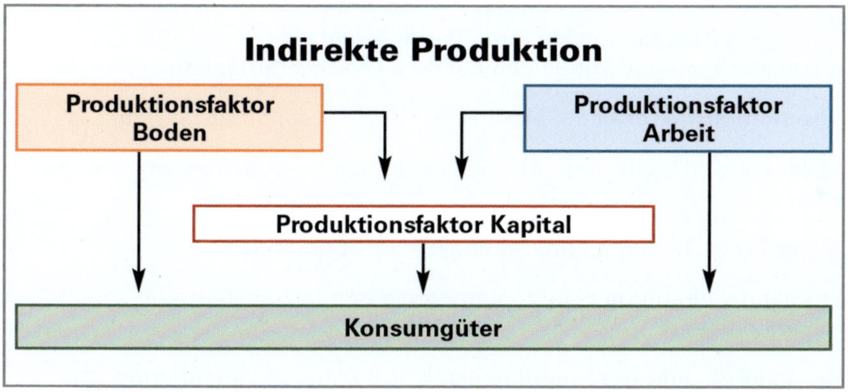

Kapitalbildung durch den Unternehmer

Intention jeder Unternehmung ist die Erzielung von Gewinnen.

Diese Gewinne können auf zweifache Weise verwandt werden:

- einmal können Teile oder der ganze Gewinn an den privaten Haushalt des Arbeitgebers (Unternehmen) ausgeschüttet werden, oder
- der Gewinn bleibt ganz oder teilweise in dem Unternehmen. Diese Gewinne können dann zur Investition von neuen Anlagen direkt eingesetzt werden.

Kapital kann auch durch Abschreibungen gebildet werden. In den Abschreibungen werden die jährlichen Abnutzungen der Anlagegüter erfasst. Die Abschreibungsbeträge fließen dem Unternehmen über die Verkaufserlöse wieder zu, sodass nach Ablauf der Nutzungsdauer, z. B. bei einem Pkw 4 Jahre, dem Unternehmen das notwendige Kapital für eine Neuanschaffung zur Verfügung steht.

LERN-BOX

- Realisierung der Konsumwünsche und eingegangene Verpflichtungen können in eine **Schuldenfalle** führen.
- Persönliche Ansprüche **(Bedürfnisse, Bedarf)** und die Begrenztheit des verfügbaren Einkommens **bestimmen das wirtschaftliche Handeln**.
- **Werbung und Werbestrategien** machen Waren und Leistungen bekannt, **wecken beim Verbraucher Bedürfnisse** und regen zum Kauf an.
- Unter Produktion versteht man jede Tätigkeit zur Bereitstellung von Gütern. Die **Produktionfaktoren Boden, Arbeit und Kapital** sind Grundlagen aller Produktionsvorgänge. Das **Management** wird als vierter Produktionsfaktor angesehen.

WISSENS-CHECK

❶ Welche Anschaffungen (Ausgaben) bringen gerade Jugendliche oft in eine Schuldenfalle? Listen Sie diese Ausgaben auf und versehen Sie diese mit den heute aktuellen Europreisen. Vergleichen Sie die Höhe der Ausgaben mit Ihrer momentanen Ausbildungsvergütung.

❷ Welche **Aufgaben** hat die Werbung?

❸ Überprüfen Sie anhand einer Zeitungswerbung **die Werbegrundsätze**. Präsentieren Sie die Ergebnisse der Gruppenarbeit anhand von Folien mit dem Overheadprojektor.

❹ Übertragen Sie die **Produktionsfaktoren** auf ein Beispiel ihres Ausbildungsbetriebes.

❺ Erklären Sie den **Unterschied** zwischen den ursprünglichen und den abgeleiteten Produktionsfaktoren.

❻ Wie wird der Produktionsfaktor **Boden** im Produktionsprozess eingesetzt?

❼ Wieso ist die **Attraktivität** des Produktionsfaktors Boden in den letzten Jahren in Deutschland in die Diskussion gekommen?

❽ Warum **verringert** sich Jahr für Jahr der Produktionsfaktor Boden als Anbaufaktor?

❾ Entscheiden Sie, ob in den folgenden Beispielen der volkswirtschaftliche **Begriff der Arbeit** vorliegt. Begründen Sie ihre Entscheidung.
   a) Herr Schulze baut nach Feierabend in seinem Garten für seine Familie Gemüse an.
   b) Gärtnermeister Grüne züchtet Gemüse und verkauft dieses auf dem Markt.
   c) Frau Schulze erledigt alle anfallenden Haushaltsaufgaben.
   d) Hausangestellte Martha Müller erledigt alle anfallenden Haushaltsaufgaben.

❿ Diskutieren Sie die **Vor- und Nachteile** der Arbeitsteilung und veröffentlichen Sie das Ergebnis der Diskussion in einer Wandzeitung.

⓫ Erarbeiten Sie die **Möglichkeiten der Kapitalbildung** durch Unternehmen bzw. durch private Haushalte.

⓬ Erklären Sie an einem Beispiel, dass der Produktionfaktor Kapital auf die **Kombination** der Produktionsfaktoren Boden und Arbeit zurückgeht.

Ökonomisches Prinzip

Um die Bedürfnisbefriedigung zu sichern, müssen die Menschen bei wirtschaftlichen Überlegungen und Entscheidungen planvoll vorgehen. Da die Mittel, die den Menschen zur Produktion von Gütern zur Verfügung stehen, knapp sind, muss der Einsatz dieser knappen Mittel sorgfältig abgewogen werden. Dieses Vorgehen bezeichnet man auch als das Handeln nach dem „ökonomischen Prinzip".

Das ökonomische Prinzip ist also nichts anderes als die Anwendung der Grundsätze für planvolles und sinnvolles Handeln.

Jeder Unternehmer, der Gewinne erzielen will, versucht daher, das mengenmäßige Ergebnis der Produktion im bestmöglichen Verhältnis seines Einsatzes an Kosten zu erreichen. Der Unternehmer handelt also bei der Verwirklichung seines Zieles „Gewinnmaximierung" nach dem ökonomischen Prinzip, das zwei Entscheidungsmöglichkeiten anbietet:

Maximalprinzip

Nach dem **Maximalprinzip** soll mit den **gegebenen Mitteln ein höchstmöglicher Erfolg** (Bedürfnisbefriedigung) erzielt werden.

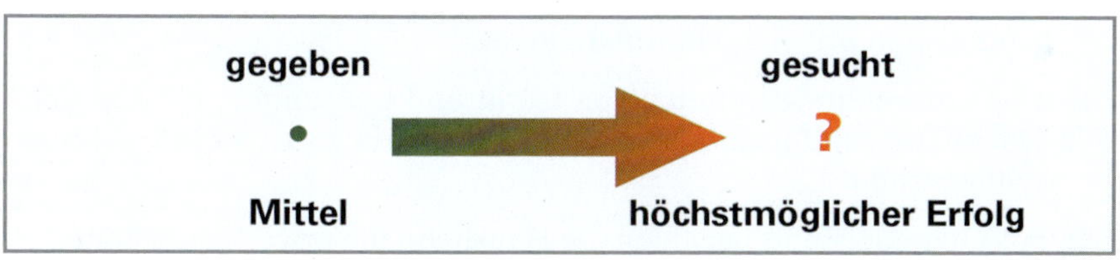

Beispiele

1. *Der Bauunternehmer Franz Meyer setzt seine vorhandenen Arbeitskräfte und Maschinen so ein, dass er den größtmöglichen Nutzen erzielt.*
2. *Der Berufsschüler Jürgen Schmidt hat sich vorgenommen, seine dreijährige Ausbildungszeit mit einer möglichst guten Facharbeiterprüfung abzuschließen.*

Minimalprinzip

Nach dem **Minimalprinzip** soll ein **gegebenes Ziel mit geringstmöglichem Mitteleinsatz** (z. B. niedrigsten Kosten) erreicht werden.

Beispiele

1. *Der Bauunternehmer Franz Meyer versucht, den Bau eines Einfamilienhauses zum 01.05. mit wenig Arbeitskräften und geringem Einsatz von Baumaschinen fertigzustellen.*
2. *Der Berufsschüler Jürgen Schmidt handelt auch ökonomisch, wenn er sich vornimmt, die Facharbeiterprüfung mit der Note „gut" abzulegen, dafür aber nur einen möglichst geringen Zeit- und Arbeitsaufwand einzusetzen, weil er nach dem Tode seines Vaters zusätzliche Arbeiten ausführen muss.*

Monetäre Voraussetzungen

Früher, in der geschlossenen Hauswirtschaft, erzeugten die Menschen die Güter, die sie zum Leben benötigten, selbst. Heute, in unserer arbeitsteiligen Wirtschaft, werden die Güter nicht von den Menschen erzeugt, die sie auch verbrauchen. Ein Produkt durchläuft somit von der Rohstoffgewinnung bis zur Fertigstellung viele Betriebe und Produktionsstufen. Das Geld übernimmt dabei die Aufgabe des Tauschmittels, d.h. Geld- und Güterströme bilden den Wirtschaftskreislauf.

Einfacher Wirtschaftskreislauf

Die vier Stufen des einfachen Wirtschaftskreislaufes

1. Private Haushalte stellen ihre Arbeitskraft, ihren Boden und das angesparte Geld zur Verfügung.
2. Für ihre Arbeitskraft erhalten die privaten Haushalte Lohn und Gehalt, für ihren Boden Pacht und für ihr Geld Zinsen. Sie beziehen also Einkommen. Es fließt daher ein Geldstrom von den Unternehmen zu den privaten Haushaltungen.
3. Die Unternehmen produzieren Güter und Leistungen, die von den Haushalten aufgrund ihrer Einkommen gekauft werden können (Güterstrom).
4. Als Gegenleistung bezahlen die Haushalte die erworbenen Güter.

Der einfache Wirtschaftskreislauf besteht aus zwei in entgegengesetzter Richtung verlaufenden Kreisläufen, **dem Geld- und Güterkreislauf**.

© MEV Agency UG

Selbstverständlich besteht eine moderne Volkswirtschaft nicht nur aus privaten Haushalten und Unternehmen. Kreditinstitute, der Staat und auch die wirtschaftlichen Beziehungen zum Ausland üben auf den Wirtschaftskreislauf einen erheblichen Einfluss aus, sodass das zuvor stark vereinfachte Modell des einfachen Wirtschaftskreislaufes nun schrittweise näher an die wirtschaftliche Realität herangeführt wird (■ = Geldsstrom; ■ = Güterstrom).

Erweiterter Wirtschaftskreislauf

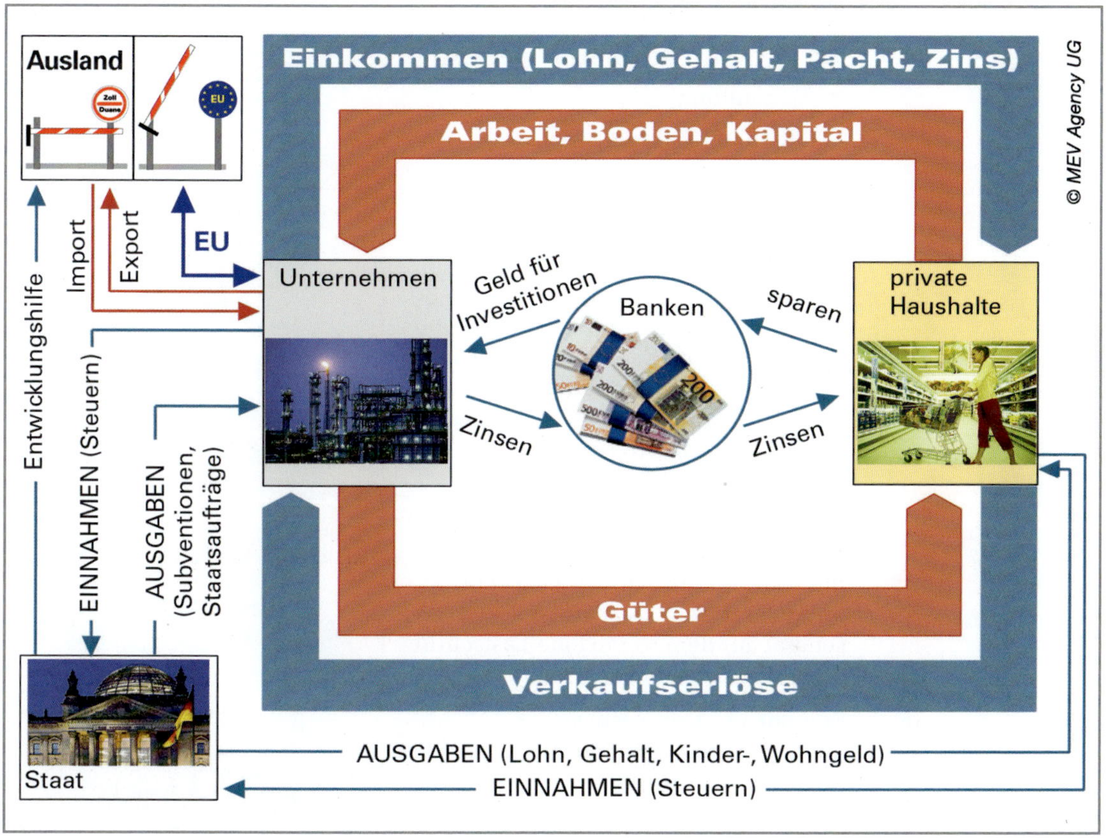

Bisher wurde unterstellt, dass die privaten Haushalte ihr Einkommen (Lohn, Gehalt, Pacht, Zins) in voller Höhe zum Kauf von Konsumgütern ausgeben würden. Der Normalfall ist anders.

Die privaten Haushalte geben nur einen Teil für Güter aus. Der verbleibende Einkommensbetrag wird gespart, d.h. man gibt ihn der Bank zur Aufbewahrung.

Natürlich sind die Banken und Kreditinstitute bemüht, die zahlreichen Sparverträge der privaten Haushalte zu sammeln und wiederum nutz- und gewinnbringend zu verwenden.

Damit geben die Banken einen großen Teil der Spargelder als Kredite an Unternehmungen weiter, die mit dem geliehenen Geld neue Fabrikhallen und Verwaltungsgebäude errichten sowie Maschinen, Werkzeuge und Rohstoffe einkaufen können.

Die Unternehmungen können also durch die erhaltenen Kredite investieren.

Auch der Staat ist am Wirtschaftsgeschehen beteiligt. Er begnügt sich nicht damit, Gesetze zu überwachen, sondern beeinflusst den wirtschaftlichen Ablauf. Der Staat steht einerseits in Beziehung zu den privaten Haushaltungen, andererseits pflegt er aber auch wirtschaftliche Kontakte zu den Unternehmen und zum Ausland.

Unter **Zahlungsverkehr** versteht man die Gesamtheit aller Zahlungsvorgänge. Beim Zahlungsverkehr werden Zahlungsmittel zwischen privaten Haushalten, Unternehmen, Staat, Ausland und Kreditgewerbe übertragen.

Die Möglichkeiten des Zahlungsverkehrs werden in

- Barzahlung
- Halbbare Zahlung
- Bargeldlose Zahlung

eingeteilt.

Der reine **Barzahlungsverkehr** ist im Einzelhandel und im Leistungsgewerbe (z. B. Gastronomie) nach wie vor üblich. Der Käufer zahlt mit Bargeld (Banknoten oder Münzen) und erhält im Regelfall vom Verkäufer einen Kassenbon oder Kassenzettel als Quittung.

Bei der **halbbaren Zahlung** ist entweder der Zahler oder der Empfänger mit Bargeld am Zahlungsverkehr beteiligt. Bei dem Geschäftspartner erscheint auf dem Konto eine Lastschrift oder eine Gutschrift.

Sowohl bei der Post, als auch bei Banken, kann man Zahlungen mit Hilfe eines **Zahlscheins** begleichen.

Hier zahlt der Auftraggeber den Betrag bar ein, während der Empfänger eine Gutschrift auf seinem Konto erfährt.

Voraussetzung ist, dass der Zahlungsempfänger ein Konto besitzt.

Unterhält der Empfänger sein Konto bei der Bank des Einzahlers, werden die Einzahlungen mittels Zahlschein in der Regel gebührenfrei vorgenommen.

Zahlscheine sind zweiteilige Durchschreibevordrucke, bei denen die Kassenquittung der Einzahler erhält und das Original mit Unterschrift des Einzahlers beim Kreditinstitut oder bei der Post verbleibt.

Zahlschein: Bareinzahlung, Konto-Gutschrift bzw. Lastschrift

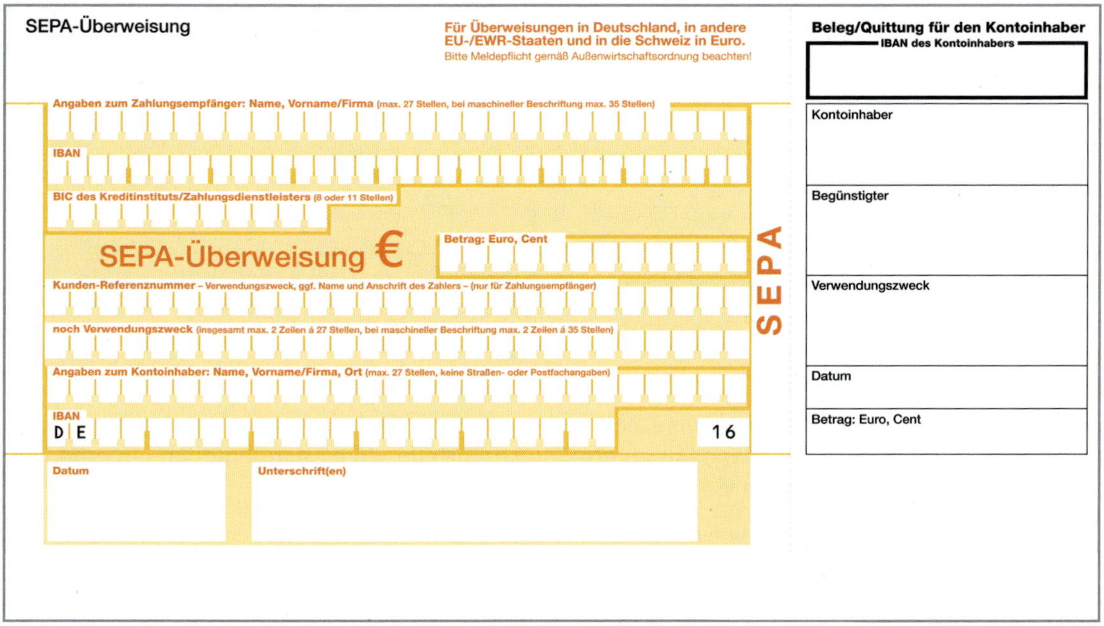
SEPA-Überweisung

Für Überweisungen in Deutschland, in andere EU-/EWR-Staaten und in die Schweiz in Euro.
Bitte Meldepflicht gemäß Außenwirtschaftsordnung beachten!

Angaben zum Zahlungsempfänger: Name, Vorname/Firma (max. 27 Stellen, bei maschineller Beschriftung max. 35 Stellen)

IBAN

BIC des Kreditinstituts/Zahlungsdienstleisters (8 oder 11 Stellen)

SEPA-Überweisung €

Betrag: Euro, Cent

Kunden-Referenznummer – Verwendungszweck, ggf. Name und Anschrift des Zahlers – (nur für Zahlungsempfänger)

noch Verwendungszweck (insgesamt max. 2 Zeilen à 27 Stellen, bei maschineller Beschriftung max. 2 Zeilen à 35 Stellen)

Angaben zum Kontoinhaber: Name, Vorname/Firma, Ort (max. 27 Stellen, keine Straßen- oder Postfachangaben)

IBAN

D E

16

SEPA

Datum

Unterschrift(en)

Beleg/Quittung für den Kontoinhaber

IBAN des Kontoinhabers

Kontoinhaber

Begünstigter

Verwendungszweck

Datum

Betrag: Euro, Cent

Der Scheck ist die schriftliche Anweisung des Kontoinhabers an sein Geldinstitut, bei Sicht aus seinem Guthaben an den Scheckinhaber einen bestimmten Geldbetrag zu zahlen.

Scheck:
Anweisung einen bestimmten Geldbetrag zu zahlen

Der Kontoinhaber kann mittels Scheck über sein Bankguthaben verfügen, indem er ihn unmittelbar als Zahlungsmittel einsetzt.

Übergibt der Zahlungsempfänger den **Barscheck** dem kontoführenden Kreditinstitut, so wird ihm der angegebene Betrag in bar ausgezahlt.

Schecks werden von den Banken lose und fortlaufend durchnummeriert in einer Hülle ausgegeben, in der sich auch ein Verwendungsnachweis für die ausgestellten Schecks befindet.

Auf dem Verwendungsnachweis (Kartenblatt) werden die wichtigsten Angaben wie Betrag, Empfänger und Ausstellungsdatum eingetragen.

Die Banken sind berechtigt, jedem Inhaber eines Barschecks den angegebenen Betrag gegen Übergabe ohne Überprüfung der Personalien auszuzahlen.

Deshalb **Vorsicht vor Verlust eines Barschecks!**

Ist ein Scheck verloren gegangen, so muss man ihn unverzüglich beim Kreditinstitut sperren lassen.

Auch ein vordatierter Scheck ist bei Sicht zahlbar. Der Einlösungszeitraum beträgt in Deutschland 8 Tage, vom Zeitpunkt der Ausstellung an gerechnet.

Bei Verlust der EC-Karte ist eine für diese Situation eingerichtete **Sperrhotline** mit der Rufnummer **116116** in Frankfurt/Main anzurufen.

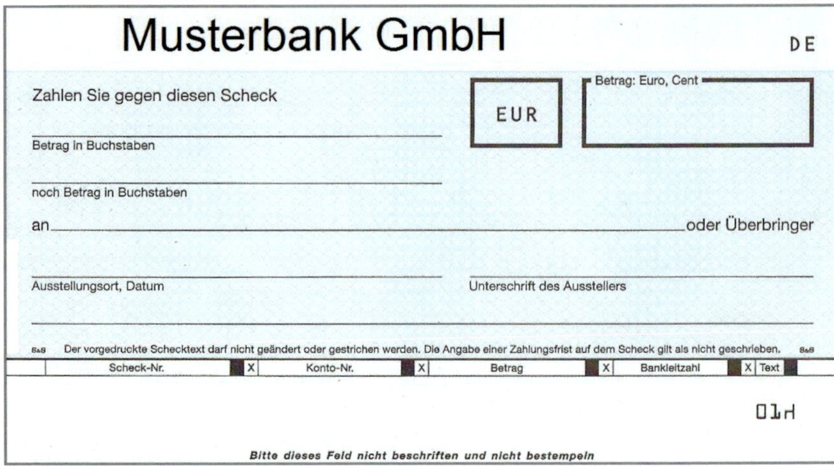

Musterbank GmbH DE

Zahlen Sie gegen diesen Scheck

EUR

Betrag: Euro, Cent

Betrag in Buchstaben

noch Betrag in Buchstaben

an ______ oder Überbringer

Ausstellungsort, Datum

Unterschrift des Ausstellers

Der vorgedruckte Schecktext darf nicht geändert oder gestrichen werden. Die Angabe einer Zahlungsfrist auf dem Scheck gilt als nicht geschrieben.

Scheck-Nr. X Konto-Nr. X Betrag X Bankleitzahl X Text

01H

Bitte dieses Feld nicht beschriften und nicht bestempeln

Der **bargeldlose Zahlungsverkehr** (unbare Zahlung) hat für Privat- und Geschäftspersonen erhebliche Vorteile, da es sich lediglich um eine Umbuchung von Konto zu Konto handelt.

Vorteile des bargeldlosen Zahlungsverkehrs:

- sicher
- schnell
- bequem
- verursacht geringe Kosten
- vermindert die Bargeldhaltung
- bringt u. U. Zinsen aus dem Guthabenkonto

Verrechnungs-Scheck: Betrag kann nicht bar ausgezahlt werden

Beim **Verrechnungsscheck** wird der Betrag dem Scheckinhaber nicht bar ausgezahlt, sondern seinem Konto gutgeschrieben. Jeder Barscheck kann durch den Vermerk „Nur zur Verrechnung" (oft bringt man auch nur zwei diagonale Striche schräg links oben im Scheckvordruck an) zum Verrechnungsscheck gemacht werden.

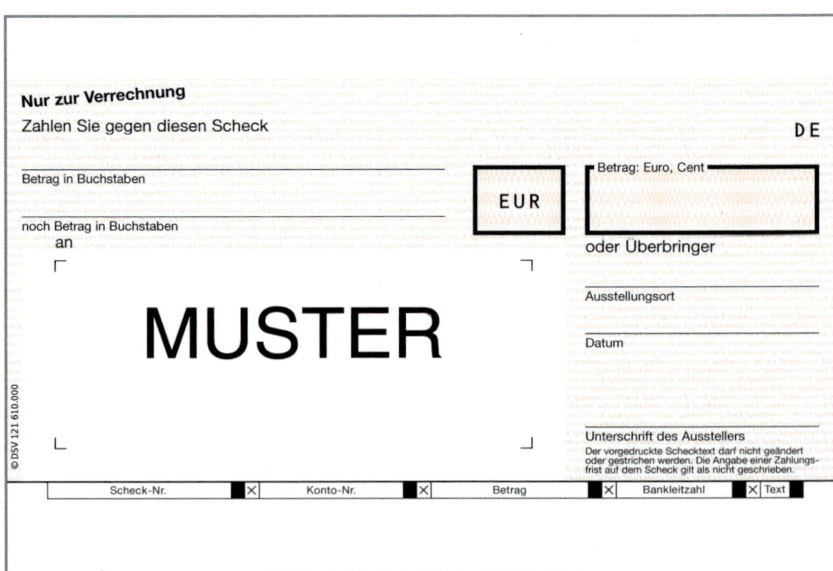

Nur zur Verrechnung

Zahlen Sie gegen diesen Scheck DE

Betrag in Buchstaben

EUR

Betrag: Euro, Cent

noch Betrag in Buchstaben

an

oder Überbringer

MUSTER

Ausstellungsort

Datum

Unterschrift des Ausstellers

Der vorgedruckte Schecktext darf nicht geändert oder gestrichen werden. Die Angabe einer Zahlungsfrist auf dem Scheck gilt als nicht geschrieben.

© DSV 121 610.000

Scheck-Nr. X Konto-Nr. X Betrag X Bankleitzahl X Text

Bitte dieses Feld nicht beschriften und nicht bestempeln

Überweisung: Buchmäßige Übertragung von Konto zu Konto

Die **Überweisung**, die wohl häufigste Form der unbaren Zahlung, ermöglicht die buchmäßige Übertragung vom Konto des Zahlungspflichtigen auf das Konto des Zahlungsempfängers, ohne dass Bargeld bewegt wird.

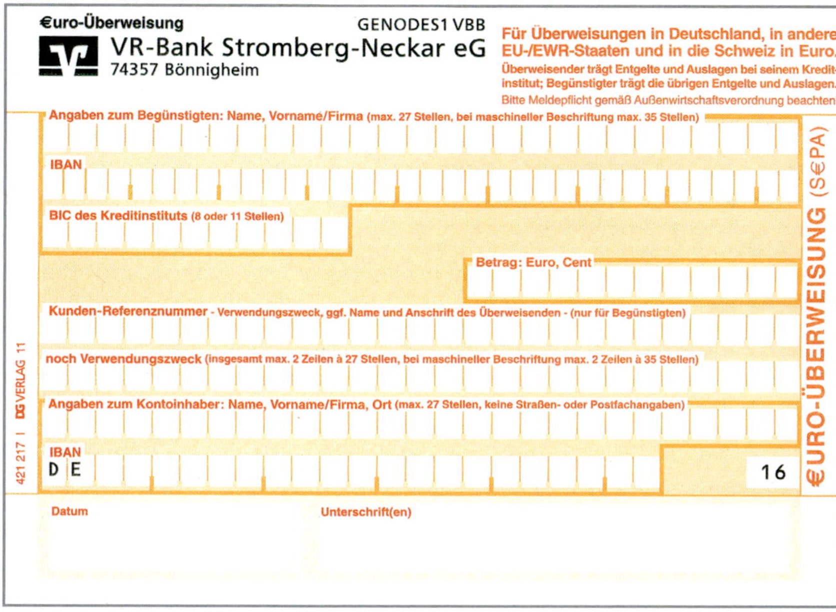
€uro-Überweisung

GENODES1 VBB

VR-Bank Stromberg-Neckar eG
74357 Bönnigheim

Für Überweisungen in Deutschland, in andere EU-/EWR-Staaten und in die Schweiz in Euro.
Überweisender trägt Entgelte und Auslagen bei seinem Kreditinstitut; Begünstigter trägt die übrigen Entgelte und Auslagen.
Bitte Meldepflicht gemäß Außenwirtschaftsverordnung beachten!

Angaben zum Begünstigten: Name, Vorname/Firma (max. 27 Stellen, bei maschineller Beschriftung max. 35 Stellen)

IBAN

BIC des Kreditinstituts (8 oder 11 Stellen)

Betrag: Euro, Cent

Kunden-Referenznummer - Verwendungszweck, ggf. Name und Anschrift des Überweisenden - (nur für Begünstigten)

noch Verwendungszweck (insgesamt max. 2 Zeilen à 27 Stellen, bei maschineller Beschriftung max. 2 Zeilen à 35 Stellen)

Angaben zum Kontoinhaber: Name, Vorname/Firma, Ort (max. 27 Stellen, keine Straßen- oder Postfachangaben)

IBAN
D E

16

€URO-ÜBERWEISUNG (S€PA)

421 217 I DG VERLAG 11

Datum

Unterschrift(en)

Dabei füllt der Überweisende (Zahlungspflichtige) ein für alle Banken und Sparkassen gültiges Einheitsformular aus. Die Bank behält als Überweisungsauftrag das Formular und der Zahlende sieht auf dem Kontoauszug die getätigte Überweisung.

Lastschriftverfahren

Regelmäßig wiederkehrende Zahlungen unterschiedlicher Höhe wie Telefongebühren, Stromrechnungen können auch ohne gesonderte Einzelaufträge des Kontoinhabers per **Lastschriftverfahren** durchgeführt werden. Die Lastschrift ist ein Einzugspapier.

Der Zahlungsempfänger lässt durch Vermittlung seines Kreditinstitutes aus dem Guthaben des Kontoinhabers einen ihm zustehenden Betrag abbuchen. Voraussetzung dafür ist, dass der Zahlungspflichtige dem Empfänger eine Einzugsermächtigung gegeben bzw. der Sparkasse einen Abbuchungsauftrag erteilt hat.

Die Lastschrift wird dem Kunden zur Information über den Belastungsgrund zusammen mit dem Kontoauszug ausgehändigt.

Man unterscheidet zwei Lastschriftverfahren:

- die **Einzugsermächtigung** und
- den **Abbuchungsauftrag**.

Bei der **Einzugsermächtigung** gibt der Kontoinhaber einem Gläubiger die schriftliche Erlaubnis, Geld von seinem Konto abzubuchen. Ob gegenüber dem Stromlieferanten oder dem Telefonunternehmen – diese Erlaubnis kann für einen einmal fälligen Betrag oder auch für mehrere Abbuchungen erteilt werden.

Damit nicht jeder einfach Lastschriften einrichten kann, muss der Zahlungsempfänger mit seiner Bank eine entsprechende Vereinbarung abschließen. Seit der Neuregelung der Lastschriftbedingungen (Juli 2012) gilt die Einzugsermächtigung aber gleichzeitig auch als Weisung des Zahlungspflichtigen an seine kontoführende Bank.

Ist der Verbraucher (Kunde) mit der Abbuchung nicht einverstanden, kann er die Lastschrift innerhalb von sechs Wochen widerrufen.

Der eingezogene Betrag wird dann auf sein Konto zurück gebucht. Auch bei Buchungsfehlern oder mangelnder Deckung auf dem Kundenkonto kann es zu einer Rückbuchung (Rücklastschrift) der bereits auf einem Konto gutgeschriebenen Summe kommen.

Das einziehende Unternehmen hat mithin bei einer Einzugsermächtigung keine absolute Zahlungsgarantie.

Beim **Abbuchungsauftrag** gibt der zahlungspflichtige Bankkunde seiner Bank den Auftrag, von seinem Konto den vom Empfänger jeweils zu zahlenden Betrag abzubuchen.

Im Gegensatz zur Ermächtigung ist beim Abbuchungsauftrag eine Rückbuchung nicht möglich.

Für Zahlungen, die regelmäßig und in gleicher Höhe wiederkehren (Miete, Raten, Versicherungsbeiträge, Unterhaltszahlungen etc.) ist es zweckmäßig, der Bank einen **Dauerauftrag** zu erteilen. Die Bank führt bis auf Widerruf den einmal erteilten Auftrag in regelmäßigen Abständen durch.

Dadurch spart der Zahlungspflichtige Geld, Zeit und das Risiko der verspäteten Zahlung. Daueraufträge werden heute nur noch online abgeschlossen. Die Blanco-Vordrucke sind nicht mehr bei den Banken im Umlauf.

IBAN = International Bank Account Number

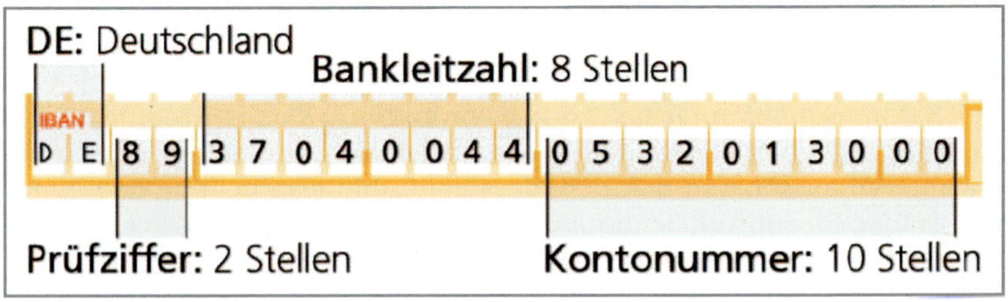

Diese international standardisierte Kontonummer vereinfacht den grenzüberschreitenden Zahlungsverkehr.

Durch die weltweit einheitliche Form ist eine vollautomatische Abwicklung des Geldtransfers möglich – Zeitgewinn und Kosten sparen inklusive.

SEPA-Überweisung = Single Euro Payments Area

Europaweiter Starttermin für SEPA-Überweisungen war 2008. SEPA ist die Abkürzung für „Single Euro Payments Area", den einheitlichen Euro-Zahlungsverkehrsraum.

Dieser besteht aus 32 europäischen Ländern. Innerhalb der SEPA werden europaweit standardisierte Überweisungen, Lastschriften und Kartenzahlungen angeboten.

Dadurch können Unternehmen und Verbraucher bargeldlose Zahlungen auch über die Ländergrenzen hinweg so einfach und bequem tätigen wie in ihrem Heimatland.

Inzwischen wurden auch die inländischen Überweisungen und Lastschriften durch SEPA abgelöst, d. h., **für alle Überweisungen und Lastschriftverfahren ist seit dem 01. Februar 2016 IBAN Pflicht**. Die Bankkunden müssen also die 22-stellige International **B**ank **A**ccount **N**umber stets angeben.

Die sogenannte BIC (**B**usiness **I**dentifier **C**ode = internationale Bankleitzahl) muss nur noch bei grenzüberschreitenden Zahlungen außerhalb des Europäischen Wirtschaftsraums eingetragen werden. Bei Überweisungen im Inland braucht sie nicht mehr angegeben werden. Sie entfällt.

Eine weitere Form der bargeldlosen Zahlung ist die **Kreditkarte**.

Kreditkarten: Ausweiskarten, mit denen ihr Inhaber bei Vertragsfirmen Rechnungen bargeldlos begleichen kann.

Sie ist für Personen interessant, die viel reisen und verhältnismäßig hohe Ausgaben haben. Kreditkarten, z. B. American Express, Eurocard, Diners Club und Visa, bieten dem Karteninhaber den Vorteil, kein Bargeld mit sich führen zu müssen.

Wie funktioniert das System?

Geschäfte, Hotels u. a. sind bestimmten Kreditkartensystemen angeschlossen. Die Bezahlung von Rechnungen geschieht durch Unterschriftsleistung bei Vorlage der entsprechenden Kreditkarte.

Angefallene Rechnungen werden von den Unternehmen, die Waren oder Leistungen über Kreditkarten verkauft haben, den Kreditkarten-Unternehmen eingereicht.

Diese Kreditkarten-Unternehmen zahlen unter Einbehalt einer bestimmten Prozentsumme des Rechnungsbetrages den Rest an den Einreicher (Verkäufer) aus. Der Karteninhaber bekommt einmal monatlich durch die Kreditkartenzentrale seine verausgabten Beträge vom Konto abgebucht.

Dem Zinsvorteil durch die erst mit zeitlichem Abstand erfolgende Kontobelastung stehen die jährlichen Kosten je nach Kreditkarte von ca. 20,00 € bis 80,00 € gegenüber.

So finden Sie die beste Kreditkarte

Das Angebot an Kreditkarten ist groß

Ohne Kreditkarten geht es oft nicht mehr. In vielen Fällen ist eine Kreditkarte Voraussetzung für das Buchen von Reisen oder für Bestellungen im Internet. FOCUS Online zeigt, worauf Sie bei der Wahl achten müssen und wie Sie die beste Kreditkarte finden.

Angst vor Missbrauch, hohen Gebühren oder einfach nur keinen Überblick über die vielen Angebote – es gibt zahlreiche Gründe, warum viele Menschen auf eine Kreditkarte verzichten. Dabei macht sie vieles einfacher – vor allem im Ausland und beim Bestellen im Internet.

FOCUS Online erklärt, welche Sorgen und Befürchtungen tatsächlich berechtigt sind und wie Sie die beste Kreditkarte finden.

Wie sicher sind Kreditkarten?

Viele Menschen fürchten sich davor, dass ihre Kreditkarte missbraucht werden könnte und dann das Kartenkonto leergeräumt wird. Die Gefahr ist jedoch relativ gering. Kreditkartengesellschaften wie Visa oder Mastercard haben viel Geld in Sicherheit investiert. Und selbst wenn Kriminelle die Karte missbrauchen, ist der Besitzer vor großen Verlusten geschützt:

Gesetzlich haftet man bei jeder Kreditkarte bis maximal 150 Euro, bei vielen Banken mit nur 50 Euro oder mit Null Euro.

Nur bei grober Fahrlässigkeit haftet der Karteninhaber voll. Als grobe Fahrlässigkeit zählt zum Beispiel, wenn die PIN mit der Karte aufgehoben wird. Als grob fahrlässig wird aber auch behandelt, wer seine Karte im Auto liegen lässt.

Wichtig ist, dass Kreditkarten wie Bargeld zu behandeln sind.

Gut zu wissen: Anders als bei Girocards (ehemals EC-Karte), liegt die Beweislast im Missbrauchsfall von Kreditkarten immer bei der Bank.

Wie finde ich die beste Kreditkarte?

Natürlich kann man sich die Informationen mühsam zusammensuchen. Einfacher ist es, einen der Kreditkartenvergleiche im Internet zu benutzen. Auch FOCUS Online bieten einen an. Über 100 Karten können hier miteinander verglichen werden.

Was muss ich bei der Wahl meiner Kreditkarte beachten?

Interessenten sollten vor allem auf **vier Dinge** achten:

1. Welche Gebühren werden fällig? Manche Kartenanbieter verlangen eine Jahresgebühr. Auch wer außerhalb der EU mit seiner Karte zahlt oder Geldabheben will, muss oft eine Gebühr dafür entrichten.
2. Welche Zusatzleistungen gibt es?
3. Muss ich ein neues Konto eröffnen? Manche Kreditkarten gibt es nur in Verbindung mit einem Girokonto. Bei anderen hingegen ist das nicht nötig.
4. Wo kann ich die Karte überall einsetzen? Prinzipiell werden Kreditkarten zwar auf der ganzen Welt akzeptiert. Allerdings gibt es Unterschiede zwischen den Gebühren, die für Bargeldabhebungen oder Bezahlen fällig werden. Auch in Deutschland kostet die Benutzung des Geldautomaten manchmal.

Was unterscheidet eine Girocard von einer Kreditkarte?

Eigentlich haben Girocard und Kreditkarte vieles gemeinsam. Beide eignen sich zum bargeldlosen Bezahlen und zum Abheben am Geldautomaten.

Der Unterschied:

Bei der Girokarte geht das Geld zeitnah vom Girokonto ab. Bei den meisten Kreditkarten in Deutschland dauert die Abbuchung. Meistens erfolgt sie erst zum Monatsende. Gesammelt in einer Summe werden die im Abrechnungszeitraum getätigten Kartenumsätze von einem Referenzkonto abgebucht.

Ist in der Zwischenzeit nicht genügend Geld auf dem Konto, ist das kein Problem.

Dem Karteninhaber wird also ein kurzfristiger Kredit gewährt.

Kreditkartenanbieter garantieren dem Händler die Bezahlung der gekauften Ware. Können Rechnungen vom Karteninhaber nicht bezahlt werden, hat also der Kreditkartenanbieter den Ärger und nicht der Händler oder der Lieferant.

Weitere Unterschiede:

- Kreditkarten bieten oft noch Zusatzleistungen an wie Versicherungen oder andere Vergünstigungen. Das bieten Girocards nicht.
- Kreditkarten werden auf der ganzen Welt akzeptiert und die Bargeldversorgung ist bei einigen Modellen vollständig kostenlos.
- Girocards sind meistens kostenlos, bei Kreditkarten ist oft eine Jahresgebühr fällig, wenn sie nicht von der kontoführenden Bank sind.

Welche unterschiedlichen Arten von Kreditkarten gibt es?

Im Prinzip lassen sich zwei große Gruppen unterscheiden:

Prepaid-Kreditkarten und Kreditkarten mit Kontoeinzug nach wenigen Tagen, einmal pro Monat oder der Rückzahlung in Teilbeträgen. Der Unterschied: Die Prepaid-Kreditkarte verfügt über ein Guthaben, das immer wieder „aufgeladen" werden muss. Die normale Kreditkarte greift hingegen direkt aufs Konto zu und zieht von dort das Geld ein.

Für wen eignet sich eine Prepaid-Kreditkarte und welche Vorteile hat sie?

Prepaid-Kreditkarten bieten eine Reihe von Vorteilen. Dazu gehört die Kostenkontrolle. Weil die Karte immer wieder aufgeladen werden muss, verliert der Besitzer nicht so leicht den Überblick über seine Ausgaben. Das minimiert das Risiko, durch den zu lockeren Einsatz der Kreditkarte Schulden anzuhäufen.

Zweiter Vorteil: Eine Schufa-Abfrage findet in der Regel nicht statt. Damit steht die Karte auch denjenigen offen, denen die Bank wegen ihrer zahlreichen Einträge bei der Schufa eine Karte verweigert.

Quelle: FOCUS Online, gekürzt

Plastik-Geld – wozu?

Die wichtigsten Arten und wozu sie gut sind:

Scheckkarten
(z.B. Maestro, Postcard)

- **... für bargeldlose Zahlung**
- **... zur Bargeld-Beschaffung**
- **Geld aus dem Automaten und anderes mehr**

Kundenkarten
(z.B. von Ikea, Metro, Lufthansa)

- **Bargeldloser Einkauf und anderes mehr**

Kreditkarten
(z.B. Visa, Mastercard, American Express, Diners Club)

- **Bezahlen per Unterschrift in angeschlossenen Hotels, Fachgeschäften, Reisebüros u.ä.**
- **Bargeld-Beschaffung bei bestimmten Auszahlungsstellen**
- **Versicherungen bei Reisen**
- **Kaution-Erlass für Mietwagen und anderes mehr**

Der Käufer kann ohne Bargeld oder ohne Scheck bezahlen. Nur die ec-Karte ist für **electronic cash** (= elektronische Barzahlung) erforderlich. Diese bequeme und sichere Zahlungsweise kann überall dort, wo das ec-Zeichen am Eingang oder an der Kasse zu sehen ist, getätigt werden. Der Käufer steckt hierzu seine ec-Karte in ein an der Kasse befindliches Lesegerät, drückt eine Taste zur Bestätigung des Geldbetrages und gibt seine Geheimzahl ein.

electronic cash: Zahlen mit Karte

Damit ist die Ware bezahlt. Eine Quittung wird anschließend ausgedruckt. Das Abzählen des Geldes und die Rückgabe von Wechselgeld entfallen. Schecks brauchen nicht mehr ausgefüllt bzw. kontrolliert zu werden. Lästiges Warten der nachfolgenden Kunden an der Kasse bleibt erspart.

Beim electronic-cash erfolgt die Zahlung im Online-Verfahren, wobei die Zahlungen durch das kartenausgebende Kreditinstitut garantiert werden und dem Konto des Kunden direkt belastet werden. Der Zahlungsempfänger erhält damit die Gutschrift abzüglich einer Provision.

electronic cash

Hier zahlen Sie zeitgemäß.

Ohne Bargeld, ohne Scheck, nur mit Ihrer Karte:

- Kaufbetrag bestätigen
- Karte in den Leser stecken
- persönliche Geheimzahl eingeben
- elektronische Anzeige »Zahlung erfolgt« abwarten
- Kassenbon entnehmen

Die Zeichen der Karten

girocard: Karte ist für die Nutzung von girocard (früher: electronic cash) vorgesehen.

Maestro: Karte kann für Maestro-Zahlungen benutzt werden. Am Geldautomat kompatibel zu Cirrus.

Cirrus: Karte kann an Cirrus-Geldautomaten genutzt werden.

V PAY: Karte kann innerhalb Europas mit Chip & PIN bei VPay Akzeptanzstellen genutzt werden.

GeldKarte: Karte verfügt über einen GeldKarte-Chip zur Nutzung als Elektronische Geldbörse.

EUFISERV: Nur auf Sparkassenkarten. Hinweis auf das Eufiserv-Geldautomatennetzwerk europäischer Sparkassen. Kein Zahlverfahren.

Quelle: http://www.zahlungsverkehrsfragen.de

Beim **POZ-System** (**P**oint of Sale **o**hne **Z**ahlungsgarantie) erfolgt die Zahlung ohne Eingabe der Geheimzahl. Nachdem die Gültigkeit der Karte geprüft worden ist, unterschreibt der Kunde den Zahlungsbeleg und erteilt eine einmalige Einzugsermächtigung.

Bei Nichteinlösung ist die kartenausgebende Bank berechtigt, dem Zahlungsempfänger Name und Adresse des Kunden mitzuteilen. Das Konto des Karteninhabers wird bei Kontodeckung belastet. Der Zahlungsempfänger erhält den Betrag abzüglich der Postengebühr gutgeschrieben. Der Händler trägt somit das Bonitätsrisiko.

POZ:
Zahlung mit Karte ohne Geheimzahl

Bei Verlust der ec-Karte ist das Kreditinstitut sofort zu benachrichtigen, damit die Karte gesperrt wird. Ein unehrlicher Finder kann mit der ec-Karte allein kein Geld abheben, da er die persönliche Geheimzahl des ec-Kartenbesitzers nicht kennt. Übrigens entwertet der Automat bei wiederholt (dreimal) falscher Eingabe der Geheimzahl auch an verschiedenen Geldautomaten die ec-Karte und macht so jede weitere Verwendung unmöglich.

Ec-Karte und Geheimzahl sollten niemals zusammen aufbewahrt werden. Ebenso sollte auf keinen Fall die Geheimzahl auf der eurocheque-Karte vermerkt werden oder anderen Personen mitgeteilt werden.

Durch **Telefonbanking** können viele Bankgeschäfte (Kontostand abfragen, Überweisungen veranlassen), unabhängig von Schalteröffnungszeiten und von zu Hause aus durchgeführt werden. Telefonbanking bieten heute alle Banken an, doch nutzen insbesondere **filiallose Direktbanken**, die wegen der geringen Mitarbeiteranzahl ihre Leistungen dem Bankkunden zu günstigen Konditionen anbieten können, diese elektronische Auftragsabwicklung.

Andere elektronische Verfügungsformen

Mit **Homebanking** können unter Zuhilfenahme des PCs und durch Nutzung des **Internets** z.B. mit „T-Online" Überweisungen, Daueraufträge etc. jederzeit von zu Hause aus durchgeführt werden.

Es werden zwei unterschiedliche Verfahren angeboten:

Online-Banking mit PIN und TAN

Der Kunde stellt die Verbindung zum Online-Dienst her. Mithilfe einer Software werden Zahlungsaufträge erstellt und anschließend eine Verbindung zum Bankrechner hergestellt.

Der Zugriff auf das Online-Konto steht offen, wenn der Kunde die persönliche Geheimzahl (PIN) eingibt. Diesen Code kann er jederzeit ändern. Für jede Transaktion (z.B. Überweisungsauftrag) benötigt der Kunde zusätzlich eine Transaktionsnummer (TAN). Dazu erhält er von der Bank eine Liste von z.B. 100 Transaktionsnummern, die der Reihenfolge nach verbraucht werden. Pro Transaktion wird eine neue Nummer verwendet. Nach z.B. 60 verbrauchten TAN erhält der Kunde von der Bank automatisch eine Folgeliste.

Die Online-Verbindung wird abgeschlossen. Die erteilten Kundenaufträge werden im Rahmen des banküblichen Arbeitsablaufs bearbeitet.

Das indizierte iTAN Verfahren soll für mehr Sicherheit beim Online-Banking sorgen. Es erschwert vor allem das so genannte Phishing. Hierbei handelt es sich um eine Kunstwort, das aus den Wörtern „Password" und „Fishing" zusammengesetzt ist.

Beim Phishing schicken Betrüger E-Mails, die wie offizielle Mails einer bestimmten Bank aussehen. In diesen Mails fordern sie die Kunden auf, eine bestimmte Internet-Seite zu besuchen. Diese Seite ist eine täuschend echte Kopie der richtigen Seite der jeweiligen Bank.

Auf der Seite sollen die Kunden dann persönliche Zugangsdaten wie die PIN oder TAN eingeben. Auf diese Weise kommen die Betrüger in den Besitz der Zugangsdaten der Kunden, gehen nun ihrerseits auf die echte Seite der Bank und können dort über das Konto verfügen. Diese Gefahr wird durch die iTAN verringert. Normalerweise kann der Kunde eine beliebige TAN von seiner Liste angeben, um Zugang zu seinem Konto zu bekommen.

Beim iTAN-Verfahren muss es eine bestimmte Nummer von der Liste sein, die per Zufallsgenerator ausgewählt wird, z. B. die vierte.

Online-Banking mit chipTAN

Die neue chipTAN bringt die gleichen Vorteile wie ein Programm-Update auf dem Rechner:

© *fabstyle – Fotolia.com*

Es erhöht die Sicherheit beim Online-Banking und bietet zusätzlichen Komfort. Mit chipTAN braucht man keine Nummern mehr zu suchen. Und durch die Kontrollfunktion wird der Bankkunde wirksam vor Angriffen durch Phishing oder Banking-Trojaner geschützt.

Die chipTAN ist doppelt sicher, da zwei Kommunikationsmedien (Computer und TAN-Generator) eingesetzt werden. Darüber hinaus werden im Display des TAN-Generators nochmals die wichtigsten Auftragsdaten zur Kontrolle angezeigt – inklusive einer TAN, die extra nur für diesen Auftrag errechnet wurde und nicht anderweitig einsetzbar ist.

1. **Wie gewohnt beim Online-Banking anmelden.**
2. **Auftrag ausfüllen und absenden.**
3. **Auf dem Bildschirm erscheint nun eine sog. animierte Grafik. Führen Sie Ihre EC-Karte in den TAN-Generator ein und drücken Sie die Taste „F".**
4. **Halten Sie den TAN-Generator an den Bildschirm auf die animierte Grafik. Die Daten werden nun über die lichtempfindlichen Kontakte auf der Rückseite übertragen.**
5. **Auf dem Display des TAN-Generators werden Ihnen nun nochmals die wichtigsten Daten Ihres Auftrages angezeigt. Prüfen Sie die Daten (bei einer Überweisung z. B. Kontonummer, Betrag) auf ihre Richtigkeit und bestätigen Sie sie mit der Taste „ok", anschließend wird Ihnen die extra für diesen Auftrag errechnete TAN angezeigt.**
6. **Stimmen die Daten überein, können Sie den Auftrag am PC mit der angezeigten TAN freigeben. Fertig!**

P Konto

Das Geld von Schuldnern ist nunmehr besser vor Pfändungen geschützt:

Verbraucher können sich seit 2010 ein **Pfändungsschutzkonto** einrichten lassen, das Monat für Monat einen Grundfreibetrag von 1.139,99 € (2018) sichert. Der Schutzbetrag erhöht sich bei Unterhaltspflichtigen um einen bestimmten Betrag. Gläubiger, deren Verbraucher noch Geld schulden, bekommen keinen Zugriff auf dieses Geld.

Verbraucher haben einen Anspruch darauf, dass ihr bisheriges Konto in ein P-Konto umgewandelt wird. Verbraucherschützer und die Fachzeitschrift „Finanztest" raten Verbrauchern mit intakten Finanzen allerdings davon ab, ihr Konto umwandeln zu lassen – da es bei der Bewertung der Kreditwürdigkeit negativ sein könnte.

EXKURS:

Anmelden, einloggen, Konto einrichten

So funktioniert PayPal

Von FOCUS-Online-Autorin Simona Orland

© dpa/Lukas Schulze

Paypal wird bei 23,9 Prozent aller Online-Käufe genutzt.

Im Online-Zahlungssystem PayPal registrieren sich Kunden einmal mit ihren Bankdaten und bezahlen künftig via E-Mail-Adresse und Passwort. Wie sicher das „digitale Portemonnaie" ist, wie Sie sich anmelden, ein Konto einrichten und bezahlen, erklärt FOCUS Online.

Online bezahlen, ohne seine Bankverbindung preiszugeben? Das geht mit PayPal. Das Zahlungssystem sei deshalb besonders sicher, weil der Kunde seine Bankdaten zentral speichert und nicht bei jedem Einkauf gesondert eingeben muss, sagt PayPal. Zudem hat das Bezahlsystem den Vorteil, dass der Händler zusammen mit der Bestellung bereits eine Zahlungsbestätigung von PayPal bekommt. So kann der Verkäufer die Ware theoretisch sofort versenden.

12 Millionen deutsche Kunden zählt PayPal nach eigenen Angaben. Mit dem PayPal-Konto können Sie in über 240 Online-Shops einkaufen. Seit 2002 gehört PayPal zu Ebay.

Bei PayPal anmelden: Wie Sie ein Konto einrichten

Um bei PayPal ein Konto zu eröffnen, müssen sich Interessenten mit Ihrem vollständigen Namen, Adresse, Telefonnummer und E-Mail-Adresse unter „PayPal. de" anmelden. Damit die Kunden über das Online-Zahlsystem tatsächlich einkaufen können, müssen sie eine gültige Zahlungsquelle hinterlegen. „Als Zahlungsquellen können Bankkonten und Kreditkarten genutzt werden", sagt Sabrina Winter, Pressesprecherin von PayPal gegenüber FOCUS Online.

Damit sich Außenstehende nicht in ein PayPal-Konto einloggen können, sollte der Kunde zwei sogenannte Sicherheitsfragen beantworten. Diese Fragen werden dem Kunden dann gestellt, wenn er ein neues Passwort generieren möchte, wenn ein Betrugsverdacht besteht oder wenn PayPal Transaktionen durchgeführt hat. Die Fragen sollte ausschließlich der Kunde selbst beantworten können.

Übliche Sicherheitsfragen nach dem Mädchennamen der Mutter oder dem Namen des Haustiers eignen sich deshalb streng genommen nicht.

„Spiegel.de" schlägt einige sicherere Fragen vor, unter anderem:

- Auf welchen Ihrer Freunde könnten Sie am ehesten verzichten?
- Welches Land möchten Sie auf keinen Fall bereisen?
- Wem wären Sie lieber nie begegnet?

Finanzdaten gibt PayPal nicht weiter

Die finanziellen Angaben, die der Kunde zur Eröffnung des PayPal-Kontos macht, gibt der Bezahlservice nicht weiter. „Ihre Kreditkartennummer, die Kontodaten und andere Finanzdaten werden jedoch weder an Personen weitergegeben, an die Sie eine Zahlung gesendet oder von denen Sie über PayPal-Services eine Zahlung erhalten haben, noch an Dritte, die PayPal-Services nutzen", heißt es auf der Homepage.

Ausnahmen: Wenn der Kunde die Weitergabe der Finanzdaten ausdrücklich gestattet oder wenn PayPal dazu verpflichtet wird – aufgrund von Kreditkartenbestimmungen, Gerichtsbeschlüssen oder anderen gesetzlichen Verfahren.

PayPal Konto einrichten: Hohe Beträge erfordern mehr Daten

Möchte der PayPal-Kunde über das Bezahlungssystem höhere Geldbeträge überweisen oder empfangen, zieht PayPal externe Unterlagen heran, um die Identität des Kunden zu bestätigen. „Diese Vorgabe basiert auf den Regelungen des Luxemburger Anti-Geldwäsche-Gesetzes. Sobald auf einem PayPal-Konto innerhalb eines Zeitraums von zwölf Monaten Zahlungen in Höhe von 2.500 Euro empfangen werden, wird eine Prüfung der hinterlegten Angaben eingeleitet", erklärt Sabrina Winter, Pressesprecherin von PayPal.

Die Prüfung der hinterlegten Daten geschehe im Regelfall direkt im PayPal-Online-Konto und mithilfe des SCHUFA-Ident-Checks. Der Identitätscheck der Schutzgemeinschaft für allgemeine Kreditsicherung (SCHUFA) dient allgemein dazu, den Händler einer Ware vor Betrug durch den Kunden zu schützen. Durch falsche Angaben bei Namen und Adressen sowie bei Scherzbestellungen könnten ansonsten existenzgefährdende Schäden für den Händler entstehen.

Eine Alternative zum SCHUFA-Ident-Checks ist die manuelle Prüfung der Kundendaten: „In diesem Fall stellt der Kunde seinen Personalausweis per Datei-Upload oder Fax zur Verfügung", sagt Sabrina Winter.

Datenschutz durch PayPal

In den Datenschutzgrundsätzen erklärt PayPal, dass die Kundendaten nicht ohne deren Zustimmung zu Marketingzwecken an Dritte weitergegeben werden.

Die Ausnahme: „Um unsere Services anbieten zu können, deren Qualität zu verbessern oder die Interessen unserer Kunden zu schützen, werden wir unter bestimmten Umständen gewisse Informationen an Dritte weitergeben.", heißt es auf der PayPal-Website.

PayPal sammelt, speichert und verarbeitet die persönlichen Angaben der Kunden zudem zu „internen Zwecken": Hierunter fällt, dass PayPal die vom Kunden angeforderten Leistungen bereitstellen kann, eventuelle Konflikte klären und die Richtigkeit der Informationen prüfen kann. Aber auch, dass PayPal Marketing- und Werbeinformation gezielt auf den Kunden zuschneiden kann.

Zu Marketingzwecken können die Daten des Kunden zudem mit Daten, die PayPal von Drittunternehmen erhält, zusammengeführt werden. Personalisierte Werbung umgehen kann der Kunde, indem er sich in sein Konto einloggt und unter „Mein Konto" auf der Seite „Mein Profil" die entsprechenden Einstellungen anpasst.

Bezahlen mit PayPal: So funktioniert's

Mit PayPal bezahlen ist einfach:

In denjenigen Online-Shops, die die Bezahloption PayPal anbieten, mit der E-Mail-Adresse und dem Passwort in das PayPal-Konto anmelden. PayPal zieht dann den zu bezahlenden Betrag vom verknüpften Konto beziehungsweise der Kreditkarte ab und bezahlt – fast zeitgleich – den Verkäufer.

Für den Käufer sind das PayPal-Konto und die Serviceleistung kostenlos. Erst wenn der Kunde etwas verkauft beziehungsweise anderweitig Geld via PayPal empfängt, fallen Gebühren an. Diese variieren je nach Währung und Geldbetrag. Mehr Informationen hierzu finden Sie auf der Homepage von PayPal.

Quelle: www.focus.de, gekürzt

Unter **Kredit** (lat.: credere = glauben, vertrauen) versteht man die Überlassung von Geld oder Waren an einen anderen mit der Vereinbarung, einen gleich hohen oder entsprechenden Geldbetrag nach Ablauf einer bestimmten Zeit (= Laufzeit) zurückzuzahlen.

Die Rückzahlung (= Tilgung) kann in einer Summe oder auch in Raten erfolgen. Für die Inanspruchnahme eines Kredites wird meistens ein Entgelt, die Zinsen, vereinbart.

Heute versorgen Kreditinstitute die Wirtschaft und privaten Haushalte mit Krediten. Hierin liegt eine ihrer bedeutendsten volkswirtschaftlichen Funktionen.

Kreditarten/
-sicherungen

Kredite werden nach verschiedenen Merkmalen aufgegliedert:

- nach Laufzeit (kurz-, mittel- oder langfristig)
- nach Kreditnehmer (privat oder öffentlich)
- nach Verwendungszweck (Produktions- oder Konsumkredit)
- nach Sicherheit.

Der **Kontokorrentkredit** – auch Buchkredit genannt – setzt ein laufendes Geschäftskonto voraus. Die Bank stellt dem Kreditnehmer Geld auf sein Geschäftskonto zur Verfügung. Dem Kreditnehmer wird auf diesem Geschäftskonto ein einmaliger oder auch laufender Kredit bis auf Widerruf eingeräumt.

Beispiel

Der Bauunternehmer Ernst Meyer kann aufgrund einer Vereinbarung mit seiner Bank sein Geschäftskonto bis 15.000,00 € überziehen. Für den Überziehungsbetrag muss Herr Meyer natürlich Zinsen zahlen.

Der **Dispositionskredit** setzt ein Girokonto voraus, auf das einer Privatperson ein Kredit in ein- oder mehrfacher Höhe des monatlichen Einkommens ohne Formalitäten gewährt wird. Voraussetzung ist, dass die Privatperson über ein regelmäßiges Einkommen verfügt.

Beispiel

Der Angestellte Ingo Schmitz hat ein Girokonto bei der Volksbank Remagen. Auf dieses Girokonto wird sein monatliches Gehalt überwiesen. Dies beträgt 1.900,00 € netto.

Ingo Schmitz muss unbedingt seinen acht Jahre alten Wagen für die Vorführung beim TÜV umfassend reparieren lassen. Diese Reparatur kostet 3.200,00 €. Herr Schmitz bittet seine Bank um einen Dispositionskredit. Die Bank gewährt ihm einen Dispositionskredit in Höhe des doppelten Monatsgehaltes (3.800,00 €).

In dem **Bürgschaftskreditvertrag** haftet neben dem Kreditnehmer noch ein Bürge. Dies bedeutet, dass zwei Schuldner für die Forderungen des Kreditgebers haften.

Kreditarten

Es gibt verschiedene Formen der Bürgschaft, doch bevorzugen heute die Kreditinstitute die selbstschuldnerische Bürgschaft; bei dieser Form haftet der Bürge wie der Kreditnehmer selbst.

Beispiel

Der junge Tischlermeister Egon Schmidt möchte sich selbstständig machen. Er selbst hat aber nur einen geringen Geldbetrag angespart; sein Schwiegervater ist jedoch sehr vermögend. Dieser stellt sich als Bürge für seinen Schwiegersohn zur Verfügung.

Kommt Egon Schmidt mit seinen Tilgungsraten nicht pünktlich nach, so kann die Bank den Schwiegervater bei seiner selbstschuldnerischen Bürgschaft sofort haftbar machen.

Der **Lieferantenkredit** ist ein Kredit, der vom Lieferanten bei Warenverkäufen durch Einräumung von Zahlungszielen (= zahlbar innerhalb 30 Tagen, bei Barzahlung 3 % Skonto) zur Verfügung gestellt wird.

Beispiel

Die Baufirma Schneider & Co. hat Wärmedämmplatten gekauft.

Die Lieferantenrechnung lautet:
5.000,00 €, zahlbar innerhalb 30 Tagen oder bar bei 3 % Skonto.

Wie verhält sich die Baufirma am günstigsten?

Sind genügend flüssige Mittel (Bargeld) vorhanden, lohnt sich das Ausnutzen von Skonto immer.

Muss zur Begleichung der Rechnung Kredit aufgenommen werden, lohnt sich dies nur, wenn der Skonto die Nettokreditkosten (12 %) übersteigt.

Ist der Skontoertrag niedriger als die Kreditkosten oder gleichen sich der Ertrag und die Kosten aus, empfiehlt es sich, den vollen Zielzeitraum in Anspruch zu nehmen.

Für die Baufirma Schneider & Co. ergeben sich rechnerisch **drei Möglichkeiten***:*

❶ Wie viel Jahresprozent beträgt der Skontosatz?

1 Monate – 3 %
12 Monate – x %

$$x = \frac{3 \cdot 12}{1} = 36\,\%$$

Der Skontoabzug lohnt sich, da die Skontoerträge auf den Zeitraum eines Jahres bezogen 36 %, die Jahreskreditkosten aber nur 12 % betragen.

❷ Wie viel € beträgt der Skontoabzug? Wie hoch ist die Überweisung?

Rechnungsbetrag	*5.000,00 €*
– 3 % Skonto	*150,00 €*
Überweisung	*4.850,00 €*

❸ Wie viel € betragen die Kreditkosten und der Finanzierungsgewinn?

Für die Kreditsumme von 4.850,00 € entstehen 12 % Jahreszinsen. Das sind für den Zielzeitraum von 1 Monat:

12 Monate – 12 %
1 Monate – x %

$$x = \frac{12 \cdot 1}{12} = 1{,}0\,\% \text{ Zinsen für 30 Tage (Skonto = 3 \%)}$$

1,0 % von 4.850,00 € = 48,50 € Kreditkosten für 1 Monat
150,00 € Skontoertrag
101,50 € Finanzierungsgewinn

Der Finanzierungsgewinn ist nur gegeben, wenn der Kredit nach einem Monat abgelöst werden kann.

Der **Pfandkredit** wird aufgrund der Verpfändung einer beweglichen Sache gewährt. Dies können beispielsweise Edelmetalle, Schmuck und Wertpapiere sein. Der Pfandempfänger lagert das Pfand ein (z. B. im Pfandhaus) und gewährt dem Kreditnehmer einen so genannten Pfandkredit, der einen bestimmten Prozentsatz des Pfandwertes ausmacht. Der Pfandempfänger (Pfandgläubiger) wird Besitzer der Sache, nicht jedoch Eigentümer. Dies bleibt der Kreditnehmer. Der Gegenstand kann durch den Kreditnehmer nicht mehr genutzt werden.

Beim **Sicherungsübereignungskredit** überträgt der Schuldner dem Gläubiger das Eigentum an einer Sache mit der Bedingung, dass das Eigentum an der Sache sofort wieder an den Schuldner zurückfällt, sobald die Schuld getilgt ist.

Der große Vorteil gegenüber dem Pfandkredit liegt beim Sicherungsübereignungskredit darin, dass der Kreditnehmer den Gegenstand benutzen kann, da der Kreditgeber zwar Eigentümer wird, der Kreditnehmer aber Besitzer bleibt und somit die Sache nutzen kann.

Beispiel

Der Elektromeister Jürgen Meyer möchte sich einen Lieferwagen für seinen Betrieb kaufen. Eigenmittel besitzt er nicht. Aus diesem Grunde bittet er seine Bank um einen entsprechenden Kredit. Diese ist dazu auch bereit, weil Jürgen Meyer der Bank den Kfz-Brief als Sicherheit überlässt. In diesem Augenblick ist die Bank Eigentümerin des Lieferwagens geworden. Jürgen Meyer kann aber den Lieferwagen nutzen, um seinen Kredit zurückzahlen zu können; er ist Besitzer des Lieferwagens geblieben.

Das **Hypothekendarlehen** ist ein langfristiger Kredit. Dieser Kredit wird durch die Belastung eines Grundstückes gesichert. Diese Belastung wird in das Grundbuch beim zuständigen Amtsgericht eingetragen.

Zahlt der Schuldner nicht, so kann der Gläubiger (die Bank) aufgrund des Hypothekenvertrages das Grundstück versteigern lassen, um sein ausgeliehenes Geld wieder zurück zu bekommen

Euro

In der Bundesrepublik Deutschland war seit 1948 die Deutsche Mark die gültige Währungseinheit. Seit 01. Januar 1999 ist der Euro als Buchgeld die gesetzliche **Währung** für die an der Währungsunion teilnehmenden EU-Mitgliedstaaten. Bis zur Einführung des Euro-Bargeldes zum 01. Januar 2002 war die DM gesetzliches Zahlungsmittel.

Seit 01. März 2002 sind alle nationalen Währungen, die zum Teilnehmerkreis der neuen gemeinsamen Währung gehören, ungültig.Vorteile der gemeinsamen Währung: Es entfallen Umtauschgebühren und zwischen den beteiligten Ländern gibt es kein Wechselkursrisiko mehr. Der Verbraucher kann von mehr Wettbewerb profitieren, Unternehmen haben eine verlässlichere Kalkulationsgrundlage für Handel und Investitionen.

Einheitliche Währung = Förderung des gemeinsamen Marktes

Grundlage der gemeinsamen Währung, des Euros, ist der am 07. Februar 1992 unterzeichnete **Vertrag von Maastricht**. Hierin haben sich die Mitgliedstaaten verpflichtet, die europäische **Wirtschafts- und Währungsunion (WWU)** zu errichten. Da die WWU als feste Gemeinschaft auf Dauer nicht ohne gemeinsames politisches Fundament auskommt, soll der Vertrag auch die politische Einigung stärken und fördern. Ein Scheitern würde Europa politisch und damit auch wirtschaftlich zurückwerfen.

So, wie die Bundesrepublik nach dem 2. Weltkrieg mit der DM groß geworden ist und damit Wiederaufbau, Wirtschaftswunder und Wohlstand eng verbunden sind, soll Europa nun noch enger zusammenwachsen. Der Euro als einheitliche Währung soll dabei helfen.

Die EZB ist die Hüterin des Euro

Hüterin des Euro ist die Europäische Zentralbank (EZB) mit Sitz in Frankfurt am Main.

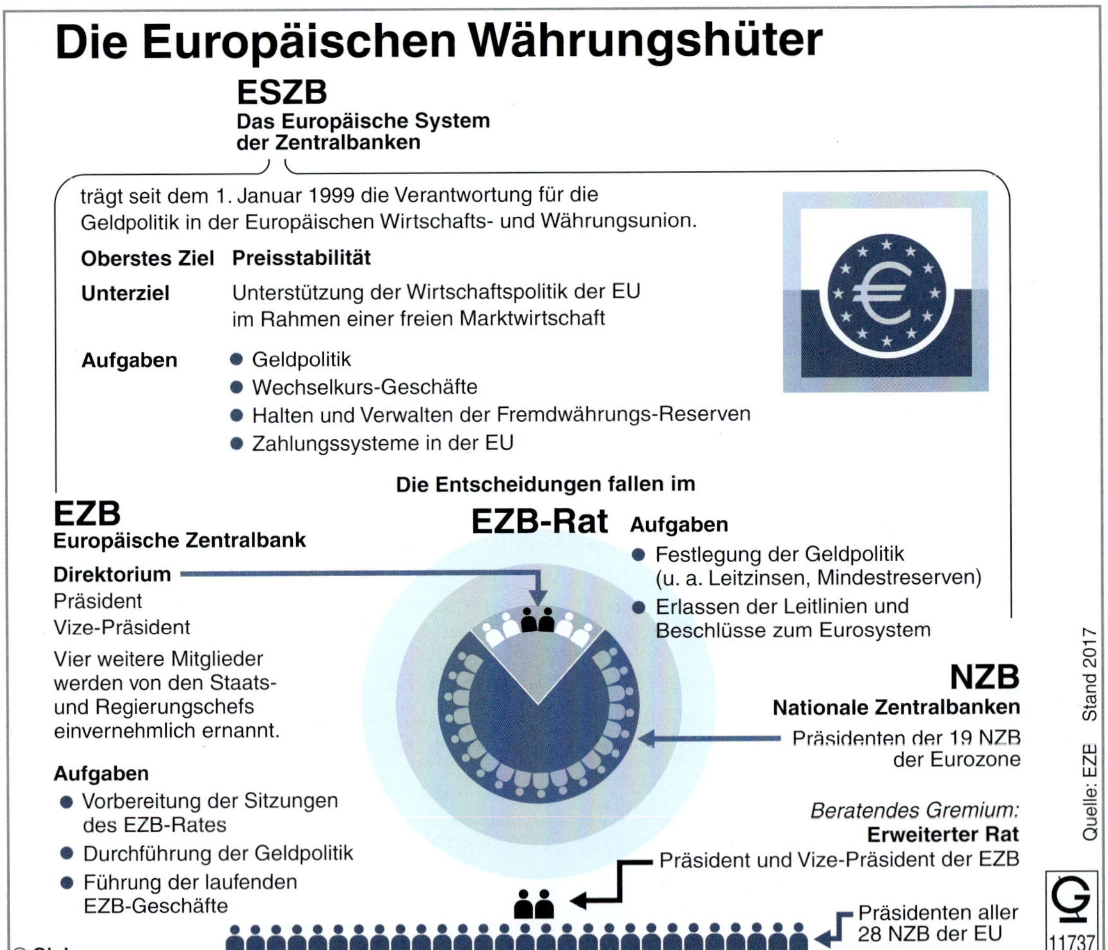

Seit 1999 ist die Europäische Zentralbank (EZB) für die Durchführung der Geldpolitik im Euro-Währungsgebiet – dem zweitgrößten Wirtschaftsraum der Welt nach den Vereinigten Staaten – verantwortlich.

Das Euro-Währungsgebiet entstand, als im Januar 1999 die Zuständigkeit für die Geldpolitik von den nationalen Zentralbanken von elf EU-Mitgliedstaaten auf die EZB übertragen wurde. Heute ist der Euro (€) in 19 EU-Ländern offizielle Währung.

Die Schaffung des Euro-Währungsgebiets und die Errichtung einer neuen Institution, der EZB, waren Meilensteine im langen und komplexen Prozess der europäischen Integration.

Um dem Euro-Währungsgebiet beitreten zu dürfen, mussten die heute 19 Länder die Konvergenzkriterien erfüllen; auch die anderen EU-Mitgliedstaaten müssen diese Kriterien vor der Einführung des Euro erfüllen. Die Konvergenzkriterien legen die wirtschaftlichen und rechtlichen Voraussetzungen für die erfolgreiche Teilnahme an der Wirtschafts- und Währungsunion fest.

Ihre wichtigste Aufgabe ist es, die Preisstabilität zu sichern. Sie alleine bestimmt und entscheidet über die geldpolitischen Strategien und Instrumente in der Währungsunion. Sie handelt völlig unabhängig von Weisungen politischer Instanzen. Es ist ihr strikt untersagt, Kredite an öffentliche Haushalte zu geben; sie darf die allgemeine Wirtschaftspolitik der Gemeinschaft nur soweit unterstützen, als das es mit dem Ziel der Preisstabilität vereinbar ist.

EZB und Skyline, Frankfurt am Main

Der Euroraum
Euroraum
EU-Mitgliedstaaten mit der Möglichkeit der Nichtteilnahme
EU-Mitgliedstaaten, die noch nicht den Euro eingeführt haben
Schweden
Stockholm
Finnland
Helsinki
Tallinn
Estland
Lettland
Riga
Litauen
Vilnius
Dänemark
Kopenhagen
Dublin
Irland
Vereinigtes Königreich
London
Niederlande
Amsterdam
Berlin
Warschau
Polen
Brüssel
Belgien
Deutschland
Luxemburg
Luxemburg
Prag
Tschechische Republik
Slowakei
Bratislava
Paris
Wien
Budapest
Österreich
Ungarn
Rumänien
Frankreich
Slowenien
Ljubljana
Zagreb
Bukarest
Kroatien
Bulgarien
Sofia
Italien
Portugal
Madrid
Rom
Lissabon
Spanien
Griechenland
Athen
Valletta
Malta
Madeira (PT)
Kanarische Inseln (ES)
Saint-Martin (FR)
Saint-Barthélemy (FR)
Azoren (PT)
Französisch-Guayana (FR)
Guadeloupe (FR)
Martinique (FR)
Réunion (FR)
Mayotte (FR)
Zypern
Nicosia

Devisenmarkt

Anbieter und Nachfrager am **Devisenmarkt** sind die Kreditinstitute, die für ihre in- und ausländischen Kunden tätig werden. Gehandelt werden Anweisungen auf ausländisches Geld (Schecks, Wechsel auf ausländische Konten).

Dies geschieht beispielsweise, indem ein deutscher Exporteur ausländisches Geld anbietet (US-Dollars). Diese US-Dollars hat der Exporteur aufgrund seiner Güter- und Dienstleistungsexporte erhalten.

Da er das ausländische Geld in EURO umtauschen möchte, bietet er es der Bank an.

Umgekehrt ist der Vorgang beim Import von Waren und Dienstleistungen. Der Importeur bezieht Waren und Dienstleistungen aus dem Ausland. Für diese Importe (z. B. Bananen) muss er den ausländischen Lieferanten mit ausländischem Geld bezahlen.

Der Importeur fragt somit bei der Bank nach ausländischem Geld nach.

Wechselkurs = Austauschverhältnis zweier Währungen

Der Preis, der in inländischer Währung für ausländische Zahlungsmittel (Devisen) bezahlt werden muss, bezeichnet man als Wechselkurs (z. B. Wechselkurs am 18.10.2018: 1 Euro = 1,15 US-Dollar).

Der Wechselkurs von Euro und US-Dollar ist für Unternehmer, Ökonomen und Bürger von großer Bedeutung. Insbesondere bestimmt der Dollarwechselkurs zu welchen Preisen Güter zwischen den Staaten des Euroraumes und der USA gehandelt werden und stellt damit einen erheblichen Wettbewerbsfaktor dar. Den Wert einer Währung im Vergleich zu anderen Währungen bestimmen Angebot und Nachfrage. Der Wechselkurs ergibt sich im freien Handel zwischen den Banken und wird täglich an den Devisenbörsen ermittelt.

Die Ursachen für die Entwicklung dieser wichtigen veränderlichen Größe sind keineswegs eindeutig bestimmbar und geklärt. Theoretisch gesehen müsste sich der Wechselkurs aus dem Zusammenspiel von u. a. Preisniveau, Zinsniveau sowie Wertpapierkursen der jeweiligen Länder ergeben.

Häufig spielen jedoch Erwartungen der Anleger und Spekulanten über die Wechselkursentwicklung eine entscheidende Rolle. Gehen diese beispielsweise von einer Aufwertung des Euros gegenüber dem US-Dollar aus, führt dieses zu Dollarverkäufen und Eurokäufen, um somit, falls die Vermutung zutrifft, Gewinne zu erzielen. Falls aber viele Anleger aufgrund solcher Erwartungen parallel vorgehen, steigt die Nachfrage nach dem Euro und somit auch der Wechselkurs gegenüber dem US-Dollar.

Für Deutschland spielt die Entwicklung des Wechselkurses eine besonders wichtige Rolle, da der Export in Deutschland von sehr hoher Bedeutung ist.

Daher wird die derzeit starke Aufwertung des Euros mit großer Beunruhigung beobachtet, da ein steigender Wechselkurs dazu führen kann, dass die ausländische Nachfrage nach Exporten aus den Euroländern aufgrund gestiegener Preise sinkt.

Allerdings gehen von einer Aufwertung auch spürbar positive Effekte aus. Denn eine stärkere Währung verbilligt die Importe, welches sowohl Unternehmen als auch private Haushalte entlastet.

Beispielsweise würde der Anstieg der Energiepreise ohne die Aufwertung des Euro gegenüber dem Dollar noch stärker ausfallen.

Durch die günstiger werdenden Importpreise steigt das real verfügbare Einkommen, welches einen höheren Konsum ermöglicht (z. B. Tourismus).

Unternehmen, die hauptsächlich auf dem inländischen Markt agieren und einen Teil ihrer Vorleistungen aus dem Ausland beziehen, können aufgrund eines gestiegenen Wechselkurses des Euro profitieren.

Aber auch für Exporteure ergibt sich aus billigeren Vorleistungsgütern eine Entlastung.

LERN-BOX

- Die **Wirtschaft** hat sich durch die immer schnellere Entwicklung des technischen Fortschritts, durch internationale Arbeitsteilung und durch tiefgreifende Veränderungen von Qualifikationsanforderungen stark gewandelt.
- Knappe **Güter** und die Unersättlichkeit der **Bedürfnisse** zwingen zum Wirtschaften nach dem ökonomischen Prinzip (Minimalprinzip/Maximalprinzip).
- **Private Haushalte, Unternehmen, Staat und Banken** bezeichnet man als **Wirtschaftseinheiten**. Sie sind mit Geld- und Güterströme miteinander verbunden. (Einfacher, erweiterter Wirtschaftskreislauf).
- Zahlungsmöglichkeiten: bar (z. B. Postanweisung), halbbar (z. B. Scheck), bargeldlos (z. B. Überweisung, V-Scheck, Dauerauftrag, Kreditkarte, electronic-cash).
- Die **Gewährung von Krediten** (z. B. Kontokorrentkredit, Dispositionskredit, Lieferantenkredit, Hypothekarkredit) ist mit die wichtigste Aufgabe einer Bank.
- **Währung** ist die in einem Lande verwendete Geldeinheit.

  Seit 01. Januar 1999 ist der Euro gesetzliche Währung für die an der Währungsunion teilnehmenden EU-Mitgliedstaaten.
- Viele Bankangelegenheiten können heute durch Nutzung **des Internets** durchgeführt werden.

  Man unterscheidet:

  Online-Banking mit PIN und TAN
  Online-Banking mit chipTAN
  Online-Zahlungssystem PayPal

WISSENS-CHECK

❶ Nennen Sie die fünf wichtigsten **Wachstumsfelder**, die durch neue Technologien erschlossen werden und begründen Sie, warum die Mikroelektronik dabei eine Schlüsselfunktion einnimmt.

❷ Welche Maßnahmen können private Haushalte, das Handwerk, die Industrie und die Autofahrer ergreifen, um die zunehmende **Umweltbelastung** (Luft, Wasser, Boden) und den steigenden **Energieverbrauch** zu reduzieren?

❸ Klaus möchte sich einen kleinen Gebrauchtwagen kaufen. Erklären Sie sein **wirtschaftliches Handeln** nach dem Minimal- und Maximalprinzip.

❹ Um sich den Gebrauchtwagen leisten zu können, hat Klaus gearbeitet und Geld verdient und jeden Monat einen Teil seines Lohnes gespart. Verfolgen Sie unter Berücksichtigung des **erweiterten Wirtschaftskreislaufs** den Geldstrom bzw. den Güterstrom.

❺ Welche **Vorteile** hat der bargeldlose Zahlungsverkehr?

❻ Warum ist ein Verrechnungsscheck gegen Missbrauch **sicherer** als der Barscheck?

❼ Wann zahlen Sie mit **Einzugsermächtigung**, wann mit **Dauerauftrag?** Geben Sie jeweils ein Beispiel an.

❽ Erläutern Sie die **Funktionsweise** des Kreditkartensystems.

❾ Herr Hoppen, Verkaufsleiter im Außendienst, benutzt gerne **Kreditkarten.** Erläutern Sie die Vorteile.

❿ Was versteht man unter **electronic-cash?**

⓫ Beschreiben Sie das sogenannte **POZ-System.**

⓬ Erläutern Sie das **Online-Banking** mit PIN und TAN.

⓭ Wie funktioniert das Überweisen von Rechnungen im Online-Banking mit **chipTAN?**

⓮ Beschreiben Sie das Online-Zahlungssystem **PayPal.**

⓯ Nach welchen **Merkmalen/Kriterien** können Kredite eingeteilt werden?

⓰ Vergleichen Sie anhand von drei verschiedenen Bankangeboten die **Kosten eines Sicherungsübereignungskredites** im Hinblick eines Pkw-Kaufes in Höhe von 10.000,00 €.

⓱ Erläutern Sie den **Unterschied** zwischen einem Pfandkredit und einem Sicherungsübereignungskredit.

⓲ Warum muss ein Hypothekarkredit ins **Grundbuch** eingetragen werden?

Rechts- und Geschäftsfähigkeit

„Die **Rechtsfähigkeit** des Menschen beginnt mit der Vollendung der Geburt", so § 1 des BGB. Sie erlischt mit dem Tode

Beispiel

Architekt Werner Müller setzt sein dreijähriges Patenkind Peter als Erben seines Landhauses ein. Zwei Jahre später stirbt Herr Müller.

a) Ist das Patenkind nun Eigentümer des Landhauses?
b) Kann das Kind dieses Haus vermieten?
c) Muss das Kind die fälligen Grundsteuern bezahlen?

Mit Rechtsfähigkeit bezeichnet man die Fähigkeit, Rechte und Pflichten, z.B. Eigentum und Steuerpflicht, zu besitzen. Rechtsfähig können sowohl natürliche als auch juristische Personen sein.

Formen der Rechtsfähigkeit

Als **natürliche Person** bezeichnet man jeden Menschen, unabhängig seines Alters. Er erfüllt die Voraussetzung für die Teilnahme am Wirtschaftsleben mit der Fähigkeit, Rechte und Pflichten zu haben, d.h. eine Rechtspersönlichkeit zu sein.

Die Rechtsfähigkeit kann keinem Menschen genommen werden. Sie ist unabhängig davon, ob der Mensch geistig gesund oder krank ist, bei Bewusstsein oder bewusstlos ist, ob er sich verständlich machen kann oder nicht. Das Patenkind Peter kann somit Eigentümer des Landhauses werden, auch wenn es erst drei Jahre alt ist.

Als Eigentümer des Anwesens hat Peter Rechte, z.B. Verpachtungsrecht, Vermietungsrecht, aber auch Pflichten, z.B. Zahlungspflicht der Grundsteuer. Peter kann aber nicht selbst das Landhaus verkaufen.

Ebenfalls Rechte und Pflichten erwerben kann aber auch ein Verein, eine Aktiengesellschaft (AG) oder der Staat, wobei jede solche Vereinigung eine Rechtspersönlichkeit ist, die man als juristische Person im Gegensatz zur natürlichen Person (dem Menschen) bezeichnet.

Juristische Personen haben Rechte und Pflichten wie eine Einzelperson (natürliche Person). Sie können selbst Verträge abschließen, klagen und verklagt werden, kaufen und verkaufen, Eigentum erwerben und veräußern, denn ihre Rechte sind von denen der Mitglieder getrennt.

Man unterscheidet:

Juristische Personen des **privaten** Rechts, z.B.:

- eingetragene Vereine, wie etwa
  - Post-Sportverein e.V.
  - Deutsche Krebshilfe e.V.
- Daimler AG
- Stifungen, z.B. Stiftung Warentest

Juristische Personen des **öffentlichen** Rechts, z.B.:

- Bund, Länder, Gemeinden
- Kirchen, Industrie- und Handelskammern, Handwerkskammern
- Rundfunkanstalten
- Bundesagentur für Arbeit

Rechtsfähigkeit	
Natürliche Personen	Juristische Personen
Von der Geburt bis zum Tod	Von der Eintragung bis zur Löschung

Geschäftsfähigkeit ist die Fähigkeit, Rechte und Pflichten durch Rechtsgeschäfte selbstständig und gültig erwerben zu können. Wer geschäftsfähig ist, ist auch vertragsfähig, da er rechtswirksam Willenserklärungen abgeben kann.

Stufen der Geschäftsfähigkeit

Nach dem Lebensalter teilt man die Geschäftsfähigkeit in **drei Stufen** ein:

❶ **Geschäftsunfähig:** § 104 BGB:

Kinder unter 7 Jahren, dauernd Geisteskranke
(für sie handelt ein gesetzlicher Vertreter, z. B. Vater, Betreuer)

Beispiel

Ein 6-jähriger Junge ist nicht im Stande, sein Fahrrad rechtswirksam zu verschenken. Die Eltern können das Fahrrad zurückverlangen.

❷ **Beschränkt geschäftsfähig:** §§ 106–109 BGB:

Personen zwischen 7 und unter 18 Jahren.

Beispiel

Eine 17-jährige Schülerin kann sich nur mit Zustimmung des gesetzlichen Vertreters einen Computer kaufen.

❸ **Voll geschäftsfähig**

Volljährige Personen mit Vollendung des 18. Lebensjahres können jedes Rechtsgeschäft eingehen, das nicht gegen Gesetz, gute Sitten oder Treu und Glauben verstößt.

Beispiel

Ein 18-jähriger Auszubildender kann einen Leasingvertrag rechtsgültig abschließen.

Für einen Volljährigen, der geistig, seelisch oder körperlich behindert ist, kann das Vormundschaftsgericht einen Betreuer bestellen. Er hat die Aufgabe, für den Behinderten in bestimmten Bereichen tätig zu werden. Der Betreute bleibt in diesen Situationen (z. B. Verwaltung des Vermögens) grundsätzlich voll geschäftsfähig.

Geschäftsunfähig *(bis unter 7 Jahre)*	Beschränkt geschäftsfähig *(7 bis unter 18 Jahre)*	Voll geschäftsfähig *(18 Jahre bis zum Tod)*
Geburt →		Tod
Rechtsgeschäfte sind ungültig	Rechtsgeschäfte sind *„schwebend unwirksam"*, d.h. sie bedürfen der Genehmigung bzw. Zustimmung des gesetzlichen Vertreters (s. Ausnahmen)	Rechtsgeschäfte sind voll gültig

Ausnahmen:

Nicht zustimmungsbedürftig sind Willenserklärungen, durch die der Minderjährige rechtliche Vorteile erwirbt, bei denen er jedoch keine Pflichten übernimmt sowie solche Verträge, die der Minderjährige mit Mitteln erfüllt, über die der gesetzliche Vertreter ihm die **freie Verfügung** gestattet hat (§ 110 BGB = Taschengeldparagraf). Ratenkäufe (Kreditgeschäfte) bedürfen immer der Zustimmung des gesetzlichen Vertreters.

§ 110 BGB „Taschengeldparagraf"

„Ein von dem Minderjährigen ohne Zustimmung des gesetzlichen Vertreters geschlossener Vertrag gilt als von Anfang an wirksam, wenn der Minderjährige die vertragsmäßige Leistung mit Mitteln bewirkt, die ihm zu diesem Zweck oder zur freien Verfügung von dem Vertreter oder mit dessen Zustimmung von einem Dritten überlassen worden sind."

Beispiel

Ein 13-jähriger Junge kauft mit den von seinen Eltern zu Weihnachten geschenkten 50,00 € zum Ärger seiner Eltern, einen gebrauchten Flipperautomaten. Da der Junge mit dem Kauf rechtliche Vorteile erwirbt, aber keine Pflichten übernimmt, und „der Minderjährige die vertragsmäßige Leistung mit Mitteln bewirkt, die ihm **zu diesem Zweck oder zu freier Verfügung"** *von seinen Eltern überlassen worden sind, ist dieses Geschäft gültig.*

„Berufsmündig" geworden, d. h. voll geschäftsfähig in Bezug auf sein Erwerbsleben (Dienst- oder Arbeitsverhältnis), ist ein Minderjähriger, wenn der gesetzliche Vertreter (Eltern) die Aufnahme einer Erwerbstätigkeit gestattet hat.

§ 113 BGB „Eingehung eines Dienst- oder Arbeitsverhältnisses"

„Ermächtigt der gesetzliche Vertreter den Minderjährigen, in Dienst oder Arbeit zu treten, so ist der Minderjährige für solche Rechtsgeschäfte unbeschränkt geschäftsfähig, welche die Eingehung oder Aufhebung eines Dienst- oder Arbeitsverhältnisses der gestatteten Art oder die Erfüllung der sich aus einem solchen Verhältnis ergebenden Verpflichtungen betreffen. Ausgenommen sind Verträge, zu denen der Vertreter der Genehmigung des Vormundschaftsgerichtes bedarf."

Beispiel

Der 16-jährige Jürgen hat mit Zustimmung seiner Eltern ein Arbeitsverhältnis in einem Betrieb aufgenommen. Da er im Rahmen dieses Arbeitsverhältnisses voll geschäftsfähig ist, kann er die mit dem Erwerbsleben zusammenhängenden Entscheidungen (Willenserklärungen) wie Urlaub, Kündigung, Stellenwechsel usw. selbstständig treffen.

Besitz und Eigentum wird häufig nicht exakt unterschieden

Erwerbbare Herrschaft über eine Sache oder ein Recht:

Besitzer

Besitz

Tatsächliche Herrschaft bzw. Verfügungsgewalt über Sachen und Rechte.
Besitzer ist, wer die Sache oder das Recht hat.
Man unterscheidet Alleinbesitz und Mitbesitz.

Beispiele

Hans leiht Klaus sein Auto. Klaus ist dann der Besitzer des Fahrzeugs, während Hans weiterhin Eigentümer bleibt.

Kauft Dieter sich eine Stereoanlage, die er sofort bezahlt, ist er mit der Übergabe Besitzer und Eigentümer zugleich.

Besitzer und Eigentümer einer Sache ist normalerweise die gleiche Person. Beim Mieter, Pächter, Frachtführer, Lagerhalter, Kommissionär u.a. sind Besitz und Eigentum getrennt.

Eigentümer

Eigentum
Rechtliche Herrschaft bzw. Verfügungsgewalt über Sachen und Rechte. Eigentümer ist der, dem die Sache oder das Recht gehört.

Der Eigentümer kann im Rahmen der Gesetze und unter Beachtung der Rechte Dritter mit seiner Sache nach Belieben verfahren.

Man unterscheidet Alleineigentümer und Miteigentümer.

Beispiel

Elektromeister Hans Hoppen hat in der Innenstadt seinen Laden gemietet. Er ist somit zwar Besitzer aber nicht Eigentümer.

Rechtsgeschäfte

Rechtsgeschäfte werden durch Willenserklärungen geschlossen. Dabei gibt jeder Mensch täglich eine Vielzahl von Erklärungen und Handlungen ab.

Beispiel

Verabredung zu einem Tennismatch, Einsteigen in ein Taxi, Handheben bei Versteigerungen, Kauf und Verkauf von Waren, Terminabsprachen.

Allerdings ist nur ein Teil davon rechtlich von Bedeutung, d.h. eine Rechtshandlung, die eine gewollte rechtliche Bindung der Vertragspartner und eine Erfüllung des Vertrages einschließt.

Beispiel

Kauf und Verkauf von Waren, Aufnahme eines Kredits, Abschluss eines Mietvertrages, Ausstellung eines Schecks, Eingehen eines Arbeitsverhältnisses.

Grundlage eines jeden Rechtsgeschäftes ist der Vertrag

Liegt einer Erklärung oder Handlung ein ausdrücklicher Wille zu Grunde, spricht man von einer rechtsverbindlichen Willenserklärung. Durch die Willenserklärung ist ein Rechtsgeschäft zustande gekommen, das rechtliche Beziehungen zwischen Personen oder zwischen Personen und Gegenständen regelt.

Die Willenserklärung ist das wichtigste Merkmal eines jeden Rechtsgeschäftes.

Beispiel

Herr Klein und Herr Müller schließen einen Kaufvertrag über einen Laptop ab. Sie tätigen so ein Rechtsgeschäft. Sie geben Willenserklärungen ab, die zum Vertragsabschluss führen.

Die beabsichtigte Rechtswirkung ist das Entstehen des Kaufvertrages mit der Verpflichtung zur Übergabe des Computers und seiner Bezahlung.

§ 111 BGB (Einseitige Rechtsgeschäfte)

„Ein einseitiges Rechtsgeschäft, das der Minderjährige ohne die erforderliche Einwilligung des gesetzlichen Vertreters vornimmt, ist unwirksam. Nimmt der Minderjährige mit dieser Einwilligung ein solches Rechtsgeschäft einem anderen gegenüber vor, so ist das Rechtsgeschäft unwirksam, wenn der Minderjährige die Einwilligung nicht in schriftlicher Form vorlegt und der andere das Rechtsgeschäft aus diesem Grunde unverzüglich zurückweist. Die Zurückweisung ist ausgeschlossen, wenn der Vertreter den anderen von der Einwilligung in Kenntnis gesetzt hatte."

Beispiel

Auszubildender Klaus Schmitz, 17 Jahre, kündigt nach Ablauf der Probezeit sein Ausbildungsverhältnis, weil er einen anderen Beruf ergreifen möchte. Ein solches einseitiges Rechtsgeschäft ist unwirksam, so lange nicht die schriftliche Einwilligung oder eine Benachrichtigung des gesetzlichen Vertreters vorliegt.

Zweiseitiges Rechtsgeschäft

Zwei- und mehrseitige Rechtsgeschäfte kommen durch Willenserklärungen zweier oder mehrerer Personen zustande:

Wird keine inhaltliche Übereinstimmung erzielt, bleibt dies ohne Folgen, d. h. es ist kein Rechtsgeschäft (Vertrag) zustande gekommen.

Übereinstimmende wechselseitige Erklärungen führen zum Vertrag.

Ein Vertrag kommt durch **Antrag** (oft auch als Angebot bezeichnet) und **Annahme** zu Stande, wobei der Antrag sowohl vom Käufer als auch vom Verkäufer ausgehen kann.

Beispiel

Frau Müller möchte sich einen neuen Staubsauger Marke „XZC" kaufen (Antrag). Der Elektrohändler Schulze nimmt den Antrag an und verkauft ihr den Staubsauger (Annahme). Frau Müller bezahlt bei Übergabe. Der Kaufvertrag ist geschlossen, weil die Willenserklärungen inhaltlich übereinstimmten, denn Frau Müller wollte Marke „XZC" kaufen, der Elektrohändler Schulze war bereit, ihr diesen Gegenstand zu verkaufen.

Angebot und Annahme werden häufig nicht ausdrücklich, sondern durch schlüssiges Handeln abgegeben.

Beispiel

Felix nimmt wortlos am Kiosk eine Tageszeitung, legt 1,00 € hin und geht mit einem Gruß weiter. Frau Lehmann betritt einen Bäckerladen und sagt zu dem Bäcker: „5 Brötchen bitte". Wortlos packt der Bäcker die 5 Brötchen in eine Tüte und übergibt sie Frau Lehmann.

Durch sein Handeln hat der Bäcker zum Ausdruck gebracht, dass er das Zustandekommen des Kaufvertrages herbeiführen wollte.

Weitere wichtige Vertragsarten

Vertragsart	Vertragsinhalt	*Beispiel*
Berufsausbildungsvertrag	Leistung von Diensten	Thomas, 16 Jahre, lernt Tischler.
Arbeitsvertrag		Hans arbeitet als Hilfsarbeiter bei einer Spedition.
Kaufvertrag	Erwerb von Sachen und Rechten gegen Entgelt	Wolfgang, 18 Jahre, kauft sich ein Surfbrett.
Mietvertrag	Überlassen von Sachen zum Gebrauch gegen Entgelt	Niklas, Architekturstudent, mietet ein Zimmer.
Darlehensvertrag	Entgeltliche Überlassung von Geld gegen spätere Rückzahlung	Familie Meyer nimmt bei der Bank einen Kredit auf.

Unter bestimmten Bedingungen gibt es **Formvorschriften für Rechtsgeschäfte.** Grundsätzlich gilt jedoch im BGB die Formfreiheit, d.h., Willenserklärungen können in jeder beliebigen Weise abgegeben werden.

Formvorschriften:
- Gesetzliche Schriftform
- Öffentliche Beglaubigung
- Notarielle Beurkundung

Es ist also für die Wirksamkeit eines Rechtsgeschäftes gleichgültig, ob die Beteiligten ihren Willen schriftlich, mündlich oder durch Gebärden ausdrücken.

Rechtsgeschäfte unterliegen nur dann einem Formzwang, wenn
1. das Gesetz eine bestimmte Form vorschreibt und
2. wenn die Vertragsparteien vereinbaren, dass auch für Rechtsgeschäfte, die nach dem Gesetz formfrei sind, eine bestimmte Form eingehalten werden soll.

Bei Verstoß gegen die Formvorschriften ist das Rechtsgeschäft nichtig. Das Gesetz kennt drei verschiedene Formzwänge, die eingehalten werden müssen:

§ 126 BGB (Gesetzliche Schriftform)

„(1) Ist durch Gesetz schriftliche Form vorgeschrieben, so muss die Urkunde von dem Aussteller eigenhändig durch Namensunterschrift oder mittels notariell beglaubigten Handzeichen unterzeichnet werden."

Bei der Schriftform muss der Aussteller die Urkunde eigenhändig unterschreiben.

Wer den Text geschrieben hat, ist gleichgültig. (Eine Urkunde ist jede schriftliche Gedankenäußerung, deren Inhalt rechtliche Auswirkungen hat.)

Die gesetzliche Schriftform ist u. a. erforderlich bei:
- Bürgschaftserklärung
- Kündigung eines Arbeitsvertrages oder eines Mietvertrages

§ 129 BGB (Öffentliche Beglaubigung)

„(1) Ist durch Gesetz für eine Erklärung öffentliche Beglaubigung vorgeschrieben, so muss die Erklärung schriftlich abgefasst und die Unterschrift des Erklärenden von einem Notar beglaubigt werden. Wird die Erklärung von dem Aussteller mittels Handzeichen unterzeichnet, so ist die im § 126 Abs. 1 vorgeschriebene Beglaubigung des Handzeichens erforderlich und genügend.

(2) Die öffentliche Beglaubigung wird durch die notarielle Beurkundung der Erklärung ersetzt."

Diese ist gegeben, wenn der Notar die Echtheit der Unterschrift unter einer schriftlichen Erklärung bezeugt. Die öffentliche Beglaubigung bezieht sich nur auf die Unterschrift, nicht aber auf den Inhalt der Urkunde.

Gesetzlich vorgeschrieben ist die öffentliche Beglaubigung u. a. bei:

Anträgen auf Eintragung in öffentliche Register, wie Grundbuch, Vereinsregister, Handelsregister, Güterrechtsregister

„**§ 128 BGB (Notarielle Beurkundung)**

Ist durch Gesetz notarielle Beurkundung eines Vertrags vorgeschrieben, so genügt es, wenn zunächst der Antrag und sodann die Annahme des Antrags von einem Notar beurkundet wird."

Die Willenserklärung wird vom Notar als öffentliche Urkunde abgefasst und ihr ganzer Inhalt beurkundet, d. h. sie wird den Beteiligten in Gegenwart des Notars vorgelesen und von ihnen genehmigt. Die Beteiligten und der Notar unterschreiben sie eigenhändig.

Die notarielle Beurkundung ist u. a. vorgeschrieben bei:

Kauf und Verkauf von Grundstücken und Gebäuden, Ehevertrag, Belastung von Grundstücken, Erbvertrag, Schenkungsversprechen, Vermögensübertragung

Es empfiehlt sich aus Beweis- und Sicherheitsgründen sowie zur Vermeidung von Irrtümern und bei wichtigen Vertragsabschlüssen die Schriftform zu wählen.

Vertragswesen

Trotz der nach BGB vorherrschenden Vertragsfreiheit kann nicht jedes beliebige Rechtsgeschäft abgeschlossen werden. Aufgrund gesetzlicher Vorschriften sind **bestimmte Verträge** entweder **nichtig, d. h. ungültig** oder **anfechtbar**, d. h. sie können für unwirksam erklärt werden.

Nichtige und anfechtbare Verträge

Nichtig sind ...

- Geschäfte mit **geschäftsunfähigen** oder **beschränkt geschäftsfähigen** Personen ohne Zustimmung des gesetzlichen Vertreters.

Beispiele

Die 6-jährige Petra kauft sich vom ersparten Taschengeld einen MP3-Player. Der 15-jährige Klaus kauft ohne Wissen seiner Eltern ein Mofa.

➤ ... Geschäfte, die **im Zustande der Bewusstlosigkeit** oder **vorübergehender Störung der Geistestätigkeit** abgeschlossen wurden.

Beispiel

Ein Volltrunkener verkauft seine wertvolle Armbanduhr.

➤ ... Verträge, die die **gesetzlich vorgeschriebene Form** nicht erfüllen.

Beispiel

Kauf eines Grundstücks ohne notarielle Beurkundung.

➤ ... Verträge, die gegen ein **gesetzliches Verbot** verstoßen.

Beispiel

Rauschgifthandel

➤ ... **Geschäfte**, die **gegen die guten Sitten verstoßen,** d.h. wenn unter Ausbeutung der Notlage, des Leichtsinns oder der Unerfahrenheit eines anderen dieser auffällig übervorteilt wird.

Beispiel

Eine Großmutter möchte ihrem Enkel einen Roller zum Geburtstag schenken. Unwissend kauft sie einen gebrauchten Roller im Wert von 400,00 € zum fünffachen Preis, d.h. 2.000,00 €.

➤ ... **Scherzgeschäfte**, denen eine nicht ernst gemeinte Willenserklärung zu Grunde liegt.

Beispiel

Ein Königreich für ein Glas Bier.

➤ ... **Scheingeschäfte**, auch wenn das Einverständnis des Vertragspartners zugrunde liegt.

Beispiel

Um Schenkungsteuer zu sparen, schließen Meyer und sein Schwiegersohn einen „Kaufvertrag" zum Schein ab.

Rechtsgeschäfte, die zunächst voll gültig sind, werden durch die **Anfechtung** rückwirkend ungültig. Da das angefochtene Rechtsgeschäft überhaupt keine Rechtswirkungen hat, werden alle Vertragspartner so gestellt, als ob kein Vertrag abgeschlossen worden wäre.

Beispiel

Herr Pusch kauft einen Gebrauchtwagen. Der Händler versichert ihm die Unfallfreiheit des Wagens. Im Nachhinein stellt sich jedoch heraus, dass der gekaufte Pkw einen Rahmenschaden hat. Herr Pusch wurde somit vom Gebrauchtwagenhändler arglistig getäuscht. Dies berechtigt ihn zur Anfechtung und damit zur Rückgängigmachung des Vertrages.

Man unterscheidet **drei** Anfechtungsgründe

- Anfechtung auf Grund eines Irrtums
- Anfechtung auf Grund arglistiger Täuschung
- Anfechtung auf Grund widerrechtlicher Drohung

Würde unsere Rechtsordnung jeden Irrtum anerkennen, wäre eine unerträgliche Rechtsunsicherheit die Folge. Jeder könnte dann Rechtsgeschäfte, die seine Erwartungen nicht erfüllen, anfechten und das Risiko auf seinen Vertragspartner abwälzen. Solch ein Vorgehen würde das Prinzip der Verbindlichkeit geschlossener Verträge aufheben.

Das BGB hat das Problem so gelöst, dass es nur bestimmte Irrtümer als Anfechtungsgründe zulässt:

- **Irrtum in der Erklärung**

  Der Erklärende verschreibt oder verspricht sich. Er gibt eine Willenserklärung in einer Art und Weise ab, in der er sie nicht abgeben wollte.

  Beispiel

  Der Winzer Söndgen macht dem Weinhändler Sauer-Beus ein Angebot. Er will die Flasche Eiswein zu 20,00 € anbieten. Söndgen verschreibt sich. Statt 20,00 € schreibt er 2,00 €. Sauer-Beus nimmt das Angebot an.

- **Irrtum über den Inhalt der Willenserklärung**

  Die Willenserklärung hat inhaltlich eine andere Bedeutung, als ihr der Erklärende beimessen wollte. Bei einem Inhaltsirrtum stimmt der Wille des Erklärenden mit dem objektiven Inhalt der Willenserklärung nicht überein (Übermittlungsfehler).

  Beispiel

  Peter lässt sich durch ein Telefax in einem Hotel ein Einbettzimmer reservieren. Durch einen Übermittlungsfehler werden zwei Zweibettzimmer geordert. Mit der Reservierung der Zimmer werden andere Gäste abgewiesen.

- **Irrtum über verkehrswesentliche Eigenschaften einer Person oder Sache**

  Wesentliche Eigenschaften einer Person sind z. B. Zahlungsfähigkeit bei Kreditgeschäften oder die Zuverlässigkeit der Vertragspartner bei Verträgen.

  Beispiel

  Schäfer hat Lehmann ein größeres Darlehen gewährt, weil er von der Kreditwürdigkeit Lehmanns ausgegangen ist. Nachdem Schäfer erfahren hat, dass Lehmann schon einmal in Konkurs gegangen ist und immer noch eine Menge Schulden hat, ist Schäfer anfechtungsberechtigt.

Wesentliche Eigenschaften eines Gegenstandes sind z. B. der Stoff und die Echtheit einer Ware, die Ertragsfähigkeit eines Grundstücks.

Beispiel

Das Originalbild, das Schulze zu kaufen glaubt, ist in Wirklichkeit eine Kopie.

Nicht anfechtbar ist der Motivirrtum. Wer sich z. B. Aktien gekauft hat in der Hoffnung auf steigende Kurse, kann bei sinkendem Kursverlauf den Irrtum nicht anfechten.

Unter **Anfechtung auf Grund arglistiger Täuschung** versteht man die arglistige Vorspiegelung falscher oder das Verschweigen wahrer Tatsachen, d. h. der durch die Täuschung hervorgerufene Irrtum muss bestimmend oder doch mitbestimmend für die Abgabe der Willenserklärung gewesen sein.

Beispiel

Kauf eines Gebrauchtwagens, der vom Verkäufer als unfallfrei bezeichnet wird, obwohl er einen Unfall hatte.

Die **auf Grund einer widerrechtlichen Drohung** abgegebene Willenserklärung beruht nicht auf dem freien Willen des Erklärenden, d.h. der Erklärende steht unter dem Zwang, einen Vertrag abzuschließen.

Beispiel

Klaus Schäfer droht Paul Lehmann, er werde ihn wegen eines früher begangenen Diebstahls anzeigen, wenn er ihm die Rückzahlung eines Darlehens nicht erlasse. Paul Lehmann verzichtet auf die Rückzahlung. Er kann seine Verzichtserklärung anfechten.

Wichtig: Nicht jede Drohung ist widerrechtlich. Befindet sich B. im Zahlungsverzug und A. droht mit einer gerichtlichen Klage, so ist dies rechtlich nicht zu beanstanden.

Folgende Anfechtungsfristen werden unterschieden:

- **Irrtum**

  Die Anfechtung muss unverzüglich, d.h. nach der Entdeckung des Irrtums erfolgen.

- **Täuschung bzw. Drohung**

  Die Anfechtung muss innerhalb eines Jahres nach Kenntnis der Täuschung bzw. Beendigung der Zwangslage erfolgen.

Die Anfechtung ist nach Ablauf von 10 Jahren seit Abgabe der Willenserklärung ausgeschlossen.

LERN-BOX

- Mit **Rechtsfähigkeit** bezeichnet man die Fähigkeit Rechte und Pflichten, z.B. Eigentum und Steuerpflicht, zu besitzen. Man unterscheidet natürliche Personen (Menschen) von juristischen Personen (eingetragenen Vereine, Aktiengesellschaften, Bund, Länder, Gemeinden).
- **Geschäftsfähigkeit** ist die Fähigkeit, Rechte und Pflichten durch Rechtsgeschäfte selbstständig und gültig zu erwerben. Man unterscheidet zwischen geschäftsfähigen, beschränkt geschäftsfähigen und geschäftsunfähigen Personen.
- **Eigentum:** Rechtliche Herrschaft über eine Sache.

  Besitz: Tatsächliche Herrschaft über eine Sache.
- **Rechtsgeschäfte** werden durch Willenserklärungen geschlossen, verändert oder aufgehoben. Grundlage von Rechtsgeschäften ist der Vertrag mit den Rechten und Pflichten für die Vertragspartner. Für bestimmte Fälle (z.B. Kauf und Verkauf von Grundstücken und Häusern) schreibt das Gesetz Formvorschriften für Rechtsgeschäfte vor. Nichtige Rechtsgeschäfte sind von vornherein ungültig. Anfechtbare Verträge sind zunächst gültig, werden jedoch durch Anfechtung rückwirkend unwirksam.

WISSENS-CHECK

❶ Erklären Sie den Unterschied zwischen **Rechtsfähigkeit und Geschäftsfähigkeit**.

❷ Welche Personen sind **geschäftsunfähig, beschränkt geschäftsfähig** und **unbeschränkt geschäftsfähig?**

❸ Was versteht man unter dem Begriff **„juristische Person"**?

❹ Der 17-jährige Schüler Fred Fleißig arbeitet mit Zustimmung seiner Eltern während der Sommerferien als Aushilfe bei der Deutschen Post AG.

Beurteilen Sie das **Arbeitsverhältnis** im Hinblick auf die Geschäftsfähigkeit.

❺ Erarbeiten Sie je ein Beispiel, bei denen **Besitzer und Eigentümer** verschiedene Personen sind bzw. eine Person ist.

❻ Nennen Sie Beispiele für das **Zustandekommen von Rechtsgeschäften**.

❼ Erklären Sie den Unterschied zwischen einer **Willenserklärung** und einer **gesellschaftlichen Erklärung**.

❽ In welcher **Form** können Willenserklärungen abgegeben werden?

❾ Formulieren Sie je ein Beispiel für ein **einseitiges bzw. zweiseitiges** Rechtsgeschäft.

❿ Beurteilen Sie, ob in den nachfolgenden Fällen ein Vertrag zu Stande gekommen ist:

a) Niklas nimmt wortlos am Kiosk eine Zeitung, legt 1,00 € hin und geht mit einem Gruß weiter.

b) Sabine winkt ihrer Freudin Kerstin zu, die auf der gegenüberliegenden Straßenseite steht. Ein vorbeifahrender Taxifahrer sieht dieses Zeichen, hält an und will Sabine einsteigen lassen, da sie ihn auf Grund des Handzeichens angehalten habe.

⓫ Entwickeln Sie jeweils ein Beispiel für eine **empfangsbedürftige** und eine **nicht empfangsbedürftige** Willenerklärung.

⓬ Nennen Sie Gründe, warum der Gesetzgeber für bestimmte Rechtsgeschäfte eine **besondere Form** (z. B. öffentliche Beglaubigung, notarielle Beurkundung) vorschreibt.

⓭ Beurteilen Sie folgende Fälle im Hinblick auf **Nichtigkeit und Anfechtbarkeit**:

a) Schneider kauft von Schäfer ein Grundstück zum Preis von 45.000,00 €. Um Steuern zu sparen schließen sie einen notariellen Vertrag über 30.000,00 € ab.

b) Kaufmann Borens ist stark verschuldet. Die Bank gewährt ihm keinen weiteren Kredit mehr. Ein Privatmann ist jedoch bereit, ihm ein Darlehen zu einem jährlichen Zinssatz von 30 % zu geben.

c) Ein Radio- und Fernsehhändler verkauft einen Vorführvideorecorder als fabrikneu.

d) Müller kauft von einem Dealer Heroin.

Eine **Anfrage** ist ein unverbindliches Schreiben an einen Lieferanten.

Anfrage: Überblick über Angebote beschaffen

Beispiel

In der Fachzeitschrift „Technik“ werden die neuesten Maschinen zur Herstellung von Bremsbelägen beschrieben. Dabei interessieren sich die Techniker und Ingenieure der Ringsdorfwerke besonders für die Anlage einer Weimarer Maschinenbaufabrik, zu der die Ringsdorfwerke bisher keine Kundenbeziehungen unterhielten. Die Ringsdorfwerke schreiben deshalb an den Weimarer Hersteller und bitten um ein ausführliches Angebot dieser betreffenden Anlage.

Das Schreiben an die Weimarer Maschinenbaufabrik nennt man Anfrage (schriftliche Anfrage). Geht ein Kunde in ein Einzelhandelsgeschäft und fragt nach einem Herrenhemd oder nach einem Anzug, so liegt ebenfalls eine Anfrage (mündliche Anfrage) vor.

Durch die Anfrage soll festgestellt werden, zu welchen Preisen und Bedingungen von einem Lieferer Waren bezogen werden können. Gründe für eine Anfrage bei einem Lieferer können sein:

1. Anbahnung neuer Geschäftsbeziehungen, z. B. bei neuen Produkten,
2. Aufforderung bisheriger Lieferanten zur Abgabe eines Angebots, um den günstigsten Anbieter zu ermitteln.

Man unterscheidet zwei Arten der Anfrage:

allgemeine Anfrage	bestimmte Anfrage
Bitte um Zusendung von Prospekten, Katalogen, Preislisten oder Wunsch nach einem Vertreterbesuch. Der Kunde möchte sich über die zur Verfügung stehende Auswahl orientieren bzw. er möchte sich vor einer Anschaffung vom Vertreter beraten lassen.	Anforderung eines verbindlichen Angebotes, das – Art, Güte, Beschaffenheit, – Menge und Preis, – Liefer- und Zahlungsbedingungen, – Sonderbedingungen, Muster, Proben enthalten sollte.
→ **rechtlich unverbindlich** ←	

Eine Anfrage, gleichgültig ob sie schriftlich, mündlich, fernmündlich oder per E-Mail erfolgt, bedeutet für die Anfragenden **keine** rechtliche Bindung.

Da die Anfrage keine rechtliche Wirkung hat, also völlig unverbindlich ist, besteht die Möglichkeit, Anfragen an mehrere Lieferanten gleichzeitig zu richten, um so die günstigste Bezugsquelle zu ermitteln.

In der Praxis ist es notwendig, einen Überblick über die laufenden Anfragen zu bewahren. Vielfach wird daher eine Anfragenkartei angelegt, in der die Anfragen nach Lieferanten oder Waren geordnet sind.

Das **Angebot** (Antrag) ist eine Willenserklärung des Verkäufers (Lieferanten) an eine bestimmte Person oder Personengruppe, unter bestimmten Bedingungen einen Kaufvertrag abzuschließen und Waren zu liefern.

Beispiel

Die Heizungsfirma Seifer macht dem Bauherrn Schulze ein Angebot über eine komplette Heizungsanlage für sein Einfamilienhaus.

Angebot: Willenserklärung des Verkäufers unter bestimmten Bedingungen einen Kaufvertrag abzuschließen

Angebotsbedingungen:

Zu den Bedingungen zählen Angaben über
- Art, Beschaffenheit und Güte der Ware
- Menge der Ware
- Preis der Ware
- Liefer- und Zahlungsbedingungen
- Erfüllungsort und Gerichtsstand

Mit dem abgegebenen Angebot bindet sich der Verkäufer. **Wird es vom Käufer angenommen, ist ein Kaufvertrag oder Werkvertrag zu Stande gekommen.** Der Verkäufer muss dem Käufer die Ware bzw. Leistung zu den angegebenen Bedingungen liefern bzw. erbringen.

Keine Angebote sind u. a. Schaufensterauslagen, Zeitungsanzeigen, das Zusenden von Katalogen.

Beispiel

1. *Ein Versandhaus zeigt durch das Zusenden von Katalogen die Bereitschaft an, Kaufverträge abschließen zu wollen, verbunden mit der Aufforderung an seine Kunden, ihrerseits bindende Angebote zum Abschluss von Kaufverträgen an das Versandhaus zu richten. Angebote geben somit erst die Kunden über ihre ausgefüllten Bestellkarten ab.*
2. *Schaufensterauslagen sind nicht als bindende Angebote anzusehen, sondern lediglich als ein Zeichen der Bereitschaft des Ladeninhabers zum Abschluss von Verträgen. Auch wenn die Auslagen das Wort „Angebot" enthalten, gelten sie nicht als Angebot im rechtlichen Sinne, denn der Anbieter will sich nicht verpflichten.*
3. *Das Aufstellen von Waren in einem Selbstbedienungsgeschäft gilt noch nicht als Angebot. Der Käufer macht mit dem Vorlegen der Waren an der Kasse einen Antrag.*

Aber: Das Aufstellen von Automaten gilt als Angebot an jeden, der die richtigen Münzen einwirft.

Wirbt ein Kaufmann mit Waren, die er nicht hat oder zeichnet er die Ware anders aus als er sie abgeben will, so verstößt er gegen das „Gesetz gegen den unlauteren Wettbewerb".

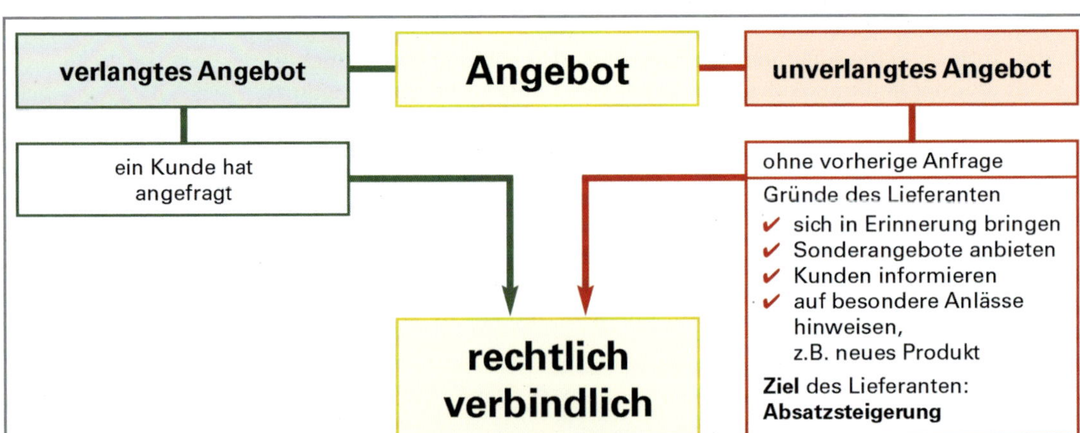

Form des Angebotes

Es gibt keine vorgeschriebene **Form des Angebots**. Mündliche oder telefonische Angebote sind ebenso verpflichtend wie schriftliche. Um Irrtümer und Streitigkeiten zu vermeiden, ist jedoch die Schriftform zu empfehlen oder wenn dies nicht der Fall ist, sollte das Angebot schriftlich vom Annehmenden bestätigt werden.

Unter bestimmten Umständen kann der Verkäufer die **rechtliche Bindung** an sein Angebot durch eine sogenannte Freizeichnungsklausel einschränken oder ganz ausschließen (§ 145 BGB), z. B. „solange der Vorrat reicht", „unverbindlich".

§ 145 BGB (Bindung an den Antrag)

„Wer einem anderen die Schließung eines Vertrags anträgt, ist an den Antrag gebunden, es sei denn, dass er die Gebundenheit ausgeschlossen hat."

Der Verkäufer ist nicht mehr an sein Angebot gebunden, wenn es vom Käufer

- abgelehnt,
- abgeändert oder
- nicht rechtzeitig angenommen wurde, d. h. wenn bei einem befristeten Angebot zu spät bestellt wurde.

Beispiel

Angebot ist bis zum 30. Juni gültig. Bestellt wurde erst am 05. Juli.

§ 150 BGB (Verspätete und abgeänderte Annahme)

„(1) Die verspätete Annahme eines Antrags gilt als neuer Antrag.
(2) Eine Annahme unter Erweiterungen, Einschränkungen oder sonstigen Änderungen gilt als Ablehnung verbunden mit einem neuen Antrage."

Beispiel

Autohändler Emil Schwarz bietet Elektromeister Jürgen Schlösser einen gebrauchten Pkw, Marke XYZ zum Preis von 7.000,00 € an. Elektromeister Schlösser fordert für den Preis von 7.000,00 € noch einige Extras.
Mit seinen Forderungen lehnt Elektromeister Schlösser das von Autohändler Schwarz gemachte Angebot ab, sodass Emil Schwarz nicht mehr an sein Angebot gebunden ist. Ein Kaufvertrag wird nicht geschlossen.
Erklärt sich Emil Schwarz dagegen bereit, für den Preis von 7.000,00 € auch die Forderungen von Jürgen Schlösser zu erfüllen, ist ein Kaufvertrag zu Stande gekommen.

Der Verkäufer ist auch nicht mehr an sein Angebot gebunden, wenn es von ihm rechtzeitig widerrufen wurde. Dies bedeutet, dass der Widerruf spätestens gleichzeitig mit dem Angebot beim Kunden eintreffen muss. Ein briefliches Angebot ist daher durch Eilbrief oder Fax, telefonisch oder per E-Mail zu widerrufen.

Inhalt des Angebotes

Über den **Inhalt des Angebotes** gibt es keine gesetzlichen Vorschriften. Allerdings dürfte es im eigenen Interesse wie auch im Sinne der Kunden sein, wenn das Angebot stets so klar und ausführlich aufgestellt ist, dass spätere Unklarheiten nicht zu Streitigkeiten oder u. U. zu Prozessen führen.

Presse

„Solange der Vorrat reicht" reicht nicht

BGH verurteilt Lockvogelwerbung

Die Verbraucherzentrale Nordrhein-Westfalen hat in einem Verfahren gegen den Discounter Lidl gewonnen. Dabei ging es um sogenannte „Lockvogelangebote" und die Frage, wie lange diese vorrätig sein müssen. Verloren hat zwar ein Discounter, aber das Urteil sollte lieber jeder werbetreibende Händler beachten.

Es ist durchaus verständlich, wenn sich Verbraucher über angebliche Schnäppchenangebote ärgern, die dann schon morgens angeblich ausverkauft sind. Wer sich von so einem Angebot in der Werbung anlocken lässt, nimmt ja eventuell auch längere Anfahrtswege in Kauf. Die Rechnung der Werbetreibenden: Ist der Kunde erst mal da, nimmt er eben etwas anderes mit.

Dieser Trick kann in Zukunft teuer werden, denn der Bundesgerichtshof hat diese Praxis in einem aktuellen Fall klar verurteilt (AZ: I ZR 183/09). Seit 2008 haben Lidl und die Verbraucherzentrale Nordrhein-Westfalen vor Gericht darüber gestritten, ob beworbene Waren eine gewisse Zeit vorrätig gehalten werden müssen oder nicht.

Die Verbraucherzentrale hatte über mehrere Instanzen gegen Lidl geklagt, um in zwei Fällen gegen Produktwerbung des Discounters vorzugehen. Dabei ging es unter anderem auch um 17-Zoll-LCD-Flachbildschirme. Die Werbung für die besonders günstigen Gerät lockte mit der Einschränkung, der Artikel könne bereits am ersten Tag des Angebots ausverkauft sein. Tatsächlich schauten die Kunden in vielen Geschäften sogar noch vor Geschäftsöffnung um 8 Uhr morgens in die Röhre.

Nach Ansicht der Verbraucherzentrale ein klarer Fall von irreführender Werbung. Weise ein Händler hingegen darauf hin, dass Preisknüller – in diesem Fall die Flachbildschirme – „bereits am ersten Angebotstag ausverkauft sein können", müssten Kunden an diesem Tag doch zumindest die ersten sechs Stunden eine reelle Chance haben, den beworbenen Artikel trotz der Einschränkung auch zu kaufen. Sonst dienten Werbeangebote nur dem Zweck, Kunden zu locken, um mit ihnen um jeden Preis ins Geschäft kommen, statt sie tatsächlich mit einem Vorzugsangebot zu belohnen.

Die Karlsruher Richter folgen mit ihrer Entscheidung der Auffassung der Verbraucherzentrale, dass beworbene Waren im Laden für eine gewisse Zeit vorhanden sein müssen. Desweiteren haben sie auch klargestellt, dass Kunden nur mit eindeutigen Angaben über die Verfügbarkeit von beworbenen Waren in ein Geschäft gelockt werden dürfen.

Quelle: www.heise.de

Vorteilhaft ist es, wenn der Anbietende alle Einzelheiten unter Berücksichtigung von Besonderheiten der Anfrage im Angebot festlegt, sodass der Kunde nur noch zuzustimmen braucht. Zumeist sind die Verkaufs- und Lieferbedingungen auf den Angebotsvordrucken auf der Rückseite aufgeführt. Fehlen einzelne Punkte in einem Angebot, dann gelten statt dessen die gesetzlichen Regelungen des BGB und HGB, die bisher zwischen den Vertragspartner üblichen Bedingungen oder die Einheitsbedingungen der Branche.

Das Angebot als Grundlage des Vertragsabschlusses sollte Aussagen enthalten über Art, Güte und Beschaffenheit der Ware, Menge und Preis der Ware, die Zahlungs- und Lieferbedingungen sowie den Erfüllungsort und Gerichtsstand.

Sowohl der Kaufmann als auch der Privatmann wird mehrere Angebote einholen und vergleichen. Dabei wäre es jedoch falsch, lediglich den Faktor Preis als Entscheidungskriterium heranzuziehen, wobei ein Preisvergleich natürlich nur bei Waren gleicher Güte einen Sinn hat. Für die Entscheidung, bei welchem Lieferanten die Ware nun bestellt werden soll, sind noch weitere Merkmale zu berücksichtigen:

- Qualitätsniveau
- Liefer- und Zahlungsbedingungen
- Zuverlässigkeit und Garantieleistungsbereitschaft
- Reklamationsbearbeitung
- persönliche Beziehung zum Lieferanten
- Abschluss von Gegengeschäften

Die Abhängigkeit von nur einem Lieferanten sollte vermieden werden.

Die **Bestellung** ist die Willenserklärung des Käufers, mit der er sich verpflichtet, eine bestimmte Ware zu den angegebenen Bedingungen zu kaufen.

Bestellung: Willenserklärung eines Käufers, eine bestimmte Ware zu angegebenen Bedingungen zu erwerben

Durch sie erklärt der Käufer seinen Willen zum Kauf, sodass mit dieser Willenserklärung der Kaufvertrag zustande kommt.

Dies ist jedoch nur dann gegeben, wenn das verbindliche Angebot rechtzeitig und unverändert angenommen wurde, d. h. wenn die Willenserklärung des Verkäufers mit der Willenserklärung des Käufers übereinstimmt.

Wie das Angebot, so ist auch die Bestellung an keine Form gebunden, d. h. sie kann mündlich, telefonisch oder schriftlich erfolgen.

Um Irrtümer auszuschalten und auch als Beweismittel bei Rechtsstreitigkeiten, sollten mündliche oder telefonische Bestellungen schriftlich bestätigt werden.

Inhaltlich sind in der Bestellung die gleichen Bestandteile wie im Angebot anzuführen: Art, Güte und Beschaffenheit der Ware, Menge und Preis, Liefer- und Zahlungsbedingungen, Erfüllungsort und Gerichtsstand. War das Angebot eindeutig und vollständig, genügt die Kurzform „Angebot angenommen".

Die rechtliche Wirkung der Bestellung ist die gleiche wie beim Angebot:

Wie der Verkäufer an sein Angebot, so ist der Käufer an seine Bestellung gebunden.

Die Bindung ist jedoch erst dann wirksam, wenn die Bestellung dem Empfänger zugegangen ist. Erhält der Besteller nachträglich ein günstigeres Angebot, so kann er die Bestellung widerrufen. Der Widerruf muss jedoch spätestens gleichzeitig mit der Bestellung beim Lieferanten eingehen.

Ändert der Käufer in seiner Bestellung die Angebotsbedingungen ab oder nimmt der Käufer das Angebot zwar unverändert, aber verspätet an, so ist die Bestellung für den Lieferanten als ein neuer Antrag zu werten. Dies ist auch dann gegeben, wenn der Käufer ohne vorliegendes Angebot Waren bestellt. In allen Fällen liegt es am Lieferanten, ob er den Antrag annimmt und einen Kaufvertrag abschließt oder ob er den Antrag ablehnt.

Beispiel

Anstreicher Günter Lehmann erhielt vom Farbengroßhändler Otto Werner ein bis zum 30.04. befristetes Angebot über Fassadenfarben. Anstreicher Lehmann bestellt erst am 03.05. auf dieses Angebot hin. Für den Farbengroßhändler Otto Werner ist dies als ein neuer Antrag zu verstehen, denn er ist nicht mehr an sein Angebot gebunden. Es liegt jetzt an ihm, ob er die Bestellung ausführt oder nicht und damit ein Kaufvertrag geschlossen wird oder nicht.

Die **Bestellungsannahme** oder auch **Auftragsbestätigung** muss der Lieferant erteilen, wenn

- das Angebot verspätet angenommen wurde (§ 150 I BGB)
- das Angebot abgeändert wurde (§ 150 II BGB)
- das Angebot freibleibend war (§ 145 BGB)
- ohne vorheriges Angebot bestellt wurde.

Wird mit einer Bestellung ein vorliegendes Angebot angenommen, so braucht sie vom Lieferanten nicht bestätigt zu werden. Tut er es dennoch, so hat dies rechtlich keine Bedeutung, d. h. der Kaufvertrag ist auch ohne Bestellungsannahme rechtsgültig.

Bei jedem Kauf oder Verkauf wird ein **Kaufvertrag** abgeschlossen. Der Kaufvertrag kommt wie alle zweiseitigen Rechtsgeschäfte durch Antrag und Annahme aufgrund übereinstimmender Willenserklärungen zu Stande. Der Antrag stellt, gleichgültig in welcher Form, immer das auslösende Moment des Kaufvertrages dar. Ausgehen kann der Antrag

1. vom **Verkäufer** durch ein Angebot, das der Käufer annimmt;
2. vom **Käufer** durch Abgabe einer Bestellung, ohne dass ein Angebot des Verkäufers vorliegt.

Kaufvertrag

Mit dem Abschluss des Kaufvertrages haben sich die Vertragspartner (Käufer und Verkäufer) verpflichtet, den Kaufvertrag zu erfüllen. Somit enthält der Kaufvertrag rechtlich zwei Teile:

- das Verpflichtungs- und
- das Erfüllungsgeschäft.

Das Verpflichtungsgeschäft ist im § 433 BGB verankert.

© Stockphoto-graf – Fotolia.com

Dort heißt es:

„(1) Durch den Kaufvertrag wird der Verkäufer einer Sache verpflichtet, dem Käufer die Sache zu übergeben und das Eigentum an der Sache zu verschaffen. Der Verkäufer hat dem Käufer die Sache frei von Sach- und Rechtsmängeln zu verkaufen."

„(2) Der Käufer ist verpflichtet, dem Verkäufer den vereinbarten Kaufpreis zu zahlen und die gekaufte Sache abzunehmen."

Aus dem Gesetz ergeben sich folgende Pflichten der Vertragspartner:

Pflichten des Verkäufers

1. dem Käufer die Sache mangelfrei und rechtzeitig zu übergeben (Besitz verschaffen)
2. dem Käufer das Eigentum daran zu verschaffen (Übereignung)
3. den Kaufpreis anzunehmen

Pflichten des Käufers

1. die ordnungsgemäß gelieferte Ware anzunehmen
2. den vereinbarten Kaufpreis rechtzeitig zu zahlen

→ **Verpflichtungsgeschäft** ←

Erfüllt wird der Kaufvertrag, wenn die Vertragspartner ihre jeweiligen Vertragspflichten erbringen.

Leistungen des Verkäufers	Leistungen des Käufers
1. Übergabe der Sache 2. Eigentumsübertragung 3. Annahme des Kaufpreises	1. Abnahme der Ware 2. Zahlung des Kaufpreises

→ **Erfüllungsgeschäft** ←

§ 362 BGB:
„Das Schuldverhältnis erlischt, wenn die geschuldete Leistung an den Gläubiger bewirkt wird."

Verpflichtungs- und Erfüllungsgeschäft können

❶ **zeitlich zusammenfallen**

Beispiel

Kauf in einem Lebensmittelgeschäft (Sofortkauf)

❷ **zeitlich auseinander liegen**

Beispiel

Kauf eines Neuwagens, der erst in 6 Monaten geliefert wird.

Im Kaufvertrag haben sich Verkäufer und Käufer geeinigt über Art, Güte, Beschaffenheit, Menge, Preis, Liefer- und Zahlungsbedingungen sowie den Erfüllungsort und Gerichtsstand. Nachfolgend werden die wichtigsten Merkmale beschrieben.

Lieferbedingungen

Nach dem Gesetz (§ 448 BGB) gilt: **Warenschulden sind Holschulden**

Danach muss der Käufer die Transportkosten zahlen, wenn er die bestellte Ware nicht selbst beim Lieferanten abholt. Wird keine Vereinbarung getroffen, so tritt die **gesetzliche Regelung** in Kraft. Dabei sind die Kosten, insbesondere die Kosten des Messens und Wiegens, vom Verkäufer, dagegen die Kosten der Abnahme und des Transports zu einem anderen als dem Erfüllungsort vom Käufer zu tragen.

§ 448 BGB Kosten der Übergabe und vergleichbare Kosten

„(1) Der Verkäufer trägt die Kosten der Übergabe der Sache, der Käufer die Kosten der Abnahme und der Versendung der Sache nach einem anderen Ort als dem Erfüllungsort.

(2) Der Käufer eines Grundstückes trägt die Kosten der Beurkundung des Kaufvertrages und der Auflassung, der Eintragung ins Grundbuch und der zu der Eintragung erforderlichen Erklärungen."

Falls für die Lieferzeit keine Vereinbarung getroffen wurde, so tritt die gesetzliche Regelung in Kraft. Nach § 271 BGB kann der Lieferant sofort liefern, und der Käufer kann sofortige Lieferung verlangen.

§ 271 BGB (Leistungszeit)
„(1) Ist eine Zeit für die Leistung weder bestimmt noch aus den Umständen zu entnehmen, so kann der Gläubiger die Leistung sofort verlangen, der Schuldner sie sofort bewirken."

Im Angebot wird meistens eine Vereinbarung über Lieferzeit, Lieferfrist oder ein Lieferdatum angegeben, z. B. „Lieferung erfolgt 3 Monate nach Auftragseingang". Ein Fixgeschäft liegt vor, wenn der Zeitpunkt der Lieferung genau bestimmt ist, z. B. „Lieferung am 19. April fix" (HGB § 376).

§ 376 HGB (Fixgeschäft)
„(1) Ist bedungen, dass die Leistung des einen Teils genau zu einer fest bestimmten Zeit oder innerhalb einer fest bestimmten Frist bewirkt werden soll, so kann der andere Teil, wenn die Leistung nicht zu der bestimmten Zeit oder nicht innerhalb der bestimmten Frist erfolgt, von dem Vertrage zurücktreten oder, falls der Schuldner im Verzug ist, statt der Erfüllung Schadenersatz wegen Nichterfüllung verlangen."

Zahlungsbedingungen

Ist über den Zeitpunkt der Zahlung nichts vereinbart, so tritt die gesetzliche Regelung in Kraft, d. h. nach § 271 BGB kann der Verkäufer sofortige Zahlung verlangen. Dabei hat der Käufer die Kosten der Zahlung, z. B. Gebühren, selbst zu tragen, denn **Geldschulden sind Schick- oder Bringschulden** (Ausnahme: Wechselschulden).

Abweichend von der gesetzlichen Regelung können jedoch andere Zahlungstermine vereinbart werden:

Handelsübliche Zahlungsbedingungen/Vertragsformulierungen

Zahlung vor der Lieferung
Diese Form der Zahlung wird häufig zur Finanzierung großer Aufträge und mit noch unbekannten oder unsicheren Kunden vereinbart.

- „Zahlung bei Bestellung"
- „Anzahlung 1/3, Rest bei Lieferung"
- „Zahlung im Voraus"
- „netto Kasse gegen Rechnung"
- versandbereite Ware wird erst nach Eingang der Zahlung versandt

Zahlung bei der Lieferung
Diese Form der Zahlung ist vor allem im Einzelhandel üblich.

- „gegen bar"
- „gegen Kasse"
- „netto Kasse"
- „gegen Nachnahme"

Zahlung nach der Lieferung
Diese Ziel- oder Kreditkäufe setzen die Finanzierungsbereitschaft des Verkäufers und natürlich die Kreditwürdigkeit des Käufers voraus.

- „Ziel 1 Monat"
- „zahlbar innerhalb 30 Tagen"
- „auf Abzahlung"
- „zahlbar in 6 Raten"
- „zahlbar in 8 Tagen mit 2 % Skonto"

Erfüllungsort

Der Erfüllungsort ist der Ort, an dem der Schuldner seine geschuldete Leistung zu erfüllen hat. An diesem Ort wird der Schuldner durch rechtzeitige und mangelfreie Leistungen von seiner vertraglichen Verpflichtung frei.

Mit dem Abschluss des Kaufvertrages gibt es zwei Schuldner: den Verkäufer und den Käufer.

- Der Verkäufer schuldet dem Käufer die rechtzeitige und ordnungsgemäße Lieferung der Ware.
- Der Käufer schuldet dem Verkäufer den Kaufpreis.

Wenn nichts über den Erfüllungsort vereinbart wurde, gilt der gesetzliche Erfüllungsort. Neben dem gesetzlichen gibt es noch einen vertraglichen sowie einen natürlichen Erfüllungsort.

ERFÜLLUNGSORT

Gesetzlicher Erfüllungsort

jeweils der Wohnsitz bzw. die gewerbliche Niederlassung des Schuldners, d.h.

- für die **Lieferung** der Ware der Wohn- oder Geschäftssitz des Verkäufers und
- für die **Zahlung** des Kaufpreises der Wohn- oder Geschäftssitz des Käufers.

Beispiel

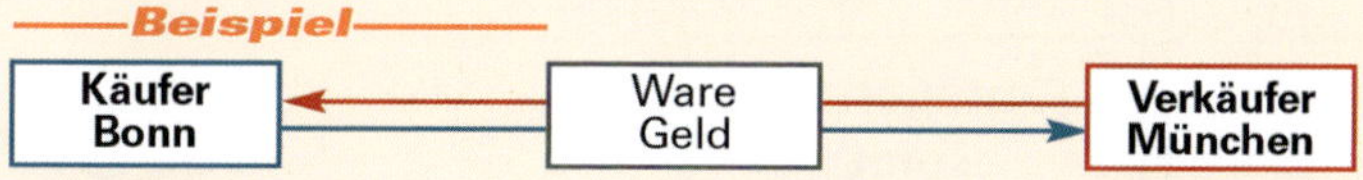

Erfüllungsort für Zahlungen

Erfüllungsort für Lieferungen

Vertraglicher Erfüllungsort

ist eine Vereinbarung zwischen Verkäufer und Käufer und für beide verbindlich.

Beispiel

»Erfüllungsort für beide Teile ist München«

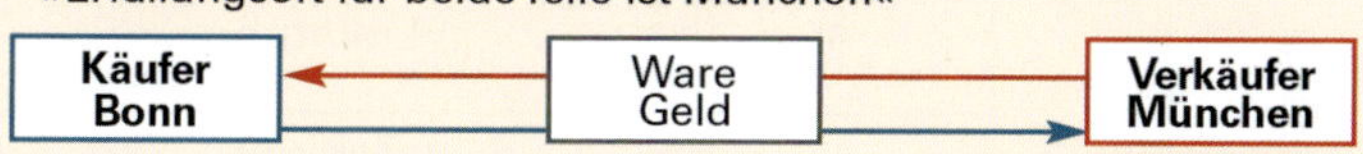

Erfüllungsort für Zahlungen und Lieferungen

Die stärkere wirtschaftliche Position gibt in den Verhandlungen den Ausschlag.

Natürlicher Erfüllungsort

Hier kann die Leistung ihrer Natur nach nur an einem bestimmten Ort erbracht werden.

Beispiel

- Anlieferung von Baumaterialien zur Errichtung eines Gebäudes
- Ausführung von Reparaturarbeiten in einer Wohnung.

Gerichtsstand

Gesetzlicher Gerichtsstand

Dies ist der Gerichtsstand des Erfüllungsortes. Bei Streitigkeiten zwischen Verkäufer und Käufer, sei es wegen der Lieferung oder wegen der Zahlung, ist das Gericht zuständig, in dessen Bezirk der Erfüllungsort liegt.

Vertraglicher Gerichtsstand

Abweichend vom gesetzlichen Gerichtsstand können Vollkaufleute einen Gerichtsstand vereinbaren, wobei dies i.d.R. der Ort des Verkäufers ist.

Gesetzlicher Gerichtsstand

Beispiel

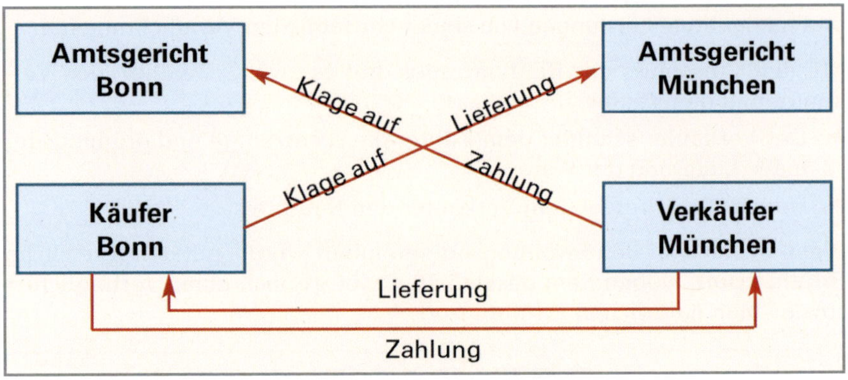

Das zuständige Gericht ist immer das Gericht des Geld- bzw. Warenschuldners. Somit wird der säumige Käufer (Geldschuldner) auf Zahlung bei seinem zuständigen Amtsgericht Bonn, der Verkäufer (Warenschuldner) auf Lieferung beim Amtsgericht in München verklagt.

Vertraglicher Gerichtsstand

Beispiel

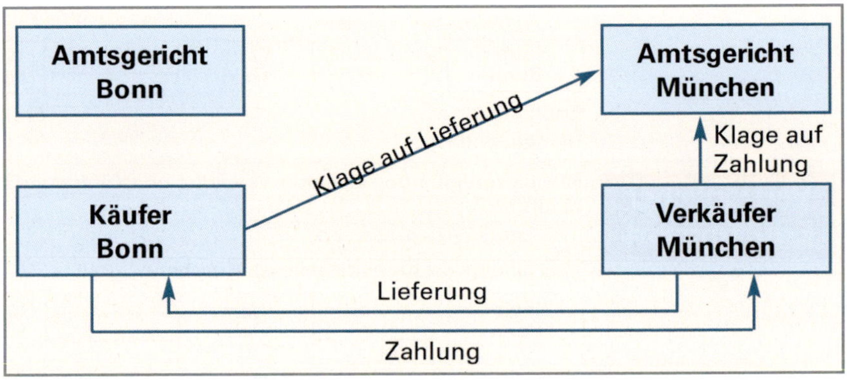

Für Privatpersonen ist eine Vereinbarung über den Gerichtsstand unzulässig. Diese Regelung stellt für den nicht kaufmännischen Personenkreis einen Schutz dar, da bisher die Unternehmen in ihren Allgemeinen Geschäftsbedingungen durchweg den Sitz des Unternehmens als Gerichtsstand vorsahen, und der wirtschaftlich schwächere und oft nicht so erfahrene Vertragspartner sich kaum entziehen konnte, den auswärtigen Gerichtsstand anzuerkennen.

Gefahrenübergang bei der Erfüllung des Kaufvertrages

Jeder Transport von Waren ist mit Risiken behaftet. Solche Risiken können entstehen durch

- Verlust der Ware
- Vernichtung der Ware
- Beschädigung der Ware

Risiken dieser Art sind verschuldet oder zufällig. Zufällige Beschädigung oder Vernichtung der Ware kann durch höhere Gewalt geschehen.

Beispiel

Naturkatastrophen wie Überschwemmungen, Hagel, Blitzschlag usw.

Gefahrenübergang durch Verschulden (§§ 276, 278, 447 [2] BGB)

Wenn durch Verschulden eines Vertragspartners oder des Frachtführers, z. B. Spediteur, die Ware einen Schaden erleidet, so ist der schuldige Teil ersatzpflichtig. Der Verkäufer muss bei der Verpackung sowie bei der Auswahl des Frachtführers die Sorgfalt eines ordentlichen Kaufmannes anwenden. Er muss Anweisungen des Käufers über die Art des Versandes beachten. Weicht er ohne dringenden Grund davon ab, ist der Verkäufer schadenersatzpflichtig.

Gefahrenübergang durch Zufall (§§ 446 [1], 447 [1] BGB)

Für den zufälligen Untergang oder die zufällige Verschlechterung ist der Erfüllungsort maßgebend. Bis zum Erfüllungsort trägt der Lieferant das Risiko, ab dem Erfüllungsort trägt es der Käufer.

➤ **§ 276 Verantwortlichkeit des Schuldners**

„(1) Der Schuldner hat Vorsatz und Fahrlässigkeit zu vertreten, wenn eine strengere oder mildere Haftung weder bestimmt noch aus dem sonstigen Inhalt des Schuldverhältnisses, insbesondere aus der Übernahme einer Garantie oder eines Beschaffungsrisikos zu entnehmen ist. Die Vorschriften der §§ 827 und 828 finden entsprechende Anwendung.

(2) Fahrlässig handelt, wer die im Verkehr erforderliche Sorgfalt außer Acht lässt.

(3) Die Haftung wegen Vorsatzes kann dem Schuldner nicht im Voraus erlassen werden."

➤ **§ 278 Verantwortlichkeit des Schuldners für Dritte**

„Der Schuldner hat ein Verschulden seines gesetzlichen Vertreters und der Personen, deren er sich zur Erfüllung seiner Verbindlichkeit bedient, in gleichem Umfange zu vertreten wie eigenes Verschulden. Die Vorschrift des § 276 Abs. 3 findet keine Anwendung."

Recht der Schuldverhältnisse

➤ **§ 446 Gefahr- und Lastenübergang**

„Mit der Übergabe der verkauften Sache geht die Gefahr des zufälligen Untergangs und der zufälligen Verschlechterung auf den Käufer über. Von der Übergabe an gebühren dem Käufer die Nutzungen und trägt er die Lasten der Sache. Der Übergabe steht es gleich, wenn der Käufer im Verzug der Annahme ist."

➤ **§ 447 Gefahrenübergang beim Versendungskauf**

„(1) Versendet der Verkäufer auf Verlangen des Käufers die verkaufte Sache nach einem anderen Ort als dem Erfüllungsort, so geht die Gefahr auf den Käufer über, sobald der Verkäufer die Sache dem Spediteur, dem Frachtführer oder der sonst zur Ausführung der Versendung bestimmten Person oder Anstalt ausgeliefert hat.

(2) Hat der Käufer eine besondere Anweisung über die Art der Versendung erteilt und weicht der Verkäufer ohne dringenden Grund von der Anweisung ab, so ist der Verkäufer dem Käufer für den daraus entstandenen Schaden verantwortlich."

Gefahrenübergang bei den verschiedenen Kaufarten

- **Handkauf:** Übergabe erfolgt im Geschäft des Verkäufers, z. B. Kauf einer Vase. Mit der Übergabe geht die Gefahr auf den Käufer über.
- **Platzkauf:** Käufer und Verkäufer wohnen am gleichen Ort
  - Ist als Erfüllungsort die Wohnung des Käufers vereinbart (bei handelsüblicher Zustellung frei Haus), so geht die Gefahr mit der Übergabe der Ware auf den Käufer über.
  - Ist das Geschäft des Verkäufers als Erfüllungsort vereinbart, so tritt die Gefahr mit der Auslieferung an den Frachtführer ein.

Nach der rechtlichen Stellung unterscheidet man verschiedene **Sonderformen des Kaufvertrages**.

Der Kaufvertrag unterliegt unterschiedlichen gesetzlichen Regelungen. Dies hängt von der rechtlichen Stellung der Vertragspartner (Kaufmann oder Nichtkaufmann) und dem Zweck des Vertragsabschlusses (dient es einem privaten Zweck oder dem Zweck eines Handelsgewerbes) ab.

Folgende gesetzliche Bestimmungen sind für die unterschiedlichen Kaufarten maßgebend:

Verkäufer handelt als	**Käufer** handelt als	**Kaufart**	gesetzliche Grundlage
Privatperson **Bürgerlicher Kauf**	Privatperson	**Bürgerlicher Kauf** Beide Vertragspartner handeln als Privatleute. Darunter fällt auch der Kauf, den ein Kaufmann für seine privaten Zwecke abschließt. **Beispiel** *Hans Meyer verkauft Fritz Schäfer seinen gebrauchten Computer.*	**BGB §§ 433 ff.**
Privatperson **Einseitiger Handelskauf**	Unternehmer	**Einseitiger Handelskauf** Ein Vertragspartner ist Kaufmann, der den Kaufvertrag für geschäftliche Zwecke abschließt. **Beispiel** *Ein Lebensmittelhändler kauft für sein Geschäft frisches Gemüse bei einem Bauern.*	**BGB §§ 433 ff. HGB §§ 343, 373 ff.**
Unternehmer	Privatperson	**Verbrauchsgüterkauf** **Beispiel** *Eine Hausfrau kauft Lebensmittel in einem Einzelhandelsgeschäft.*	**BGB §§ 474 ff.**

§ 345 HGB (Einseitige Handelsgeschäfte) Auf ein Rechtsgeschäft das für einen der beiden Teile ein Handelsgeschäft ist, kommen die Vorschriften über Handelsgeschäfte für beide Teile gleichmäßig zur Anwendung, soweit nicht aus diesen Vorschriften sich ein anderes ergibt.

Verkäufer handelt als	**Käufer** handelt als	**Kaufart**	gesetzliche Grundlage
Unternehmer	Unternehmer	**Zweiseitiger Handelskauf** Es handelt sich um einen Kauf, den beide Vertragspartner als Kaufleute für geschäftliche Zwecke abschließen. **Beispiel** ***Ein Geschäftsmann kauft bei einem Autohändler einen neuen Firmenwagen.***	**HGB §§ 373ff.**

Zweiseitiger Handelskauf

§ 343 HGB (Handelsgeschäfte) (1) Handelsgeschäfte sind alle Geschäfte eines Kaufmanns, die zum Betriebe seines Handelsgewerbes gehören.

Die meisten Käufe der täglichen Praxis sind Verbrauchsgüterkäufe.

- **Kauf auf Probe**

  Es handelt sich um einen vorläufigen Kauf. Der Kunde hat ein Rückgaberecht bei Nichtgefallen innerhalb einer vereinbarten oder angemessenen Frist, z.B. Käufer bestellt ein Buch zur Ansicht.

- **Kauf nach Probe**

  Der Käufer bestellt nach einem Muster. Die Ware muss genau der Probe entsprechen.

- **Kauf zur Probe**

  Von einer Ware wird eine kleinere Menge zum Ausprobieren gekauft. Wenn die Ware den Erwartungen entsprechen sollte, wird eine größere Bestellung in Aussicht gestellt.

- **Fixkauf**

  Kauf, bei dem ein fester Termin für die Lieferung vereinbart wird, z.B. für Anzeigenkarten einer Familienfeier.

- **Kauf auf Abruf**

  Lieferung erfolgt erst, wenn der Käufer die Ware ganz oder teilweise abruft. Der Vorteil liegt in der Einsparung von Lagerkosten und bei den günstigeren Preisen bei Abnahme größerer Mengen.

- **Ratenkauf/Teilzahlungskauf**

  Hier wird der Kaufpreis in Raten gezahlt. Normalerweise leistet der Käufer eine Anzahlung und zahlt den Rest in gleich hohen Monatsraten ab.

Nicht immer läuft beim Kauf einer Ware alles reibungslos. **Störungen des Kaufvertrages** können nicht gänzlich ausgeschlossen werden.

Beispiel

Geschäftsführer Hugo Peters, Chef einer Kraftfahrzeugwerkstatt, kann sich über die Auftragslage seiner Unternehmung nicht beklagen. Dies erfordert eine fortwährende Auffüllung des Lagers, um die Aufträge der Kunden auszuführen. Heute sind verschiedene Lieferungen von der Bauer KG eingetroffen, von denen drei beanstandet werden müssen:

- falsche Kotflügel wurden geliefert,
- ein elektronisches Gerät zur Fehlersuche funktioniert nicht,
- eine Lieferung von Reifen weicht in einigen Positionen von der Bestellung ab.

Außerdem ist das neue Schweißgerät der Bauer KG trotz Mahnung noch nicht geliefert worden. Hugo Peters erkundigt sich, ob sein Unternehmen durch diese Störungen die rechtzeitige Abwicklung der Aufträge noch gewährleisten kann. Wenn nicht, könnten sich Schadenersatzansprüche ergeben. Geschäftsführer Hugo Peters weiß jedoch, dass Kauf und Verkauf nicht immer reibungslos ablaufen.

Beeinträchtigungen des Kaufvertrages

Wird vom Käufer oder Verkäufer der Kaufvertrag nicht oder nicht vollständig erfüllt, so liegen Sachmängel, Verzug des Gläubigers oder Verzug des Schuldners vor. Es wird zwischen folgenden Störungen unterschieden:

- **Lieferungsverzug (Nicht-Rechtzeitig-Lieferung)**
- **Annahmeverzug (Gläubigerverzug)**
- **mangelhafte Lieferung (Schlechtleistung)**
- **Zahlungsverzug (Nicht-Rechtzeitig-Zahlung)**

Sein Recht kann der geschädigte Vertragspartner nach den gesetzlichen Bestimmungen (BGB, HGB) und den Geschäftsbedingungen des Kaufvertrages wahren.

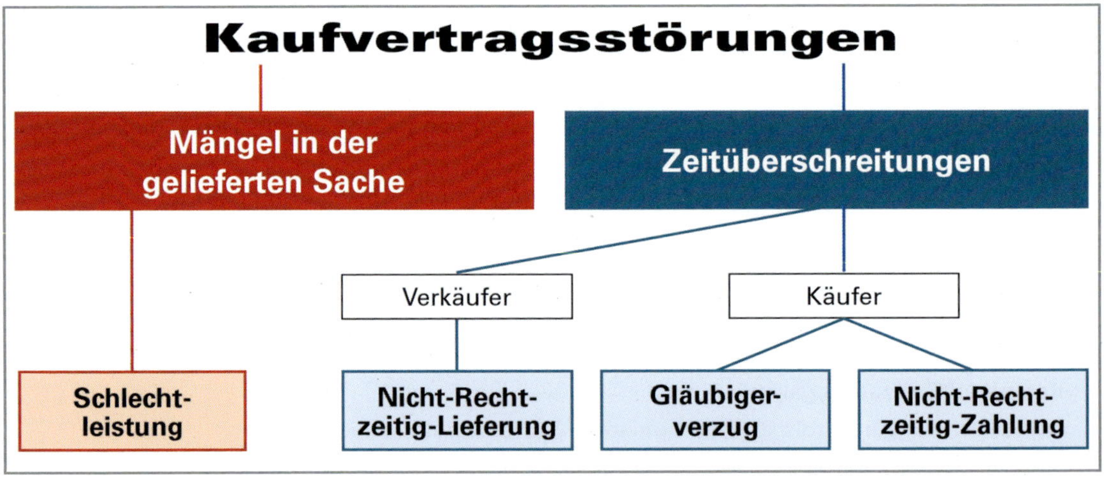

Mangelhafte Lieferung = Schlechtleistung

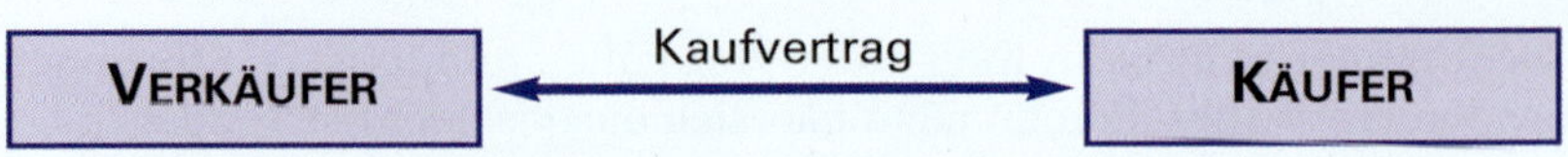

Gemäß § 433 BGB ist der Verkäufer durch einen Kaufvertrag verpflichtet, die Sache frei von Sach- und Rechtsmängeln dem Käufer zu übergeben und ihm das Eigentum an der Sache zu verschaffen. Der Käufer verpflichtet sich zur Kaufpreiszahlung und zur Annahme der gekauften Sache.

Die Sache ist frei von Sachmängeln, wenn sie bei Gefahrenübergang die vereinbarte Beschaffenheit hat. Man unterscheidet:

Sachmangel

- Vertraglich vereinbart
  - Abweichung der tatsächlichen von der vereinbarten Beschaffenheit
- Vertraglich nicht vereinbart
  - Keine Eignung zum übereinstimmend vorausgesetzten Gebrauch
  - Beschaffenheit
    - unüblich
    - nach Art der Sache nicht zu erwarten
    - Abweichung von Angaben in der Werbung, auf der Verpackung
  - Fehlerhafte Montage
    - durch den Verkäufer
    - aufgrund fehlerhafter Montageanleitung (Ikea-Klausel)
  - Lieferung einer
    - anderen Sache
    - zu kleinen Menge

Im Hinblick auf die Erkennbarkeit von Mängeln unterscheidet man:

Offene Mängel

Sie sind bei der Prüfung des Kaufgegenstandes ohne weiteres sofort erkennbar.

Beispiel

Kratzer, Schrammen an einem Möbelstück.

Versteckte Mängel

Sie sind nicht so ohne weiteres ersichtlich und werden meist erst später festgestellt.

Beispiel

Verdorbene Konserven, unsichtbarer Materialfehler.

Der Käufer hat das Recht, festgestellte Mängel durch den Verkäufer beheben zu lassen. Zu diesem Zweck muss der Käufer dem Lieferanten die Mängel in einer **Mängelrüge** anzeigen. Dabei müssen die Mängel genau bezeichnet werden. Allgemeine Hinweise und Feststellungen z. B. „... die Ware ist schlecht" genügen nicht.

Ansprüche und Rechte des Käufers bei Mängeln

- ***Nacherfüllung***

Vorrangiges Recht

Dabei steht dem Käufer das Wahlrecht auf Beseitigung des Mangels oder Lieferung einer mangelfreien Sache zu. Der Verkäufer kann die vom Käufer gewählte Form der Nacherfüllung verweigern, wenn sie nur mit unverhältnismäßig hohen Kosten möglich ist. Aufwendungen, die zum Zweck der Nacherfüllung notwendig sind, hat der Verkäufer zu tragen (§§ 437 Nr. 1, 439 (1) BGB).

Beispiel 1

Herr Hoppen hat sich einen neuen Elektrorasenmäher für 259,00 € gekauft. Zu Hause erkennt er, dass die Aufhängung eines Rades verbogen ist. Die Reparatur würde laut Kostenvoranschlag 265,00 € kosten, d. h. die Kosten stehen in keinem Verhältnis zum Warenwert. Der Verkäufer kann somit eine Reparatur ablehnen und statt dessen eine Neulieferung veranlassen.

Beispiel 2

Herr Schröder kauft sich eine neue Rolex-Armbanduhr zum Preis von 9.500,00 €. Als er die Uhr zu Hause auspackt, stellt er einen kleinen Fehler am Armband fest. Herr Schröder kann in diesem Falle keine Neulieferung fordern, sondern muss zunächst dem Verkäufer eine Reparatur zugestehen.

Ist die Nacherfüllung fehlgeschlagen, stehen dem Käufer folgende Rechte **wahlweise** zur Verfügung.

• Rücktritt vom Kaufvertrag

NachrangigeRechte

Der Käufer tritt vom Kaufvertrag zurück, wenn er dem Verkäufer eine angemessene **Nachfrist** zur Leistung oder Nacherfüllung gesetzt hatte und diese verstrichen ist. Eine Nacherfüllung gilt spätestens nach dem zweiten erfolglosen Nachbesserungsversuch als fehlgeschlagen. Der Käufer kann den Kaufvertrag aufheben, ohne dass der Verkäufer zuzustimmen braucht. Die Aufhebung des Kaufvertrages erfolgt dadurch, dass der Käufer – einseitig – den Rücktritt vom Kaufvertrag erklärt. Wegen nur unerheblicher Mängel der Kaufsache darf der Käufer nicht zurücktreten (§ 323 (5) Satz 2 BGB).

Beispiel

Nachdem Frau Kulig ihre neu gekaufte Kaffeemaschine zweimal erfolglos hat reparieren lassen, hat sie ein Recht darauf, vom Kaufvertrag zurückzutreten.

• Minderung

Gleichberechtigte Alternative zum Rücktritt ist die Minderung, also Herabsetzung des Kaufpreises. Wenn der Verkäufer dem Käufer eine mangelhafte Kaufsache übergeben hat, muss der Käufer dem Verkäufer eine angemessene Frist setzen, um den Mangel zu beheben. Ist die Frist abgelaufen, kann der Käufer den Kaufpreis mindern. Die Minderung bemisst sich am Verhältnis vom Kaufpreis und tatsächlichem Wert der mangelhaften Sache. Eine Minderung ist auch bei sog. Bagatellfehlern möglich (§ 441 (1) BGB).

Beispiel

Die Reparatur bzw. Neulieferung eines hochwertigen Teppichs, der minimale Knüpffehler aufweist, war unmöglich. Da der Käufer aber gerade diesen Teppich erwerben möchte, kann er eine angemessene Minderung des Kaufpreises verlangen.

Presse

Bagatellmängel machen noch kein „Montagsauto"

Auch zahlreiche kleinere Mängel machen aus einen Auto nicht unbedingt ein „Montagsauto", das der Käufer ohne weitere Nachbesserungsversuche zurückgeben darf. Das entschied der Bundesgerichtshof (BGH).

Demnach kann es dem Käufer auch bei einer größeren Zahl von Mängeln zuzumuten sein, dem Verkäufer zunächst eine Frist zur Behebung der Fehler zu setzen.

Montagauto nicht bei Bagatellproblemen

Das sei insbesondere der Fall, wenn es sich überwiegend um Bagatellprobleme handelt, die nicht die technische Funktionstüchtigkeit betreffen (Az.: VIII ZR 140/12). Der BGH wies damit die Klage eines Autokäufers ab. Er wollte ein 134.000,00 EUR teures Wohnmobil wieder zurückgeben, nachdem zahlreiche Mängel aufgetaucht waren.

Mehr als 20 Mängel beim Wohnmobil

Wegen mehr als 20 Mängeln musste das Auto binnen eines Jahres drei Mal in die Werkstatt des Händlers gebracht werden. Dazu zählten unter anderem das Knarren der Satellitenantenne beim Ausfahren oder Flecken in der Spüle. Ein weiteres Jahr später rügte er 15 neue Mängel.

Mann wollte 5.500,00 EUR erstattet bekommen

Weil deren Beseitigung laut einem von ihm in Auftrag gegebenen Gutachten rund 5.500,00 EUR kostete, wollte der Mann vom Kauf mit der Begründung zurücktreten, das Wohnmobil sei wegen der vielen Mängel ein Montagsauto und er zum Rücktritt ohne weiteren Versuch der Fehlerbehebung berechtigt.

Reparatur macht nur drei Prozent des Kaufpreises aus

Der Argumentation schloss sich der BGH aber nicht an, wies die Revision des Mannes zurück und bestätigte damit die Auffassung der Vorinstanz. Sie hatte darauf verwiesen, dass Reparaturkosten für die zuletzt behaupteten Sachmängel lediglich drei Prozent des Kaufpreises ausmachten und damit „deutlich im Bereich der Unerheblichkeit" liegen würden.

Dies spreche ebenfalls gegen die Bewertung des Wohnmobils als Montagsauto.

Andere Rechtslage beim Montagsauto

Bei einem sogenannten Montagsauto ist die Sachlage völlig anders. Dann muss sich der Käufer nicht auf Nachbesserungen einlassen, sondern kann vom Kauf zurücktreten.

Das sei der Fall, wenn es Grund zu der Annahme gibt, „es handele sich um ein Fahrzeug, das wegen seiner auf herstellungsbedingten Qualitätsmängeln beruhenden Fehleranfälligkeit insgesamt mangelhaft ist und auch zukünftig nicht frei von herstellungsbedingten Mängeln sein wird", so der BGH.

Quelle: www.t-online.de/auto, 23.02.2013

- ***Schadensersatz***

Voraussetzung für den Schadenersatz ist die Pflichtverletzung des Verkäufers (d. h. Übergabe einer mangelhaften Kaufsache, für die er verantwortlich ist und/oder vertreten muss), eine angemessene Frist zur Nacherfüllung sowie das erfolglose Verstreichen der Frist. Liegen die dargestellten Voraussetzungen vor, kann der Käufer vom Verkäufer Ersatz des ihm entstandenen Schadens verlangen. Dieser Anspruch umfasst Schäden an der Kaufsache selbst (Mangelschäden), aber auch Schäden, die an anderen Sachen oder an Personen eingetreten sind (Mangelfolgeschäden). Der Käufer soll also so gestellt werden, als ob der Verkäufer den Kaufvertrag ordnungsgemäß erfüllt hätte.

Beispiel

Herr Wiedmann kauft beim Elektrofachhändler eine neue Waschmaschine, die von Mitarbeitern der Firma im Badezimmer angeschlossen wird. Aufgrund fehlerhafter Montage verliert die Maschine während der ersten Benutzung Wasser. Herr Wiedmann kann die Reparatur der Waschmaschine und den Ersatz des Mangel-Folge-Schadens, z. B. Beschädigung des Teppichbodens durch Wasser oder der Badmöbel, verlangen.

- ***Ersatz vergeblicher Aufwendungen***

Es gibt Fälle, in denen investiert der Käufer im Vertrauen darauf, die Kaufsache tatsächlich zu erhalten. Diese Aufwendungen sind dann vergeblich, wenn der Käufer die Kaufsache tatsächlich nicht erhält.

Beispiel

Herr Müller schließt einen Kaufvertrag über ein Auto mit Herrn Schulze ab. Es kommt aber nicht zur Übereignung des Wagens. Müller hat jedoch schon vor der geplanten Übereignung für das Auto neue Komplettwinterräder angeschafft. Diese sind nun vergeblich gekauft, weil er den Wagen nicht bekommen hat.

Die Kosten kann sich Herr Müller nach den §§ 823, 249 BGB ersetzen lassen (Ersatz vergeblicher Aufwendungen).

Ein Kaufmann muss im Rahmen des zweiseitigen Handelskaufs die Ware unverzüglich prüfen und offene Mängel sofort rügen. Versäumt er diese Pflicht, verliert er seine Gewährleistungsrechte. Ansprüche wegen eines Mangels an einer gekauften Sache verjähren i. d. R. **nach zwei Jahren** ab Auslieferung.

Verjährungsfristen

Versteckte Mängel sind unverzüglich nach Entdeckung – jedoch innerhalb der Gewährleistungs- oder Garantiefrist – zu rügen. Für „Second-Hand-Waren" gilt eine Gewährleistungsfrist von mindestens einem Jahr ab Auslieferung der Sache.

Die Ansprüche aus mangelhafter Lieferung wegen arglistig verschwiegener Mängel verjähren in der Verjährungsfrist von **drei Jahren**, beginnend am Ende des Jahres, in dem der Anspruch entstanden ist, und wenn der Gläubiger von den Umständen und der Person des Schuldners Kenntnis erlangt. Der Anspruch muss innerhalb von 30 Jahren nach Vertragsschluss geltend gemacht werden.

Die Regeln gelten grundsätzlich unabhängig davon, ob der Käufer ein Verbraucher oder ein Unternehmer ist. Darüber hinaus sieht das Schuldrecht einige spezielle Vorschriften vor, die ausschließlich für den Verbrauchsgüterkauf gelten, weil der Verbraucher besonders geschützt werden soll.

- ***Verbrauchsgüterkauf (§§ 474–479 BGB)***

Kauft ein Verbraucher von einem Unternehmer eine bewegliche Sache, spricht man von einem Verbrauchsgüterkauf.

Beispiel

Bauherr Müller kauft eine Mischmaschine im Baumarkt.

Verbrauchsgüterkauf

Unternehmer	**Verbraucher**
Jede Person, die bei Abschluss eines Rechtsgeschäftes in Ausübung einer gewerblichen oder selbstständigen beruflichen Tätigkeit handelt (§ 14 BGB).	Jede Person, die ein Rechtsgeschäft abschließt, das weder ihrer gewerblichen noch ihrer selbstständigen beruflichen Tätigkeit zugeordnet werden kann (§ 13 BGB).

Wichtige Besonderheiten des Verbrauchsgüterkaufs:

- Die Vertragsparteien können die Ansprüche und Rechte des Käufers (Verbraucher), insbesondere die **Gewährleistungsrechte** des Käufers, (fast) **nicht einschränken**; auch nicht durch Allgemeine Geschäftsbedingungen oder durch Individualvereinbarungen.
- Grundsätzlich muss der **Verkäufer nachweisen**, dass die verkaufte Sache zum Zeitpunkt der Übergabe keinen Mangel hatte. Beim Verbrauchgüterkauf wird während der ersten sechs Monate der zweijährigen Gewährleistungsfrist vermutet, dass der **Mangel bereits bei Übergabe** vorhanden war, es sei denn, der Mangel ist offensichtlich später aufgetreten.

Beweislastumkehr

- Gewährt ein Unternehmer einem Verbraucher eine Garantie, muss die **Garantieerklärung** einfach und verständlich geschrieben sein und darüber hinaus Auskunft geben, für welche Defekte sie gilt und den Hinweis beinhalten, dass die Gewährleistungsrechte des Käufers unabhängig von der Garantie bestehen.

Damit der Verkäufer durch die Beweislastumkehr nicht übermäßig hart getroffen wird, sieht das BGB ein Rückgriffsrecht des Verkäufers gegenüber seinem Lieferanten vor.

- Der Verkäufer muss bei Rücktritt, Minderung und Schadenersatz keine Nachfrist setzen.
- Der Verkäufer kann vom Lieferanten Ersatz seiner Aufwendungen (z. B. Wege-, Arbeits- und Materialkosten) fordern.
- Die Beweislastumkehr gilt auch zu Gunsten des Verkäufers.
- Der Verkäufer behält die Möglichkeit des Rückgriffs auch, wenn er nicht unverzüglich beim Lieferanten gerügt hat.

Lieferungsverzug

Der **Lieferungsverzug** ist die Verzögerung der Lieferung oder Leistung aus einem rechtsgültig abgeschlossenen Kaufvertrag (Nichterfüllung der Lieferverpflichtung).

Die Lieferung muss nachholbar sein, sonst liegt Leistungsunvermögen vor, das andere Rechtsfolgen bewirkt.

Voraussetzungen (§ 286 BGB)

- **Fälligkeit**
  Die Lieferung oder Leistung muss gemäß Kaufvertrag fällig sein.
- **Verschulden**
  Der Lieferant verzögert oder unterlässt schuldhaft, d.h. vorsätzlich oder fahrlässig, die vertragliche Lieferung.
  Höhere Gewalt führt nicht zum Lieferungsverzug.
- **Mahnung**
  Sie ist nur erforderlich, wenn der Liefertermin nicht kalendermäßig bestimmt ist, z.B. „Lieferung ab März".

§ 276 BGB (Verantwortlichkeit des Schuldners)

„(1) Der Schuldner hat, sofern nicht ein anderes bestimmt ist, Vorsatz und Fahrlässigkeit zu vertreten ..."

Vorsatz:
Vorsätzlich handelt, wer absichtlich eine Handlung vollzieht.

Fahrlässigkeit:
Fahrlässig handelt, wer die den Umständen nach angemessene Sorgfalt außer Acht lässt, z.B. unterlässt bei Kanalarbeiten die ausführende Unternehmung, den Graben durch Beleuchtung und Absperrung zu sichern.

§ 286 BGB (Verzug des Schuldners)

„(1) Leistet der Schuldner auf eine Mahnung des Gläubigers nicht, die nach dem Eintritt der Fälligkeit erfolgt, so kommt er durch die Mahnung in Verzug. Der Mahnung stehen die Erhebung der Klage auf die Leistung sowie die Zustellung eines Mahnbescheids im Mahnverfahren gleich.

(2) Der Mahnung bedarf es nicht, wenn
1. für die Leistung eine Zeit nach dem Kalender bestimmt ist,
2. der Leistung ein Ereignis vorauszugehen hat und eine angemessene Zeit für die Leistung in der Weise bestimmt ist, dass sie sich von dem Ereignis an nach dem Kalender berechnen lässt,
3. der Schuldner die Leistung ernsthaft und endgültig verweigert,
4. aus besonderen Gründen unter Abwägung der beiderseitigen Interessen der sofortige Eintritt des Verzugs gerechtfertigt ist.

(4) Der Schuldner kommt nicht in Verzug, solange die Leistung infolge eines Umstandes unterbleibt, den er nicht zu vertreten hat."

Eine Mahnung ist nicht erforderlich ...

- ... wenn der Liefertermin kalendermäßig bestimmt ist **(Fixgeschäft)** z.B. „Lieferung am 20. Juni".
- ... bei Selbstinverzugsetzung, d.h. wenn der Lieferant erklärt, er könne oder wolle nicht liefern.
- ... beim Zweckkauf, d.h. wenn die Lieferung für den Käufer keinen Zweck mehr hat, z.B. Lieferung von Osterhasen nach Ostern.

Beim Schadenersatz „statt der Leistung" muss der Lieferer den Käufer so stellen (§ 249 BGB), als ob er seine Leistungspflicht (Lieferung) erbracht hätte.

Schadenersatz

Schadenersatzberechnung

Der Schaden muss nachgewiesen werden.
Man unterscheidet:

konkreter Schaden	abstrakter Schaden
Er lässt sich genau belegen. Käufer nimmt einen Deckungskauf vor. Der Schaden ergibt sich aus dem Mehrpreis zuzüglich der Kosten. **Beispiel** *Bäckermeister Anton Weber hat einen Kaufvertrag über 5 Zentner Mehl abgeschlossen. Trotz gesetzter Nachfrist liefert die Getreidemühle nicht. Wegen anhaltender Nachfrage muss er das Mehl zu einem höheren Preis von einem anderen Lieferanten beziehen. Diesen Preisunterschied kann der Käufer als Schadenersatz wegen Nichterfüllung vom vetragsbrüchigen Lieferanten verlangen.*	Er kann entweder nur geschätzt werden oder ist nur schwer zu beweisen und stößt zumeist auf Schwierigkeiten. Ein solcher Fall liegt vor, wenn einem Käufer durch verspätete Lieferung oder Nichtlieferung ein Gewinn entgangen ist. Der Käufer konnte seinerseits einen Auftrag nicht ausführen. **Beispiel** *Die Kfz-Werkstatt Vogt konnte eine Reparatur am Lkw der Baufirma Schneider nicht durchführen, weil der Zulieferer mit dem benötigten Ersatzteil in Lieferungsverzug geraten war.*

Um Streitigkeiten über die Höhe eines Verzugsschadens zu vermeiden, vereinbart der Käufer mit dem Lieferanten häufig eine **Vertragsstrafe (Konventionalstrafe)**. Tritt der Lieferungsverzug ein, so ist eine bestimmte Geldsumme an den Käufer zu zahlen. Die Konventionalstrafe wird häufig im Baugewerbe vereinbart, beispielsweise kostet jeder Tag der Terminüberschreitung 2.000,00 €.

Beim Lieferungsverzug erweitert sich die Haftung des Lieferanten auf Beschädigung und Vernichtung der Ware durch höhere Gewalt.

Befindet sich der Lieferer in Verzug, kann der Käufer **wahlweise** folgende Rechte in Anspruch nehmen:

- **Lieferung** verlangen (Vertragserfüllung), wenn z. B. die Ware sonst nicht erhältlich ist.
- **Lieferung und Schadenersatz wegen Verzögerung** verlangen. Verzögerungsschäden sind Kosten, die dem Käufer zusätzlich zum Kaufpreis entstehen, etwa wegen des Verzugs vergeblich durchgeführte Abholfahrten zum Verkäufer. Wenn durch Verzug eine Produktionsmaschine nicht rechtzeitig geliefert wird, muss der Verkäufer den dadurch entstandenen Schaden tragen (§ 280 (2) BGB).
- **Rücktritt vom Vertrag** fordern. Hat der Käufer dem in Verzug geratenen Verkäufer eine Frist gesetzt, um die Leistung der Kaufsache nachzuholen und ist diese Frist fruchtlos verstrichen, kann der Käufer vom Vertrag zurücktreten. Dieses Recht wird der Käufer in Anspruch nehmen, wenn er inzwischen die Kaufsache günstiger beschaffen kann (§ 323 BGB).

Rechte bei Nicht-Rechtzeitig-Lieferung

- **Schadenersatz statt der Leistung** wird der Käufer **zusätzlich** zum Rücktritt verlangen, wenn ihm Kosten entstanden sind. Dies liegt dann z. B. vor, wenn die Sache bei einem anderen Lieferanten nur teurer erworben werden kann (§ 281 BGB).

  Das Setzen einer Nachfrist ist entbehrlich, wenn
  - der Verkäufer die Leistung ernsthaft und endgültig ablehnt
  - es sich um ein Fixgeschäft oder einen Zweckkauf handelt.

Annahmeverzug

Der Käufer gerät in **Annahmeverzug** (Gläubigerverzug), wenn er die rechtzeitig und ordnungsgemäß gelieferte Ware nicht annimmt oder schon vor der Lieferung erklärt, nicht annehmen zu wollen. Dabei ist die Frage des Verschuldens unerheblich. (§§ 293 ff. BGB).

§ 293 BGB (Annahmeverzug)

„Der Gläubiger kommt in Verzug, wenn er die ihm angebotene Leistung nicht annimmt."

Beispiel

Die Tischlerei Heuser hat beim Sägewerk Scherf 2 m³ Eichenholz bestellt. Trotz ordnungsgemäßer und pünktlicher Lieferung von Seiten des Sägewerks nimmt die Tischlerei die bestellte Ware nicht an. Damit ist die Tischlerei Heuser in Annahmeverzug geraten.

Rechte des Lieferanten beim Annahmeverzug

1. Lieferant kann die Ware behalten und an einen anderen verkaufen (Rücktritt vom Vertrag).
2. Lieferant kann die Ware zurücknehmen und sie entweder
   a) in eigene Verwahrung nehmen und den Käufer auf Abnahme der Ware und Zahlung des Kaufpreises verklagen,
   b) auf Kosten und Gefahr des Käufers in einem öffentlichen Lagerhaus hinterlegen und den Käufer auf Abnahme der Ware und Zahlung des Kaufpreises verklagen.
3. Lieferant kann bei verderblicher Ware und ohne vorherige Mitteilung an den Käufer einen Notverkauf für dessen Rechnung vornehmen. Einen eventuellen Mindererlös trägt der Käufer.
4. Lieferant kann die eingelagerte oder hinterlegte Ware für Rechnung des Käufers im Selbsthilfeverkauf veräußern. Dies geschieht
   a) bei Waren mit einem Börsen- oder Marktpreis im freihändigen Verkauf
   b) bei sonstigen Waren in einer öffentlichen Versteigerung.

   Voraussetzung für einen Selbsthilfeverkauf:
   - Festsetzung einer Frist zur Abnahme der Ware und Androhung des Selbsthilfeverkaufs
   - Mitteilung von Ort und Zeit der Versteigerung oder des freihändigen Verkaufs
   - Mitteilung des Ergebnisses. Einen Mindererlös und die Kosten des Selbsthilfeverkaufs hat der Käufer zu tragen.

Zahlungsverzug

Der **Zahlungsverzug** (Nicht-Rechtzeitig-Zahlung) tritt ein, wenn der Schuldner seine Zahlungspflicht aus einem rechtsgültig abgeschlossenen Kaufvertrag schuldhaft nicht oder nicht rechtzeitig erfüllt. Als Gründe für einen eingetretenen Zahlungsverzug sind Vergesslichkeit, die Zahlungsunfähigkeit des Schuldners sowie die bewusste böswillige Zahlungsverweigerung zu nennen.

Man unterscheidet folgende Situationen:

- **Zahlungstag fest vereinbart**

  Käufer befindet sich vom Fälligkeitstag an in Verzug, eine Mahnung ist somit nicht notwendig. Eine Mahnung ist auch dann entbehrlich, wenn die Vertragspartner Zahlung mit Ablauf einer festen Zeit nach einem bestimmten Ereignis vereinbart hatten, z. B. zehn Tage nach Lieferung.

- **Zahlungstag nicht fest vereinbart**

  Gem. § 286 (3) BGB gerät der Schuldner **spätestens** 30 Tage nach Fälligkeit und Zugang der Rechnung in Verzug. Somit hat der Verkäufer die Möglichkeit, durch schnellere Mahnung schon vor Ablauf des dreißigsten Tages Verzug herbeizuführen.

Die Frist von 30 Tagen gilt beim Verbraucher nur dann, wenn er in der Rechnung ausdrücklich hierauf hingewiesen wurde. Ist der Käufer ein Unternehmer und bestreitet er den Zugang der Rechnung, beginnt die 30-Tagesfrist mit dem Erhalt der Ware (§ 286 (3) Satz 1 und 2 BGB).

Befindet sich der Käufer in **Zahlungsverzug**, kann der Verkäufer wahlweise folgende Rechte in Anspruch nehmen:

Rechte bei Nicht-Rechtzeitig-Zahlung

- Verkäufer kann Zahlung verlangen (Erfüllung des Vertrages) und diese durch das gerichtliche Mahn- und Klageverfahren erzwingen.
- Verkäufer kann Zahlung und Schadenersatz verlangen, in der Regel in Form von Verzugszinsen.
- Verkäufer kann vom Vertrag zurücktreten und/oder Schadenersatz statt der Leistung verlangen. Der Verkäufer kann diese Rechte einzeln oder zusammen einfordern, wenn dem Schuldner eine angemessene Nachfrist gesetzt wurde.

Da dem Verkäufer durch den Zahlungsverzug des Käufers ein finanzieller Schaden entsteht, erlaubt ihm das Gesetz, Verzugszinsen sowie Kostenersatz (z. B. Rücknahmekosten) zu verlangen.

Ist an dem Kaufvertrag ein Verbraucher beteiligt, sei es als Käufer oder als Verkäufer, beträgt der Zinssatz für Verzugszinsen 5 % über dem Basiszinssatz der Europäischen Zentralbank. Bei Kaufverträgen zwischen Unternehmen ist der Zinssatz 9 % über dem Basiszinssatz der Europäischen Zentralbank festgelegt (§ 288 (1) und (2) BGB).

Im Geschäftsleben wird der Verkäufer, bevor er seine Rechte in Anspruch nimmt, zunächst versuchen, über das außergerichtliche Mahnverfahren die Zahlung des Schuldners zu erwirken. Erst wenn der Schuldner dann noch nicht zahlt, muss er das gerichtliche Mahnverfahren einleiten.

Außergerichtliches Mahnverfahren

Im Geschäftsleben kommt es häufig vor, dass ein Kunde seine Schulden nicht fristgerecht bezahlt.

Dies kann folgende Ursachen haben:

- Vergesslichkeit oder Nachlässigkeit,
- Zahlungsunfähigkeit, z. B. wegen schlechter Finanzlage, schleppenden Eingangs der Forderungen, Ausfall von Forderungen in Folge des Insolvenzverfahrens von Kunden,
- Zahlungsunwilligkeit, z. B. bewusste Verweigerung der Zahlung, um Zinsen zu sparen.

Regelmäßige Verjährungsfrist

Rechte, die aus der Übertragung an einem Grundstück geltend gemacht werden, verjähren in **10 Jahren**.

Ansprüche beispielsweise aus Insolvenzverfahren, Herausgabeansprüche aus Eigentum oder anderen dinglichen Rechten sowie Rechtsansprüche aus Erbstreitigkeiten verjähren nach **30 Jahren**.

Ratenkauf

Ein Kaufvertrag, für den besondere Rechtsnormen gelten, ist der Abzahlungskauf oder auch **Ratenkauf bzw. Teilzahlungskauf** genannt. Der Käufer verpflichtet sich, den Kaufgegenstand in mehreren Raten zu bezahlen. Dies bedeutet, dass der Lieferant dem Käufer einen Teilzahlungskredit gewährt. Diese Geschäfte werden meistens im Rahmen der Finanzierung langlebiger Konsumgüter wie Waschmaschinen, Kühlschränke, Fernseher, DVD-Player und Autos getätigt.

Der Raten-Kaufvertrag muss schriftlich abgeschlossen werden. Eine Abschrift der Kaufurkunde ist dem Käufer auszuhändigen.

Beim Ratenkauf schützt sich der Verkäufer durch den so genannten **„Eigentumsvorbehalt"**.

Die Vertragsklausel „Die Ware bleibt bis zur vollständigen Bezahlung unser Eigentum" soll den Verkäufer schützen, wenn er Ware geliefert hat. Der Käufer wird zunächst nur Besitzer, während der Verkäufer bis zur Bezahlung des Kaufpreises Eigentümer bleibt. Kommt der Käufer mit der Zahlung in Verzug, so hat der Verkäufer das Recht, die Ware zurück zu nehmen und vom Vertrag zurück zu treten. Eine Kündigung kann nur erfolgen, wenn der Käufer mit mindestens zwei aufeinander folgenden Raten und mit mindestens 10 % der Darlehenssumme in Verzug geraten ist (§ 498 BGB).

Durch das Widerrufsrecht ist vor allem die Position des Käufers in folgenden Punkten wesentlich verbessert worden:

Widerrufsrecht: zwei Wochen

§ 495 BGB (Widerrufsrecht)

„(1) Dem Darlehensnehmer steht bei einem Verbraucherdarlehensvertrag ein Widerrufsrecht nach § 355 zu."

§ 355 BGB (Widerrufsrecht bei Verbraucherverträgen)

„(1) Wird einem Verbraucher durch Gesetz ein Widerrufsrecht nach dieser Vorschrift eingeräumt, so ist er an seine auf den Abschluss des Vertrages gerichtete Willenserklärung nicht mehr gebunden, wenn er sie fristgerecht widerrufen hat. Der Widerruf muss keine Begründung enthalten und ist in Textform oder durch Rücksendung der Sache innerhalb von zwei Wochen gegenüber dem Unternehmer zu erklären; zur Fristwahrung genügt die rechtzeitige Absendung."

Werden beispielsweise einer Rentnerin Trimm-Dich-Geräte aufgeschwatzt, kann sie binnen zwei Wochen durch einen einseitigen, nicht zu begründenden schriftlichen Widerruf vom Kreditgeschäft zurücktreten. Es ist gleichgültig, ob es sich um ein Haustürgeschäft handelt oder ob der Käufer den Vertrag in einem Einzelhandelsgeschäft abgeschlossen hat.

Zur Wahrung der Frist genügt die rechtzeitige Absendung des Widerrufs. **Der Lauf der Frist beginnt erst, wenn dem Verbraucher eine drucktechnisch deutlich gestaltete und vom Verbraucher gesondert zu unterschreibende Belehrung über sein Widerrufsrecht ausgehändigt worden ist.**

Presse**SPIEGEL**

Widerruf: Wann kann ich beim Onlineshopping die Ware zurückgeben?

Stand: 27.08.2018

Das Wichtigste in Kürze:

- Der Käufer kann den Kaufvertrag innerhalb von zwei Wochen widerrufen oder die Ware zurückgeben.
- Einen Grund für seinen Widerruf muss der Kunde nicht angeben.
- In einigen Fällen besteht für den Käufer von vornherein kein Widerrufsrecht.

Foto: sveta/Fotolia

Als Verbraucher steht Ihnen bei Einkäufen im Internet in den meisten Fällen ein 14-tägiges Widerrufsrecht zu. Dies bedeutet, dass Sie sich innerhalb dieser Frist ohne Angabe von Gründen wieder vom Vertrag lösen können. Das gilt auch für Verträge über Dienstleistungen oder Waren, die auf Internetauktionen von einem Händler ersteigert wurden.

Ein Widerrufsrecht gibt es auch, wenn Sie die Ware nicht zugeschickt bekommen, sondern in einer Filiale abholen. Entscheidend ist, dass Sie die Produkte online bestellt haben.

Widerrufsfrist

Die Widerrufsfrist beginnt am Tag nachdem Sie (oder ein von Ihnen bei der Bestellung angegebener Dritter) die bestellten Waren vollständig erhalten haben oder, wenn Gegenstand des Vertrags eine Dienstleistung ist, am Tag nach Vertragsschluss. Vorausgesetzt, der Händler hat Sie auf der Internetseite oder in Textform (z. B. per E-Mail, Brief oder Fax) rechtskonform klar und verständlich über Ihr Widerrufsrecht informiert, bevor Sie Ihre Bestellung abgegeben haben. Hat der Händler diese Information versäumt, beginnt die Widerrufsfrist erst zu laufen, wenn er die Belehrung in Textform nachholt. Erhalten Sie gar keine rechtskonformen Informationen über Ihr Widerrufsrecht, erlischt Ihr Widerrufsrecht jedenfalls spätestens ein Jahr und 14 Tage nachdem Sie die Ware erhalten haben.

Handelt es sich um einen Vertrag über eine Dienstleistung, erlischt das Widerrufsrecht auch vor Ablauf der 14-tägigen Widerrufsfrist, wenn der Unternehmer die Leistung vollständig erbracht hat. Dies gilt aber nur, wenn er Sie vor Beginn mit der Ausführung über diesen Umstand informiert hat und Sie sowohl Ihre Kenntnisnahme hiervon bestätigt als auch Ihre ausdrückliche Zustimmung zu dem vorzeitigen Leistungsbeginn erklärt haben.

Entsprechendes gilt bei einem Vertrag über digitale Inhalte wie Software oder Musikdateien, die nicht auf einem dauerhaften Datenträger, sondern per Streaming oder Download geliefert werden. Hier erlischt das Widerrufsrecht bei Erfüllung der genannten Voraussetzungen allerdings schon mit Beginn der Ausführung des Vertrags, also zum Beispiel mit Start des Herunterladens.

Erklärung des Widerrufs

Wollen Sie von Ihrem Widerrufsrecht Gebrauch machen, müssen Sie den Widerruf gegenüber dem Händler in eindeutiger Weise erklären. Dies kann auch telefonisch geschehen. Hiervon ist aber abzuraten, weil Ihnen im Streitfall der Beweis des (rechtzeitigen) Widerrufs kaum möglich wäre. Besser, Sie senden eine Widerrufserklärung per E-Mail, Post oder Fax und heben die Versand- bzw. Eingangsbestätigung gut auf.

Online-Händler sind verpflichtet, Ihnen eine Musterwiderrufserklärung zukommen zu lassen, die Sie ausgefüllt zurückschicken können. Die kommentarlose Rücksendung des Warenpakets gilt nicht als wirksamer Widerruf. Die Widerrufsfrist ist gewahrt, wenn Sie die rechtzeitige Absendung des Widerrufs beweisen können. Auf den rechtzeitigen Eingang beim Händler kommt es für die Frist hingegen nicht an.

Einen Grund für seinen Widerruf muss der Kunde nicht angeben. Der Bundesgerichtshof hat dies mit Urteil vom 16. März 2016 noch einmal bekräftigt (Az. VIII ZR 146/15).

Folgen des Widerrufs

Nach erfolgtem Widerruf müssen Sie die Ware binnen 14 Tagen wieder in Richtung Händler auf den Weg bringen, es sei denn dieser hat angeboten, die Ware abzuholen. Die Gefahr des Verlustes oder der Beschädigung der Ware auf dem Transportweg trägt der Händler. Der Verkäufer ist zwar ebenfalls verpflichtet, Ihnen Ihr Geld innerhalb von 14 Tagen nach Erhalt der Widerrufserklärung zurückzuzahlen. Er kann mit der Überweisung aber so lange warten, bis er die Ware von Ihnen zurückerhalten hat oder Sie ihm einen Einlieferungsbeleg zusenden.

Der Händler muss Ihnen nicht nur den Kaufpreis zurückerstatten, sondern auch die Versandkosten, die Sie nach der Bestellung für den Versand der Ware zu Ihnen gezahlt hatten. Ausgenommen sind zum Beispiel Zusatzkosten für eine Expresslieferung. Im Gegenzug müssen Sie die Kosten für die Rücksendung der Waren tragen, es sei denn, der Händler hat sich bereit erklärt diese zu übernehmen oder Sie nicht vor Vertragsschluss auf die Kostenlast bei der Rücksendung informiert.

Haben Sie die Ware beschädigt oder hat diese auf andere Weise an Wert verloren, kann der Händler Wertersatz verlangen, wenn er Sie vor Vertragsschluss rechtskonform über Ihr Widerrufsrecht informiert hat. Dies gilt aber nicht, wenn der Wertverlust auf einen Umgang mit der Ware zurückzuführen ist, der zur Prüfung der Beschaffenheit, Eigenschaften und Funktionsweise der Ware notwendig war. Das heißt, Sie dürfen die Ware auspacken und testen. Dazu gehört gegebenenfalls auch das Aufbauen zerlegt gelieferter Möbel, ohne dass dies zu einer Wertersatzpflicht oder gar zum Wegfall des Widerrufsrechts führt.

Bei Dienstleistungen müssen Sie dem Unternehmer Wertersatz für die bis zum Widerruf erbrachte Leistung zahlen, wenn Sie ordnungsgemäß über Ihr Widerrufsrecht informiert wurden und ausdrücklich verlangt haben, dass der Unternehmer vor Ablauf der Widerrufsfrist mit der Leistungserbringung beginnt.

Ausnahmen vom Widerrufsrecht

In einigen Fällen besteht für den Käufer von vornherein kein Widerrufsrecht. Dies gilt zum Beispiel, wenn die Ware – wie bei Maßanzügen auf die persönlichen Bedürfnisse des Verbrauchers zugeschnitten ist.

Ebenso beim Kauf schnell verderblicher Waren – wie frischen Lebensmitteln oder bei Verträgen über die Lieferung von Zeitungen, Zeitschriften oder Illustrierten – es sei denn, es handelt sich um ein Abo. Außerdem kann man online erworbene Bahntickets, Pauschalreisen sowie Tickets für Konzerte nicht mehr widerrufen. Das Gleiche gilt für Veranstaltungen, die an einem bestimmten Termin stattfinden.

In anderen Fällen besteht zwar grundsätzlich ein Widerrufsrecht, dieses kann aber vor Ablauf der Widerrufsfrist entfallen. Zum Beispiel bei versiegelten Waren, die aus Gründen des Gesundheitsschutzes oder der Hygiene nicht zur Rückgabe geeignet sind sowie bei versiegelten CDs, DVDs oder ähnlichem. Voraussetzung ist jeweils, dass das Siegel von Ihnen entfernt wurde.

Bei Dienstleistungen wie zum Beispiel Partnervermittlung, Übersetzung oder Beratung kann das Widerrufsrecht erlöschen, wenn der Unternehmer seine Dienstleistung schon vollständig erbracht hat. Wichtig: Sie müssen dem zugestimmt haben und dem Unternehmer Ihre Kenntnis davon bestätigt haben, dass Sie dadurch Ihr Widerrufsrecht verlieren.

Ein versteckter Hinweis in den Geschäftsbedingungen reicht dafür nicht aus. Auch beim Erwerb von digitalen Inhalten wie Musik, Filmen etc. kann das Widerrufsrecht erlöschen, sobald der Download oder das Streaming beginnt.

https://www.verbraucherzentrale.de/wissen/digitale-welt/onlinehandel/widerruf-wann-kann-ich-beim-onlineshopping-die-ware-zurueckgeben-8363, gekürzt, Stand: 27.08.2018

Der Verbraucherdarlehensvertrag muss angeben:

- Nettodarlehensbetrag
- Gesamtbetrag aller zu entrichteten Teilzahlungen
- Art und Weise der Rückzahlung
- Zinssatz und alle sonstigen Kosten
- (anfänglichen) effektiven Jahreszins
- Kosten einer Restschuldversicherung
- Sicherheiten

Pflicht:
Angabe von effektiven Jahreszinsen

Die Vertragsurkunde muss also nicht nur den **Gesamtpreis**, den **Teilzahlungspreis** sowie **Betrag, Zahl** und **Fälligkeit** der Teilzahlungen, sondern auch die **effektiven Jahreszinsen** enthalten.

Mit dieser Regelung soll dem Verbraucher deutlich die Belastung durch den Teilzahlungskauf vor Augen geführt werden; der Käufer kann Konkurrenzangebote besser und überschaubarer vergleichen.

Verboten:
Gerichtsstandklausel

Unternehmer und Geschäftsinhaber waren bisher im Vorteil, wenn sie mit einem Kunden eine gerichtliche Auseinandersetzung hatten. Sie konnten nämlich mit dem Käufer für solche Fälle den Gerichtsstand am eigenen Firmensitz vereinbaren.

Der Kunde, der oft weit entfernt wohnte, war von vornherein benachteiligt, denn er musste entweder selbst zum Ort des Prozesses reisen oder einen dort zugelassenen Anwalt beauftragen. Aus diesem Grunde wurden alle Erfüllungsort- und Gerichtsstandsvereinbarungen mit **Nichtkaufleuten (Privatpersonen)** verboten.

Jeder Verbraucher kann also wegen Ansprüchen aus Verträgen, die er abgeschlossen hat, nur noch an seinem Wohnsitzgericht verklagt werden, wo er sich leichter verteidigen kann (Gerichtsstandsvereinbarungsgesetz).

Aber: Wenn beide Vertragspartner eingetragene Kaufleute sind, gilt das Verbot von Gerichtsstandsvereinbarungen nicht.

Beispiel 1:

Fred Müller möchte sich ein Farbfernsehgerät kaufen. Da er zur Zeit über wenig Bargeld verfügt, schließt er mit dem Elektrohändler Schmitz einen Ratenkaufvertrag ab. Der Elektrohändler vereinbart seinerseits mit Fred Müller einen Eigentumsvorbehalt auf dieses Gerät.

Bei Barzahlung kostet das Farbfernsehgerät 2.000,00 €. Fred Müller möchte es in 24 Monatsraten bezahlen. Dafür muss er 0,8 % Zinsen pro Monat und 2 % Bearbeitungsgebühr bezahlen. Es ergibt sich für ihn folgende Rechnung:

	Kaufpreis	*2.000,00 €*
+	*Zinsen 0,8 % pro Monat für 24 Monate (24 · 0,8 = 19,2 %) 19,2 % von 2.000,00 €*	*384,00 €*
+	*2 % Bearbeitungsgebühr*	*40,00 €*
	effektiv zu zahlender Kaufpreis	*2.424,00 €*
	Höhe der 1. Rate	*124,00 €*
+	*23 Folgeraten zu je*	*100,00 €*

Bei einer Laufzeit von 24 Monaten ergibt sich für Fred Müller eine tatsächliche Zinsbelastung von 20,35 %.

Ratenkauf oder Barkauf?

Vergleicht man den Barpreis (2.000,00 €) mit dem Teilzahlungspreis (2.424,00 €), so stellt man fest, dass der Abzahlungskauf wesentlich teurer ist als der Barkauf, zumal die monatliche Zinsbelastung häufig höher liegt.

In unserem Beispiel zahlt Fred Müller beim Abzahlungskauf gut 20 % mehr für das Farbfernsehgerät. Es kommt hinzu, dass die Zinsen immer vom ursprünglichen Kaufpreis berechnet werden, und zwar ohne Rücksicht auf die Tatsache, dass der Kaufpreis durch die Ratenzahlungen laufend abnimmt.

Die Raten müssen regelmäßig und pünktlich gezahlt werden, sonst wird die Restsumme auf einmal fällig oder der Gegenstand vom Verkäufer wieder abgeholt.

Beispiel 2:

Student Ernst Schäfer benötigt für sein Studium unbedingt einen Laptop. Er kann diesen jedoch nur über einen Ratenkauf erwerben. Der Computer kostet 600,00 €. Ernst Schäfer möchte ihn in 6 Monatsraten bezahlen. Der Händler berechnet 0,6 % Zinsen pro Monat und 2 % Bearbeitungsgebühr.

Es ergibt sich folgende Rechnung:

	Kaufpreis	*600,00 €*
+	*Zinsen 0,6 % pro Monat*	
	0,6 % · 6 = 3,6 % von 600,00 €	*21,60 €*
+	*2 % Bearbeitungsgebühr*	*12,00 €*
	effektiv zu zahlender Kaufpreis	*633,60 €*
	Höhe der 1. Rate	*133,60 €*
+	*5 Folgeraten zu je*	*100,00 €*

Bei einer Laufzeit von 6 Monaten ergibt sich für Ernst Schäfer eine tatsächliche Zinsbelastung von 19,2 %.

Mietrecht

Mietverträge werden für die unterschiedlichsten Gegenstände abgeschlossen.

Beispiele

Mietvertrag für Häuser, Wohnungen, Geschäftsräume, Kraftfahrzeuge, Wohnwagen (Wohnmobile).

Im Mietvertrag wird die entgeltliche Überlassung von Sachen zum Gebrauch vereinbart. Die Miete als Entgelt für die Gebrauchsüberlassung (= Benutzung) wird meistens monatlich oder jährlich gezahlt. Gesetzliche Regelungen zum Mietrecht finden sich in den §§ 535–580a BGB und im Wohnraumkündigungsschutzgesetz.

§ 535 Inhalt und Hauptpflichten des Mietvertrages

„(1) Durch den Mietvertrag wird der Vermieter verpflichtet, dem Mieter den Gebrauch der Mietsache während der Mietzeit zu gewähren. Der Vermieter hat die Mietsache dem Mieter in einem zum **vertragsgemäßen** Gebrauch geeigneten Zustand zu überlassen und sie während der Mietzeit in diesem Zustand zu erhalten. Er hat die auf der Mietsache ruhenden Lasten zu tragen.

(2) Der Mieter ist verpflichtet, dem Vermieter die vereinbarte Miete zu entrichten."

Für den **Abschluss eines Mietvertrages** ist grundsätzlich keine besondere Form vorgeschrieben. Vielmehr genügt es, wenn sich Vermieter und Mieter mündlich darüber einigen, Wohnraum zu vermieten bzw. zu mieten. Lediglich Mietverträge, die für eine längere Dauer als ein Jahr abgeschlossen werden, sollten schriftlich erfolgen. Bei Nichtbeachtung gilt der

Mietvertrag auf unbestimmte Zeit. Der Vertrag sollte in zwei gleichlautenden Exemplaren angefertigt und unterschrieben werden, damit beiden Vertragsparteien eine Ausfertigung zur Verfügung steht.

§ 550 Form des Mietvertrags und bestimmter Erklärungen

„(1) Wird der Mietvertrag für längere Zeit als ein Jahr nicht in schriftlicher Form geschlossen, so gilt er für unbestimmte Zeit. Die Kündigung ist jedoch frühestens zum Ablauf eines Jahres nach Überlassung des Wohnraumes zulässig."

Kaution

Früher musste der Vermieter die Kaution bei einem Kreditinstitut zu dem für Spareinlagen mit 3-monatiger Kündigungsfrist üblichen Zinssatz anlegen. Nach dem neuen Mietrecht können die Mietvertragsparteien eine andere Anlageform vereinbaren. Denkbar sind allerdings nur solche, die auch Erträge in Form von Zinsen oder Dividenden abwerfen.

Abweichend vom Grundsatz der Vertragsfreiheit enthält das Mietrecht jedoch Bestimmungen, die zum Schutze des Mieters erlassen wurden und zwingend vorgeschrieben sind.

Rechte des Mieters, die vertraglich nicht ausgeschlossen werden dürfen.

- Den Mietpreis dann herabsetzen, wenn die Wohnung mit erheblichen Mängeln behaftet ist (§ 536 BGB).
- Das Mietverhältnis fristlos kündigen, wenn das Bewohnen der Räume zu einer erheblichen Gesundheitsgefährdung führt (§ 569 BGB).
- Einrichtungen, mit denen der Mieter die Wohnräume versehen hat, bei seinem Auszug mitzunehmen, es sei denn, der Vermieter leistet eine angemessene Entschädigung (§ 539 BGB).
- Einer unzulässigen Kündigung durch den Vermieter aufgrund der Sozialklausel zu widersprechen (§ 574 BGB), d. h. wenn die Kündigung für den Mieter oder seine Familie eine unzumutbare Härte bedeuten würde.
- Sich gegenüber einer unberechtigten Kündigung des Vermieters auf die Kündigungsschutzvorschriften zu berufen (§§ 568, 549 BGB).
- Den Mietvertrag firstlos zu kündigen, wenn der Gebrauch der Mietsache nicht gewährt oder später wieder entzogen wird (§ 543 BGB).
- Die Rückerstattung der für eine Zeit nach Beendigung des Mietverhältnisses im Voraus entrichteten Miete oder eines Baukostenzuschusses (§ 547 BGB).
- Bei einem unbefristeten Mietverhältnis zu jedem Monatsletzten und Einhaltung der Kündigungsfrist zu kündigen (§§ 573, 580 BGB).

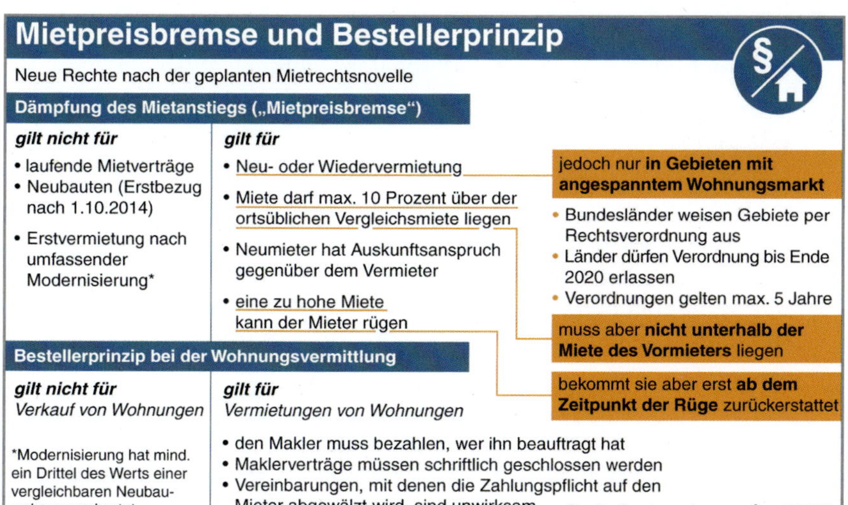

Um den Abschluss eines Mietvertrages zu erleichtern, werden in der Praxis vielfach **Mustermietverträge** verwandt, die laufend im Hinblick auf Gesetzesänderungen sowie die neueste Rechtsprechung überarbeitet und vom Bundesminister der Justiz herausgegeben werden. Im einzelnen enthält ein solcher Mietvertrag Vereinbarungen über:

Vereinbarungsempfehlungen

➤ Bezeichnung der Mietsache ➤ Höhe der Miete und Form der Mietzahlungen ➤ Mietdauer ➤ Kündigung ➤ Ersatzmieter ➤ Schönheitsreparaturen und Bagatellschäden ➤ Benutzung der Mietsache ➤ Überlassung der Mietsache an Dritte	➤ Untervermietung ➤ Aufstellung von Haushaltsmaschinen ➤ Instandhalten der Mietsache ➤ Betreten der Mietsache durch den Vermieter ➤ Rückgabe der Mietsache ➤ Personenmehrheit als Mieter (z.B. Ehegatten) ➤ Hausordnung

Jeder Vertrag, also auch der Mietvertrag, legt sowohl dem Mieter als auch dem Vermieter **Rechte und Pflichten** auf, die erfüllt werden müssen.

Pflichten beider Vertragspartner

Pflichten des Vermieters

Überlassen der Mietsache zum vertragsmäßigen Gebrauch.
Instandhaltungs- und Instandsetzungspflicht der Mietsache.
Gewährleistungspflicht für Mängel wie

➤ **Sachmängel**

Beispiel

Undichte Fenster und Türen, schadhafte Fußböden, feuchte Wände

➤ **Rechtsmangel**

Er liegt vor, wenn ein Dritter gegen den Mieter ein Recht auf die Mietsache geltend macht.

Beispiel

Dieselbe Wohnung ist mehrfach an verschiedene Mieter vermietet worden und diesen wurde dadurch der Gebrauch entzogen.

➤ **Vertraglich zugesicherte Eigenschaften**

Beispiel

Der Mieter muss sich auf die ausdrückliche Zusicherung des Vermieters verlassen können, z. B. hinsichtlich Größe, Lage, Beschaffenheit der Räume. Beim Vorliegen von Mängeln kann der Mieter die Miete mindern und Schadenersatz verlangen oder nach Selbstbeseitigung der Mängel den Ersatz der Aufwendungen fordern. Ersatz von Aufwendungen, wenn sie notwendig oder nützlich waren (§ 536a BGB).

Beispiel

Maßnahmen zur Verhinderung einer zunehmenden Baufälligkeit, zur Beseitigung eines Wasserrohrbruchs, zur Beseitigung der Verstopfung eines Ablaufrohres, Erneuerung der vom Hagel zerstörten Fensterscheiben.

Pflichten des Mieters

Frist- und ordnungsgemäße Zahlung der Miete

Obhutspflicht

Sie besteht für alle Räume, an denen dem Mieter ein Benutzungs- oder Mitbenutzungsrecht zusteht. Der Mieter ist verpflichtet, die Räume zu lüften und zu reinigen, die Fenster und Türen bei Unwetter und Frost zu schließen, mit Elektrizität und Gas sorgfältig umzugehen, die sanitären Anlagen schonend zu benutzen und bei längerer Abwesenheit für die Betreuung der Wohnung zu sorgen.

Pflicht zur Anzeige von Mängeln

Damit soll dem Vermieter die Gelegenheit gegeben werden, die Mängel zu beheben (Instandhaltung).

Die Anzeigepflicht besteht für den Mieter in zwei Fällen:

a) bei jedem Fehler der Mietsache (siehe o. a. Mängel),
b) wenn der Mietsache eine unvorhergesehene Gefahr droht, z. B. Sturmschaden am Dach, Wassereinbruch.

Rückgabepflicht

Mit Beendigung des Mietverhältnisses erlischt das Recht des Mieters auf Gebrauch der Mietsache. Dieser ist verpflichtet, dem Vermieter die Mietsache zurückzugeben (§ 546 BGB).

Kommt der Mieter dieser Pflicht nicht nach, kann der Vermieter vor Gericht eine Klage auf Herausgabe der Mietsache erheben.

Darüber hinaus ergeben sich aus dem Wesen des Mietvertrages sowohl für den Mieter als auch für den Vermieter besondere Treuepflichten. Für die Vertragspartner ist ein gegenseitiges Vertrauen und eine gebührende Rücksichtnahme auf ihre berechtigten Interessen für die Dauer des Mietverhältnisses erforderlich.

Der Gesetzgeber hat durch den **Mieterschutz** und durch andere Gesetze den Mieter vor Willkürmaßnahmen und Missständen des Vermieters geschützt, wobei aber auch die schutzwürdigen Belange des Vermieters berücksichtigt werden.

Ist ein Mietverhältnis für eine bestimmte Zeit eingegangen worden (qualifizierter Zeitmietvertrag), endet es grundsätzlich mit Ablauf der vertraglich vereinbarten Mietzeit. Eine Kündigung ist nicht erforderlich.

Der Mieter kann spätestens zwei Monate vor Beendigung durch eine schriftliche Erklärung gegenüber dem Vermieter die Fortsetzung des Mietverhältnisses verlangen, wenn nicht der Vermieter ein „berechtigtes Interesse“ an der Beendigung hat.

Wurde keine bestimmte Mietzeit vereinbart, dann endet das Mietverhältnis, wenn es vom Mieter oder Vermieter wirksam gekündigt wird und die Kündigungsfrist abgelaufen ist.

Dabei hat der Vermieter die Gründe im Kündigungsschreiben anzugeben.

Reparaturen: Wer zahlt was?

Wann der Mieter bei Reparaturen haften muss

EB Köln. Der Bundesgerichtshof hat nun rechtsgültig geregelt, wie künftig Kleinreparaturklauseln in Mietverträgen auszusehen haben und welche Rechte und Pflichten sich daraus für den Mieter wie auch für den Vermieter ergeben.

So darf ab sofort der Mieter nur für Schäden an solchen Sachen haftbar gemacht werden, die »seinem direkten und häufigen Zugriff ausgesetzt sind«.

Welche Schäden darunter fallen, zeigt die vom Wirtschaftsmagazin »Capital« erstellte Grafik.

Weiterhin ist aufgrund der aktuellen Rechtsprechung von Bedeutung, dass ein Schaden nur dann eine auf den Mieter abschiebbare Bagatelle ist, wenn die Reparatur nicht mehr als 100 € ohne MWSt kostet. Die momentane Rechtsprechung begrenzt diesen Betrag auf maximal 8% der Jahreskaltmiete.

Ist die Rechnung höher, kann der Vermieter den Mieter nicht an den Kosten beteiligen.

Künftig muss auch jede im Mietvertrag festgehaltene Kleinreparaturklausel einen Höchstbetrag ausweisen, bis zu dem der Mieter pro Jahr maximal die Kosten mittragen muss. Wie hoch dieser Betrag ist, ließ der Bundesgerichtshof leider offen.

Die Tabelle zeigt, wer für Kleinreparaturen zahlt.

Wer für welche Schäden zahlt

Schadenbereich

§ Vermieter	§ Regelung im Einzelfall strittig	§ Mieter
Rolladenmechanik, Markisenmechanik	Kabelschäden (außenliegend)	Fensterverschlüsse, Klinken, Schlösser, Türhebel
Kabelschäden (verputzt)	Öfen	Lichtschalter, Steckdosen, Klingel
Wohnungstür außen, Fenster außen	Heizkörper	Rolladenband, -riegel
Wasser- und Abwasserleitungen (Ausnahme: Verstopfung)		Äußere Schäden an Herd, Kühlschrank sowie deren Bedienungselemente
Heizungsrohre		Wasserhähne, Ausgüsse, Duschköpfe
		Thermostatventile

Kündigung des Mietverhältnisses

Die Kündigung muss **schriftlich** erfolgen (§ 549 Abs. 1 BGB). Das Kündigungsschreiben muss eigenhändig unterschrieben sein.

Für den **Mieter** gilt unabhängig von der Dauer des Mietverhältnisses eine Kündigungsfrist von 3 Monaten.

Der **Vermieter** kann grundsätzlich nur unter Einhaltung bestimmter gesetzlicher Fristen kündigen. Er muss die Kündigung schriftlich begründen.

Diese richten sich nach der **Dauer des Mietverhältnisses:**

von weniger als	5 Jahren	Kündigungsfrist:	3 Monate
von mehr als	5 Jahren	Kündigungsfrist:	6 Monate
von mehr als	8 Jahren	Kündigungsfrist:	9 Monate

Die schriftliche Kündigung muss dem Vertragspartner spätestens am **dritten Werktage** des Monats (Samstag gilt als Werktag) zugehen, wenn sie für den Ablauf der jeweiligen Kündigungsfrist wirksam sein soll. Wird das Kündigungsschreiben später zugestellt, ist die Kündigung nicht unwirksam, die Beendigung des Mietverhältnisses wird jedoch um einen Monat verschoben.

Beispiele

1. *Die Kündigung geht dem Vertragspartner rechtzeitig am 4. Januar 20.. (3. Werktag des Monats) zu; sie wird wirksam z. B. bei einer Kündigungsfrist von 3 Monaten zum 31. März 20..*
2. *Die Kündigung geht dem Vertragspartner verspätet am 7. Januar 20.. zu; sie wird wirksam z. B. bei einer Kündigungsfrist von 3 Monaten zum 30. April 20..*

Unter bestimmten Voraussetzungen können beide Vertragsparteien das Mietverhältnis ohne Einhaltung einer Frist kündigen. Eine **fristlose Kündigung** ist zulässig, wenn sich der Vertragspartner so **schwerwiegende Vertragsverletzungen** zuschulden kommen lässt, dass dem anderen Teil eine Fortsetzung des Mietverhältnisses nicht zugemutet werden kann. Solche Gründe können sich beispielsweise aus schwerer Beleidigung, Bedrohung, tätlichem Angriff oder Störung des Hausfriedens ergeben.

Kündigungsschutz für Mieter

Der Vermieter kann ein Mietverhältnis über Wohnraum nur dann kündigen, wenn er ein „berechtigtes Interesse" an der Beendigung des Mietverhältnisses hat. Als berechtigtes Interesse sieht das Gesetz folgende Fälle an:

❶ Der Mieter hat seine vertraglichen Verpflichtungen schuldhaft erheblich verletzt.

Beispiele

- *dauernde unpünktliche Mietzahlung*
- *Mietrückstände*
- *Beleidigung gegenüber dem Vermieter*
- *Verstöße gegen die Hausordnung, soweit sie nicht im Einzelfall zur fristlosen Kündigung rechtfertigen.*

Von den Gerichten anerkannte Rechte des Mieters, also **keine Kündigungsgründe** und damit keine schuldhafte Vertragsverletzung, liegen in folgenden Fällen vor:

- bei Aufnahme eines Hundes ohne ausdrücklichen vertraglichen Ausschluss
- bei Vogelhaltung in der Wohnung
- bei Aufnahme von Gästen und Verwandten über das Wochenende in der Wohnung des Mieters
- bei normalem Kinderlärm
- bei Aufhängen der Wäsche im Vorgarten
- bei Unstimmigkeiten über die Abrechnung der Nebenkosten
- gelegentliches Duschen auch nach 22 Uhr

- mit der erwachsenen Verlobten in einer gemeinsamen Wohnung zusammenleben
- wenn unverheiratete Mieterin mit ledigem Freund zusammenlebt
- bei Aufstellen von Haushaltsmaschinen soweit die vorhandenen Installationen ausreichen und Hausbewohner nicht belästigt werden.

❷ **Der Vermieter benötigt die Räume als Wohnung für sich (Eigenbedarf).** Die Gerichte legen bei der Beurteilung des Eigenbedarfs einen strengen Maßstab an.

Kein Eigenbedarf ist nach der Rechtsprechung gegeben:

- wenn der Vermieter den Eigenbedarf durch Hausverkauf selbst verschuldet hat
- bei nur eineinhalbjähriger Wohndauer des Mieters
- wenn der Vermieter die Wohnräume nur für einige Monate benötigt
- bei im selben Hause gleichzeitig leerstehender weiterer Wohnung
- wenn der Vermieter die gekündigte Wohnung für einen Mieter benötigt, der ihm Schnee fegt
- wenn ein neuer Mieter dem älteren Vermieter Haus- und Gartenarbeiten abnehmen soll
- wenn die gekündigte Wohnung gewerblich genutzt werden soll
- wenn Wohnraum für entfernte Verwandte des Vermieters, z. B. Neffen, benötigt wird. Diese zählen nicht zu den Familienangehörigen
- wenn dem Vermieter Wohnraum in ausreichendem Maße zur Verfügung steht.

Widerspruchsrecht nach der Sozialklausel

Einer wirksamen, d. h. mit rechtfertigendem Grund ausgesprochenen Kündigung des Vermieters kann der Mieter unter bestimmten Voraussetzungen widersprechen und die Fortsetzung des Mietverhältnisses verlangen. Ein Widerspruchsrecht steht dem Mieter nach der Sozialklausel des § 574 BGB dann zu,

„... wenn die Beendigung des Mietverhältnisses für den Mieter, seine Familie oder einen anderen Angehörigen seines Haushalts eine Härte bedeuten würde, die auch unter Würdigung der berechtigten Interessen des Vermieters nicht zu rechtfertigen ist. Dies gilt nicht, wenn ein Grund vorliegt, der den Vermieter zur außerordentlichen fristlosen Kündigung berechtigt.

(2) Eine Härte liegt auch vor, wenn angemessener Ersatzwohnraum zu zumutbaren Bedingungen nicht beschafft werden kann."

Welche Ersatzwohnung für den gekündigten Mieter angemessen ist, kann nur von Fall zu Fall unter Berücksichtigung der persönlichen und wirtschaftlichen Verhältnisse des Mieters geprüft werden.

Im Zweifelsfall entscheidet das Gericht, wann die Beendigung des Mietverhältnisses für den Mieter eine Härte bedeutet.

Nach bisheriger Rechtsprechung können folgende Umstände eine Härte bedeuten:

- hohes Alter,
- Invalidität,
- Gebrechlichkeit,
- fortgeschrittene Schwangerschaft,
- Kinder bzw. Schwierigkeiten bei ihrer Ausbildung,
- bevorstehende Examina,
- geringes Einkommen,
- schwere Erkrankung,
- besondere finanzielle Aufwendungen für die Wohnung,
- lange Mietdauer.

Mieterhöhungen nur durch qualifizierten Mietspiegel

Bei Mieterhöhungen darf auch künftig die ortsübliche Vergleichsmiete nicht überschritten werden. Ein so genannter qualifizierter Mietspiegel ist nun zwingendes Begründungsmittel im vorgerichtlichen Mieterhöhungsverfahren. Der Vermieter darf aber trotz Vorliegens eines solchen Mietspiegels sein Mieterhöhungsverlangen auch auf andere Begründungsmittel stützen. Dies allerdings nur, wenn er der Auffassung ist, dass die ortübliche Vergleichsmiete für seine Wohnung höher liegt, als im qualifizierten Mietspiegel angegeben. Als Begründungsmittel kommt auch eine Mietdatenbank in Betracht.

Eine Mietdatenbank ist eine Sammlung elektronisch fortlaufend erfasster Mietdaten, die nicht älter als vier Jahre sind.

Leasing: Auf Zeit mieten

Leasing ist eine in den letzten Jahren immer mehr in Anspruch genommene Art, ein Gut auf Zeit zu mieten.

In Folge des technischen Fortschritts wird die Nutzungsdauer für viele Maschinen und Anlagen immer kürzer. Es liegt daher nahe, solche Anlagegüter nicht mehr zu kaufen, sondern nur noch zu mieten bzw. zu pachten (leasen). Dies geschieht durch den Leasingvertrag.

So funktioniert Leasing

An die Stelle des Kaufes tritt also die befristete Nutzung durch Miete oder Pacht. Durch Leasing werden die Nutzungsrechte, z. B. für EDV-Anlagen, Kraftfahrzeuge (Auto-Leasing), aber auch von Grundstücken und Gebäuden übertragen. Vermieter bzw. Verpächter sind entweder die Produzenten (Hersteller) der Anlagen oder spezielle Leasinggesellschaften, welche die Gegenstände von den Herstellern erworben haben.

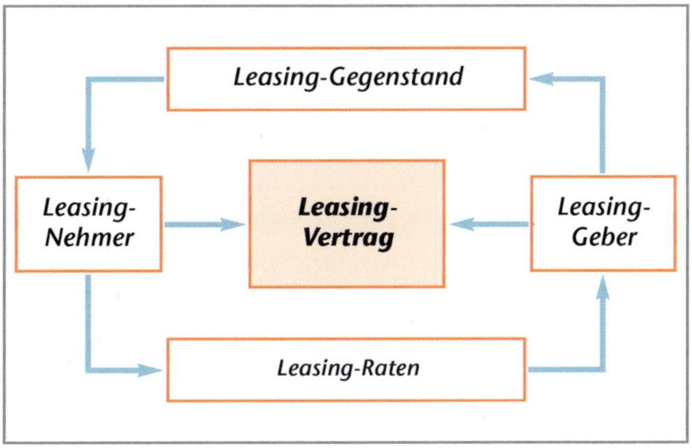

Das kann privat oder geschäftlich geleast werden:

- Gebrauchsgüter (z. B. Autos)
- Immobilien
- Arbeitskleidung
- Mobilien (Maschinen/Anlagen)
- Personal

Der Unternehmer kann mit dem Leasing-System eine Anpassung seiner Anlagen an den neuesten Stand der Technik vollziehen, ohne hierzu Kapital durch Eigen- und Fremdfinanzierung bereitstellen zu müssen. Eine Inanspruchnahme größerer Betriebsmittel für Investitionen ist nicht erforderlich; der Kapitalbedarf wird verringert. Zudem ist eine fortwährende Betreuung und Beratung gegeben.

Leasing – mieten statt kaufen

Allerdings muss der Leasingnehmer einen Mietzins zahlen, dessen Höhe sich nach der Vertragsdauer richtet. Hinzu kommen noch weitere Kosten, z. B. für Transport, Montage, Instandhaltung.

Mit Leasing finanziert. Kaufen oder auf Zeit mieten?

Aus betriebswirtschaftlichen Gründen entscheiden sich viele Unternehmen, die neue Immobilien wie Produktionsgebäude und Lagerhallen, Produktionsmaschinen oder neue Lkw oder Busse bzw. Pkw anschaffen müssen, für Leasing.

Die meisten Leasingobjekte im Jahre 2017 waren Automobile (75 %), gefolgt von Produktionsmaschinen (13 %) und Büromaschinen, EDV (4 %). Luft-, Wasser-, Schienenfahrzeuge wurden 2 % auf Zeit gemietet. Leasingnehmer waren Dienstleister wie Banken und Versicherungen (38 %), Industrie (18 %), Verkehr, Nachrichtenübermittlung (10 %), private Haushalte (11 %), Handel (9 %), Baugewerbe (8 %), und Energie, Wasser, Bergbau, Landwirtschaft (4 %). Kleinster Nachfrager an Leasingobjekten war der Staat mit nur 2 %.

Vorteile des Leasings

Leasingnehmer

- ⊕ geringer Kapitalbedarf
- ⊕ keine Überalterung der Anlagen
- ⊕ Rationalisierung der Verwaltung
- ⊕ guter Kundendienst

Leasinggeber

- ⊕ Förderung des Absatzes
- ⊕ Zusatzverkäufe durch Wartung und Reparatur
- ⊕ dauerhafter und intensiver Kundenkontakt

Nachteile des Leasings

Leasingnehmer

- ⊖ Belastung der Liquidität durch monatliche Mietzinszahlung (hohe Fixkosten)
- ⊖ höhere Kostenbelastung als beim Kauf des Anlage-Gegenstandes

Leasinggeber

- ⊖ Schwierigkeiten bei der Verwertbarkeit von Spezialmaschinen und -geräten
- ⊖ Risiko der Kündigung des Leasingvertrages

Die Entscheidung über Leasing oder andere Finanzierungsformen ist von der jeweiligen betrieblichen Situation abhängig. Leasing ist nur dann interessant, wenn mit Hilfe der gemieteten Anlagen ein zusätzlicher Gewinn erwirtschaftet wird.

Werkvertrag

Werkvertrag

Gegenstand des Werkvertrages ist ein Werk, das der Unternehmer auf Bestellung des Kunden herstellt oder verändert und im Gegenzug der Kunde zur Zahlung der vereinbarten Vergütung verpflichtet ist.

Beim Werkvertrag ist die **Herstellung eines bestimmten Erfolges,** eines Werkes die vertraglich geschuldete Leistung. Der Werkvertrag bezieht sich immer auf die Herstellung unvertretbarer Sachen. Unter unvertretbaren Sachen versteht man Einzelstücke.

§ 631 Vertragstypische Pflichten beim Werkvertrag (BGB)

(1) Durch den Werkvertrag wird der Unternehmer zur Herstellung des versprochenen Werkes, der Besteller zur Entrichtung der vereinbarten Vergütung verpflichtet.

(2) Gegenstand des Werkvertrags kann sowohl die Herstellung oder Veränderung einer Sache als auch ein anderer durch Arbeit oder Dienstleistung herbeizuführender Erfolg sein.

Beispiele

- *Herstellung eines Einfamilienhauses*
- *Herstellung einer Bauplanung*
- *Herstellung eines Gutachtens*
- *Herstellung spezieller Software*
- *Instandsetzung einer Heizung*
- *Erstellung eines Gemäldes*

Folgende Kriterien sind maßgeblich für einen Werkvertrag:

- Es wird eine einmalige Leistung erbracht.
- Umfang und Zeitpunkt der Fertigstellung (Lieferung) sind bekannt.
- Abnahme des vereinbarten Werkes erfolgt.
- Auftragnehmer trägt das Risiko.
- Auftragnehmer haftet bei Nichterfüllung des Werkes.
- Vergütung richtet sich nach dem Ergebnis des Werkes.

Werklieferungsvertrag

Werklieferungsvertrag

Der Werklieferungsvertrag wurde zum 01. Januar 2018 in § 650 BGB neu geregelt. Beim Werklieferungsvertrag handelt es sich um einen Vertrag, der die Lieferung herzustellender und zu erzeugender beweglicher Sachen zum Gegenstand hat. Der zuvor gültige § 651 wurde gestrichen. Der Werklieferungsvertrag ist im BGB nicht mehr ausdrücklich aufgenommen.

Beispiele:

- *Anfertigen eines Maßanzuges durch einen Schneidermeister, der auch den Stoff stellt.*
- *Herstellung und Lieferung einer individuell anzupassenden und einzubauenden Schrankwand im Schlafzimmer durch einen Tischlermeister, der auch das Holz besorgt.*

Unterschied: Werkvertrag und Werklieferungsvertrag

Werkvertrag:	Unternehmer verarbeitet **fremde** Materialien (Rohstoffe)
Werklieferungsvertrag:	Unternehmer liefert auch die zur Verarbeitung benötigten Materialien

Pachtvertrag

Pachtvertrag

Die Pacht ist die entgeltliche Überlassung von Sachen zum Gebrauch und Fruchtgenuss auf Zeit. Der Pächter darf gegen Zahlung eines Pachtzinses die gepachtete Sache gebrauchen und zusätzlich ihre Früchte (Ertrag) für sich behalten.

© agrarmotive – stock.adobe.com

§ 581 Vertragstypische Pflichten beim Pachtvertrag (BGB)

(1) Durch den Pachtvertrag wird der Verpächter verpflichtet, dem Pächter den Gebrauch des verpachteten Gegenstands und den Genuss der Früchte, soweit sie nach den Regeln einer ordnungsmäßigen Wirtschaft als Ertrag anzusehen sind, während der Pachtzeit zu gewähren. Der Pächter ist verpflichtet, dem Verpächter die vereinbarte Pacht zu entrichten.

(2) Auf den Pachtvertrag mit Ausnahme des Landpachtvertrags sind, soweit sich nicht aus den §§ 582 bis 584b etwas anderes ergibt, die Vorschriften über den Mietvertrag entsprechend anzuwenden.

Beispiele:

- *Verpachtung eines landwirtschaftlichen Betriebes*
- *Verpachtung eines Weinberges*
- *Verpachtung von Ackerland*
- *Verpachtung eines Restaurants einschließlich Mobiliar*

Dienstvertrag

Dienstvertrag

Beim Dienstvertrag wird die Erbringung einer Leistung gegen Zahlung einer Vergütung versprochen.

§ 611 Vertragstypische Pflichten beim Dienstvertrag (BGB)

(1) Durch den Dienstvertrag wird derjenige, welcher Dienste zusagt, zur Leistung der versprochenen Dienste, der andere Teil zur Gewährung der vereinbarten Vergütung verpflichtet.

(2) Gegenstand des Dienstvertrags können Dienste jeder Art sein.

Beispiele:

- *Arbeitsvertrag*
- *Unterrichtsvertrag*
- *Mandatsvertrag*
- *Telekommunikationsvertrag*

Verbraucherschutz

Der Verbraucherschutz (Schutz des privaten Endverbrauchers) erweist sich aus verschiedenen Gründen als notwendig:

❶ Steigender Wohlstand in den Industrieländern führt zu steigender Nachfrage an Waren und Dienstleistungen und zu verstärktem Angebot, z. B. Digitalkameras, HiFi-Anlagen, Handys, LCD-Fernseher.

❷ Der Einfluss, die Marktmacht der Unternehmen auf das Angebot ist durch zunehmende Unternehmenszusammenschlüsse, Beteiligungen und Unternehmensverflechtungen gewachsen.

Notwendigkeit des Verbraucherschutzes

❸ Der Endverbraucher verliert aufgrund des vielfältigen Warenangebots die Übersicht. Er kann nicht mehr erkennen, ob und welche Gefahren für seine Gesundheit von einzelnen Produkten ausgehen können, z. B. bei Medikamenten. Außerdem wird über die Werbung versucht, den Verbraucher zu beeinflussen, sodass er seine eigene Entscheidungsfreiheit zu verlieren droht. Er ist auch vor unlauteren Geschäftsmethoden zu bewahren.

Diese überall verbreitete Unterlegenheit des Endverbrauchers verstärkt den Ruf nach Maßnahmen zum Schutz des Verbrauchers.

Die folgende Grafik zeigt, warum Verbraucherschutz für die Bevölkerung in der EU so wichtig ist. Über 2.000 Waren sind allein im Jahre 2016 wegen gemeldeter Gesundheitsgefahren zurückgerufen oder aus dem Verkehr gezogen worden.

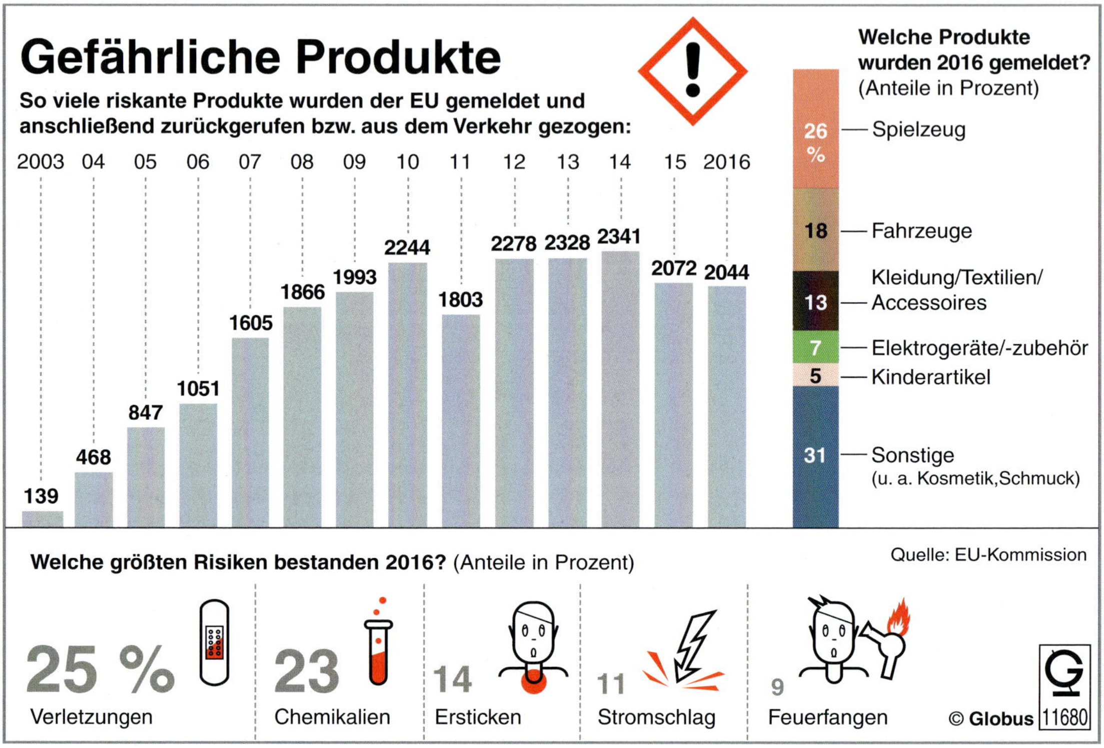

Tricks unseriöser Vertreter

- Sie setzen ein falsches Datum ein.
- Sie rückdatieren den Vertrag, damit die Widerrufsfrist früher zu Ende ist.
- Sie lassen die Durchschrift, die für den Kunden bestimmt ist, verschwinden. Dann weiß man hinterher nicht, wie und wo man das Geschäft widerrufen kann.
- Sie lassen sich Unterschriften als „Besuchs-Bestätigung" oder ähnliches geben. Und auf einmal hat man unbemerkt einen Kaufvertrag unterschrieben.
- Sie bieten die Ware bei Barzahlung sehr viel billiger an und sagen, man könne ja hinterher noch immer auf Ratenzahlung umstellen. Rechtlich sind solche mündlichen Absprachen völlig unverbindlich.

Kaffeefahrten: Darauf sollten man achten

- Kaffeefahrten sollen in erster Linie die Kasse des Verkäufers zum Klingeln bringen. Dabei gilt: Je günstiger die Reise, desto spärlicher touristische Attraktionen. Lassen Sie im Zweifel die Finger davon.

- Wer trotzdem mitfahren will: Keiner kann Sie zwingen, an der Verkaufsveranstaltung teilzunehmen. Sie können in der Zeit ebenso etwas anderes unternehmen. Trotzdem haben Sie einen Anspruch auf alle bezahlten Leistungen. Der Veranstalter darf Sie nicht von der gebuchten Schifffahrt ausschließen oder die Verpflegung streichen. Auch die versprochenen – oft geringwertigen – Geschenke dürfen Sie einfordern. Ob Sie diese auch bekommen, ist eine andere Frage.
- Denken Sie dran: Die auf der Werbeveranstaltung angebotenen Waren sind meist überteuert oder minderwertig. Fallen Sie nicht auf die unzähligen Versprechungen der Verkäufer herein; Wundermittel gibt es nicht! Vorsicht ist auch bei Sonderangeboten und Spezialrabatten angebracht. Selbst die sind häufig noch teurer als vergleichbare Produkte zu regulären Preisen.
- Lassen Sie sich auf keinen Fall zu einem Kauf drängen. Unterschreiben Sie nichts, was Sie nicht wollen oder nicht verstanden haben. Lassen Sie sich nicht durch Drohungen einschüchtern.
- Achten Sie bei einer Bestellung auf das richtige Datum im Vertrag und verlangen Sie die Vertragsdurchschrift. Name und Adresse des Verkäufers müssen dort vollständig angegeben sein. Ein Postfach reicht für eine spätere Reklamation nicht aus. Vorsicht ist trotzdem angebracht, denn manche Händleradressen sind frei erfunden.
- Zahlen Sie nichts an. Wer den Kaufvertrag widerruft, bekommt sonst womöglich nur schwer sein Geld wieder zurück.
- Wer den Kauf bereut: Die meisten Verträge, die auf Kaffeefahrten geschlossen werden, können ohne Begründung innerhalb von zwei Wochen widerrufen werden – am besten per Einschreiben mit Rückschein. Ohne ordnungsgemäße Widerrufsbelehrung bleibt Ihnen auch noch länger Zeit, sich vom Vertrag zu lösen.

Verbraucherzentrale NRW

Presse

Abzocke bei Kaffeefahrten

Messerset gefällig? Hautcreme vielleicht? Oder doch dieser schicke Badewannengriff? Auf Kaffeefahrten versuchen die Veranstalter, so ziemlich alles an den Mann zu bringen.

WESTPOL hat die Probe aufs Exempel gemacht.

© Alexey Zaradov – Fotolia.com

Kurz nach 6:00 Uhr in Königswinter – mit versteckter Kamera steigen zwei Senioren für WESTPOL in den Bus. Mit dabei ist Rolf Gelhausen – er hat eine Einladung mit Gewinnversprechen in der Tasche. 2.000 € soll er heute bekommen.

Zwei Stunden rollt der Bus kreuz und quer – überall werden neue Gäste aufgegabelt. Vor allem alte Menschen – allen wurde versprochen, dass sie heute ein kostenloses Frühstück und Mittagessen bekommen. Außerdem viele Geschenke und eine Mosel-Schifffahrt. Wohin die Reise geht hat der Veranstalter nicht verraten. Nach zwei Stunden erst stellt sich der Busfahrer vor.

Die Scheiben des Saals sind zugeklebt

Gedächtnisprotokoll: „Ich bin der Andi – ich bekomme gleich einen Anruf und dann weiß ich unser Reiseziel. Hört sich gut an, ne? Und heute nachmittag fahren wir ein bisschen Schiffchen."

Diese Masche hat einen Grund – Kaffeefahrtenanbieter wollen nicht, dass Behörden oder Medien sie im Auge haben. Aber heute sind wir ihnen auf der Spur – per Handy werden wir aus dem Bus über die Reiseroute informiert. Es geht in die Eifel. Dann endlich – nach mehr als drei Stunden Fahrt – das Ziel: Ettringen, ein kleines Dorf bei Mayen. Die Senioren werden in einen Gasthof gebracht – die Scheiben des Saals sind zugeklebt. Zeugen unerwünscht.

Rolf Gelhausen will sich nun seinen 2.000-Euro-Gewinn abholen. Wir beobachten den Gasthof aus einiger Entfernung – bei uns ist Hermann Kipnowski. Der pensionierte Polizist kennt sich aus mit betrügerischen Kaffeefahrten.

Den Senioren werden dubiose Reisen verkauft

Reporter: Was passiert da drin jetzt? Hermann Kipnowski, Ehemaliger Polizist: „Jetzt kriegen die erstmal das versprochene Frühstück, um sie ruhig zu stellen. Um zur Toilette zu gehen – und danach beginnt dann der Verkauf. Mich ärgert am meisten, dass die Hilflosigkeit der älteren Menschen und der Drang ein bisschen Kontakt zu haben, so missbräuchlich über die Leisten gezogen wird."

Und genau so ist es – drinnen bekommen die Gäste ein belegtes Brötchen und eine Tasse Kaffee. Für alles andere müssen sie bezahlen. Dann stellt sich der Verkäufer vor – nennen wir ihn Dirk. Seine Masche: die alten Menschen erstmal einlullen. Nachdem die Rentner Vertrauen gefasst haben, zeigt Dirk sein wahres Gesicht: Er will nur ihr Geld. Den Senioren verkauft er dubiose Reisen in die Türkei – völlig überteuert.

Apothekenpflichtige Salben, schlechte Messersets

Wer kauft bekommt angeblich noch fünf Tage Paris obendrauf – ein ziemlich haltloses Versprechen. Rolf Gelhausen wird es zu bunt – er fragt nach seinem Gewinn und den versprochenen Geschenken. Dirks Antwort ist glatt gelogen.

Gedächtnisprotokoll: Wir dürfen seit diesem Jahr kein Geld und keine Geschenke mehr verteilen. Das hat die Politik gesetzlich verboten. Wir würden uns strafbar machen. Wenn jetzt die Polizei käme, bekämen wir eins auf den Deckel. Die Gesetzeslage in Deutschland ist so unglaublich, das können Sie sich gar nicht vorstellen. Warum er dann trotzdem dafür wirbt, bleibt sein Geheimnis.

Einer der Gäste bemängelt die Qualität des angebotenen Messersets.

Dirk findet klare Worte. Gedächtnisprotokoll: Sie haben doch keine Ahnung – aber eine große Klappe. Ich lache über Sie. Und in diesem Ton geht es weiter. Der Verkäufer setzt die alten Menschen immer mehr unter Druck – und preist eine wahre Wundersalbe an.

Gedächtnisprotokoll: Die hilft bei Magenproblemen. Man kann sie auch für die Füße nehmen. Die Hornhaut geht von alleine weg. Sehr zu empfehlen auch bei Krampfadern, bei Problemen mit Hämorrhoiden. Nach dem Stuhlgang einfach auftragen – und alles ist gut. Die Salbe ist apothekenpflichtig. Sie werden begeistert sein.

„Mit der Angst älterer Menschen wird Schindluder betrieben"

Apothekenpflichtig? Solche unseriösen Angebote wollen die Verbraucherschutzminister jetzt unterbinden – und den Anbietern das Handwerk legen. Peter Knitsch vom Verbraucherschutz-Ministerium NRW: „Zum einen muss der Verkauf bestimmter Produkte, wo in erster Linie Nepp mit betrieben wird, das sind Medizinprodukte, das sind Nahrungsergänzungsmittel, wo mit der Angst der älteren Menschen vor Krankheit letztlich Schindluder getrieben wird, das muss verboten werden.

Und darüber hinaus muss der Bußgeldrahmen für rechtswidrige Handlungen deutlich erhöht werden, sodass er abschreckende Wirkung hat." Verbraucherschützer allerdings sehen das kritisch – sie würden solche Verkaufsveranstaltungen, bei denen alte Menschen über den Tisch gezogen werden, am liebsten ganz verbieten.

In Ettringen wurde schon jetzt gegen geltendes Recht verstoßen – Hermann Kipnowski ruft die Polizei: „Es ist eine Kaffeefahrt beim Bauer ...(piep) – der verweigert die Herausgabe – einmal Gewinnzusage und auch die Geschenke verweigert der alle." Kurze Zeit später ist die Polizei da – auch zwei Kriminalbeamte interessieren sich für den Fall. Und Mitarbeiter des Ordnungsamtes aus Mayen. Denn dort hätte die Verkaufsveranstaltung angemeldet und genehmigt werden müssen. Zusammen mit den Beamten wollen wir dabei sein, wenn die Veranstaltung aufgelöst wird. Doch der Wirt macht von seinem Hausrecht Gebrauch – unmissverständlich: „Macht, dass ihr fortkommt. Sonst gibt es was auf die Fresse. Kanacke."

Veranstalter mehrfach vorbestraft

Drinnen brechen die Beamten die Veranstaltung ab – und sichern Beweise. Es stellt sich heraus, dass Dirk schon mehrfach wegen Betruges vorbestraft ist. Dem Kaffeefahrtenanbieter droht jetzt ein Verfahren. Und Rolf Gelhausen will seine Gewinnzusage von 2.000 Euro einklagen.

Reporter: „Was für einen Eindruck hatten Sie jetzt von der ganzen Veranstaltung?" Rolf Gelhausen: „Ja – das ich mich irgendwie – auf deutsch gesagt – verarscht vorkomme. Und, dass ich das nicht mehr mitmachen werde."

Nach vier Stunden verlassen die Senioren den Gasthof – für heute ist die Kaffeefahrt vorbei. Mit dem Bus geht es wieder nach Hause. Und dort liegt vermutlich schon die nächste Einladung zu einer Kaffeefahrt im Briefkasten.

Quelle: www.wdr.de

Haustürgeschäfte

Seit dem 13. Juli 2014 kann der Verbraucher Haustürgeschäfte bis zu 14 Tage nach Warenerhalt widerrufen. Dies gilt für Verträge, die außerhalb von Geschäftsräumen abgeschlossen wurden.

Bisher begann die Frist zum Zeitpunkt des Vertragsabschlusses. Viele Verkäufer, die Geschäfte an der Haustür tätigten, verschickten die Ware jedoch absichtlich erst 14 Tage nach Vertragsabschluss an die Kunden, die daraufhin den Kauf nicht mehr widerrufen konnten.

Mit der Reform des Verbraucherrechts – **„Widerrufsrecht bei außerhalb von Geschäftsräumen geschlossener Verträge"** – hat der Verbraucher sogar dann ein Widerrufsrecht, wenn er einen Vertreter ausdrücklich in seine Wohnung bestellt hat.

Presse

Welche neuen Rechte Kunden jetzt haben

Beim Kauf im Internet und bei sogenannten Haustürgeschäften haben Verbraucher künftig mehr Rechte. Rücksendungen können dagegen teurer werden.
Alle Fakten auf einen Blick.

Hamburg – Wenn Kunden online Schuhe bestellen oder in der Fußgängerzone bei einem Stromanbieter unterschreiben, schließen sie einen Vertrag – dabei sind vielen die genauen Konditionen nicht immer ganz klar.

Um Verbraucher bei einer Reihe von Kaufvereinbarungen besser vor versteckten Kosten und Klauseln zu schützen, greifen nun neue gesetzliche Regeln.

Was ändert sich?

In Kraft tritt eine EU-Richtlinie von 2011, deren Umsetzung in Deutschland vor einem Jahr beschlossen worden war. Dabei geht es um Vorschriften vor allem für zwei Bereiche:

Zum einen um den Kauf von Waren und Dienstleistungen außerhalb von Läden, auch bekannt als „Haustürgeschäfte". Zum anderen um Angebote im „Fernabsatz", also Bestellungen per Internet, Telefon und Katalog. „Verbraucher müssen in Zukunft vor Vertragsschluss besser informiert werden", betont Bundesverbraucherminister Heiko Maas (SPD) – das betrifft etwa den Gesamtpreis, die genaue Leistung und Widerrufsmöglichkeiten.

Warum gibt es diese besonderen Regeln?

Hintergrund ist die erhöhte Überrumpelungsgefahr, denen Kunden ausgesetzt sind, die nicht von sich aus in einen Laden gehen. Bei Kaffeefahrten oder Werbeaktionen auf der Straße fällt es vielen schwerer, Nein zu sagen. Dazu kommt das Recht, einen Vertrag binnen 14 Tagen zu widerrufen.

Dass Kunden dies per Brief oder E-Mail erklären müssen, kritisiert der Verbraucherzentrale Bundesverband (VZBV) als Verschlechterung. „Die bloße Rücksendung des gekauften Produkts reicht nicht mehr aus." Die zusätzlich erforderlichen Formalitäten erhöhten die Hemmschwelle für einen Rücktritt vom Kauf.

Was ändert sich bei „Fernabsatzverträgen"?

Auch für Käufe per Internet oder Versandkatalog gelten zum Schutz der Kunden erweiterte Informationspflichten für die Anbieter. Der Vertrag muss dann noch auf Papier oder in einer E-Mail bestätigt werden. Gefällt die Ware nicht, hat künftig grundsätzlich der Verbraucher die Rücksendekosten zu tragen, was bisher nur bei einem Warenwert bis 40 Euro zulässig war – auch dies sei ein Rückschritt, moniert der VZBV.

Billen rechnet allerdings damit, dass viele größere Anbieter das Porto aus Kulanz auch weiterhin übernehmen. „Wenn ich Schuhe oder Bekleidung kaufe, kann ich nicht nur ein Exemplar bestellen. Da muss ich schon mehrere ausprobieren, um zu sehen, was passt und gefällt."

Welche Sonderregeln gelten für Onlineangebote?

Im Internet kann schon ein Klick dazu führen, dass Kunden ungewollt Zusatzkosten oder Vertragsbestimmungen akzeptieren. Bei Bestellungen in Onlineshops müssen Eingabefehler daher noch vor dem Absenden zu korrigieren sein. Auf der entscheidenden Schaltfläche muss zudem klar „zahlungspflichtig bestellen" stehen, nicht nur etwas wie „Download starten" – das sah deutsches Recht schon vor.

Welche Kostenbremsen gibt es noch?

Wenn ganz am Ende einer Bestellung happige Gebühren fürs Zahlen mit Kreditkarte dazukommen, nehmen das viele wohl oder übel in Kauf. Künftig muss mindestens eine Zahlungsweise auszuwählen sein, die Kunden nichts kostet, beispielsweise der Einzug vom Konto.

Etwaige Gebühren dürfen nur so hoch sein wie die Kosten, die Anbietern für die Zahlungsabwicklung entstehen. Auch bei Service-Hotlines für Infos zu abgeschlossenen Verträgen dürfen anrufende Kunden nur so viel zahlen müssen, wie die eigentliche Telefonverbindung kostet.

Quelle: www.spiegel.de, gekürzt

Folgende **Ziele** werden durch den Verbraucherschutz angestrebt:

Angestrebte Ziele des Verbraucherschutzes

1 Schutz von Sicherheit und Gesundheit

Der Verbraucher soll vor Schäden bewahrt werden, die sich aus dem Verbrauch bestimmter Waren ergeben können, z. B. der gesundheitlichen Unverträglichkeit bestimmter Nahrungs- und Genussmittel und Arzneien.

❷ Schutz vor Täuschung und Übervorteilung

Der Verbraucher ist den ausgeklügelten Werbe- und Reklameeinflüssen sowie undurchsichtigen Vertragsformularen ausgesetzt, aber nicht gewachsen.

Dagegen muss er geschützt werden, damit er nicht durch irreführende Beschriftung und Verpackung von Waren einen Kauf tätigt, den er bei genauerer Information nicht vorgenommen hätte, z. B. bei Mogelpackungen.

❸ Verbraucheraufklärung

Über den Verbraucherschutz soll der Konsument als Nachfrager von Gütern und Dienstleistungen geschützt werden. Seine Interessen sollen gewahrt und seine Stellung am Markt gegenüber den Unternehmen (Anbietern) gestärkt werden.

Die Rechtsposition des Verbrauchers wird durch eine Reihe wichtiger Maßnahmen gestärkt, um ihn in seiner schwächeren Marktsituation zu unterstützen und ihn vor gesundheitlichen Schäden zu bewahren.

Verbraucherschutzgesetze

Dies geschieht in der Bundesrepublik Deutschland durch **verschiedene Gesetze,** von denen einige aufgeführt werden:

- **Kartellgesetz**

  Mit diesem Gesetz möchte der Staat einen funktionierenden Wettbewerb gewährleisten. Er verbietet z. B. Preisabsprachen und gibt dem für die Überwachung des Wettbewerbs zuständigen Bundeskartellamt in Bonn eine Vielzahl weiterer Möglichkeiten, den Wettbewerb zu sichern.

- **Unlauterer Wettbewerb**

  Dieses Gesetz soll Täuschungen bei Geschäftsabschlüssen verhindern. Gleichzeitig dient es dazu, den Verbraucher vor unseriösen Geschäftspraktiken und Werbemethoden zu schützen.

  Es verbietet so u. a. irreführende und sittenwidrige Werbung. Hierzu zählen beispielsweise Lockvogelangebote, bei denen durch Herausstellen einzelner Niedrigpreisartikel ein preisgünstiges Gesamtangebot vorgetäuscht wird. Dies ist irreführend.

  Sittenwidrig sind z. B. das Zusenden nicht bestellter Waren oder unerbetene Telefonanrufe, um Geschäftsabschlüsse anzubahnen.

- **§§ 491 ff. – Verbraucherdarlehensvertrag**

  Diese Gesetze schützen den Verbraucher bei allen Kreditverträgen mit gewerblichen Kreditgebern.

  Ferner enthalten diese Paragrafen Regelungen, die die Position des Verbrauchers beim Ratenkauf/Kreditkauf stärken. Anzuführen sind:
  - das Widerrufsrecht
  - das gesetzliche Verbot der Gerichtsstandsklausel
  - die Angabe der effektiven Jahreszinsen

- **Haustürgeschäfte**

  Der Käufer hat nach diesem Gesetz ein Recht zum Widerruf innerhalb von zwei Wochen (§§ 312, 355 BGB). Betroffen sind davon Haustürgeschäfte sowie Geschäfte, die durch Ansprechen in der Öffentlichkeit oder auf Kaffeefahrten abgeschlossen werden.

Sollte eine Belehrung über das Widerrufsrecht fehlen, so steht dem Käufer sogar das Recht zum Rücktritt innerhalb des Monats ab dem Zeitpunkt zu, in dem beide Vertragspartner ihre Vertragspflichten voll erfüllt haben.

PresseSpiegel

Haustürgeschäfte

Verkäufer muss über Rechte aufklären

Der Bundesgerichtshof urteilte: Bleibt unklar, wie lange der Kunde vom Vertrag zurücktreten darf, verlängert sich die Widerrufsfrist.

Bei Haustürgeschäften steht laut Bürgerlichem Gesetzbuch dem Verbraucher das Recht zu, seinen Vertragsabschluss binnen zwei Wochen zu widerrufen. Die Frist beginnt mit dem Zeitpunkt, an dem er über das Widerrufsrecht aufgeklärt wurde.

Eine Widerrufsbelehrung muss Kunden umfassend informieren

Frist läuft nicht

Der Bundesgerichtshof (BGH) betonte nun, dass ohne eine ausreichende Widerrufsbelehrung die zweiwöchige Frist nicht beginnt (AZ: VII ZR 122/06).

Der Schutz des Verbrauchers erfordere eine möglichst umfassende, unmissverständliche und eindeutige Belehrung. Es genüge nicht, nur die Pflichten im Falle des Widerrufs aufzuführen, entschieden die Richter. Die Rechte des Verbrauchers bestünden darin, dass nach dem Widerruf das gesetzliche Rücktrittsrecht anwendbar sei.

Dazu gehöre etwa, von einem Unternehmer die bereits geleisteten Zahlungen und auch Zinsen zu verlangen.

Im verhandelten Fall hatte der Handelsvertreter eines Unternehmers den Kunden in dessen Wohnung aufgesucht und ihm Fassadenarbeiten zu einem Festpreis angeboten. Der Kunde unterschrieb zunächst den Auftrag, widerrief ihn aber mehr als zwei Wochen später, weil er nicht mehr bereit war, die Arbeiten vornehmen zu lassen. Der Unternehmer verlangte daraufhin eine pauschale Entschädigung. Vor dem BGH blieb die Klage ohne Erfolg. Die Widerrufsbelehrung habe nicht über die wesentlichen Rechte des Verbrauchers informiert und damit den gesetzlichen Anforderungen nicht entsprochen, betonten die Richter des 7. Zivilsenats.

Quelle: www.focus.de

Allgemeine Geschäftsbedingungen

Die Allgemeinen Geschäftsbedingungen sind im BGB durch die §§ 305 ff. verankert. Sie schützen den Verbraucher vor dem „Kleingedruckten" in vorformulierten Verträgen und verbieten Regelungen, die den Verkäufer unangemessen begünstigen. Diese Vertragsbedingungen werden häufig auf einem besonderen Blatt oder auf Vertragsurkunden (Angebots- oder Bestellformular) abgedruckt.

Preisangabenverordnung

Wer nach § 1 Preisangabenverordnung Letztverbrauchern regelmäßig Waren oder Dienstleistungen anbietet oder unter Angabe von Preisen für Waren oder Leistungen gegenüber Letztverbrauchern wirbt, z. B. Einzelhandelsbetriebe, Tankstellen oder Gaststätten, muss

- die Preise angeben, welche einschl. der USt und sonstigen Preisbestandteilen unabhängig von einer Rabattgewährung zu zahlen sind (Bruttopreise), und
- mit den Preisen die üblichen Verkaufs- oder Leistungseinheiten und die Gütebezeichnungen angeben.

Selbstkontrolle der Wirtschaft

Sie kann freiwillig oder aufgrund staatlicher Anregungen zur Einhaltung bestimmter Anforderungen führen und damit dem Verbraucherschutz dienen. Als Beispiel sind die Gütezeichen anzuführen. Gütezeichen sind Zeichen, die von einer Gütergemeinschaft geschaffen und die von den betreffenden Händler- und Erzeugerverbänden eingehalten werden.

Beispiele

- *Deutsche Weinsiegelgesellschaft*
- *Gütegemeinschaft Deutscher Möbel*

Sie sind ein Garantieausweis für eine bestimmte Warengüte und tragen zur Vereinheitlichung der Qualität bei.

In jedem Bundesland gibt es Verbraucherzentralen und -beratungsstellen, die jedem Ratsuchenden Auskunft über das Warenangebot, die Qualität und Preise geben.

Durch ihre Aufklärung können sie wesentlich zum Verbraucherschutz beitragen.

Sie sollen den Verbraucher u. a. dabei unterstützen, ...

- ... seine Rechte zu kennen und gegenüber dem Anbieter (Unternehmen) auch wahrzunehmen.
- ... als bewusst handelnder, preis- und qualitätsbewusster Partner am Wirtschaftsleben teilzunehmen.
- ... die Qualifikation zu erwerben und aus verschiedenen Angeboten das für ihn günstigste auszuwählen.

Verbraucherschutz leistet auch die **Stiftung Warentest**.

Die Ergebnisse aus dem Vergleich von Waren werden in der monatlich erscheinenden Zeitschrift **„test"** veröffentlicht.

LERN-BOX

- Ein **Kaufvertrag** kommt durch mindestens zwei übereinstimmende Willenserklärungen (Antrag, Annahme) zu Stande. Er enthält rechtlich zwei Teile (Verpflichtungsgeschäft, Erfüllungsgeschäft). Man unterscheidet folgende Kaufvertragsstörungen: Mangelhafte Lieferung, Lieferungsverzug, Annahmeverzug, Zahlungsverzug.
- Die Vorgehensweise beim außergerichtlichen **Mahnverfahren** ist nicht festgelegt. Führt das außergerichtliche Mahnverfahren nicht zum Erfolg, wird ein gerichtliches Mahn- und Klageverfahren eingeleitet.
- Ist ein **Forderungsanspruch verjährt**, kann der Gläubiger die Zahlung nicht mehr erzwingen.
- Beim **Ratenkauf** zahlt der Käufer die Ware in mehreren Raten (Verbraucherkreditgesetz).
- **Mietvertrag:**
  Entgeltliche Überlassung von Sachen zum Gebrauch (Wohnung, Geschäftsräume, Garage).
- **Leasing:**
  Zeitlich befristete Nutzung von Autos, Maschinen und Anlagen durch Zahlung eines Mietzinses.
- **Werkvertrag**
  Vertrag, bei dem der Unternehmer auf Bestellung des Kunden ein Werk, eine Sache herstellt oder verändert. Der Kunde ist zur Zahlung der vereinbarten Vergütung verpflichtet.

➲ **Werklieferungsvertrag**
Der Werklieferungsvertrag wurde zum 01. Januar 2018 in § 650 BGB neu geregelt. Beim Werklieferungsvertrag handelt es sich um einen Vertrag, der die Lieferung herzustellender und zu erzeugender beweglicher Sachen zum Gegenstand hat. Der zuvor gültige § 651 wurde gestrichen. Der Werklieferungsvertrag ist im BGB nicht mehr ausdrücklich aufgenommen.

➲ **Pachtvertrag**
Die Pacht ist die entgeltliche Überlassung von Sachen zum Gebrauch und Fruchtgenuss auf Zeit. Der Pächter darf gegen Zahlung eines Pachtzinses die gepachtete Sache gebrauchen und zusätzlich ihre Früchte (Ertrag) für sich behalten.

➲ **Dienstvertrag**
Beim Dienstvertrag wird die Erbringung einer Leistung gegen Zahlung einer Vergütung versprochen.

➲ **Ziele des Verbraucherschutzes:**
Schutz von Sicherheit und Gesundheit, Schutz vor Täuschung und Übervorteilung, Verbraucheraufklärung. Maßnahmen: Gesetze und Verordnungen, Selbstkontrolle der Wirtschaft durch Gütezeichen, Verbraucherzentralen und Verbraucherberatungsstellen.

WISSENS-CHECK

❶ Erklären Sie die Aussage: **„Die Anfrage hat keine rechtliche Wirkung."**

❷ Welche **Merkmale** sind beim Angebotsvergleich außer dem Preis noch zu berücksichtigen?

❸ Ein Kaufvertrag besteht rechtlich aus **zwei Teilen**. Nennen und erläutern Sie diese.

❹ Welche **Leistungen** haben Käufer und Verkäufer nach Abschluss eines Kaufvertrages zu erbringen?

❺ Welche **Vorteile** bietet ein Kauf auf Abruf für den Unternehmer?

❻ Welche **Rechte** hat ein Käufer bei mangelhafter Lieferung?

❼ Nennen und erklären Sie die **Rechte des Lieferanten**, wenn der Kunde sich im Zahlungsverzug befindet.

❽ Wo und wie muss ein **Mahnbescheid** beantragt werden?

❾ Worin liegt die Bedeutung einer **eidesstattlichen Versicherung?**

❿ Nach welcher Zeit **verjähren Ansprüche** aus einem erfolglosen gerichtlichen Mahnverfahren?

⓫ Welche **Verjährungsdauer** liegt folgenden Ansprüchen zugrunde?
- Pacht und Miete
- Darlehensforderungen
- Löhne gegenüber dem Arbeitgeber
- Honorare von Ärzten, Rechtanwälten, Architekten
- Forderungen von Kaufleuten an Privatpersonen
- Forderungen von Privatleuten untereinander
- Forderungen von Kaufleuten untereinander

⓬ Nennen Sie einige Beispiele von **Rechten des Mieters**, die nicht durch vertragliche Vereinbarungen ausgeschlossen werden dürfen.

⑬ Welche **mietvertraglichen Verletzungen** stellen einen Kündigungsgrund dar?
- Dauernde, unpünktliche Mietzahlungen.
- Vogelhaltung in der Wohnung.
- Aufnahme von Gästen über das Wochenende.
- Beleidigungen gegenüber dem Vermieter.
- Gelegentliches duschen spätabends.

⑭ Erklären Sie anhand je eines Beispiels die **Unterschiede** zwischen Miet-, Leasing-, Werk-, Werklieferungs-, Pacht- und Dienstvertrag.

⑮ Beschreiben Sie die **Vor- und Nachteile** des Leasings aus der Sicht des Leasingnehmers.

⑯ Aus welchen drei Gründen ist **Verbraucherschutz** wichtig und notwendig?

Privatinsolvenz

Der Tischlerauszubildende Niklas Schumacher möchte sich ein neues Handy kaufen. Er und seine Mitberufsschüler sind der Auffassung, sein vier Jahre altes Handy sei nicht mehr zeitgemäß.

In einem Werbeprospekt findet er folgendes Angebot:

Smartphone mit Internetnutzungsmöglichkeit ohne Vertrag 425,00 €, mit Vertrag 275,00 €.

Niklas Freund Enrico empfindet das Angebot als zu teuer, zumal er im ersten Ausbildungsjahr nur ca. 350,00 Euro verdient. Soll Niklas trotzdem das Handy kaufen?

Aus dem heutigen Alltag ist mobiles Telefonieren nicht mehr wegzudenken. Dabei werden jedoch Handys gerade für junge Menschen immer häufiger zur Schuldenfalle.

Bei Verträgen mit meist 24 Monaten Laufzeit sind die Kosten vergleichsweise gering, doch die monatliche Belastung und die Verbindungspreise sind hoch. Hinzu kommen noch Klingeltöne und Spiele, die die Handy-Rechnung noch teurer werden lassen.

Laut dem Bankenverband hatten im Jahre 2015 31 Prozent der Jugendlichen zwischen 14 und 24 Jahren schon einmal Schulden. Die Umfrage ergab auch, „dass Jugendliche und junge Erwachsene immer häufiger und auch immer mehr Geld leihen, von Freunden, den Eltern und sogar von der Bank“.

Doch nicht nur junge Menschen haben Schulden. Die private Verschuldung wächst allgemein. Durch Verlust des Arbeitsplatzes oder durch Ehescheidung geraten immer mehr Menschen in Deutschland in die private Insolvenz (Verbraucherinsolvenz). Autos, Möbel, Urlaubsreisen etc. werden auf Pump gekauft.

Folge: Diese kreditfinanzierten Ausgaben werden zur Schuldenfalle, aus der viele ohne Hilfe nicht mehr herauskommen.

Pressespiegel

Schuldneratlas 2017

Immer mehr Deutsche sind verschuldet

Stand: 09.11.2017 17:01 Uhr

Zum vierten Mal in Folge ist die Zahl der verschuldeten Menschen in Deutschland gestiegen. 6,9 Millionen sind es momentan laut neuem Schuldneratlas. Bremerhaven liegt dabei ganz vorne: Hier sind besonders viele überschuldet.

Trotz der guten konjunkturellen Entwicklung ist die Zahl überschuldeter Privatleute in Deutschland in diesem Jahr erneut leicht gestiegen. Mit 6,9 Millionen waren zum Stichtag am 1. Oktober rund 65.000 und damit 0,9 Prozent mehr Menschen deutlich in den roten Zahlen als 2016, wie aus dem neuen Schuldneratlas der Wirtschaftsauskunftei Creditreform hervorgeht. Die Überschuldungsquote blieb mit 10,04 Prozent dagegen unverändert, weil die Bevölkerung durch Zuwanderung zuletzt spürbar gestiegen ist.

„Obwohl es uns in Deutschland gut geht, geht es vielen schlecht", bilanzierte Creditreform-Aufsichtsrat Helmut Rödel den vierten Anstieg der Überschuldungszahlen in Folge. Auch für das kommende Jahr rechnet die Creditreform mit einer weiteren Zunahme.

Dabei ist Überschuldung längst nicht mehr allein ein Problem der Deutschen mit geringem Einkommen. Im Gegenteil: In diesem Jahr stammten laut Bericht praktisch alle neuen Überschuldungsfälle aus der Mittelschicht.

Zunahme prekärer Beschäftigung

Ein Verbraucher gilt laut Creditreform als überschuldet, wenn seine zu leistenden Gesamtausgaben höher sind als seine Einnahmen und er über einen längeren Zeitraum seinen Zahlungsverpflichtungen „mit hoher Wahrscheinlichkeit" nicht nachkommen kann. Das gilt laut Schuldneratlas für 7,61 Prozent der Frauen über 18 Jahren und für 12,59 Prozent der Männer in Deutschland.

Einen der wesentlichen Gründe für die wachsende Überschuldung trotz positiver Wirtschaftslage sieht Creditreform in der Zunahme geringfügiger und befristeter Beschäftigungsverhältnisse. „Prekäre Beschäftigung und damit oft verbundene Einkommensarmut bleiben gerade bei den Menschen konzentriert, die ohnehin als überdurchschnittlich überschuldungsgefährdet gelten können. Dazu gehören junge und insbesondere ältere Menschen", heißt es in dem Bericht.

Gestiegene Miet- und Energiekosten

Auch müssten viele Menschen inzwischen so viel Geld für ihre gestiegenen Miet- und Energiekosten zahlen, dass sie an den Rand der Armutsgrenze kommen. **Allein in den Großstädten liege die Mietbelastung für rund 40 Prozent der Haushalte bei einem Anteil von über 30 Prozent des jeweiligen Nettoeinkommens.**

© E. Hötzel – stock.adobe.com

Diese Belastungsquote halten Sozialexperten für gefährlich, weil dann nur noch relativ wenig Geld für sonstige Ausgaben zur Verfügung steht. Die Zahlen der Creditreform bestätigen dies: Überschuldete haben demnach eine durchschnittliche Mietbelastungsquote von sogar 46 Prozent. Gerade Regionen mit vergleichsweise hoher Arbeitslosigkeit sind daher von Überschuldung ihrer Bürger betroffen.

Die höchste Schuldnerquote wiesen in diesem Jahr Städte in Nord- und Westdeutschland auf – angeführt von Bremerhaven, Wuppertal, Pirmasens, Herne und Gelsenkirchen. Die wenigsten Schulden hatten die Menschen in Eichstätt (Oberbayern), Erlangen, Schweinfurt und im Landkreis Straubing-Boden (Niederbayern).

https://www.tagesschau.de/inland/schuldneratlas-deutschland-101.html, gekürzt

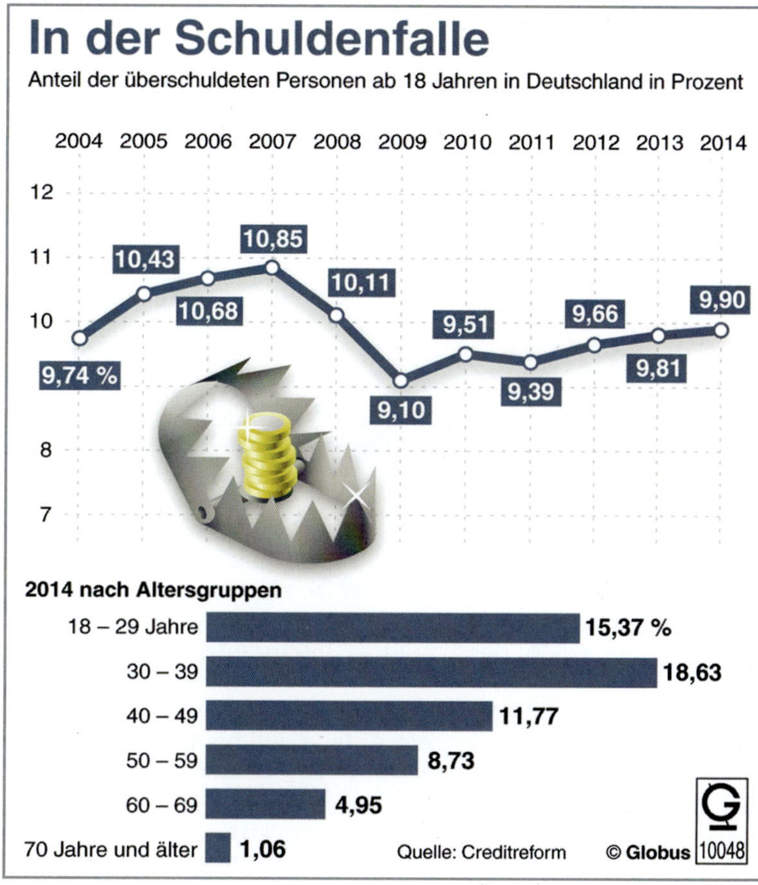

Das private Insolvenzrecht ermöglicht es Privatleuten, sich aus einer Schuldenfalle zu befreien. Dies kann dadurch geschehen, dass sie sich unter bestimmten Verfahrensvoraussetzungen mit ihren Gläubigern (z. B. der Bank) einigen. Dabei sollte folgende Vorgehensweise beachtet werden:

1. Der erste Schritt ist der Gang in eine Schuldnerberatungsstelle. Die Mitarbeiter unterstützen und begleiten den Schuldner während des gesamten Verfahrens – und das unentgeltlich.
2. Der Schuldner versucht, sich mit seinen Gläubigern außergerichtlich zu einigen.
3. Wenn der Versuch der außergerichtlichen Einigung scheitert, muss in einem gerichtlichen Schuldenbereinigungsverfahren mit den Gläubigern verhandelt werden.
4. Erst wenn sich die Beteiligten auch im Schuldenbereinigungsverfahren nicht einigen können, kommt es zum eigentlichen gerichtlichen Verfahren. Das Gericht legt dann die Art und Weise der Schuldentilgung in einem Schuldenbereinigungsplan fest.
5. Während einer so genannten Wohlverhaltensphase muss der Schuldner dafür sorgen, dass seine Gläubiger pünktlich die Zahlungen entsprechend dem Schuldenbereinigungsplan erhalten. Die Wohlverhaltensphase dauert sechs Jahre und beginnt mit der Eröffnung des Insolvenzverfahrens.
6. Kommt der Schuldner seinen Verpflichtungen nach, erhält er nach Ablauf der Wohlverhaltensphase eine Restschuldbefreiung. Er ist damit schuldenfrei.

Selbstverständlich ist es besser, gar nicht erst in eine Schuldenfalle hineinzulaufen. Ist man erst einmal darin gefangen, werden die Schulden meist trotz Sparmaßnahmen immer höher. Dann ist es wichtig, schnell aktiv zu werden und so bald wie möglich einen Termin bei einer Schuldenberatungsstelle wahrzunehmen. Die Gläubiger sollten persönlich angeschrieben und auf die Zahlungsunfähigkeit hingewiesen werden. Dabei sollte der Schuldner ausdrücklich erwähnen, dass er an dem Verbraucherinsolvenzverfahren teilnehmen möchte.

Pressespiegel

Privatinsolvenz

Nur acht Prozent schaffen den Sprung aus der Schuldenfalle

Die Bilanz der neuen Privatinsolvenz ist ernüchternd: Nur wenige Betroffene erreichen die Streichung ihrer Verbindlichkeiten. Dafür müssten sie in drei Jahren 35 Prozent ihrer Schulden tilgen – doch diese Hürde ist zu hoch.

Im Sommer 2014 hat der Gesetzgeber die Regeln für die sogenannte Privatinsolvenz vereinfacht. Die Idee: Überschuldete Verbraucher sollen schneller den Weg zurück in ein schuldenfreies Leben finden.

Nach drei Jahren fällt die erste Bilanz allerdings ernüchternd aus: Die Reform hilft ersten Daten zufolge bislang der Mehrheit der Betroffenen nicht. Zu diesem Schluss kommt eine Untersuchung der Wirtschaftsberatung Crif Bürgel. Demnach gelang es bisher etwa acht Prozent der Menschen, die Privatinsolvenz anmelden mussten, sich für einen vorzeitigen Neustart nach drei Jahren Tilgung zu qualifizieren.

Die 2014 geschaffene Regelung sieht vor, dass das Verfahren von sechs auf drei Jahre verkürzt werden kann, sofern der Schuldner 35 Prozent seiner Schuld innerhalb von 36 Monaten tilgt, zuzüglich der Verfahrenskosten. Die Neuerung trat im Sommer 2014 in Kraft, im Zeitraum Juli bis Dezember 2017 kam sie also erstmals zur Anwendung.

Laut Crif Brügel meldeten von Anfang Juli bis Ende Dezember 2014 in Deutschland 49.642 Menschen Privatinsolvenz an. Davon erreichten 4.111 Verbraucher innerhalb der Dreijahresfrist bis 2017 die Restschuldbefreiung.

Die 2014 geschaffene Regelung sieht vor, dass das Verfahren von sechs auf drei Jahre verkürzt werden kann, sofern der Schuldner 35 Prozent seiner Schuld innerhalb von 36 Monaten tilgt, zuzüglich der Verfahrenskosten. Die Neuerung trat im Sommer 2014 in Kraft, im Zeitraum Juli bis Dezember 2017 kam sie also erstmals zur Anwendung.

Warum junge Schuldner eher Erfolg haben

Häufiger als im Durchschnitt gelang jungen Menschen der vorzeitige Neustart ohne Schulden. Grund dafür ist allerdings vor allem die Tatsache, dass viele jüngere Erwachsene geringere Schuldenbeträge abzutragen haben. Die Verbindlichkeiten der unter 25-Jährigen, die in die Pleite rutschten, liegen Crif Bürgel zufolge im Schnitt bei knapp unter 10.000 Euro. „Bei 10.000 Euro Schulden reicht schon eine Rate von 125 Euro pro Monat, um innerhalb von drei Jahren die Quote von 35 Prozent und die Verfahrenskosten zu bezahlen", rechnete Niering vor. „Für junge Menschen mit einem Job ist das sehr häufig machbar."

Anders sieht es oft bei Älteren aus. Ihre Schulden sind meist deutlich höher, etwa wegen des Kaufs einer Immobilie. Verbraucher, die mit 61 Jahren und mehr Insolvenz anmelden mussten, sitzen Crif Bürgel zufolge im Schnitt auf Schulden von 43.000 Euro. Für sie ist es schwieriger, die Befreiung schon nach drei Jahren zu erreichen.

„Ältere oder gescheiterte Selbstständige, die meist viel höher verschuldet sind, profitieren kaum von der Reform", sagte Niering. „Denn schon bei 100.000 Euro Schulden müsste der Betroffene monatlich über 1.000 Euro zahlen, um die Voraussetzungen für die vorzeitige Restschuldbefreiung zu erfüllen. So viel haben die Wenigsten zur Verfügung."

Die Mehrheit der insolventen Verbraucher steht Crif Bürgel zufolge vor allem bei Kreditinstituten, Versandhändlern, Versicherungen, Behörden, Vermietern, Energieversorgern und Telefongesellschaften in der Kreide. Ausgewertet wurden Daten der Amtsgerichte.

www.spiegel.de/wirtschaft/soziales/privatinsolvenz-nur-8-prozent-schaffen-sprung-aus-der-schuldenfalle-a-1188279.html, gekürzt, 17.01.2018, 07:38 Uhr

Unternehmen

Aufbau von Unternehmen

Abteilungen und Bereichen sowie die Festlegung und Übertragung von Aufgaben, Verantwortung und Kompetenzen. Die Aufbauorganisation befasst sich darüber hinaus mit den Informationswegen in den Unternehmen. Die Aufbauorganisation wird meistens durch ein Organigramm dargestellt.

Beispiel für den Aufbau eines Handwerksbetriebes

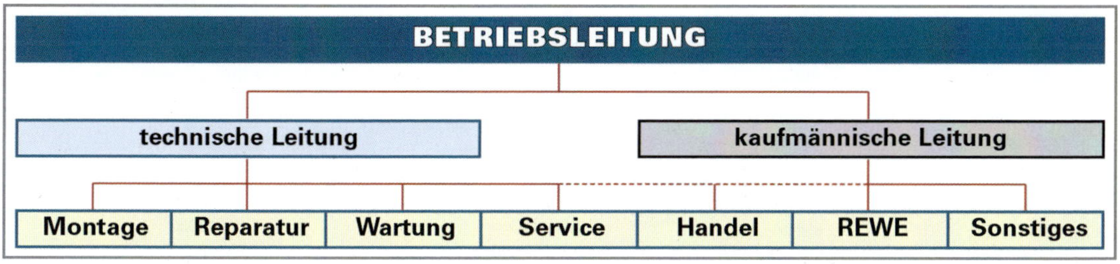

In den meisten Fällen steht der Betriebsinhaber und Meister an der Spitze seines Unternehmens. Er ist der Chef. Er trägt letztlich die Verantwortung; er muss entscheiden.

Dabei helfen ihm ausgesuchte Mitarbeiter, die dem Meister sowohl auf der kaufmännischen Ebene als auch auf der technischen Seite zuarbeiten. Der Chef delegiert in vielen Fällen; er gibt Anweisungen. Die Mitarbeiter sind in Teilbereichen für ihre Arbeitsleistung selbst verantwortlich.

Auszubildende sind entweder dem Meister direkt oder einem Ausbilder unterstellt. Meister bzw. Ausbilder sind maßgeblich für eine gute Berufsausbildung verantwortlich.

Sie haben die Aufgabe, den Auszubildenden während der gesamten Ausbildungszeit zu betreuen, ihm Kenntnisse, Fertigkeiten und Berufserfahrungen zu vermitteln und im Rahmen des dualen Systems Kontakte mit der zuständigen Berufsschule zu pflegen.

Die Aufbauorganisation ist die zielgerechte Ordnung der Aufgabenträger.

Der Auszubildende ist entweder dem Meister/Ausbilder oder einem anderen erfahrenen Mitarbeiter (Gesellen) bei der Arbeit behilflich.

Mit fortschreitender Ausbildung macht der Auszubildende auch kleinere Arbeiten selbstständig und integriert sich so nach und nach in den Produktions- und Arbeitsprozess des Betriebes.

Ein Unternehmen ist nicht isoliert zu sehen, sondern es ist in ein Beziehungsgeflecht eingebettet. So setzt der Staat die Rahmenbedingungen für das unternehmerische Schaffen.

Beziehungen zum Staat sind durch zu zahlende Steuern, Gebühren und Beiträge gegeben. Andererseits kann der Staat Unternehmen Subventionen zukommen lassen.

Reform der Handwerksordnung

Mit der Reform der kleinen und großen Handwerksordnung gibt es den **Meisterzwang nur noch in 41 statt bisher in 94 Berufen.**

Gesellen können in 53 Handwerkszweigen ohne einen Meisterbrief einen Betrieb gründen, wenn sie zuvor sechs Jahre in dem Gewerbe (davon vier Jahre in leitender Stellung) gearbeitet haben.

Handwerke mit und ohne Meisterzwang

Gewerbe, die als zulassungspflichtige Handwerksgewerbe betrieben werden können.

- Maurer und Betonbauer
- Ofen- und Luftheizungsbauer
- Zimmerer
- Dachdecker
- Straßenbauer
- Wärme-, Kälte- , Schallschutzisolierer
- Brunnenbauer
- Steinmetzen und Steinbildhauer
- Stuckateure
- Maler und Lackierer
- Gerüstbauer
- Schornsteinfeger
- Metallbauer
- Chirurgiemechaniker
- Karosserie- und Fahrzeugbauer
- Feinwerkmechaniker
- Zweiradmechaniker
- Kälteanlagenbauer
- Informationstechniker
- Kraftfahrzeugtechniker
- Landmaschinenmechaniker
- Büchsenmacher
- Klempner
- Installateur und Heizungsbauer
- Elektrotechniker
- Elektromechaniker
- Tischler
- Boots- und Schiffbauer
- Seiler
- Bäcker
- Konditor
- Fleischer
- Augenoptiker
- Hörgeräteakustiker
- Orthopädietechniker
- Orthopädieschuhmacher
- Zahntechniker
- Friseure
- Glaser
- Glasbläser und Glasapparatebauer
- Vulkaniseure und Reifenmechaniker

Gewerbe, für welche die bisherige Voraussetzung des Meisterbriefes künftig entfällt.

- Fliesen-, Platten- und Mosaikleger
- Betonstein- und Terrazzohersteller
- Estrichleger
- Behälter- und Apparatebauer
- Uhrmacher
- Graveure
- Metallbinder
- Galvaniseure
- Metall- und Glockengießer
- Schneidewerkzeugmechaniker
- Gold- und Silberschmiede
- Parkettleger
- Rollladen- und Jalousiebauer
- Modellbauer
- Drechsler (Elfenbein/Holzspielzeug)
- Holzbildhauer
- Böttcher
- Korbmacher
- Damen- und Herrenschneider
- Sticker
- Modisten
- Weber
- Segelmacher
- Kürschner
- Schuhmacher
- Metallblas-, Holzblas-, Zupfinstrumentenmacher
- Sattler und Feintäschner
- Raumausstatter
- Müller
- Brauer und Mälzer
- Weinküfer
- Textilreiniger
- Wachszieher
- Gebäudereiniger
- Glasveredler
- Feinoptiker
- Glas- und Porzellanmaler
- Edelsteinschleifer und -graveure
- Fotografen
- Buchbinder
- Buchdrucker, Schriftsetzer, Drucker
- Siebdrucker
- Flexografen
- Keramiker
- Orgel- und Harmoniumsbauer
- Klavier- und Cembalobauer
- Handzuginstrumentenmacher
- Geigenbauer
- Bogenbauer
- Vergolder
- Schilder- und Lichtreklamehersteller

Aufbau und Abhängigkeit eines Industriebetriebes

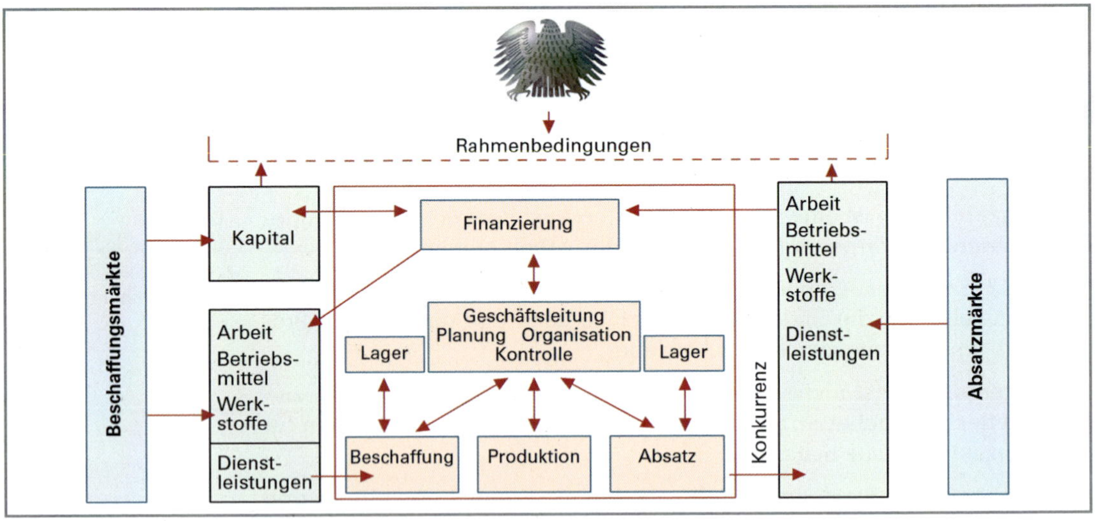

Bevor ein Unternehmen produzieren kann, muss es auf den Beschaffungsmärkten die Produktionsfaktoren einkaufen, die im Unternehmen unter Beachtung des ökonomischen Prinzips so miteinander kombiniert werden, dass das Unternehmen mit einer wettbewerbsfähigen Leistung auf dem Absatzmarkt auftreten kann. Die Absatzbeziehungen sind entweder zu anderen Unternehmen, zu Haushalten, zum Staat oder zum Ausland gegeben.

Aufgaben von Betrieben

Funktionen eines Betriebes

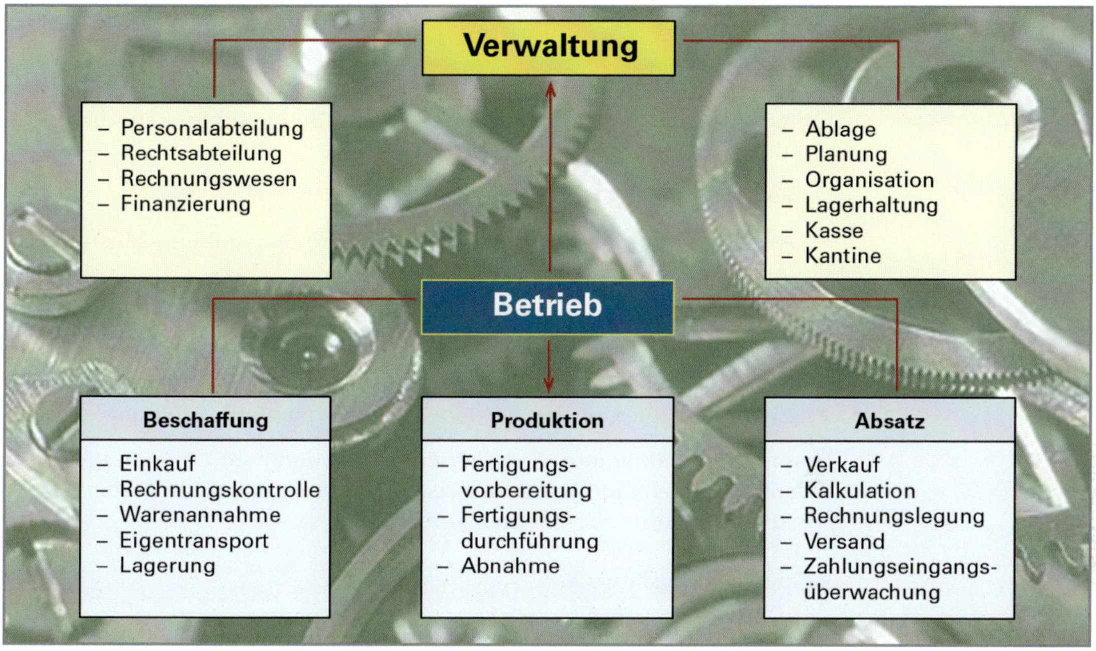

Beschaffung

Roh-, Hilfs- und Betriebsstoffe werden zur Produktion benötigt und auf dem Beschaffungsmarkt eingekauft. Nach dem Eintreffen der Roh-, Hilfs- und Betriebsstoffe werden diese Güter auf dem Werksgelände gelagert, bis sie bei Bedarf in die Fertigungsvorbereitung kommen.

Produktion

Die Produktion beginnt mit der Fertigungsvorbereitung. Hier werden Roh- und Hilfsstoffe sinnvoll vom Arbeitsablauf her für die Fertigungsdurchführung aufeinander abgestuft. Betriebsstoffe sind für die Pflege und Wartung der Maschinen notwendig. Wichtiger Bestandteil der Produktion ist die Abnahme, d. h. die Endkontrolle des Produktes.

Absatz

Der Absatz eines Industriebetriebes umfasst den Verkauf, die Kalkulation, die Rechnungslegung, den Versand und die Überwachung der Zahlungseingänge. Das hergestellte Produkt, die Ware, muss auf dem Absatzmarkt abgesetzt werden. Dies erfordert bei neu auf dem Markt erscheinenden Waren eine Marktforschung, um das Absatzrisiko in Grenzen zu halten. Sinn und Zweck einer solchen Marktforschung ist es, möglichst exakte Daten über die gegenwärtige Marktsituation und die weitere Marktentwicklung zu erfassen, um dann aufgrund der Marktforschungsergebnisse absatzpolitische Entscheidungen zu treffen.

Verwaltung

Ohne den „Verwaltungsapparat“ eines Industriebetriebes geht nichts. Hier werden Entscheidungen getroffen, die für den Betrieb von äußerster Wichtigkeit sind, beispielsweise Finanzierungsfragen, Organisationsprobleme etc. Daher finden wir auch in einem Industriebetrieb verschiedene, nach Bearbeitungssparten unterteilte Abteilungen wie die Personalabteilung, die Rechtsabteilung, die Abteilung für Rechnungswesen usw.

Stellung von Unternehmen in der Wirtschaft

Unternehmen:
Industrie
Dienstleistung
Handwerk
Behörden

Die Wirtschaft übernimmt die Aufgabe, knappe Güter in eine bedarfsgerechte Form umzuwandeln und der menschlichen Bedürfnisbefriedigung zuzuführen.

Industriebetrieb

Grundfunktion eines Industriebetriebes sind Beschaffung, Lagerung, Produktion und Absatz.

Dabei unterscheidet man:

- Arbeitskostenintensive Betriebe: z. B. Uhrenherstellung, Musikinstrumentenbau
- Anlagenintensive Betriebe: z. B. Schiffsbau, chem. Industrie, Automobilbau
- Rohstoffintensive Betriebe: z. B. Textil-, Möbelindustrie
- Energiekostenintensive Betriebe: z. B. Aluminiumherstellung

Besondere Merkmale der industriellen Fertigung sind die weitgehende Arbeitsteilung, hoher Anteil an Maschinenarbeit, hoher Kapitaleinsatz sowie die Produktion für den anonymen Markt.

Dienstleistungsbetrieb

Da ein Industriebetrieb nicht jede Aufgabe selbst wahrnehmen kann, beansprucht er Leistungen anderer Betriebe:

- Handelsbetriebe übernehmen die Güterverteilung bis zum Verbraucher.
- Banken führen gewerbsmäßig den Zahlungsverkehr, den Kreditverkehr und den Kapitalverkehr durch.
- Versicherungen decken durch besondere Ereignisse aufgetretene Schäden, indem sie die Belastungen auf eine Vielzahl von Personen verteilen.
- Transport, Verkehr und Kommunikation vermitteln oder übernehmen selbst den Transport von Gütern, Personen oder Daten.

Handwerksbetrieb

Ein Handwerksbetrieb beinhaltet sowohl die betriebliche Funktion der „Produktion" als auch die Erbringung handwerklicher Reparatur- und Dienstleistungen.

Im Gegensatz zum Industriebetrieb steht beim Handwerksbetrieb die Befriedigung individualisierter Bedürfnisse im Vordergrund.

Behörden

Hierbei handelt es sich um Unternehmen des Staates, die auf Bundes-, Landes- oder Gemeindeebene alle Angelegenheiten des Staates wahrnehmen, z. B. Finanzamt, Polizei, Standesamt, Bundes- und Landesministerien.

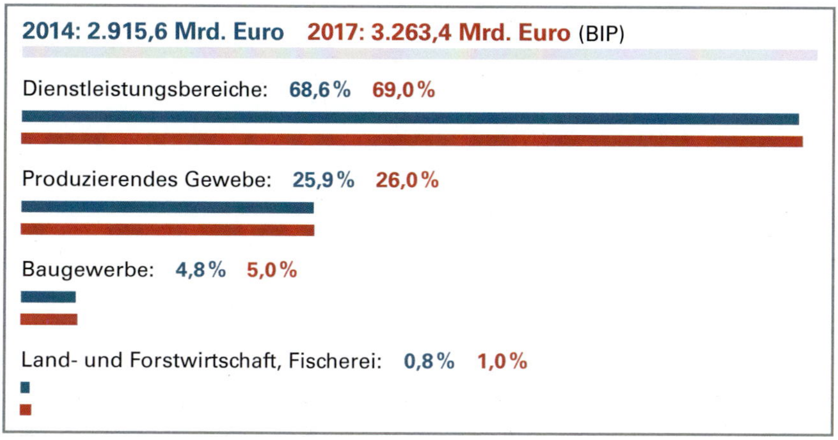

Quelle: Statistisches Bundesamt

Deutschlands Wirtschaftsstruktur 2014 und 2017 im Vergleich

Über 44,3 Millionen Männer und Frauen haben im Jahr 2017 in Deutschland Güter und Dienstleistungen im Wert von 3,28 Billionen Euro produziert.

Die Daten des Statistischen Bundesamtes machen es möglich, das Bild unserer Wirtschaft etwas genauer zu zeichnen:

Das Dienstleistungsgewerbe (Handel, Gastgewerbe, Verkehr, Finanzierung, Vermietung, öffentliche und private Dienstleistung) leistete mit über 69 % den größten Einzelbeitrag zum Wirtschaftskuchen.

Das produzierende Gewerbe (also Unternehmen in Industrie und Bergbau) hat einen Anteil am BIP von 26 %.

Von der Industriegesellschaft zur Dienstleistungsgesellschaft

Die Arbeitswelt hat sich in nur einem Jahrzehnt deutlich gewandelt. Immer mehr Erwerbstätige arbeiten heute im Dienstleistungsbereich, d. h., ca. 70 % der Arbeitnehmer produzieren keine Güter, sondern handeln, beraten und vermitteln.

Besonders hoch war der Abbau der Arbeitsplätze in der Landwirtschaft. Hier hat sich der Anteil der Beschäftigten halbiert.

Gewinner des Strukturwandels ist der Dienstleistungsbereich.

Dazu zählen nicht nur die reinen Dienstleistungsunternehmen, sondern im weitesten Sinne auch die Unternehmen im Bereich Handel und Verkehr sowie der Staat mit seinen Behörden. Drei von vier Erwerbstätigen sind heute „Dienst-Leister".

Unternehmerische Zielsetzungen

„Mercedes-Benz plant stark steigenden Gewinn"
„Umsatz bis zum Jahr 2020 verdreifachen"
„Verpackungsindustrie will höheren Marktanteil"

So unterschiedlich die am Wirtschaftsleben Beteiligten sind, so unterschiedlich sind ihre Zielsetzungen. Ziele, die sich Unternehmen setzen, werden von den verschiedenen Interessensgruppen beeinflusst.

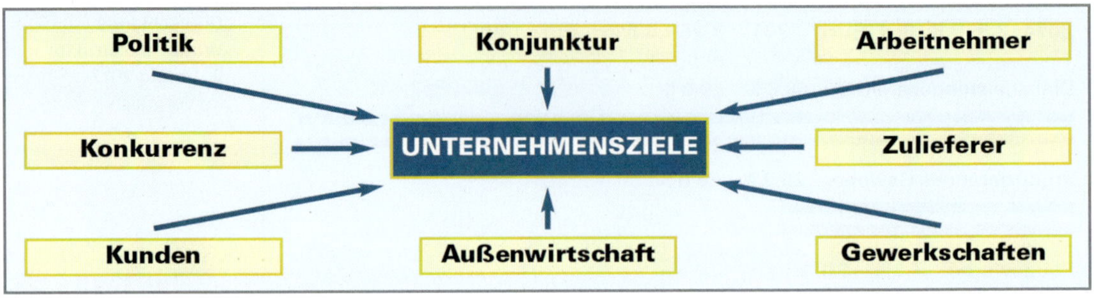

Einflüsse auf Unternehmensziele

Erwerbswirtschaftlich orientierte Unternehmen verfolgen in erster Linie folgende Ziele:

Wirtschaftliche Ziele			Soziale Ziele	Ökologische Ziele
Leistungsziele	**Erfolgsziele**	**Finanzziele**		
➤ höhere Produktqualität ➤ höherer Marktanteil ➤ Steigerung der Produktivität	➤ höherer Umsatz ➤ höhere Rentabilität ➤ höherer Gewinn	➤ Sicherung der Liquidität ➤ Verbesserung der Eigenkapitalquote	➤ soziale Leistungen an Mitarbeiter ➤ Errichtung sozialer Einrichtungen	➤ Umwelt-verträgliche Produkte ➤ Umwelt-schonende Herstellung ➤ Ressourcen-schonung

Da nicht alle Ziele gleichzeitig erreicht werden können, legt das Unternehmen ein Zielsystem durch Verbindung der verschiedenen Ziele miteinander und die Festlegung der Zielrangfolge fest.

Das Wirtschaftsprinzip des Staates ist das Bedarfsdeckungsprinzip **(gemeinwirtschaftliches Prinzip)**. Der Staat „produziert" Ordnung, Recht und Sicherheit und übernimmt viele soziale Aufgaben. Hier stehen Chancengleichheit, Gemeinwohl und die bestmögliche Versorgung der Bevölkerung mit Waren und Dienstleistungen zu sozialen Bedingungen im Vordergrund.

Betriebliche Kennziffern

Wer als Unternehmer im täglichen Wettbewerb erfolgreich sein will, muss laufend die Leistungen seines Betriebes kontrollieren. Jeder Betriebsinhaber wird daher ständig die Kosten überwachen und wichtige Entscheidungen danach ausrichten. Die absoluten Zahlen jedoch, wie sie die Buchhaltung liefert, sagen für sich allein betrachtet noch verhältnismäßig wenig aus. Um eine aufschlussreiche Kontrolle zu erhalten, setzt man deshalb diese Zahlen in Beziehung zu anderen Größen.

Produktivität

Die menschliche Arbeitskraft ist heute viel „produktiver" als früher, d.h. mit gleichem Arbeitseinsatz wird heute ein wesentlich höherer Ertrag erwirtschaftet. Die Produktivität drückt also die Ergiebigkeit einer wirtschaftlichen Tätigkeit aus. Man misst die Produktivität, indem man die produzierte Menge in Beziehung setzt zu dem eingesetzten Material oder der eingesetzten Arbeit.

$$\text{Produktivität} = \frac{\text{Erzeugte Menge}}{\text{Material- bzw. Arbeitseinsatz}}$$

Die Messung dieser Kennzahl kann auch in Werten (EURO) erfolgen:

$$\text{Arbeits-Produktivität} = \frac{\text{Produktionswert}}{\text{Arbeitseinsatz in Stunden}}$$

Rentabilität

Die Rentabilität eines Unternehmens zeigt sich an der Verzinsung des eingesetzten Kapitals. Durch sie wird der Unternehmer informiert, ob der Gewinn einer Unternehmung ausreicht, sein eingesetztes Kapital angemessen zu verzinsen.

$$\text{Unternehmerrentabilität} = \frac{\text{Gewinn} \cdot 100}{\text{Eigenkapital}}$$

$$\text{Unternehmensrentabilität} = \frac{\text{Gewinn + Fremdkapitalzinsen} \cdot 100}{\text{Gesamtkapital}}$$

Die Umsatzrentabilität errechnet man als Prozentsatz vom Gewinn der Unternehmung zu deren Umsatz.

$$\text{Umsatzrentabilität} = \frac{\text{Gewinn} \cdot 100}{\text{Umsatz}}$$

Wirtschaftlichkeit

Die Umsatzrentabilität zeigt somit an, wie viel Prozent Gewinn der Umsatz in einem Abrechnungszeitraum macht.

Die Wirtschaftlichkeit misst das Verhältnis zwischen Erlös und Kosten. Hierbei sollte jeder Betrieb bestrebt sein, nach dem Wirtschaftlichkeitsprinzip zu arbeiten.

Er wird versuchen, mit den eingesetzten Mitteln den maximalen Erfolg zu erzielen, oder aber er möchte einen bestimmten Zweck mit minimalen Kosten erreichen.

$$\text{Wirtschaftlichkeit} = \frac{\text{Erlös}}{\text{Kosten}}$$

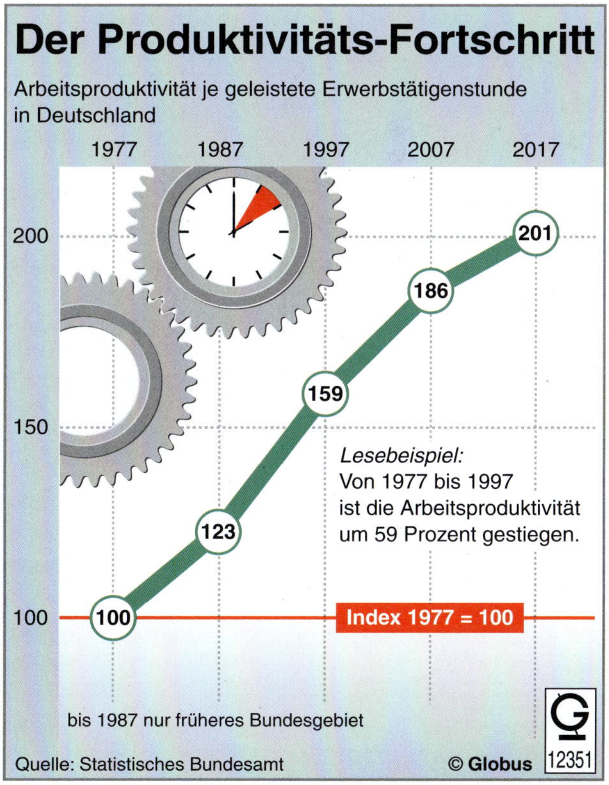

LERN-BOX

- Die Zahl der Verbraucherinsolvenzen ist in den letzten Jahren stets gestiegen. Das private Insolvenzrecht ermöglicht Privatleuten unter Einhaltung bestimmter Verfahrensvoraussetzungen aus der Schuldenfalle herauszufinden.
- Die wichtigsten **Funktionen eines Betriebes** sind:
  Beschaffung,
  Produktion,
  Absatz und
  Verwaltung.
- Die Wirtschaft übernimmt die Aufgabe, knappe Güter in eine bedarfsgerechte Form umzuwandeln.
- Industriebetriebe, Dienstleistungsbetriebe, Handwerksbetriebe und Behörden haben unterschiedliche Aufgaben.
- Unternehmensziele werden von verschiedenen Interessensgruppen beeinflusst.
- **Produktivität:**
  Verhältnis zwischen der produzierten Menge und dem eingesetzten Material.
- **Rentabilität:**
  Verhältnis Gewinn zum eingesetzten Eigenkapital
- **Wirtschaftlichkeit:**
  Verhältnis zwischen Erlös und Kosten

WISSENS-CHECK

1. Beschreiben Sie die sechs Schritte, die aus einer Schuldenfalle führen können.
2. Nennen und erläutern Sie die **Hauptfunktionen** eines Industriebetriebes.
3. Vergleichen Sie den Aufbau eines **Handwerks- und eines Industriebetriebes** und arbeiten Sie Ähnlichkeiten und Unterschiede heraus.
4. Grenzen Sie die Begriffe
   Produktivität, Rentabilität und Wirtschaftlichkeit
   von einander ab.
5. Erläutern Sie den Satz:
   „Die europäische Landwirtschaft ist **produktiv** aber nicht wirtschaftlich."

Unternehmensformen

Kraftfahrzeugmeister Paul Becker will sich selbstständig machen und Unternehmer werden. Welche Voraussetzungen muss er erfüllen, wenn er als erfolgreicher Unternehmer tätig sein will?

Voraussetzungen zur Gründung eines Unternehmens

Art. 12 Grundgesetz:

„Alle Deutschen haben das Recht, Beruf, Arbeitsplatz und Ausbildungsstätte frei zu wählen. Die Berufsausübung kann durch Gesetz geregelt werden."

§ 1 Gewerbeordnung:

„Der Betrieb eines Gewerbes ist jedermann gestattet, soweit nicht durch dieses Gesetz Ausnahmen ... vorgeschrieben ... sind."

Die oben angeführten gesetzlichen Grundlagen zeigen, dass in der Bundesrepublik Deutschland Gewerbefreiheit herrscht, d. h., grundsätzlich kann jeder einen Gewerbebetrieb eröffnen. Dennoch sind für die Gründung eines Betriebes bestimmte Voraussetzungen notwendig:

- persönliche Voraussetzungen
- wirtschaftliche und rechtliche Voraussetzungen

Persönliche Voraussetzungen

Zur Gründung und vor allem erfolgreichen Führung eines Unternehmens gehören ausgezeichnete Fachkenntnisse und eine gute Allgemeinbildung.

Der Unternehmer muss darüber hinaus

- Willens- und Tatkraft
- Entschlussfähigkeit
- Durchhaltevermögen
- schöpferische Phantasie
- Organisationsfähigkeit
- gute Umgangsformen
- Menschenkenntnis und Fähigkeit zur Menschenführung

besitzen.

Diese Eigenschaften sind notwendig, um den stärker werdenden Anforderungen in der Wirtschaft und dem Wettbewerb gewachsen zu sein. Die Selbstständigkeit und Freiheit, die mit dem Beruf verbunden sind, bergen Risiken, bieten aber vor allem auch die Chancen des Erfolges. Ferner beinhaltet die Selbstständigkeit neben einem gewissen Status auch Macht- und Einflussmöglichkeiten sowie das Gebot des verantwortlichen Handelns.

Wirtschaftliche und rechtliche Voraussetzungen

Neben den persönlichen Voraussetzungen müssen sachliche bzw. wirtschaftliche Überlegungen berücksichtigt werden. Es spielen natürlich auch die Wahl des Geschäftszweiges und die Größe des Betriebes eine wichtige Rolle. Ebenso ausschlaggebend ist die Wahl des künftigen Standortes.

Man unterscheidet:

- rohstoffgünstiger Standort (Bergwerk, Kiesgrube)
- energiegünstiger Standort (Betriebe mit viel Energiebedarf)
- verkehrsgünstiger Standort (geringe Transportkosten)
- mitarbeiterorientierter Standort (Vorhandensein von qualifizierten Mitarbeitern)

Außerdem benötigt man für eine Unternehmensgründung Geld, das entweder durch Eigenkapital oder durch Fremdkapital (meist von Kreditinstituten) aufgebracht wird. Je nach dem, ob man das Geschäft als Einzel- oder Gesellschaftsunternehmen führen soll, stellt sich die Frage nach der Wahl der Rechtsform. Natürlich muss der Firmengründer rechts- und geschäftsfähig sein und die Meisterprüfung erfolgreich abgelegt haben.

Das Unternehmen muss ferner bei folgenden öffentlichen Stellen angemeldet werden:

- Gewerbeamt
- Amtsgericht
- Finanzamt
- Berufsgenossenschaft
- übrige Sozialversicherungsträger
- Industrie- und Handelskammer oder/und Handwerkskammer

Handelsregister

Das Handelsregister ist ein öffentliches Verzeichnis aller Kaufleute eines oder mehrerer Amtsgerichtsbezirke. Es wird beim Amtsgericht geführt. Es unterrichtet die Öffentlichkeit über wichtige Tatbestände und schafft klare Rechtsverhältnisse. Alle Eintragungen werden im Bundesanzeiger und im amtlichen Verkündigungsblatt veröffentlicht. Jedermann kann das Handelsregister einsehen.

Das Handelsregister gliedert sich in

Abteilung A	**Abteilung B**
für Einzelunternehmen und Personengesellschaften (OHG, KG, GmbH & Co. KG)	für Kapitalgesellschaften (AG, KGaA, GmbH und für Versicherungsvereine)

Partnerschaftsregister

Aufgabe des bei den Amtsgerichten geführten Partnerschaftsregisters ist es, die tatsächlichen und rechtlichen Verhältnisse einer Partnerschaft (z. B. Zusammenschluss mehrerer Rechtsanwälte) zu offenbaren. Es dient daher der Sicherheit des geschäftlichen Verkehrs mit der P.-gesellschaft (s. S. 182).

In Rheinland-Pfalz wird das Partnerschaftsregister nur bei den Amtsgerichten Koblenz und Zweibrücken geführt.

Dem Partnerschaftsregister sind zu entnehmen:

- Name, Sitz und Gegenstand der Partnerschaft
- die Berufsbezeichnungen aller zur Partnerschaft gehörenden Berufe
- die an der Partnerschaft beteiligten Partner nebst Vertretungsbefugnis
- die Eröffnung, Einstellung oder Aufhebung des Insolvenzverfahrens
- die Auflösung der Partnerschaft
- das Erlöschen der Partnerschaft

Die Firma

§ 17 HGB

Die Firma eines Kaufmanns ist der Name, unter dem er seine Geschäfte betreibt und die Unterschrift abgibt. Ein Kaufmann kann unter seine Firma klagen und verklagt werden.

§ 29 HGB

Jeder Kaufmann ist verpflichtet, seine Firma zur Eintragung in das Handelsregister anzumelden.

§ 37a HGB

Auf allen Geschäftsbriefen des Kaufmanns, die an einen bestimmten Empfänger gerichtet werden, müssen seine Firma, die Rechtsform, der Ort und die Handelsregisternummer angegeben werden. Wer dieser Pflicht nicht nachkommt hat Zwangsgeld zu zahlen.

Freie Firmenwahl: Kein Freibrief für irreführende Firmierungen

Es ist also streng zwischen dem bürgerlichen Namen eines Kaufmanns, unter dem er seine Privatangelegenheiten erledigt und dem kaufmännischen Namen (Firma), mit dem er seine Geschäfte betreibt, zu unterscheiden.

Allen Unternehmen ist die freie Wahl einer aussagekräftigen und werbewirksamen Firma gestattet. Zu beachten ist jedoch, dass in jedem Fall die verschiedenen Unternehmensformen einen Zusatz entsprechend ihrer Rechtsform enthalten müssen. Die Firma muss unterscheidungsfähig sein sowie die Gesellschafts- und Haftungsverhältnisse offen legen.

Zwischen folgenden Firmenarten kann frei gewählt werden:

- **Personenfirma:**
  Die Firma besteht aus einem oder mehreren bürgerlichen Namen, z. B. „Gerhard Stupp, e. K."
- **Sachfirma:**
  Der Gegenstand des Unternehmens bildet die Firma, z. B. „Winzergenossenschaft Dernau e. G.", „Bayerische Motorenwerke Aktiengesellschaft" oder „Tiefbau OHG"
- **Phantasiefirma:**
  Sie enthält eine werbewirksame, häufig aus Abkürzungen oder Firmenzeichen abgeleitete Bezeichnung, z. B. „Gemüsehandlung Frisch und Fruchtig GmbH", „Kanalreinigung Blitzsauber, e. K." oder „Allianz AG", „Retros AG"
- **Gemischte Firma:**
  Die Firma bildet sich sowohl aus Personennamen als auch aus dem Gegenstand des Unternehmens, z. B. „Transportgesellschaft mbH Otto Neukirch" oder „Karl Saubermann, Textilreinigung KG"

Kaufmannseigenschaften

Kaufmann im Sinne des § 1 HGB ist jeder, der ein Handelsgewerbe betreibt.

Peter Schäfer, e. K.

Möbelgeschäft und Schreinerei

MEISTERBETRIEB

Gartenstr. 34 · 56070 Koblenz · Telefon 0261/60000

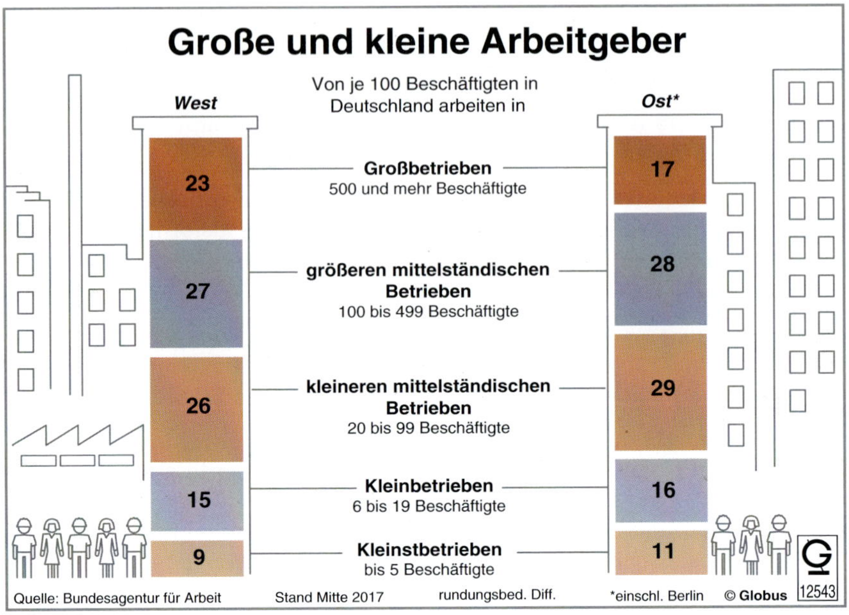

Ein Handelsgewerbe ist dann gegeben, wenn folgende Kennzeichen gegeben sind:

- eine **selbstständige nachhaltige Tätigkeit**,
- die mit **Gewinnerzielungsabsicht** durchgeführt wird,
- sich **am allgemeinen Wirtschaftsleben** beteiligt,
- und **nicht** als **Ausübung von Land- und Forstwirtschaft** oder eines **freien Berufes** (Ärzte, Rechtsanwälte, Steuerberater, Künstler) anzusehen ist.

Somit ist ein Handelsbetrieb jeder Gewerbebetrieb, es sein denn, dass das Unternehmen nach **Art und Umfang keinen in kaufmännischer Weise eingerichteten Geschäftsbetrieb** erfordert (z. B. Imbiss-Stand, Kiosk).

Kaufleute im Sinne des Handelsgesetzbuches

Istkaufmann **§ 1 HGB**

Kaufmann kraft Gewerbebetrieb, der eine kaufmännische Organisation erfordert

Kannkaufmann **§§ 2 und 3 HGB**

- Kleingewerbetreibende
- Land- und Forstwirte

Scheinkaufmann **§ 5 HGB**

Kaufmann kraft faktischer Eintragung im Handelsregister

Formkaufmann **§ 6 HGB**

Kaufmann kraft Rechtsform (Kapitalgesellschaften und Genossenschaften)

LERN-BOX

- Bei der Gründung eines Unternehmens sind **persönliche, wirtschaftliche** und **rechtliche** Voraussetzungen zu berücksichtigen.
- Das Handelsregister ist das Verzeichnis aller Kaufleute eines Amtsgerichtsbezirkes.
- Die Firma ist der Name, unter dem der Kaufmann seine Geschäfte betreibt.
- **Istkaufmann** ist jeder, der ein Handelsgewerbe nach § 1 HGB betreibt.
- **Kannkaufmann** ist ein Kleingewerbetreibender oder ein Land- und Forstwirt; sie können sich in das Handelsregister eintragen lassen.
- Der **Scheinkaufmann** ist Kaufmann Kraft tatsächlicher Eintragung in das Handelsregister.
- Der **Formkaufmann** ist Kaufmann kraft Rechtsform.

WISSENS-CHECK

1. Welche **persönlichen** Voraussetzungen sind für die Gründung eines Unternehmens erforderlich?
2. Nennen Sie **Standortfaktoren**, die bei einer Unternehmensgründung beachtet werden sollen.
3. Wodurch **unterscheiden** sich die Abteilungen A und B des Handelsregisters?
4. Welche **Tatsachen** werden in das Handelsregister eingetragen?
5. Was ist unter dem Begriff **„Firma“** zu verstehen?
6. Unterscheiden Sie die **Firmenarten**.
7. Unterscheiden Sie zwischen **Ist-** und **Kannkaufmann**.
8. Welche Tatsachen kennzeichnen ein Handelsgewerbe?
9. Welche **rechtlichen Konsequenzen** ergeben sich für den Scheinkaufmann auf Grund seiner Eintragung in das Handelsregister?

Unternehmensformen im Überblick

Die Unternehmensform kennzeichnet die rechtliche Verfassung (Rechtsform) der Unternehmung, durch die die Rechtsbeziehungen der Unternehmung im Innen- und Außenverhältnis geregelt werden.

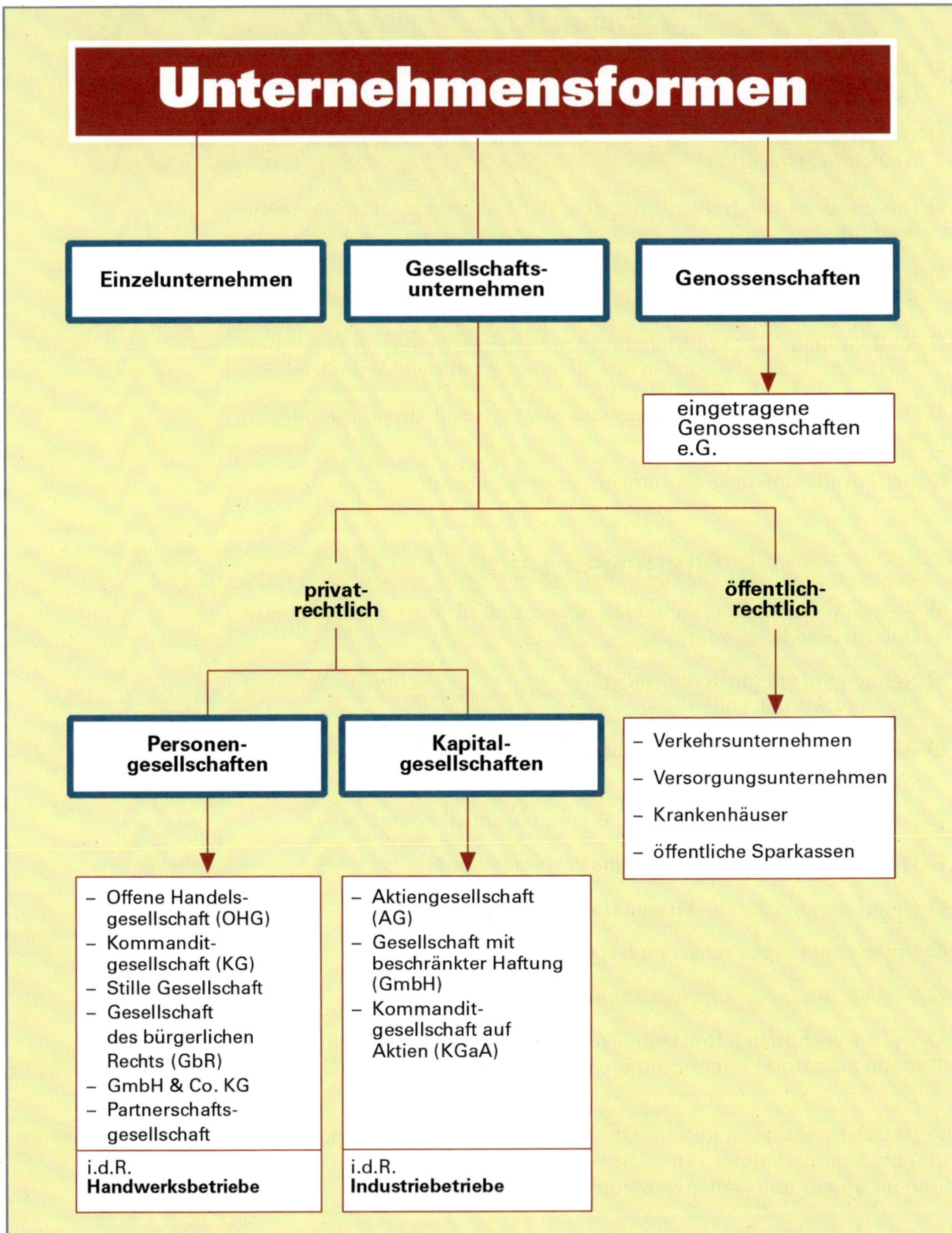
Unternehmensformen
Einzelunternehmen
Gesellschafts-unternehmen
Genossenschaften
eingetragene Genossenschaften e.G.
privat-rechtlich
öffentlich-rechtlich
Personen-gesellschaften
Kapital-gesellschaften
– Verkehrsunternehmen
– Versorgungsunternehmen
– Krankenhäuser
– öffentliche Sparkassen
– Offene Handels-gesellschaft (OHG)
– Kommandit-gesellschaft (KG)
– Stille Gesellschaft
– Gesellschaft des bürgerlichen Rechts (GbR)
– GmbH & Co. KG
– Partnerschafts-gesellschaft
i.d.R. Handwerksbetriebe
– Aktiengesellschaft (AG)
– Gesellschaft mit beschränkter Haftung (GmbH)
– Kommandit-gesellschaft auf Aktien (KGaA)
i.d.R. Industriebetriebe

Einzelunternehmen

Paul Becker hat vor kurzem seine Meisterprüfung im Kfz-Handwerk bestanden. Nun möchte er seinen lang ersehnten Berufswunsch realisieren und sich selbstständig machen. In der Tageszeitung teilt er der Öffentlichkeit die Eröffnung seines Handwerksbetriebes mit:

Neueröffnung

KFZ-Meisterbetrieb Paul Becker, e. K.

Langendorfer Straße 65 · 56072 Koblenz-Metternich
Telefon 0261/261 26

Die meisten Einzelhandelsgeschäfte und fast alle Handwerksbetriebe sind Einzelunternehmen. Das heißt, eine geschäftsfähige Person kann alleine ein Einzelunternehmen gründen. Die Einzelunternehmung trägt hierbei den Namen des Inhabers mit dem Zusatz e. K. soweit er im Handelsregister eingetragen ist.

Der Einzelunternehmer als alleiniger Eigentümer hat alle Rechte und Pflichten in seiner Person vereinigt.

Geschäftsführung

Der Inhaber hat das ausschließliche Recht zur Geschäftsführung und zur Vertretung. Er kann allein, frei und rasch Entscheidungen fällen.

Haftung

Der Einzelunternehmer haftet allein für die eingegangenen Verpflichtungen. Die Haftung erstreckt sich dabei auf das gesamte Vermögen d. h. Geschäfts- und Privatvermögen.

Gewinn oder Verlust

Da der Inhaber das gesamte Kapital aufbringen muss, kann er dementsprechend auch den Gewinn für sich allein beanspruchen. Verluste muss der Inhaber ebenfalls allein tragen.

Nachteilig für das Einzelunternehmen ist die verhältnismäßig schlechte Kreditbasis. Kredit wird dem Unternehmer nur auf Grund seiner Vermögenslage, Vertrauenswürdigkeit und der Rentabilität seiner Unternehmung gewährt. Aus diesem Grunde sind Betriebserweiterungen nur in begrenztem Umfange möglich. Vielfach ist das Kapital zu gering. Diese Rechtsform ist daher nur für kleinere bis mittlere Unternehmen geeignet, wo die Kenntnisse und Erfahrungen sowie die Kapitalkraft eines Einzelnen ausreichen.

Einzelunternehmen: Vorteile

Vorteile

- ⊕ Unternehmer trifft alle Entscheidungen allein, keine Meinungsverschiedenheiten
- ⊕ schnelle Entscheidungsmöglichkeiten und schnelle Anpassung an veränderte wirtschaftliche Verhältnisse sind gewährleistet
- ⊕ Eindeutigkeit und Klarheit der Unternehmensführung
- ⊕ alleiniger Gewinnanspruch

Einzelunternehmen: Nachteile

Nachteile

- ⊖ Unternehmer trägt allein das Risiko
- ⊖ Haftung mit dem Geschäfts- und Privatvermögen
- ⊖ geringe Kapitalkraft und beschränkte Kreditbeschaffungsmöglichkeiten
- ⊖ betriebliche Arbeit wird durch persönliche Charaktereigenschaften, den Lebensstil des Unternehmers beeinflusst

Gesellschaftsunternehmen

Bei einem Gesellschaftsunternehmen übernehmen mehrere Teilhaber/Gesellschafter Rechte und Pflichten, die im Gesellschaftsvertrag festgelegt sind.

Gründe für die Gesellschaftsbildung

Für die Gesellschaftsbildung sind verschiedene Gründe denkbar:

- ➤ Familienangelegenheiten wie Alter, Krankheit, Erbfall führen häufig zur Gründung einer Gesellschaft
- ➤ Erhöhung des Eigenkapitals, da mehrere Personen Kapital einbringen
- ➤ Erhöhung der Kreditwürdigkeit durch Erweiterung der Haftung
- ➤ Verteilung des Unternehmerrisikos
- ➤ Ergänzung der Arbeitskraft und Verteilung der Arbeitslast
- ➤ Ausschaltung der gegenseitigen Konkurrenz durch Kauf oder Beteiligung an einem gleichartigen Unternehmen
- ➤ steuerliche Vorteile durch Gründung bestimmter Unternehmensformen

Vor- und Nachteile der Gesellschaftsbildung

Vorteile

- ⊕ Entscheidungen werden kollegial getroffen und verantwortet
- ⊕ Verteilung des Risikos auf mehrere Personen
- ⊕ verstärkte Kapitalzuführung und damit erweiterte Kreditbasis durch breitere Haftungsgrundlage
- ⊕ u. U. steuerliche Vorteile
- ⊕ Verteilung des Verlustes

Nachteile

- ⊖ Meinungsverschiedenheiten
- ⊖ Entscheidungsfindung kann sich verzögern; ein situationsgerechtes Anpassen und Reagieren wird erschwert
- ⊖ Aufteilung des Gewinns

Personengesellschaften

Schreinermeister Hubert Müller hat im Laufe der Jahre seinen Handwerksbetrieb kontinuierlich erweitert. Er hat sich auf die Herstellung bestimmter Küchenmöbel für einige große Einrichtungshäuser spezialisiert.

Hubert Müller plant nun eine Erweiterung seines Verkaufsprogrammes durch die Angliederung einer Möbelhandlung mit entsprechenden Ausstellungsräumen, um von den großen Einrichtungshäusern unabhängig zu sein.

Sein Freund Anton Meyer ist bereit, sich mit seinen Ersparnissen an dem Geschäft zu beteiligen. Anton Meyer ist langjähriger Angestellter eines

Möbelgeschäftes gewesen und mit den kaufmännischen Problemen des Möbelhandels vertraut. Die Freunde Müller und Meyer beschließen, eine OHG zu gründen, in die Hubert Müller seine Fabrik und Anton Meyer 100.000,00 € in bar einbringen.

Offene Handelsgesellschaft (OHG)

Was müssen die beiden für die Rechtsform der OHG beachten?

Merkmale Ⓜ und Erläuterungen Ⓔ

Ⓜ **Gründung**

Ⓔ Gründung und Weiterführung der OHG erfolgt durch mindestens zwei Personen. Erforderlich sind ein Gesellschaftsvertrag und eine Kapitaleinlage. Der Gesellschaftsvertrag kann zwar formlos abgeschlossen werden, üblich ist jedoch die Schriftform. Die Gesellschaft muss ins Handelsregister eingetragen werden.

Ⓜ **Firma**

Ⓔ Die Firma enthält die Bezeichnung „offene Handelsgesellschaft" oder eine allgemein verständliche Abkürzung dieser Bezeichnung.

Beispiele

Müller OHG, Holzwurm OHG, Sportartikel OHG.

Ⓜ **Haftung**

Ⓔ Die OHG-Gesellschafter (Vollhafter) haften

- unbeschränkt, d.h. mit ihrem Geschäfts- und Privatvermögen.
- unmittelbar, d.h. ein Gläubiger braucht sich nicht an die OHG zu wenden, sondern kann seine Forderung gegenüber jedem beliebigen Gesellschafter geltend machen.
- gesamtschuldnerisch, d.h. jeder Gesellschafter haftet allein für die gesamten Schulden der Gesellschaft.

Scheidet ein Gesellschafter aus, so haftet er noch 5 Jahre lang für alle Verbindlichkeiten, die vor seinem Ausscheiden bestanden.

Ⓜ **Geschäftsführung**

Ⓔ Jeder Gesellschafter ist allein zur Geschäftsführung innerhalb der Gesellschaft berechtigt. Man nennt dies Einzelgeschäftsführungsbefugnis. Dies gilt allerdings nur für Handlungen, die der Betrieb gewöhnlich mit sich bringt und wenn kein Gesellschafter widerspricht.

Außergewöhnliche Handlungen, z.B. die Bestellung eines Prokuristen, bedürfen der Zustimmung aller Gesellschafter.

Ⓜ **Vertretung**

Ⓔ Solange im Handelsregister keine besonderen Regelungen der Vertretungsbefugnis eingetragen wurden, ist jeder Gesellschafter allein zur Vertretung der OHG (nach außen) berechtigt. Man nennt dies Einzelvertretungsbefugnis. Bei der Vertretung gibt es keine Unterscheidung zwischen gewöhnlichen und außergewöhnlichen Handlungen.

Ⓜ **Gewinn/Verlust**

Ⓔ Nach der gesetzlichen Gewinnverteilung erhält jeder Gesellschafter zunächst 4 % seiner Kapitaleinlage. Der Rest wird nach Köpfen verteilt. Andere Regelungen sind möglich. Entstandene Verluste werden nach Köpfen verteilt.

Beispiel

Gesetzliche Gewinnverteilung
Gewinn: 90.000,00 €

Gesell.	*Eigenkapital*	*4 % Verzinsung*	*Restgewinn*	*Gesamtgewinn*
A	*600.000,00 €*	*24.000,00 €*	*27.000,00 €*	*51.000,00 €*
B	*300.000,00 €*	*12.000,00 €*	*27.000,00 €*	*39.000,00 €*
		36.000,00 €	*54.000,00 €*	*90.000,00 €*

Kommanditgesellschaft

Im Unterschied zur OHG ist bei der **KG** die Möglichkeit gegeben, sich an einem Unternehmen mit Kapital zu beteiligen, ohne persönlich mitarbeiten und voll haften zu müssen. Die KG besteht somit mindestens aus einem Vollhafter (Komplementär) und mindestens einem Teilhafter (Kommanditist). Die Kapitalgrundlage des Vollhafters wird erweitert, ohne dass dieser in der Geschäftsführung wesentlich eingeschränkt würde, wenn er einen Teilhafter in die Gesellschaft aufnimmt.

Merkmale Ⓜ und Erläuterungen Ⓔ

Ⓜ **Gründung**

Ⓔ Die Gründung der KG muss durch mindestens zwei geschäftsfähige Personen erfolgen, wobei mindestens einer unbeschränkt und einer beschränkt haftet. Erforderlich sind ein Gesellschaftsvertrag und eine Kapitaleinlage. Im Gesellschaftsvertrag wird festgelegt, wer Vollhafter und wer Teilhafter ist. Die Gesellschaft muss ins Handelsregister eingetragen werden.

Ⓜ **Firma**

Ⓔ Die Firma enthält die Bezeichnung „Kommanditgesellschaft" oder eine allgemein verständliche Abkürzung dieser Bezeichnung.

Beispiele

Kulig KG, Stromkabel KG, Softy KG

Ⓜ **Haftung**

Ⓔ Die **Haftung des Vollhafters** (Komplementär) ist die gleiche wie bei der OHG und erstreckt sich auf das gesamte Vermögen.

Die **Haftung des Teilhafters** (Kommanditist) beschränkt sich auf die Kapitaleinlage. Scheidet er aus, so haftet er noch 5 Jahre für alle Verbindlichkeiten, die vor seinem Ausscheiden bestanden.

Ⓜ **Geschäftsführung und Vertretung**

Ⓔ Die Geschäftsführung und Vertretung steht nur dem Vollhafter zu; der Teilhafter ist davon ausgeschlossen. Er kann aber bei außergewöhnlichen Rechtsgeschäften, z. B. Umwandlung, Auflösung des Betriebes, Änderung der Firma oder des Gewerbezweiges, widersprechen.

Allerdings hat der Teilhafter ein Informationsrecht und ein Recht auf Einsicht in die Geschäftsbücher zum Jahresabschluss. Eine laufende Kontrolle der Geschäftsbücher ist nicht möglich.

M **Gewinn/Verlust**

E Nach der gesetzlichen Gewinnverteilung erhält jeder Gesellschafter zunächst 4 % seines Kapitalanteils, der Rest ist in einem angemessenen Verhältnis, z. B. im Verhältnis der Kapitaleinlagen zu verteilen. Andere Regelungen sind im Gesellschaftsvertrag durchaus möglich.

Entstandene Verluste werden im angemessenen Verhältnis aufgeteilt.

M **Bedeutung der KG**

E Durch die Einlage des Teilhafters wird das Vermögen des Unternehmens erhöht, ohne dass der Vollhafter in seiner Entscheidungsfreiheit eingeschränkt wird.

Stille Gesellschaft

Der Charakter eines Einzelunternehmens bleibt gewahrt. Der **„stille Gesellschafter"** stellt dem Unternehmen Kapital zur Verfügung und erhält dafür einen vertraglich festgelegten Gewinnanteil.

Er hat keinen Einfluss auf das Unternehmen und tritt auch in der Firma nicht in Erscheinung. Zur Mitarbeit im Unternehmen ist er nicht verpflichtet und nicht berechtigt. Von der Verlustbeteiligung kann er vertraglich ausgeschlossen werden.

GbR
Gesellschaft bürgerlichen Rechts

Die **Gesellschaft des bürgerlichen Rechts** ist die vertragliche Vereinbarung von Personen zur Verwirklichung eines bestimmten Vorhabens, z. B. Bau eines Hochhauses oder die Lotto-Tippgemeinschaft mehrerer Personen.

Die Gesellschaft hat keine Firma, wird nicht ins Handelsregister eingetragen und endet mit der Erfüllung des beabsichtigten Zweckes.

Geschäftsführung und -vertretung stehen allen Gesellschaftern gemeinschaftlich zu. Für die Verbindlichkeiten haften alle Gesellschafter mit ihrem gesamten Vermögen.

Gewinn oder Verlust werden nach Köpfen oder laut Gesellschaftsvertrag verteilt. Ist etwas im Gesellschaftsvertrag nicht geregelt, so gelten die Bestimmungen des Bürgerlichen Gesetzbuches.

GmbH & Co. KG

Bei der **GmbH & Co. KG** handelt es sich um eine Doppelgesellschaft, deren Vollhafter die GmbH (juristische Person) ist. Der Teilhafter ist eine natürliche Person. Dadurch wird die Haftung beschränkt. Bei dieser Unternehmensform haften die Gesellschaftsanteile der GmbH (Komplementär) und die Einlagen der Kommanditisten. Das Privatvermögen bleibt unangetastet. Diese Mischform ist heute deswegen so häufig vorzufinden, weil sie ...

- ... eine Haftungsbeschränkung erlaubt, die sonst nur bei Kapitalgesellschaften möglich ist. Vermieden wird die Vollhaftung der reinen KG, da die GmbH nur mit den Einlagen ihrer Gesellschafter haftet.
- ... als Personengesellschaft weniger strengen Vorschriften unterliegt.

Beispiel

GmbH	&	Co. KG
Vollhafter **Lehmann & Schäfer GmbH** Gesellschafter – Lehmann 20000,00 € – Schäfer 30000,00 € Stammkapital der Gesellschaft: 50000,00 €		Teilhafter (Kommanditisten) – Lehmann 25000,00 € – Schäfer 22000,00 € Kommandit-einlage: 47000,00 €

Meist sind die Gesellschafter der GmbH auch die Kommanditisten der KG wie in vorstehendem Beispiel.

Partnerschafts-gesellschaft

Das Partnerschaftsgesellschaftsgesetz (PartGG) ermöglicht es Angehörigen freier Berufe, also Ärzten, Rechtsanwälten, Steuer- und Unternehmensberatern, Journalisten und anderen Freiberuflern, ihren Beruf in der Rechtsform der Partnerschaftsgesellschaft auszuüben. Die Partnerschaftsgesellschaft übt kein Handelsgewerbe aus. Mindestkapital ist nicht erforderlich.

Merkmale Ⓜ und **Erläuterungen** Ⓔ

Ⓜ **Gründung**

Ⓔ Der Partnerschaftsvertrag muss schriftlich abgefasst werden und enthält:

- den Namen und den Sitz der Partnerschaft,
- den Namen und den Vornamen sowie den in der Partnerschaft ausgeübten Beruf,
- den Wohnort jedes Partners,
- den Gegenstand der Partnerschaft.

Die Anmeldung erfolgt beim elektronischen Partnerschaftsregister. Dies übernimmt der Notar, der diese Anmeldung (Unterschriften der Partner) auch beglaubigen muss.

Ⓜ **Firma**

Ⓔ Die Firma der Partnerschaft setzt sich aus drei Elementen zusammen:

- dem Namen eines oder mehrerer Partner,
- dem Zusatz „und Partner“ oder „Partnerschaft“,
- sowie den Bezeichnungen aller in der Partnerschaft vertretenen Berufe.

Ⓜ **Haftung**

Ⓔ Das Besondere an der Partnerschaftsgesellschaft ist die Möglichkeit der Haftungsbeschränkung.

Generell haften die Partner für Verbindlichkeiten der Partnerschaft gesamtschuldnerisch und persönlich. Waren allerdings nur einzelne Partner mit der Bearbeitung eines Auftrags befasst, haften nur sie für daraus entstandene berufliche Fehler. Das heißt, die anderen Partner haften in diesem Fall nicht mit ihrem Privatvermögen. „Auftrag“ im

Sinne der Regelung ist z.B. der Beratungsauftrag, das anwaltliche Mandat, der ärztliche Behandlungsvertrag etc.

„Befasst sein" bedeutet, dass der Partner den Auftrag selbst bearbeitet oder seine Bearbeitung überwacht hat oder dies nach der internen Zuständigkeitsverteilung hätte tun müssen.

Dies setzt voraus, dass zumindest ein Partner mit dem Auftrag befasst war und damit zumindest ein Partner in der Gesellschaft die persönliche Verantwortung und Haftung für den Berufsfehler übernimmt. Haben mehrere Partner die Sache bearbeitet, so haften sie gesamtschuldnerisch.

Ⓜ **Geschäftsführung und Vertretung**

Ⓔ Im Partnerschaftsvertrag müssen die Zuständigkeiten der Geschäftsführung und Vertretung enthalten sein. Wenn nicht anderes festgelegt, sind alle Partner zur Geschäftsführung und Vertretung befugt.

Ⓜ **Gewinn/Verlust**

Ⓔ Die Gewinn- und Verlustbeteiligung sollte schriftlich im Partnerschaftsvertrag festgehalten werden.

Kapitalgesellschaften

Die Bayerischen Motorenwerke in München planen aufgrund der gestiegenen Nachfrage nach ihren Pkw ein Werk in den USA. Zur Finanzierung der hohen Investitionskosten sind viele Kapitalgeber erforderlich. Daher gibt BMW weitere Anteilspapiere (Aktien) aus, die von den neuen Geldgebern (Aktionären) gekauft werden. Auf diese Weise erhält die BMW AG von vielen Aktionären das benötigte Kapital.

Aktiengesellschaften

Die **AG** ist eine juristische Person, d.h. sie ist rechtsfähig. Sie selbst ist es, die Rechtsgeschäfte abschließt, klagen oder verklagt werden kann. Das Grundkapital einer AG ist in zahlreiche Anteile (Aktien) aufgeteilt. Ihre Teilhaber nennt man Aktionäre. Sie haften mit ihrer Einlage und sind zur Geschäftsführung nicht berechtigt.

Seit 1994 gibt es ein Gesetz für kleinere Aktiengesellschaften. Sie sind definiert als Aktiengesellschaft unter 500 Beschäftigten.

Kleines ABC der Aktienkennzahlen

Dividendenrendite: Verhältnis zwischen Dividende und Börsenkurs. Die Dividende pro Aktie ergibt sich aus dem ausgeschütteten Gewinn geteilt durch die Anzahl der ausgegebenen Aktien.

Ebt: Abkürzung für „Earnings before taxes" = Ergebnis (Gewinn/Verlust) vor Steuern.

Ebit: Abkürzung für „Earnings before interest and taxes" = Ergebnis vor Zinsen und Steuern.

Ebitda: Abkürzung für „Earnings before interest, taxes, depreciation and amortisation" = Ergebnis vor Zinsen, Steuern, Abschreibungen und Firmenwertanpassungen. Beinhaltet die reine Ertragskraft der Unternehmen.

Eigenkapitalquote: Gilt als Maßstab für finanzielle und wirtschaftliche Stabilität eines Unternehmens. Je höher die Eigenkapitalquote, umso größer die Ausgleichsmöglichkeit von eingetretenen Verlusten. Bei den meisten DAX-Werten liegt sie zwischen 10 und 30 Prozent.

Operativer Gewinn: Ergebnis der Geschäftstätigkeit, bereinigt um Sondereinflüsse und reine Bilanzbuchungen.

§ 2 erlaubt die Gründung durch eine Person (natürliche oder juristische), die vereinfachte Durchführung der Hauptversammlung sowie die Mitbestimmungsfreiheit. Dies bedeutet, dass der Aufsichtsrat bei den kleinen AG nur aus Aktionären besteht. Das Grundkapital von 50.000,00 € ist gestückelt zum Mindestnennbetrag von 1,00 € oder in Stückaktien. 25 % des Nennwertes müssen eingezahlt sein. Der alleinige Gründer hat zusätzlich eine Sicherheit für den noch nicht eingezahlten Geldbetrag auf den Nennwert zu stellen (i.d.R. eine Bankbürgschaft).

Für die kleineren AG's wird die Hauptversammlung entbürokratisiert, d. h., sind alle Aktionäre der Gesellschaft bekannt, kann die Einberufung der Hauptversammlung durch Einschreibebrief bekannt gemacht werden. Es entfällt die Veröffentlichung im Bundesanzeiger.

Nachfolgend wird die „normale" Aktiengesellschaft erläutert.

Merkmale Ⓜ und Erläuterungen Ⓔ

Ⓜ **Gründung**

Ⓔ Zur Gründung einer AG sind 1 Person, ein Grundkapital von mindestens 50.000,00 €, ein notariell beurkundeter Gesellschaftsvertrag (Satzung) und die Eintragung ins Handelsregister erforderlich.

Ⓜ **Firma**

Ⓔ Die Firma der Aktiengesellschaft muss die Bezeichnung „Aktiengesellschaft" oder eine allgemein verständliche Abkürzung dieser Bezeichnung enthalten.

Beispiele

Bayer AG, SAP AG, Bayerische Motorenwerke AG

Ⓜ **Aktien**

Ⓔ Aktien sind Urkunden über die Beteiligung an einer Aktiengesellschaft. Sie werden entweder in Nennwertaktien mit einem Mindestnennwert von 1,00 € oder in Form von Stückaktien, die einen bestimmten Anteil an der Aktiengesellschaft verbriefen, ausgegeben.

Bei der Aktie unterscheidet man zwischen Nennwert und Kurswert:

Nennwert
Dies ist der auf der Aktie vermerkte Betrag, mit dem der Aktionär am Grundkapital der Gesellschaft beteiligt ist.

Kurswert
Dies ist der Preis, der sich durch Angebot und Nachfrage ergibt; der Preis, den eine Aktie beim Kauf oder Verkauf an der Börse erzielt.

Beispiele

Nennwert einer BMW-Aktie: 5,00 €   Kurswert: 24,55 €

Ⓜ **Haftung**

Ⓔ Die Aktionäre haften lediglich mit ihrer Kapitaleinlage. Nach außen haftet das Vermögen der Gesellschaft. Durch gesetzliche Vorschriften wird die Haftungsgrundlage erweitert, indem die Bildung von Rücklagen aus dem Gewinn vorgeschrieben ist.

Organe

Da die AG als juristische Person nicht wie ein Mensch handeln kann, benötigt sie Organe, um handlungsfähig zu sein. Diese Organe sind:

- Vorstand (leitendes Organ)
- Aufsichtsrat (überwachendes Organ)
- Hauptversammlung (beschlussfassendes Organ)

Vorstand

Der Vorstand besteht meist aus mehreren Direktoren. Er besorgt die Geschäftsführung und -vertretung in eigener Verantwortung. Gegenüber dem Aufsichtsrat ist er zur regelmäßigen Berichterstattung über den Gang der Geschäfte und die Lage des Unternehmens verpflichtet. Außerdem muss er den Jahresabschluss und den Geschäftsbericht erstellen. Der Aufsichtsrat wählt die Vorstandsmitglieder für höchstens 5 Jahre. Eine Wiederwahl für 5 Jahre ist möglich.

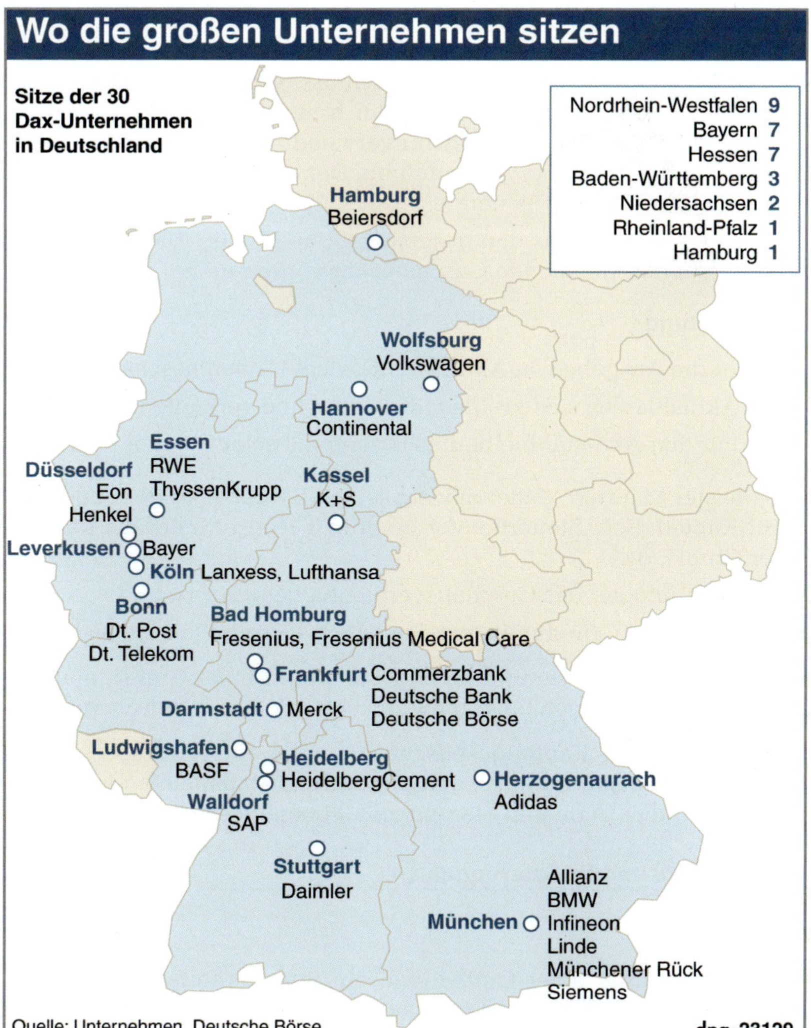

Ⓜ **Aufsichtsrat**

Ⓔ Der Aufsichtsrat ist das Aufsichtsorgan der AG. Er wird auf vier Jahre bestellt. Der Aufsichtsrat bestellt den Vorstand, überwacht seine Tätigkeit und beruft ihn ab, wenn ein wichtiger Grund vorliegt. Er prüft den Jahresabschluss, den Geschäftsbericht und den Vorschlag des Vorstandes über die Gewinnverwendung.

Ⓜ **Hauptversammlung**

Ⓔ Die Hauptversammlung ist die Versammlung der Aktionäre. In ihr nehmen sie ihre Rechte durch Ausübung des Stimmrechts wahr (Stimmrecht entsprechend des Anteils). Wer als Aktionär nicht zur Hauptversammlung gehen will, kann sein Stimmrecht durch ein Kreditinstitut wahrnehmen lassen.

Die Hauptversammlung beschließt über wichtige Angelegenheiten, u. a. Gewinnverteilung, Kapitalerhöhung und -herabsetzung, Verschmelzung mit anderen Unternehmen, Wahl der Aufsichtsratsmitglieder.

Ⓜ **Gewinn/Verlust**

Ⓔ Der Vorstand stellt den Jahresabschluss fest, weist Teile des Jahresüberschusses den gesetzlichen oder freien Rücklagen zu und gibt einen Vorschlag über die Gewinnverwendung. Über diesen Vorschlag entscheidet die Hauptversammlung. Der an die Aktionäre auszuschüttende Betrag heißt Dividende.

Verluste werden aus den gesetzlichen und freien Rücklagen gedeckt oder auf das kommende Geschäftsjahr vorgetragen.

Ⓜ **Bedeutung**

Ⓔ Über die Ausgabe von Aktien kann leicht Kapital beschafft werden.

- Aktien lassen sich problemlos kaufen und verkaufen.
- Für den Aktionär bleibt die Haftung auf seinen Anteil begrenzt.

Gesellschaft mit beschränkter Haftung

Kfz-Meister Manfred Müller möchte seinen Betrieb erweitern und braucht dafür Kapital. Sein Steuerberater empfiehlt Herrn Müller die Rechtsform einer GmbH, da ...

➤ die Haftung auf das Geschäftsvermögen begrenzt ist und

➤ seit 1981 die Gründung einer Ein-Mann-Gesellschaft möglich ist.

Herr Müller folgt diesem Rat und gründet die Müller GmbH, eine Unternehmensform, die auch für Handwerksbetriebe überlegenswert ist.

Die **GmbH** ist als Kapitalgesellschaft eine eigene Rechtspersönlichkeit (juristische Person), deren Gesellschafter mit Stammeinlagen an dem in Geschäftsanteile zerlegten Stammkapital beteiligt sind.

Merkmale Ⓜ und **Erläuterungen** Ⓔ

Ⓜ **Gründung**

Ⓔ Zur Gründung einer GmbH sind ein Stammkapital von wenigstens 25.000,00 €, ein notariell beurkundeter Gesellschaftsvertrag und die Eintragung ins Handelsregister erforderlich.

Für diese Rechtsform ist auch eine Ein-Mann-Gründung möglich.

Die Einlage kann durch Bareinlagen, Sacheinlagen (z.B. Maschinen) oder durch gemischte Einlagen (Bar- und Sacheinlagen) erbracht werden.

Sacheinlagen müssen vor der Anmeldung der Gesellschaft geleistet sein. Bei Bareinlagen muss vor Anmeldung mindestens ein Viertel der Summe einbezahlt werden. Zusammen mit einer etwaigen Sacheinlage muss mindestens die Hälfte des Mindeststammkapitals vor der Anmeldung der Gesellschaft erbracht werden, also mindestens 12.500 Euro.

M **Firma**

E Die Firma der GmbH kann eine Sach-, Personen-, Misch- oder Phantasiefirma mit der Bezeichnung „Gesellschaft mit beschränkter Haftung" oder einer allgemein verständlichen Abkürzung dieser Bezeichnung sein.

Beispiele

Braun GmbH, Entsorgungsgesellschaft mbH, Meyer-Brauerei GmbH

M **Geschäftsanteil**

E Beim Geschäftsanteil handelt es sich um den von einem Gesellschafter übernommenen Anteil am Stammkapital. Er kann für jeden Gesellschafter verschieden hoch sein.

Die Summe der Nennbeträge aller Geschäftsanteile muss mit dem Stammkapital übereinstimmen.

Der Nennbetrag jedes Geschäftsanteiles muss auf volle Euro lauten.

Über den Geschäftsanteil wird eine Urkunde ausgestellt. Sie ist aber kein Wertpapier wie die Aktie, sondern nur Beweisurkunde. Der Geschäftsanteil kann durch notarielle Beurkundung verkauft oder vererbt werden.

M **Haftung**

E Jeder Gesellschafter haftet in Höhe der Stammeinlage. Es besteht keine persönliche Haftung mit dem Privatvermögen. Sofern es der Gesellschaftsvertrag vorsieht, können die Gesellschafter zur Leistung von Nachschüssen verpflichtet werden, wobei zwischen der beschränkten oder unbeschränkten Nachschusspflicht unterschieden wird.

M **Organe**

Geschäftsführung

E Zu Geschäftsführern dürfen ein oder mehrere Gesellschafter oder auch Nichtgesellschafter bestellt werden. Die Geschäftsführung wird durch die Gesellschafterversammlung bestellt oder abberufen. Sie ist an die Weisungen der Gesellschafter gebunden. Ihre Rechte und Pflichten sind ähnlich denen des Vorstandes einer AG.

Aufsichtsrat

E Der Aufsichtsrat kontrolliert die Geschäftsführung. Nach dem Gesetz ist er nur bei größeren Gesellschaften mit über 500 Beschäftigten vorgeschrieben.

Versammlung der Gesellschafter

E Sie entspricht der Hauptversammlung einer AG. Die Gesellschafterversammlung ist das beschließende Organ.

Ihre Aufgabe besteht u.a. in der Ernennung von Prokuristen und Handlungsbevollmächtigten, der Bestellung und Abberufung von Geschäftsführern, der Feststellung des Jahresabschlusses, der evtl. Festsetzung von Nachschüssen, der Festlegung der Gewinnverwendung und der Wahl des Aufsichtsrates.
Jeder Euro eines Geschäftsanteils gewährt eine Stimme.

M **Gewinn/Verlust**

E Der Gewinn wird im Verhältnis der Geschäftsanteile verteilt. Es sind jedoch andere Regelungen im Gesellschaftsvertrag möglich. Verluste werden aus Rücklagen oder Geschäftsanteilen gedeckt.

Die Gesellschafter können auch zur Nachschusspflicht herangezogen werden, sofern der Gesellschaftsvertrag dies vorsieht.

Unternehmergesellschaft (haftungsbeschränkt)

Eine Variante der GmbH ist die Unternehmergesellschaft (haftungsbeschränkt). Die UG (haftungsbeschränkt) wird von mindestens einem Gesellschafter gegründet. Das Stammkapital beträgt mindestens ein Euro.

Gewinne dürfen nicht in voller Höhe ausgeschüttet werden. 25 % des Gewinns müssen so lange in eine gesetzliche Rücklage fließen, bis das Mindeststammkapital von 25.000 € aufgebracht ist. Eine zeitliche Frist gibt es nicht. Wenn die Gesellschaft keine Gewinne erzielt, muss sie auch nichts in die gesetzliche Rücklage einstellen. Die Ansparpflicht darf aber nicht dadurch umgangen werden, dass Gewinne verdeckt ausgeschüttet werden, z.B. durch überhöhte Geschäftsführerbezüge. Erhöht die Gesellschaft ihr Stammkapital auf mindestens 25.000 €, fallen die Beschränkungen weg. Der Gesellschaft steht es frei, in eine „normale" GmbH umzufirmieren oder die Bezeichnung als Unternehmergesellschaft (haftungsbeschränkt) beizubehalten.

Der Name kann in Form einer Personen-, Sach-, Phantasie- oder Mischfirma gewählt werden. Der Zusatz „Unternehmergesellschaft (haftungsbeschränkt)" oder „UG (haftungsbeschränkt)" ist verpflichtend.

Kommanditgesellschaft auf Aktien (KGaA)

Die **KGaA** hat einen unbeschränkt haftenden Gesellschafter, der allein zur Geschäftsführung und Vertretung des Unternehmens berechtigt ist.

Die Teilhafter, auch Kommanditaktionäre genannt, sind reine Kapitalgeber und haften nur mit ihrer Einlage.

Diese Unternehmensform kommt selten vor, da die Geschicke des Unternehmens von dem einzigen Geschäftsführer abhängig sind.

Genossenschaften

Die **Genossenschaft** ist eine Gesellschaft mit nicht geschlossener Mitgliederzahl. Sie hat das Ziel, den Erwerb oder die Wirtschaft ihrer Mitglieder zu fördern. Die Genossenschaft ist mit eigener Rechtspersönlichkeit ausgestattet (juristische Person) und ist Kaufmann im Sinne des HGB.

Der Aufbau einer Genossenschaft ähnelt dem einer Aktiengesellschaft. Allerdings handelt es sich bei der Genossenschaft im Gegensatz zu den anderen Unternehmensformen nicht um ein Erwerbsunternehmen.

Ihre Zielsetzung hat sozialen Charakter. Die Mitglieder wollen gemeinschaftlich ihre wirtschaftlichen Interessen wahrnehmen, weil der einzelne in der Regel dazu nicht in der Lage ist (Solidaritätsdenken = einer für alle und alle für einen). Entstanden sind die Genossenschaften aus der früheren Not der Handwerker, Kaufleute und Landwirte. Die ersten Genossenschaften wurden in Deutschland von Schulze-Delitzsch für die gewerblichen und von Raiffeisen für die landwirtschaftlichen Bereiche gegründet.

Merkmale Ⓜ und **Erläuterungen** Ⓔ

Ⓜ **Gründung**

Ⓔ Zur Gründung einer Genossenschaft sind mindestens 7 Personen notwendig. Als weitere Voraussetzungen sind zu nennen:
- schriftliches Statut (Satzung),
- Einzahlung des im Statut festgelegten Geschäftsanteils,
- Eintragung in das Genossenschaftsregister des zuständigen Amtsgerichts.

Ⓜ **Firma**

Ⓔ Die Firma muss eine Personen-, Phantasie-, Gemischt- oder Sachfirma sein mit dem Zusatz „eingetragene Genossenschaft" oder der Abkürzung „eG".

Beispiel

Vereinigte Ahr-Winzergenossenschaften eG

Ⓜ **Mitgliedschaft**

Ⓔ Mitglieder einer Genossenschaft können natürliche und juristische Personen sein, die die Anforderungen des Statuts erfüllen. Die Mitgliedschaft wird erst mit der Eintragung in die beim Registergericht geführte Liste der Genossen wirksam.

Gekündigt werden kann die Mitgliedschaft zum Ende eines jeden Geschäftsjahres. Eine Veräußerung von Geschäftsanteilen kann nur an Personen erfolgen, die selbst Genossen werden wollen.

Ⓜ **Einlage**

Ⓔ Genossenschaften haben im Gegensatz zur AG und GmbH kein festes Grundkapital. Die Mitglieder der Genossenschaft zeichnen Geschäftsanteile, deren Höhe sich nach der Satzung bestimmt. Die Geschäftsanteile müssen nicht voll eingezahlt sein.

Beispiel

Geschäftsanteil	*1.000,00 €*
Geschäftsguthaben	*450,00 € (das, was eingezahlt ist)*
Mindesteinlage	*100,00 €*

Gewinne werden dem Geschäftsguthaben zugeschrieben.

Ⓜ **Haftung**

Ⓔ Für die Verbindlichkeiten (Schulden) der Genossenschaft haftet das Vermögen der Genossenschaft. Jeder Genosse haftet nur mit seinem Geschäftsanteil. Allerdings kann die Satzung auch eine höhere Haftsumme festlegen. Sie kann auf eine bestimmte Summe beschränkt oder auch unbeschränkt sein.

Ⓜ **Arten**

1. Erwerbsgenossenschaften

Ⓔ *Gewerbliche Genossenschaften*

Kreditgenossenschaften
- Spar- und Darlehenskassen, Raiffeisenbanken und Volksbanken gewähren ihren Mitgliedern zinsgünstige Kredite.
- Einkaufsgenossenschaften

Sie erleichtern Handwerkern und Händlern den Bezug von Waren und Rohstoffen.

E *Ländliche Genossenschaften*

Warengenossenschaften

- Als Bezugsgenossenschaft dient sie der Beschaffung landwirtschaftlicher Bedarfsstoffe, z. B. Düngemittel, Saatgut.
- Als Absatz- und Verwertungsgenossenschaft dient sie dem Verkauf landwirtschaftlicher Erzeugnisse, z. B. Milch- und Molkereigenossenschaft, Winzergenossenschaft.

Betriebsgenossenschaft

- Sie gibt landwirtschaftlichen Betrieben technische Hilfe, z. B. durch Vermietung von Maschinen.

2. Wirtschaftsgenossenschaften

E *Verbrauchergenossenschaften* (Konsumgenossenschaften)

- Die Genossen sind Verbraucher, die vorhandene Einkommen besser nutzen wollen.

Baugenossenschaften

- Sie errichten zu vorteilhaften Bedingungen für ihre Mitglieder Mietwohnungen, Eigentumswohnungen und Eigenheime.

M Organe

Vorstand

E Der Vorstand ist das geschäftsführende Organ. Er muss aus mindestens zwei Personen bestehen, die von der Generalversammlung bestellt werden. Mitglieder des Vorstandes müssen Genossen sein.

Der Vorstand ist zur Auskunft gegenüber dem Aufsichtsrat und der Generalversammlung verpflichtet.

Aufsichtsrat

E Der Aufsichtsrat als Kontrollorgan besteht aus mindestens 3 Genossen. Seine Aufgaben und Zusammensetzung entsprechen denen des Aufsichtsrates einer AG.

Generalversammlung

E Die Generalversammlung besteht aus den Mitgliedern der Genossenschaft und ist oberstes Entscheidungsorgan.

Sie wählt den Aufsichtsrat und den Vorstand und beschließt u. a. über die Gewinn- und Verlustverteilung.

Die Abstimmung erfolgt nach Köpfen.

Jeder Genosse hat unabhängig von der Zahl seiner Geschäftsanteile und der Höhe seines Geschäftsguthabens eine Stimme (Stimmrecht nach Köpfen).

M Gewinn/Verlust

E Dic Tätigkeit der Genossenschaft ist nicht auf Gewinnerzielung ausgerichtet.

Sind Gewinne entstanden, so entscheidet die Generalversammlung über deren Verwendung.

Ebenso entscheidet sie über die Verlustverteilung.

Formen / Merkmale	Einzelunternehmen	Personengesellschaften				Kapitalgesellschaften		Sonstige Gesellschaftsformen
	Einzelunternehmen	**OHG**	**KG**	**Stille Gesellschaft**	**GmbH & Co. KG**	**AG**	**GmbH**	**Genossenschaften**
Gründung	Allein	2 Gesellschafter oder mehr	2 Gesellschafter oder mehr	Inhaber übernimmt stille Beteiligung	GmbH und mindestens 1 weiterer Gesellschafter; Stammkapital der GmbH mindestens 25 000,00 €	Mindestens 1 Gründer. Grundkapital: mindestens 50 000,00 €	Meist 2 Personen oder mehr. Seit 1981 auch Ein-Personen-Gründung zulässig. Stammkapital: mindestens 25 000,00 €	7 Personen und mehr
Firma	Personen-, Sach, Gemischt- oder Phantasiefirma Handelsregister mit Zusatz e. K	Personen-, Sach, Gemischt- oder Phantasiefirma mit Zusatz »OHG«, Handelsregister	Personen-, Sach, Gemischt- oder Phantasiefirma mit Zusatz »KG«, Handelsregister	Ohne Kennzeichen. Keine Eintragung	Personen-, Sach, Gemischt- oder Phantasiefirma, Zusatz »GmbH & Co. KG« Handelsregister	Personen-, Sach, Gemischt- oder Phantasiefirma mit Zusatz »AG« Handelsregister	Personen-, Sach, Gemischt- oder Phantasiefirma mit Zusatz »GmbH« Handelsregister	Personen-, Sach, Gemischt- oder Phantasiefirma mit Zusatz »eG« Genossenschaftsregister
Finanzierung	Aus eigenen Mitteln; geringe Fremdmittel	Durch Gesellschafter	Durch Gesellschafter	Gesellschafter mit Geldeinlage	Durch Einlage der GmbH und des (der) Kommanditisten	Durch Aktien (Grundkapital)	Durch Gesellschaftsanteile (Stammkapital)	Durch Geschäftsanteil (Geschäftsguthaben)
Haftung	Allein unbeschränkt (Geschäfts- und Privatvermögen)	Alle Gesellschafter haften unbeschränkt, unmittelbar und solidarisch	Komplementär: unbeschränkt, unmittelbar und solidarisch; Kommanditist mit Einlage	Inhaber unbeschränkt; Gesellschafter mit Einlage	GmbH ist Vollhafter, Kommanditisten sind Teilhafter Keine Haftung mit dem Privatvermögen	Mit der Kapitaleinlage	Mit dem Geschäftsanteil (Nachschusspflicht)	Mit dem Geschäftsanteil bzw. nach Satzung
Gewinn	Allein	4% von der Kapitaleinlage, Rest nach »Köpfen«	4% von der Einlage, Rest im angemessenen Verhältnis	Nach Vertrag	Nach Vertrag	Anteilsmäßiger Gewinnbetrag (Dividende)	Nach Geschäftsanteil	Im Verhältnis der Geschäftsanteile
Verlust	Allein	Alle Gesellschafter gleichmäßig	In angemessenem Verhältnis	Nach Vertrag	Nach Vertrag bzw. Anteilen	Keinen Verlustanteil; bei Insolvenz evtl. Verlust des Aktienanteils	Nach Geschäftsanteil	Nach Geschäftsanteil

LERN-BOX

- Beim **Einzelunternehmen** liegen alle Rechte und Pflichten beim alleinigen Eigentümer.
- Bei den Gesellschaftsformen unterscheidet man **Personen- und Kapitalgesellschaften**.
- Die Gründung einer **OHG** erfolgt durch zwei oder mehr Personen und Leistung einer Einlage. Jeder Gesellschafter ist berechtigt, die Gesellschaft zu vertreten.
- Die Gründung einer **KG** erfolgt durch zwei oder mehr Personen und Leistung einer Einlage. Die Haftung der Gesellschafter ist unterschiedlich:
  - **Vollhafter** (Komplementär) haftet mit seinem gesamten Vermögen (entsprechend der OHG)
  - **Teilhafter** (Kommanditist) haftet nur mit seiner Einlage.
- Die **Aktiengesellschaft (AG)** ist eine juristische Person und wird mit der Eintragung in das Handelsregister rechtsfähig. Zur Gründung sind mindestens ein Gründer und ein Grundkapital von mindestens 50.000,00 € notwendig. Das Grundkapital ist in Stückaktien oder in Nennwertaktien mit einem Mindestnennbetrag von mindestens 1,00 € zerlegt. Die Haftung der Aktionäre ist auf die Kapitaleinlage beschränkt. Die Organe der AG sind: Vorstand, Aufsichtsrat und Hauptversammlung.
- Die **Gesellschaft mit beschränkter Haftung (GmbH)** ist eine juristische Person und wird mit der Eintragung in das Handelsregister rechtsfähig. Zur Gründung ist ein Stammkapital von 25.000,00 € notwendig. Die Gründung einer Ein-Personen-GmbH ist möglich. Das Stammkapital ist in Stammeinlagen von mindestens 1,00 € aufgeteilt.
- Die **Genossenschaft** ist eine juristische Person, die mit der Eintragung in das Genossenschaftsregister rechtskräftig wird. Genossenschaften sind Selbsthilfeeinrichtungen wirtschaftlich schwacher Gruppen. Nicht die Gewinnerzielung, sondern die soziale Zielsetzung steht im Mittelpunkt.

WISSENS-CHECK

1. Erläutern Sie **Vor- und Nachteile** eines Einzelunternehmens.
2. Nennen Sie Gründe, die zur **Gründung** von Gesellschaften führen.
3. Welche Vor- und Nachteile hat die Gründung von **Gesellschaftsunternehmen?**
4. Wodurch unterscheiden sich **OHG** und **KG** in folgenden Punkten:
   - Haftung
   - Firma
   - Geschäftsführung und Vertretung
   - Gewinnverteilung?
5. Welche **Rechte** hat der Teilhafter einer KG?
6. Was versteht man unter **Aktien**, wie werden sie erworben und woraus ergibt sich der Unterschied zwischen Nennwert und Kurswert?
7. Nennen Sie die wesentlichen **Aufgaben** von Vorstand, Aufsichtsrat und Hauptversammlung einer AG.
8. Welchen Zweck verfolgen die **Genossenschaften**?
9. Nennen Sie die wesentlichen **Aufgaben der Organe** einer Genossenschaft.
10. Halten Sie es für richtig, dass jeder Genosse **unabhängig** von der Zahl seiner Geschäftsanteile nur eine Stimme hat? Begründen Sie Ihre Meinung.

Unternehmens-
zusammenschlüsse

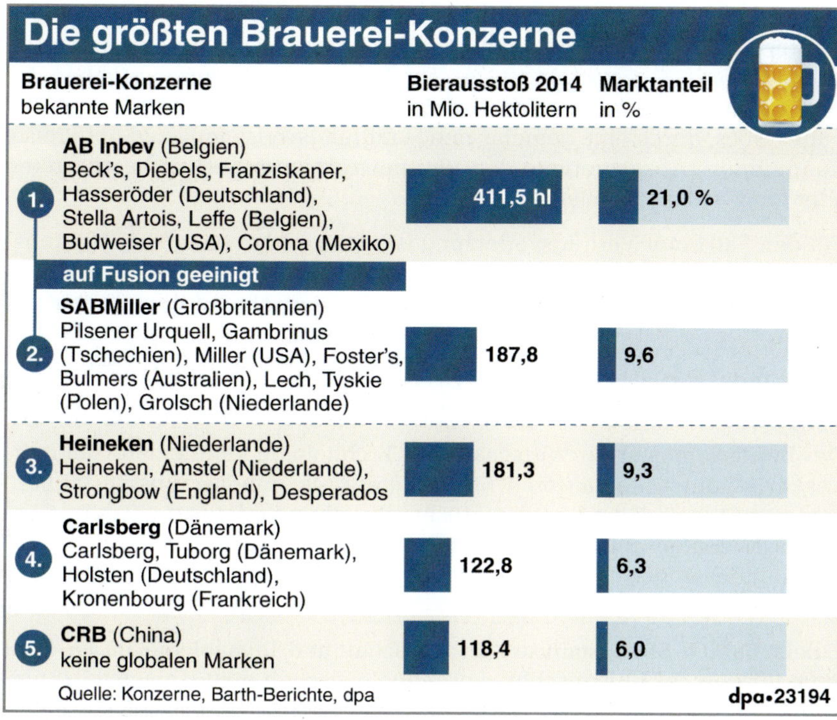

In der Marktwirtschaft stehen die einzelnen Unternehmen in scharfem Wettbewerb um den Kunden. Der Konkurrenzkampf zwingt sie, ihre Produkte und Dienstleistungen ständig zu verbessern und möglichst zu verbilligen. Damit wird den Wünschen der Verbraucher entsprochen.

Die Hersteller und Unternehmer möchten hingegen die Auswirkungen des freien Wettbewerbs durch Absprachen und Vereinbarungen, z. B. über Produktionsmengen oder Preise sowie durch Unternehmenszusammenschlüsse abschwächen oder ausschließen. Ein Zusammenschluss von Betrieben oder Unternehmen zu größeren Einheiten führt zu einer Konzentration der Wirtschaft.

Diese Zusammenschlüsse können die wirtschaftliche und rechtliche Selbstständigkeit der Unternehmen ganz oder teilweise aufheben.

Erhaltung wirtschaftlicher und rechtlicher Selbstständigkeit der Unternehmen

Unter **Interessengemeinschaft (IG)** versteht man Zusammenschlüsse von Unternehmungen, die rechtlich selbstständig bleiben, aber ihre wirtschaftliche Selbstständigkeit meist in höherem Maße als beim Kartell aufgeben. Sinn der vertraglichen Abmachungen ist die Förderung der gemeinsamen Interessen, z. B. Forschungs- und Entwicklungsaufgaben, Austausch technischer Erfahrungen, gemeinsame Verwaltung und Betriebsabrechnung.

Heute werden die Interessengemeinschaften meistens in der Rechtsform einer BGB-Gesellschaft geführt.

Beim **Konsortium** handelt es sich um Unternehmungszusammenschlüsse mit zeitlich begrenzten Aufgaben. Konsortien werden häufig bei Banken gebildet. Mehrere Banken übernehmen z. B. die Aktien neu zu gründender Aktiengesellschaften und verkaufen sie an Interessenten. Ist der Auftrag erfüllt, löst sich das Konsortium auf.

Kartelle sind vertragliche Zusammenschlüsse von Unternehmen, die rechtlich zwar selbstständig bleiben und ihren Unternehmensnamen behalten, aber ihre wirtschaftliche Selbstständigkeit teilweise aufgeben, indem z. B. die Produktionsmenge vorgeschrieben wird. Ziel des Kartellvertrages ist es, durch eine gemeinsame Handlungsweise in Bezug auf Preise, Konditionen, Absatzgebiete den Wettbewerb am Markt zu beschränken oder ganz auszuschließen.

Für den Fall einer Vertragsverletzung ist eine vorher vereinbarte Vertragsstrafe zu zahlen. Da Kartelle eine Beeinflussung des Marktes beabsichtigen, unterliegen sie in der Bundesrepublik Deutschland dem Gesetz gegen Wettbewerbsbeschränkungen (Kartellgesetz).

Das Bundeskartellamt prüft die wirtschaftlichen Absprachen, ob sie den gesetzlichen Bestimmungen entsprechen.

Ministererlaubnis

Der Bundesminister für Wirtschaft und Technologie kann einen vom Bundeskartellamt untersagten Unternehmenszusammenschluss erlauben, wenn im Einzelfall die Wettbewerbsbeschränkung infolge des Zusammenschlusses von gesamtwirtschaftlichen Vorteilen aufgewogen wird oder der Zusammenschluss durch ein überragendes Interesse der Allgemeinheit gerechtfertigt ist.

Zuletzt hat der Bundesminister für Wirtschaft und Technologie am 17. April 2008 für das Zusammenschlussvorhaben zwischen dem Universitätsklinikum Greifswald und dem Kreiskrankenhaus Wolgast eine Ministererlaubnis erteilt.

Das **Gesetz gegen Wettbewerbsbeschränkungen (GWB)** ist darüber hinaus die gesetzliche Grundlage für die Prüfung von Zusammenschlüssen.

Kontrollpflichtige Zusammenschlüsse liegen dann vor, wenn im letzten Geschäftsjahr vor dem Zusammenschluss

§ 35 GWB

- die beteiligten Unternehmen insgesamt weltweit Umsatzerlöse von mehr als 500 Mio. € und
- mindestens ein beteiligtes Unternehmen im Inland Umsatzerlöse von mehr als 25 Mio. € erzielt.

Als Zusammenschlüsse im Sinne des GWB gelten folgende Unternehmensverbindungen:

§ 37 (1) GWB

- der **Erwerb des Vermögens** eines anderen Unternehmens ganz oder zu einem wesentlichen Teil,
- der **Erwerb der Kontrolle** über die Gesamtheit oder Teile eines oder mehrerer anderer Unternehmen,
- der **Erwerb von Anteilen** an einem anderen Unternehmen, wenn diese Anteile allein oder zusammen mit sonstigen, dem Unternehmen bereits gehörenden Anteilen **50 %** oder **25 %** des Kapitals oder der Stimmrechte des anderen Unternehmens erreichen oder übersteigen,
- jede sonstige Verbindung von Unternehmen, wenn dadurch ein Unternehmen einen **wettbewerblich erheblichen Einfluss** auf ein anderes Unternehmen ausüben kann.

PresseSPIEGEL

Bier, Zucker, Lkw, Wurst – und kein Ende in Sicht

Warum Deutschland ein Paradies für Preisabsprachen ist

Eine Meinungsmache von Markus Pohlmann

Hier ist eine Wurst-Absprache ausnahmsweise zulässig.

Ob Würstchen, Teewurst oder Schinken, ob offen an der Wursttheke oder verpackt in der Kühltruhe: Den Ermittlungen des Bundeskartellamtes zufolge haben sich Wursthersteller in Deutschland über Jahrzehnte abgesprochen, um höhere Preise zu erzielen. Im sogenannten Atlantikkreis sollen sich nach Angaben der Kartellwächter 22 Wursthersteller jahrelang über ihre Preisforderungen bei Brühwurst und Schinken gegenüber dem Lebensmittelhandel abgestimmt haben. Die Behörde war durch eine anonyme Anzeige auf die Absprachen aufmerksam geworden und hatte 2009 an 19 Standorten Durchsuchungen durchgeführt.

Bei zehn Unternehmen legte das Bundeskartellamt das Verfahren mittels einer Bonusregelung, die zu einer Strafreduktion im Falle der Mitwirkung bei der Aufklärung des Kartells führt, nieder. Drei Unternehmen halten derzeit ihren Einspruch beim Oberlandesgericht Düsseldorf aufrecht. Insgesamt verhängte die Wettbewerbsbehörde bereits Bußgelder in Höhe von 338,5 Millionen Euro. Den Verbrauchern wurde für ihre Wurst einfach zu viel Geld aus der Tasche gezogen.

Alltägliche Absprachen

Die sogenannte „Wurstlücke", eine bis 2017 bestehende Haftungslücke im deutschen Kartellrecht, hat dennoch dazu geführt, dass im Rahmen des Wurstkartells Verfahren mit einem Bußgeldvolumen von rund 238 Millionen Euro eingestellt werden mussten. Die Konzerne hatten einfach die jeweiligen Tochterunternehmen geschlossen und neue Töchter gegründet. Erst seit Juni 2017 ist dies rechtlich nicht mehr möglich.

Kartelle sind derzeit in der Wirtschaft allgegenwärtig. Bier, Lastwagen, Tapeten, Vitamine, Waschmittel, Reißverschlüsse, Zucker, Papier, Wasserhähne, Toilettenbürsten, Zement, Gummibärchen, Kartoffeln – die Reihe der aktuell aufgedeckten Kartelle in Deutschland und Europa ist lang. Aber wie lässt sich deren Häufigkeit erklären?

Zunächst haben wir es damit zu tun, dass Absprachen zur Erzielung eines Vorteils in der Wirtschaft alltäglich sind.

Deswegen fällt eine Grenzüberschreitung den Unternehmen und ihren Managern leichter als bei Betrugsdelikten, die eine hohe kriminelle Energie erfordern. Auch ist der entstehende Schaden für die anonyme Masse von Kunden sehr abstrakt und für die nicht kartellierte Konkurrenz gewünscht. Innerhalb der Unternehmen wird diese Form von Gesetzesübertretung toleriert – schließlich geschieht diese „Ordnungswidrigkeit" ja zum Nutzen der Firma und ist nur selten mit illegaler persönlicher Bereicherung durch die handelnden Personen verbunden.

Dabei sticht die lange zeitliche Dauer der Kartelle ins Auge. Bei den zehn aktuellen EU-Kartellverfahren mit den höchsten Strafzahlungen beträgt allein die gerichtlich behandelte Kartelldauer im Durchschnitt rund zehn Jahre. Ihre tatsächliche Dauer dürfte um einiges höher sein.

Das heißt, Kartelle etablieren sich als eine feste und zeitlich andauernde Koordinationsform, die oft erst durch ihre Aufdeckung beendet wird.

zung ab, ob nach seiner Auffassung eine Fortführung des Unternehmens sinnvoll erscheint oder eine Liquidation erfolgen soll. Die letztendliche Entscheidung obliegt aber der Gläubigerversammlung.

Gläubigerversammlung

Die **Gläubigerversammlung** ist das oberste Selbstverwaltungsorgan des Insolvenzverfahrens. Alle Gläubiger des Schuldners sind berechtigt, Mitglied der Gläubigerversammlung zu werden.

Die Versammlung fasst ihre Beschlüsse mit der absoluten Mehrheit der Stimmen. Die Stimmenanzahl errechnet sich aus den Forderungsbeträgen der erschienenen Gläubiger.

Beschließt die Gläubigerversammlung, dass das Unternehmen saniert werden soll, stellt der Insolvenzverwalter einen Sanierungsplan auf.

Dieser Plan hat das Ziel, die Ertragskraft des schuldnerischen Unternehmens wiederherzustellen und die Gläubiger aus den künftigen Überschüssen zu befriedigen.

Beschließt die Gläubigerversammlung dagegen, dass das Unternehmen ganz oder teilweise liquidiert werden soll, so muss der Insolvenzverwalter sofort das zur Masse gehörende Vermögen verwerten.

Prüfungstermin

Bei einer Auflösung des Schuldnerbetriebes müssen die Gläubiger ihre Forderungen beim Insolvenzverwalter bis spätestens zum Prüfungstermin anmelden.

Die angemeldeten Insolvenzforderungen werden im Prüfungstermin von der Gläubigerversammlung, dem Schuldner und dem Insolvenzverwalter geprüft.

Die berechtigten Forderungen werden vom Insolvenzverwalter in die Forderungstabelle aufgenommen. Dadurch werden ihre Inhaber berechtigt, sich an der Insolvenzmasse zu befriedigen.

Nach dem Prüfungstermin und der Verwertung des Vermögens des Schuldners erfolgt die Erlösverteilung. Der Insolvenzverwalter verwertet das gesamte Vermögen, d. h., die Vermögensgegenstände werden veräußert.

Bei der Erlösverteilung werden die Gläubiger aufgrund der im Prüfungstermin erstellten Forderungstabelle befriedigt.

Aufhebungsbeschluss

Ist das Vermögen des Schuldners verwertet, wird ein Schlusstermin abgehalten. Das Verfahren wird dann durch Beschluss aufgehoben. Mit den ausgezahlten Quoten erlöschen die Forderungen der Gläubiger in Höhe der gezahlten Beträge.

Nach Beendigung des Insolvenzverfahrens können Insolvenzgläubiger ihre Restforderungen wieder uneingeschränkt gegen den Schuldner geltend machen (§ 201 InsO).

Dies gilt jedoch nicht, wenn der Schuldner eine natürliche Person ist, da durch Antrag auf Restschuldbefreiung der Schuldner von seinen Verbindlichkeiten befreit werden kann (§§ 286 ff. InsO).

Handelt es sich bei dem Schuldner dagegen um eine juristische Person oder um eine Personengesellschaft, so greift der gegebene Vollstreckungszugriff ins Leere, weil ein Vermögen, das der Vollstreckung unterliegen könnte, nach der Verteilung nicht mehr existiert und bei Kapitalgesellschaften mit der Löschung der Gesellschaft im Handelsregister auch deren Rechtspersönlichkeit erlischt.

LERN-BOX

- Durch Unternehmenszusammenschlüsse wird der freie Wettbewerb eingeschränkt oder ausgeschaltet.

- Unternehmenszusammenschlüsse führen zu einer **Konzentration** der Wirtschaft.

- Die Zusammenschlüsse können auf vertraglicher Grundlage unter Beibehaltung der wirtschaftlichen und rechtlichen **Selbstständigkeit** der Unternehmen vereinbart werden.

  Unternehmenszusammenschlüsse können auch durch **Kapitalbeteiligung** herbeigeführt werden:

  Konzern
  Rechtlich selbstständige Unternehmen werden zu wirtschaftlichen Zwecken unter einheitlicher Leitung zusammengefasst. Es wird zwischen horizontalem und vertikalem Konzern unterschieden.

  Holding-Gesellschaft
  Konzernleitung wird einer eigenen Verwaltungsgesellschaft übertragen.

  Trust
  Aufgabe der wirtschaftlichen und rechtlichen Selbstständigkeit.

- **Bedeutung der Zusammenschlüsse für den Verbraucher:**

  Vorteile
  - höhere Wirtschaftlichkeit und Rentabilität durch Nutzung des technischen Fortschritts,
  - Kosteneinsparungen ermöglichen eine Verbilligung der Waren,
  - bessere Finanzierungsmöglichkeiten zur Durchführung von Forschungs- und Entwicklungsaufgaben,
  - einheitliche Konditionen fördern die Marktübersicht.

  Nachteile
  - Erworbene Marktmacht kann missbraucht werden,
  - Festsetzung überhöhter Preise.

- Als **betriebliche Insolvenz** wird die Zahlungsunfähigkeit, die drohende Zahlungsunfähigkeit und die Überschuldung eines Unternehmens bezeichnet.

WISSENS-CHECK

1. Welche Vor- und Nachteile hat die **Konzentration** in der Wirtschaft?
2. Geben Sie die Unternehmenszusammenschlüsse an, bei denen die **wirtschaftliche** und **rechtliche** Selbstständigkeit erhalten bleibt!
3. Was versteht man unter **Kartelle** und welche Ziele verfolgen sie?
4. Warum sind verschiedene Kartelle verboten? Welche Kartelle müssen genehmigt werden?
5. Was ist ein **Konzern** und wie entsteht er?
6. Was ist ein **Trust** und wie wird er gebildet?
7. Kann ein Betrieb oder ein Unternehmen seine Zahlungsunfähigkeit auf Dauer nicht vermeiden, kommt es zur Eröffnung eines gerichtlich angeordneten Vergleichs- bzw. Konkursverfahrens (Insolvenzverfahren).
   Beschreiben Sie kurz die fünf Stationen dieses Verfahrens.

Lernbaustein 2

Am politischen und sozialen System der Bundesrepublik Deutschland aktiv teilhaben

UN-Menschenrechtserklärung

Die ausdrückliche Verkündigung von Menschenrechten stellt etwas verhältnismäßig Neues dar, auch wenn ihre geistigen Wurzeln bis in die griechische Philosophie zurückreichen.

„Virginia Bill of Rights" vom 12. Juni 1776

Eine der ältesten Menschenrechtserklärung ist die „Virginia Bill of Rights" von 1776, die im Rahmen der amerikanischen Unabhängigkeitserklärung entstand. Hierbei erhält erstmals eine Menschenrechtserklärung den Rang einer Verfassung, da Freiheits-, Gleichheits- und Unabhängigkeitsgrundsätze in Regeln oder Gesetze gefasst wurden.

„Erklärung der Menschen- und Bürgerrechte" vom 26. August 1789 vor der Nationalversammlung

Die Französische Revolution 1789 benutzt die Erklärung und Verkündung der Menschenrechte als Grundlage für die Forderung einer radikalen Umänderung des Staates. Diese Erklärung, die später auch Eingang in die erste französische Verfassung findet und Vorbild für zahlreiche Verfassungen in Europa ist, legt in 17 Artikeln die einzelnen Grundrechte des Menschen dar.

Artikel I	Die Menschen sind und bleiben von Geburt an frei und gleich an Rechten ...
Artikel II	Das Ziel einer jeden politischen Vereinigung besteht in der Erhaltung der natürlichen und der unantastbaren Menschenrechte. Diese Rechte sind Freiheit, Sicherheit und Widerstand gegen Unterdrückung ...
Artikel IV	Die Freiheit besteht darin, alles tun zu können, was dem anderen nicht schadet ...
Artikel XI	Freie Gedanken- und Meinungsfreiheit ist eines der kostbarsten Menschenrechte ...
Artikel XVII	Da das Eigentum ein unverletzliches und heiliges Recht ist, kann es niemanden genommen werden ...

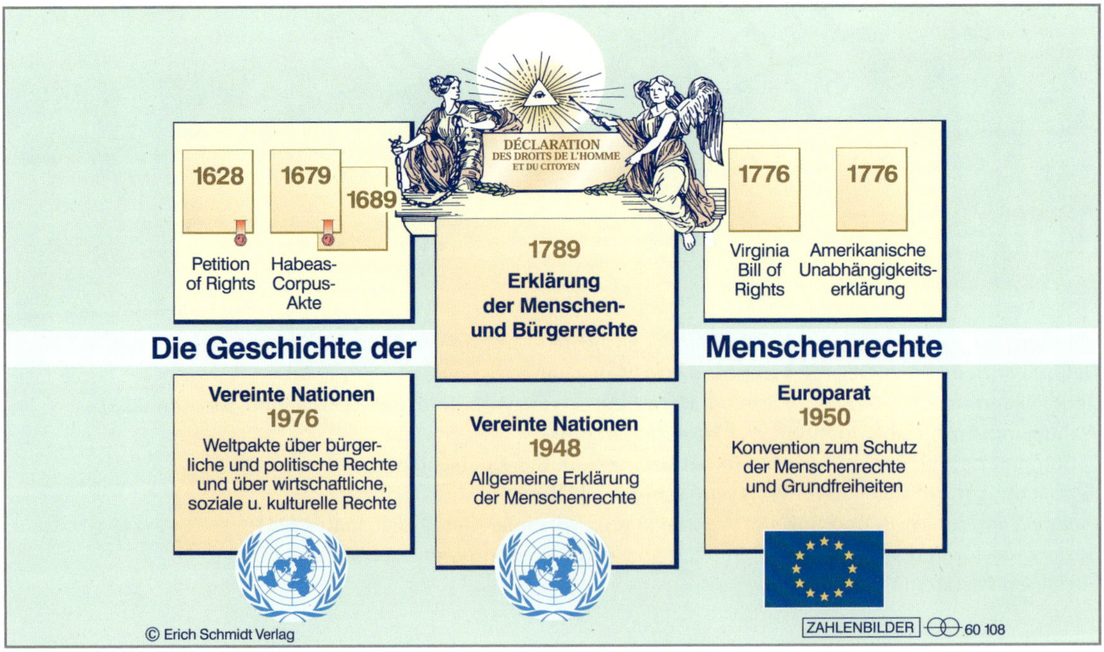

Mit dieser Erklärung setzen die Vereinten Nationen einen Meilenstein in der Entwicklung der Menschenrechtsidee und ihrer Verwirklichung. Erstmals verschafft ein Weltforum den Menschenrechten universalen Geltungsanspruch. Obwohl die Erklärung zunächst nur den Charakter einer mehr oder weniger unverbindlichen Empfehlung besaß, gingen von ihr große Wirkungen aus: Zahlreiche Konventionen und Pakte regionaler und globaler Bedeutung sowie viele Verfassungen (so auch das Grundgesetz der Bundesrepublik Deutschland) entstanden unter dem Einfluss dieser Erklärung.

„Allgemeine Erklärung der Menschenrechte" vom 10. Dezember 1948 der Vereinten Nationen

Die „Allgemeine Erklärung der Menschenrechte" enthält in ihren 30 Artikeln einige allgemeine Bestimmungen (Art. 1 und 2), sodann einen Katalog der Freiheitsrechte (Art. 3–20) und politischen Betätigungsrechte (Art. 21), gefolgt von Gleichheitsrechten in den Artikeln 22–28. Die Art. 29 und 30 enthalten Einschränkungsmöglichkeiten und entsprechende Erläuterungen.

Alle Menschen sind frei und gleich an Würde und Rechten geboren. Sie sind mit Vernunft und Gewissen begabt und sollen einander im Geiste der Brüderlichkeit begegnen.	Artikel 1
Jedermann hat Anspruch auf die in dieser Erklärung proklamierten Rechte und Freiheiten ohne irgendeine Unterscheidung, wie etwa nach Rasse, Farbe, Geschlecht, Sprache, Religion, politischer oder sonstiger Überzeugung ...	Artikel 2
Jedermann hat das Recht auf Leben, Freiheit und Sicherheit der Person.	Artikel 3
Niemand darf der Folter oder grausamer, unmenschlicher oder erniedrigender Behandlung oder Strafe unterworfen werden.	Artikel 5
Alle Menschen sind vor dem Gesetz gleich und haben ohne Diskriminierung Anspruch auf gleichen Schutz durch das Gesetz.	Artikel 7
Niemand darf willkürlich festgenommen, in Haft gehalten oder des Landes verwiesen werden.	Artikel 9
(1) Jedermann hat das Recht, sich innerhalb eines Staates frei zu bewegen und seinen Wohnsitz frei zu wählen ...	Artikel 13
(1) Jedermann hat das Recht, in anderen Ländern vor Verfolgung Asyl zu suchen und zu genießen ...	Artikel 14
Jedermannhat das Recht auf Gedanken-, Gewissens- und Religionsfreiheit ...	Artikel 18
Jedermann hat das Recht auf Freiheit der Meinung und der Meinungsäußerung.	Artikel 19
(1) Jedermann hat das Recht auf Versammlungs- und Vereinigungsfreiheit ...	Artikel 20

Menschenrechte – Grundrechte – Bürgerrechte

Karikatur: Brigitte Schneider

Ausgangspunkt für die Beschreibung der **Menschenrechte** ist die menschliche Würde, die unveräußerlich ist und auch in Bezug auf das eigene Leben nicht aufgegeben werden kann. Diese Rechte sind dem Menschen von Beginn seiner Existenz an mitgegeben. Verbunden damit ist, dass jeder die Würde der eigenen wie der anderen Personen zu achten hat.

Daraus ergibt sich, dass eine enge Beziehung zwischen dem eigenen Verhalten und dem anderer besteht.

Grundrechte sind die in eine Verfassung übersetzten, das heißt in einer Rechtsform (in Deutschland das Grundgesetz) verankerten und konkretisierten Menschenrechte. Mithin werden sie somit zum ethischen und rechtlichen Grund eines Staates, der die Rechte der Einzelnen, der Gruppen und ganzer Lebensbereiche zu gewähren hat.

Eine besondere Ausprägung der Grundrechte sind die **Bürgerrechte**.

Dies sind verfassungsmäßig garantierte individuelle Teilhaberechte, welche die Bürger nicht nur vor staatlichem Eingriff in die persönliche Freiheit schützen, sondern auch zur aktiven Einwirkung auf den Staat berechtigen.

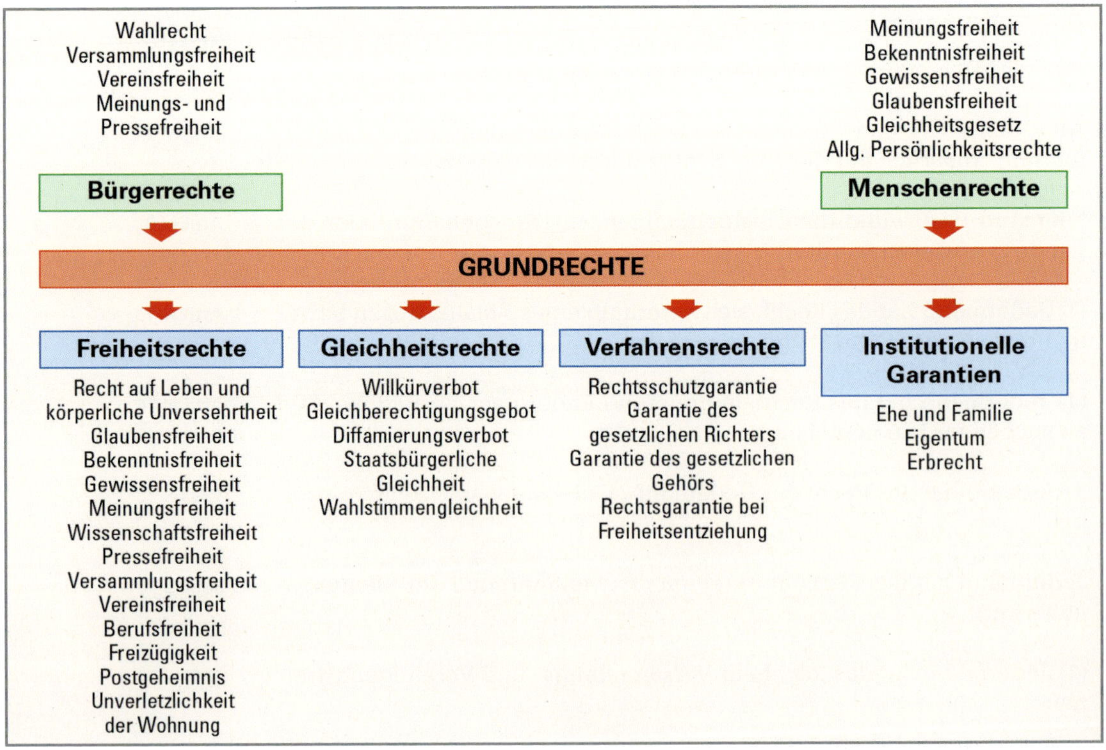

Nationalsozialismus

Das Scheitern der ersten deutschen Demokratie von Weimar und die Errichtung der nationalsozialistischen Diktatur ist längst zum Musterfall für die Zerstörung einer Demokratie und der Verlockungen einer Diktatur geworden.

Viele Faktoren und Konstellationen wirkten bei der **Entstehung des nationalsozialistischen Staates** zusammen, wie innen- und außenpolitische Strukturen und Umstände, Personen und ihre Wahrnehmungen bzw. ihr Handeln sowie Fehleinschätzungen und Zufälle.

30. Januar 1933

Adolf Hitler (Führer der NSDAP) bekommt von Reichspräsident Hindenburg nach den Vorschriften der Verfassung die Reichskanzlerschaft und die Aufgabe der Regierungsbildung übertragen.

Die Nationalsozialisten hatten bereits vor der Vereidigung des neuen Kabinetts die Auflösung des Reichstages und Neuwahlen durchgesetzt.

1. Februar 1933

Die Verhandlungen zur Regierungsbildung mit der Zentrumspartei ließ Hitler absichtlich scheitern, um Hindenburg davon zu überzeugen, dass das Kabinett Hitler, hinter dem 41,9 % der Reichstagsabgeordneten standen, nur auf dem Wege über Neuwahlen eine arbeitsfähige Mehrheit finden könne. Somit erfolgte die Auflösung des Reichstages durch Hindenburg; Neuwahlen wurden auf den 5. März festgesetzt.

4. Februar 1933

Der gleich nach der Machtübertragung an Hitler von den Kommunisten erfolgte Aufruf zu einem Generalstreik (der kaum befolgt wurde) bot den Vorwand für die Notverordnung des Reichspräsidenten „Zum Schutze des deutschen Volkes" vom 4. Februar.

Die Notverordnung sah massive Einschränkungen der Presse- und Versammlungsfreiheit für den Fall vor, dass eine „unmittelbare Gefahr für die öffentliche Sicherheit" drohe oder dass „Organe, Einrichtungen, Behörden oder leitende Beamte des Staates beschimpft oder lächerlich gemacht werden".

Das war so dehnbar formuliert, dass man damit gegnerische Parteien nach Belieben mundtot machen konnte.

28. Februar 1933

In der Nacht vom 27. auf den 28. Februar wurde das Reichstagsgebäude in Brand gesteckt. Ob der später verurteilte Holländer van der Lubbe Einzeltäter war oder als Werkzeug der Kommunisten die Tat begangen oder ob ein nationalsozialistisches Geheimkommando auf Befehl Görings den Brand gelegt hat, ist bis heute nicht genau geklärt.

Das Reichstagsgebäude am Morgen des 28. Februar 1933. Bei dieser Aufnahme handelt es sich um eine Fälschung der Nationalsozialisten: Flammen und Rauchwolken wurden hineinretuschiert. Laut Polizeibericht war demgegenüber das Feuer bereits gegen 0:25 Uhr unter Kontrolle, am Morgen hingen nur noch leichte Rauchschwaden über dem Gebäude.

Missachtung von Grundrechten

Wer auch immer die Brandstiftung begangen hat, entscheidend war, dass die nationalsozialistische Führung den Reichstagsbrand als Rechtfertigung für die unmittelbar danach erlassene „Verordnung zum Schutz von Volk und Staat" benutzte. Die Formulierungen der „Reichstagsbrandverordnung" setzten praktisch alle verfassungsmäßigen Grundrechte wie die Freiheit der Person, die Meinungs-, Presse-, Vereins- und Versammlungsfreiheit, das Post-, Brief-, Telegrafen- und Fernsprechgeheimnis sowie die Unverletzlichkeit von Eigentum und Wohnungen bis auf Weiteres außer Kraft. Personen konnten jetzt ohne Anklage, ohne Beweise und Rechtsbeistand willkürlich verhaftet und festgehalten werden.

Darüber hinaus erhielt die Reichsregierung die Möglichkeit, in die Souveränität der Länder einzugreifen. Damit war der Gleichschaltung auch der Länder der Boden bereitet, die noch nicht unter nationalsozialistischer Kontrolle standen.

5. März 1933

Bei den Wahlen zum Reichstag errangen die Nationalsozialisten nicht den von ihnen erwarteten Sieg. Mit 43,9 % der Stimmen verpasste die NSDAP die absolute Mehrheit eindeutig.

23. März 1933

An diesem Tag stand die Verabschiedung des „Gesetzes zur Behebung der Not von Volk und Reich" (Ermächtigungsgesetz) auf der Tagesordnung. Um die notwendige Zweidrittelmehrheit zu erhalten, wurden die 81 KPD-Abgeordneten rechtswidrig nicht eingeladen und 26 SPD-Abgeordnete waren bereits verhaftet oder geflohen. Die Zentrumsfraktion verließ sich auf Zusagen Hitlers, sodass mit der Verabschiedung weitreichende Vollmachten auf die Regierung übergingen. Die parlamentarische Demokratie war damit endgültig zu Ende.

Ermächtigungsgesetz

Der Reichstag hat das folgende Gesetz beschlossen, das mit Zustimmung des Reichsrates hiermit verkündet wird, nachdem festgestellt ist, dass die Erfordernisse verfassungsändernder Gesetzgebung erfüllt sind:

Artikel 1

Reichsgesetze können außer in dem in der Reichsverfassung vorgesehenen Verfahren auch durch die Reichsregierung beschlossen werden ...

Artikel 2

Die von der Reichsregierung beschlossenen Reichsgesetze können von der Reichsverfassung abweichen, soweit sie nicht die Einrichtung des Reichstages und des Reichsrates als solche zum Gegenstand haben. Die Rechte des Reichspräsidenten bleiben unberührt.

Artikel 3

Die von der Reichsregierung beschlossenen Reichsgesetze werden vom Reichskanzler ausgefertigt und im Reichsgesetzblatt verkündet. Sie treten, soweit sie nichts anderes bestimmen, mit dem auf die Verkündigung folgenden Tage in Kraft ...

Artikel 4

Verträge des Reichs mit fremden Staaten, die sich auf Gegenstände der Reichsgesetzgebung beziehen, bedürfen nicht der Zustimmung der an der Gesetzgebung beteiligten Körperschaften ...

Artikel 5

Dieses Gesetz tritt mit dem Tage seiner Verkündung in Kraft. Es tritt mit dem 1. April 1937 außer Kraft; es tritt ferner außer Kraft, wenn die gegenwärtige Reichsregierung durch eine andere abgelöst wird.

14. Juli 1933: „Gesetz gegen die Neubildung von Parteien"

Nachdem bereits einige Parteien verboten wurden bzw. sich selbst auflösten, erhebt die NSDAP nach diesem Gesetz den alleinigen Führungsanspruch.

§ 1 In Deutschland besteht als einzige politische Partei die Nationalsozialistische Deutsche Arbeiterpartei.

§ 2 Wer es unternimmt, den organisatorischen Zusammenhalt einer anderen politischen Partei aufrechtzuerhalten oder eine neue politische Partei zu bilden, wird, sofern nicht die Tat nach anderen Vorschriften mit einer höheren Strafe bedroht ist, mit Zuchthaus bis zu drei Jahren oder mit Gefängnis von sechs Monaten bis zu drei Jahren bestraft.

Menschenrechtsverletzungen im NS-Staat

Die Rassenideologie des Nationalsozialismus bedeutete für die Menschen größte Gefährdung. Wie kaum eine andere Personengruppe wurde das jüdische Volk mit Hass und Brutalität sowie systematischer Planung unterdrückt, verfolgt, erniedrigt und schließlich ermordet.

Verfolgung und Vernichtung vollzogen sich in vier Phasen:

1. Phase: 1933

Boykott jüdischer Geschäfte, Berufsverbote und die Errichtung der ersten Konzentrationslager kennzeichnen den Beginn der Verfolgung.

2. Phase: 1935

Die Nürnberger Rassengesetze verankern ein Heiratsverbot zwischen Deutschen und Juden sowie den Entzug der deutschen Staatsbürgerschaft für Juden.

3. Phase: 1938

In der „Reichspogromnacht" zündet die SA Synagogen an, zerstört jüdische Geschäfte und misshandelt, verhaftet und sperrt 30.000 Juden in Konzentrationslagern ein.

4. Phase: 1942

Der Beschluss zur „Endlösung" will alle Juden beseitigen. Es erfolgt die Erfassung und der Abtransport aller Juden Europas in Konzentrationslager, wobei „Arbeitsfähige" Zwangsarbeit leisten müssen und die „nicht arbeitsfähigen" Juden vernichtet werden.

Den zweiten großen Rassenmord verübten die Nationalsozialisten an den europäischen Sinti und Roma. Seit 1933 wurden Zigeuner verfolgt, ausgewiesen und in Konzentrationslager gesperrt. Obwohl sie in den Nürnberger Rassengesetzen nicht ausdrücklich genannt wurden, galten sie als Menschen „artfremden" Blutes.

Bekämpfung von Menschenrechtsverletzungen

Widerstand gegen das NS-Regime

Die Motive der Deutschen, die sich zur Ablehnung des Nationalsozialismus und zur Auflehnung gegen Hitlers Herrschaft entschlossen, sind vielschichtig.

Die Befürwortung eines demokratischen Rechtsstaates spielte eine ebenso bedeutende Rolle wie die aus religiösen und ethischen Gründen herrührende Gegnerschaft.

Rote Kapelle

Ein namhafter Widerstandskreis war die „Rote Kapelle", der aus Angehörigen der linksoppositionellen Gruppen bestand und insbesondere 1941/42 der Sowjetunion Nachrichten zukommen lassen konnte, bis er im August 1942 ausgehoben wurde.

Auch die Sozialdemokraten bekamen seit ihrer Ablehnung gegen das Ermächtigungsgesetz das Unrechtsbewusstsein Hitlers zu spüren.

Es bildete sich ein Verschwörerkreis aus Sozialdemokraten und Gewerkschaftlern, in dem vor allem **Julius Leber** eine führende Rolle übernahm.

Julius Leber vor dem Volksgerichtshof

Clemens August Graf von Galen (1878 – 1946), Bischof von Münster

Auch Priester und Gläubige beider christlichen Konfessionen gehörten zu denjenigen, die über Hitlers Terrorsystem empört waren und die nationalsozialistische Ideologie ablehnten.

Prominente Bischöfe, wie **Michael Faulhaber** und **Clemens August Graf von Galen**, wagten ebenso wie viele Priester und Laien, sich zu widersetzen und ihre Religion gegen die antichristliche Weltanschauung des Regimes zu verteidigen.

Der nationalsozialistische Kreis um den zum „Reichsbischof" ernannten Pfarrer Ludwig Müller diente Hitler als Werkzeug zur Schaffung einer evangelischen Nationalkirche.

Als sich aber zeigte, dass sich der Großteil der Gläubigen und die meisten Geistlichen der von Pastor **Niemöller** geleiteten **„Bekennenden Kirche"** anschlossen, ließ Hitler den isolierten Kreis um Müller fallen und begann die systematische Verfolgung.

© ullstein bild

Martin Niemöller (1892 – 1984), führendes Mitglied der Bekennenden Kirche

Obwohl Hitler die Kirchen als unversöhnliche Gegner bei seiner totalen Erfassung der Menschen ansah, schreckte er doch vor allzu rigorosen Maßnahmen zurück, um vor allem während der Kriegszeit die Gläubigen nicht in eine konsequente Opposition zu treiben.

Neben diesen kirchlich streng gebundenen Gruppen von Widerstandswilligen gab es zahlreiche Männer und Frauen, die das offensichtliche Unrechtssystem und seine zwangsläufig zum Untergang führende verantwortungslose Politik ablehnten.

Der „Kreisauer Kreis" bestand aus Männern, die aus ganz unterschiedlichen sozialen, ideologischen und politischen Bereichen kamen.

In Kreisau (Niederschlesien), auf dem Gut des **Grafen von Moltke** (23. Januar 1945 hingerichtet), trafen sich Pfingsten 1942 einige Männer und Frauen (u. a. **Alfred Delp, Eugen Gerstenmaier** und **Julius Leber**) und formulierten die „Grundsätzliche Erklärung", einem Schlüsseldokument des Widerstandes gegen Hitler. Darin kommt die Absicht zum Ausdruck, eine Neuordnung und Neuorientierung von Staat und Gesellschaft nach der Überwindung des Nationalsozialismus zu gestalten. Schließlich wurde 1943 in den sieben „Grundsätzen für die Neuordnung" die Grundlage einer humanen und sozialen Ordnung des Zusammenlebens im nationalen und europäischen Rahmen formuliert.

Grundsätze für die Neuordnung (1943)

1. Das zertretene Recht muss wieder aufgerichtet und zur Herrschaft über alle Ordnungen des menschlichen Lebens gebracht werden ...
2. Die Glaubens- und Gewissensfreiheit ist gewährleistet ...
3. Brechung des totalitären Gewissenszwang und Anerkennung der unverletzlichen Würde der menschlichen Person ...
4. Die Grundeinheit friedlichen Zusammenlebens ist die Familie ...

Georg Elser (*1903, 9. April 1945 ermordet)

Es gibt auch Beispiele des Widerstands einzelner Personen, die ihrem Gewissen folgten und nicht bereit waren, alles hinzunehmen. Am 8. November 1939 brachte **Georg Elser** im Münchener Bürgerbräukeller eine Bombe zur Explosion. Gegolten hatte der Anschlag Adolf Hitler, der jedoch das Traditionstreffen der „alten Kämpfer" wegen des schlechten Wetters – weit früher als üblich – verlassen hatte.

Der militärische Widerstand

Auch im Militär regte sich eine Opposition um die Jahreswende 1937/38, als manche Offiziere die Gefahren der aggressiven Außenpolitik Hitlers zu erkennen begannen. Mancher Versuch, Hitler zu bremsen bzw. gegen ihn zu putschen, schlug fehl.

© ullstein bild

Der Schreiner Georg Elser verübte am 8. Nov. 1939 ein Bombenattentat auf Hitler

Darüber hinaus scheiterten auf geradezu groteske Weise alle Attentatsversuche gegen Hitler. So sollte Hitler im März 1943 bei einem Besuch in der sowjetischen Stadt Smolensk erschossen werden. Aus Rücksicht auf unbeteiligte Offiziere unterblieb der Anschlag; **Oberst Tresckow** ließ im Flugzeug Hitlers eine Bombe verstecken, die ihn auf dem Rückflug in die Luft sprengen sollte, aber der Zünder versagte.

Claus Graf Schenk von Stauffenberg, * 15.11.1907, am 20. Juli 1944 hingerichtet.

Im Sommer 1944 war die militärische Lage längst aussichtslos. **Oberst von Stauffenberg** war entschlossen, das Attentat auf Hitler unter allen Umständen zu begehen, um wenigstens ein moralisches Zeichen zu setzen. Im Juli 1944 wurde von Stauffenberg – nach einer schweren Verwundung in Nord-Afrika – zum Stabschef ernannt. Mit einer Gruppe von anderen Widerstandskämpfern bereitete er das Attentat vor mit dem Ziel, einen Staatsstreich zu leiten. Anlässlich einer militärischen Lagebesprechung brachte er am 20. Juli 1944 im Hauptquartier Hitlers („Wolfsschanze") bei Rastenburg eine Bombe in einer Aktentasche zur Explosion, bei der fünf Anwesende getötet wurden, Hitler wurde nur leicht verletzt. Nach dem Scheitern der Aktion wurden von Stauffenberg und drei Mitverschworene noch am selben Tag standrechtlich erschossen.

Die genaue Zahl der Verurteilten ist nicht bekannt. Tausende wurden Opfer der Rache Hitlers, sie sind auf grausame Weise hingerichtet worden.

© ullstein bild – Bunk

Claus Graf Schenk von Stauffenberg

Menschenrechtsverletzungen weltweit und in der Bundesrepublik Deutschland

Es gibt nur wenige Staaten auf der Welt, in denen Menschenrechte nicht verletzt werden. Selbst ein demokratischer Rechtsstaat – wie die Bundesrepublik Deutschland – bietet keinen absoluten Schutz vor Menschenrechtsverletzungen. Doch die große Anzahl von Übergriffen auf die Persönlichkeit ereignen sich in Schwellen- und Entwicklungsländern.

Verfolgung Andersdenkender

Von der Mitbegründerin der KPD, **Rosa Luxemburg**, stammt der bekannte Satz: „Freiheit ist immer die Freiheit des Andersdenkenden." Gerade dieses Zitat wird in den noch bestehenden kommunistischen Staaten wie China, Kuba und Nordkorea nicht beachtet. Zu den alltäglichen Repressionen gehören Telefonüberwachung, willkürliche Verhaftungen, Hausarrest, Demonstrationsverbot, keine Möglichkeit der freien Meinungsäußerung sowie die Durchführung von unfairen Prozessen.

Repressalien aus religiösen Gründen

Eng verbunden mit der Unterdrückung Andersdenkender ist die Verfolgung aus Glaubensgründen. Der **Fundamentalismus** ist in den verschiedenen Religionen verbreitet, findet seine militanteste Ausprägung jedoch zur Zeit in islamischen Staaten wie Iran. Auch Auseinandersetzungen zwischen Hindus und Moslems in Indien und Pakistan, zwischen islamischen Fundamentalisten und den Militärs in Algerien haben zur Folge, dass Tausende Opfer von menschenverachtenden Attentaten, Folterungen und Hinrichtungen werden.

Unterdrückung ethnischer Minderheiten

Beim Thema „Rassendiskriminierung" blickt man auch heute noch sofort nach Südafrika. Seit 1990 erlebt Südafrika einen schrittweisen Übergang zur Anerkennung der Gleichheit aller Menschen. Dabei wurde **Nelson Mandela** zur Symbolfigur des Widerstands. Schwerwiegende Probleme im Zusammenleben verschiedener Ethnien und Kulturen treten vor allem in Vielvölkerstaaten wie dem ehemaligen Jugoslawien oder Staaten der Dritten Welt auf. Auseinandersetzungen zwischen Hutu und Tutsi in Ruanda und Burundi, soziale Spannungen zwischen ca. 200 ethnischen Gruppen in Nigeria und die Konflikte in Somalia zeigen die Schwierigkeiten des friedlichen Zusammenlebens.

Kinderarbeit

Nach Angaben des Kinderhilfswerkes „Terre des hommes" werden weltweit ca. 300 Mio. Kinder gezwungen, einen Beitrag zum Einkommen der Familie zu leisten. Tägliche Arbeitszeiten von bis zu 16 Stunden in Fabriken, Teppichknüpfereien, Steinbrüchen, Bergwerken, Plantagen oder Bordellen erscheinen für uns unvorstellbar. Konsequenzen dieses unvorstellbaren Leids sind bleibende körperliche und psychische Schäden, sittliche Verrohung und geistige Defizite.

Einschränkung der Frauenrechte

In unserer Welt werden Politik, Wirtschaft und Gesellschaft weitgehend von Männern dominiert. Es wird häufig übersehen, dass Menschenrechte auch Frauenrechte sind.

Foltermethoden

In manchen Ländern der Erde sind Folterungen dazu da, um durch Isolation, Demütigung, psychischen Druck und körperlichen Schmerz den „Gefangenen" zu zerbrechen und ihm die gewünschten Informationen zu entlocken. Darüber hinaus werden in psychiatrischen Kliniken Menschen unter Einfluss von Drogen dazu gebracht, ihrer religiösen oder politischen Überzeugung abzuschwören. Schließlich ist die Bevölkerung dem staatlichen Terror in den Ländern ausgeliefert, in denen das „Verschwindenlassen" von Menschen oder das Wüten von „Todesschwadronen" an der Tagesordnung ist.

Vor dem Hintergrund des uneinschränkbaren Rechts auf Leben ist die „legale" Todesstrafe mehr als fragwürdig. Jede Hinrichtung bedeutet eine nicht wieder gutzumachende Verletzung der Menschenwürde.

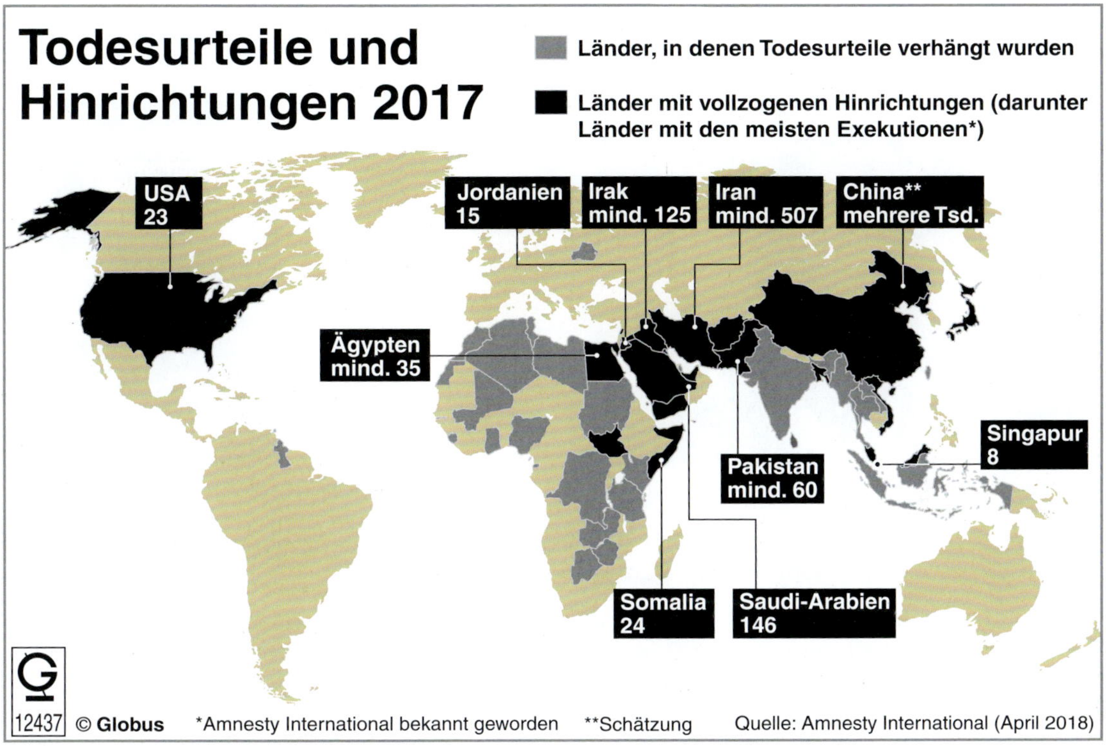

Auf einer anderen Ebene vollziehen sich Menschenrechtsverletzungen in der Bundesrepublik Deutschland. Auch eine Demokratie bietet keinen absoluten Schutz vor Übergriffen durch den Staat. Immer wieder muss das eigene Verhalten beim Umgang mit bestimmten Gruppen wie Behinderten, Drogenabhängigen, Nichtsesshaften überprüft werden. Ebenso ist eine latente Ausländerfeindlichkeit nicht zu bestreiten. Im Amnesty Report 2017/2018 (S. 218) wird eindirnglich die internationale Gemeinschaft aufgefordert, sich verstärkt für den Schutz von Menschenrechtsverteidigern einzusetzen.

Presse

22. FEBRUAR 2018

AMNESTY REPORT 2017/18: REGIERUNGEN MÜSSEN SICH POLITIK DER AUSGRENZUNG ENTGEGENSTELLEN

© Amnesty International/Foto: Sarah Eick

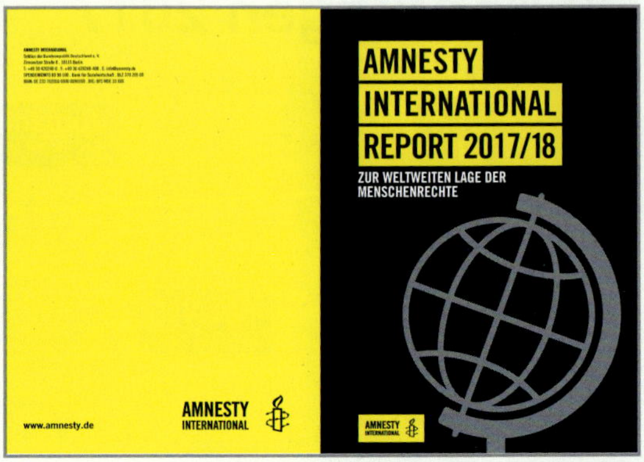

© Amnesty International Deuschland 2018

Markus N. Beeko, Generalsekretär der deutschen Amnesty-Sektion, bei der Vorstellung des Amnesty International Report 2017/18 am 21. Februar 2018 in Berlin

Amnesty International hat anlässlich der Veröffentlichung des Reports zur weltweiten Menschenrechtslage die internationale Gemeinschaft aufgefordert, sich verstärkt für den Schutz von Menschenrechtsverteidigern einzusetzen.

Amnesty International appelliert an Regierungen weltweit, sich der Rhetorik der Ausgrenzung und den offenen Angriffen auf Menschenrechtsstandards entschlossen entgegenzustellen. „Amnesty International hat für das Jahr 2017 dokumentiert, wie in vielen Ländern spaltende Rhetorik und systematische Ausgrenzung in schwere Menschenrechtsverletzungen mündeten. Die gewaltsame Vertreibung der Rohingya in Myanmar zeigt uns, wohin die alltägliche Diskriminierung von Minderheiten führt", sagt Markus N. Beeko, Generalsekretär von Amnesty International in Deutschland, zur Vorstellung des neuen **Amnesty International Reports 2017/18**. „Im neuen Amnesty International Report finden sich neben Ungarn, den Philippinen, Ägypten und den USA viele weitere Beispiele, die zeigen, dass die gezielte Ausgrenzung von Bevölkerungsgruppen und Minderheiten in vielen Ländern zum Alltag geworden ist."

Amnesty beobachtete im vorigen Jahr auch weitergehende Versuche vieler Staaten, die Meinungs-, Versammlungs- und Vereinigungsfreiheit einzuschränken oder rechtstaatliche Garantien auszuhebeln. Doch diese Versuche stoßen auf Widerstand: In Russland, Simbabwe, Polen und vielen anderen Ländern gingen Menschen auf die Straße oder zogen vor Gericht, um ihre Rechte einzufordern.

Zu den entschiedensten Stimmen, die sich staatlicher Willkür und Unterdrückung entgegenstellen, zählen die von Menschenrechtsverteidigern. Wer Kritik an Regierungen übt oder über Menschenrechtsverletzungen berichtet, wird selbst zur Zielscheibe. „Amnesty International hat im vergangenen Jahr beobachten müssen, wie Journalisten, Gewerkschafter, Anwälte und andere, die sich für die Menschenrechte einsetzen, vermehrt bedroht, verfolgt und getötet wurden. Insgesamt wurden im Jahr 2017 weltweit mindestens 312 Menschen wegen ihres friedlichen Einsatzes für die Menschenrechte getötet."

Mit der Inhaftierung von zwei hochrangigen Amnesty-Vertretern saßen 2017 in der Türkei sogar Repräsentanten einer unabhängigen internationalen Menschenrechtsorganisation in Haft – in der 55-jährigen Geschichte von Amnesty ein Präzedenzfall.

> Auch in Ägypten wird die Zivilgesellschaft systematisch unterdrückt. Der diesjährige Träger des Amnesty-Menschenrechtspreises, das *Nadeem-Zentrum für die Rehabilitierung von Opfern von Gewalt und Folter,* kann aufgrund staatlicher Repressionen seine wichtige Arbeit nicht fortsetzen.
>
> „In Ungarn stigmatisiert die Regierung von Viktor Orbán zivilgesellschaftliche Organisationen, die sich kritisch über sie äußern, als ‚ausländische Agenten' und als Spione und Staatsfeinde", sagt Beeko.
>
> „In dieser herausfordernden weltpolitischen Situation sind alle Regierungen gefordert, auf internationaler Ebene konsequent auf die Einhaltung völkerrechtlicher Abkommen zu dringen" sagt Beeko.
>
> *Quelle: Amnesty International, Text gekürzt*

Menschenrechte und Gerichtsbarkeit

Den weitesten Fortschritt auf dem Gebiet des Menschenrechtsschutzes ist der **Internationale Pakt über bürgerliche und politische Recht**e der UN von 1996. Er sieht neben der Berichtspflicht aller Vertragsstaaten an den Ausschuss für Menschenrechte die sog. „Staatenbeschwerde" vor. Danach kann ein Mitgliedsstaat gegen einen anderen vor dem Ausschuss Beschwerde führen, wenn er glaubt, dieser käme seinen Verpflichtungen aus dem Pakt nicht nach.

Die **Europäische Konvention zum Schutze der Menschenrechte** von 1950 gibt den Mitgliedsstaaten des Europarates und ihren Mitbürgerinnen und Mitbürgern die Möglichkeit des Rechtswegs. Seit 1990 können sich sogar individuelle Beschwerdeführer direkt an den **Europäischen Gerichtshof** in Straßburg wenden.

Die Generalversammlung der Vereinten Nationen beschloss 1993 **einen Hochkommissar für Menschenrechte** (UNHCHR) einzusetzen. Seine Aufgabe besteht darin, die Aktivitäten aller mit Menschenrechtsfragen befassten UN-Gremien zu koordinieren und allgemein zur Verbesserung der internationalen Zusammenarbeit auf diesem Gebiet beizutragen.

Einen weiteren Schritt auf dem Weg zu einem besseren Schutz der Menschenrechte erfolgte im Juli 1998, als man sich in Rom auf einen Vertrag zur Schaffung eines **Weltstrafgerichtes** verständigte. Vorausgegangen waren Tribunale, die die Menschenrechtsverletzungen im ehemaligen Jugoslawien und den Völkermord in Ruanda untersuchten.

Die Missachtung von Menschenrechten kann nicht nur durch die Staats-

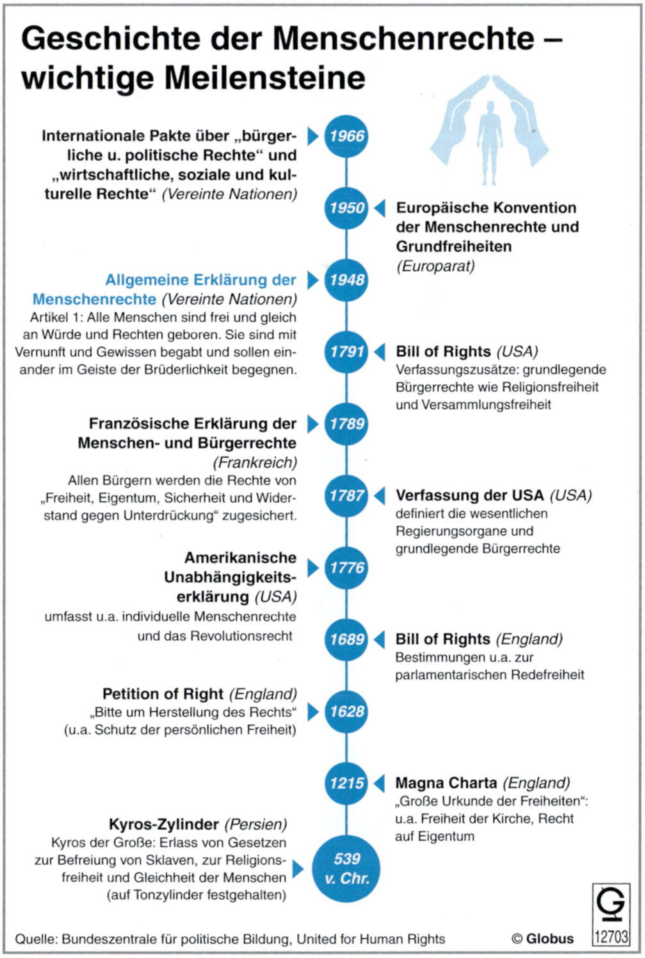

gewalt erfolgen. Es gibt auch bestimmte Gruppen, die die Menschenrechte anderer Gruppen missachten. In diesem Zusammenhang fällt der Blick auf den Extremismus, der in seiner schärfsten Form auch Terror und Anschläge beinhaltet und damit das Recht auf Leben missachtet. Der Rechtsextremismus erkennt darüber hinaus auch die fundamentale Gleichheit aller Menschen nicht an.

Extremismus

Unter dem Begriff Extremismus werden – in sehr unterschiedlichen Erscheinungsformen – Gesinnungen und Bestrebungen zusammengefasst, die sich in kämpferischer Form gegen grundlegende Werte (auch Menschenrechte), Spielregeln und Institutionen des demokratischen Verfassungsstaates richten.

Linksextremismus

Linksextremisten wollen die freiheitliche Demokratie revolutionär beseitigen und an ihrer Stelle eine kommunistische Diktatur oder eine Anarchie errichten. Sie rechtfertigen ihre Gewalt zumeist als „Gegengewalt", „zivilen Ungehorsam" oder als „gewaltfrei", wenn es sich „nur" um Sachbeschädigungen in Millionenhöhe handelt. Linksextremistische Terroristen haben mit Attentaten in der Vergangenheit viele Menschen getötet, sogenannte Autonome propagieren Militanz und verüben Gewaltakte gegen Personen und Sachen. Höhepunkt des Linksterrorismus waren die Anschläge der Baader-Meinhof-Bande und der daraus hervorgegangen Rote-Armee-Fraktion in den 70er und 80er Jahren. Die im März 1998 veröffentliche Erklärung stellt die Auflösung der Terrororganisation dar.

Gewalttaten mit extremistischem Hintergrund aus dem Bereich „Politisch motivierte Kriminalität – links"*

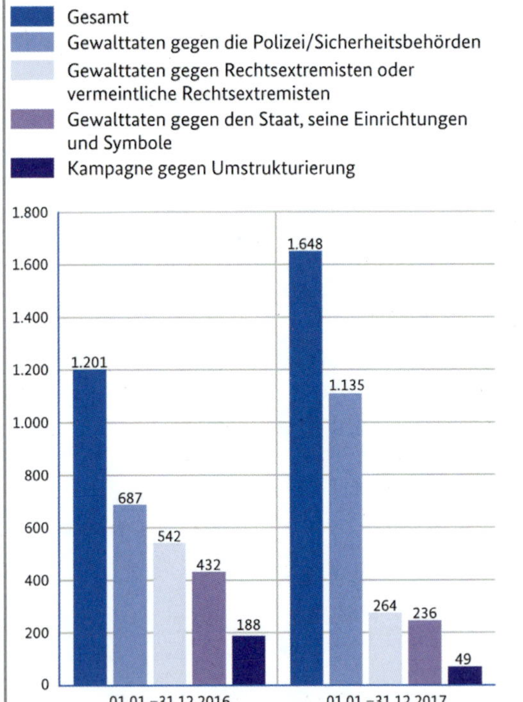

* Die Zahlen basieren auf Angaben des BKA. Es sind nur die wichtigsten Zielrichtungen berücksichtigt. Da die erfassten Sachverhalte im Rahmen einer mehrdimensionalen Betrachtung unter verschiedenen Gesichtspunkten bewertet werden, können Gewalttaten unter mehreren Zielrichtungen subsumiert sein.

Zwischenzeitlich wurden jedoch DNA-Spuren gesichert, die auf mutmaßliche vor Jahrzehnten untergetauchte Linksterroristen der Roten Armee-Fraktion (RAF) schließen, die im Juni 2015 in Bremen an einem Überfall auf einen Geldtransporter beteiligt sein sollen.

Noch im Jahre 2016 sollen Mitglieder der RAF bei einem Überfall mehr als 600.000 Euro erbeutet haben. Das heißt, dass bis heute immer noch RAF-Mitglieder auf der Flucht sind und viele ihrer Taten bis dato nicht aufklärt werden konnten.

Die Gewalttaten mit extremistischem Hintergrund aus dem Bereich „Politisch motivierte Kriminalität – links" sind vom Jahr 2016 auf 2017 laut Bundeskriminalamt von insgesamt 1.201 auf 1.648 Delikte angestiegen. Die Gewalttaten gegen Polizei und Sicherheitsbehörden von links haben ebenfalls zugenommen (687 Gewalttaten 2016 auf 1.135 Gewalttaten in 2017). Delikte gegen Rechtsextremisten oder vermeintliche Rechtsextremisten sowie Delikte gegen den Staat waren im Jahre 2017 rückläufig.

Das Lagebild der letzten Jahre im Bereich „Rechtsextremismus" ist durch eine deutliche Zunahme von Aktivitäten gekennzeichnet. Die Entwicklung wird im Wesentlichen durch eine zunehmende Vernetzung der einzelnen Organisationen und einem wachsenden Potenzial

Rechtsextremismus

rechtsextremer Jugendlicher geprägt. Rechtsextremistische Bestrebungen waren nach intensiven staatlichen Maßnahmen, wie einer Vielzahl von Verboten rechtsextremistischer Vereinigungen, zunächst rückläufig.

Die Verbote wirkten sich anfänglich lähmend auf die Aktionsfähigkeit aus. Die vergangenen Jahre waren auf Bundesebene wesentlich geprägt durch Aktivitäten der „Nationaldemokratischen Partei Deutschlands (NPD)" und ihrer Jugendorganisation „Junge Nationaldemokraten (JN)". Weiterhin waren Agitationsschwerpunkte wirtschafts- und sozialpolitische Fragen, beispielsweise im Zusammenhang mit der Europäischen Union, der Arbeitslosigkeit, der Wohnungsnot oder der Staatsverschuldung.

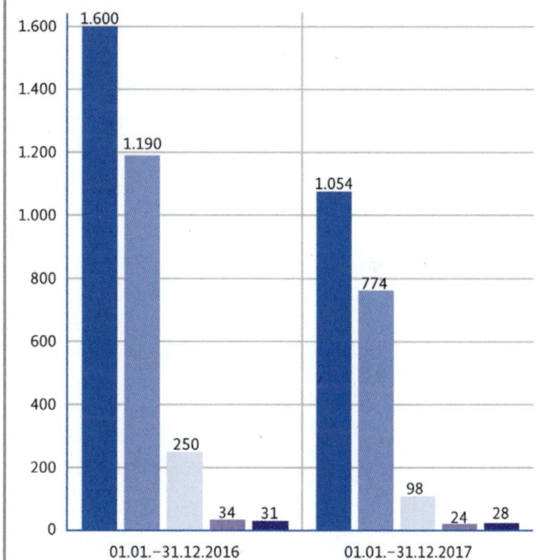

* Die Zahlen basieren auf Angaben des BKA. Es sind nur die wichtigsten Zielrichtungen berücksichtigt. Da die erfassten Sachverhalte im Rahmen einer mehrdimensionalen Betrachtung unter verschiedenen Gesichtspunkten bewertet werden, können Gewalttaten unter mehreren Zielrichtungen subsumiert sein.

Grafiken: https://www.epochtimes.de/politik/deutschland/verfassungsschutzbericht

Rechtsextremisten verfolgen zumeist das Ziel eines totalitären oder autoritären Staates. Sie predigen einen Nationalismus und völkischen Kollektivismus, der sich gegen die Völkerverständigung richtet, ethnische Minderheiten ausgrenzt und rassistisch geprägt ist.

Verbrechen der nationalsozialistischen Gewaltherrschaft werden von den meisten Rechtsextremisten heruntergespielt oder gar geleugnet.

Rechtsextremistische Parteien beabsichtigen einen autoritären Staat aufzubauen, der die freiheitlich-demokratische Grundordnung nicht beachtet bzw. außer Kraft setzen möchte. Die Nation gilt als oberstes Prinzip. Bürgerrechte und Menschenrechte werden abgewertet.

Die Gewalttaten mit extremistischem Hintergrund aus dem Bereich „Politisch motivierte Kriminalität – rechts" sind von 1.600 Gewalttaten im Jahre 2016 auf 1.054 Gewalttaten in 2017 gesunken. Auch die fremdenfeindlichen Gewaltentaten reduzierten sich von 1.190 in 2016 auf 774 in 2017. Die Gewalttaten gegen Linksextremisten oder vermeintliche Linksextremisten gingen von 2016 (250 Gewalttaten) auf 2017 (98 Gewalttaten) ebenfalls zurück. Auch antisemitische Gewalttaten waren in diesem Zeitraum rückläufig (31 Gewalttaten 2016 gegenüber 28 Taten in 2017).

Die bei Rechtsextremisten vorzufindende Juden- und Fremdenfeindlichkeit lässt immer wieder auch eine hohe Bereitschaft zur Gewalttätigkeit erkennen. Anschläge auf Wohnunterkünfte von Ausländern und jüdische Gedenkstätten, brutale Angriffe bis hin zur Ermordung deutscher und ausländischer Mitbürger beweisen die Gefährlichkeit dieser Extremisten.

Die inneren Strukturen rechtsextremistischer Organisationen sind vielfach von einer Überbetonung militärischer und soldatischer Ordnungsklischees (Führerprinzip) geprägt.

Nach außen wird eine übersteigerte, autoritärdiktatorische Staatsmacht propagiert, in der sich die Rechte des Individuums bedingungslos der „Volksgemeinschaft" unterzuordnen haben.

Ausländer-extremismus

Politisch motivierte Ausländerkriminalität ist gekennzeichnet durch das Austragen politischer und religiöser Konfliktsituationen der Herkunftsländer in Deutschland, aber auch durch Straftaten zur Stärkung der jeweiligen Organisation.

Sie richtet sich vorwiegend gegen Einrichtungen und Vertretungen der Herkunftsländer, gegen konkurrierende und andersdenkende Organisationen und Vereine, eigene Landsleute oder Volksgruppenzugehörige und Aussteiger.

In den vergangenen Jahren standen Aktionen türkischer und kurdischer Extremisten im Vordergrund. Der Verfassungsschutz sammelt nicht nur Informationen über Aktivitäten von Ausländern – z. B. in Bündnissen mit deutschen Extremisten – gegen die freiheitliche demokratische Grundordnung, sondern insbesondere auch über ausländische Gruppen, die ihre gegenseitigen oder gegen ihre Heimatländer gerichteten politischen Auseinandersetzungen mit Gewalt auf deutschem Boden austragen.

Hinzu kommen Ausländerorganisationen, die vom Bundesgebiet aus Gewaltaktionen in anderen Staaten vorbereiten oder durchführen und dadurch auswärtige Belange Deutschlands beeinträchtigen.

Wehrhafte Demokratie

Auf Grund der bitteren Erfahrungen, die Deutschland und seine Nachbarn nach dem Untergang der Demokratie in der abwehrschwachen Weimarer Republik unter den Folgen der Nazidiktatur sammeln mussten, hat sich die Bundesrepublik in ihrem Grundgesetz für eine wehrhafte Demokratie entschieden.

Sie ist ihren Feinden gegenüber entschlossen abwehrbereit. Der Freiheitsanspruch einzelner steht in einem Spannungsverhältnis zum Freiheitsanspruch anderer und zum Recht aller Bürger auf Freiheit und Sicherheit.

Beide Grundwerte müssen mit rechtsstaatlichen Mitteln gegeneinander ausbalanciert werden. Das Grundgesetz garantiert politisch Andersdenkenden bis hin zu radikalen Überzeugungen Freiheit. Auch radikale politische Überzeugungen und Gesinnungen haben ihren Platz in unserer pluralistischen Gesellschaftsordnung.

Die Grenzen der Freiheit werden jedoch überschritten, wenn Organisationen oder politische Parteien die Demokratie und den Rechtsstaat in Frage stellen oder sie gar beseitigen wollen.

Erst wenn Feinde der Freiheit sich als extremistische Bestrebungen bemerkbar machen, die Grundprinzipien und den Kernbestand unserer Verfassung antasten wollen, treten die Abwehrkräfte des demokratischen Rechtsstaates auf den Plan.

Zu den Schutzmechanismen der wehrhaften Demokratie gehören:

- Unabänderlichkeit bestimmter elementarer Verfassungsgrundsätze (Art. 79 Abs. 3 GG)
- Verbot von Parteien/Vereinigungen aufgrund verfassungswidriger Aktivitäten (Art. 21 Abs. 2 u. Art 9 Abs. 2 GG)
- Verwirkung von Grundrechten, wenn diese zum Kampf gegen die freiheitliche demokratische Grundordnung missbraucht werden (Art. 18 GG)
- Pflicht der Angehörigen des öffentlichen Dienstes zur Verfassungstreue (Art. 5 Abs. 3 und Art. 33 Abs. 5 GG in Verbindung mit beamtenrechtlichen Vorschriften)
- Verfolgung von Straftaten, die sich gegen den Bestand des Staates oder gegen die Verfassung richten (sog. Staatsschutzdelikte)

LERN-BOX

- **Menschenrechte** sind Rechte, die jedem Menschen unabhängig von seiner Stellung in Staat, Gesellschaft, Familie, Beruf, Religion und Kultur dadurch zustehen, dass er als Mensch geboren ist. Sie sind unveräußerbar.
- **Grundrechte** sind die in einer Verfassung in Regeln oder Gesetze verankerten und konkretisierten Menschen- und Bürgerrechte.
- Die älteste Menschenrechtserklärung ist die „**Virginia Bill of Rights**" von 1776.
- Die bedeutendste Konvention ist die „**Allgemeine Erklärung der Menschenrechte**" der Vereinten Nationen.
- Am **30. Jan. 1933** wird **Adolf Hitler** zum Reichskanzler ernannt. Bereits am **14. Juli 1933** gilt per Gesetz die NSDAP als einzige politische Partei.
- Menschenrechte werden im NS-Staat in vielerlei Hinsicht missachtet.
- Bedeutende Widerstandskämpfer gegen Adolf Hitler sind: Julius Leber, Bischof Graf von Galen, Martin Niemöller, Alfred Delp, Graf Schenk von Stauffenberg.
- Verfolgung Andersdenkender, Repressalien aus religiösen Gründen, Unterdrückung, Kinderarbeit, Folter und Todesstrafe sind gegenwärtige Verletzungen der Menschenrechte weltweit.
- Rechts- Links- und Ausländerextremismus sind heutige Erscheinungsformen, die die Spielregeln eines demokratischen Staates nicht beachten.

WISSENS-CHECK

1. Informieren Sie sich im Internet über **aktuelle Verstöße** gegen die Menschenrechte.
2. Vergleichen Sie die Artikel des UN-Menschenrechts-Erklärung mit den Artikeln des Grundgesetzes und notieren Sie, wo **Übereinstimmungen** zu finden sind.
3. Nach dem **Naturrecht** müssen Menschenrechte nicht erst geschaffen werden, sondern sind von Anfang an und überzeitlich vorhanden. Erklären Sie, warum sie dennoch in Verfassungen verankert sind.
4. Gegen welche **Grundrechte** wurde in der Zeit des Nationalsozialismus im Deutschen Reich verstoßen?
5. Beschreiben Sie, mit welchen Mitteln sich Adolf Hitler innerhalb kurzer Zeit seine **Machtposition** sicherte.
6. Nennen Sie wichtige **Persönlichkeiten des Widerstandes** gegen Adolf Hitler.
7. Nennen Sie **Organisationen**, die sich um die Einhaltung der Menschenrechte kümmern.
8. Nennen und erläutern Sie mindestens fünf **Schutzmechanismen**, die zu einer wehrhaften Demokratie gehören.

❾ Lösen Sie mit Hilfe des Grundgesetzes dieses Begriffsrätsel. Die umrahmten Buchstaben ergeben von oben nach unten gelesen ein wichtiges Grundrecht.
(aus: Grundgesetz für Einsteiger, hrsg. von der Bundeszentrale für politische Bildung)

Ⓐ Männer und Frauen sind **?**.

Ⓑ Jeder hat das Recht auf Leben und körperliche **?**.

Ⓒ Niemand darf gegen sein ? zum Kriegsdienst mit der Waffe gezwungen werden.

Ⓓ Die Wohnung ist **?**.

Ⓔ Eigentum **?**.

Ⓕ Alle Deutschen genießen ? im ganzen Bundesgebiet.

Ⓖ Politisch Verfolgte genießen **?**.

Ⓗ Das gesamte **?** steht unter der Aufsicht des Staates.

Ⓘ Alle Deutschen haben das Recht, sich ohne Anmeldung oder Erlaubnis **?** und ohne Waffen zu versammeln.

Ⓙ Alle Deutschen haben das Recht, Beruf, Arbeitsplatz und **?** frei zu wählen.

Ⓚ Ehc und **?** stehen unter dem besonderen Schutze der staatlichen Ordnung.

Ⓛ Das Deutsche Volk bekennt sich darum zu unverletzlichen und unveräußerlichen **?** als Grundlage jeder menschlichen Gemeinschaft, des Friedens und der Gerechtigkeit in der Welt.

Ⓜ Alle Deutschen haben das Recht, **?** und Gesellschaften zu bilden.

Ⓝ Die **?** und die Freiheit der Berichterstattung durch Rundfunk und Film werden gewährleistet.

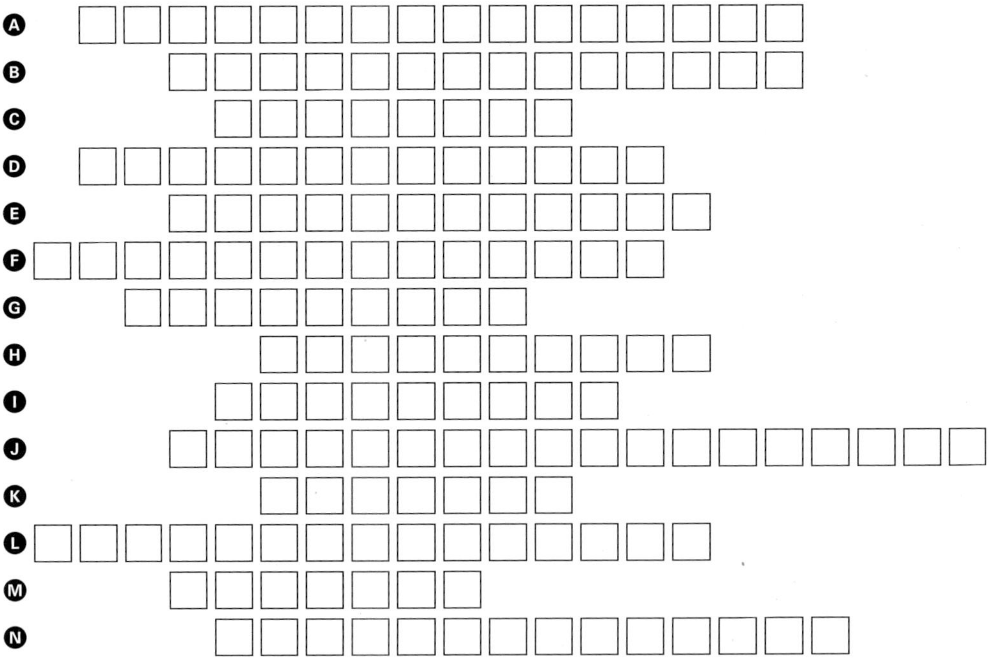

Deutschland nach 1945

Deutschland wurde nach 1945 von den Siegern in vier Besatzungszonen eingeteilt. Dies hatten Stalin, Churchill und Roosevelt schon vor Ende des Krieges vereinbart.

Churchill, Trumann und Stalin während der Potsdamer Konferenz am 23. Juli 1945

Die vier Militärbefehlshaber gründeten den **„Alliierten Kontrollrat"**, der für alle Fragen, die Deutschland betrafen, zuständig war.

Gleichzeitig hatte in jeder einzelnen Besatzungszone der jeweilige Oberbefehlshaber der Streitkräfte die oberste Regierungsgewalt inne.

Auf der **Potsdamer Konferenz** trafen sich vom 17. Juli – 02. August 1945 die „Großen Drei", um über die künftige Behandlung Deutschlands zu beraten und beschlossen:

- Auflösung der Wehrmacht
- Demontage vieler Industrieanlagen als Reparationen (Wiedergutmachungsleistungen) an die Siegermächte
- Abgabe der Ostgebiete östlich von Oder und Neiße an Polen
- Vertreibung der Deutschen aus diesen Gebieten
- Verurteilung der Kriegsverbrecher

Politik der Siegermächte

Ziel des Potsdamer Abkommens war es, Deutschland neu zu ordnen. Es sollte nie wieder ein Krieg von Deutschland ausgehen.

Die Gebiete, die wir heute als Bundesrepublik verstehen, wurden wie folgt aufgeteilt:

- Mecklenburg-Vorpommern, Brandenburg, Sachsen-Anhalt, Sachsen und Thüringen wurden **sowjetische Zone**
- Schleswig-Holstein, Niedersachsen und Nordrhein-Westfalen wurden **britische Zone**
- Rheinland-Pfalz, Württemberg-Hohenzollern und Baden wurden **französische Zone**
- Hessen, Nordwürttemberg, Bayern und die Städte Bremen, Bremerhaven und Hamburg wurden **amerikanische Zone**
- Berlin hatte hierbei eine **Sonderstellung** und wurde in **vier Sektoren**, je einer für jede Besatzungsmacht, aufgeteilt.

Die deutschen Grenzen zu Österreich, der Tschechoslowakei und Polen wurden wieder so hergestellt wie sie vor dem Krieg waren.

Die Gebiete östlich der Oder-Neiße-Linie wurden unter polnische Verwaltung gestellt. Dies war sozusagen die Entschädigung für Polen für die Gebietsverluste im Osten Polens, die die UdSSR nach dem Krieg behielt. Ostpreußen wurde zum Teil unter polnische und zum Teil unter sowjetische Verwaltung gestellt.

Die Zonengrenze, die das heutige Baden-Württemberg trennt, wurde nachträglich von Hand eingefügt, da entsprechendes Kartenmaterial nicht zur Verfügung stand

Die Aufteilung Deutschlands in vier Sektoren

- **Norddeutschland:** **Englische Zone** 
- **Ostdeutschland:** **Sowjetische Zone** 
- **Süd-West-Deutschland:** **Französische Zone** 
- **Süddeutschland Hamburg und Bremen:** **Amerikanische Zone** 
- **Berlin:** **Aufgeteilt in 4 Sektoren, einen für jede Besatzungsmacht** 

Die einzelnen Zonen wurden von den jeweiligen Militärgouverneuren völlig eigenständig verwaltet. Damit sich aber die einzelnen Zonen nicht auseinander entwickeln, wurde der **Alliierte Kontrollrat** in Berlin geschaffen. Er war die provisorische Regierung für Gesamtdeutschland.

Schon bald nach dem Potsdamer Abkommen hielten britische Politiker und hohe Beamte es für unrealistisch, an den Erhalt eines einheitlichen Deutschland zu glauben. Im britischen Unterhaus erklärte der damalige Oppositionsführer Churchill:

> *„Wir müssen der Tatsache ins Auge sehen, dass so, wie die Dinge gegenwärtig stehen, zwei Deutschlands im Entstehen sind: das eine mehr oder weniger organisiert nach dem russischen Modell bzw. im russischen Interesse, das andere nach dem der westlichen Demokratie."*

Die uneinheitliche Deutschlandpolitik der Sieger führte dazu, dass die politischen Spannungen zwischen den Westmächten und der Sowjetunion immer größer wurden. Stalin wollte in der sowjetischen Besatzungszone eine kommunistische Gesellschaftsform einführen. Daraufhin entschlossen sich die Westmächte, ihre Besatzungszone mehr an den Westen zu binden und berieten auf der **„Sechs-Mächte-Konferenz"** (USA, Großbritannien, Frankreich, Belgien, Niederlande, Luxemburg) **in London** über die weitere künftige Situation Deutschlands und Westeuropas.

Da die Sowjetunion nicht an dieser Konferenz teilgenommen hatte, schlug Stalin seine schon vorher dargelegte gesamtdeutsche Lösung erneut vor, um seinen Einfluss bis zum Rhein geltend zu machen und so den wichtigen Wirtschaftsstandort Ruhrgebiet zu übernehmen. Doch die Westmächte beschlossen die Bildung eines westdeutschen Staates. Als Antwort darauf verließen die Russen den Alliierten Kontrollrat.

Für den **Wiederaufbau (Marshall-Plan)** stellten die USA dem Westen Kredite über 1,4 Milliarden Dollar zur Verfügung.

Europa bekam Hilfe aus Übersee

Das Angebot der Wiederaufbauhilfe wurde auch den Osteuropäern offeriert – doch Stalin war gegen die westliche Hilfe, sodass die osteuropäischen Staaten gezwungen waren, diese Unterstützung auszuschlagen.

In Westdeutschland wurde eine **Währungsreform** durchgeführt, weil die alte Reichsmark keinen Gegenwert mehr darstellte. Gesetzliches Zahlungsmittel war somit ab dem 20. Juni 1948 in den Westzonen und in Westberlin die **D-Mark**.

Berlin-Blockade

Die Sowjetunion protestierte gegen die Währungsreform und führte ihrerseits eine neue Ostwährung ein, die aber in ganz Berlin Gültigkeit haben sollte. Dies lehnten die westlichen Stadtalliierten ab. Die Antwort der Sowjets ließ nicht lange auf sich warten.

Schon ab dem **14. Juni 1948** wurden alle Verkehrswege, außer der Luftwege, die nach Berlin führten, blockiert. Die Elektrizitätsversorgung Westberlins wurde unterbrochen. Die Menschen der Stadt konnten nur noch über die **Luftbrücke** mit Waren versorgt werden.

Die sogenannten „Rosinenbomber" der Alliierten flogen zum Ende der Blockade im Mai 1949 über **12.000 Tonnen Lebensmittel täglich** nach Westberlin.

Rosinenbomber während der Berlin-Bockade

In Bonn wurde im selben Monat das **Grundgesetz** der Bundesrepublik Deutschland verkündet. In der sowjetisch besetzten Zone verabschiedete der 3. Volkskammerkongress die Verfassung der Deutschen Demokratischen Republik. Es waren zwei deutsche Staaten entstanden, die Spaltung Deutschlands war vollzogen.

Das ursprüngliche Ziel der Alliierten war es, Deutschland zu bewahren und demokratische Strukturen aufzubauen. Aus diesem Grunde wurde der Alliierte Kontrollrat in Berlin seinerzeit geschaffen.

Doch die „Anti-Hitler-Koalition" brach auseinander, weil die USA und die Sowjetunion zu **unterschiedliche und sich widersprechende Machtinteressen** hatten.

Da es zwischen beiden Großmächten nie zu einem bewaffneten Krieg kam, wurde der Konflikt zwischen der USA und der Sowjetunion auch „**Kalter Krieg**" bezeichnet.

Die alliierte Besatzungspolitik

Ziel beider Staaten war es, die Geländegewinne des 2. Weltkrieges zu halten und weltweit den eigenen Machtbereich auf Kosten des anderen auszubauen.

Dies führte zu einer weltweiten militärischen, politischen und ideologischen Konfrontation des Westblockes unter Führung der USA – und des Ostblockes unter Führung der UdSSR.

© dpa

Der 19jährige Volkspolizist Conrad Schumann flüchtet am 15. August 1961 über die Stacheldrahtabsperrung vom sowjetischen Sektor in den Westteil Berlins.

Deutschland wurde in den **Kalten Krieg** hineingezogen. Die Nahtstelle beider Blöcke ging mitten durch das Land.

- **Die Westzonen und die Ostzone (SBZ) entwickelten sich auseinander.**

Die Siegermächte verfolgten das Ziel, die jeweilige Besatzungszone politisch, wirtschaftlich und militärisch nach Vorbild des eigenen Landes anzupassen.

Für Ostdeutschland und Osteuropa bedeutete dies, dass stalintreue Politiker, notfalls mit Gewalt, an die Macht gebracht wurden.

Dank der amerikanischen Luftbrücke hatte Berlin seine bisher schwerste Belastungsprobe gut überstanden. Nach der Krise erlangte der Westteil der Stadt einen beachtlichen Aufschwung in Wirtschaft und Kultur.

Der Ostteil wurde immer stärker in die Deutsche Demokratische Republik einbezogen. Im Jahre 1954 scheiterte der Versuch einer

- **Vier-Mächte-Konferenz** (USA, UdSSR, Großbritannien, Frankreich),

über das

- **Schicksal der Stadt**

mitzuentscheiden und verlief ergebnislos.

Der Flüchlingsstrom aus der DDR nach West-Berlin und von dort in die Bundesrepublik wurde immer stärker.

Der damalige Staatsratsvorsitzende der DDR, Walter Ulbricht, ließ vom

- **13. bis 25. August 1961**

quer durch Berlin entlang den Westsektoren eine

- **Mauer**

von insgesamt 54 km Länge bauen, um den Flüchtlingsstrom zu stoppen.

Gleichzeitig wurde der Verkehr zwischen den Westsektoren und dem sowjetischen Sektor beinahe völlig eingestellt.

Der **Mauerbau**, die scharfe Überwachung und der Schießbefehl der Volkspolizei führten zur schwersten Belastung der Verhältnisse beider deutschen Staaten.

Erst ein **Passierscheinabkommen** (1963) gab den Westberlinern wieder die Möglichkeit, Tagesbesuche bei Verwandten in Ostberlin zu machen.

Durch die **Entspannungspolitik** Willy Brandts (Bundeskanzler von 1969 bis 1974) wurden zwischen beiden deutschen Staaten neue Wege beschritten.

Mit dem **Grundlagenvertrag** vom Dezember 1972 war keine völkerrechtliche Anerkennung der DDR zu Stande gekommen, doch er war einer Art Teilungsvertrag sehr nahe. Gegenseitig erkannte man sich als unabhängige Staaten an.

Ziel des Grundlagenvertrages waren die Annäherung und der Abbau von Spannungen zwischen den beiden deutschen Staaten. Die **Entspannungspolitik** war ein erster Schritt zur Einbindung der DDR in die internationale Völkergemeinschaft.

Noch im Dezember 1972 nahm die DDR zu 20 westlichen Staaten diplomatische Beziehungen auf, darunter Österreich, die Schweiz und Schweden. Zwischen den beiden deutschen Staaten wurden nicht Botschafter, sondern Ständige Vertreter ausgetauscht.

Das Foto zeigt Egon Bahr (rechts) und Michael Kohl (links) beim Austausch der Paraphierungsdokumente nach der Unterzeichnung.

Leben in unterschiedlichen Systemen

Die **ideologischen Grundlagen** bestimmten das Leben in den unterschiedlichen Systemen. Konrad Adenauer, der erste Kanzler der Bundesrepublik, setzte von Beginn an auf die feste Bindung an den Westen und besonders an die Vereinigten Staaten.

Der Beitritt zum Europarat (1951), zur Weltbank und zur NATO (1955) verstärkten diese Bindung.

Die DDR wurde dagegen fest in den sowjetischen Machtbereich integriert, trat dem Warschauer Pakt und dem Rat für gegenseitige Wirtschaftshilfe (COMECON) bei.

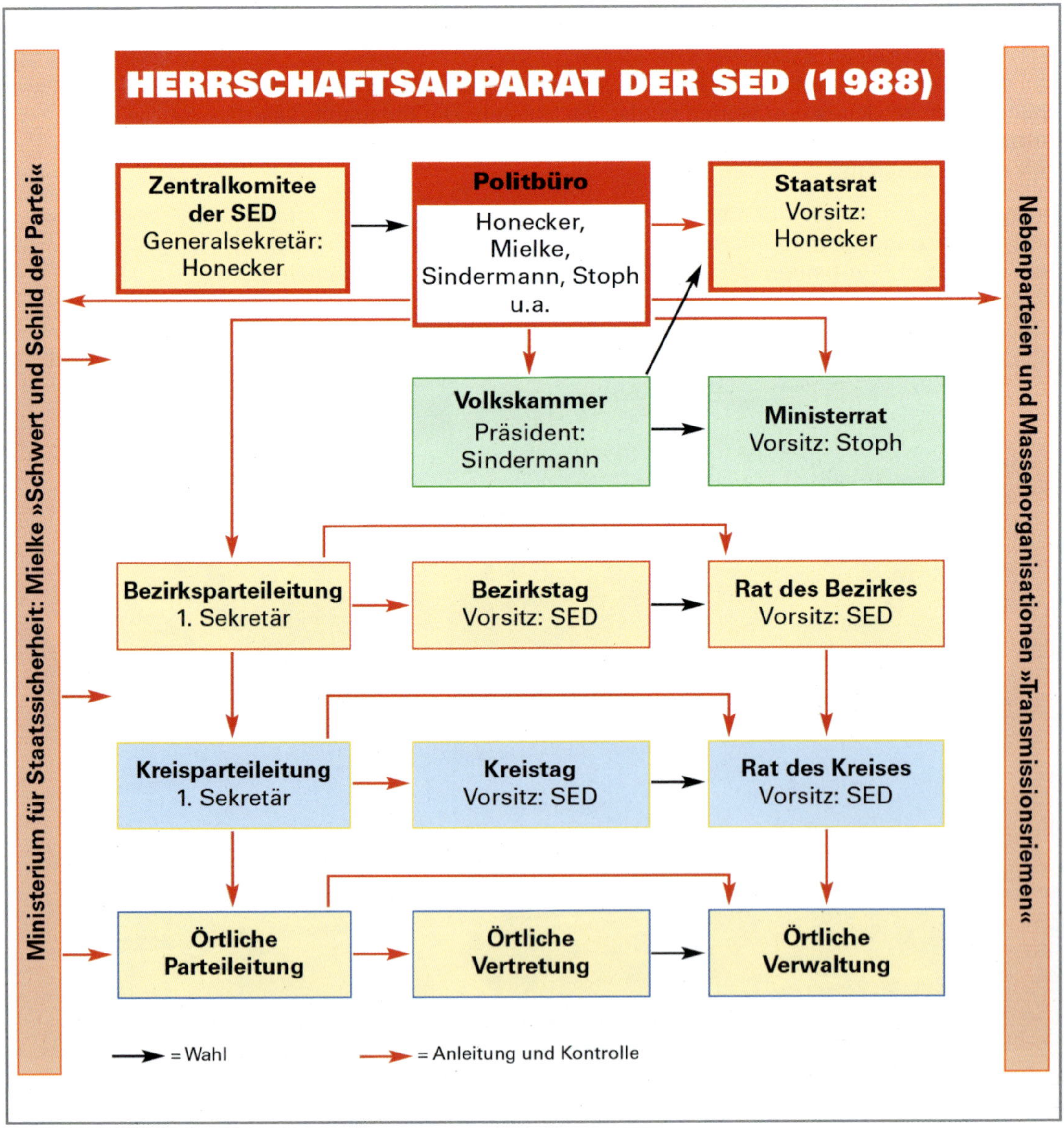

Das Leben in beiden deutschen Staaten konnte nicht unterschiedlicher sein. „**Zwei Staaten – zwei Nationen**" lautete die damalige Sprachregelung. Erich Honecker formulierte gar: „Die BRD ist Ausland, und noch mehr, sie ist imperialistisches Ausland". Er verstärkte weiter die **Abgrenzungspolitik der DDR**, indem die Grenzanlagen zur Bundesrepublik „perfektioniert" wurden; den DDR-Grenzsoldaten wurde der Schießbefehl auf Flüchtende immer wieder aufs Neue aufgezwungen. Kontakte zu Verwandten im Westen mussten von vielen DDR-Bürgern abgebrochen werden, weil sie oder Familienangehörige mit Repressalien (= Vergeltungsmaßnahmen) zu rechnen hatten.

Umgang des DDR-Regimes mit seinen Bürgern

Beispielsweise unternahm eine Rentnerin eine genehmigte Reise in den Westen. Ihr Schwiegersohn, ein DDR-Zöllner, und ihre Tochter wurden daraufhin von der zuständigen DDR-Behörde vor folgende Alternativen gestellt:

1. Abbruch des Kontaktes zur Schwiegermutter/Mutter
2. Scheidung, falls die Frau dem Kontaktabbruch nicht einwilligt
3. Kündigung des Arbeitsplatzes.

In den Westen konnten grundsätzlich nur Rentner reisen. Dafür durften sie nur 7,66 € (15,00 DM) **täglich** eintauschen. Wurde beispielsweise eine Westreise wegen dringender Familienangelegenheiten (Tod eines Verwandten) genehmigt, so erkundete die **Staatssicherheit (Stasi)** vorher, ob Fluchtgefahr bestand. Aus diesem Grunde durften Ehepaare nie zusammen in den Westen reisen; ein Partner musste grundsätzlich zu Hause zurückbleiben. Die Ablehnung eines Reiseantrages erfolgte stets ohne Begründung, was zur Konsequenz führte, dass die DDR-Bürger massiv eingeschüchtert wurden. Bei vielen lautete die Devise: „Nur nicht auffallen".

„Hier Lagerleiter Honecker, ich brauch' wieder neue Ware!"

Westdeutsche Besucher: 12,78 €/Tag/Person

Im Jahre 1980 wurde der **Mindestumtausch** für Reisende aus der BRD auf **12,78 € (25,00 DM) pro Person und Tag** erhöht, um den westlichen Besucherstrom einzudämmen. Damit arbeitete die SED-Führung jedoch teilweise gegen die eigene Abgrenzungspolitik, indem die DDR-Bürger die Möglichkeit hatten, Westgeld von Verwandten und Bekannten annehmen zu können. So konnten einige DDR-Bürger, die Westgeld geschenkt bekamen, in staatlichen „**Intershops**“ mit Westgeld Westwaren erwerben. **Es gab also neben der DDR-Währung eine zweite Währung, die DM**. Bald konnten auch Dienstleistungen schneller durchgeführt werden, wenn in DM bezahlt wurde. Unterschwellig verglichen die DDR-Bürger immer ihre Währung mit der westlichen DM, da sie schnell begriffen, dass die Westwährung besser als die Ostwährung war.

Wirtschaftlich näherte man sich in den deutsch-deutschen Beziehungen langsam an.

Der innerdeutsche Handel lief gut, da die DDR als stiller Teilhaber der EG immense wirtschaftliche Vorteile, die sonst kein anderes Ostblockland hatte, erlangte. Allein 1988 lieferte Westdeutschland Waren im Werte von über 7,2 Milliarden Verrechnungseinheiten; umgekehrt lieferten die DDR Waren im Werte von über 6,7 Milliarden Verrechnungseinheiten.

Geld gegen Reiseerleichertungen und Beseitigung der Minenfelder

Im Juni 1983 übernahm die Bundesregierung eine **Bürgschaft** für die DDR über einen **1-Milliarden-Kredit**. Daraufhin wurden an der innerdeutschen Grenze die Selbstschussanlagen abgebaut.

In den kommenden Jahren gab die Bundesregierung abermals einen **950-Millionen-Kredit**, der die Senkung des Zwangsumtausches für Rentner und Reiseerleichterungen zur Folge hatte. Ferner wurden alle Minenfelder an der innerdeutschen Grenze geräumt.

Die Möglichkeiten, in den Westen zu reisen, wurden ab 1988 gelockert und insgesamt großzügiger genehmigt. Gleichzeitig protestierten die DDR-Bürger immer und immer wieder massiv gegen den maroden Staat (Montagsdemonstrationen); außerdem zeigte der damalige sowjetische Präsident Gorbatschow eindeutig, dass er die Politik Erich Honeckers nicht weiter zu unterstützen gedenke.

Am **09. November 1989** fiel die Mauer. Die Grenzübergänge wurden geöffnet.

Bis zu diesem Zeitpunkt gab es zwischen 1949 und 1989, so der Forschungsverbund SED-Staat der Freien Universität Berlin insgesamt 327 Tote an der innerdeutschen Grenze. Das jüngste Opfer des DDR-Grenzregimes war laut der 5-jährigen Recherchen der Freien Universität sechs Monate alt, das älteste 81 Jahre.

Wirtschaftsordnung der ehemaligen DDR

Die **Wirtschaftsordnung der ehemaligen DDR** entstand nach dem Vorbild der Wirtschaftsordnung der Sowjetunion. Nach dem 2. Weltkrieg wurden alle landwirtschaftlichen Betriebe über 100 ha entschädigungslos enteignet, Industrie und Handel verstaatlicht.

Damit wurden die Grundlagen für eine vom Staat kontrollierte **Zentralverwaltungswirtschaft** gelegt, wie sie in der früheren Sowjetunion typisch war.

Wichtigste Voraussetzung für die Realisierung der zentralen Wirtschaftsplanung war die Veränderung der Eigentumsverhältnisse. Sie wurde durch die Vergesellschaftung der Produktionsmittel rasch durchgesetzt.

Die **Eigentumsordnung** der ehemaligen DDR unterschied Eigentum an Produktionsmitteln und Eigentum an Konsumgütern.

Eigentumsverhältnisse der ehemaligen DDR-Volkswirtschaft

Da das Eigentum an Produktionsmitteln in verschiedene Eigentumsformen aufgespalten war, unterlagen die Betriebe unterschiedlichen rechtlichen Regelungen:

- **Volkseigene Betriebe:** staatliches Eigentum.
- Genossenschaftliche Betriebe: genossenschaftliches Eigentum erstreckte sich nur auf die von den Genossenschaftsmitgliedern eingebrachten Produktionsmittel, z. B. Maschinen, Bauten, Tiere; in der Praxis waren die Genossenschaften weitgehend staatlichem Einfluss unterworfen. Wichtige Typen waren die landwirtschaftlichen Produktionsgenossenschaften, die Genossenschaften des Handwerks und die Konsumgenossenschaften.
- **Halbstaatliche Betriebe:** private Betriebe, an denen sich der Staat finanziell beteiligte. Übergangsform auf dem Weg zu genossenschaftlichem Eigentum und Volkseigentum.
- **Private Betriebe:** Kleinbetriebe, vor allem Einzelhandelsgeschäfte, Gaststätten und Handwerksbetriebe.
- Die Industrie war voll verstaatlicht, das Verkehrswesen zu 97 %.
- Das produzierende Handwerk war Schwerpunkt des privaten Eigentums: 1977 arbeiteten 73 % der Berufstätigen in Privatbetrieben, der Rest in Genossenschaften.
- In der Landwirtschaft arbeiteten 80 % der Berufstätigen in Genossenschaften, 2 % in Privatbetrieben.
- Auch in der Bauwirtschaft war der Anteil der Genossenschaften hoch: 18 %.
- Die halbstaatliche Eigentumsform kam mit 6 % fast nur noch im Binnenhandel vor. 5 % waren hier privat beschäftigt.
- Die Dienstleistungsbereiche hatten ebenfalls einen privaten Bereich von 5 %.

Zentrale Planung des Wirtschaftsprozesses

Die Planung der ehemaligen DDR war allumfassend, d. h. es gab nicht nur einen Wirtschaftsplan, sondern einen alle gesellschaftlichen Bereiche umfassenden Plan. In diesen waren neben den wirtschaftlichen Kennziffern auch das Sozialwesen, die Volksbildung, die Kultur, die Wissenschaft, kurz alle Gebiete des öffentlichen Lebens einbezogen.

Diese Einheit der Planung besaß zwar einerseits innere Logik, machte aber auf der anderen Seite eine immer umfassendere Planungsapparatur in der ehemaligen DDR notwendig, die bis zur Wende nicht in der Lage war, alle Probleme in den Griff zu bekommen.

Kritiker der totalen Planwirtschaft behaupten, dies sei auch nicht möglich. Je umfassender eine solche Planung sei, desto mehr Fehlerquellen und „vergessene“ Positionen gebe es, sodass ein solches System immer schwerfälliger sei.

Die Praxis der Planungssysteme der damaligen DDR hatte dieser Kritik den Boden nicht entziehen können, sondern schien sie zu bestätigen.

Immer gehörten Engpässe, also Mangel an diesem oder jenem Verbrauchsgut, an diesem oder jenem Rohstoff, an diesem oder jenem Investitionsgut, zum Ablauf des Wirtschaftslebens in der ehemaligen DDR.

Der Planungsvorgang

Die nationale Planung der ehemaligen DDR kannte zwei Grundtypen von Plänen:

- die mittelfristigen **Fünfjahrespläne**, die Ziele des entsprechenden Zeitraumes zusammenfassten;
- die kurzfristigen Volkswirtschaftspläne, die jeweils für ein Jahr die Umsetzung der Ziele der Fünfjahrespläne beinhalteten.

Der Planungsprozess

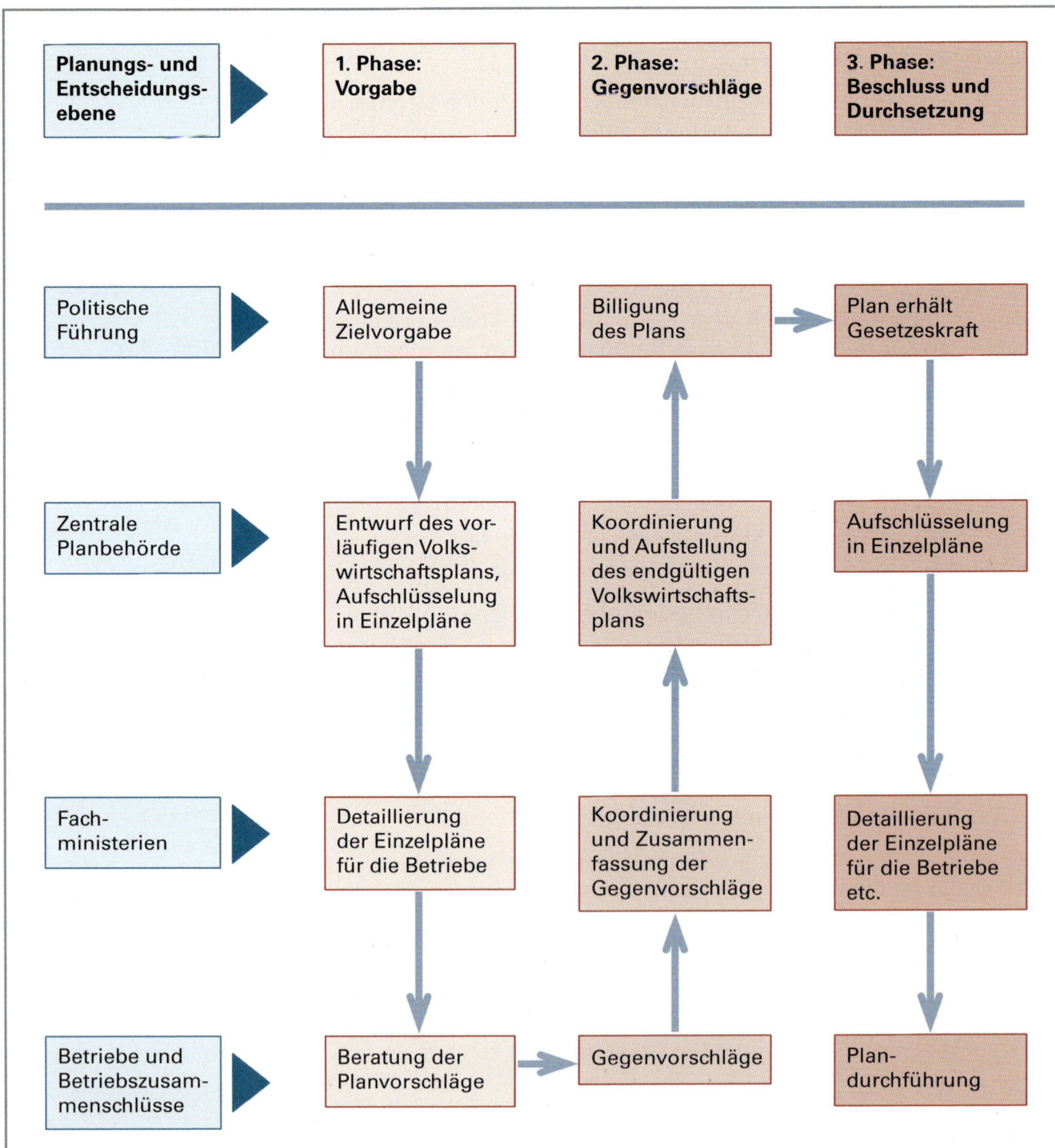

Geschichtliche Entwicklung der sozialen Marktwirtschaft

Am Ende des Zweiten Weltkrieges musste das **Wirtschafts- und Gesellschaftssystem der Bundesrepublik** neu aufgebaut werden. Aus den zahlreichen Meinungen und Vorschlägen, die allesamt darauf bedacht waren, die Fehler der Vergangenheit zu vermeiden und ein System mit größerer sozialer Gerechtigkeit und einem erheblich stärkeren Maß an Freiheiten des einzelnen Bürgers aufzubauen, kristallisierten sich zwei grobe Richtungen heraus, nämlich das Modell der freien Marktwirtschaft und der Zentralverwaltungswirtschaft.

Professor Müller-Armack (Wirtschaftswissenschaftler, von 1958 bis 1963 Staatssekretär im Bundeswirtschaftsministerium) verbesserte das System der freien Marktwirtschaft mit seinem theoretischen Konzept im Jahre 1947 und nannte dieses Konzept die soziale Marktwirtschaft.

Nach harten Auseinandersetzungen fiel durch den engagierten Einsatz des späteren **Wirtschaftsministers Prof. Ludwig Erhard** die Entscheidung zugunsten des Systems der sozialen Marktwirtschaft.

Das Konzept der sozialen Marktwirtschaft ist am System der freien Marktwirtschaft orientiert. Um den sozialen Ausgleich herbeizuführen, hat der Staat die Möglichkeit, helfend einzugreifen, wenn es für die wirtschaftlich Schwachen notwendig ist und wenn es im Interesse der Allgemeinheit liegt.

Die Idee der sozialen Marktwirtschaft entsprang dem Wunsch und Willen, eine Wirtschaftsordnung zu schaffen, die individuelle Freiheit und wirtschaftliche Leistungsfähigkeit mit einem Höchstmaß an sozialer Gerechtigkeit in Einklang bringen sollte.

Das Grundgesetz, das die Freiheit der privaten Initiative und das Privateigentum garantiert, unterwirft diese Grundrechte sozialen Bindungen. Unter dem Stichwort **„So wenig Staat wie möglich, so viel Staat wie nötig“** fällt dem Staat in der sozialen Marktwirtschaft in erster Linie eine Ordnungsaufgabe zu. Er setzt die Rahmenbedingungen, unter denen sich die Marktvorgänge abspielen. Die Frage, welche und wie viele Güter erzeugt werden und wer wie viel davon erhält, wird vor allem auf den Märkten entschieden.

Die Merkmale der sozialen Marktwirtschaft

Eigentumsordnung

Das Privateigentum wird garantiert. Das Eigentum ist grundsätzlich in der Hand der Bürger. Der Staat tritt zwar auch als Eigentümer auf; dies soll jedoch nur in beschränktem Umfange erfolgen.

So ist in Deutschland der Staat beispielsweise Eigentümer von Verkehrswegen, Bildungseinrichtungen (Schulen, Universitäten) und Krankenhäusern.

Wettbewerbsordnung

Ein funktionierender Wettbewerb stellt sicher, dass der Verbraucher die besten Qualitäten zu den günstigsten Preisen kaufen kann.

Damit der Wettbewerb aber auf Dauer fair bleibt, muss der Staat klare „Spielregeln“ aufstellen und deren Einhaltung überwachen.

Sozialordnung

Am Markt lassen sich nur leistungsgerechte Einkommen erzielen. Damit aber diejenigen, die nur begrenzt am Leistungswettbewerb teilnehmen, nicht ins soziale Abseits geraten, muss die Marktwirtschaft durch eine Sozialordnung ergänzt werden.

Vertragsfreiheit

Die soziale Marktwirtschaft garantiert neben dem Privateigentum auch die Vertragsfreiheit, d. h. den Vertragspartnern ist die Möglichkeit gegeben, individuelle Vereinbarungen zu treffen.

Konsumfreiheit

Der Konsument kann über Art und Umfang seines Konsums frei entscheiden. Gewisse Einschränkungen gibt es nur bei gefährlichen Gütern (z. B. Rauschgift, Waffen).

Gewerbefreiheit

Der Unternehmer kann über Art und Umfang der Produktion bestimmen.

Arbeitsplatz- und Berufswahl

Der einzelne Arbeitnehmer kann selbstständig und frei über den Einsatz seiner Arbeitskraft entscheiden. Damit ist freie Arbeitsplatz- und Berufswahl gegeben.

Tarifautonomie

Die eigenverantwortliche Regelung der Arbeitsbedingungen durch die Tarifpartner hält den Staat aus Verteilungskonflikten zwischen Arbeit und Kapital heraus.

Außerdem sind Arbeitgeberverbände und Gewerkschaften aufgrund ihrer Sachnähe kompetenter als staatliche Institutionen, einen fairen Interessenausgleich auszuloten.

Geld- und Währungsordnung

Ebenso wie der menschliche Organismus für sein einwandfreies Funktionieren einen stabilen Blutkreislauf benötigt, erfordert das Funktionieren einer modernen Volkswirtschaft stabiles Geld.

Nur eine von der Regierung unabhängige Institution – nämlich eine autonome Zentralbank – kann auf Dauer die Geldwertstabilität garantieren.

Die **Möglichkeiten der persönlichen Lebensgestaltung** in beiden deutschen Staaten waren sehr unterschiedlich.

Für die Bürger der ehemaligen DDR war das Leben von der staatlichen Planung geprägt und bestimmt. Die Planwirtschaft bot den DDR-Bürgern weder die Freiheit in ein beliebiges, westliches Land zu reisen, noch die Möglichkeit Konsumgüter zu erschwinglichen Preisen zu erwerben, da der Staat vorgab ...

- ... welche Produkte in welchen Mengen für eine bestimmten Planungszeitraum zur Verfügung gestellt werden.
- ... welche Mittel (Produktionsfaktoren) die staatlichen Betriebe dazu verwenden.
- ... wie die Güter verteilt werden.
- ... wie teuer sie sein sollen.

Lebensgestaltung in beiden deutschen Staaten

Die gravierendsten Nachteile, die die Bürger der damaligen DDR hinnehmen mussten, waren somit die **Eigentumsbeschränkungen**, die schlechte **wirtschaftliche Versorgung** sowie die **staatliche Festsetzung der Preise** und **Löhne**. Güter wurden oft im Ausland zu Dumpingpreisen verkauft, während die Menschen diese Waren nicht oder nur zu sehr hohen Preisen in der DDR erwerben konnten. Häufig wurde durch staatliche Lenkung am Bedarf der Bürger „vorbeigeplant", d. h., es fehlten Waren, die auf der einen Seite dringend erforderlich waren, während andererseits andere Artikel im Übermaß zur Verfügung standen.

In der Bundesrepublik waren und sind die **Möglichkeiten der persönlichen Lebensgestaltung** gekennzeichnet durch:

- Die persönliche Freiheit und freie Entfaltung der Persönlichkeit.
- Den für den Konsumenten vorteilhaften Wettbewerb bzw. Konkurrenzkampf.
- Privateigentum der Produktionsmittel.
- Die Entscheidungsfreiheit der Wirtschaftssubjekte.
- Die über Angebot und Nachfrage erfolgende Preisbildung.
- Die Festsetzung der Löhne durch die Tarifpartner.

Das Leben in der Bundesrepublik war und ist geprägt durch ein hohes Maß an Freiheit und Selbstverantwortung.

Vereinigungsprozess

Wegen der desolaten Lage der DDR verlassen schon seit August 1989 Zehntausende von DDR-Bürgern über die offene grüne Grenze in Ungarn sowie über die Botschaften der Bundesrepublik in Prag und in Warschau das Land.

Überall in der DDR organisierten sich Oppositionsgruppen wie Neues Forum, Demokratischer Aufbruch und Demokratie jetzt!. Montag für Montag gingen die Leipziger Bürger auf die Straße, um gegen das SED-Regime **gewaltlos** zu demonstrieren.

„Wir sind das Volk" *– 70 000 Leipziger läuten am 9. Oktober 1989 die Wende ein.* © dpa

Doch Erich Honecker lehnte jeden Reformgedanken ab. Anlässlich der Feierlichkeiten zum 40. Jahrestag der DDR, die in diesen Tagen in Ostberlin stattfanden, antwortete der sowjetische Staats- und Parteichef Michail Gorbatschow Honecker: „**Wer zu spät kommt, den bestraft das Leben!**" Am 18. Oktober 1989 trat Erich Honecker zurück. Sein Nachfolger, Egon Krenz, versuchte die Lage zu beruhigen, doch es kam weiterhin zu großen, gewaltlosen Massendemonstrationen in verschiedenen Städten.

Am 09. November 1989 gab die SED dem Druck der demonstrierenden Menschen nach und öffnete die Grenzen zur Bundesrepublik und die Mauer in Berlin. Zehntausende Berliner besuchten zum ersten Mal in ihrem Leben nach 28 Jahren Eisernem Vorhang den Westteil der Stadt.

Überall spielten sich ergreifende Szenen ab. Fremde Menschen lagen sich in den Armen, verteilten Rosen, die Stadt feierte ein großes Freudenfest.

© dpa

Die Nacht der Nächte:
Der eiserne Vorhang trennt Ost und West nicht länger. Freudetrunkene Berliner feiern in der Nacht vom 9. zum 10. November 1989 auf dem verhassten Symbol der deutschen Teilung – ein Bild, das um die Welt ging.

Die am 13. November 1989 neu gebildete DDR-Regierung unter Ministerpräsident Hans Modrow (SED) einigte sich mit der Opposition am Runden Tisch auf Neuwahlen.

Neben der SED-Nachfolgepartei PDS traten die demokratischen Parteien CDU/DSU (DDR-Schwester der CSU), SPD, Liberale, Grüne, Bündnis 90 und die DBD (Demokratische Bauernpartei) zur Wahl an. Es bildete sich eine Koalition aus CDU/DSU, Liberalen und SPD. Zum Ministerpräsident wurde Lothar de Maiziére gewählt.

Ziel der neuen Regierung:

Deutsche Einheit

Schaffung einer Wirtschafts- und Währungsunion als Vorstufe zur deutschen Einheit.

Auch außenpolitisch mussten die beiden deutschen Staaten den Weg zur Einheit ebnen, denn ohne die Zustimmung der Siegermächte und ohne die **Integration beider deutscher Staaten in die bestehende Ost-Westbeziehung**, war keine Einigung möglich.

Deshalb versuchten der damalige Bundeskanzler Helmut Kohl und der damalige Außenminister Hans Dietrich Genscher die sowjetische Seite zu überzeugen, dass Gesamtdeutschland der NATO angehören sollte. Mitte Juli 1990 stimmte dann die Sowjetunion der Zugehörigkeit des vereinten Deutschlands zur NATO zu.

© dpa

Sommer 1990: Helmut Kohl und Bundesaußenminister Hans-Dietrich Genscher besprechen mit dem sowjetischen Staatspräsidenten Michail Gorbatschow die Modalitäten der deutschen Wiedervereinigung.

Friedensvertrag

Die sowjetischen Truppen wurden innerhalb von vier Jahren aus der DDR abgezogen, die gesamtdeutsche Bundeswehr von 500.000 Soldaten auf 370.000 Mann verkleinert. Am 12. September 1990 unterzeichneten in Moskau die Außenminister der zwei deutschen Staaten und der vier Siegermächte den „**Vertrag über die abschließende Regelung in Bezug auf Deutschland**" (Friedensvertrag).

Inzwischen hatte die Volkskammer die Anpassung der Verhältnisse an die Bundesrepublik vorbereitet; es wurden fünf neue Bundesländer gegründet: **Mecklenburg-Vorpommern, Sachsen-Anhalt, Sachsen, Thüringen sowie Brandenburg**. Am 23. August 1990 beschloss die Volkskammer der DDR den Beitritt zur Bundesrepublik, der am 03. Oktober 1990 wirksam wurde.

18. Mai 1990: Unterzeichnung des Vertrages über die Wirtschafts-, Währungs- und Sozialunion © dpa

Die Währungs-, Wirtschafts- und Sozialunion

Kohl

Modrow

13. Februar 1990
Bundeskanzler Kohl schlägt Währungsunion vor.
Anschließend vereinbaren Kohl und DDR-Ministerpräsident Modrow den Einsatz einer gemeinsamen Kommission zur Vorbereitung.

2. Mai 1990
Festlegung der Umtauschkurse (Ost-West-Verhältnis)

- **1:1-Umstellung**
  z.B. Löhne, Gehälter, Renten, Mieten, Sparguthaben, Bargeld je nach Alter der Bezieher bzw. Besitzer bis zu Beträgen von 2 000 bis 6 000 Mark
- **2:1-Umstellung**
  z.B. Unternehmensschulden, Sparguthaben, Bargeld je nach Alter der Schuldner bzw. Besitzer oberhalb der Beträge von 2 000 bis 6 000 Mark

18. Mai 1990
Staatsvertrag: Bundesfinanzminister Waigel und der DDR-Finanzminister Romberg unterzeichnen den

„Vertrag über die Schaffung einer Währungs-, Wirtschafts- und Sozialunion zwischen der Bundesrepublik Deutschland und der Deutschen Demokratischen Republik"

1. Juli 1990
Inkrafttreten der Währungs-, Wirtschafts-, und Sozialunion:
Übertragung der Hoheit über die Finanz- und Geldpolitik von der DDR an die Bundesrepublik; die D-Mark wird zum einzigen offiziellen Zahlungsmittel.

Quelle: DHM

© Globus 3555

Probleme und Chancen im vereinten Deutschland

Probleme

Nach über 28 Jahren der Wiedervereinigung haben es einige neuen Bundesländer immer noch schwer. Wirtschaftlich gut entwickelt haben sich dagegen in den letzten Jahren Sachsen, Thüringen und Brandenburg. Sachsen und Thüringen konnten ihre Güter und Dienstleistungen seit 1991 sogar verdoppeln. Auch Berlin liegt beim Wirtschaftswachstum sogar im bundesweiten Vergleich vorne, Brandenburg hingegen kann nur ein mäßiges Wirtschaftswachstum verzeichnen.

Weniger Wirtschaftswachstum gab es ebenfalls in den Ländern Sachsen-Anhalt und Mecklenburg-Vorpommern. Nach wie vor ist dort die Arbeitslosigkeit höher als durchschnittlich im Westen.

Zwar fehlen auch in Zukunft in Gesamtdeutschland gut ausgebildete Facharbeiter – doch vor allem stehen die ostdeutschen Bundesländer künftig noch stärker vor dem Problem des Facharbeitermangels. Außerdem haben mittlerweile im Osten die geburtenschwachen Jahrgänge den Arbeitsmarkt erreicht und zudem die Überalterung der Gesellschaft zugenommen, sodass sich die Situation in den letzten Jahren noch verschlimmert hat.

Experten prognostizieren, dass die Angleichung der Wirtschaft an das Niveau der alten Bundesländer noch einige Jahre in Anspruch nehmen werde, zumal im Jahre 2019 der Solidarpakt wegfallen soll und damit die finanzielle Unterstützung der neuen Länder ausliefe.

Somit gehört auch weiterhin das wirtschaftliche Zusammenwachsen von Ost und West zu den wichtigsten Zielen der politischen Verantwortlichen.

Nach über 28 Jahren staatlicher Einheit gibt es leider noch Unterschiede zwischen west- und ostdeutschen Lebenswelten. Akzeptanz und Miteinander lassen sich dabei nicht nur auf die Angleichung der materiellen Lebensverhältnisse reduzieren. Unterschiedliche Erfahrungen und Prägungen gilt es anzuerkennen und die verschiedenen Stärken der Menschen wertzuschätzen.

Chancen

Doch auch wenn Ostdeutschland wirtschaftlich im Allgemeinen hinter dem Westen herhinkt, so gibt es durchaus doch Wirtschaftszentren, die sich sehen lassen können.

Positive Entwicklungen

Drei ostdeutsche Städte konnten sich in den letzten Jahren so entwickeln, dass sie sogar zu den Top 20 der Bundesrepublik gehören.

- Es sind **Dresden, Potsdam und Jena**.

DRESDEN

Dresden ist heute ein begehrter Industriestandort. Die Halbleiter-Industrie und die Mikroelektronik haben die Stadt auf Augenhöhe mit westdeutschen Topregionen gebracht.

Gegenüber den Vorjahren wuchs das Bruttoinlandsprodukt Dresdens um gut 23 Prozent. Zum Vergleich: Im gleichen Zeitraum stieg das Bruttoinlandsprodukt in Deutschland um knapp 5 Prozent. Die Arbeitsplatzdichte liegt über dem Bundesdurchschnitt. Die Arbeitslosenquote mit 6,2 Prozent im Jahre 2017 ist zwar höher als der Bundesdurchschnitt mit 5,7 Prozent. Sie ist aber deutlich niedriger als der Durchschnitt in den neuen Ländern mit 7,6 Prozent.

Amerikanische Chipfabrik AMD in Dresden

Beeindruckende Zahlen nicht ohne Grund

Großraum Dresden: Mikroelektronik-Branche ist die Nr. 1 in Europa

Dresdens wirtschaftlicher Aufschwung zeigt: Die Konzentration der Fördermittel auf Wachstumskerne zahlt sich aus. Dresden ist mittlerweile der wichtigste Standort der europäischen Mikroelektronik (Silicon Saxony).

Wer seinen Spitzenplatz behaupten will, darf in seinen Anstrengungen nicht nachlassen. Daher will die Stadt beispielsweise bei internationalen Konferenzen der Mikroelektronik-Branche für den Standort Dresden werben und gemeinsam mit Partnern aus Wissenschaft und Wirtschaft Fachkräfte für Dresden begeistern.

Eine der besten technischen Universitäten, auch mit geisteswissenschaftlicher Tradition, ist in Dresden.

Zudem hat die Stadt kulturell viel zu bieten. Das durch den 2. Weltkrieg stark zerstörte Dresden hat viele geschichtsträchtige Bauten wieder aufbauen oder herrichten können: Der Zwinger, die Frauenkirche, die Hofkirche, das Grüne Gewölbe, die Semperoper – das sind Kulturgüter von internationalem Rang.

Der Zwinger in Dresden

POTSDAM

Hochburg der Service-Unternehmen

Auch Potsdam gehört zu den bundesdeutschen Top 20. Die Stärke Potsdams ist der Dienstleistungsbereich. Hier arbeiten gut 90 Prozent der Beschäftigten. Potsdam ist zur Hochburg der Service-Unternehmen geworden, insbesondere in den Bereichen Medienwirtschaft, Informations- und Kommunikationswirtschaft und Tourismus.

Immer mehr Unternehmen aus zukunftsträchtigen Hightech-Branchen wie Biotechnologie und Geoinformationswirtschaft siedeln sich in Potsdam an.

Misst man die Zahl der Unternehmensgründungen in diesem Bereich, belegt Potsdam einen Spitzenplatz.

© dpa

Die Derdack GmbH in Potsdam

Erfolg in Zahlen

Die Stadt nutzt ihre Stärken und baut sie aus. Der Erfolg zeigt sich in Zahlen: Die Arbeitslosenquote liegt bei 6,0 % (2017). Das ist fast Westniveau und deutlich unter dem Durchschnitt in den neuen Ländern.

Die gute wirtschaftliche Entwicklung strahlt auch ins Umland aus: Täglich pendeln etwa 16.000 Berufstätige mehr in die Stadt hinein als aus ihr heraus.

Die Bevölkerung Potsdams wächst gegen den Trend, weil ständig neue Bürgerinnen und Bürger zuziehen.

Spitzenforschung

Wissenschaftsstandort

Potsdam verfügt über drei Hochschulen und über mehr als dreißig außeruniversitäre Wissenschaftseinrichtungen.

Die Fraunhofer-Gesellschaft und die Max-Planck-Gesellschaft sind gleich mit mehreren Instituten vertreten.

Beispiel für Potsdamer Spitzenforschung ist unter anderem das auch einer breiteren Öffentlichkeit bekannte Tsunami-Frühwarnsystem.

Mehr als 5.000 Menschen arbeiten in der Wissenschaft. Fast 24.000 Studierende zählen die Hochschulen der Stadt.

In keiner anderen deutschen Stadt gibt es pro Kopf der Bevölkerung mehr Wissenschaftler als in Potsdam.

Stadt des Weltkulturerbes

Schloss Sanssouci mit seinen Gärten ist wohl die bekannteste Sehenswürdigkeit Potsdams und das Kernstück des Potsdamer UNESCO-Weltkulturerbes.

Die einstige Sommerresidenz des Preußen Friedrich des Großen ist eine touristische Attraktion von Weltrang. Auch die historischen Viertel der Stadt sind sehenswert.

Für Potsdam gilt: Wirtschaft, Wissenschaft und Kultur, diese Stadt hat viel zu bieten.

© ullstein bild – Drescher

Das Schloss Sanssouci in Potsdam

JENA

Hightech-Unternehmen

Jena schaffte es schon im „Zukunftsatlas 2007" erstmals in die Top 20. Anders als Dresden und Potsdam war Jena auch schon zuvor im Ranking weit oben:

Grund hierfür sind Unternehmen wie Zeiss, JenOptik, Schott Jenaer Glas und Jenapharm mit modernen und innovativen Technologien. Diese in der Region traditionell verwurzelten Firmen haben nach der Wende die Wirtschaftsregion auf- und ausgebaut.

So wurde Jena attraktiv für weitere High-Tech-Unternehmen. Mit einer Arbeitslosenquote von 6,1 Prozent im Jahre 2017 liegt Jena deutlich unter dem Durchschnitt der neuen Länder.

Stärken nutzen und ausbauen

Auch die Entwicklung Jenas macht deutlich: Konzentration auf eigene Stärken zahlt sich aus.

Effektive Kooperation von Wirtschaft und Wissenschaft fördert wirtschaftliches Wachstum. Heute verfügt Jena neben seinen „traditionellen" High-Tech Industrien über ein biotechnologisches Gründerzentrum.

In einem bundesweiten Wettbewerb wurde die Stadt von einer internationalen Jury für die Spezialisierung von Forschung und Wirtschaft auf dem Gebiet der Bioinstrumente ausgezeichnet. Bundes- und Landesmittel halfen, das biotechnologische Gründerzentrum aus- und aufzubauen.

© ullstein bild – Drescher

Carl Zeiss in Jena

Ostdeutschland im Aufwind

Erfolgsfaktoren

Dabei sind hauptsächlich drei Faktoren für den Erfolg einer Region von zentraler Bedeutung.

1. Der Anteil der Hochqualifizierten und die Steigerung dieses Anteils
2. Die Hauptsitze internationaler Spitzenunternehmen
3. Die hohe technologische Leistungsfähigkeit

Die technologische Leistungsfähigkeit zeigt sich beispielsweise in der betrieblichen Forschung und betrieblichen Entwicklung sowie an der Zahl der angemeldeten Patente.

Auch andere Regionen und Städte profitieren vom Konjunkturaufschwung. Wie die Region Leipzig oder Halle.

Beispiel 1

Porsche-Panamera-Produktion in Leipzig

Beispiel 2

BMW *in Leipzig*

Im Mai 2005 eröffnete der damalige Bundeskanzler Gerhard Schröder in Leipzig die bis dahin modernste Autofabrik der BMW AG. Der bayerische Autobauer hatte für das Werk richtig tief in die Tasche gegriffen und für 1,2 Milliarden Euro eine riesige Fabrik errichtet.

Zuvor hatte ein erbitterter Konkurrenzkampf unter 250 Standorten die Wirtschaftsgazetten monatelang beschäftigt. BMW entschied sich auch deswegen für den Standort Leipzig, weil hier eine Subvention von rund 360 Millionen Euro floss.

Rund 5.200 Mitarbeiter arbeiten bislang auf dem BMW-Gelände, ihre Zahl soll noch steigen. Für den Bau des BMW-Werks Leipzig (s. Seite 52, oben) erhielt die im März 2016 verstorbene britische Stararchitektin Zaha Hadid 2005 den mit 25.000 Euro dotierten Deutschen Architekturpreis.

© dpa

Beispiel 3

DELL *in Halle*

Im Vertriebszentrum des US-PC-Herstellers Dell arbeiten etwa 1000 Mitarbeiter in Halle. Innerhalb der nächsten Jahre soll der Standort weiter ausgebaut werden.

© ddp images GmbH

Förderpolitik wirkt

Wesentliche Bausteine der Förderpolitik des Bundes sind die Unterstützung der Wissenschaft und die Steigerung der Attraktivität der Wirtschaftsstandorte nicht nur für inländische Firmen sondern auch für internationale Unternehmen.

In den neuen Ländern finden sich heute auch große ausländische Investoren, die eine Vielzahl von Arbeitsplätzen geschaffen haben.

Zum Beispiel:

- **Advanced Micro Devices** *mit seinem Unternehmen in Dresden;*
- **Dow Chemical** *mit seinen Werken in Böhlen, Schkopau, Leuna und Teutschenthal.*

Presse

Die Ost-West-Lücke schließt sich nicht

Die wirtschaftlichen Unterschiede zwischen Ost- und West-deutschland gleichen sich immer langsamer an. Ein Regierungsbericht warnt vor den gesellschaftlichen Folgen.

5. September 2017, 16:48 Uhr / Quelle: ZEIT ONLINE, dpa, luk

Ostdeutschland liegt 27 Jahre nach der Wiedervereinigung bei der Wirtschaftskraft deutlich hinter den westdeutschen Ländern und kann die Lücke nur langsam schließen. Im vergangenen Jahr lag die Wirtschaftsleistung je Einwohner im Schnitt bei 73,2 Prozent des westdeutschen Niveaus, wie aus dem aktuellen Bericht der vor Bundesregierung zum Stand der deutschen Einheit hervorgeht.

Damit hat sich der Ost-West-Abstand innerhalb eines Jahres nur minimal verringert. Würde die Hauptstadt Berlin in der Rechnung nicht berücksichtigt, läge die Lücke nicht bei 26,8 Prozent, sondern bei 32 Prozent. „Die Verringerung dieses Abstandes hat sich in den letzten eineinhalb Jahrzehnten erheblich verlangsamt", heißt es in dem Bericht. Als ein Grund wird das Fehlen von Großunternehmen in ostdeutschen Ländern genannt.

Gesellschaftliche Spannungen können entstehen

Das Problem der Fremdenfeindlichkeit in Ostdeutschland wird – anders als vor einem Jahr – nicht näher thematisiert. Es wird allgemein auf die Folgen der Globalisierung, sinkender Bevölkerungszahlen sowie der Alterung der Gesellschaft verwiesen. Der Bericht warnt dazu: „Gerade in den schwächsten Regionen, in denen sich Menschen ‚abgehängt' fühlen mögen, können gesellschaftliche Spaltungen bis hin zu radikalen Einstellungen entstehen."

Vor einem Jahr hatte die damalige Ost-Beauftragte der Bundesregierung, die SPD-Politikerin Iris Gleicke, ungewohnt deutlich davor gewarnt, dass der zunehmende Fremdenhass dem Standort Ostdeutschland schade und den gesellschaftlichen Frieden gefährde. In der aktuellen Bilanz wird die geringere Wirtschaftskraft vor allem mit der „Kleinteiligkeit der ostdeutschen Wirtschaft" sowie dem „Mangel an Konzernzentralen großer Unternehmen" begründet.

Strukturschwäche erschwert Wachstum in Ostdeutschland

So ist kein einziges ostdeutsches Unternehmen im Börsenleitindex DAX-30 notiert, nur wenige Großunternehmen hätten ihre Zentrale in Ostdeutschland, heißt es in dem Bericht. Viele Unternehmen seien als Teil westdeutscher Konzerne in ihren Möglichkeiten beschränkt. „Die kleinbetrieblichere Struktur und das Fehlen von Konzernzentralen sind in Ostdeutschland daher auch mit einer geringeren Exportquote und geringeren Forschungs- und Entwicklungsaktivitäten der privaten Wirtschaft verbunden." Die Strukturschwächen erschwerten ein stärkeres Wachstum, das notwendig wäre, um die Wirtschaftskraft schneller an das westdeutsche Niveau anzugleichen.

Die Arbeitslosenquote habe sich zwischen 2005 und 2016 von 18,7 auf 8,5 Prozent mehr als halbiert und dem geringeren West-Niveau angenähert. 2016 habe sie im Schnitt drei bis vier Prozentpunkte über dem Wert der alten Länder gelegen. Generell gebe es in ganz Deutschland aber große regionale Unterschiede. Nach wie sind im Osten weit weniger Unternehmen an Tarifverträge gebunden – was das Ost-West-Lohngefälle verstärkt.

Im Osten ist der Mindestlohn deutlich stärker verbreitet

„Jenseits von tarifvertraglichen Regelungen (...) weisen die Bruttodurchschnittslöhne in Ostdeutschland einen spürbaren Abstand zu denjenigen in Westdeutschland auf", heißt es in dem Gutachten. Das Verhältnis gegenüber Westdeutschland liege bei 82 Prozent – eine Steigerung von einem Prozentpunkt zum Vorjahr. Im Osten seien die Bruttodurchschnittslöhne um 40 auf 2.640 Euro gestiegen, in Westdeutschland um 20 auf 3.230 Euro. Da die Tarifbindung geringer und der Niedriglohnbereich im Osten größer seien, sei der Mindestlohn dort deutlich stärker verbreitet.

Die Steuerkraft falle in den neuen Ländern deutlich geringer aus. Das originäre Steueraufkommen der Flächenländer habe 2016 bei 1.144 Euro je Einwohner gelegen, in den westdeutschen Flächenländern dagegen bei 2.105 Euro. Zusammen mit sinkenden Einwohnerzahlen vor allem in ländlichen Regionen sowie der Alterung der Gesellschaft werde es schwieriger, die Bevölkerung mit wichtigen Dienstleistungen wohnortnah zu versorgen: „In Teilen Ostdeutschlands stellt heute die Sicherung der Daseinsvorsorge eine Herausforderung dar."

Quelle: https://www.zeit.de/wirtschaft/2017-09/deutsche-einheit-wirtschaft-ost-west-wirtschaftsleistung, Text gekürzt

LERN-BOX

- Deutschland wurde nach dem 2. Weltkrieg in **vier Besatzungszonen** aufgeteilt **(Potsdamer Konferenz)**.
- Beim **Wiederaufbau (Marshallplan)** stellen die USA dem Westen Kredite über 5 Milliarden Dollar zur Verfügung.
- Gesetzliches Zahlungsmittel wird ab 1948 in den Westzonen und in Westberlin die **D-Mark (Währungsreform)**.
- Die **Sowjetunion** protestierte gegen die Währungsreform und führte ihrerseits eine neue Ostwährung ein, die in ganz Berlin Gültigkeit haben sollte.
- Nach Ablehnung der Ostwährung durch die westlichen Stadtalliierten, **blockierte die Sowjetunion alle Zufahrtswege** zu Wasser wie zu Land **nach Berlin**. Die Elektrizitätsversorgung wurde unterbrochen. Die Stadt wurde zwischen Juni 1948 und Mai 1949 nur durch eine **Luftbrücke** (Rosinenbomber) versorgt.
- **Verkündung des Grundgesetzes** im Mai 1949 in Bonn.
- Verabschiedung der Verfassung der **Deutschen Demokratischen Republik** in der sowjetisch besetzten Zone durch den 3. Volkskammerkongress.
- Entstehung der **DDR-Zentralverwaltungswirtschaft** durch Eigentumsverlust, zentrale Planung des Wirtschaftsprozesses, Festsetzung der Preise und Außenhandelsmonopol.
- Entstehung der **sozialen Marktwirtschaft** im Westen durch Eigentums-, Wettbewerbs-, Sozial-, Geld- und Währungsordnung, Vertrags-, Konsum- und Gewerbefreiheit, Arbeitsplatz- und Berufswahl sowie Tarifautonomie.
- Es entstehen zwischen den Großmächten einerseits und Deutschland andererseits Konflikte **(Kalter Krieg)**. Die Westzonen und die Ostzone entwickeln sich auseinander.
- Wegen des starken Flüchtlingsstromes von DDR-Bürgern in den Westen, lässt Walter Ulbricht im **August 1961** quer durch Berlin eine **Mauer** bauen. Der Verkehr zwischen den Westsektoren und dem Ostsektor wurde beinahe völlig eingestellt.
- **Ideologische Grundlagen** bestimmen das Leben in den unterschiedlichen Systemen.
- Durch die **Entspannungspolitik** Willy Brandts wurden neue Wege zwischen beiden deutschen Staaten beschritten (Grundlagenvertrag).
- **Annäherung** der deutsch-deutschen Beziehungen durch innerdeutschen Handel und durch mehrmalige Kreditvergaben der Bundesregierung an die DDR.
- Die desolate Lage der DDR und die große Unzufriedenheit der Bürger sind Ursache für die **gewaltlosen Demonstrationen** im Herbst 1989. Am 09. Nov. 1989 ist der Druck der demonstrierenden Menschen so stark, dass die Grenzen zur Bundesrepublik und die Mauer in Berlin geöffnet werden.
- Unterzeichnung des **Friedensvertrages** durch die Außenminister beider deutscher Staaten sowie der Außenminister der vier Siegermächte in Moskau im September 1990.
- **Beitritt** der DDR zur Bundesrepublik Deutschland am 03. Okt. 1990.
- **Lebensstandard** und **Lebensqualität** haben sich in den vergangenen 28 Jahren erheblich erhöht.

WISSENS-CHECK

1. Welche **Aufgaben** hat der „Alliierte Kontrollrat"?
2. Was wurde auf der **Potsdamer Konferenz** beschlossen?
3. Wie wurden die Gebiete, die wir heute als Bundesrepublik Deutschland verstehen, aufgeteilt?
4. Wieso wurden die Gebiete **östlich der Oder-Neiße-Linie** unter polnische Verwaltung gestellt?
5. Was wurde auf der so genannten „**Sechs-Mächte-Konferenz**" in London beschlossen?
6. Wie kam es zur **Berlin-Blockade**?
7. Zu welchem Zeitpunkt war die **Spaltung Deutschlands** vollzogen?
8. Erläutern Sie den Begriff „**Kalter Krieg**".
9. Warum ließ **Walter Ulbricht** die Mauer bauen?
10. Welche Bedeutung hatte seinerzeit das „**Passierscheinabkommen**"?
11. Wie kam es zum **Grundlagenvertrag** und was regelt er?
12. „Die ideologischen Grundlagen bestimmten das Leben in den unterschiedlichen Systemen." Erläutern Sie diese Aussage.
13. Erläutern Sie die **Abgrenzungspolitik** der DDR gegenüber der Bundesrepublik.
14. Wieso konnten DDR-Bürger Westwaren in sogenannten „**Intershops**" kaufen?
15. Erläutern Sie die **Merkmale** der DDR-Wirtschaft. Erklären Sie in Ihrer Beantwortung folgende Begriffe: Gegenvorschläge, Industriepreise, Außenhandelsmonopol, Eigentumsverlust.
16. Wie ist die **soziale Marktwirtschaft** entstanden?
17. Nennen Sie mindestens acht **Merkmale** der sozialen Marktwirtschaft.
18. „So wenig Staat wie möglich, so viel Staat wie nötig". Erläutern Sie den Satz über die soziale Marktwirtschaft.
19. **„Wer zu spät kommt, den bestraft das Leben":** In welchem Zusammenhang hat Michail Gorbatschow diesen Satz gesagt?
20. Wieso werden die **Montagsdemonstrationen** auch als gewaltlose Revolution bezeichnet?
21. Wieso mussten die beiden deutschen Staaten auch **außenpolitisch** den Weg zur Einheit ebnen?
22. Wo liegen 28 Jahre nach dem Fall der Mauer mögliche **Ursachen** für die teilweise geringere Wirtschaftsleistung zwischen Ost- und Westdeutschland?

Parteien, Bürgerinitiativen, Verbände, Gewerkschaften und Kirchen

Im folgenden Kapitel erhalten Sie einen Überblick über die Gruppen, Einrichtungen, und Akteure (Handelnde), die in der Politik mitwirken. Man spricht von ihnen auch als den Teilnehmern am politischen Prozess. Wie der Begriff „Prozess" schon sagt, ist Politik nichts Feststehendes, sondern vielmehr etwas Dynamisches, etwas, das in Bewegung und nie abgeschlossen ist. Scheint ein politisches Problem gelöst, folgen aus dieser scheinbaren Lösung oftmals neue Probleme und Konflikte, die es wiederum zu lösen gilt.

Wird etwa über den Ausstieg aus der Atomenergie entschieden, ein städtisches Freibad abgerissen oder ein Einwanderungsgesetz im Deutschen Bundestag beschlossen, so werden solche Entscheidungen und Maßnahmen nicht aus dem Bauch heraus oder zufällig getroffen, sondern sind Ergebnis eines in der Regel langwierigen Prozesses.

An dessen Ende fällen dann die verantwortlichen Politiker im Bundestag, Landtag oder Stadtrat eine entsprechende Entscheidung. Die betroffenen Bürgerinnen und Bürger wiederum können gegen diese Entscheidungen angehen und im Zweifelsfalle auch bei den zuständigen Gerichten dagegen klagen.

Politische Willensbildung

Die Politikwissenschaft bezeichnet einen solchen Prozess der politischen Meinungsbildung und Entscheidungsfindung als **politischen Willensbildungsprozess**.

Daran sind die unterschiedlichsten Gruppen mit ihren Ideen, Meinungen und Interessen beteiligt. Sie alle fordern, dass ihre Interessen von den verantwortlichen Politikern berücksichtigt werden.

Pressespiegel

Keine Wehrpflicht – aber Dienstpflicht?

Verfassungsrechtliche Bedenken – Auch in der CDU kontroverse Ansichten zum Vorstoß von Kramp-Karrenbauer

Berlin. Die Wiedereinführung der 2011 ausgesetzten Wehrpflicht steht für die Bundesregierung nicht zur Debatte – über eine allgemeine Dienstpflicht wird aber trotz rechtlicher Bedenken weiter kontrovers diskutiert.

Vize-Regierungssprecherin Ulrike Demmer sagte, bei der in der CDU geäußerten Idee eines Pflichtdienstes in der Bundeswehr oder im sozialen Bereich handele es sich um eine „parteipolitische Debatte, die ganz am Anfang steht".

Auch das Verteidigungsministerium in Berlin betonte, es gehe nicht um eine Rückkehr zur Wehrpflicht. Ministerin Ursula von der Leyen (CDU) begrüße aber die aktuelle Diskussion über eine Dienstpflicht als „sehr hilfreiche und gute Debatte", sagte ihr Sprecher Jens Flosdorff. Das Engagement junger Menschen für den Staat verdiene hohe Wertschätzung. Deshalb teile von der Leyen auch den Grundgedanken, die Attraktivität militärischen und zivilen Engagements zu erhöhen. „Da müssen wir nachjustieren", hieß es.

Die Diskussion war aufgekommen, nachdem CDU-Generalsekretärin Annegret Kramp-Karrenbauer aus ihrer Parteibasis vom Bedauern über das Ende der Wehrpflicht und den Wunsch nach einer ersatzweisen Dienstpflicht bei Bundeswehr und im sozialen Bereich berichtet hatte.

Bundesgesundheitsminister Jens Spahn (CDU) forderte eine Entscheidung bereits auf dem CDU-Bundesparteitag im Dezember. CDU-Vize und Agrarministerin Julia Klöckner sagte: „Die aktuelle Diskussion zur allgemeinen Dienstpflicht kommt zur richtigen Zeit." Jetzt müsse eine breite politische und gesellschaftliche Debatte geführt werden. Unterstützung bekam der Vorstoß auch von CDU-Ministerpräsidenten. Sachsen-Anhalts Regierungschef Reiner Haseloff sagte, ein solcher Dienst diene der Persönlichkeitsentwicklung. NRW-Sozialminister Karl-Josef Laumann (CDU) lehnt einen verpflichtenden Dienst dagegen ab. Er sagte: „Ich möchte später nicht von jemandem gepflegt werden, den der Staat dazu gezwungen hat." Der FDP-Fraktionsvorsitzende Christian Lindner sagte zur Dienstpflicht: „Sie wird nicht kommen, und niemand braucht sie."

In Teilen der SPD zeigt man sich dagegen durchaus offen für die Idee einer allgemeinen Dienstpflicht. Der Wehrbeauftragte des Bundestags, Hans-Peter Bartels (SPD) sieht aber rechtliche Hürden: „Eine allgemeine Dienstpflicht ist zwar eine sympathische Idee, stößt aber verfassungsrechtlich an eine Grenze. Es gilt das Verbot der Zwangsarbeit", so Bartels.

Nach Meinung zahlreicher Experten wäre eine Änderung des Grundgesetzes wohl unerlässlich. Dafür ist eine Zweidrittelmehrheit in Bundestag und Bundesrat erforderlich.

Das Deutsche Rote Kreuz (DRK), mit 12.000 Stellen nach eigenen Angaben bundesweit größter Anbieter des Freiwilligen Sozialen Jahres (FSJ), begrüßte die Debatte. Sie könne zur Stärkung von sozialem und bürgerschaftlichem Engagement führen, sagte ein Sprecher der „Stuttgarter Zeitung" und den „Stuttgarter Nachrichten". Die Sozialorganisation AWO lehnt ein soziales Pflichtjahr grundsätzlich ab.

Auch eine Sprecherin des Bundesinnenministeriums sagte, es sei juristisch fraglich, ob dies mit dem Grundgesetz vereinbar und europarechtlich zulässig sei.

In der Debatte um eine allgemeine Dienstpflicht hat Bundesgesundheitsminister Jens Spahn (CDU) 18 Sozialverbände zu einem Meinungsaustausch eingeladen. Bei dem Treffen in Berlin sollen Vor- und Nachteile eines sozialen Dienstes für das Gesundheitswesen diskutiert werden, berichtete die „Bild am Sonntag".

Rhein-Zeitung Koblenz, 7. August 2018, S. 1, ergänzt und leicht verändert durch den Autor.

Teilnehmer am politische Willensprozess

Teilnehmer und Mitgestalter des politischen Willensbildungs- und Entscheidungsprozesses sind ...

- ... die **politischen Institutionen** (Parlamente und Regierungen) sowie die Personen, die in diesen Institutionen tätig sind, z. B. Abgeordnete oder Regierungsmitglieder.
- ... die **Parteien,** die sich zur Wahl stellen und – sofern sie gewählt werden – politische Verantwortung übernehmen.
- ... die **Bürger,** die z. B. durch Leserbriefe oder Internetabstimmungen, vor allem aber über ihre Teilnahme an Wahlen, ihren politischen Willen zum Ausdruck bringen.
- ... die **Interessenverbände,** wie Gewerkschaften, Arbeitgeberorganisationen oder der Deutsche Fußballbund, in denen Millionen von Bürgern organisiert sind.
- ... die **Massenmedien** (Fernsehen, Rundfunk, Presse, Internet).

- ... die **Kirchen,** die Einfluss auf die politische Entscheidungsfindung nehmen, indem sie eine moralische „Wächterfunktion" ausüben. Sie versuchen bei aktuellen politischen und gesellschaftlichen Problemen (Altersarmut, Migrations- und Flüchtlingsproblematik, Gentechnik, Friedenssicherung) zentralen Kategorien des christlichen Menschenbildes (Freiheit, Würde, Selbstbestimmung, Gerechtigkeit) eine Stimme zu geben.

Pluralismus

Allein dieser kurze Überblick macht schon deutlich, dass Politik in einer demokratischen Gesellschaft sehr kompliziert sein kann. So viele Mitwirkende, die alle wollen, dass gerade ihre Meinungen gehört werden und ihre jeweiligen Interessen auch von den verantwortlichen Politikern berücksichtigt werden. Dass die Beteiligten dabei nicht alle einer Meinung sind, versteht sich eigentlich von selbst. **Und dennoch sind gerade diese unterschiedlichen Interessen, die nebeneinander existieren und sich auch widersprechen, in einer Demokratie etwas ganz Normales**. Und die Konflikte, die dabei entstehen, ebenfalls. Die Fachleute bezeichnen dieses Nebeneinander unterschiedlicher miteinander konkurrierender Interessen und Wertvorstellungen als **Pluralismus**.

Im folgenden Abschnitt geht es um Parteien, Interessenverbände und Bürgerinitiativen. Sie erfahren, worin sich diese unterschiedlichen Teilnehmer am politischen Prozess unterscheiden und welche Aufgaben ihnen in einem demokratischen System zukommen. Warum sie wichtig sind, aber man sie auch kritisieren kann und muss.

Das Grundgesetz legt die Spielregeln der deutschen Demokratie fest. Aber es ist Aufgabe der Bürger, diese Spielregeln mit Leben zu füllen und sich aktiv am politischen Prozess, an politischen Auseinandersetzungen zu beteiligen. Erst eine wie auch immer geartete aktive politische Beteiligung, etwa die Teilnahme an einer Demonstration gegen fremdenfeindliche Gruppierungen, kann zeigen, dass die Bürger bereit sind, sich in und für ihre Demokratie zu engagieren. Eine demokratische Gesellschaft lebt nämlich von der Zustimmung ihrer Bürger.

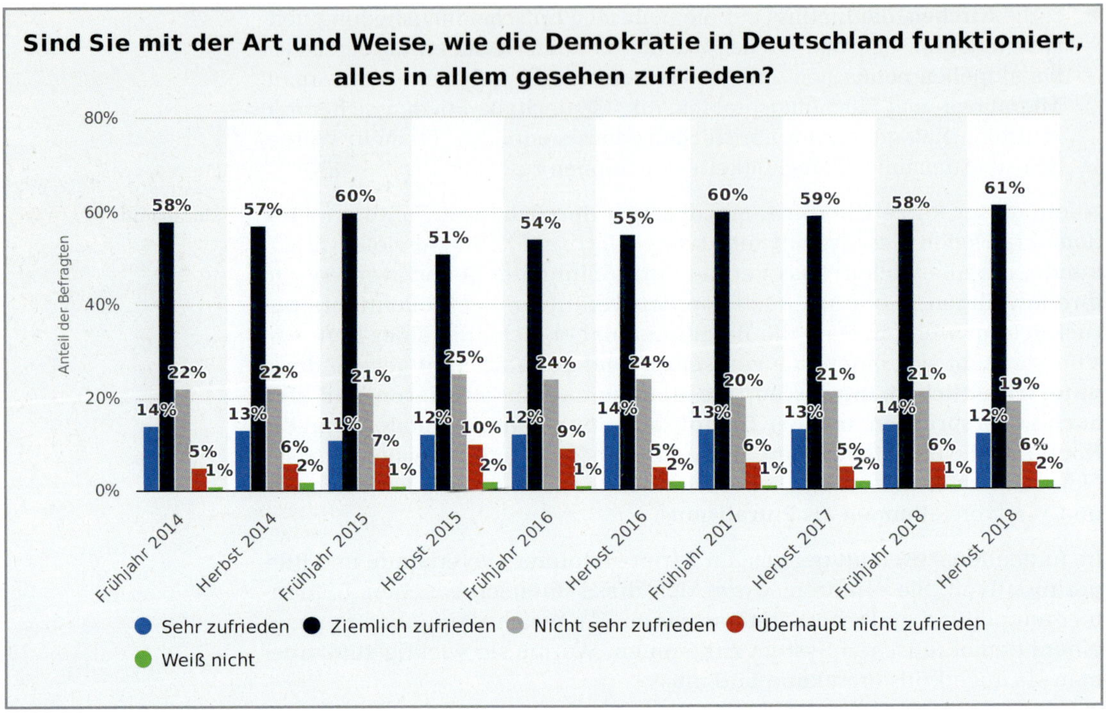

https://de.statista.com/statistik/daten/studie/153854/umfrage/zufriedenheit-mit-der-demokratie-in-deutschland/

Das bedeutet nicht, dass jeder Einzelne direkt politisch aktiv sein muss, etwa indem er sich für den Bau eines neuen Jugendzentrums engagiert oder in eine politische Partei eintritt (weniger als drei Prozent der wahlberechtigten Bürger sind überhaupt Mitglieder einer politischen Partei).

Vielmehr kann politische Beteiligung in den unterschiedlichsten Formen erfolgen:

Am Prozess der politischen Meinungs- und Willensbildung nimmt schon teil, wer politische Nachrichten und Kommentare in Zeitungen liest, die politische Berichterstattung in Rundfunk und Fernsehen verfolgt oder im Familien-, Freundes- und Bekanntenkreis über Politik diskutiert.

Formen der aktiven Beteiligung reichen von der Mitwirkung bei Unterschriftenaktionen über die Teilnahme an Demonstrationen, dem Schreiben von Leserbriefen, politische Äußerungen via Facebook und Twitter bis hin zum Schreiben eines politischen Blogs im Internet. Selbstverständlich stellen auch die Teilnahme an Wahlen, die Mitgliedschaft und die Mitarbeit in Parteien, Verbänden und Bürgerinitiativen oder die Übernahme eines politischen Amtes, etwa als Bürgermeister oder Abgeordneter, Formen der politischen Beteiligung dar.

Parteien

Den Parteien kommt dabei im Rahmen des demokratischen politischen Prozesses eine besondere Bedeutung zu. Bei Parteien handelt es sich um freiwillige Zusammenschlüsse von Personen mit gleichen oder ähnlichen politischen Ideen und Zielen.

Indem sie sich an Wahlen beteiligen, also ihre Ideen und Kandidaten zur Wahl stellen, konkurrieren sie um die Macht im Staat.

Je mehr Stimmen sie bei Wahlen auf den unterschiedlichsten Ebenen (siehe das folgende Kapitel) gewinnen, desto größer ist die Wahrscheinlichkeit, dass sie ihre Ideen und Vorschläge auch politisch umsetzen können.

Aber nicht jede Gruppe von Leuten mit gleichen politischen Ansichten ist automatisch eine Partei. Damit eine politische Gruppierung als Partei anerkannt wird, muss sie vielmehr bestimmte, im Parteiengesetz festgelegte Voraussetzungen erfüllen:

- Sie muss über einen **längeren Zeitraum** Einfluss auf die politische Willensbildung nehmen und sich regelmäßig an Wahlen beteiligen.
- Wichtig ist eine **eigenständige Organisation**, sowohl dem Umfang als auch der Dauerhaftigkeit nach. Eine Organisation, die sich nur anlässlich einer Wahl bildet, ist keine Partei.
- Eine Partei muss eine **Mindestzahl an Mitgliedern** haben, damit die Ernsthaftigkeit ihrer Ziele gewährleistet bleibt.
- Sie muss **öffentlich** tätig sein.

Parteien: Zentrale Stellung bei der politischen Willensbildung

Doch warum muss es Parteien überhaupt geben? Schließlich genießen sie in der Bevölkerung oftmals keinen besonders guten Ruf, wie regelmäßige Meinungsumfragen belegen.

Um diese Frage zu beantworten, stelle man sich nur einmal kurz eine moderne Massendemokratie ganz ohne Parteien vor. Wie soll das funktionieren?

Wer soll stattdessen dafür zuständig sein, die unterschiedlichen politischen Interessen zu vertreten, zum Ausdruck zu bringen und letztlich in eine politische Entscheidung zu überführen? Wie will man ohne Parteien die Kandidatenauswahl bei Wahlen überhaupt organisieren?

Ohne Parteien gäbe es in einer modernen Massengesellschaft mit Millionen von Staatsbürgern keine politische Willensbildung des Volkes, zumindest keine, die zu politischen Entscheidungen führen würde.

In einem komplexen politischen System ist es für die Bürger nicht möglich, „mal eben" auf einem Marktplatz zusammenzukommen, um zu diskutieren und durch Zuruf direkt zu entscheiden.

Wenn die Staatsgewalt vom Volke ausgehen soll, lässt sich dies praktisch nur mit Hilfe von Parteien organisieren. Sie stehen zwischen dem Volk, von dem die Staatsgewalt in einer Demokratie ausgeht, und der Regierungsmacht, welche die Staatsgewalt auf Zeit ausübt. Somit nehmen Parteien eine entscheidende Vermittlerrolle ein.

Ihre Zielsetzungen und politischen Programme sind dabei so unterschiedlich wie die politischen Interessen und Wertvorstellungen der Bürger (Pluralismus). Arbeiter, Bauern, Angestellte, Selbstständige, Beamte, Männer und Frauen – sie alle haben unterschiedliche Interessen und Einstellungen zu bestimmten politischen Problemen, etwa dem Umgang mit Migration (weltweite Wanderungs- und Fluchtbewegungen), der Bekämpfung des Klimawandels oder der Art und Weise wie Organspenden in Deutschland organisiert werden sollen.

Im Idealfall betätigen sich Parteien als **Sprachrohre dieser unterschiedlichen Bürgerinteressen**.

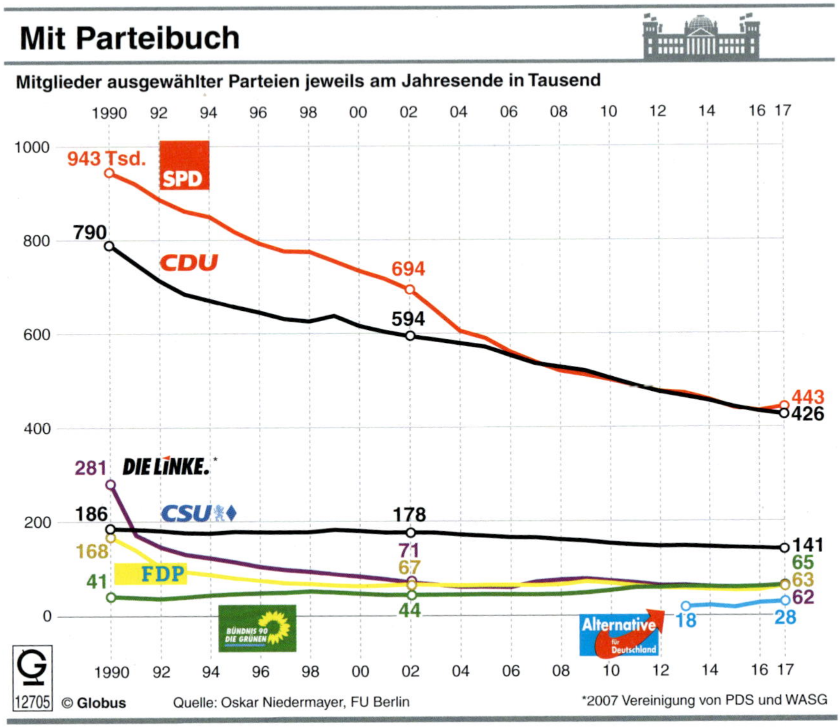

Die großen im Bundestag vertretenen Parteien haben in den vergangenen Jahrzehnten zahlreiche Mitglieder verloren. Hatten SPD und CDU im Jahr 1990 zusammen noch über 1,7 Millionen Mitglieder, zählten sie zu Beginn des Jahres 2017 jeweils noch rund 430.000, die FDP hatte zu diesem Zeitpunkt lediglich noch etwa 63.000 Mitglieder (1990: 168.000) und die Linke erlitt einen Mitgliederschwund von 281.000 (1990) auf 62.000 Mitglieder im Jahr 2017. Nur die Partei, Bündnis 90/Die Grünen, konnte im gleichen Zeitraum einen Zuwachs von 41.000 (1990) auf 65.000 Mitglieder (2017) verzeichnen. Die AFD existiert erst seit 2013 und zählte 2017 28.000 Mitglieder.

„Nehmen wir zum Beispiel den Umweltschutz: ein riesiges Thema: Vom Erhalt seltener Tiere und Pflanzen, über eine artgerechte, die Umwelt schonende, nachhaltige Landwirtschaft oder die Einführung von Elektroautos bis zum Ausstieg aus der Atomenergie und der Rettung des Klimas und der Weltmeere.

Man weiß nicht wo anfangen, wo aufhören. Da ist es Aufgaben der Parteien zu überlegen:

Welche Umweltschutzthemen sind zurzeit am drängendsten, welche kann man vielleicht etwa zurückstellen und was lässt sich mit wem am besten durchsetzen? Und welches Thema sollten wir im Interesse unserer Mitglieder und Wähler jetzt angehen? Das sind Fragen, die Parteien für sich beantworten müssen."

Politikwissenschaftler Mika Pemann gegenüber dem politischen Magazin „Junge Politik"

Aufgaben der Parteien:

Das Grundgesetz bezeichnet in Artikel 21 die **Mitwirkung bei der politischen Willensbildung** als übergeordnete Hauptaufgabe.

Das Parteiengesetz versteht darunter im Einzelnen die:

Interessensbündelung

- Auswahl, Bündelung und Weitergabe der unterschiedlichen politischen Ideen und Interessen in der Gesellschaft;

Programmfunktion

- Erstellung von Programmen und Entwicklung von unterschiedlichen Lösungsvorschlägen für politische Probleme, z. B. die Bekämpfung der Massenarbeitslosigkeit;

Meinungsbildung

- Werbung für die eigenen politischen Ideen in der Öffentlichkeit und damit Einflussnahme auf die Bildung der öffentlichen Meinung, z. B. durch Reden von Abgeordneten einer Partei im Deutschen Bundestag oder die Teilnahme von Politikern an Talkshows:

© dpa

Kanzlerin Angela Merkel zu Gast in der Talk Show „Anne Will"

Personalrekrutierung

- Förderung und Ausbildung von Bürgern, die politische Verantwortung übernehmen, z. B. als Ortsvorsitzender einer Partei, Bürgermeister oder Abgeordneter;
- Aufstellung von Bewerbern (Kandidaten) zu Wahlen in Bund, Ländern und Gemeinden;
- Politische Bildung, etwa durch politische Seminare der parteinahen Stiftungen (z. B. Konrad-Adenauer-Stiftung oder Friedrich-Ebert-Stiftung);

© dpa

Stefan Rottmann (SPD), Bürgermeister der Gemeinde Schonungen in Bayern, geboren 1986, war mit 25 Jahren Deutschlands jüngster Bürgermeister.

Umsetzung politischer Ziele

- Umsetzung der parteipolitischen Ziele in Parlamenten und Regierungen.

Der Plenarsaal des deutschen Bundestages

Die Väter des Grundgesetzes haben aus der Unentbehrlichkeit von Parteien – erstmals in der deutschen Verfassungsgeschichte – die Konsequenz gezogen, Parteien ausdrücklich in der Verfassung zu verankern.

Artikel 21 des Grundgesetzes besagt:

(1) „Die Parteien wirken bei der politischen Willensbildung des Volkes mit. Ihre Gründung ist frei. Ihre innere Ordnung muss demokratischen Grundsätzen entsprechen. Sie müssen über die Herkunft und Verwendung ihrer Mittel sowie über ihr Vermögen öffentlich Rechenschaft geben.

(2) Parteien, die nach ihren Zielen oder nach dem Verhalten ihrer Anhänger darauf ausgehen, die freiheitliche demokratische Grundordnung zu beeinträchtigen oder zu beseitigen oder den Bestand der Bundesrepublik Deutschland zu gefährden, sind verfassungswidrig. Über die Frage der Verfassungswidrigkeit entscheidet das Bundesverfassungsgericht."

Wie aber verhält man sich gegenüber Parteien, die den Staat zerstören wollen und die Grundsätze der Verfassung – also unsere Demokratie – ablehnen?

Das Grundgesetz gibt folgende Antwort:

Prinzip der wehrhaften Demokratie

Parteien, die nach ihren Zielen oder nach dem Verhalten ihrer Anhänger darauf abzielen, die freiheitliche demokratische Grundordnung zu beeinträchtigen oder zu beseitigen, sind **verfassungswidrig** und können verboten werden (GG Art. 21, Abs. 2).

Man spricht deshalb auch von einer sog. „wehrhaften Demokratie" – also einer Demokratie – die sich aktiv gegen ihre Feinde zur Wehr setzt.

Parteienprivileg der BVG

Parteien für verfassungswidrig erklären und damit aus dem politischen Leben ausschalten kann allerdings allein das **Bundesverfassungsgericht**.

Es bedarf eines Antrages des Bundestages, des Bundesrates oder der Bundesregierung. Diese müssen nachweisen, dass es das erklärte Ziel einer bestimmten Partei ist, die freiheitlich demokratische Grundordnung der Bundesrepublik Deutschland aktiv bekämpfen und auf diese Weise das politische System der Bundesrepublik letztlich zerstören zu wollen.

© Klaus Stuttmann, Berlin

Aber die Entscheidung über die Verfassungswidrigkeit und damit über das Verbot einer Partei trifft ausschließlich das BVG. Bisher wurden in der Geschichte der Bundesrepublik Deutschland erst zwei Parteien verboten:

- **1952** die rechtsextreme Sozialistische Reichspartei (SRP) und
- **1956** die Kommunistische Partei Deutschlands (KPD).

Die Frage, ob das Verbot einer Partei sinnvoll ist, ist allerdings nach wie vor umstritten, wie die Diskussion um das angestrebte Verbot der rechtsextremen NPD zeigte.

Dazu zwei Kommentare aus Tageszeitungen bzw. aus dem Internet:

EXKURS:

NPD-Verbot

Im Januar 2017 lehnte das Bundesverfassungsgericht ein vom Bundesrat beantragtes Verbot der NPD (Nationaldemokratische Partei Deutschlands) ab. Der Antrag war 2013 durch den Bundesrat eingereicht worden.

Zwar wird in dem Urteil festgestellt, die NPD setze sich eindeutig für die Beseitigung der freiheitlich demokratischen Grundordnung ein. Auch eine Wesensverwandtheit mit dem Nationalsozialismus wird nicht in Frage gestellt. Darauf, so die Richter, verwiesen unter anderem die antisemitische Grundhaltung der NPD und ihr Bekenntnis zu Führungspersönlichkeiten der NSDAP.

Ziel der NPD sei es, die bestehende Verfassungsordnung durch einen autoritären Nationalstaat zu ersetzen. Auf dieses Ziel arbeite die rechtsextreme Partei aktiv und geplant hin.

Aber: Das Bundesverfassungsgericht sieht derzeit keine konkreten Hinweise, dass die Partei mit ihrem Handeln erfolgreich sein könnte. Daher sei das Parteiverbot als vorbeugende Maßnahme des Schutzes der Verfassung nicht notwendig. Um auf Einschüchterungen, Bedrohungen und Gewalt durch die NPD zu reagieren, könne der Staat auch auf das bestehende Polizei- und Strafrecht zurückgreifen.

Mit dem Urteil des Bundesverfassungsgerichts ist zum zweiten Mal nach 2003 ein Verbotsverfahren gegen die NDP gescheitert. Bundesweit zählt die Partei derzeit etwa 5000 Mitglieder. Bei den Landtagswahlen in Sachsen 2014 und Mecklenburg-Vorpommern 2016 ist die NPD an der Fünfprozenthürde gescheitert, sodass sie in keinem Landesparlament mehr vertreten ist.

© dpa

Kommentar von Heribert Prantl in der Süddeutschen Zeitung vom 17.01.2017

Das Urteil klingt plausibel, es ist trotzdem bedauerlich falsch. Es lehnt ein Verbot der NPD ab, weil diese Partei derzeit zu klein, zu unbedeutend, zu wenig wirkkräftig sei. Aber diese Partei ist giftig; und dieses Gift kann die Gesellschaft vergiften.

Die NPD hätte verboten werden müssen – nicht obwohl sie derzeit sehr klein und bei Wahlen unbedeutend ist, sondern gerade deswegen. ... . An einer kleinen, zerstrittenen, aber bösartigen Partei hätte gezeigt werden können, dass es eine Linie gibt, die eine Partei, ob klein oder groß, nicht überschreiten kann, ohne das Parteienprivileg zu verlieren.

Es hätte gezeigt werden können, dass eine Partei, ob klein oder groß, nicht unter dem Schutz dieses Privilegs aggressiv kämpferisch gegen das Grundgesetz und seine Grundwerte auftreten darf.

Ein Parteiverbot wäre ein Akt der Prävention gewesen

Karlsruhe hätte am Beispiel der kleinen NPD sagen können: Bis hierher kann der politische Kampf gehen, aber nicht weiter (und die NPD geht weit über die Linie hinaus). So ein Urteil wäre nicht etwa lächerlich gewesen, sondern gerade in Zeiten des aggressiven Rechtspopulismus notwendig und vorbildlich. Es wäre ein Signal gewesen gegen diesen aggressiven Rechtspopulismus. Dessen Gehässigkeiten sind ja zum Teil identisch mit denen, die in der NPD propagiert werden. Ein Parteiverbot wäre ein Akt der Prävention gewesen.

Vor fast hundert Jahren, zehn Jahre vor dem Beginn der Nazi-Herrschaft, hat ein berüchtigter Staatsrechtler namens Carl Schmitt den NS-Terror gegen Juden juristisch vorbereitet. In der Vorbemerkung zu seiner Schrift „Die geistesgeschichtliche Lage des heutigen Parlamentarismus" schrieb er 1923: „Zur Demokratie gehört notwendig erstens Homogenität und zweitens nötigenfalls die Ausscheidung oder Vernichtung des Heterogenen. Die politische Kraft einer Demokratie zeigt sich darin, dass sie das Fremde und Ungleiche, die Homogenität Bedrohende zu beseitigen oder fernzuhalten weiß."

Der aggressive Rechtspopulismus von heute hat solches Denken wieder aufgenommen. Das Verfassungsgericht hat nichts dagegen getan.

Kommentar zum Karlsruher NPD-Urteil in der TAZ (Die Tageszeitung) vom 17.01.2017

Ein starkes Zeichen

Die Entscheidung der Richter war richtig. Der Kampf gegen rechts wäre mit einem Verbot nicht erledigt, schon gar nicht, solange die AfD Erfolg hat.

Es war die Hoffnung vieler im Vorfeld dieser Entscheidung. Karlsruhe möge doch ein starkes Zeichen setzen gegen den Rechtsextremismus – gerade in diesen Zeiten, in denen die Verachtung gegen Flüchtlinge und gegen die Demokratie grassiert. Mit einem Verbot der NPD sollten die Richter ein Signal aussenden: Bis hierhin und nicht weiter.

Die Verfassungsrichter haben das nicht getan. Sie haben die NPD nicht verboten. Und sie hatten keinen Zweifel an ihrem Urteil: Als viel zu bedeutungslos befanden sie die Neonazi-Partei derzeit.

Und es war ein Ansinnen, das übers Ziel hinausschoss. Die Verfassungsrichter haben recht, wenn sie in Erinnerung rufen, dass das Parteiverbot eine der schwersten Waffen dieser Demokratie ist, welches nicht leichtfertig einzusetzen ist. Der Parteienstreit, der Wettbewerb um das beste Argument, ist eine grundgesetzlich festgeschriebene Errungenschaft. Ein Verbot aber greift hier maximal ein – indem es einen politischen Mitbewerber aus dem Diskurs nimmt und dessen Argumente vor dem Bürger verbannt.

Nicht ohne Grund wurde dieser Urteilsspruch seit 1945 überhaupt erst zwei Mal angewandt. Dass es diesmal die NPD hätte treffen sollen, mag auf den ersten Blick gefallen. Die Neonazi-Partei hetzt gegen Minderheiten, sie relativiert NS-Verbrechen, sie predigt eine krude Volksgemeinschaft. Ja, sie versucht nicht einmal, ihre Menschenverachtung zu kaschieren. Und es mutet unerträglich an, dass sie dafür auch noch mit Steuergeldern alimentiert wird. Die Frage nur ist: Kann diese Demokratie das aushalten? Sie kann.

Nicht mit Kanonen auf Spatzen schießen

Die NPD ist momentan ein Winzling. In keinem Landtag ist die Partei mehr vertreten, in allen Umfragen nicht mehr messbar, fast überall wird sie als braune Schmuddelpartei geschmäht. Rund 340 Mandate hält die Partei noch – von bundesweit 230.000. Gegen diese „Gefahr" das schwerste Geschütz der Demokratie einzusetzen, das Verbot – es wäre nicht nur eine rechtstaatliche Überreaktion gewesen, sondern auch zu viel der Ehre für diese Kleinpartei.

Um nicht falsch verstanden zu werden: Auch 340 Mandate sind ein Problem. Gerade in einigen Orten Mecklenburg-Vorpommerns oder Sachsens, in denen sich die Rechtsextremen über Jahre festgesetzt haben. In denen ihre Ressentiments weit in die Bewohnerschaften einsickern und Andersdenkende zum Schweigen gebracht werden sollen. Und auch dort, wo NPD-Funktionäre vielfach tatsächlich Proteste und Hass auf Flüchtlinge anstacheln. Aber auch hier stellt sich die Frage: Hätte ein Verbot dagegen geholfen? Leider nicht.

Die ganz Rechten, nicht nur die NPD-Anhänger, hätten sich in ihrer Verachtung der Demokratie bestätigt gesehen. Davor müsste man nicht kuschen. Aber: Es hätte sich durch ein Verbot eben auch nichts geändert. Weil die überzeugten Hetzer ihr Tun auch danach nicht gelassen hätten. Weil sie auch ohne NPD-Fahne weiter gegen Flüchtlinge Stimmung gemacht oder Gegner bedroht hätten. Und das Problem ist längst größer als die NPD.

Die Richter formulierten derweil eine viel stärkere Botschaft als ein Verbot: Der liberale Rechtsstaat lässt sich nicht von einer Hass predigenden Splittergruppe aus der Reserve locken. Er ist stark genug, um auf Symbolpolitik verzichten zu können. Und er vertraut auf seine Argumente.

Damit haben die Richter eben doch ein Zeichen der Stärke gesetzt, ein eigenes. Ein überzeugenderes. Der Kampf gegen den Rechtsextremismus, er muss nun direkt geführt werden, nicht stellvertretend über die NPD. Diejenigen, die Gewalt ausüben, muss der Staat mit der Härte des Strafrechts in die Schranken weisen. Er muss in die Niederungen der rechten Hochburgen gehen. Dort, im Lokalen, braucht es den demokratischen Widerspruch, das alltägliche Engagement von Parteien und Bürgern. Es ist ein Kampf, der ungleich aufwändiger ist als die Formulierung eines Verbotsantrags. Aber nur er wird am Ende auch Wirkung entfalten.

Konrad Litschko, TAZ, 17.01.2017

Je professioneller Parteien ihre Wahlkämpfe gestalten, desto mehr Geld benötigen sie. Auch für die Unterhaltung der Parteiapparate – Wahlkampfzentralen, Büros, wissenschaftliche Mitarbeiter, Sekretärinnen etc. – benötigen Parteien finanzielle Mittel, ebenso für hauptamtliche Mitarbeiter, Werbemaßnahmen und Aufgaben der politischen Bildung. Schließlich müssen Werbekampagnen erdacht, Wahlplakate gedruckt und Veranstaltungshallen gemietet werden.

Im Laufe der Jahrzehnte geriet die Praxis der Parteienfinanzierung immer wieder in die Kritik. Unter anderem wurden Parteipolitiker verdächtigt, Parteispenden als Gegenleistung für bestimmte politische Entscheidungen erhalten zu haben.

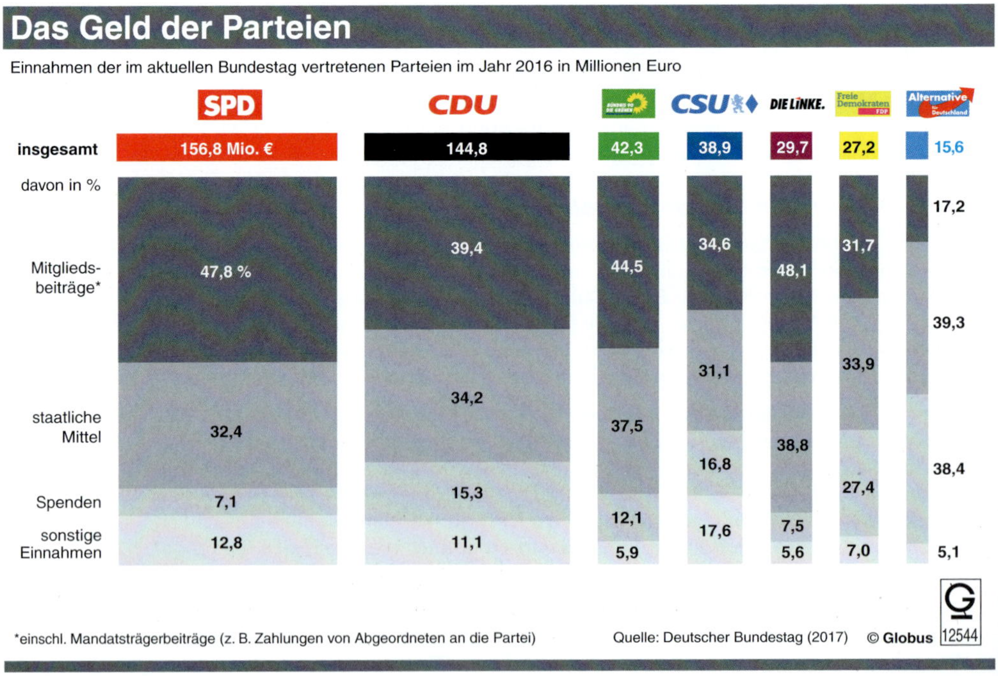

Auch die Sparsamkeit von Parteien wurde angezweifelt. Vor allem aber wird eine Selbstbedienungsmentalität der Parteien beklagt. Das zentrale Problem liegt darin, so Kritiker, dass die begünstigten Parteien im Parlament selbst über die staatliche Parteienfinanzierung entscheiden.

Vor diesem Hintergrund hat das Bundesverfassungsgericht 1992 das zum damaligen Zeitpunkt bestehende Finanzierungssystem für verfassungswidrig erklärt, weshalb seit 1994 eine neue Regelung gilt. Diese soll einen Missbrauch der Macht verhindern helfen und die Parteien durch finanzielle Anreize dazu motivieren, verstärkt um neue Mitglieder und Spenden zu werben. Ferner wurde die Transparenz (Durchschaubarkeit) der Spendentätigkeit erhöht.

Wichtige Vorschriften zur Parteienfinanzierung lauten:

- Anspruch auf staatliche Teilfinanzierung in einem bestimmten Jahr haben alle Parteien, die bei der jeweils letzten Europa- oder Bundestagswahl mindestens 0,5 Prozent oder bei einer der jeweils letzten Landtagswahlen mindestens 1 Prozent der abgegebenen gültigen Zweitstimmen erreicht haben.
- Die Summe der jährlichen staatlichen Finanzierung aller Parteien darf gemäß § 18 Abs. 2 Parteiengesetz eine „absolute Obergrenze" nicht überschreiten. Diese betrug für das Jahr 2017 161,8 Millionen Euro. Die Summe wird jedes Jahr angepasst. Auch die Zahl der anspruchsberechtigten Parteien variiert. Im Jahr 2017 erhielten insgesamt 20 Parteien Mittel aus der staatlichen Parteienfinanzierung.
- Die Parteien müssen über die Verwendung ihrer staatlichen Zuwendungen jährlich öffentliche Rechenschaft geben.
- Parteien erhalten für jede bei Landtags-, Bundestags-, und Europawahlen abgegebener, gültiger Wählerstimme bis zur jeweils nächsten Wahl jährlich 0,83 Euro pro Stimme. Für die ersten 4 Millionen Stimmen erhöht sich dieser Betrag auf 1,00 Euro. Damit sollen Wettbewerbsnachteile für diejenigen Parteien ausgeglichen werden, die nicht in den Parlamenten vertreten sind.
- Beitrags- und Spendenzuschuss: Für jeden Euro an Mitgliedsbeiträgen und pro gespendeten Euro erhalten die Parteien 0,45 Euro Staatszuschuss, wobei dies nur für Spenden natürlicher Personen bis zu einer jährlichen Spendenhöhe von 3.300 Euro pro Person gilt. Bis zu dieser Höhe sind Spenden uns Beiträge auch steuerlich absetzbar. Personen und Firmen, die mehr als 10.000 Euro spenden, müssen öffentlich genannt werden.
- Durch tatsächliche oder angebliche politische Skandale und „Skandälchen" fühlen sich viele Bürger aber in ihren oftmals negativen Urteilen über Politik und „die Politiker" bestätigt.
  Gerade in Zeiten so genannter „Fake News", also der bewussten Verfälschung von Tatsachen und Informationen für eigene politische Zwecke, vor allem in den sozialen Netzwerken (Facebook, Twitter, Instagram), gelingt es immer häufiger, Millionen von Bürgerinnen und Bürgern gegen Politiker und Parteien im Besonderen, sowie das demokratische System im Allgemeinen aufzubringen.
  Gerade im Zusammenhang mit dem Zuzug von Flüchtlingen und Migranten in die Bundesrepublik, werden auf diese Weise Ängste geschürt und Vorurteile gefördert.

„Politik ist ein schmutziges Geschäft", so denken nicht wenige, „bei dem es den Politikern und Parteien mehr um eigene Vorteile, als um die Interessen der Bevölkerung, bzw. das Allgemeinwohl geht."

Aus diesem Grunde hat die Sauersche Allgemeine Zeitung (SAZ) Wissenschaftler, Bürger und Politiker zu einer Podiumsdiskussion eingeladen, die wir im Folgenden in Auszügen wiedergeben.

Titel:

Der Parteienstaat in der Krise – Wie berechtigt ist die Kritik an unseren Parteien und Politikern?

Manuel Heibel, Politikwissenschaftler:

Wenn man sich das Verhalten von Politikern vor und nach Wahlen anschaut, beschleicht einen bisweilen schon das Gefühl, der Parteienstaat sei geprägt von Machtvergessenheit und Machtversessenheit. Politiker wirken machtversessen auf den Wahlsieg.

Sie tun alles um von der eigenen Partei bei Wahlen aufgestellt zu werden und schrecken auch vor Beleidigungen innerparteilicher Konkurrenten nicht zurück. Auch versprechen sie den Bürgern Vieles, um vom Volk gewählt zu werden. So werden vor fast jeder Wahl Steuersenkungen in Aussicht gestellt, die dann nach der Wahl – warum auch immer – für nicht mehr finanzierbar erklärt werden. Das meine ich mit Machtvergessenheit: Man vergisst seine Versprechungen. Es geht dann nur noch darum, die Macht um jeden Preis zu erhalten.

Klaus Hünerfeld, Journalist:

Das ist sicher nicht ganz falsch und doch greift Ihre Argumentation meiner Meinung nach zu kurz. Die Parteien und Politiker sind auch Gefangene der Erwartungen und Wünsche der Bürger. Die Menschen erwarten einfache Lösungen für komplizierte Probleme und sind nicht bereit auch unangenehme Wahrheiten zu akzeptieren, z. B., dass der Staat sparen muss oder die Reduzierung der Arbeitslosigkeit von heute auf morgen nicht machbar ist. Deshalb wählen nicht wenige Bürger sogenannte „Schaumschläger", anstatt diejenigen, die die Probleme ernsthaft angehen wollen und den Bürgern die Wahrheit sagen. Auch überschätzen viele Menschen die Möglichkeiten der Politik.

Sie denken: „Die Politik wird es schon richten" und wollen Versicherungen, dass auch in der Zukunft alles so bleibt wie es immer schon war. Das aber kann Politik gar nicht leisten. Deshalb ist es wichtig die Möglichkeiten von Politikern realistisch einzuschätzen und sie nicht in Krisenzeiten zu alleinigen Sündenböcken zu machen. Schließlich können einzelne Politiker die wirtschaftliche Lage eines Landes und den Wohlstand der Menschen kaum beeinflussen.

Felix Beus, Bankauszubildender:

Aber da ist noch etwas anderes, was mich stört. Man gewinnt nicht zuletzt durch die Parteispendenaffären den Eindruck, Parteipolitiker betrachten den Staat als Selbstbedienungsladen und entscheiden im Zweifelsfalle zu ihrem eigenen Vorteil, z. B. bei den staatlichen Zuschüssen für Parteien oder bei der Festlegung der Höhe der „Abgeordnetengehälter" (Diäten), die von den Parteipolitikern in den Parlamenten ja selbst festgelegt werden. Ich kann die Höhe meiner Ausbildungsvergütung ja auch nicht selbst festlegen.

Jürgen Grün, Politiker:

Herr Beus, da müssen Sie schon genauer argumentieren. Zu den Diäten: Die Höhe der Abgeordnetenbezüge ist sicherlich angemessen, angesichts des Amtes, das etwa ein Bundestagsabgeordneter innehat. In der freien Wirtschaft liegen die Gehälter in entsprechenden Positionen sicherlich höher.

Und zur Rolle von Parteien ganz allgemein: Ohne Parteien würde unsere Demokratie gar nicht funktionieren. Es käme weder zu vernünftigen Wahlen, noch zu politischen Entscheidungen. Man kann auch sagen: Parteien erfüllen öffentliche Aufgaben. Dazu benötigen sie Geld.

Manuel Heibel:

Die negative Einschätzung von Parteipolitikern hat aber noch eine weitere Ursache. Parteipolitiker leben und handeln oft selbst nicht nach den von ihnen ge-forderten Werten und Gesetzen wie Verfassungstreue, Fairness, Toleranz oder Glaubwürdigkeit.

So wird z.B. der politische Gegner im Wahlkampf oft regelrecht niedergemacht. Und wie viel und woher die Parteien ihr Geld haben, geben sie auch nicht immer korrekt an, wie die Spendenskandale gezeigt haben. Dabei wird genau dies im Grundgesetz, Artikel 21 gefordert. Es gibt da ein schönes Sprichwort: „Wasser predigen und Wein trinken". Das passt zum Verhalten mancher Politiker.

Klaus Hünerfeld:

Herr Heibel, Sie haben am Schluss Ihrer Ausführungen ein gutes Stichwort gegeben: „Manche Politiker!" Schwarze Schafe gibt es in jeder Berufsgruppe, aber diese sind in der Minderheit. Wir sollten uns vor falschen Verallgemeinerungen hüten. Außerdem sind auch Politiker nur Menschen und keine moralisch höherwertigen Lebewesen. Sie machen natürlich auch Fehler, aber diese werden von den Medien oft dramatisiert und aufgebauscht.

Christiane Bösl, Juristin:

Wir wollen jetzt nicht die Medien für die Fehler von Politikern verantwortlich machen. Ohne kritische Medien wäre wohl kein politischer Skandal der Nachkriegszeit je aufgedeckt worden. Aber noch ein anderer Punkt bereitet mir Sorgen. Nur 3,3% der Wähler sind Mitglieder von Parteien und von diesen wiederum sind nur etwa 1/5 mehr oder weniger aktiv. Das heißt: Nur eine winzige Minderheit trifft Entscheidungen und besetzt Ämter. Die Mehrheit der Menschen hat keinen Einfluss.

Jürgen Grün:

Das sehe ich nicht so dramatisch. Schließlich stehen Parteien allen offen, aber: Viele Bürger sind einfach nicht zu persönlichem Engagement bereit. Auch die Mehrheit der Parteimitglieder hat kein Interesse an der Übernahme von Ämtern und Funktionen, z.B. als Ortsvorsitzender einer Partei. Ich kann deshalb nur sagen: Meckern und Mosern über die angeblichen Fehler anderer kann jeder.

Eine der Grundannahmen des im Grundgesetz vertretenen Menschenbildes geht davon aus, dass Menschen von Natur aus unterschiedlich sind. Das bedeutet immer auch: Sie haben unterschiedliche Auffassungen darüber, wie sie ihr Leben gestalten wollen, was gerecht oder ungerecht ist und welche Rolle etwa der Staat bei der Organisation des menschlichen Zusammenlebens spielen sollte.

Kurz und gut: Menschen haben unterschiedliche, z. T. gegensätzliche Interessen. Dies ist für eine demokratische Gesellschaft ein ganz normaler Zustand. Ja, es ist sogar legitim (rechtmäßig) und erwünscht, dass die unterschiedlichen Interessen offen geäußert und vertreten werden können. Da der Einzelne seine Interessen in der Regel aber auch durchsetzen möchte, kommt es zwangsläufig zu Konflikten. Um in diesen Konflikten bestehen zu können schließen sich Menschen mit gleichen oder ähnlichen Interessen zu Gruppen zusammen. Man bezeichnet diese Zusammenschlüsse dann als **Interessenverbände**.

Interessenverbände

© Burkhard Mohr, Königswinter

Pressespiegel

„... Ich will grundsätzlich sagen: Lobbyismus per se ist nicht unanständig. In einer offenen Gesellschaft mit unterschiedlichen Interessen und Meinungen ist es ganz selbstverständlich, dass auch das Parlament mit den Interessen und Meinungen unterschiedlichster Personen, ... Verbände und Initiativen beschäftigt wird.

Das ist auch in Ordnung so, unter ein paar einfachen Voraussetzungen.

Erstens: Es darf sich nicht um versteckte Einflussnahme handeln, also Transparenz ist ein wichtiges Kriterium.

Zweitens: Es darf kein Geld fließen, also Bestechung darf nicht erlaubt sein. Und es wäre wichtig, sage ich auch als einzelner Abgeordneter, wenn man jeweils erkennen kann, ob und wie Einfluss genommen worden ist und was im Ergebnis davon in einem Gesetz dann sich wiederfindet. Auch das ist nicht sofort schlecht, denn natürlich haben doch Institutionen, Vereinigungen, Unternehmen, Gewerkschaften, Kirchen sehr viel Fachwissen, das sie auch in vernünftiger Weise einbringen können. Aber es ist wichtig, dass man das weiß, worum es geht, und damit man darüber befinden kann, dass hier eine bestimmte Meinung, ein bestimmtes Interesse fachlich versiert vorgetragen ist und aus nachvollziehbaren Gründen Eingang gefunden hat in ein Gesetz“ ...

SPD-Politiker Wolfgang Thierse im Deutschlandfunk

Im Gegensatz zu Parteien vertreten Interessenverbände aber nur die Interessen einer ganz bestimmten Gruppe, z. B. der Arbeitnehmer, der Soldaten oder der Lokführer. Auch nehmen sie nicht an Wahlen teil und streben folglich keine Verantwortung für die Gesellschaft als Ganzes an. Sie streben vielmehr danach, dass die Politik Entscheidungen in ihrem Sinne trifft.

Je mehr Menschen einem Interessenverband angehören, je besser er organisiert ist, je überzeugender er seine Forderungen vertreten kann und je mehr finanzielle Mittel ihm zur Verfügung stehen, desto größer sind seine Chancen, die eigenen Interessen durchzusetzen.

Interessenverbände sind feste Bestandteile einer demokratischen und damit pluralistischen Gesellschaft. Die Möglichkeit ihrer Gründung ist im Grundrecht der Vereinigungs- oder Koalitionsfreiheit (Art. 9 GG) grundgesetzlich verankert.

Artikel 9 des Grundgesetzes lautet:

(1) Alle Deutschen haben das Recht, Vereine und Gesellschaften zu bilden.

(3) Das Recht, zur Wahrung und Förderung der Arbeits- und Wirtschaftsbedingungen Vereinigungen zu bilden, ist für jedermann und für alle Berufe gewährleistet.

In diesem Zusammenhang ist auffällig: Während nur verhältnismäßig wenige Bürger einer Partei angehören, sind sehr viele Personen Mitglied eines Vereins oder eines Verbandes. Im Jahr 2008 gab es ca. 554.000 eingetragene Vereine in Deutschland. 58 Mio. der über vierzehnjährigen Deutschen gehören einem oder mehreren Vereinen an. Die Zahl der eigentlichen Interessenverbände – solche, die politische Interessen verfolgen – liegt bei etwa 5.000. In der sogenannten Lobbyliste des Deutschen Bundestages waren im Herbst 2018 2.320 Interessenverbände registriert.

Man kann Vereinigungen bzw. Verbände nach ihren Tätigkeitsfeldern in verschiedene Gruppen einteilen:

- Vereinigungen im Wirtschaftsleben und in der Arbeitswelt (Unternehmer- und Selbstständigenverbände, z. B. der Bundesverband der Deutschen Industrie oder der Deutsche Industrie- und Handelskammertag auf der einen, die Gewerkschaften, z. B. die IG-Metall oder ver.di auf der anderen Seite)
- Vereinigungen mit sozialen Zielen (Caritas, Rotes Kreuz, Mieterbund)
- Vereinigungen im Bereich Freizeit und Erholung (Deutscher Sportbund, DFB)
- Vereinigungen in den Bereichen Kultur und Wissenschaft (Verband der Historiker Deutschlands)
- Vereinigungen mit ideellen und gesellschaftspolitischen Zielsetzungen (amnesty international, Kinderschutzbund).

Trotz dieser unterschiedlichen Tätigkeitsfelder verfügen Verbände jedoch über bestimmte, gemeinsame Merkmale. Sie fassen die ähnlichen Interessen ihrer Mitglieder zusammen, formulieren konkrete Forderungen gegenüber dem Staat und anderen Interessengruppen und versuchen, ihre Ziele mit möglichst wirkungsvollen Mitteln durchzusetzen.

Das folgende Schaubild versucht Mittel und Adressaten dieser Einflussnahme grafisch darzustellen.

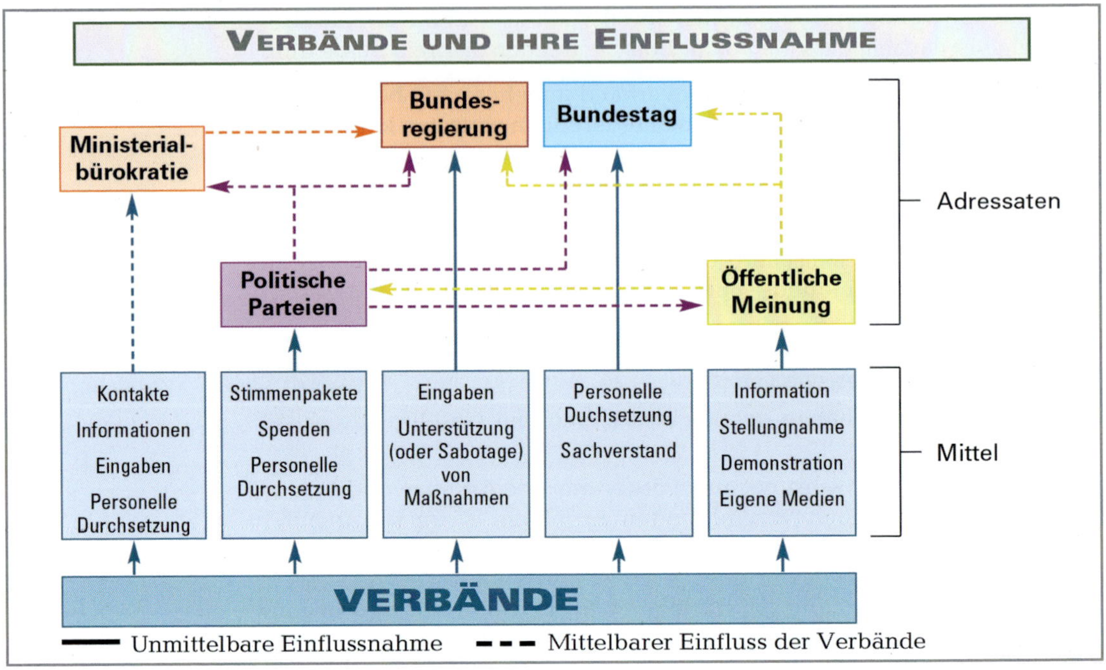

- Interessenverbände werben über die Massenmedien für ihre Ziele, oft auch durch eigene Presseorgane. Schärfere Mittel der Interessendurchsetzung sind Demonstrationen und Streiks.
- Interessenverbände stehen oft einer Partei nahe und unterstützen diese vor allem in Wahlkämpfen. Oft sind Mitglieder in Verbänden gleichzeitig auch Mitglieder einer Partei.
- Im Bundestag sitzen zahlreiche Interessenvertreter der Bauern, des Handwerks, der Industrie sowie der Gewerkschaften (personelle Durchsetzung).
- Interessenverbände verhandeln mit Regierungsmitgliedern und deren Mitarbeitern und zuständigen Beamten. Dabei bringen sie auch ihre besonderen Kenntnisse ein.

Beispiele

„Wenn Sie unsere Forderungen nicht erfüllen, werden unsere zwei Millionen Mitglieder eine andere Partei wählen!"

„... werden wir Ihrer Partei keine Wahlspenden mehr zukommen lassen!"

Es wurde bereits deutlich:

Verbände = Pressure Groups

In einer pluralistischen Demokratie ist das Organisieren von Interessen notwendig und legitim. Dennoch wird der politische Druck mächtiger Interessenverbände – man bezeichnet diese auch als „Pressure Groups" – auf Regierung und Abgeordnete häufig beklagt.

Ihre Vertreter, die so genannten Lobbyisten (engl.: Lobby = Vorhalle des Parlaments) scheuten weder Kosten noch Mühen auf Abgeordnete oder Regierungsmitglieder einzuwirken. In welchem Umfang in Berlin Lobbyisten am Werke sind, verdeutlicht die Zahl der beim deutschen Bundestag in einer Lobbyliste registrierten Verbände. Dies bleibt nicht ohne Kritik, wie das folgende Interview mit dem SPD-Politiker Karl Lauterbach belegt:

Presse SPIEGEL

Lobbyismus in der Diskussion

Der sozialdemokratische Gesundheitsexperte Karl Lauterbach beschreibt im Interview mit dem Nachrichtenmagazin Spiegel den Druck mächtiger Lobbygruppen auf Abgeordnete und Regierung.

SPIEGEL: Herr Lauterbach, wie oft werden Sie von Lobbyisten eingeladen?

Lauterbach: Im vergangenen Jahr habe ich etwa 2.500 Einladungen zu Veranstaltungen oder zu direkten Gesprächen mit Lobbyisten erhalten. Etwa 10 davon habe ich angenommen. Ich finde, wir Abgeordnete verbringen zu viel Zeit mit Interessenvertretern ... beinahe jeden Tag wenden sich Lobbyisten an mich. Ich werde im Zug angesprochen, bei Empfängen, bei Podiumsdiskussionen. Weil ich selten zu den offiziellen Veranstaltungen gehe, sucht man den Kontakt direkt.

SPIEGEL: Hat man Sie auch unter Druck gesetzt?

Lauterbach: Vor der letzten Bundestagswahl hat ein Verband in den Arztpraxen in meinem Wahlkreis plakatiert: Wählen Sie alles, aber nicht SPD. Daneben war ein Bild von mir, von unten aufgenommen. Eine sehr unvorteilhafte Pose. Das war unangenehm.

SPIEGEL: Gab es Lockangebote?

Lauterbach: Ein anderer Verband bot mir an, meinen persönlichen Wahlkampf mit 10.000 Euro zu unterstützen. Ich habe natürlich abgelehnt. Ich hätte auch die Möglichkeit gehabt, gutbezahlte Referate bei Arznei- und Pharmaunternehmen zu übernehmen. Ich habe das nicht gemacht. Viele Kollegen übrigens auch nicht, ich bin also kein Einzelfall.

SPIEGEL: Hat der Lobbydruck zugenommen?

Lauterbach: Ja, massiv. Die Politik reguliert diese Milliardenmärkte immer stärker, und das ist auch notwendig. Der wirtschaftliche Erfolg von Unternehmen oder ganzen Branchen hängt deshalb davon ab, wie die Gesetze ausfallen. Wir entscheiden allein im Gesundheitsbereich direkt und indirekt über die Verteilung von etwa 200 Milliarden Euro pro Jahr. Deswegen werden Scharen von Lobbyisten in Bewegung gesetzt, um die Abgeordneten zu beeinflussen. Ich schätze, dass im Gesundheitsbereich auf jeden Abgeordneten etwa 50 Lobbyisten kommen – und von denen verdient jeder mehr als ein Abgeordneter.

SPIEGEL: Gehört der Lobbyismus zur Demokratie?

Lauterbach: Demokratie ohne Lobbyismus ist nicht vorstellbar. Aber wir müssen uns klarmachen, dass der Lobbyismus uns stärker beeinflusst, als wir uns das selbst eingestehen. ... So haben wir vor einem Jahr sehr intensiv darüber diskutiert, ob bei Gebärmutterhalskrebs geimpft werden soll oder nicht. Ein Unternehmen aus dem Rhein-Main-Gebiet, das den Impfstoff herstellt, hat die Debatte durch Einladungen an Abgeordnete zu Parlamentarischen Abenden und durch Pressearbeit angestoßen. Genauso gut hätte man auch darüber reden können, wie man Frauen besser darüber aufklärt, dass Rauchen ein wichtiger Risikofaktor für Gebärmutterhalskrebs ist. Doch darüber wurde nicht diskutiert.

SPIEGEL: Was würden Sie gegen die Lobbymacht unternehmen?

Lauterbach: Sinnvoll wäre es, wenn sich jeder Lobbyist registrieren lassen und seine Tätigkeit auf der Visitenkarte ausweisen müsste. Dann merken es auch Abgeordnete, die noch nicht so lange dabei sind, wenn sie es mit einem Interessenvertreter zu tun haben. Ich halte es für sehr wichtig, dass wir uns gegenseitig immer wieder vergewissern, wie beeinflussbar wir sind. Wir müssten mehr Veranstaltungen zu den Gefahren des Lobbyismus organisieren. Ich habe hier eine Einladung zu einem Gesprächsabend, der demonstrieren soll, wie fruchtbar die Zusammenarbeit zwischen den Lobbygruppen und der Politik sein kann. Wir müssen dagegenhalten und darüber informieren, wie gefährlich der Lobbyismus ist.

Interview: Konstantin von Hammerstein, Ralf Neukirch in: Der Spiegel (gekürzt durch den Autor)

Die Argumente der Kritiker des Verbandseinflusses lauten:

- Gesellschaftliche Interessen sind keineswegs gleichgewichtig vertreten. Gegenüber den gut organisierten und finanzstarken Verbänden sind jene Gruppen benachteiligt, die sich nicht oder nur schwer organisieren lassen, z. B. Kinder oder alte Menschen.
- Wichtige Reformen und Neuerungen können erschwert werden, weil der Widerstand der beteiligten Gruppen zu stark ist (Beispiel: Gesundheitsreform).
- Der Einfluss der Verbände entzieht sich der öffentlichen Kontrolle. Das heißt: Lobbyismus findet im Geheimen statt. Wenn nicht (oder erst nach langer Zeit) bekannt wird, welche Konzernvertreter mit welchen politischen Entscheidungsträgern worüber sprachen oder ob sie hohe Summen an eine Partei gespendet haben, ist eine wirksame Kontrolle des Parlaments und des Regierungshandelns kaum möglich. Je geheimer und undurchsichtiger die Kanäle von den Verbänden zur Regierung, zu den Abgeordneten und Parteien sind, desto größer ist die Gefahr unzulässiger Machtausübung und Einflussnahme.

Es wird deshalb immer wieder gefordert, die Einwirkung der Verbände auf Parteien, Abgeordnete und Regierung für die Öffentlichkeit sichtbar und damit kontrollierbar zu machen, denn:

„Kontrollierte Macht ist nur noch halbe Macht!"

Ende der sechziger Jahre des vergangenen Jahrhunderts entwickelten sich neue Formen der politischen Mitwirkung, die so genannten Bürgerinitiativen.

In ihrer Entstehungsgeschichte spiegelt sich eine gewisse Enttäuschung einzelner Bevölkerungsschichten über die Arbeit der politischen Parteien und Verbände wider, von denen man sich nicht gut vertreten fühlte.

Die Enttäuschung bezog sich meist auf Probleme, von denen sich die Bürgerinnen und Bürger „vor Ort", also auf der kommunalen Ebene, betroffen fühlten.

Man wurde „initiativ", d. h. man mischte sich als betroffener und engagierter Bürger zusammen mit anderen in die örtlichen Entscheidungsprozesse ein.

Presse

Martin Reyher von „abgeordnetenwatch.de" schreibt dazu:

Lobbyismus hat seinen berechtigten Platz in der Politik. Jedoch nicht so, wie er heute funktioniert: Es braucht mehr Transparenz und klare Regeln.

Rezepte, wie sich die Missstände beheben lassen, gibt es viele: etwa durch Einführung eines verpflichtenden Lobbyregisters, schärferer Transparenzregeln bei Parteispenden oder die Bekanntmachung von Lobbyisten, die am Gesetzgebungsprozess mitgewirkt haben („legislativer Fußabdruck")

www.bpb.de, September 2015

Der Politikberater und „Public Affairs Experte", Axel Wallrabenstein, sieht Lobbyismus weniger kritisch:

Lobbyismus ist fester Bestandteil des demokratischen Prozesses

Die politische Arbeit von Unternehmen und Verbänden – sprich Lobbying – ist seit Jahrzehnten fester Bestandteil des demokratischen Prozesses. In der Öffentlichkeit wird ihre Arbeit oftmals als anstößig und verwerflich wahrgenommen.

Das Image von Lobbying ist geprägt von Unwissen und Vorurteilen. ... Deutschland braucht eine Debatte darüber, was gute und was schlechte Interessen sind und wie man sie vertreten darf.

Zur Verdeutlichung zwei Beispiele, die die widersprüchliche Situation vor Augen führen sollen:

Nehmen wir das Beispiel der Pharmaindustrie: In Reportagen wird regelmäßig das Bild einer Branche vermittelt, die hohe Gewinne auf dem Rücken der Patienten einfährt. Dass Arzneimittelhersteller Produkte mit einem wirklichen Mehrwert – nämlich für die Gesundheit der Menschen – auf Basis jahrelanger und teurer High-Tech-Forschung entwickeln und anbieten, wird dabei gerne vernachlässigt.

Dagegen werden Organisationen wie Greenpeace oder Foodwatch nicht als Lobbyisten wahrgenommen, obwohl sie ebenfalls professionell agierende Interessensvertreter sind. Natürlich sind Ziele wie Nachhaltigkeit, Umweltschutz und saubere Lebensmittel unstrittig und verfolgenswert.

Doch gleichzeitig ist die Gesellschaft auch auf eine funktionierende Wirtschaft angewiesen, deren Grundstein gesunde Unternehmen sind. Diese sind wiederum auf politische Rahmenbedingungen angewiesen, die ihnen ihre Geschäftstätigkeiten erlauben.

Vor diesem Hintergrund ist es unabdingbar, dass die Wirtschaft mit der Politik darüber diskutiert, wie Rahmenbedingungen angepasst und verändert werden müssen. Die Entscheidungsträger im Deutschen Bundestag und in den Ministerien sind auf diesen Dialog angewiesen. Sie fordern ihn aktiv ein, um aus unterschiedlichen Blickwinkeln in Erfahrung zu bringen, wie sich die Industrie und Wirtschaft verändert und was die Unternehmen brauchen, um Arbeitsplätze zu schaffen oder zu erhalten.

Deutschland hat sich in den letzten Jahrzehnten vom „kranken Mann Europas" zum „German Wunder" entwickelt – ein Erfolg, der sowohl politischen Reformen zu verdanken ist – an denen Interessenvertreter mitgearbeitet haben – als auch den Anstrengungen der Wirtschaft. Diese Leistung sollten wir anerkennen und zu schätzen wissen.

www.bpb.de, September 2015

Bürgerinitiativen: Alternative Formen der politischen Mitwirkung

Protestaktion im Hambacher Forst gegen die Abholzung für den Braunkohleabbau

Zurzeit kann man in Deutschland vergleichbare Entwicklungen beobachten. Man kann sich des Eindrucks nicht erwehren, dass zahlreiche Bürger mit bestimmten politischen Entscheidungen in einem Maße unzufrieden sind, dass sie von ihrem Recht als Staatsbürger Gebrauch machen und sich aktiver denn je in den politischen Prozess einbringen.

Der geplante und begonnene Neubau des Stuttgarter Hauptbahnhofs (Stuttgart 21), der sich verzögernde und viel teurer als gedacht werdende Bau des neuen Hauptstadtflughafens Berlin-Brandenburg oder die wieder aufgeflammte Diskussion um den geeigneten Ort für ein Endlagerung von Atommüll rufen den Widerstand vieler Bürgerinnen und Bürger hervor.

Auch in der ehemaligen DDR gab es Bürgerbewegungen.

Sie hatten ungleich schlechtere Voraussetzungen und kümmerten sich weniger um die Lösung eines bestimmten Problems, sondern verstanden sich als Sammelbecken, in dem sich Oppositionelle, also Gegner des DDR-Systems, aus unterschiedlichen politischen Lagern zu kleinen Gruppen zusammenschlossen, um gegen die staatliche Unterdrückung die demokratischen Grundrechte durchzusetzen.

Ihre Mitglieder wurden verfolgt und als Kriminelle abgestempelt. Während der „Wende" waren sie eine wichtige Anlaufstelle für den Widerstand gegen das SED-Regime und maßgebliche Initiatoren der „friedlichen Revolution" in der ehemaligen DDR.

Aktuell wird die Zahl der Bürgerinitiativen in Deutschland auf ungefähr 4.500 geschätzt, darunter z. B. die „Bürgerinitiative gegen ERAM" – sie wendet sich gegen die Castor-Transporte und gegen das Endlager für radioaktive Abfälle Morsleben.

Oder die „Aktion mündige Schule e.V.", eine Bürgerinitiative von Eltern, Lehrern und Schülern, die sich für die pädagogische Freiheit im Schulwesen einsetzt.

Bürgerinitiativen sind sehr unterschiedlich aktiv und organisiert, verfügen aber über einige wichtige Gemeinsamkeiten.

Es handelt sich meist um:

- parteiübergreifende
- zeitlich begrenzte Zusammenschlüsse von
- in der Regel persönlich betroffenen
- und deshalb in hohem Maße mobilisierbaren Bürgern,
- die sich mit konkreten Problemen auseinandersetzen,
- sich auf ein begrenztes gemeinsames Ziel konzentrieren
- und ihre damit zusammenhängenden gemeinsamen Interessen durch Eingaben an Behörden, Öffentlichkeitsarbeit oder Demonstrationen durchsetzen wollen.

Montagsdemonstration in der Leipziger Innenstadt: Forderung nach Inhaftierung von Erich Honecker – 11.12.1989

Bürgerinitiativen kommt der Verdienst zu, **soziale oder politische Probleme ins politische Bewusstsein zu rücken**, die seitens der politischen Entscheidungsträger oder der Interessenverbände nicht wahrgenommen oder bewusst vernachlässigt werden.

Auf diese Weise werden **staatliche Stellen auf ihre Defizite aufmerksam gemacht** und indirekt kontrolliert.

Durch die Bildung von Bürgerinitiativen nehmen Bürger massiv und deutlich auf den demokratischen Willensbildungs- und Entscheidungsprozess Einfluss, in der Hoffnung, dass Entscheidungen in ihrem Sinne getroffen oder bereits getroffene Entscheidungen rückgängig gemacht werden.

Allerdings ist festzustellen, dass sie sich ihr Recht auf Interessenvertretung im Grunde genommen eigenständig nehmen.

Das heißt:

Sie werden von niemandem etwa durch Wahlen dazu beauftragt oder ermächtigt.

Der nachfolgende Text aus dem „Stern" macht ebenso wie die Karikatur Probleme von Bürgerinitiativen deutlich.

Pressespiegel

Bürgerinitiativen sind nicht immer das, was sie vorgeben, zumindest müssen sie nicht zwangsläufig für die Interessen aller tätig sein.

Vielfach liegt der Kern der Initiative nicht unbedingt im gesamtpolitischen, sondern allein im persönlichen Interesse der sich „von politischen Entscheidungen betroffenen fühlenden Bürgerinnen und Bürger".

Was aber heißt „betroffen"?

Welche Ziele würden SIE verfolgen, wenn vor Ihrer Haustür eine Schnellbahntrasse geplant würde?

Die dritte Kraft

© Haus der Geschichte, Bonn

Der Flughafen, die Müllverbrennungsanlage, das Kraftwerk, die Sondermülldeponie – diese Begleiterscheinungen technischer und gesellschaftlicher Entwicklungen können gar nicht grundsätzlich in Frage gestellt werden – oder?

Ist das Interesse nicht eher oft daran ausgerichtet, dass sie bloß nicht im eigenen Umfeld, in der eigenen Gemeinde, im eigenen Bezirk, im eigenen Kreis gebaut werden?

Der „Schwarze Peter" wird weitergereicht – Heiliger Sankt Florian – verschon mein Haus, zünd's andere an ...

Die Frage politischer Entscheidungen, politischer Rechtfertigungen, politischer Interessen ist nur dann interessant, wenn man selbst unmittelbar betroffen ist.

Sobald die Nachteile andere betreffen, ist man schnell wieder gleichgültig oder sogar froh, weil man dann nicht mehr selbst getroffen werden kann ...

Damit stellt sich zwangsläufig auch die Frage nach der politischen Legitimation von Bürgerinitiativen!

EXKURS:

„Demokratie ist anstrengend!": Bürgerproteste – Chance oder Risiko für die Demokratie?

Ausgehend von dem Eindruck, dass die Entscheidungen der Politik und die Interessen der Bürger oftmals nicht zusammenzupassen scheinen, finden Sie nachstehend zwei Artikel, einen Kommentar und ein Interview, zu eben dieser Problematik.

Die Artikel sind sprachlich nicht ganz einfach.

Scheuen Sie sich also nicht, Ihren Lehrer, die Mitschüler oder das Internet zu fragen, wenn Ihnen etwas unklar ist.

Bürger in Aufruhr

Von Kata Kottra

Anfang 2011 kürte die Gesellschaft für deutsche Sprache das Wort des Jahres 2010:

Die Wahl fiel auf den „Wutbürger".

Spiegel-Journalist Dirk Kurbjuweit prägte den Begriff und bezeichnete mit ihm Bürger, die früher den Staat eher unterstützten, inzwischen aber lieber auf die Straße gingen, um gegen Stuttgart 21, Kraftwerke oder Stromtrassen zu protestieren.

Ein Fernsehrückblick erklärte 2010 gar zum „Jahr der Nein-Sager".

Bürgerproteste haben das Jahr 2010 geprägt:

Die Stuttgarter Demonstrationen gegen den Bahnhofsumbau, das Hamburger Referendum gegen die sechsjährige Grundschule und der bayerische Volksentscheid gegen verrauchte Kneipen waren nur die prominentesten Beispiele.

Besonders Infrastrukturprojekte (in der Regel Verkehrsprojekte wie: Neue Straßen oder der Ausbau von Bahnhöfen oder Flughäfen) und Bildungsthemen erregen in allen Bundesländern die Gemüter. ...

Ein Ergebnis von Befragungen des Berliner Protestforschers Dieter Rucht: Viele Demonstranten hätten das Gefühl, dass über ihre Köpfe hinweg regiert werde. Wie sollten Politiker in einer solchen Situation reagieren? Protestforscher Rucht plädiert für mehr Volksentscheide. Seine Meinung teilen bei Weitem nicht alle: Der Kommunikationswissenschaftler Ulrich Sarcinelli wirbt ... dafür, „Politik, Parlamente und Parteien" zu öffnen und neue Möglichkeiten der Kommunikation einzuführen. Der Politikwissenschaftler Karl-Rudolf Korte will sogar Bürgerkammern einrichten, die die Parlamente unterstützen und ergänzen sollen.

Die Praktiker der Demokratie, Abgeordnete von Bundestag und Landtagen, müssen sich hingegen ganz konkret damit auseinandersetzen, wie sie protestierenden Bürgern begegnen. Wie erklären sie ihre Überzeugungen? Wie versuchen sie, widerstrebende Interessen unter einen Hut zu bringen?

Worüber sich alle politisch Engagierten einig sind: Dagegen zu sein alleine reicht nicht. Demokratie sei zwar anstrengend und erfordere Kompromisse, sagt die CSU-Abgeordnete Dorothee Bär im Streitgespräch mit Politikwissenschaftler Bernd Guggenberger in der Zeitung „Das Parlament". „Aber wenn ich das nicht will, muss ich letztlich in einer Diktatur leben." Empörung könne zwar der Auslöser für Engagement sein, im zweiten Schritt erwarte er aber die Bereitschaft zur Mitgestaltung, findet auch Wolfgang Thierse, Bundestagsvizepräsident und SPD-Abgeordneter: „Von Demokraten ist immer zu verlangen, dass sie im Nein auch das Ja artikulieren."

Grundlage: Text von Kata Kottra aus „Das Parlament", Ausgabe 1, 2011; vom Autor gekürzt und leicht verändert

Fragen zum Text:

1) Warum wurde das Jahr 2010 zum „Jahr der Nein–Sager" erklärt, warum „Wutbürger" zum Wort des Jahres?
2) Wie lassen sich die zunehmenden Bürgerproteste erklären?
3) Wie muss man sie bewerten, welche Schlüsse gilt es daraus zu ziehen?
4) Erklären Sie den letzten Satz des obenstehenden Artikels, die Aussage Wolfgang Thierses.

© Paolo Calleri

Presse SPIEGEL

Streitgespräch mit Dorothee Bär (CSU) und Bernd Guggenberger, Politikwissenschaftler

„Demokratie ist anstrengend"

DOROTHEE BÄR UND BERND GUGGENBERGER

Die stellvertretende CSU-Generalsekretärin und der Berliner Politikwissenschaftler über die vermeintlich neue Protestkultur

Inwiefern sind Bürgerinitiativen Herausforderungen für die parlamentarische Demokratie?

Bär:
Bürgerinitiativen beschäftigen sich häufig nur mit einem Thema, während Volksparteien alle Themen abdecken müssen von der Entwicklungshilfepolitik über die innere Sicherheit bis hin zur Sozialpolitik. Initiativen lösen sich oft auf, sobald ihr Ziel erreicht ist, während das Engagement in einer Partei darauf angelegt ist, bis zum 50-jährigen Mitgliedsjubiläum dabeizubleiben. Solange das so ist, sehe ich Bürgerinitiativen nicht als wirkliche Konkurrenz zu den etablierten Parteien.

Herr Guggenberger, sind denn wirklich immer weniger Menschen bereit, sich in Strukturen einbinden zu lassen?

Guggenberger:
In der Politik war es schon immer so, dass sich einzelne Akteure über etwas empören und Initiativen starten. Parteien sind ursprünglich Empörungsgemeinschaften, auch wenn die CSU nicht mehr so zornig ist wie früher und die SPD nicht mehr die Vorkämpferin für die Arbeitnehmermassen. Ich verwahre mich gegen die Annahme, dass auf der einen Seite Parteien stehen, die das große Ganze im Blick haben, und auf der anderen Seite die regellosen Horden auf der Straße. Das sind zwei Seiten derselben Medaille. Der Bürgersouverän schläft nicht einfach für die nächsten vier Jahre ein, nachdem er artig seine Stimme abgegeben hat. Die Parteien müssten sich freuen über aktive Bürger. Bürgerlichen Ungehorsam üben, auch das ist Demokratie. Dass sie das aushält, macht sie der Diktatur so überlegen.

Bär:
Ich habe nichts gegen Demonstrationen. Im Gegenteil. Sie sind ein Grundrecht unserer Verfassung. Die Frage ist, ob ich Demos zu meiner Lebensaufgabe mache oder mich auch darüber hinaus engagiere, sei es in einer Partei oder auf kommunaler Ebene.

Guggenberger:
Man sollte Bewegungspolitik und Gestaltungspolitik nicht gegeneinander ausspielen. Beide ergänzen sich. Anstoß nehmen heißt in einer funktionierenden repräsentativen Demokratie immer auch Anstoß geben!

Viele Demonstranten beklagen sich über die Abgehobenheit der etablierten Parteien. Ist das berechtigt?

Bär:
Schon im alten Rom wurde Politikern Abgehobenheit vorgeworfen. Jeder Kollege hat im Wahlkreis die Erfahrung gemacht, dass Gemeinplätze über „die" Politiker verteilt wurden und dann gesagt wurde: Das geht nicht gegen Sie persönlich. Was ich rund um Stuttgart 21 spannend fand, war, dass plötzlich auch die demonstrierende Masse gemerkt hat, wie schwierig es ist, sich untereinander zu einigen, als die Schlichtung anstand. Erst wenn man sich an einen Tisch setzt und den anderen ausreden lässt, merkt man, was es bedeutet, sich mit anderen Argumenten auseinander setzen zu müssen. Zudem hat die Gegner zuerst ihr „Dagegen" geeint. Im Detail waren dann aber riesengroße Unterschiede spürbar.

Zeigt das den Sinn von Repräsentation und gewählten Vertretern?

Bär:
Es können nicht 80 Millionen über jedes Thema abstimmen, das ist nicht praxistauglich. Man muss aber prüfen, wie die repräsentative Demokratie ergänzt werden kann – etwa im Bereich E-Petitionen oder über das Internet. Denkbar ist, dass ab einer bestimmten Zahl von Unterstützern eine Ausschussberatung oder eine aktuelle Stunde im Bundestag erzwungen werden kann. Wenn jemand sich wirklich engagieren will, reicht es nicht, wenn er nur alle vier Jahre seine Meinung kundtun darf.

Guggenberger:
Mit Blick auf die Internet-Demokratie bin ich anderer Meinung. Anwesenheitsdemokratie ist nicht dadurch zu ersetzen, dass man sich bequem zwischen Teleshopping und der nächsten Family-Soap einklinkt. Wer nur einen Klick macht, bringt weniger Intensität und Engagement ein als der, der seinen Einsatz beglaubigt, indem er zu einer Parteiversammlung oder einer Demonstration geht.

Bär:
Viele können aber nicht hingehen, weil sie alt sind oder behindert oder Kinder haben. Diese Beteiligungsformen könnten ein zusätzliches Element sein.

Guggenberger:
Was mir bislang zu kurz kommt, sind die anderen, stilleren Formen der Bürgerinitiativen. Da leisten Zehntausende großartige Arbeit, die die Politik gar nicht bezahlen könnte: Lernhilfen für Ausländer oder Pflegedienste im Bereich des Ehrenamtes. Bürgerinitiativen sind vielfach „Inhalte ohne Form", Parteien dagegen oft erstarrte Formen, deren eigentliche Botschaft dunkel geworden ist. Aus beidem zusammen ergibt sich unterm Strich lebendige Demokratie. Es reicht nicht, über pflichtvergessene oder korrupte Politiker zu schimpfen. Die Wahrheit ist: Wir haben nicht nur mäßige Politiker, wir sind auch meist ein mäßiges Volk.

Bär:
Zu Ihrer Idealvorstellung des Parlaments gehört auch eine Idealvorstellung des Volkes – aber in der Praxis ist es doch so, dass Wähler an der Urne überlegen, was ihnen am meisten bringt. Es geht nicht darum, was gut für kommende Generationen wäre. Da bekomme ich zu hören: Wenn diese Umgehungsstraße nicht kommt, dann wähle ich Sie nicht mehr. Die Wahlentscheidung hat in der Regel wenig damit zu tun, wie unser Land gerade dasteht oder damit, dass wir seit über 60 Jahren Frieden im eigenen Land haben.

Die Bürger müssten also das große Ganze sehen und nicht nur die eigene Befindlichkeit?

Guggenberger:
Nur nach der Beurteilung der Frage, was mir am meisten bringt, ist auf Dauer kein demokratischer Staat zu machen. Meine Frau ist Abgeordnete in der Schweiz. Vor ein paar Jahren wurde dort über die Müllentsorgung abgestimmt und es gibt wohl nirgends auf der Welt eine so kompetente Wahl-Bevölkerung, was die Probleme der Müllentsorgung anbelangt wie in der Schweiz. Es gibt eben keinen besseren Lehrmeister als persönliche Betroffenheit und die Pflicht und den Zwang, sachpolitisch entscheiden zu müssen.

Bär:
Das merke ich gerade unter meinen Kolleginnen und Kollegen bei der Diskussion um die Präimplantationsdiagnostik. Wenn sich der einzelne Abgeordnete nicht hinter seiner Fraktion verstecken kann und sich zu dem Thema selbst eine Meinung bilden und abstimmen muss, kann man ungeheuer viel lernen. Das geht aber nicht täglich bei 100 verschiedenen Themen – leider Gottes.

Das Interview führten Susanne Kailitz und Kata Kottra in: Das Parlament, Ausgabe 1, 2011

Fragen zum Interview:

1) Worin unterscheiden sich Bürgerinitiativen von Parteien?
2) Wie beurteilen die Diskussionsteilnehmer die zunehmenden Bürgerproteste?
3) Welche Folgen für die Politik kann man daraus ableiten?

LERN-BOX

- Der **politische Willensbildungsprozess** ist der Prozess der politischen Meinungsbildung und Entscheidungsfindung. Teilnehmer dieses Prozesses sind:
  Bürger, Massenmedien, Parteien, Interessenverbände, Politische Institutionen.
- **Parteien** sind freiwillige Zusammenschlüsse von Personen mit gleichen oder ähnlichen politischen Zielvorstellungen, die über die Beteiligung von Wahlen um die Macht im Staat konkurrieren.
  Ihnen kommt eine **zentrale Stellung bei der politischen Willensbildung** zu (GG Art. 21). Die Erstellung von Programmen, die Aufstellung von Kandidaten bei Wahlen und die Umsetzung der parteipolitischen Ziele in Parlamenten und Regierungen stellen Hauptaufgaben der Parteien dar.
  Parteien, die verfassungsfeindliche Ziele verfolgen, können vom Bundesverfassungsgericht verboten werden (Parteienprivileg).
- Bei **Interessenverbänden** handelt es sich um Zusammenschlüsse von Menschen mit gleichen Interessen. Interessenverbände organisieren diese Interessen und versuchen ihre Ziele gegenüber dem Staat und anderen Interessengruppen mit wirkungsvollen Mitteln (Einsatz von Massenmedien, Fachwissen etc.) durchzusetzen. **Im Gegensatz zu Parteien streben sie keine politische Gesamtverantwortung an**.
- **Bürgerinitiativen** zeichnen sich durch folgende gemeinsame Merkmale aus:
  Sie sind parteiübergreifend, zeitlich begrenzt, bestehen aus persönlich betroffenen Bürgern und versuchen ein gemeinsames Ziel durch Eingaben an Behörden, Demonstrationen o. ä. zu erreichen. Sie machen auf Probleme aufmerksam, die von den politisch Verantwortlichen so nicht wahrgenommen werden.
- **Kirchen** nehmen Einfluss auf die politische Entscheidungsfindung, in dem sie eine moralische „Wächterfunktion" ausüben. Sie versuchen bei aktuellen politischen und gesellschaftlichen Problemen (Altersarmut, Migrations- und Flüchtlingsproblematik etc) zentrale Kategorien des christlichen Menschenbildes (Freiheit, Würde, Selbstbestimmung, Gerechtigkeit) eine Stimme zu geben.

WISSENS-CHECK

1. Benennen Sie die politischen Akteure im Zeitungsartikel auf Seite 253.
   Welche Positionen vertreten sie jeweils?
   Wie begründen sie diese?
2. Welche Parteien bestimmen das **politische Leben** in Deutschland?
   Nennen Sie jeweils ihre wichtigsten Vertreter.
   Mit der AFD ist eine relativ junge Partei in allen deutschen Landtagen und seit 2017 auch im Deutschen Bundestag vertreten. Recherchieren Sie im Internet!
   - Seit wann gibt es diese Partei?
   - Mit welchen Themen wurde sie „erfolgreich"?
   - Warum ist die AFD und ihre politischen Aussagen umstritten?
   - Wie erklärt der nachfolgende Artikel aus der Berliner Zeitung das Erstarken der AFD?
3. Informieren Sie sich in Tageszeitungen oder im Internet über die Positionen der Parteien zu unterschiedlichen Themenfeldern, z. B.:
   - Bildung
   - Bekämpfung des Klimawandels
   - Migrations- und Flüchtlingspolitik
   - Sicherung der Renten
   - Innere Sicherheit/Bekämpfung der Kriminalität
4. Welche Parteien stellen auf Bundesebene zurzeit die Regierung, welche bilden die Opposition?
5. Nennen und erläutern Sie die Aufgaben von Parteien.
6. Diskutieren Sie in Form einer **Pro- und Kontra-Debatte** Sinn oder Unsinn von Parteiverboten.
7. Welche **Einnahmequellen** stehen den Parteien zur Verfügung?
8. Welche Kritikpunkte werden in der Podiumsdiskussion auf Seite 266. gegenüber Parteien und Politikern geäußert?
   Welche Argumente werden diesen Kritikpunkten entgegengehalten?
   Listen Sie die entsprechenden Argumente und Gegenargumente in einer Tabelle auf.
9. Welche vermeintlichen Missstände unserer „Parteiendemokratie" sollen durch die Karikaturen auf den Seiten 267 und 268 thematisiert werden?
10. In welcher Weise versuchen Verbände auf die Politik Einfluss zu nehmen?
11. Worin sieht Karl Lauterbach Probleme des Verbandseinflusses? Welche positive Funktion kommt Interessenverbänden in einer Demokratie zu?
12. Worin besteht Ihrer Meinung nach die Aufgabe der gewählten Politiker angesichts der in der Karikatur „Gesundheitsreform" auf Seite 272 angesprochenen Problematik?
13. Warum versuchen Verbände ihre Interessen als die Interessen der **Allgemeinheit** darzustellen?
14. Beurteilen Sie die Rolle von **Bürgerinitiativen** im politischen Willensbildungsprozess.
15. Wie beurteilen Heribert Prantl (Süddeutsche Zeitung) und Konrad Litschko (TAZ) (Vgl. Seite 262) das Urteil des Bundesverfassungsgerichts zum NPD Verbot?
16. Erkläre anhand des untenstehenden Textes den Begriff „Populismus"!

Presse

Studie zu Rechtspopulismus – Experten erklären Aufstieg der AfD

Populistische und vor allem rechtspopulistische Parteien erstarken überall in Europa. Auch in Deutschland hat sich, mit einiger Verspätung, eine rechtspopulistische Partei in allen Landtagen und seit dem vergangenen September auch im Bundestag etabliert. Die Alternative für Deutschland (AfD) zog mit 12,6 Prozent in den Bundestag ein.

In zwei Studien mit den Titeln „Wie weltoffen und tolerant ist Deutschland" und „Vom Unbehagen an der Vielfalt" ging deshalb die Bertelsmann Stiftung der Frage nach, welche Bruchlinien sich heute durch alle europäischen Gesellschaften und auch durch die deutsche ziehen und warum Menschen anfällig für Populismus sind.

Die Studien wurden im vergangenen Jahr vor der Bundestagswahl durchgeführt. Rechtspopulismus, so ein Befund der Toleranzstudie, nahm erst mit einem tiefgreifenden Wandel in den Gesellschaftsstrukturen in allen westeuropäischen Ländern an Bedeutung zu. „Die Globalisierung löst die Grenzen der Nationalstaaten zunehmend auf und schafft eine neue Gruppe von Gewinnern und Verlierern", heißt es dort.

Der Prozess der zunehmenden europäischen Einigung ging einher mit einem wachsenden Gefühl der Verunsicherung.

„Heute gibt es (mit der AfD auch in Deutschland) eine Partei mit rechtspopulistischem Gedankengut, die auch aus der Mitte der Gesellschaft Zustimmung erhält." Die Studie zeigt, dass sich die AfD schon nach ihrer Gründung 2013 und vor der Bundestagswahl im gleichen Jahr viel stärker als alle anderen Parteien für eine Abgrenzung nach außen ausgesprochen hat. Im Vergleich standen die im Deutschen Bundestag vertretenen Parteien 2013 einer Öffnung der Nationalstaaten aber recht positiv gegenüber.

„In allen europäischen Nationalstaaten gibt es in der Bevölkerung ein Gefühl des Autonomie- und Kontrollverlusts", sagt Grau. „Deshalb wollen viele Menschen, dass die Nationalstaaten gestärkt werden, um diese Kontrolle zurückzubekommen." Deshalb dürfte in Deutschland, auch ohne Euro- und Flüchtlingskrise, das Potenzial für eine rechtspopulistische Partei mittlerer Größe vorhanden bleiben. Das wachsende Unbehagen an der Moderne spiegelt sich auch bei Meinungsumfragen wider. Immerhin 38,9 Prozent der Befragten haben eine überdurchschnittliche Sympathie für antipluralistische Aussagen, eine deutliche Mehrheit von 61,1 Prozent hat dies aber nicht. Von den Antipluralisten sieht sich fast jeder vierte als politisch rechts stehend. Betrachtet man dabei Ost- und Westdeutschland getrennt, ist auffällig, dass die Antipluralisten im Osten sehr viel häufiger sind.

Rechtspopulistische Einstellungen fänden sich aber in allen gesellschaftlichen Gruppen, betonen die Autoren. „Es handelt sich hier also nicht um ein Minderheitenphänomen, sondern um Haltungen, die in der Mitte der Gesellschaft zu finden sind." Dabei spielen Ängste vor dem Fremden eine ebenso wichtige Rolle wie die Sorge, immer stärker benachteiligt zu werden und die um Konkurrenz bei knappen Ressourcen wie Arbeit und Wohnung.

Die jüngste Einwanderungsbewegung von Menschen vor allem aus muslimischen Ländern „erwies sich insofern als Anlass, angesichts dessen sich die Verunsicherung entladen und die Ängste und Sorgen einen Namen bekommen haben."

„Wenn die Mehrheit der Gesellschaft Vielfalt als bedrohlich empfindet, gefährdet das den gesellschaftlichen Zusammenhalt und letztendlich auch die Demokratie", warnt Kai Unzicker, der Verantwortliche für diese Studie und verbindet das mit einem klaren Auftrag für die Politik. „Es ist deshalb Aufgabe der Politik zu gewährleisten, dass allen gesellschaftlichen Gruppen mit Respekt und Anerkennung begegnet wird." Grund zum Pessimismus sieht Unzicker dennoch nicht, denn gerade in den Gruppen der Verunsicherten und Zweiflern stecke viel Potenzial, sie wieder in einen Dialog einzubinden. „Das kann aber nur gelingen, wenn man ihnen zeigt, dass die Politik handlungsfähig ist und Sicherheit und Stabilität des Landes keineswegs gefährdet sind."

Kordula Doerfler, Berliner Zeitung, 30.01.18, gekürzt durch den Autor

EXKURS:

Lexikon: Populismus

Zunächst einmal bedeutet **Populismus** nichts weiter als die „Nähe zum Volk". Denn der Begriff lässt sich vom lateinischen Wort populus ableiten, was Volk heißt.

Wenn ein Politiker also Populist ist, dann ist er volksnah.

Nun könnte man meinen, dass das doch eigentlich gut ist, wenn der Politiker die Nähe zu seinem Volk sucht und sich ihren Problemen widmet, das sollte ja eigentlich auch seine Aufgabe sein. Dennoch ist der Begriff negativ besetzt.

Was ist damit gemeint?

Oftmals machen Politiker vor allem in den Wahlkampfphasen Versprechungen, die sie gar nicht halten können, obwohl sie das auch wissen. Sie wollen aber Wählerstimmen einfangen und reden daher „dem Volk nach dem Mund".

Ein Populist bietet für bestimmte Probleme einfache und vielversprechende Lösungen an, die die Betroffenen nachvollziehen können und die gut klingen, die aber kaum umsetzbar sind.

Parteien und Politikern, denen vorgeworfen wird, populistisch zu sein, schüren oftmals auch die Ängste bestimmter Bevölkerungsschichten und machen Stimmung, indem sie zum Beispiel sagen, dass zu großen Teilen die Ausländer Schuld an den Problemen des Landes seien – auch, wenn das natürlich überhaupt nicht den Tatsachen entspricht. Sie führen also Debatten auf eine unsachliche Art, verdrehen gerne die Fakten und spielen mit den Gefühlen der Betroffenen.

https://www.helles-koepfchen.de/artikel/3573.html

Wahlgrundsätze, Wahlverfahren, Wählerverhalten

In diesem Kapitel erfahren Sie Wissenswertes über das Thema „Wahlen und Wahlkampf".

Sie lernen die Funktionen von Wahlen und die unterschiedlichen Wahlsysteme kennen.

Es gibt zahlreiche Informationen über den Ablauf von Bundestags-, Landtags- und Kommunalwahlen.

Wer in der Demokratie schläft, erwacht in der Diktatur.
(Hermann Glaser)

Wahlen: Ausdruck der Volkssouveränität

Wahlen sind nicht nur die einfachste und wichtigste Form politischer Beteiligung in der Demokratie, sondern für die Mehrheit der Bürger auch die einzige Form, mittels derer sie sich aktiv und direkt am politischen Prozess beteiligen. Alle anderen Arten von Teilnahme (Partizipation) sind mit einem deutlich höheren Aufwand verbunden.

Ohne Wahlen ist Demokratie überhaupt nicht denkbar.

© Holger Appenzeller, Stuttgart

Durch Wahlen wird die politische Führung bestimmt und der politische Kurs für die nächsten Jahre festgelegt.

Das heißt:

Wahlen ermöglichen den wahlberechtigten Bürgern über politische Personen und Inhalte direkt mitzuentscheiden.

Auch das Grundgesetz trägt der überragenden Bedeutung von Wahlen in der parlamentarischen Demokratie Rechnung.

„Alle Staatsgewalt geht vom Volk aus, sie wird vom Volke in Wahlen und Abstimmungen und durch besondere Organe der Gesetzgebung, der vollziehenden Gewalt und der Rechtsprechung ausgeübt".

(Artikel 20 GG)

Das bedeutet:

- Durch Wahlen ermitteln die Bürger ihre politischen Vertreter (Repräsentanten) in den Parlamenten. So werden die Gemeinde- oder Stadträte, die Landtage sowie der Deutsche Bundestag gewählt.

Repräsentationsfunktion

- Die Volksvertretungen werden mit Hilfe von Wahlen dazu berechtigt, für einen begrenzten Zeitraum anstelle der Bürger Entscheidungen zu treffen und Gesetze zu beschließen.

Legitimationsfunktion

- Indem der Wähler am Wahltag die Amts- und Mandatsträger abwählt oder bestätigt, ermöglichen Wahlen Machtkontrolle und -korrektur.

Kontrollfunktion

Damit Wahlen als „demokratisch" bezeichnet werden können, müssen sie verschiedene Kriterien erfüllen. Das wohl wichtigste Kriterium ist das der **Konkurrenz**.

Es müssen verschiedene, miteinander konkurrierende Personen oder Parteien mit unterschiedlichen Programmen zur Wahl stehen, damit eine echte Auswahl möglich ist.

Darüber hinaus schreibt das Grundgesetz in Artikel 38 (1) GG für Wahlen zu Volksvertretungen fünf wichtige Grundsätze fest.

Danach sind Wahlen:

- **Allgemein**
  Alle deutschen Staatsbürger ab dem vollendeten 18. Lebensjahr sind wahlberechtigt. Es spielt keine Rolle, welches Geschlecht oder welche Hautfarbe sie haben. Das war nicht immer so. Frauen etwa dürfen in Deutschland erst seit 1918 wählen.

- **Unmittelbar**
  Ein Kandidat oder eine Partei kann nur direkt gewählt werden. Die Wähler bestimmen also ihre Abgeordneten selbst. Jede Zwischenschaltung eines fremden Willens, etwa in Gestalt von Wahlmännern, zwischen Stimmabgabe der Wähler und Bestimmung der Gewählten bei oder nach der Wahl ist ausgeschlossen.

- **Frei**
  Sie müssen ohne Zwang und Kontrolle durchgeführt werden können.

  Wahlen müssen ohne Zwang und Kontrolle durchgeführt werden. Das heißt: Niemand darf zu einer Stimmabgabe oder zur Wahl eines bestimmten Kandidaten gezwungen werden. Es steht den Wählerinnen und Wählern frei ob und wen sie wählen. Eine Beeinflussung von außen, etwa, indem man im Wahllokal genötigt wird für eine bestimmte Partei zu stimmen, ist verboten.

Wahlrechtsgrundsätze

- **Gleich**
  Jede Stimme zählt gleich viel.

  Es darf zum Beispiel nicht passieren, dass die Stimme eines Menschen mit einem hohen Einkommen mehr zählt als die Stimme eines Menschen mit einem niedrigen Gehalt.

- **Geheim**
  Die Abgabe der Stimmen erfolgt verdeckt; niemand darf nachprüfen, wie einzelne Personen gewählt haben.

Wahlverfahren

Es gibt verschiedene Wahlverfahren, nach denen gewählt werden kann: Das **Mehrheitswahlrecht** und das **Verhältniswahlrecht**.

Mehrheitswahl

Nach dem **Mehrheitswahlverfahren** wird z. B. der Klassensprecher gewählt. In einer Klasse ist derjenige Kandidat gewählt, der die meisten Stimmen bekommt. Wählt man ein Parlament nach diesem System, so teilt man das Land in so viele Wahlkreise ein, wie Sitze zu vergeben sind.

Das AKTIVE Wahlrecht in Deutschland

Wahlberechtigt sind alle Deutschen im Sinne des Artikels 116 Abs. 1 des Grundgesetzes, die am Wahltag:

- das **18. Lebensjahr** vollendet haben und
- seit mindestens **3 Monaten** eine Wohnung oder ihren gewöhnlichen Aufenthalt im Wahlgebiet haben.

Auch Deutsche im Ausland sind unter bestimmten Voraussetzungen wahlberechtigt.

Das PASSIVE Wahlrecht in Deutschland

Wählbar ist jeder Wahlberechtigte, der am Wahltag:

- das **18. Lebensjahr** vollendet hat und
- seit mindestens **einem Jahr** Deutscher im Sinne des Artikels 116 Abs. 1 des Grundgesetzes ist.

Derjenige, der in einem Wahlkreis die meisten Stimmen auf sich vereinigt, gewinnt den Parlamentssitz.

Die Stimmen, die die Wähler für die anderen Kandidaten des Wahlkreises abgegeben haben, gehen verloren. Das ist z. B. in Großbritannien der Fall.

Man unterscheidet bei der Mehrheitswahl verschiedene Arten:

- die **relative** Mehrheitswahl, bei der man eine einfache Mehrheit an Stimmen benötigt;
- die **absolute** Mehrheitswahl, bei der man mehr als 50 % der Stimmen benötigt;
- die **qualifizierte** Mehrheitswahl, bei der mindestens eine ganz bestimmte Anzahl an Stimmen, z. B. 2/3, erreicht werden muss.

Verhältniswahl

Beim **Verhältniswahlrecht** geht man dagegen von dem Grundsatz aus, dass jede Partei entsprechend ihrem Anteil an Wählerstimmen Abgeordnete in ein Parlament entsenden kann.

Nach diesem Verfahren wurde z. B. in der Weimarer Republik gewählt. Für die entscheidende Auswertung wandern alle Stimmen in einen Topf.

Hat dann z. B. die Partei A insgesamt 40 Prozent aller Stimmen erzielt, erhält sie auch 40 Prozent der Parlamentssitze. Bei diesem Verfahren werden keine Einzelpersonen, sondern Parteien bzw. Kandidatenlisten gewählt.

Personalisierte Verhältniswahl

Jedes dieser Wahlverfahren hat Vor- und Nachteile. Deshalb hat man sich bei den **Wahlen zum Deutschen Bundestag** für eine Kombination beider Wahlsysteme entschieden und die **Personalisierte Verhältniswahl** eingeführt. Sie ist der Grund, warum die Bürger bei der Bundestagswahl **zwei Stimmen** abgeben und die Bundesrepublik Deutschland in 299 Wahlkreise aufgeteilt ist.

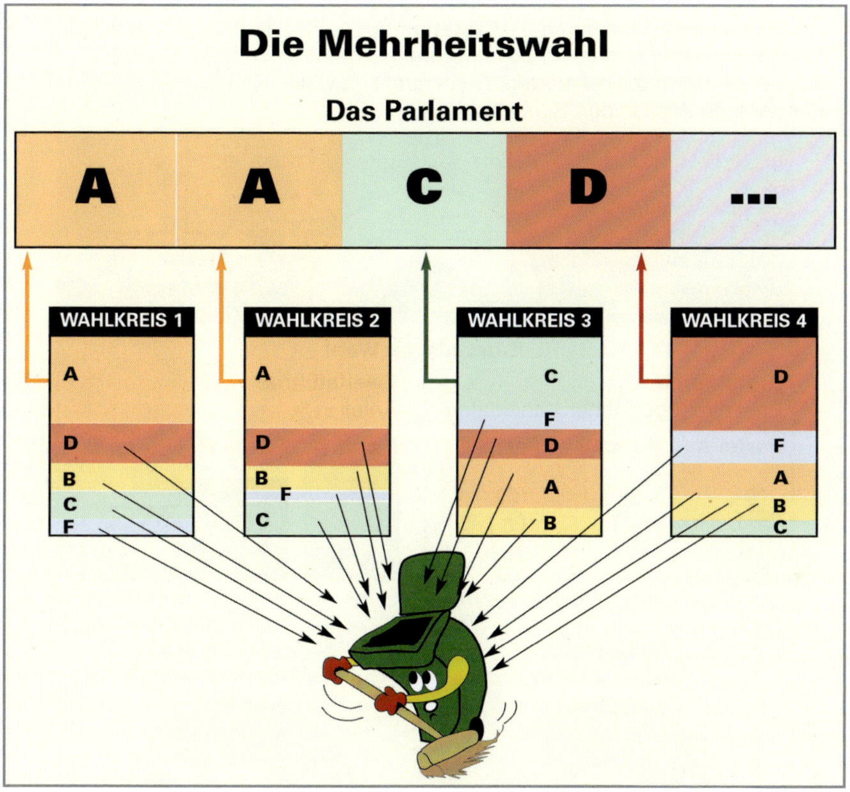

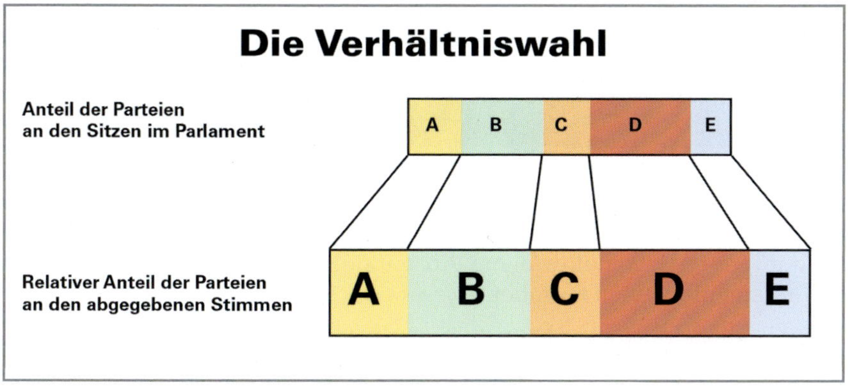

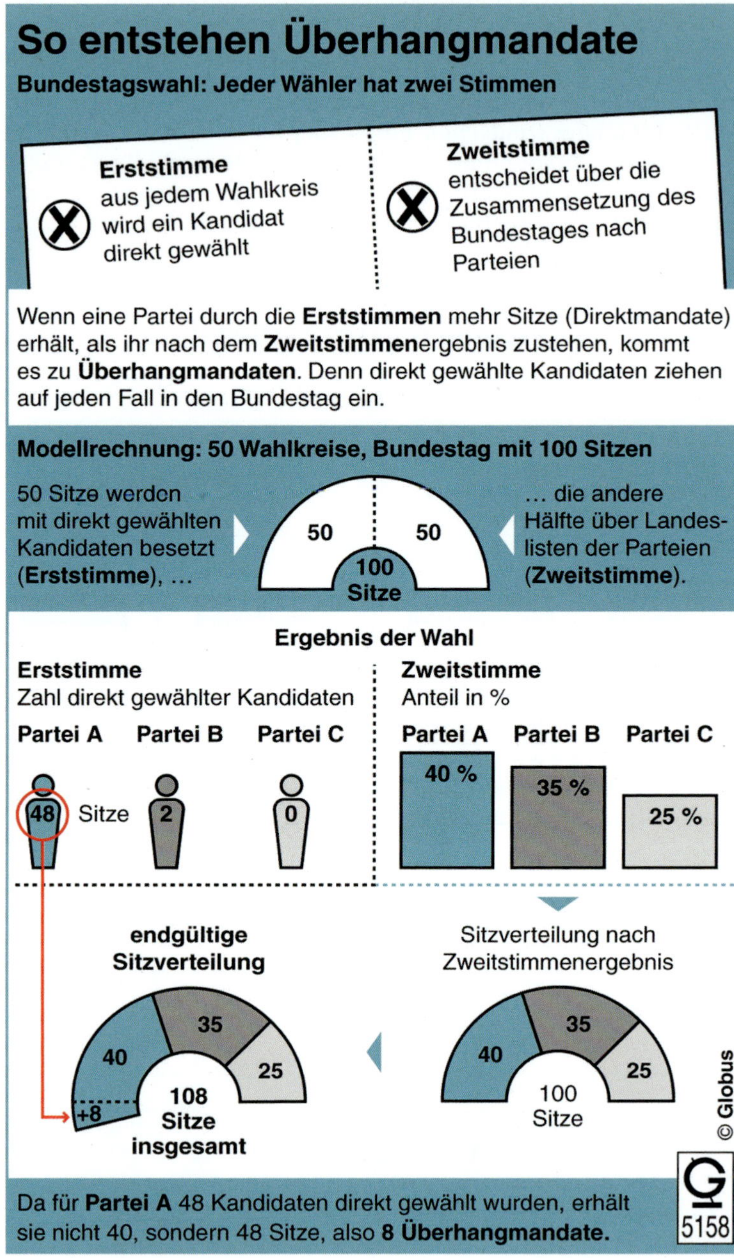

Zweitstimme: Verhältniswahlverfahren

Mit der **Zweitstimme** wählt man eine Partei bzw. eine Parteiliste nach dem Verhältniswahlrecht. **Sie ist die wichtigere der beiden Stimmen**, weil nur sie darüber entscheidet, wie viel Prozent der Sitze (Mandate) einer Partei im Parlament letztlich zustehen.

Man nennt sie deshalb auch Parteienstimme. (Beispiel: Partei A: 40 % der Zweitstimmen = 40 % der Sitze im Parlament). Die wichtigsten (prominentesten) Kandidaten einer Parteiliste findet man in der Spalte „Zweitstimme" unter dem Namen der jeweiligen Partei.

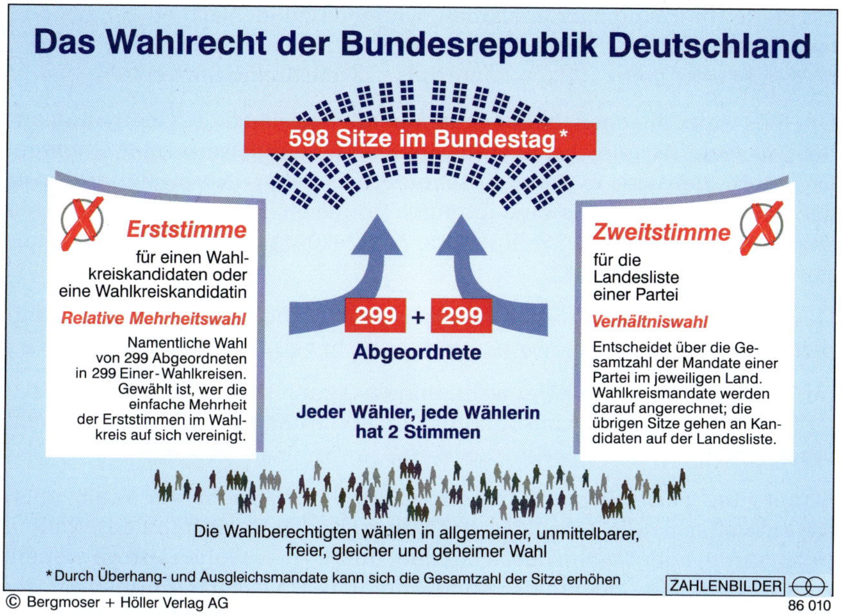

© Bergmoser + Höller Verlag AG

Mit der **Erststimme** wählt man dagegen den Wahlkreis- bzw. Direktkandidaten einer Partei, also die Person, die später im Bundestag die Interessen eines Wahlkreises vertritt. Der Kandidat, der die meisten Stimmen erhält, hat seinen Wahlkreis direkt gewonnen und zieht auf jeden Fall in den Bundestag ein. Auf diese Weise werden die Hälfte der 598 Bundestagssitze vergeben. Dies entspricht der Anzahl der Wahlkreise. Nach der Wahl werden die Sitze, die eine Partei über die Erststimme errungen hat, mit denen, die sie über die Zweitstimme gewonnen hat, verrechnet.

Erststimme: Mehrheitswahlverfahren

Beispiel

In Musterland gab es Parlamentswahlen.
20 Parlamentssitze waren zu vergeben. Musterland ist in 10 Wahlkreise eingeteilt. Partei X hat 50 % der Zweitstimmen gewonnen.
Das bedeutet, ihr stehen 10 von 20 Sitzen im neuen Parlament zu.
Sie hat über die Erststimme 4 Wahlkreise gewonnen. Diese Wahlkreisgewinner ziehen auf jeden Fall ins Parlament ein.
Das bedeutet: Von den 10 Sitzen, die der Partei X über die Zweitstimme zustehen, sind automatisch 4 Sitze für die Wahlkreisgewinner reserviert.
Die anderen 6 Sitze gehen an die Kandidaten der Parteilisten, die man automatisch mit der Zweitstimme gewählt hat.

Hat eine Partei mehr Direktmandate gewonnen als ihr nach dem Zweitstimmenanteil eigentlich an Sitzen zustünden, so spricht man von **Überhangmandaten**.

Überhangmandat

Das Problem mit den Überhangmandaten ist: Gewinnt eine Partei nach dieser Regelung mehr Sitze, eine andere jedoch nicht, entspricht die Sitzverteilung im Bundestag nicht mehr dem Wahlergebnis über die Zweitstimmen. Beispiel: Partei X erhält bei der Bundestagswahl 20 Prozent der Zweitstimmen, bekommt aber fünf Überhangmandate. Im Bundestag hätte sie damit nicht nur 20 Prozent der Sitze, sondern mehr. Die Parteien, die keine Überhangmandate haben, wären damit im Nachteil. Sie bekommen genauso viele „Sitzprozente“ wie „Zweitstimmenprozente“, Partei X bekommt aber mehr „Sitzprozente“ als „Zweitstimmenprozente“.

Um dies wettzumachen, bekommen nun die Parteien ohne Überhangmandate so viele Ausgleichsmandate, bis die Verhältnisse wieder stimmen. Das führt allerdings in der politischen Praxis dazu, dass im Bundestag in der Regel weit mehr als die eigentlich vorgesehenen 598 Abgeordneten sitzen. In der aktuellen Wahlperiode (2017–2021) hat der Deutsche Bundestag 709 Mitglieder.

Deshalb hat das Bundesverfassungsgericht das lange Jahre geltende Wahlrecht in zwei Urteilen verworfen und für nicht verfassungsgemäß erklärt.

Im Februar 2013 hat der Deutsche Bundestag mit den Stimmen von CDU/CSU, FDP, SPD sowie von Bündnis 90/Die Grünen ein neues Wahlrecht verabschiedet.

5-Prozent-Hürde oder drei Direktmandate

Damit eine Partei in den Deutschen Bundestag einziehen kann, muss sie entweder mindestens 5 % aller abgegebenen Zweitstimmen erhalten (5 %-Hürde) oder – wenn dies nicht der Fall ist – drei Wahlkreise gewinnen. Dies ist in der Geschichte der Bundesrepublik Deutschland bisher nur der PDS (heute: „Die Linke“) gelungen, die 1994 bei der Wahl zum 13. Deutschen Bundestag an der 5 %-Hürde scheiterte, aber im Osten Deutschlands drei Direktmandate erringen konnte. Deshalb kam die 5 %-Hürde nicht zur Anwendung und die PDS zog mit 30 Abgeordneten in den Bundestag ein.

Die 5 %-Klausel ist eingeführt worden, um stabile politische Verhältnisse zu schaffen und kleinen Splitterparteien nicht die Möglichkeit zu geben, eine regierungsfähige Mehrheit im Bundestag zu verhindern und die parlamentarische Arbeit zu erschweren.

EXKURS:

Pro und Contra – Wählen mit 16, eine gute Idee?

In manchen Bundesländern dürfen Jugendliche bei Kommunalwahlen mit Vollendung des 16 Lebensjahres wählen. Es gibt immer wieder Stimmen die, auch mit Blick auf die Bundestagswahlen, eine Herabsetzung des Wahlalters fordern. Doch ist das eine gute Idee? Bilde Dir Deine Meinung!

Contra: 16-Jährige noch nicht reif fürs Wählen

Von Juliane Fliegenschmidt, WDR

Mit 16 ist man nur beschränkt geschäftsfähig, darf ohne Einwilligung der Eltern keine Verträge abschließen, nicht heiraten, keinen Schnaps trinken. Vor dem Richter kann man sogar über das 18. Lebensjahr hinaus noch nach Jugendstrafrecht bestraft werden, wenn er findet, man sei zum Tatzeitpunkt noch nicht reif genug gewesen. Aber wählen können – das sollte man schon mit 16?

Jugendliche leicht manipulierbar

Nein, das Gesetz hat die Grenze der Volljährigkeit mit gutem Grund bei 18 Jahren angesetzt. Dann, wenn die Pubertät abgeschlossen ist und aus Jugendlichen Erwachsene geworden sind. Auch beim Wahlalter sollte man sich an dieser gesetzlichen Volljährigkeit orientieren.

Die Pubertät ist eine Zeit, in der sich ein junger Mensch geschützt entwickeln soll. In der sich Jugendliche ausprobieren, reifer werden. Eine Zeit, in der sich junge Menschen erst eine Meinung bilden – und manches Mal auch besonders extremen Meinungen anhängen, auch um das mal auszuprobieren. Eine Zeit also, in der sich junge Menschen auch leichter manipulieren ließen – keine gute Phase fürs erste Wählen.

Niedrige Wahlbeteiligung bei Jungwählern

Und wenn man auf die Wahlbeteiligung junger Wähler schaut, könnte man auf die Idee kommen: Viele Junge sehen das ähnlich. Bei der vergangenen Bundestagswahl sind viele Erstwähler zu Hause geblieben. Die Wahlbeteiligung der 18- bis 21-Jährigen lag 7,3 Prozent unter der Gesamtwahlbeteiligung. Seit den 1990er-Jahren ist sie immer weiter gesunken.

Würde sich das ändern, wenn man noch früher wählen könnte? Wohl kaum. Eher dadurch, dass die Parteien die Themen und Probleme stärker in den Blick nehmen, die die jungen Menschen in unserem Land bewegen.

Pro: Jugendliche sollten mitbestimmen dürfen

Von Demian von Osten, WDR

Wählen mit 16 – das geht schon jetzt in Deutschland. Bei Kommunalwahlen in zehn Bundesländern können Minderjährige abstimmen, in vier Bundesländern sogar bei Landtagswahlen. Warum also sollte man 16- und 17-Jährigen verweigern, auch den Deutschen Bundestag mitzubestimmen?

Schließlich gehen die vom Parlament getroffenen Entscheidungen die Jugendlichen genauso an – zum Teil sogar viel länger als ältere Erwachsene. Eine Rentenreform zum Beispiel. Die heute 16- und 17-Jährigen sollten dabei mitentscheiden können, wer ihre Interessen im Parlament vertritt.

Deshalb ist der Einfluss der Bürger auf die Zusammensetzung ihrer politischen Vertretungen auch nirgendwo so stark wie bei den Kommunalwahlen.

Die Sitzverteilung in den Gemeinderäten wird durch das Verhältniswahlrecht bestimmt. Dabei verfügt jeder wahlberechtigte Bürger über so viele Stimmen wie Sitze zu vergeben sind. Besteht der Stadtrat z. B. aus 40 Sitzen, hat der Bürger 40 Stimmen. Bei der Stimmenabgabe kann sich der Wähler gleichsam seine eigene Wunschliste zusammenstellen. Er kann seinen Favoriten – auch aus verschiedenen Parteien – mehr Stimmen als anderen geben. Er darf auch die Namen derer, denen er einen Denkzettel verpassen will, ganz von „seiner" Liste streichen.

Im Einzelnen hat er folgende Möglichkeiten:

Listenwahl

- **Listenwahl**
  Der Wähler kreuzt „nur" die Liste „seiner" Partei an.

Kumulieren

- **Kumulieren**
  Es ist möglich einem Kandidaten bis zu drei Stimmen zu geben.

Panaschieren

- **Panaschieren**
  Der Wähler muss sich bei seinem Votum nicht auf eine Liste festlegen. Er kann die Personenstimmen auch auf Kandidaten verschiedener Parteien verteilen.

Streichen

- **Streichen**
  Damit wird auf einer Liste signalisiert, dass bestimmte Personen keine Gnade finden. Allerdings ist es nicht möglich, Kandidaten unterschiedlicher Parteien zu streichen.

Auf die Frage, welche Wähler welche Partei wählen und warum sie sich so entscheiden, gibt es keine sicheren Antworten, denn meistens sind für eine Entscheidung mehrere Gesichtspunkte maßgebend.

Grob kann man jedoch drei Arten von Wählern unterscheiden:

- **Nichtwähler:** Sie bleiben der Wahl aus welchen Gründen auch immer fern und überlassen die Entscheidung anderen.
- **Stammwähler:** Bürger, die über mehrere Wahlen hinweg immer die gleiche Partei wählen.
- **Wechselwähler:** Sie entscheiden sich neu von Wahl zu Wahl und sind daher keiner Partei fest zuzuordnen.

Wissenschaftliche Untersuchungen belegen in diesem Zusammenhang, dass in den letzten Jahren die Zahl derjenigen Wähler, die sich schon längere Zeit vor einer Wahl für eine bestimmte Partei entschieden hat, abnimmt, während die Zahl der Wechselwähler und Nichtwähler steigt.

Für den Wahlkampf hat dies zur Folge: **Seine Bedeutung nimmt zu.**

Diejenigen Parteien und Kandidaten, die sich zur Wahl stellen, wollen die Entscheidung der Wähler nicht dem Zufall überlassen, sondern setzen einiges daran, diese in ihrem Sinne zu beeinflussen.

> *„Wahlkampf ist vor allem die Zeit der Information der Bürger über die politischen Probleme ihres Landes und über deren Lösungsmöglichkeit."*
>
> *(Politikwissenschaftler Werner Kaltefleiter)*

Mit den Mitteln der politischen Werbung sollen die Stammwähler mobilisiert und die politisch Unentschlossenen gewonnen werden. Durch den Einsatz der Massenmedien – insbesondere Fernsehen und Internet – wird die Intensität des Wahlkampfs zusätzlich gesteigert.

Presse SPIEGEL

Wahlkampf bringt nichts

Der ganze Wahlkampf ist eine riesige Verschleuderung von Steuergeldern.

Die Wahlkämpfe verschlingen Millionen von Euro. Dabei umgarnen die Parteien die Wähler mit nichtssagenden Parolen, die eher verdummen als informieren. Es ist deshalb nicht weiter verwunderlich, wenn sich die Bürger zunehmend von den Parteien abwenden.

Ein derartiger Wahlkampf hat schädliche Auswirkungen auf die politische Kultur. Schon in den Jugendorganisationen der Parteien gilt Show und das Fertig- und Lächerlichmachen des Gegners mehr als politische Inhalte ...

Auf unzähligen Plakaten, Anzeigen und in Broschüren lächeln uns die optimistisch blickenden Gesichter der Spitzenpolitiker/-innen entgegen, und nichts erfährt man über die wirklichen politischen Ziele. Man präsentiert ihnen vielmehr eine Scheinwelt schöner Versprechungen, die später niemals eingehalten werden können.

Von sachlich vorgetragenen Argumenten und Diskussionen, bei denen die politischen Gegner einander zuhören, kann keine Rede sein.

Im Gegenteil: Fast jede Politik-Talkshow zeigt: Die Politiker beschränken sich auf wenige inhaltsleere Schlagworte, ohne differenziert auf ein Problem, wie zum Beispiel die Bekämpfung der Arbeitslosigkeit einzugehen. Sie pöbeln sich an und buhlen mit billiger Polemik um die Gunst des Publikums.

Ein großes Manko des Wahlkampfes ist seine zunehmende Personalisierung. Man fixiert sich zunehmend auf Personen statt auf politische Inhalte. Es geht nur noch darum: Wer wird Kanzler? Weshalb das ganze Szenario eher einem Wild-West-Duell als einer inhaltlichen mit Argumenten geführten Auseinandersetzung gleicht. Dabei wählen wir doch in erster Linie Parteien und ihre Programme.

Oftmals geht es auch nur darum, den politischen Gegner lächerlich zu machen und persönlich zu diffamieren.

Quelle: Collage aus verschiedenen Zeitungskommentaren, eigener Text

Presse 13 03 92

Wahlkampf ist sinnvoll und notwendig

Zur Demokratie gehört unverzichtbar der gewaltlose und fair ausgetragene Streit um die richtigen politischen Problemlösungen. In Wahlen entscheiden die Bürger über nichts anderes als ihre politische Zukunft.

Daher muss vorher die kampfbetonte Auseinandersetzung um den richtigen politischen Weg stattgefunden haben. Es heißt ja nicht umsonst Wahlkampf. Fände der Wahlkampf nicht statt, so blieben viele Menschen noch gleichgültiger gegenüber der Politik, und viele würden den Wahltag einfach verschlafen.

Heute sind fast 40 % der Wähler vor einer Wahl unentschlossen oder wollen einfach nicht hingehen. Um sie müssen die Parteien kämpfen. Wahlkampfzeiten sind spannende Zeiten und ein Höhepunkt von Demokratie. Niemals sonst diskutieren die Menschen so heftig, kontrovers kritisch und leidenschaftlich. Wahlkampf muss sein, auch wenn einem manche Erscheinungen nicht passen.

Dabei kann auch auf das lautstarke Gegeneinander der Konkurrenten vor dem Gang zu den Stimmkabinen nicht verzichtet werden. Wahlkampf muss auch Kampf sein, weil Wahlen die Entscheidung über die Macht- und Herrschaftsverhältnisse bedeuten. Sie haben auch keineswegs nur den Zweck, den jeweiligen Stand der Stimmungen und Meinungen zu ermitteln, so wie der Gasmann den Zähler abliest. Sie sollen vielmehr klar sagen: Wer tritt an, wofür steht der Kandidat, welche konkreten Ziele sollen wie erreicht werden. Es gilt, auf diese Weise Zustimmung und Ablehnung zu mobilisieren und die Politik für die breite Masse verständlich zu machen.

Deshalb haben auch Zuspitzung und Verschärfung der Gegensätze und Konzentration auf bestimmte Führungspersönlichkeiten ihren Sinn, denn: Politische Inhalte lassen sich nur über Personen vermitteln. Man kann das durchaus mit der Schule vergleichen. Einem guten, engagierten und sympathischen Lehrer gelingt es oft die Schüler für die Inhalte seines Faches zu begeistern, während ein schlechter Lehrer auch dem Interessiertesten den Spaß an einem Fach nehmen kann.

Quelle: nach H. Rudolph, in: Süddeutsche Zeitung

In Zeiten sinkender Wahlbeteiligung und zunehmender Unzufriedenheit mit Politikern und ihren Entscheidungen wird immer wieder diskutiert, ob es nicht sinnvoll ist, die Bürger mehr als bisher direkt an politischen Entscheidungen zu beteiligen und die Landesverfassungen oder das Grundgesetz durch sog. **plebiszitäre Elemente (direkte Mitwirkungsmöglichkeiten der Bürger)** zu ergänzen. Folgende Instrumente direkter Demokratie lassen sich unterscheiden:

Plebiszitäre Elemente

- **Volks-/Bürgerbegehren:** Abstimmung über die Durchführung eines Volks- oder Bürgerentscheides.
- **Volksentscheid (Plebiszit):** Abstimmung aller wahlberechtigten Bürger über einen Gesetzesentwurf oder eine politische Sachfrage.
- **Bürgerentscheid:** Entscheidung wichtiger Gemeindeangelegenheiten durch die Gemeindebürger.

Volksbegehren

Volksentscheid

Bürgerentscheid

In zahlreichen Gemeinden und Bundesländern besteht bereits die Möglichkeit von Bürgerbegehren und Bürgerentscheiden. So haben Bürger in Rheinland-Pfalz die Möglichkeit, in ihrer Gemeinde über wichtige Angelegenheiten von öffentlichem Interesse, z. B. die Schließung des städtischen Hallenbades, einen Bürgerentscheid zu beantragen. Dies ist aber nur möglich, wenn man im Vorfeld ein sog. Bürgerbegehren durchgeführt hat, das von mindestens 15 % der wahlberechtigten Einwohner einer Gemeinde unterzeichnet werden muss.

Auf Bundesebene sind mit Ausnahme des Art. 29 GG Elemente direkter Demokratie nicht vorgesehen. Das bedeutet: Außerhalb von Wahlen hat der Bürger kaum Möglichkeiten, direkt auf politische Sachentscheidungen Einfluss zu nehmen.

Eine Ergänzung des Grundgesetzes durch die Aufnahme plebiszitärer Elemente also direkter Beteiligungsmöglichkeiten der Bürger, wird deshalb immer wieder gefordert und kontrovers diskutiert.

Auszüge aus einer Schülerdiskussion zum Thema:

Mehr Mitbestimmung für die Bürger?

C: Ich bin gegen Volksabstimmungen. Die meisten Bürger haben doch gar keine Ahnung von den komplizierten Problemen, z. B. der Atomkraft oder dem Euro. Die Leute entscheiden doch nur aus dem Bauch heraus, je nach Stimmungslage. Heute so, morgen so.

M: Wenn ich mitentscheiden könnte wäre mein Interesse viel größer. Ich würde mich auch ganz anders informieren. Schließlich sollten gerade die wichtigen Zukunftsfragen von uns Betroffenen selbst entschieden werden und nicht über unsere Köpfe hinweg.

C: Ich sehe das anders. Die Mehrheit der Menschen – das hat gerade auch in Deutschland die Vergangenheit gezeigt – ist viel zu leicht durch die Medien oder irgendwelche Volksverführer manipulierbar. Da kommt dann eine kleine organisierte Gruppe und schafft es ihre Interessen als die Interessen aller zu verkaufen. Und keiner kapiert das.

K: Du hast zu wenig Vertrauen in die Menschen. Die friedliche Revolution in der DDR und Volksentscheide auf kommunaler Ebene haben doch gezeigt, dass die Leute sehr wohl vernünftig entscheiden können.

A: Ich bin mir da nicht so sicher. Zumal so eine Abstimmung den komplizierten Problemen, um die es oft geht, gar nicht gerecht wird. Man kann immer nur entweder Ja oder Nein sagen. Obwohl es vielleicht auch Zwischenlösungen gäbe. Ich bin froh, dass wir Politiker haben, die für uns entscheiden. Und wenn die Mist bauen, wählen wir sie wieder ab. Außerdem gibt es ja genügend andere Alternativen sich zu engagieren. Diese Möglichkeiten stehen jedem, der will, offen.

Presse

Wahlkampf und soziale Medien – „Fluch und Segen!"

Filterblasen, Hass und Hacker – Was die sozialen Medien für die Bundestagswahl bedeuten

von Gabriela Keller, Berliner Zeitung, 16.08.2017

Politik fängt ja im Kleinen an, bei den zerschlissenen Polstermöbeln auf den Bordsteigen von Neukölln zum Beispiel, Christina Schwarzer weiß das. Sie sitzt früh am Morgen in einem türkischen Frühstückscafé, wischt über ihr Handy, ihr Facebook-Newsfeed gleitet vorbei, Fotos, ihre Wahlplakate, dazwischen Nachrichten, es geht um vollgelaufene Keller im Blumenviertel, die Personalnot in einem Neuköllner Reha-Zentrum und eben das Problem mit dem illegalen Müll. Eine bodenständige Mischung, aber dahinter steckt Kalkül.

Die Politikerin will, dass sich die Wähler auf Facebook von ihr angesprochen fühlen – mit Themen, die für sie eine Rolle spielen: „Die Leute sollen wissen: Wofür steht Frau Schwarzer eigentlich?"

Schwarzer ist CDU-Politikerin, Bundestagsabgeordnete, eine kräftige Frau, rötliche Haare, pastellfarbener Blazer. Ihr Facebook-Profil gestaltet sie gemeinsam mit zwei Mitarbeitern, einer davon ist Philipp Gräfe, der neben ihr auf der Bank sitzt, ein Fachmann für digitale Kommunikation. „Wir überlegen uns genau, mit welchen Themen wir welche Zielgruppen erreichen", sagt sie, einmal pro Woche setzen sie sich zusammen, um Ideen für Posts zu entwickeln, Gräfe sagt: „Wir versuchen zu zeigen, dass da ein echter Mensch ist und kein bloßer Anzugträger."

Die Art und Weise, wie Politiker kommunizieren, hat sich grundlegend verändert: Es steht ihnen in den Sozialen Medien eine Plattform zur Verfügung, auf der sie ihre Botschaften ins Land tragen, Debatten beeinflussen und Menschen einnehmen können. Auch im Bundestagswahlkampf spielen die Netzwerke erstmals eine große Rolle: In Wahlkampfzentralen aller Parteien gibt es Strategen, die nur für die digitale Kampagne zuständig sind; doch wie erfolgreich die Kandidaten das Internet einsetzen, hängt stark vom Einzelfall ab.

Niema Movassat etwa, ein relativ unbekannter Abgeordneter der Linken aus Oberhausen, lässt mit knapp 20.000 Likes so manchen prominenten Politiker hinter sich. Die Vorteile, die ihm die Sozialen Medien bieten, nutzt er bewusst. „Ich kann direkt mit meinen Wählern kommunizieren, bekomme Fragen, kann gleich antworten und kriege bestimmte Stimmungen mit", sagt er, „das alles ist wichtig im Wahlkampf."

Movassat erzielt seine Wirkung vor allem mit zum Teil bissigen Kommentaren zu aktuellen Nachrichten; zuletzt ging es um die Ablösesumme des brasilianischen Fußballstars Neymar, um den Dieselskandal und die Großspenden an die FDP, ein bunter Strauß linker Aufregerthemen also.

Der Politiker sinkt in einen Sessel, nimmt sein Handy, ein paar Klicks, dann erscheint seine Facebook-Statistik, 213.983 Menschen hat er in der vergangenen Woche erreicht, 73 Prozent der Vorwoche. „Klar", sagt er, „da waren die G20-Proteste", er hatte eine Vielzahl von Beiträgen gepostet, Fotos von den Protesten, Berichte von Polizeigewalt: „Da gab es ständig etwas, was die Leute bewegt."

Movassat kennt aber auch die hässliche Seite der digitalen Wirklichkeit. Er hat schon viel Hass im Internet abgekriegt, Beleidigungen, rassistische Anfeindungen. Anfangs hat ihn das mitgenommen, sagt er, „mittlerweile ist mein Fell dick." Er weiß, wie schnell die Stimmung im Netz kippen kann. Je stärker Politiker die Plattformen nutzen, umso bedeutsamer wird die Frage, ob sie letztlich Populisten und Demagogen nutzen: Fehlinformationen, Propaganda-Roboter, Hackerangriffe – all das sind mächtige Instrumente: „Die Manipulationen werden zunehmen. Das ist ein Risiko – es stört die sachliche Debatte und ich glaube, dass wir das jetzt im Wahlkampf zum ersten Mal erleben werden."

Facebook hat 32 Millionen Nutzer in Deutschland. Wann immer sie liken oder Posts teilen, geben sie Aufschluss darüber, wie sie denken und auf Ideen oder Argumente reagieren. All diese digitalisierten Regungen werden gesammelt, gespeichert und kommerziell verfügbar gemacht.

„Daten sind das neue Öl", sagt Vincent Venus, Politikberater. „Ihr Wert besteht darin, dass man damit in der Lage ist, die Vergangenheit zu analysieren und die Zukunft vorherzusagen."

Venus, 28 Jahre, hat 2014 in Texas den Wahlkampf einer Kandidatin mit konzipiert und hilft jetzt deutschen Politikern, die Netzwerke zu nutzen. „Facebook ist für uns ein Riesending", sagt er. Venus begeistert sich für die digitalen Werkzeuge. Aber er weiß, dass sie missbraucht werden können. „Die technischen Möglichkeiten sind unbegrenzt, deswegen brauchen wir Regeln." Sonst sei nicht zu verhindern, dass antidemokratische Akteure lernen, die Meinung der Massen immer stärker zu beherrschen. Als Beispiel nennt er Donald Trump, „jemanden, der autoritär ist, viel Macht hat und so viele Daten, dass er Entscheidungen vorhersagen kann – das ist eine gefährliche Mischung".

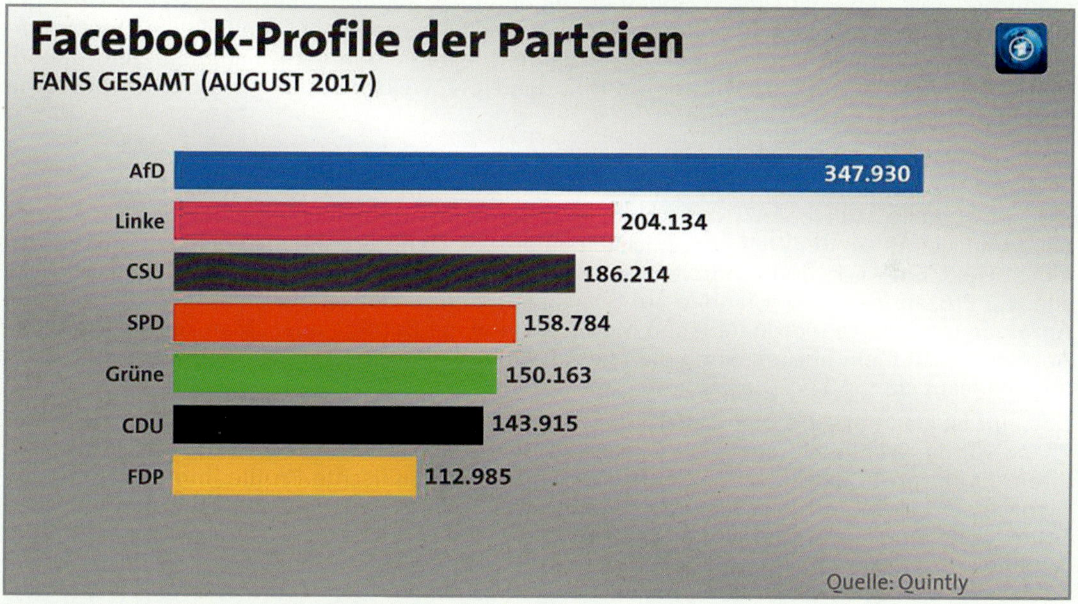

https://www.tagesschau.de/inland/btw17/parteien-facebook-101~magnifier_pos-0.html *© NDR Media*

Die Politiker haben (in Deutschland) erst angefangen, ihren Spielraum auszutesten. „Man muss es tatsächlich lernen", sagt Christina Schwarzer in dem Neuköllner Café, „und ich habe mich entschlossen, mein Handeln in den Sozialen Medien zu professionalisieren." Sie hat knapp 3.500 Fans auf Facebook, 3.200 Follower auf Twitter und rund 900 Abonnenten auf Instagram. „Viele Leute benutzen Facebook als Nachrichtenkanal". Jeden Tag stellt sie einen Beitrag auf ihr Profil, ein Foto, das sie beim Döneressen zeigt, oder einen Artikel über arabische Clans. Aber sie macht sich nichts vor: Ihre Beiträge werden vor allem von denen gelesen, die der CDU nahestehen. Die Öffentlichkeit ist in den Sozialen Medien immer nur eine Teilöffentlichkeit. Meinungen spiegeln einander, Positionen bekräftigen sich. „Man ist schon in seiner Filterblase", sagt ihr Mitarbeiter. Gräfe selbst hat zunächst beim Radio gearbeitet, dann in der Pressestelle eines Nahverkehrsunternehmens. „Jetzt habe ich mehr politische Themen in meiner Timeline. Früher wusste ich alles über Busse und Bahnen."

Der Linke Niema Movassat macht seine Facebook-Seite noch selbst. „Manche Dinge plant man", sagt er, „manche Dinge sind Bauchgefühl." In seinen Bürgersprechstunden, sagt er, sitzt er dieser Tage meist alleine da. Auf Facebook fragen die Leute nach, wollen diskutieren. Aber dort bestimmt Facebook, wie das Gespräch verläuft, der Algorithmus begünstigt Videos, deshalb nimmt er jetzt öfter Clips von sich auf, er sagt: „Ich glaube, dass Facebook keine Straßenwahl ersetzt, aber es ist entscheidend, wenn man ein jüngeres Publikum erreichen will."

Facebook mit seinem riesigen Datenfundus kennt die Neigungen, Interessen und Ängste der Wähler besser als jedes Forschungsinstitut. Inzwischen ist eine ganze Branche entstanden, die Daten verwertbar macht, Datenanalysefirmen, Dateningenieure, Agenturen, die datengetriebene PR anbieten.

Vereinfacht ausgedrückt kann man sagen: Diese helfen ihren Kunden, mit der richtigen Botschaft die richtigen Leute zu erreichen. Dazu nutzen sie die Informationen, die ihre Auftraggeber zur Verfügung stellen; E-Mail-Adressen von Mitgliedern, Telefonnummern oder Social-Media-Daten. Jochen König sagt: „Es geht darum, dass wir uns erst mal anschauen: Welche Reichweiten bestehen? Wie kann es geschafft werden, die Reichweiten zu erhöhen?"

Welches die richtigen Instrumente sind, hängt ganz von den Zielen der Kampagne ab: Sollen möglichst viele den Post sehen? Sollen die eigenen Anhänger mobilisiert werden? Oder gilt es, Nutzer zu überzeugen, die anderer Meinung sind? Facebook hat für alles die richtigen Angebote. Schnöller und König entwerfen Anzeigen, testen sie in verschiedenen Zielgruppen, ziehen Schlussfolgerungen. Welcher Ton trifft den Nerv, welche Bilder lösen die gewünschten Reaktionen aus?

Vieles ist möglich, auch gezielte Manipulationen.

Christina Schwarzer hat eine Frage, die sie möglichst vielen Menschen in Neukölln stellen will: „Möchtest du im Müll leben?" Wer sich in dem Bezirk im Internet einloggt und Google aufruft, bekommt sie mit einiger Wahrscheinlichkeit angezeigt. Dafür bezahlt die Politikerin dem Suchdienst Geld. Ein Klick, und schon landet der Nutzer auf eine Unterseite von Schwarzers Website. 1,3 Prozent der Nutzer landen auf Schwarzers Seite – das ist ein guter Wert. Für digitale Anzeigen gibt die Abgeordnete jeden Monat dreistellige Beträge aus. „Man kommt um diese Anzeigen nicht mehr herum, wenn man gezielt Menschen für bestimmte Aktionen ansprechen möchte", sagt sie.

Doch ihr ist klar, dass die Digitalisierung mit neuen Unsicherheiten einhergeht. Gerade in der Phase vor der Wahl rechnet sie mit Cyberangriffen. Seit drei, vier Wochen merkt sie, dass auf ihrem Twitterprofil extrem viele Socialbots andocken, gefälschte Profile, hinter denen kein Mensch steckt, sondern ein Programm. Manchmal meldet der Dienst ihr mehr als 100 neue Follower an einem einzigen Tag, doch auf den Profilen gibt es weder Fotos noch persönliche Angaben. Schwarzer deutet auf ihr Handy, geht ihre Follower durch. „Gucken Sie sich das an. Keiner legt sich so einen Twitternamen zu", nur wirre Zahlen- und Buchstabenketten sind das. Dann steckt sie ihr Handy weg, gleich muss sie los. Im Gehen dreht sie sich noch einmal um und sagt: „Man muss auf der Hut sein und bleiben." Gut möglich, dass da noch einiges kommt. Der Wahlkampf hat gerade erst angefangen.

https://www.berliner-zeitung.de/politik/bundestagswahl/filterblasen-hass-und-hacker-was-die-sozialen-medien-fuer-die-bundestagswahl-bedeuten-28167508, durch den Autor leicht verändert und gekürzt

LERN-BOX

- In einer demokratischen Gesellschaft sind **Wahlen Ausdruck der Volkssouveränität.**

  Wahlen erfüllen unterschiedliche Funktionen:

  Repräsentationsfunktion,

  Legitimationsfunktion,

  Kontrollfunktion

- Damit Wahlen als demokratisch bezeichnet werden können, müssen unterschiedliche Parteien oder Personen miteinander **konkurrieren**.

  Nach Artikel 38 GG gelten für Wahlen in der Bundesrepublik Deutschland 5 **Wahlrechtsgrundsätze**: Wahlen sind

  frei,

  unmittelbar,

  gleich,

  allgemein und

  geheim.

- Es gibt grundsätzlich zwei Verfahren, nach denen gewählt werden kann:

  Das **Mehrheitswahlrecht** und
  das **Verhältniswahlrecht**.

- Bei den Wahlen zum Deutschen Bundestag gilt das so genannte **Personalisierte Verhältniswahlrecht**, eine Kombination aus Mehrheits- und Verhältniswahl. Jeder Bürger verfügt über zwei Stimmen.

  Mit der Erststimme wählt man nach dem Mehrheitswahlverfahren den Wahlkreiskandidaten einer Partei. Auf diese Weise werden die Hälfte der 598 Bundestagssitze vergeben. Dies entspricht der Anzahl der Wahlkreise.

  Mit der Zweitstimme wählt man eine Partei bzw. eine Parteiliste nach dem Verhältniswahlrecht. **Die Zweitstimme ist die wichtigere der beiden Stimmen**. Sie entscheidet maßgeblich über die Zusammensetzung des Parlaments.

- Damit eine Partei in den Deutschen Bundestag einziehen kann, muss sie entweder mindestens 5 % aller abgegebenen Zweitstimmen erhalten **(5 %-Hürde)** oder drei Wahlkreise gewinnen.

- Bei **Kommunalwahlen** ist der Einfluss der Bürger auf die Zusammensetzung ihrer politischen Vertretungen besonders groß. Die Sitzverteilung in den Gemeinderäten wird durch das Verhältniswahlrecht bestimmt. Neben dem Ankreuzen einer Parteiliste kann der Bürger kumulieren, panaschieren oder einzelne Kandidaten streichen.

- Neben Wahlen gibt es noch andere Möglichkeiten Bürger direkt an politischen Entscheidungen zu beteiligen.

  Folgende **Instrumente der Direkten Demokratie** werden z. T. bereits praktiziert: Volks- bzw. Bürgerbegehren, Volksentscheide, Bürgerentscheide.

WISSENS-CHECK

❶ Was will der Karikaturist mir der folgenden Karikatur ausdrücken?

© *Peter Leger, Haus der Geschichte*

❷ Nennen und erklären Sie die **unterschiedlichen Wahlfunktionen**.

❸ Worin unterscheiden sich **Mehrheitswahl und Verhältniswahl?**

❹ Erklären Sie das **Wahlverfahren zum Deutschen Bundestag**. Erläutern Sie besonders den Begriff „Personalisiertes Verhältniswahlrecht" und begründen Sie, welche Stimme wichtiger ist.

❺ Formulieren Sie Argumente **für** und **gegen** die 5-Prozent-Klausel.

❻ Recherchieren Sie im Internet den Ausgang der letzten Bundestagswahl.
Welche Parteien bilden eine Koalition und stellen den Bundeskanzler.
Welche Parteien sind in der Opposition?
Wie hat sich das neue Wahlrecht auf die Größe des Bundestages ausgewirkt?

❼ Wie laufen die Wahlen zum **rheinland-pfälzischen Landtag** ab?

❽ Nennen Sie die **Namen und Ämter wichtiger Landespolitiker!** Welchen Parteien gehören sie jeweils an?

❾ Diskutieren Sie eine mögliche **Absenkung des Wahlalters** auf 16 Jahre. (Vgl. Exkurs S. 290).

❿ Welche Vorhaben werden in Ihren Gemeinden **kontrovers** diskutiert?

⓫ Wahlkampf- sinnvolle Information der Bürger oder sinnentleertes Ritual? Mit welchen Argumenten begründen die Autoren der Kommentare auf Seite 95f. ihre Meinung?

⓬ Welche **Instrumente direkter Demokratie** kennen Sie?

⓭ Diskutieren Sie anhand aktueller politischer Auseinandersetzungen – etwa um die Bewältigung der „Flüchtlingskrise" und die damit zusammenhängenden Demonstrationen von Pegida – **Chancen und Gefahren**, die mit der Einführung von Elementen **direkter Demokratie** verbunden sind.

⓮ Während des Bundestagswahlkampf 2017 setzten die Parteien erstmals massiv **soziale Medien** ein. Worin bestehen Chancen und Risiken dieses Einsatzes? (Vgl. Text S. 298)

Parlamentarisches Regierungssystem der Bundesrepublik Deutschland

Das folgende Kapitel befasst sich mit dem Stellenwert des Grundgesetzes und behandelt in diesem Zusammenhang die Grundprinzipien des Staatsaufbaus.

Das Grundgesetz, die Verfassung der Bundesrepublik Deutschland.

Unter einer Verfassung versteht man ganz grundsätzlich die rechtliche Grundordnung eines Staates. Sie ist meistens in einer schriftlichen (Verfassungs-)Urkunde festgelegt.

© dpa/akg images GmbH

In der Bundesrepublik trägt die Verfassung die Bezeichnung Grundgesetz. Das hat damit zu tun, dass das Grundgesetz 1949 als Übergangslösung bis zur endgültigen Wiedervereinigung zwischen Westund Ostdeutschland gedacht war und die verfassungsgebende Versammlung, der sogenannte „Parlamentarische Rat“, den Begriff „Verfassung“ bewusst vermied.

Nach dem 2. Weltkrieg teilten die Siegermächte Deutschland in vier Besatzungszonen auf, von denen sich die drei westlichen zur Bundesrepublik Deutschland zusammenschlossen; aus der östlichen Besatzungszone wurde die DDR.

Nach der Wiedervereinigung der beiden deutschen Staaten 1990 wurde die Bezeichnung Grundgesetz beibehalten.

© dpa/akg images GmbH

Der Parlamentarische Rat tritt zu seiner letzten Sitzung am 23. Mai 1949 in Bonn zusammen und setzt das Grundgesetz in Kraft.

Kern der Verfassung: Artikel 1 und 20 Grundgesetz

Das Grundgesetz ist das höchste und wichtigste Gesetz des Staates. Nach diesem Gesetz haben sich alle, also auch der Gesetzgeber, zu richten. Es enthält die wichtigsten und grundlegenden Bestimmungen für das Zusammenleben der Deutschen.

Diese sind vor allem in den Grundrechten enthalten (Artikel 1–19 GG). Zusammen mit Artikel 20 GG (Grundprinzipien des Staatsaufbaus) bilden diese den Kernbestand der Verfassung.

Eine Änderung von Artikel 1 GG – dem Bekenntnis zur Würde des Menschen und den unveräußerlichen Menschenrechten – sowie den in Artikel 20 GG festgelegten Grundsätzen ist deshalb nach Artikel 79 des Grundgesetzes unzulässig. Man spricht in diesem Zusammenhang von der so genannten **„Ewigkeitsgarantie"**.

Dabei ist das Grundgesetz kein lückenloses System von Gesetzen und Bestimmungen, sondern schafft vielmehr einen Rahmen. In diesem Rahmen handeln die verantwortlichen Personen in Politik, Wirtschaft und Gesellschaft und treffen politische Entscheidungen. Man kann dies auch anders formulieren: Das Grundgesetz legt für alle Bürger die Spielregeln des demokratischen Systems der Bundesrepublik Deutschland fest.

Artikel 20 Grundgesetz

(1) Die Bundesrepublik Deutschland ist ein demokratischer und sozialer Bundesstaat.

(2) Alle Staatsgewalt geht vom Volke aus. Sie wird vom Volke in Wahlen und Abstimmungen und durch besondere Organe der Gesetzgebung, der vollziehenden Gewalt und der Rechtsprechung ausgeübt.

(3) Die Gesetzgebung ist an die verfassungsmäßige Ordnung, die vollziehende Gewalt und die Rechtsprechung sind an Gesetz und Recht gebunden.

(4) Gegen jeden, der es unternimmt, diese Ordnung zu beseitigen, haben alle Deutschen das Recht zum Widerstand, wenn andere Abhilfe nicht möglich ist.

Verfassungsgrundsätze

Art. 20 ist einer der wichtigsten Artikel im gesamten Grundgesetz. Er enthält die sogenannten Verfassungsgrundsätze:

Demokratie

➤ **Demokratie**

Wörtlich übersetzt bedeutet Demokratie **„Herrschaft des Volkes"**. Der Begriff stammt aus dem alten Griechenland, wo er vor etwa 2500 Jahren erfunden wurde.

Während aber die alten Griechen nur die freigeborenen Männer als „Volk" bezeichneten, gehört in der modernen Demokratie, wie wir sie kennen, die Gleichberechtigung zwischen Frauen und Männern unbedingt dazu.

Presse

Demokratie: Meinungen – Sprüche – Widersprüche

Zuschauerdemokratie

Parteiendemokratie

Demokratie ist nichts Fertiges

Die Demokratie schützt uns davor, vom Staat missbraucht, ausgenutzt, überwacht zu werden. Das ist Freiheit. *(Richard von Weizsäcker)*

Mehr Demokratie wagen!

... Unreformierbarkeit der Demokratie ...

Demokratie ist nicht unfehlbar

»Demokratie ist Diskussion« ***(Thomáš Masaryk)***

MACHT AUF ZEIT ...

»Demokratie heißt, dass sich die Leute in ihre eigenen Angelegenheiten einmischen.« (Max Frisch)

Deutsche Demokratische Republik

Die Demokratie: So unvollkommen wie der Mensch an sich

Von einigen Ausnahmen abgesehen (Schweiz), herrscht das Volk heute aber nicht selbst (direkt). Es überträgt vielmehr die Herrschaft durch Wahlen auf sogenannte Volksvertreter (Repräsentanten), die dann für eine begrenzte Zeit im Auftrag des Volkes politische Entscheidungen treffen. Die Tatsache, dass nur das Volk in der Demokratie das Recht hat zu bestimmen, wer die politische Macht ausüben darf, bezeichnet man auch als **Volkssouveränität**.

Für die Bundesrepublik Deutschland hat das höchste deutsche Gericht, das Bundesverfassungsgericht (BVG), in einem berühmten Urteil von 1952 die unverzichtbaren Merkmale der freiheitlich-demokratischen Grundordnung der Bundesrepublik festgelegt:

- Die Menschenrechte gelten für jedermann von Geburt an und sind vom Staat einzuhalten und zu schützen. Er darf nur in Ausnahmefällen in diese Rechte eingreifen. Die Menschen müssen in Freiheit leben können. Sie haben Rechte, die ihnen auch die Regierung nicht wegnehmen kann. Dazu gehört z. B., dass jeder seine Meinung frei äußern kann, dass es eine freie Presse gibt oder dass man den Glauben leben kann, den man für richtig hält.
- Jegliche Gewalt- und Willkürherrschaft muss für alle Zeiten ausgeschlossen sein.
- Es muss freie Wahlen geben, bei denen die Entscheidung der Mehrheit ausschlaggebend ist. Allerdings gilt es, Minderheiten in besonderer Weise zu schützen. Das heißt vor allem: Diejenigen Parteien und Personen, die bei den Wahlen nicht die Mehrheit erreicht haben, dürfen die Regierung kritisieren und im Parlament eine Opposition (= Gegenpartei) bilden.

© Burkhard Mohr, Königswinter

- Die geltenden Gesetze müssen von der Regierung und der Verwaltung des Landes eingehalten werden. (Siehe auch weiter unten: Das Bundesverfassungsgericht)
- Die Rechtsprechung im Land muss unabhängig sein. Beispielsweise ist es verboten, dass Politiker oder mächtige Personen aus der Wirtschaft versuchen, Richter in ihren Entscheidungen zu beeinflussen.
- Es muss mehrere Parteien geben, damit die Wählerinnen und Wähler bei politischen Wahlen eine Auswahl treffen können.

Wahlen im Dritten Reich

„In Deutschland besteht als einzige politische Partei die NSDAP. Wer es unternimmt eine neue politische Partei zu bilden, wird mit Zuchthaus bestraft."

(Aus dem Gesetz gegen die Neubildung von Parteien 1933)

© Walter Hanel, Bergisch-Gladbach

Republik

- **Republik** bedeutet wörtlich übersetzt: „Sache der Allgemeinheit" und meint eine Staatsform, in der das Staatsoberhaupt gewählt wird – im Gegensatz zu einer Monarchie, in der das Amt des Staatsoberhauptes in der Regel von einem König oder einer Königin auf die Erben übergeht, also vererbt wird.

Gewaltenteilung:
Legislative
Exekutive
Judikative

- **Gewaltenteilung** bedeutet, dass die Gesetzgebung (Parlamente), die Ausführung der Gesetze (Regierung und Verwaltung) und Rechtsprechung (Gerichte) von verschiedenen, voneinander unabhängigen Personen und Personengruppen durchgeführt werden soll.

Die Trennung der Staatsgewalt nach Funktionen und Ebenen

Gesetzgebung (Legislative)	**Vollziehende Gewalt** (Exekutive)	**Rechtsprechung** (Judikative)
Bundestag Bundesrat	Bundesregierung Bundesverwaltung	Bundesverfassungsgericht Oberste Bundesgerichte
Parlamente der Länder	Landesregierungen, Landesverwaltungen	Gerichte der Länder (Oberlandes-, Land-, Amtsgerichte; Arbeits-, Sozial-, Verwaltungs- und Finanzgerichte)
Kreistage, Stadträte, Gemeinderäte	Kreisverwaltungen, Stadtverwaltungen, Gemeindeverwaltungen	
Die Gesetzgebung ist an die verfassungsmäßige Ordnung gebunden.	Vollziehende Gewalt ist an Gesetz und Recht gebunden.	Die Rechtsprechung ist an Gesetz und Recht gebunden.

Entnommen: Buchners Kolleg Politik. Unterrichtswerk für die Oberstufe. Das politische System der Bundesrepublik Deutschland. 3. Auflage, Bamberg 2002, Seite 49

Bundesstaat

- **Bundesstaat** bezeichnet allgemein die Vereinigung souveräner (selbstständiger) Staaten zu einem Bund, auf den bestimmte Rechte und Aufgaben übertragen werden.

Die staatlichen Machtbefugnisse sind aufgeteilt zwischen dem Zentralstaat (Bund/Berlin) und den Gliedstaaten (Bundesländer).

In der Bundesrepublik Deutschland haben deshalb die 16 Bundesländer einerseits eigene Länderparlamente, -regierungen und -gerichte, andererseits wirken sie über den Bundesrat an der Bundespolitik mit.

Man nennt dieses staatliche Organisationsprinzip auch **Föderalismus**.

Sozialstaat

➤ Der **Sozialstaat** verpflichtet den Staat, die sozialen (gesellschaftlichen) Verhältnisse zu gestalten. Dazu gehören wirtschaftspolitische Aktivitäten, um z. B. die Entwicklung der Wirtschaft zu ermöglichen oder Arbeitslosigkeit abzubauen. Ebenso müssen soziale Maßnahmen ergriffen werden, um in Not geratenen Bürgerinnen und Bürgern das Existenzminimum zu sichern. Mit Vorsorge-Einrichtungen sollen die Menschen im Alter, bei Krankheit oder Unfällen geschützt werden (Sozialversicherung, Renten).

PresseSPIEGEL

23. Oktober 2017, STUDIE der Bertelsmann-Stiftung

Anette Stein, Sarah Menne

Kinderarmut ist in Deutschland oft ein Dauerzustand.

Wächst in unserem Land ein Kind in Armut auf, bleibt es meistens für längere Zeit arm.

© Kostas Koufogiorgos

Beengtes Wohnen, wenig Geld für gesundes Essen, Bildung, Hobbies oder Urlaub und nur geringe Chancen auf gesellschaftlichen Aufstieg: Als Kind Armut zu erleben oder das eigene Kind in Armut aufwachsen zu sehen, bringt viele Schwierigkeiten mit sich – umso mehr, wenn es kaum ein Entrinnen aus der Armut gibt. Unsere neue Studie zeigt: In Deutschland leben rund 21 Prozent aller Kinder mindestens fünf Jahre dauerhaft oder wiederkehrend in einer Armutslage. Für weitere 10 Prozent ist das ein kurzzeitiges Phänomen.

Unsere Studie, die in Zusammenarbeit mit dem Institut für Arbeitsmarkt- und Berufsforschung (IAB) entstand, untersuchte über einen Zeitraum von fünf Jahren jährlich die Einkommenssituation von Familien. In einer Armutslage befinden sich nach unserer Definition Kinder in Familien, die mit weniger als 60 Prozent des durchschnittlichen Haushaltsnettoeinkommens auskommen müssen oder staatliche Grundsicherung beziehen. Besonders von Armut bedroht sind drei Gruppen: Kinder alleinerziehender Eltern, Kinder mit mindestens zwei Geschwistern und Kinder mit geringqualifizierten Eltern.

Armut bedeutet hierzulande für Kinder meist nicht, kein Dach über dem Kopf oder kein Essen zu haben – die existenzielle Grundversorgung ist in der Regel gewährleistet. Arm zu sein heißt aber, auf vieles verzichten zu müssen, was für Gleichaltrige ganz normal zum Aufwachsen dazugehört. Vor allem schließt es von vielen sozialen und kulturellen Aktivitäten aus.

Die heutige Sozialpolitik könne nicht sicherstellen, Kindern Wege aus der Armut zu eröffnen, meint Jörg Dräger, Vorstand der Bertelsmann Stiftung. „Die zukünftige Familien- und Sozialpolitik muss die Vererbung von Armut durchbrechen.

Kinder können sich nicht selbst aus der Armut befreien – sie haben deshalb ein Recht auf eine Existenzsicherung, die ihnen faire Chancen und ein gutes Aufwachsen ermöglicht", betont unser Vorstand.

https://www.bertelsmann-stiftung.de/es/themen/aktuelle-meldungen/2017/oktober/kinderarmut-ist-in-deutschland-oft-ein-dauerzustand/, gekürzt und geändert

Frage zum Text: Welche Probleme des Sozialstaates werden im Text und dem Foto thematisiert?

Daseinsvorsorge zu Gunsten des Einzelnen z.B. Gesundheitsvorsorge, Schulwesen

SOZIALSTAAT

Fürsorgeanspruch im Falle verschuldeter oder unverschuldeter Bedürftigkeit z.B. Sozialhilfe

Zwangsversicherung z.B. als Vorsorge für Krankheit, Alter

Berücksichtigung in versch. Politikbereichen z.B. in der Wohnungspolitik, in der Steuerpolitk

Rechte der sozialen Teilhabe z.B. Koalitionsfreiheit, Tarifautonomie

EXKURS:

Die Zukunft des Sozialstaates – Hartz-IV in der Diskussion:

Wenn zur Zeit über den Sozialstaat diskutiert wird, fällt immer wieder der Begriff „Hartz-IV". Während die einen in Hartz-IV ein Erfolgsmodell sehen und seine Einführung im Jahr 2005 als eine der Hauptursachen für den Rückgang der Massenarbeitslosigkeit sehen, betrachten es die anderen als unzumutbare Gängelung der Bürger und fordern stattdessen die Einführung eines (bedingungslosen) Grundeinkommens. Im Folgenden finden Sie die zwei Positionen aufgeführt. Bilden Sie sich Ihre Meinung?

Pro: Hartz IV gehört abgeschafft

von Ulrike Heidenreich

Für viele Menschen ist die Arbeitswelt unsicher geworden. Sie brauchen vom Staat keine Drohungen, sondern das Versprechen einer Existenzsicherung. Die Aussage, ein „Hartzer" zu sein, ist an Trostlosigkeit kaum zu überbieten. Der Begriff steht für Menschen, die ohne Jobperspektive, mit Scham und harten Strafen leben müssen. Hartz IV ist so schlecht beleumundet, dass nicht nur dieses Wort, sondern das ganze System abgeschafft gehört. Es ist nicht mehr zu retten.

Vor anderthalb Jahrzehnten, als eine Kommission um Peter Hartz die Arbeitslosen- und die Sozialhilfe zusammenlegte, sah es in Deutschland anders aus. Die Arbeitslosenzahl war mit fünf Millionen hoch, es fehlte durchaus Druck, um Menschen in Arbeit zu bekommen. Nun ist die Welt eine andere. Es werden immer mehr Arbeitskräfte fehlen, nicht nur Fachkräfte. Und es lässt sich erahnen, in welchem Ausmaß die Digitalisierung und der Einsatz von Robotern den Markt durcheinanderrütteln werden.

Gespenst der Mittelschicht

Wer wird in anderthalb Jahrzehnten auf der Straße stehen? Würde es Hartz IV weiter-geben, wäre dies nicht mehr nur das Elend von billig Beschäftigten. Hartz IV ist zum Gespenst der Mittelschicht geworden. Wer von heute auf morgen arbeitslos wird, kann sehr schnell nach unten rutschen. Egal, wie viele Jahrzehnte er in die Sozialkassen eingezahlt hat. Zwölf Monate lang gibt es Arbeitslosengeld I. Danach der harte Cut: die Grundsicherung, genannt Hartz IV, Regelsatz 416 Euro. Wer bis dahin ein normales Arbeitsleben geführt hat, muss jetzt: Anträge auf Miet- und Heizzuschuss stellen; Ersparnisse aufbrauchen bis zum „Schonvermögen" von 150 Euro pro Lebensjahr. Fremde entscheiden, ob man in der Wohnung weiterleben darf und ob man die Waschmaschine bezahlt bekommt.

Dies ist eine schockierende, eine entwürdigende Erfahrung. Wer da nicht mehr den Überblick behält und Termine versäumt, spürt die nächste Härte: Abzüge von der Stütze. Die Leute in den Jobcentern sind mehr damit beschäftigt, Sanktionen zu verhängen, als ihrer wirklichen Aufgabe nachzukommen: zu motivieren und Arbeit zu vermitteln. Das System stößt ab. Die Bürokratie verfestigt den Eindruck, der Staat bekämpfe eher die Arbeitslosen denn die Arbeitslosigkeit. Das Argument, Strafen seien nötig, damit jemand, der nicht arbeiten will, nicht genau so leben darf, wie jemand, der arbeiten will, zieht auch nicht.

In Regionen mit Vollbeschäftigung liegt der Anteil von Hartz-IV-Beziehern durchweg bei unter einem Prozent, so die Bundesagentur für Arbeit. Für viele ist die Arbeitswelt unsicherer geworden. Sie brauchen keine Drohungen, sondern ein Versprechen auf Existenzsicherung. Was dafür nötig ist: Eine Arbeitslosenhilfe auf höherem Niveau, die länger als nur ein Jahr gezahlt wird. Eine Grundsicherung – nicht für alle, sondern für die mehr als zwei Millionen Kinder, die Hartz IV beziehen. Was wir auch brauchen: Eine Absicherung im ursprünglichen Sinne, eine Sozialhilfe, die in schlimmer Not auffängt.

Es gibt ein weiteres hässliches Wort, das mit Hartz IV entstanden ist, das des „Aufstockers".

Es bedeutet, dass ein Mensch nicht von dem leben kann, was er durch seine Arbeit verdient – und dass der Steuerzahler für die Differenz zwischen Lohn und Existenzminium aufkommt. Das ist nicht zu akzeptieren. Ob man die Reform des Sozialstaats nun Garantiesicherung, Bürgergeld oder wie auch immer nennt, ist egal. Hauptsache nicht mehr Hartz IV.

Ulrike Heidenreich, Süddeutsche Zeitung, 20. November 2018

Contra Abschaffung Hartz IV

von Henrike Roßbach

Vergesst nicht die, die Hartz IV finanzieren.

Wenn sich der Staat in der sozialen Sicherung vom Leistungsgedanken verabschieden würde, dann hieße das auch, den Stellenwert von Arbeit herabzuwürdigen. Wenn die SPD-Vorsitzende Andrea Nahles Hartz IV überwinden will und Grünen-Chef Robert Habeck beiläufig erwähnt, dass seine Idee einer bedingungslosen Garantiesicherung 30 Milliarden Euro kosten würde – dann ist merkwürdigerweise nie von denen die Rede, die all das bezahlen sollen. Sie sind aber da, und unter ihnen sind nicht nur Menschen mit sechsstelligen Gehältern und ungeheuer erfüllenden Berufen. „Nein danke“ sollen Arbeitslose künftig sagen können zu unattraktiven Jobs.

Diejenigen, die ihnen das ermöglichen sollen, können aber keineswegs „Nein danke“ sagen. Weder zum Acht-Stunden-Tag auf der winterkalten Baustelle noch zur Spätschicht an der Supermarktkasse – und erst recht nicht zum Steuerbescheid des Finanzamts.

Wer, so muss man sich angesichts der Hartz-IV-Debatte fragen, interessiert sich eigentlich noch für diese Leute? Und wen werden sie wählen, wenn ihnen auffällt, dass sich niemand interessiert? Das Prinzip „Fördern und Fordern“ ist zwingend Ja, im Hartz-IV-Streit geht es auch um die Höhe der Grundsicherung, um mehr Unterstützung für Kinder und die quälende Bürokratie. Doch all das kann man reformieren, ohne „Hartz IV muss weg“ zu rufen.

Zentral ist eine andere Frage: Darf man Arbeitslosen vorschreiben, dass sie jeden Job annehmen und Termine mit dem Jobcenter einhalten müssen? Während um sie herum, in den schicken Start-up-Lofts und den großen Konzernen Arbeit längst zu einer Art Mission erklärt worden ist statt zu schnöder Maloche?

Die Antwort liegt auf der Hand: Das Prinzip „Fördern und Fordern“ ist nicht nur weiterhin richtig, sondern geradezu zwingend. Denn jenseits der schönen neuen Arbeitswelt voller Erfüllung gibt es nach wie vor sehr viele sehr hart arbeitende Menschen, die jeden Tag „Ja bitte“ sagen müssen. Hinzu kommt noch, dass der Staat auf anderen Feldern von weniger Misstrauen und mehr Freiheit für seine Bürger rein gar nichts wissen will – etwa beim Eintreiben der Steuern. Unfair ist es nicht, für eine von der Allgemeinheit finanzierte Leistung eine Gegenleistung zu verlangen. Unfair ist es, den zweiten Teil von „Fördern und Fordern“ heute nur noch mit „drangsalieren“ zu übersetzen.

Die allermeisten Hartz-IV-Empfänger wollen arbeiten, und es muss ihnen besser geholfen werden. Doch die Existenz verfestigter Hartz-IV-Milieus zu leugnen, in denen manche sich mit dieser Art des Lebens arrangiert haben, ist einfach nicht in Ordnung. Auch, weil sich ein Leben in Abhängigkeit vererbt. Das Ziel müssen weniger, nicht mehr Transferempfänger sein. Alimentation ist selbst dann nur der zweitbeste Zustand, wenn sie einen schickeren Namen trägt und höher dotiert ist. Auch für jene, die es trotz allem nicht schaffen werden auf dem regulären Arbeitsmarkt, sind geförderte Jobs besser als eine staatliche Abfindung. Aufstocker und Niedriglohnarbeiter wiederum müssen mehr behalten dürfen von dem, was sie verdienen.

Der Satz „Arbeit ist mehr als Broterwerb“ galt bisher als mehrheitsfähig. Kollegen, soziale Kontakte, Erfolgserlebnisse, Unabhängigkeit – das zählt auch dort, wo es anstrengend, langweilig, dreckig zugeht. Sich in der sozialen Sicherung vom Leistungsgedanken zu verabschieden, heißt auch, den Stellenwert von Arbeit herabzuwürdigen. Und voreilig zu kapitulieren vor den Herausforderungen und Chancen der Arbeitswelt von morgen.

Henrike Roßbach, Süddeutsche Zeitung, 20. November 2018

➤ **Rechtsstaat** besagt, dass die staatliche Gewalt an die Verfassung und die Rechtsprechung gebunden ist. Alle Maßnahmen der Staatsorgane können von unabhängigen Richtern überprüft werden. Voraussetzungen für dieses Prinzip sind die in der Verfassung zugesicherten Grundrechte (Freiheitsrechte), die Gewaltenteilung und die Gesetzmäßigkeit der Verwaltung. Letzteres bedeutet, dass sich zum Beispiel auch Ämter und Behörden an die Gesetze und Rechtsverordnungen halten müssen.

Rechtsstaat

Beispiel:

Peter Hansen, Mitarbeiter des Ordnungsamtes der Stadt „Willkürburg“, entdeckt, dass der PKW seines Nachbarn im Parkverbot steht. Da er ihn nicht leiden kann, lässt er den Wagen des Nachbarn abschleppen und verhängt ein Bußgeld von 2.000 Euro. Ist das rechtens?

Wie schützt die Verfassung vor staatlichem Machtmissbrauch?

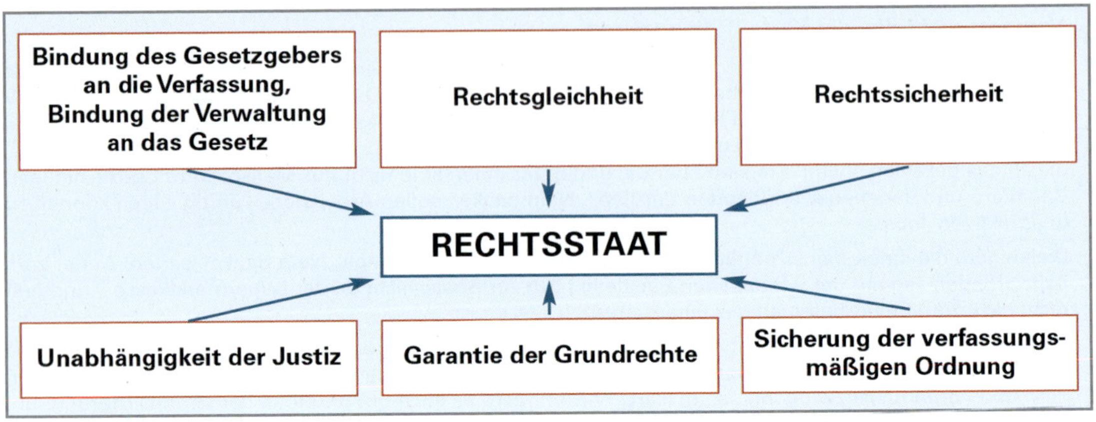

Widerstandsrecht

➤ **Widerstandsrecht** bedeutet, dass die Merkmale und Grundsätze der freiheitlichen-demokratischen Grundordnung verteidigungswürdig sind. Erst wenn die rechtsstaatlich garantierten Verteidigungsmittel – etwa die Einschaltung des Parlaments, die Anrufung der Gerichte oder eine Verfassungsbeschwerde – nicht verhindern können, dass die Grundsätze der Demokratie zerstört werden, dürfen jedoch die letzten Mittel des Widerstandes eingesetzt werden, z. B. politischer Streik, offener Ungehorsam, oder unter Umständen auch Gewalt. Dies gilt jedoch nie für den privaten Bereich, sondern nur zur Verteidigung der Grundsätze unserer Demokratie.

In seinem „Handbuch Politische Gewalt" schreibt der Jurist Josef Isensee, es gehe um Angriffe, die sich gegen die Verfassung als Ganzes richten und die grundgesetzliche Ordnung als solche von Grund auf bedrohen. „Der Widerstandsfall ist ein Staatsstreich", so der Autor. Es geht also um den absoluten Ausnahmefall!

Verfassungsorgane

Im Anschluss stehen die unterschiedlichen Verfassungsorgane (Bundestag, Bundesrat, Bundesregierung, Bundespräsident, Bundesverfassungsgericht) im Mittelpunkt.

Welche Rolle spielen sie im politischen Prozess, welche unterschiedlichen Aufgaben kommen ihnen zu und wie sind sie miteinander verbunden?

Alle Teilnehmer am politischen Prozess arbeiten ja nicht im luftleeren Raum. Sie benötigen dazu vielmehr einen so genannten institutionellen Rahmen, also staatliche Einrichtungen (Organe, Institutionen), die nach ganz bestimmten Regeln zusammenarbeiten müssen, damit das, was entschieden wird, auch wirklich für alle Bürger gilt und rechtlich verbindlich ist.

Auch dieser Rahmen ist vom Grundgesetz vorgegeben. Es enthält wich--tige Bestimmungen über die Zusammensetzung und Aufgaben der Bundesorgane, also der wichtigsten Entscheidungsträger des Staates Bundestag, Bundesrat, Bundesregierung, Bundespräsident, Bundesgerichte.

Staatsorgane der Bundesrepublik Deutschland

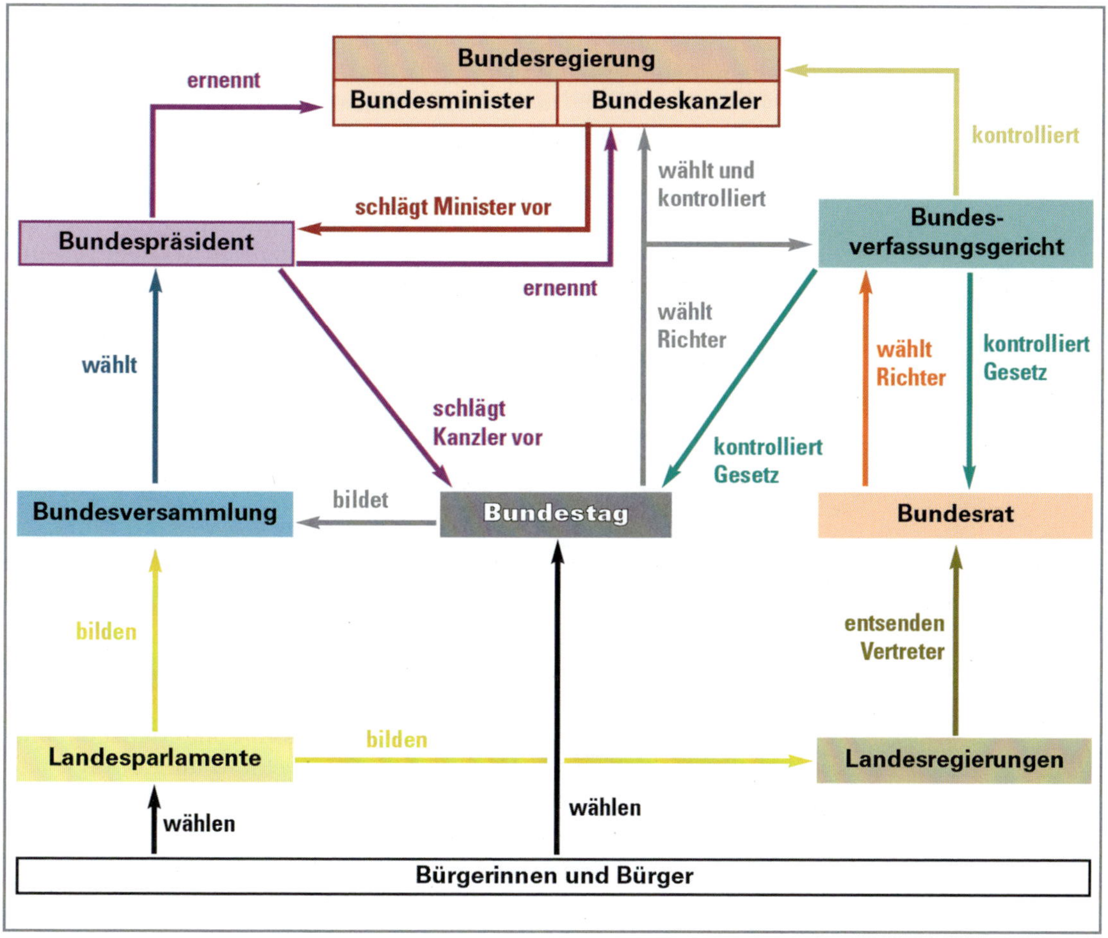

Der Deutsche Bundestag

Der Deutsche Bundestag ist das Parlament d. h. die Volksvertretung der Bundesrepublik Deutschland.

In der 19. Wahlperiode (2017–2021) hat der Deutsche Bundestag 709 Mitglieder. Davon wurden 299 in den Wahlkreisen direkt gewählt, die gleiche Anzahl zog über die Landeslisten in das Parlament ein. Die übrigen 111 Abgeordneten erhielten ihren Sitz als Überhangmandat (46) oder als Ausgleichsmandat (65). Da die Bundestagsabgeordneten (MdB) das Volk vertreten, nennt man sie auch Repräsentanten. Mit ihrer Wahl erhalten sie von den Wählerinnen und Wählern für vier Jahre den Auftrag (das Mandat) an Stelle des Volkes zu handeln und politische Entscheidungen zu treffen. Da der Bundestag als einziges Verfassungsorgan des Bundes direkt gewählt wird, ist er sozusagen das Zentrum des politischen Systems und verfügt er über eine besondere Legitimation.

Aufgaben des Bundestages

Er ist der **zentrale Ort politischer Diskussionen und Entscheidungen** für alle Bürger. Zu seinen wesentlichen Aufgaben und Funktionen gehören

- die politische Willensbildung
- die Gesetzgebung
- die Wahl des Bundeskanzlers
- die Kontrolle der Bundesregierung
- die Bewilligung des Staatshaushalts (Budgetrecht)
- die Zustimmung zu internationalen Verträgen (z. B. EU-Vertrag)
- die Repräsentation der Bürger

Für das Verständnis der Funktion und Arbeitsweise des Bundestages ist die Kenntnis einiger poltikwissenschaftlicher Vokabeln unumgänglich:

Mandat

- **Mandat:** Befugnis, einen anderen zu vertreten. Bundestagsabgeordnete verfügen über ein „freies" Mandat. Sie sind an Aufträge und Weisungen nicht gebunden und nur ihren Gewissen verantwortlich. (Art. 38 GG)

Fraktion

- **Fraktion:** Zusammenschluss von Abgeordneten einer Partei im Parlament. Eine Fraktion muss mindestens 5 Prozent der Mitglieder des Parlaments umfassen.

Deutschland nach der Wahl – Lauter Verlierer

Angela Merkel hat die Wahl gewonnen, Martin Schulz in der Niederlage eine neue Rolle gefunden. Die AfD taumelt vor Freude, die erstarkte FDP, weil sie sich in die Regierung gezwungen sieht. Ein Abend der Niederlagen.

Ein Kommentar von Barbara Hans

Es gibt etwas, das sie alle gemein haben an diesem Abend: Angela Merkel, Martin Schulz, Horst Seehofer. Sie alle haben ihren Parteien historische Niederlagen beschert. Am Tisch sitzen dann in der „Elefantenrunde", man reibt sich die Augen: lauter Gewinner.

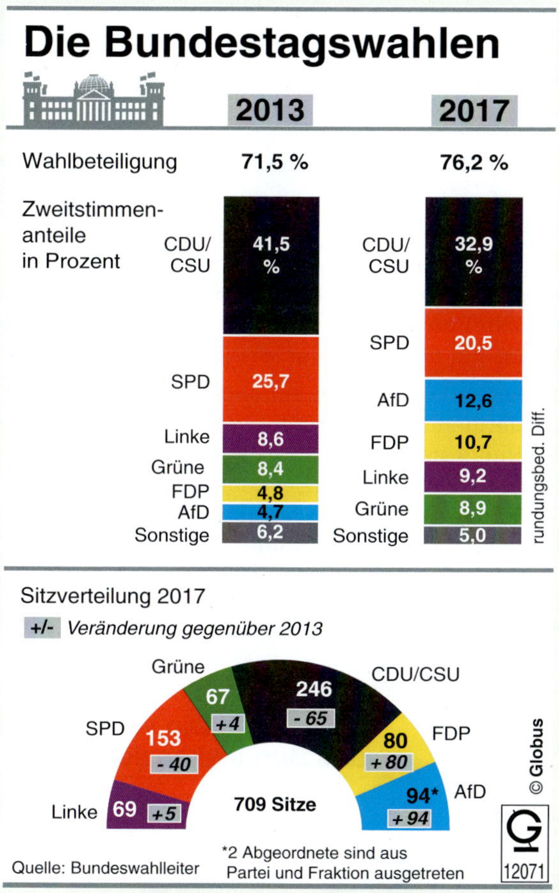

Merkel hat gewonnen, weil sie mehr Stimmen hat als die anderen, wenn auch mit einem Rekordverlust für die Union.

Schulz hat gewonnen, weil er endlich glaubt, eine Rolle gefunden zu haben – lieber würdevoll in der Opposition als bis zur Unkenntlichkeit gestaucht in der Regierung.

Die CSU hat gewonnen, weil die meisten der bayerischen Wähler für sie stimmten. Wenn auch wohl mit dem zweitschlechtesten Ergebnis ihrer Geschichte.

Verlierer aber sind auch die anderen, die Grünen, die Linken. Denn mit am Tisch sitzt die AfD. Und die anderen haben das nicht verhindert. Sie sind nun eifrig bemüht, damit möglichst wenig zu tun zu haben.

Aber was nutzt ein Denkzettel, den keiner liest?

http://www.spiegel.de/politik/deutschland/bundestagswahl-2017-lauter-verlierer-kommentar-a-1169636.html; 25.09.2017

➤ **Plenum:** Als Plenum wird die Vollversammlung der Abgeordneten bezeichnet. Das Plenum versammelt sich im Plenarsaal. Er ist der zentrale Ort, in dem die wesentlichen politischen Entscheidungen fallen.

Plenum

➤ **Debatte:** Rede und Gegenrede im Parlament. Debatten dienen der Information und damit der Urteils- und Willensbildung der Bürger und finden deshalb grundsätzlich öffentlich statt.

Debatte

Fachausschuss

➤ **Fachausschüsse:** In jeder Wahlperiode werden verschiedene Ausschüsse (z.B. Verteidigungsausschuss, Finanzausschuss usw.) eingesetzt. Dies ist notwendig, da sich kein Abgeordneter in allen politischen Themengebieten detailliert auskennt. Um verantwortlich entscheiden zu können, ist das Plenum deshalb auf die Vorarbeit besonders spezialisierter Abgeordneter angewiesen. Diese Vorarbeit geschieht in den Ausschüssen.

Hier findet die wesentliche Arbeit der Abgeordneten statt. Der Bundestag ist nämlich keineswegs nur **„Redeparlament"**, sondern vor allem auch **„Arbeitsparlament"**. Es wird in diesem Zusammenhang immer wieder diskutiert, die in der Regel nicht öffentliche Ausschussarbeit für die Öffentlichkeit zu öffnen. Einer grundsätzlichen Öffnung aller Ausschusssitzungen stehen die meisten Abgeordneten jedoch skeptisch gegenüber: „Es gebe manche Ausschüsse, in denen es besonders wichtig sei, „dass man sehr detailliert und konzentriert" auf gewisse Themen eingeht. „Wenn da Medienvertreter dabei sind, besteht die Gefahr, dass es zu vielen ‚Fensterreden' kommt."

https://www.bundestag.de/dokumente/textarchiv/2011/34149134_kw15_woehrl/205220

Koalition

➤ **Koalition:** Zusammenschluss zweier oder mehrerer Parteien bzw. Parteifraktionen zum Zwecke der Regierungsbildung und zur Durchsetzung gemeinsamer politischer Ziele.

Opposition

➤ **Opposition:** Gegenstück zur Koalition. Als Opposition bezeichnet man die Parteien, die nicht an der Regierungsbildung beteiligt sind und die in der Regel andere Vorstellungen von der Lösung politischer Probleme haben als die Regierung und die sie unterstützenden Parteien.

➤ **Beschlüsse des Bundestages:** Die Medien verwenden seit einiger Zeit gerne den Begriff „Kanzlermehrheit". Darunter versteht man die Mehrheit aller Mitglieder des Bundestages. Die „Kanzlermehrheit" ist notwendig bei Abstimmungen, die den Bundeskanzler oder die Bundeskanzlerin direkt betreffen. Im Grundgesetz ist genau festgelegt, welche Mehrheiten im Bundestag für welche Maßnahmen erforderlich sind (siehe unten).

Wahl des Bundeskanzlers

Die Wahl des Bundeskanzlers ist eine der wichtigsten Aufgaben des Bundestages. Der Bundeskanzler ist das einzige Regierungsmitglied, welches von den Parlamentariern gewählt wird.

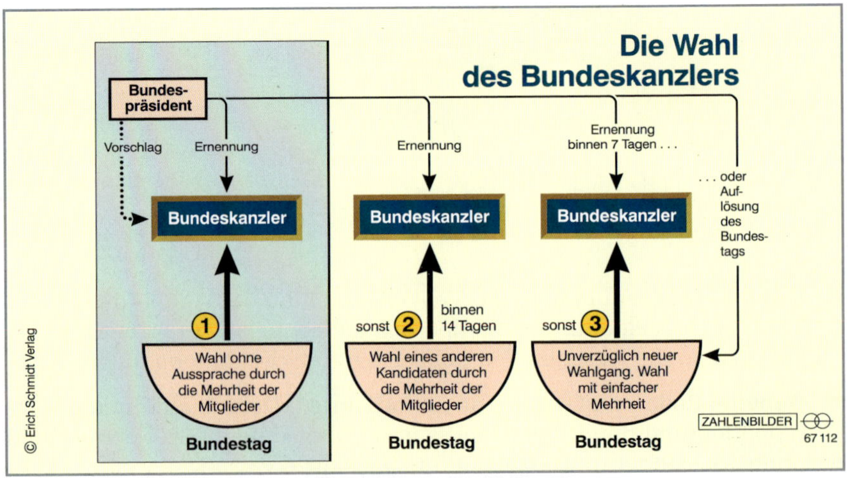

Art. 63 des Grundgesetzes lautet:

Der Bundeskanzler wird auf Vorschlag des Bundespräsidenten vom Bundestag ohne Aussprache gewählt. Gewählt ist, wer die Stimmen der Mehrheit der Mitglieder des Bundestages auf sich vereinigt. Der Gewählte ist vom Bundespräsidenten zu ernennen.

Bisher sind alle Bundeskanzler im ersten Wahlgang gewählt worden. Dies liegt daran, dass sich die Parteien im Vorfeld der Kanzlerwahl vergewissern, welcher Bewerber auf Grund der vorausgegangenen **Koalitionsverhandlungen** überhaupt Aussicht hat, die notwendige Mehrheit im Bundestag zu erreichen. Sollte jedoch ein vorgeschlagener Kandidat keine Mehrheit findet, hält das Grundgesetz feste Verfahrensregeln bereit (siehe Schaubild S. 316).

Pressespiegel

Was, wenn die Kanzlerwahl scheitert?

Nach den Bundestagswahlen 2017 scheiterten die Verhandlungen zur sog. Jamaikakoalition, also einer möglichen Koalition aus CDU/CSU, GRÜNEN und FDP. Die SPD, die zunächst eine Neuauflage der sog. Großen Koalition (CDU/CSU und SPD) strikt abgelehnt hatte, ließ sich nach dem Scheitern von „Jamaika" auf Koalitionsverhandlungen mit CDU und CSU ein. Die Koalitionsverhandlungen wurden erfolgreich abgeschlossen. CDU/CSU und SPD bilden seitdem erneut eine Koalition und wählten Angela Merkel zur Kanzlerin: Doch zum ersten Mal in der Geschichte der Bundesrepublik Deutschlands hätte es auch anders laufen können, wie der folgende Auszug aus einem Artikel von „ZEIT ONLINE" deutlich macht:

Minderheitsregierung:

Einer möglichen Koalition aus CDU/CSU und FDP fehlen 29 Sitze zur Mehrheit im Bundestag. Eine schwarz-gelbe Koalition müsste also bei Abstimmungen auf Stimmen aus anderen Fraktionen hoffen. Das Gleiche gilt für Schwarz-Grün; dieser Kombination würden 42 Sitze zur Mehrheit fehlen. Kanzlerin Angela Merkel (CDU) mag jedoch keine wechselnden und unsicheren Mehrheiten. „Ich habe die Absicht, dass wir zu einer stabilen Regierung in Deutschland kommen", hatte sie bereits am Wahltag gesagt. Eine Minderheitsregierung ist riskant und in Deutschland unerprobt: Nach einer Bundestagswahl hatte es eine solche Regierung in Deutschland noch nie gegeben. Der Grünen-Politiker Jürgen Trittin schloss die Beteiligung seiner Partei an einer Minderheitsregierung aus: „Deutschland muss stabil regiert werden, und dafür bedarf es einer Mehrheit im Parlament." Fazit: ... Die Bildung einer Minderheitsregierung gilt als unwahrscheinlich

Neuwahlen:

Der Weg zu einer Neuwahl ist schwierig, so will es die Verfassung. Das Grundgesetz ist eher darauf ausgelegt, erneute Wahlen zu vermeiden. Vor einer Neuwahl sieht das Grundgesetz deshalb unter den aktuellen Umständen eine Kanzlerwahl nach Artikel 63 vor. Dafür muss der Bundespräsident eine Person für das Amt des Bundeskanzlers vorschlagen. Wenn die sogenannte Kanzlermehrheit, also mehr als die Hälfte der Mitglieder des Bundestages, für diese Person stimmt, wird sie Kanzler. Bisher wurden alle Kanzler in der Geschichte der Bundesrepublik in dem ersten Wahlgang gewählt. **Neuwahlen sind nur nach Kanzlerwahl möglich**. Findet der Vorschlag des Bundespräsidenten keine Mehrheit, beginnt die zweite Phase. Der Bundestag hat dann zwei Wochen Zeit, sich mit absoluter Mehrheit auf einen Kanzler zu einigen. Die Zahl der Wahlgänge ist nicht begrenzt, ebenso wenig die Zahl der Kandidaten. Der Bundestag könnte also sowohl die zwei Wochen ungenutzt verstreichen lassen, als auch mehrere Male versuchen, einen Kandidaten zu wählen. Kommt auch in diesen zwei Wochen keine Kanzlermehrheit zustande, beginnt die dritte Wahlphase. In diesem letzten Wahlgang reicht schon die relative Mehrheit. Gewählt ist also, wer von allen Kandidaten die meisten Stimmen gewinnt. Wird ein Kanzler nur mit relativer Mehrheit gewählt, kann der Bundespräsident sie zur Kanzlerin oder ihn zum Kanzler einer Minderheitsregierung ernennen – er kann aber auch den Bundestag auflösen. Innerhalb von 60 Tagen muss es dann Neuwahlen geben.

20. November 2017, Camilla Kohrs für ZEIT ONLINE; vom Autor gekürzt und leicht verändert
https://www.zeit.de/politik/deutschland/2017-11/jamaika-verhandlungen-abbruch-szenarien-neuwahlen

„Was heißt hier Kontrolle der Regierung durch das Parlament? Die da in Mainz oder Berlin stecken doch eh alle unter einer Decke und mauscheln sich was zusammen. Ansonsten gäbe es ja auch diese nervige Ökosteuer nicht."

Felix (17), Tischlerauszubildender

Gewaltenverschränkung

Nach dem klassischen Verständnis von Gewaltenteilung wurde das Parlament ursprünglich als eine Art Gegenstück zur Regierung betrachtet und galt deshalb in seiner Gesamtheit als ihr Kontrollorgan. In modernen parlamentarischen Demokratien wurde die strikte Trennung der Gewalten durch eine sogenannte **Gewaltenverschränkung** ersetzt. Dabei sind die gesetzgebende Gewalt (Legislative) und die ausführende Gewalt (Exekutive) auf vielfältige Weise miteinander verbunden.

Gewaltenverschränkung im parlamentarischen System der Bundesrepublik

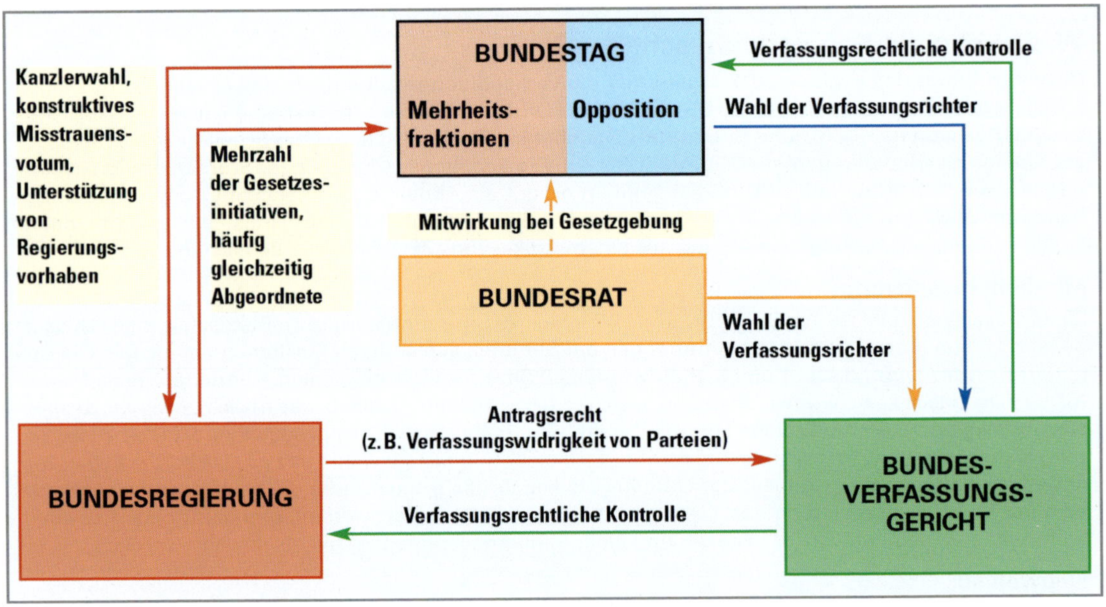

- Der Bundestag wählt den Kanzler;
- Regierungsmitglieder können zugleich Abgeordnete sein;
- die Regierung wird von der sie tragenden parlamentarischen Mehrheit unterstützt (z.Zt. noch Koalition aus CDU/CSU und FDP).

Daraus folgt:

Die Kontrolle von Regierung und Verwaltung (die so genannte **Kontrollfunktion**) wird in erster Linie durch die Opposition ausgeübt. Diese nutzt verschiedene Instrumente, um die Regierung öffentlich zu kritisieren und alternative politische Programme und Personen vorzustellen.

Kontrolle von Regierung und Verwaltung

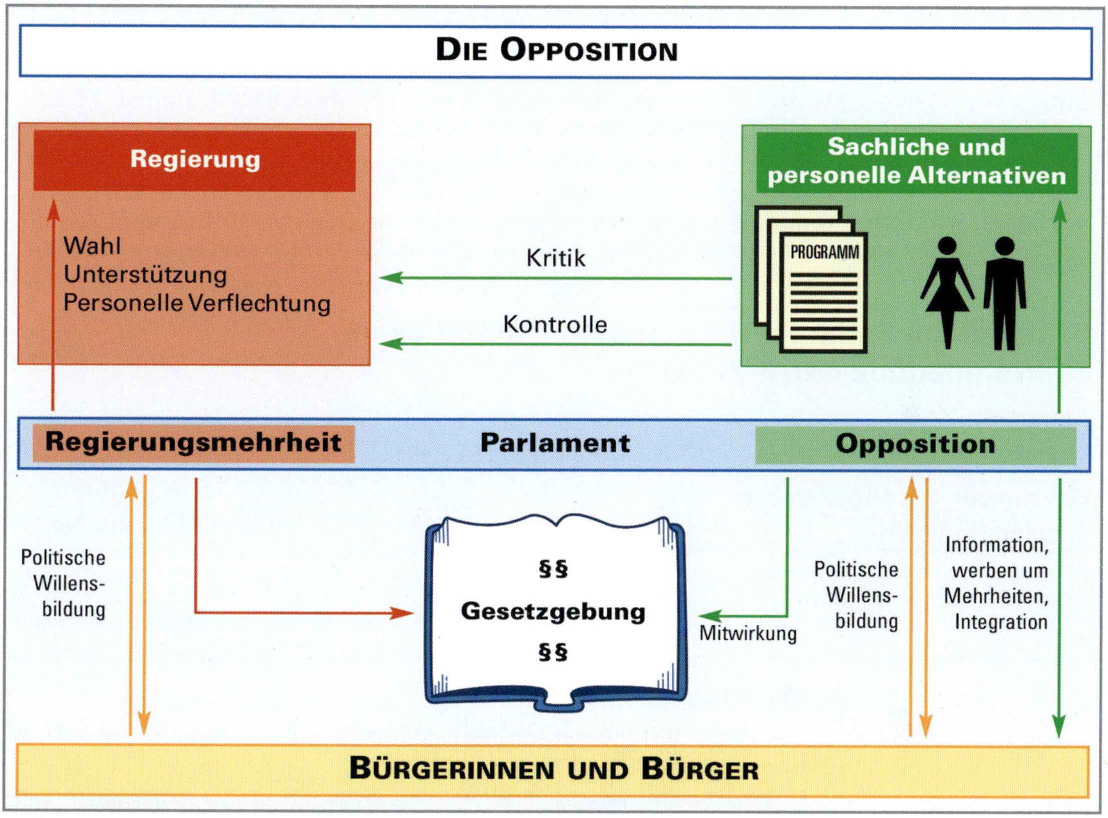

Als wichtige Kontrollinstrumente stehen der Opposition u. a. zur Verfügung:

- **Aktuelle Stunde, Kleine und Große Anfrage**

  Eine Fraktion kann eine Aktuelle Stunde über ein aktuelles Thema beantragen oder Kleine und Große Anfragen an die Bundesregierung richten, um Auskünfte über bestimmte Themenkomplexe zu erhalten und bei den Bürgern Aufklärung über wichtige politische Fragen zu leisten.

  Während „Kleine Anfragen“ normalerweise nur schriftlich beantwortet werden, findet über das Thema einer „Großen Anfrage“ eine Aussprache im Plenum statt.

  Die uns aus den Medien bekannten öffentlichen Debatten im Bundestag sind oftmals das Ergebnis einer Großen Anfrage seitens der Opposition. Aktuelle Stunden werden von den Regierungsparteien und der Opposition genutzt, um sich öffentlich und zeitnah mit einem brennenden Thema, wie etwa den möglichen Konsequenzen aus dem Reaktorunglück von Fukushima oder den neuen Entwicklungen in der Flüchtlingskrise, zu beschäftigen.

Presse

Fast 4.000 Kleine Anfragen beantwortet

Bundestagsnachrichten/Antwort – 15.11.2018

Berlin: (hib/PK) Die Bundesregierung hat in der vergangenen Legislaturperiode 3.953 Kleine und 15 Große Anfragen beantwortet.

In lediglich 43 Fällen gingen Kleine Anfragen auf die Koalitionsfraktionen von Union und SPD zurück, wie aus der Antwort (19/5619) der Bundesregierung auf eine Kleine Anfrage (19/5060) der FDP-Fraktion hervorgeht. Das entspricht einem Anteil von 1,1 Prozent.

Ferner beantwortete die Bundesregierung in der zurückliegenden Wahlperiode 14.109 schriftliche und 3.139 mündliche Fragen. In 1.471 Fällen gingen schriftliche Fragen auf die Koalitionsfraktionen von Union und SPD zurück, das entspricht einem Anteil von 10,4 Prozent. Union und SPD stellten zudem 69 mündliche Fragen, ein Anteil von 2,2 Prozent am Gesamtvolumen.

https://www.bundestag.de/presse/hib/-/578980, gekürzt

Statistik der Parlamentarischen Kontrolltätigkeit – 19. Wahlperiode (2017–2021)

Anfragen:

1. Große Anfragen 8	2. Kleine Anfragen 2.106

Einzelfragen von Abgeordneten:

a) mündlich 1.089	b) schriftlich 5.255
Anzahl der aktuellen Stunden:	31
Anzahl der Fragestunden:	14

Stand der Datenbank: 01.11.2018 (Auszüge)

Kontrollinstrumente: Anfragen, konstruktives Misstrauensvotum, Untersuchungsausschuss

➤ **Konstruktives Misstrauensvotum**

Das zumindest theoretisch stärkste Instrument zur Regierungskontrolle ist das konstruktive Misstrauensvotum.

© dpa

Konstruktiver Misstrauensantrag von CDU/CSU und FDP gegen Bundeskanzler Helmut Schmidt: Dieser gratuliert als erster seinem mit 256 gegen 235 Stimmen am 1. Oktober 1982 gewählten Nachfolger Helmut Kohl

Der Bundestag kann einem Bundeskanzler das Misstrauen dadurch aussprechen, dass er mit der Mehrheit seiner Mitglieder (zurzeit 312 Abgeordnete) einen Nachfolger wählt und den Bundespräsidenten ersucht, den Bundeskanzler zu entlassen.

Der Bundespräsident muss diesem Ersuchen entsprechen.

Zwischen dem Antrag und der Wahl müssen 48 Stunden liegen (Artikel 67 Grundgesetz).

➤ **Untersuchungsausschüsse**

Mindestens 25 % der Abgeordneten sind notwendig, um die Einberufung eines Untersuchungsausschusses zu erreichen. (Vgl. Art. 44 GG) Ziel eines solchen Untersuchungsausschusses ist es, wirkliche oder vermeintliche Missstände, Skandale oder Affären aufzuklären. So hat sich z. B. in den Jahren 2000–2002 ein Untersuchungsausschuss mit der sogenannten „CDU-Spendenaffäre" befasst.

In der Regel fordert die Opposition solche Untersuchungen, wenn Mitglieder der Regierung oder der Regierungsparteien belastet oder für einen Missstand verantwortlich scheinen.

„Hohes Haus, meine sehr geehrten Damen und Herren, es wird Sie brennend interessieren ..."

Politische Willensbildung

Eine weitere wichtige Aufgabe des Parlaments besteht in der **politischen Willensbildung**. Der Bundestag soll die Bürger (= Öffentlichkeit) über politische Probleme, wie z. B. eine Reform des Rentensystems oder einen möglichen Ausstieg aus der Atomenergie sowie über mögliche, unter Umständen unterschiedliche Wege der Problemlösung informieren.

Aus diesem Grunde können interessierte Bürger Debatten des Bundestages beiwohnen, werden Bundestagssitzungen in Fernsehen und Hörfunk übertragen oder in Zeitungen wiedergegeben und kommentiert.

Durch ihren in der Regel sehr kontroversen Charakter können Parlamentsdebatten den Bürgern die unterschiedlichen Argumente näherbringen und ihnen so ein eigenes Urteil ermöglichen.

Gesetzgebungsfunktion

Am Ende eines solchen öffentlichen Diskussionsprozesses steht schließlich der **Beschluss eines Gesetzes**, also die Entscheidung des Bundestages darüber, was für die Bevölkerung rechtlich verbindlich sein soll **(Gesetzgebungsfunktion)**.

Gerade weil es bei Gesetzen um für das ganze Volk gültige Regeln geht, müssen diese von der Volksvertretung behandelt und beschlossen werden. Deshalb bestimmt Artikel 77 Abs. 1 des Grundgesetzes:

„Die Bundesgesetze werden vom Bundestage beschlossen."

Zwar dürfen und sollen an der Erarbeitung des Inhaltes der Gesetze Experten aus Verbänden und Wissenschaft mitwirken, aber verantwortet werden müssen die Gesetze von denjenigen, die dafür auf Zeit gewählt wurden. Den Zeitraum zwischen zwei Bundestagswahlen bezeichnet man aus diesem Grund auch als **Legislaturperiode** (Gesetzgebungszeitraum).

Aufgaben des Bundesrates

Damit aber die Interessen und Wünsche der 16 Bundesländer bei Gesetzen, Rechtsverordnungen und Verwaltungsvorschriften, die für ganz Deutschland gelten, berücksichtigt werden, gibt es den **Bundesrat**. Er ist ein selbstständiges Verfassungsorgan und das **gemeinsame Organ der Länder auf Bundesebene**. Er bringt die Interessen der Länder im Bund, d.h. gegenüber Bundestag und Bundesregierung zur Geltung. Als zweites Organ der Gesetzgebung bildet er einen gewissen Gegenpol zum Bundestag.

© ullstein bild – ddp Nachrichtenagentur

Auch wählt der Bundesrat die Hälfte der Richter des Bundesverfassungsgerichts.

Beispiel

Wenn eine vom Bundestag beschlossene Steuerreform dazu führen sollte, dass die Steuereinnahmen der einzelnen Bundesländer zurück gingen, könnte es sein, dass die Mehrheit der Bundesländer im Bundesrat diese Steuerreform ablehnen und dem im Bundestag beschlossenen Gesetz nicht zustimmen würde.

Zusammensetzung des Bundesrates

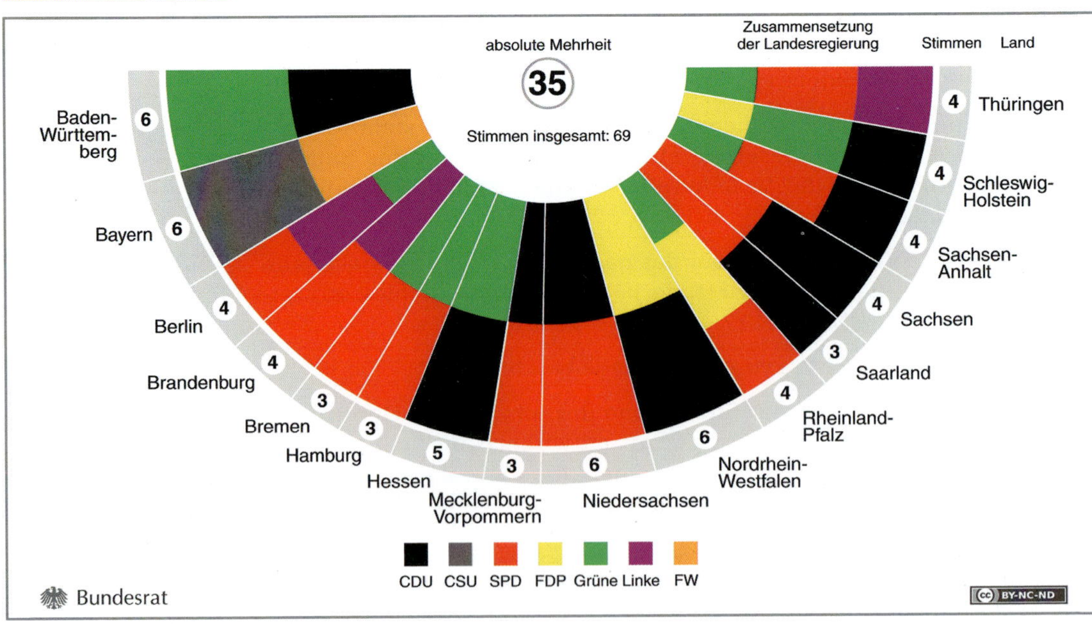

Gesetzgebung ist also nicht nur Aufgabe des Bundestages, sondern:

Gesetze, Rechtsverordnungen und Verwaltungsvorschriften, die auch die Bundesländer betreffen, können nur verabschiedet werden, wenn sowohl der **Bundesrat, als auch Bundestag** jeweils mehrheitlich zustimmen.

Die 16 Bundesländer entsenden zusammen 69 Mitglieder in den Bundesrat. Das Stimmengewicht der Länder orientiert sich an der Einwohnerzahl (Art. 51 Abs. 2 Grundgesetz). Jedes Land hat mindestens drei Stimmen, Länder mit mehr als zwei Millionen Einwohnern haben vier, Länder mit mehr als sechs Millionen Einwohnern fünf, Länder mit mehr als sieben Millionen Einwohnern sechs Stimmen. Bundesratsmitglieder sind in der Regel die Regierungschefs der Länder und betroffene Fachminister bzw. von den Landesregierungen bestellte Vertreter, die an Weisungen der Landesregierungen gebunden sind.

Bei Abstimmungen müssen die Stimmen eines Bundeslandes geschlossen, d. h. einheitlich abgegeben werden. Jede Landesregierung legt ihr Stimmverhalten vor einer Abstimmung fest. Der Bundesrat fasst seine Beschlüsse mit Stimmenmehrheit (35 Stimmen). Ein „neutrales Verhalten" durch Stimmenthaltung ist im Bundesrat nicht möglich.

Presse

Bildung: Änderung für Digitalisierung wohl ohne Bundesrat-Mehrheit

Berlin (dpa) – Die bereits vom Bundestag beschlossene Grundgesetzänderung für die Digitalisierung von Schulen droht im Bundesrat zu scheitern. Die Ministerpräsidenten von Bayern, Hessen, Baden-Württemberg, Nordrhein-Westfalen und Sachsen machten in einem gemeinsamen Beitrag für die „Frankfurter Allgemeine Sonntagszeitung" ihre Ablehnung deutlich, weil die Änderung aus ihrer Sicht zu sehr in die Länderhoheit eingreifen würde. Die Grundgesetzänderung soll die Mitfinanzierung der Schulen durch den Bund ermöglichen. Die Hürde: Am 14. Dezember muss nach dem Bundestag auch der Bundesrat der Änderung des Grundgesetzes mit einer Zwei-Drittel-Mehrheit zustimmen. Stimmten die fünf Länder tatsächlich dagegen, käme diese Mehrheit nicht zustande.

https://www.sueddeutsche.de/news/bildung/bildung-aenderung-fuer-digitalisierung-wohl-ohne-bundesrat-mehrheit-dpa.urn-newsml-dpa-com-20090101-181202-99-52493, ergänzt durch den Autor, November 2018

Milliardenpaket für Familien: Bundesrat gibt grünes Licht

Berlin (dpa) – Gute Nachrichten für viele Familien in Deutschland: Der Weg für ein 9,8 Milliarden Euro schweres Entlastungspaket ist endgültig frei. Nach dem Bundestag stimmte auch der Bundesrat für das Paket, das damit wie geplant 2019 in Kraft treten kann. Das Kindergeld steigt dadurch ab Juli um zehn Euro pro Kind im Monat. Für das erste und zweite Kind gibt es dann 204 Euro, für das dritte 210 und für jedes weitere Kind 235 Euro monatlich. Der steuerliche Kinderfreibetrag soll von 7.428 auf 7.620 Euro und dann im Jahr 2020 weiter auf 7.812 Euro erhöht werden.

https://www.sueddeutsche.de/news/politik/bundesrat-milliardenpaket-fuer-familienbundesrat-gibt-grueneslicht-dpa.urn-newsml-dpa-com-20090101-181123-99-931840; November 2018

Nach dem GG kann ein Gesetzentwurf durch die Bundesregierung (die Mehrheit der Entwürfe), aus der Mitte des Bundestages (mindestens 5 % der Abgeordneten) oder durch den Bundesrat eingebracht werden. Man nennt dies dann **Gesetzesinitiative**.

Dabei unterscheidet man zwei Arten von Gesetzen:

Zustimmungsgesetze

- **Zustimmungsgesetze**, die neben der selbstverständlichen Zustimmung durch den Bundestag der unbedingten Zustimmung des Bundesrates bedürfen. Stimmt der Bundesrat nicht zu, ist das Gesetz gescheitert. Zustimmungsgesetze sind:
  - Gesetze, die die Verfassung ändern (2/3-Mehrheit),
  - Gesetze, die Auswirkungen auf die Finanzen der Länder haben,
  - Gesetze, die von den Länderverwaltungen auszuführen sind.

Einspruchgesetze

- **Einfache bzw. Einspruchsgesetze**, gegen die der Bundesrat zwar Einspruch einlegen kann. Der Bundestag kann diesen aber in einer erneuten Abstimmung mit der Mehrheit seiner Mitglieder zurückweisen, um das Gesetz dann trotzdem zu verabschieden.

Vermittlungsausschuss: (von 1949–2013: Anrufung bei 894 Gesetzesvorlagen → nur ca. 12 % scheitern).

Kommt es wegen eines Gesetzes zu Meinungsverschiedenheiten zwischen Bundestag, Bundesregierung und Bundesrat, kann der **Vermittlungsausschuss** angerufen werden. Er besteht aus je 16 Mitgliedern des Bundesrates und des Bundestages und versucht in streng vertraulichen Verhandlungen einen Kompromissvorschlag auszuarbeiten, an den sich Bundestag und Bundesrat aber nicht halten müssen. Der Vermittlungsausschuss kann vorschlagen, den umstrittenen Gesetzesvorschlag unverändert zu verabschieden, ihn zu ändern oder ganz aufzuheben.

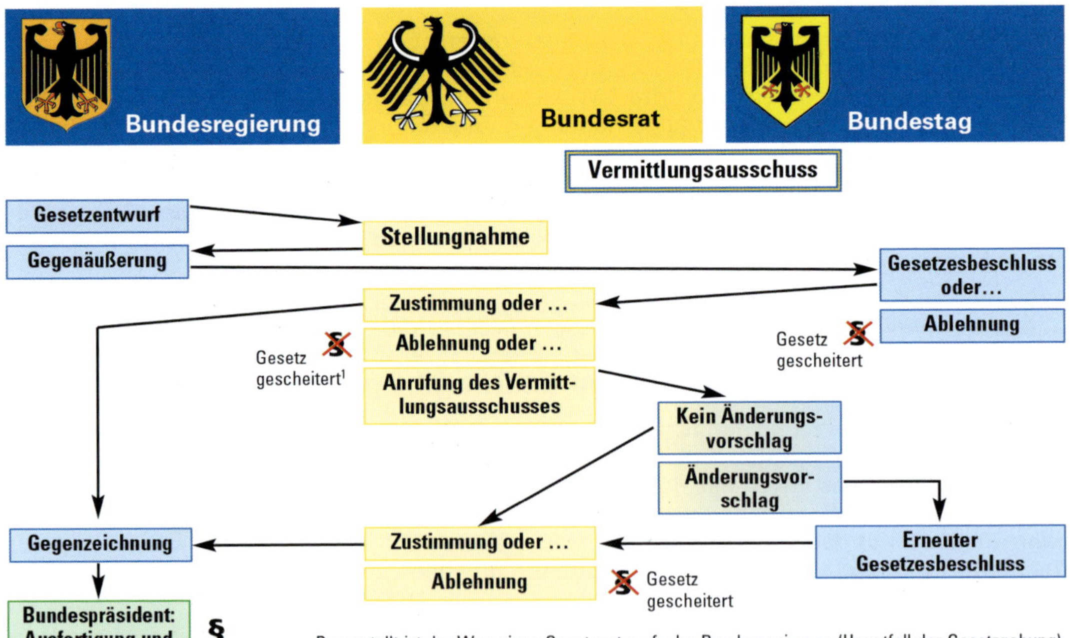

Dargestellt ist der Weg eines Gesetzentwurfs der Bundesregierung (Hauptfall der Gesetzgebung). Entwürfe des Bundesrates werden über die Bundesregierung, Entwürfe aus der Mitte des Bundestages unmittelbar beim Bundestag eingebracht. Von da ab gilt das gleiche Verfahren.

1 Falls nicht Bundesregierung oder Bundestag den Vermittlungsausschuss anrufen.

Die **Bundesregierung** besteht aus dem Bundeskanzler und aus den Bundesministern (Art. 62 GG). Sie erledigt oder lenkt die staatlichen und politischen Geschäfte, d.h.: Sie berät und entscheidet darüber, was im eigenen Land geschehen soll und regelt die Beziehungen zu anderen Staaten.

Bundesregierung: Bundeskanzler und seine Minister

Man bezeichnet den Bundeskanzler und seine Minister auch als **Kabinett** oder Regierungsmannschaft.

Die Zahl der Minister ist in der Verfassung nicht festgelegt. Sie kann von jeder Bundesregierung neu bestimmt werden.

Innen-, Außen-, Finanz-, Wirtschafts-, Verteidigungs- und Justizministerium werden in diesem Zusammenhang als die „klassischen Ministerien" bezeichnet.

Zusammen mit dem Bundespräsidenten gehört die Bundesregierung zur Exekutive.

Die Bundeskanzler der Bundesrepublik Deutschland sie 1949

Konrad Adenauer
CDU
* 15. 1. 1876
† 19. 4. 1967
Kanzlerschaft
15. 9. 1949
bis 15. 10. 1963

Ludwig Erhard
CDU
* 14. 2. 1897
† 5. 5. 1977
Kanzlerschaft
16. 10. 1963
bis 1. 12. 1966

Kurt Georg Kiesinger
CDU
* 6. 4. 1904
† 9. 3. 1988
Kanzlerschaft
1. 12. 1966
bis 20. 10. 1969

Willy Brandt
SPD
* 18. 12. 1913
† 8. 10. 1992
Kanzlerschaft
21. 10. 1969
bis 6. 5. 1974

Helmut Schmidt
SPD
* 23. 12. 1918
† 10. 11. 2015
Kanzlerschaft
16. 5. 1974
bis 1. 10. 1982

Helmut Kohl
CDU
* 3. 4. 1930
† 16. 06. 2017
Kanzlerschaft
1. 10. 1982
bis 27. 10. 1998

Gerhard Schröder
SPD
* 7. 4. 1944
Kanzlerschaft
27. 10. 1998
bis 22. 11. 2005

Angela Merkel
CDU
* 17. 7. 1954
Kanzlerschaft
seit 22. 11. 2005

Fotos 1 – 7: © *Bundesbildstelle, Berlin* Foto 8: © *dpa*

Artikel 62: [Zusammensetzung]

Die Bundesregierung besteht aus dem Bundeskanzler und aus den Bundesministern.

Artikel 63: [Wahl und Ernennung des Bundeskanzlers]

(1) Der Bundeskanzler wird auf Vorschlag des Bundespräsidenten vom Bundestag ohne Aussprache gewählt.

(2) Gewählt ist, wer die Stimmen der Mehrheit der Mitglieder des Bundestages auf sich vereinigt. Der Gewählte ist vom Bundespräsidenten zu ernennen.

Innerhalb der Bundesregierung ist das Amt des Bundeskanzlers mit der größten Machtfülle ausgestattet, sodass Experten auch von einer „Kanzlerdemokratie" sprechen.

Bundeskanzler(in): Chef(in) der Regierung

Der **Bundeskanzler** ist der Chef der Regierung.

- Er verfügt über das Recht und die Macht, seine Regierungsmannschaft selbst zusammenzustellen bzw. einen oder mehrere Minister zu entlassen.

Richtlinienkompetenz

- Er bestimmt die Richtlinien der Politik – **Richtlinienkompetenz** – und trägt dafür die Verantwortung.
- Insbesondere umreißt er die allgemeinen Ziele für die Innen- und Außenpolitik, legt ein Regierungsprogramm vor und sorgt für dessen Verwirklichung.

Kanzlerprinzip

Man bezeichnet dieses Regierungsprinzip als so genanntes **Kanzlerprinzip**.

EXKURS:

Vertrauensfrage

Die Vertrauensfrage ist ein politisches Instrument, dass es in vielen Demokratien gibt. Der Regierungschef stellt im Parlament den Antrag, ihm das Vertrauen auszusprechen. Damit will er feststellen, ob er und damit seine Regierung noch die Unterstützung der Mehrheit des Parlaments hat. Spricht das Parlament dem Regierungschef nicht das Vertrauen aus, so hat dies meist den Rücktritt der Regierung und Neuwahlen zur Folge.

In Deutschland ist die Vertrauensfrage in Art. 68 GG verankert. Der Bundeskanzler kann im Bundestag den Antrag stellen, ihm das Vertrauen auszusprechen. Kommt die Mehrheit des Bundestages diesem Antrag nicht nach, kann der Kanzler dem Bundespräsidenten vorschlagen, den Bundestag aufzulösen und Neuwahlen anzusetzen. Schon durch die Androhung, die Vertrauensfrage zu stellen, kann der Bundeskanzler die ihn stützende Parlamentsmehrheit disziplinieren.

Der Unterschied zum Misstrauensvotum besteht darin, dass der Bundeskanzler selbst die Initiative ergreift. Außerdem kann das Misstrauensvotum nicht dazu führen, dass der Bundestag aufgelöst wird; dies ist nur nach einer gescheiterten Vertrauensfrage möglich.

Art. 68 GG kann allerdings nicht dazu genutzt werden, Neuwahlen zu einem für die Regierung geeigneten Zeitpunkt herbeizuführen. Es muss eine echte Regierungskrise vorliegen. Bei der Beurteilung, ob eine solche Krise vorliegt, hat der Bundespräsident nach einem Urteil des Bundesverfassungsgerichts einen großen Spielraum.

Presse

Bundestag entzieht Schröder das Vertrauen

Ex-Kanzler Schröder während seiner Bundestagsrede, in der er die Vertrauensfrage stellte.

Bundeskanzler Gerhard Schröder hat sein Ziel erreicht: Die Vertrauensfrage ist verloren, Bundespräsident Köhler kann den Bundestag nun auflösen. Knapp 150 Koalitions-Abgeordnete enthielten sich und bereiteten Schröder so die gewünschte Niederlage.

595 der 601 Abgeordneten stimmten ab: 151 mit Ja, 296 mit Nein, 148 enthielten sich, darunter der Kanzler selbst, SPD-Fraktionschef Müntefering sowie die grünen Minister Fischer, Trittin und Künast. Union und FDP stimmten geschlossen gegen den Kanzler.

Schröder verfehlte somit deutlich die notwendige Kanzler-Mehrheit von 301 Stimmen. Thierse teilte mit, das Ergebnis werde direkt Bundespräsident Horst Köhler übermittelt. Der Kanzler hatte die Abstimmungsniederlage bewusst herbeigeführt, um eine Neuwahl des Bundestags zu ermöglichen.

Bundespräsident Horst Köhler kann – und soll nach dem Wunsch Schröders und der Opposition – den Bundestag gemäß Artikel 68 des Grundgesetzes innerhalb von 21 Tagen auflösen.

Quelle: www.sueddeutsche.de

Als einziges Regierungsmitglied wird der Bundeskanzler auf Vorschlag des Bundespräsidenten direkt vom Bundestag gewählt.

Konstruktives Misstrauensvotum

Er kann nur gestürzt werden, indem das Parlament durch ein „Konstruktives Misstrauensvotum" mit Mehrheit einen neuen Bundeskanzler wählt. Auf diese Weise soll verhindert werden, dass eine beliebige Mehrheit einen Kanzler abwählt, ohne sich dann auf einen neuen Kanzler zu einigen. So verlor 1982 Bundeskanzler Helmut Schmidt (SPD) durch ein „Konstruktives Misstrauensvotum" sein Amt, weil das Parlament mit Mehrheit Dr. Helmut Kohl (CDU) zum Bundeskanzler wählte.

Das Grundgesetz verbindet in Artikel 65 das Kanzlerprinzip mit dem Kollegial- und dem Ressortprinzip.

Kollegialprinzip

- Nach dem **Kollegialprinzip** entscheidet das Kabinett als Ganzes nach dem Mehrheitsprinzip über Angelegenheiten von allgemeiner politischer Bedeutung und Meinungsverschiedenheiten zwischen Bundesministern. Der Kanzler ist dabei Erster unter Gleichen.

Ressortprinzip

- Nach dem **Ressortprinzip** leitet jeder Ressortminister seinen Geschäftsbereich selbstständig und unter eigener Verantwortung innerhalb der vom Bundeskanzler vorgegebenen Richtlinien.

Bundespräsident: Deutschlands Staatsoberhaupt

Der **Bundespräsident** ist das Staatsoberhaupt der Bundesrepublik Deutschland und hat als solches entsprechende Aufgaben.

Dazu gehören vor allem:

Bundespräsident

- Völkerrechtliche Vertretung des Bundes
- Repräsentation nach innen und außen
- Prüfung, Unterzeichnung und Verkündung der Bundesgesetze
- Erklärung des Gesetzgebungsnotstandes
- Vorschlag, Ernennung und Entlassung des Bundeskanzlers
- Ernennung und Entlassung der Bundesminister
- Ernennung und Entlassung der Bundesrichter, Beamten, Offiziere und Unteroffiziere
- Begnadigungsrecht

Quelle: www.bund.de

Repräsentation

Völkerrechtliche Vertretung

Integration

Die Bedeutung des Präsidentenamtes reicht jedoch weit über seine formalen Zuständigkeiten hinaus. Als eine unabhängige, „über den Parteien" stehende Persönlichkeit steht er für das Gemeinsame. Er soll moralische Maßstäbe setzen, Vertrauen vermitteln, in politischen Auseinandersetzungen ausgleichend wirken und Würde ausstrahlen. Die bisherigen Amtsinhaber haben versucht diese **Integrationsfunktion** in jeweils eigenständiger Weise auszufüllen. In der Regel war ihr Beliebtheitsgrad höher als derjenige der meisten anderen Politiker, und das Amt des Bundespräsidenten wurde von mehr Bürgern positiv bewertet als jedes andere politische Amt.

Wahl durch die Bundesversammlung

Eine besondere, politisch eigenständige Rolle kommt dem Bundespräsidenten in bestimmten parlamentarischen Krisensituationen zu, etwa bei einer missglückten Kanzlerwahl (vgl. Wahl des Bundeskanzlers) oder im Falle einer verlorenen Vertrauensfrage (s. S. 130: Schröders Vertrauensfrage).

Wahlvorschläge
Jedes Mitglied der Bundesversammlung kann Kandidaten vorschlagen

Geheime Wahl
Ohne vorherige Absprache

Erforderliche Mehrheit
Im 1. und 2. Wahlgang: Mehr als die Hälfte der Stimmen aller Mitglieder der Bundesversammlung
Im 3. Wahlgang: Relative Stimmenmehrheit

Frank-Walter Steinmeier wurde am 19. März 2017 zum 12. Bundespräsidenten Deutschlands gewählt.

Bundestag
Alle Bundestagsabgeordneten

Landesparlamente
Gleiche Anzahl von gewählten Vertretern

Wahl auf 5 Jahre (Wiederwahl möglich)

Bundesversammlung
Tritt alle 5 Jahre zusammen (spätestens 30 Tage vor Ende der Amtszeit des Bundespräsidenten).

Die Präsidenten unserer Republik seit 1949

Prof. Dr.
Theodor Heuss † (FDP)

Amtszeiten
1949–1954 und 1954–1959

Heinrich Lübke † (CDU)

Amtszeiten
1959–1964 und 1964–1969

Dr. Dr.
Gustav W. Heinemann †
(SPD)

Amtszeit 1969–1974

Walter Scheel † (FDP)

Amtszeit 1974–1979

Prof. Dr.
Karl Carstens † (CDU)

Amtszeit 1979–1984

Dr.
Richard von Weizsäcker †
(CDU)

Amtszeiten
1984–1989 und 1989–1994

Prof. Dr.
Roman Herzog † (CDU)

Amtszeit 1994–1999

Johannes Rau † (SPD)

Amtszeit 1999–2004

Prof. rer. pol.
Horst Köhler (CDU)

Amtszeit 2004–2010

Christian Wulff (CDU)

Amtszeit 2010–2012

Joachim Gauck (parteilos)

Amtszeit 2012–2017

Frank-Walter Steinmeier
(SPD)

Amtszeit seit 2017

Pressespiegel

Aus dem Leben eines Bundespräsidenten

Steinmeier über AfD-Politiker – „Ich schäme mich“

Die jüngsten den Nationalsozialismus verharmlosenden Aussagen von AfD-Politikern hat Bundespräsident Steinmeier scharf verurteilt. Allerdings sieht er die Mehrheit der Deutschen frei von ähnlichem Gedankengut.

Bundespräsident Frank-Walter Steinmeier hat Aussagen von AfD-Politikern über die NS-Zeit und die deutsche Erinnerungskultur scharf zurückgewiesen. „Ich persönlich schäme mich für derartige Äußerungen. Ich schäme mich ebenso für verharmlosende Begriffe, die jüngst für die Zeit des Nationalsozialismus von deutschen Politikern verwendet wurden“, sagte der Bundespräsident der „Frankfurter Allgemeinen Zeitung“. Die Verhöhnung, die darin zum Ausdruck komme, sei unerträglich.

Er habe den Eindruck, „dass alle, die so reden, gar nicht wissen, wie viel Anerkennung und Reputation, die Deutschland in Jahrzehnten bei seinen Nachbarn aufgebaut hat, dadurch zerstört wird“, sagte Steinmeier. Er sei sich sicher, dass „die ganz große Mehrheit der Deutschen diesen Versuch, die Zeit des Nationalsozialismus aus unserer Geschichte auszulöschen oder zu relativieren, nicht unterstützt“.

AfD-Politiker sorgten in der Vergangenheit wiederholt mit Äußerungen zu NS-Zeit und Gedenkkultur für Schlagzeilen. Anfang Juni bezeichnete etwa Parteichef Alexander Gauland „Hitler und die Nazis“ als „Vogelschiss“ in der deutschen Geschichte. Der Rechtsaußen der Partei, Björn Höcke, forderte im vergangenen Jahr eine Wende der Erinnerungskultur und nannte das Berliner Holocaust-Denkmal doppeldeutig ein „Denkmal der Schande“.

Im Gespräch mit der „FAZ“ äußerte sich Steinmeier zudem besorgt über die Zunahme von antisemitischen Vorfällen in Deutschland, auch auf den Schulhöfen. Es bleibe „unsere historische Verantwortung, für Verhältnisse zu sorgen, in denen in Deutschland niemand Angst haben muss, eine Kippa zu tragen oder seinen jüdischen Glauben auszuüben. Im Gegenteil: Wir wollen, dass Juden ohne Angst bei uns leben und sie sich als selbstverständlicher Teil einer deutschen Gesellschaft sehen und anerkannt fühlen“, sagte der Bundespräsident.

Quelle: https://www.welt.de/politik/deutschland/article178443234/Bundespraesident-Steinmeier-ueber-AfD-Politiker-Ich-schaeme-mich.html, gekürzt

Hoher Besuch

Rheinland-Pfalz. Kinder sind die Zukunft: Bundespräsident Frank-Walter Steinmeier hat mit Ministerpräsidentin Malu Dreyer die Südwestpfalz besucht – und eine Region im Wandel erlebt.

Ehemalige US-Kasernen werden zivil genutzt, kleinere Orte profilieren sich als Touristenziele. Doch sorglos ist das Gebiet nahe der Grenze zu Frankreich längst nicht, auch das erfuhr Steinmeier. Funk-löcher plagen die einen, andere Kommunen ächzen unter finanziellen Lasten. Der Bundespräsident hörte sich an, wo der Schuh drückt – und fand ermutigende Worte. „Zukunft wird in der Region gemacht. Das sollte man mehr wertschätzen.“ Deshalb sollten auch Politiker nicht nur in Ballungsräume reisen.

Rhein-Zeitung, Dienstag, 23. Oktober 2018

Gewählt wird der Bundespräsident von der **Bundesversammlung** für die Dauer von fünf Jahren. Eine einmalige Wiederwahl ist zulässig. Die Wahl des Bundespräsidenten ist die einzige Aufgabe der Bundesversammlung.

Zum Bundespräsident ist derjenige Kandidat gewählt, der die Mehrheit der Stimmen der Bundesversammlung auf sich vereinigt. Wählbar ist jeder Deutsche der das 40. Lebensjahr vollendet hat.

Bundesverfassungsgericht

Das Grundgesetz ist die oberste Richtschnur allen staatlichen Handelns. Das **Bundesverfassungsgericht** (BVG) in Karlsruhe – höchstes Organ der Judikative – wacht darüber, dass Regierung, Parlament und Rechtsprechung das Grundgesetz einhalten.

Man bezeichnet es deshalb auch als die **Hüterin der Verfassung**.

Die Richterinnen und Richter des Zweiten Senats

Zuständigkeit des BVG

Zur Beachtung des Grundgesetzes sind alle staatlichen Stellen verpflichtet. Kommt es dabei zum Streit, kann das Bundesverfassungsgericht angerufen werden. Seine Entscheidung ist unanfechtbar. An seine Rechtsprechung sind alle übrigen Staatsorgane gebunden.

Die Arbeit des Bundesverfassungsgerichts hat auch politische Wirkung. Das wird besonders deutlich, wenn das Gericht z.B. ein vom Bundestag beschlossenes Gesetz für verfassungswidrig erklärt. Allerdings wird das BVG nicht von sich aus tätig, sondern nur auf Antrag einer Person oder Institution. Seine Zuständigkeit ist im Grundgesetz, vor allem in den Artikeln 93 und 100, geregelt.

- Jeder, der sich durch die öffentliche Gewalt in seinen Grundrechten verletzt fühlt, kann eine **Verfassungsbeschwerde** erheben. Sie kann sich z. B. gegen das Urteil eines Gerichts oder gegen ein Gesetz richten. Die Verfassungsbeschwerde ist in der Regel erst zulässig, nachdem der Beschwerdeführer die sonst zuständigen Gerichte erfolglos angerufen hat.
- Nur das Bundesverfassungsgericht darf feststellen, dass ein Gesetz mit dem Grundgesetz nicht vereinbar ist. Wenn die Bundesregierung, eine Landesregierung oder ein Drittel der Mitglieder des Bundestages ein Gesetz für verfassungswidrig hält, können sie seine Verfassungsmäßigkeit durch das Bundesverfassungsgericht überprüfen lassen **(Normenkontrollklage)**.
- Das Gericht kann auch dann angerufen werden, wenn zwischen Verfassungsorganen oder zwischen Bund und Ländern Meinungsverschiedenheiten über die gegenseitigen verfassungsmäßigen Rechte und Pflichten bestehen **(Organstreit, Bund-Länder-Streit)**.

Pressespiegel

Karlsruhe kippt pauschales Kopftuchverbot für Lehrerinnen

Karlsruhe (dpa) – Der Staat darf muslimischen Lehrerinnen das Tragen von Kopftüchern nicht länger pauschal und vorsorglich verbieten. Das hat das Bundesverfassungsgericht in Karlsruhe entschieden.

Für Verbote müssen demnach künftig konkrete Gründe vorliegen, etwa eine Gefahr für das friedliche Zusammenleben an bestimmten Schulen.

Die Grundsatzentscheidung betrifft acht Länder, in denen entsprechende Verbotsgesetze gelten. Das Gericht korrigiert damit sein sogenanntes Kopftuchurteil von 2003. Damals hatte es den Ländern vorsorgliche Verbote noch erlaubt.

Der Erste Senat gab zwei muslimischen Lehrerinnen recht, die gegen das Kopftuchverbot in NordrheinWestfalen vorgegangen waren.

Zugleich kippte das Gericht eine Vorschrift im Landesschulgesetz, nach der christliche Werte und Traditionen bevorzugt werden sollen. Das benachteilige andere Religionen und sei daher nichtig.

Ein Kopftuchverbot an Schulen ist nach Ansicht der Verfassungsrichter nur dann gerechtfertigt, wenn durch das Tragen eine „hinreichend konkrete Gefahr“ für den Schulfrieden oder die staatliche Neutralität ausgeht. Eine bloße abstrakte Gefahr reiche nicht aus.

Eine derartig konkrete Gefahr kann demnach vorliegen, wenn die Frage nach dem Kopftuch zu erheblichen Auseinandersetzungen in einer Schule führt.

Nordrhein-Westfalen und Berlin prüfen nun, ob ihre Gesetze nachgebessert werden müssen. Auch die Präsidentin der Kultusministerkonferenz (KMK), Brunhild Kurth, räumte möglichen „Anpassungsbedarf“ ein. Der Vorsitzende der Lehrerorganisation VBE, Udo Beckmann, kritisierte das Urteil.

Nun steige der Druck auf muslimische Mädchen, gegen ihren Willen ein Kopftuch zu tragen. Er warnte davor, die Verantwortung den Schulleitungen zu überlassen.

Der Zentralrat der Muslime (ZMD) begrüßte die Entscheidung, „auch wenn das Urteil keine generelle Erlaubnis für das Kopftuch bedeutet". Karlsruhe habe klargestellt, dass das Tuch an sich keine Gefährdung des Schulfriedens bedeute.

Die Verfassungsrichter sehen in dem pauschalen Verbot einen schweren Eingriff in die Glaubensfreiheit der Klägerinnen. Beide hätten plausibel dargelegt, dass das Kopftuchverbot ihre persönliche Identität berühre und ihnen sogar den Zugang zu ihrem Beruf verstelle. Bei den Arbeitsgerichten waren die Frauen in sämtlichen Instanzen gescheitert.

Durch das Kopftuch der Pädagoginnen würde auf der anderen Seite die Religionsfreiheit von Schülern und Eltern nicht von vornherein verletzt, hieß es weiter. Das kann der Entscheidung zufolge erst dann eintreten, wenn die Lehrerinnen für den Islam werben. Auch der staatliche Erziehungsauftrag und die damit verbundene Verpflichtung zu weltanschaulich-religiöser Neutralität stehe dem Tragen eines Kopftuches nicht generell entgegen.

Quelle: www.sueddeutsche.de, gekürzt

Presse Spiegel

Bundesverfassungsgericht: Mehr Kopftuch wagen

Kommentar von Heribert Prantl

Mit der Aufhebung des Pauschalverbots für Kopftücher an Schulen hat das Bundesverfassungsgericht richtig entschieden. Das Urteil fördert die Integration und die Gleichberechtigung der Religionen. Das gebietet das Grundgesetz.

Das Kopftuch ist ein Kopftuch. Es ist nicht aus gefährlichem Stoff. Es ist klein, es wickelt nicht die ganze Frau ein; es dient nicht der Verschleierung. Es ist ein kleines Bekenntnis, ein religiöses Symbol. Es ist nicht aggressiv, es bedroht niemanden. Das Verfassungsgericht hat richtig entschieden: Es ist über seinen Schatten gesprungen und hat das von Landesgesetzen geforderte pauschale Kopftuchverbot für muslimische Lehrerinnen aufgehoben. Muslimische Lehrerinnen dürfen grundsätzlich Kopftuch tragen.

Diese Karlsruher Entscheidung ist eine Entscheidung gegen die Hysterie. Sie ist eine Entscheidung gegen Berufsverbote, also für Integration. Und sie eine Entscheidung für die Gleichbehandlung von Religionen. Es geht nicht, dass eine Ordenstracht erlaubt ist, das Kopftuch aber nicht. Wenn eine muslimische Lehrerin, die für diesen Staat und seine Grundordnung einsteht, ein Kopftuch trägt dann ist das eine gute Botschaft. Sie widerlegt „durch sich selbst die Vorstellung von der im Islam unterdrückten Frau". So hat das schon vor Jahren der Rechtsgelehrte und frühere Bundesverfassungsrichter Ernst-Wolfgang Böckenförde formuliert.

Seine Kollegen hatten 2003 ein windelweiches Urteil gefällt: Sie hatten es den Ländern anheimgestellt, „im Rahmen ihrer Schultraditionen" Regelungen zu finden. Jetzt haben die Richter das gesagt, was das Grundgesetz gebietet.

Quelle: Süddeutsche Zeitung, März 2015

Das Bundesverfassungsgericht – Hüterin unserer Verfassung

Der Erste Senat stellt augenblicklich den Präsidenten des Gerichtes

Pro Senat 8 Richter = insgesamt 16 Richter

Der Zweite Senat stellt augenblicklich den Vize-Präsidenten des BVG

Der Bundesrat wählt in direkter Wahl je die Hälfte der Richter.

Der Bundestag wählt in indirekter Wahl (durch 12 Wahlmänner/-frauen = Wahlausschuss) je die Hälfte der Richter.

Es ist jeweils eine **2/3-Mehrheit** erforderlich.

Die Amtszeit der Richter beträgt 12 Jahre, eine Wiederwahl ist nicht möglich.

Die Richter sind wählbar vom 40. bis zum 68. Lebensjahr.

Mindestens 6 Richter müssen anwesend sein, damit das Gericht beschlussfähig ist.

Befugnisse des Bundesverfassungsgerichtes

- Aufhebung behördlicher und gerichtlicher Entscheidungen
- Nichtigerklärung verfassungswidriger Gesetze
- Entscheidung bei Streitigkeiten zwischen Staatsorganen sowie Bund und Ländern

Zuständigkeiten des Bundesverfassungsgerichtes

- Verfassungsbeschwerde
- Normenkontrolle
- Verfassungsstreitigkeiten zwischen staatlichen Organen
- Demokratie- und Rechtsstaatsicherung

Quelle: www.politik-international.de

Fotos © Bundesverfassungsgericht/lorenz.fotodesign, Karlsruhe

Zusammensetzung des BVG und Wahl der Verfassungsrichter

Das Bundesverfassungsgericht besteht aus sechzehn Richterinnen und Richtern. Die eine Hälfte wählt der Bundestag, die andere der Bundesrat, jeweils mit Zweidrittelmehrheit.

Die Amtszeit beträgt zwölf Jahre. Eine Wiederwahl ist ausgeschlossen.

Das Gericht setzt sich aus zwei Senaten mit jeweils acht Mitgliedern zusammen.

Die Zuständigkeit für Verfassungsbeschwerden und Normenkontrollen ist auf beide Senate verteilt.

In allen übrigen Verfahren entscheidet ausschließlich der Zweite Senat. Da die Entscheidungen des BVG unanfechtbar und oft von großer Tragweite sind, wird seine Arbeit auch kritisch kommentiert.

Presse

Einerseits

Union kritisiert Bundesverfassungsgericht „Karlsruhe ist nicht der bessere Gesetzgeber"

Führende Politiker der Union kritisieren Entscheidungen des Bundesverfassungsgerichts.

Durch Urteile zum Kopftuchverbot für Lehrerinnen, zur Erbschaftssteuer oder zur Aufhebung der Fünf-Prozent-Hürde bei Kommunalwahlen mischten sich die Richter in Karlsruhe zu sehr in die politische Entscheidungsfindung ein, monieren etwa Bundestagspräsident Norbert Lammert oder Gerda Hasselfeldt, Vorsitzende der CSU-Landesgruppe in Berlin.

Bundestagspräsident Norbert Lammert (CDU) sagte der Welt am Sonntag, er sehe einen „deutlich erkennbaren Gestaltungsanspruch" der Karlsruher Richter in „hoch politischen Fragen" wie der Ausgestaltung des Wahlrechts, den er für problematisch halte. Er bezog sich dabei vor allem auf die Entscheidung, die Fünf-Prozent-Hürde bei Kommunalwahlen aufzuheben, und eine daraus folgende Zersplitterung der Gemeindeparlamente.

... Das Grundgesetz schweige „zu den Grundsätzen des Wahlsystems, zur Frage nach Mehrheits- oder Verhältniswahlrecht, nach Sperrklauseln oder dem Ausgleich von Überhangmandaten". Diese Lücke verleite das Gericht dazu, in den Spielraum des Gesetzgebers einzugreifen.

Quelle: www.sueddeutsche.de/politik

Presse

Andererseits

Minister Maas verteidigt Bundesverfassungsgericht

Heiko Maas (SPD) hat das Bundesverfassungsgericht gegen Kritik aus Reihen der Union in Schutz genommen. „Das Gericht ist ein Garant für Demokratie, Rechtsstaat und Grundrechte", sagte Maas der Onlineausgabe der Welt. „Die Kritik am Bundesverfassungsgericht ist völlig unangemessen", sagte Maas. Das Ansehen des Gerichts sei in der Bevölkerung „völlig zu Recht sehr hoch" Zwar würden die Urteile aus Karlsruhe möglicherweise nicht immer jedem Politiker gefallen, fügte der Minister hinzu. „Das darf doch aber kein Grund sein, nun eine Verringerung seiner Kompetenzen zu fordern."

Quelle: www.sueddeutsche.de/politik, gekürzt

EXKURS:

Der politische Prozess – ein Strukturmodell

Sie verfügen nun über wichtige Kenntnisse über den Ablauf politischer Prozesse und die möglichen Teilnehmer an einem solchen.

Das folgende Modell und die sich anschließenden Schlüsselfragen zur Analyse eines politischen Prozesses versetzen Sie in die Lage, den Weg eines politischen Problems von dessen Auftauchen im öffentlichen Bewusstsein bis zu einer möglichen Entscheidung durch politische Institutionen an einem aktuellen Beispiel zu beschreiben.

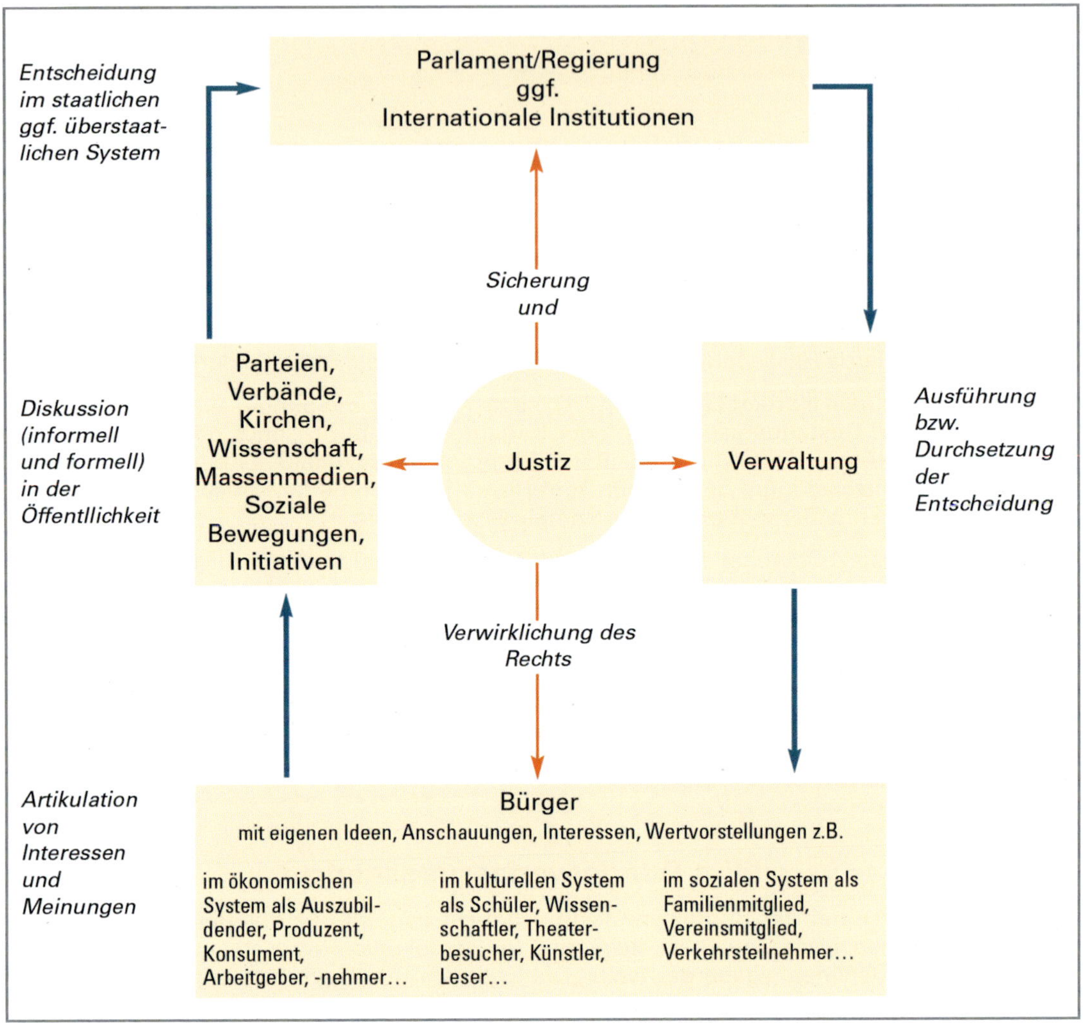

Schlüsselfragen zur Analyse eines politischen Prozesses

Akteure	Thema	Mittel	Macht	Konsens
Wer ist beteiligt? Welche Interessen vertreten die verschiedenen Akteure?	Welches Thema steht im Mittelpunkt? Welche Argumente werden jeweils vorgebracht?	Welche Mittel setzen die Akteure ein? Wie werden Medien bzw. Öffentlichkeit genutzt?	Wer setzt sich durch? Wie verändern sich durch die Entscheidung die Machtverhältnisse? Welche Auswirkungen hat sie auf die Bürger?	Worin stimmen die Akteure zu Beginn des Prozesses überein? Welche Gemeinsamkeiten lässt ggf. der Kompromiss erkennen?

Vgl. Gotthard Breit, Kurzvorbereitung im Schulalltag. Didaktisch-methodische Hinweise zur Unterrichtsplanung. In: Wochenschau – Methodik. Beilage zur Zeitschrift »Wochenschau«, H. 6/1992, S. 3, und Werner J. Patzelt, Einführung in die Politikwissenschaft, Passau 1992, S. 32–40

LERN-BOX

- Artikel 1 (Bekenntnis zur Menschenwürde) und Artikel 20 des Grundgesetzes bilden den Kern der Verfassung der Bundesrepublik Deutschland.

  Artikel 20 GG enthält die so genannten **Verfassungsgrundsätze**:

  Demokratie, Republik, Gewaltenteilung,
  Bundesstaat (Föderalismus), Sozialstaat, Rechtsstaat,
  Widerstandsrecht

- Die Verfassungsorgane können den verschiedenen Gewalten zugeordnet werden:

  Legislative: Bundestag, Bundesrat, Bundesversammlung
  Exekutive: Bundesregierung, Bundespräsident
  Judikative: Bundesverfassungsgericht

- Der **Deutsche Bundestag** ist das Parlament d. h. die Volksvertretung der Bundesrepublik Deutschland. Als einziges Verfassungsorgan wird er direkt vom Volk gewählt.

  Er ist der **zentrale Ort politischer Diskussionen und Entscheidungen**.

  Zu seinen wesentlichen Aufgaben und Funktionen gehören:

  Die politische Willensbildung
  Die Wahl des Bundeskanzlers
  Die Kontrolle der Bundesregierung
  Die Gesetzgebung
  Die Repräsentation der Bürger

- Der **Bundesrat** bringt die Interessen der 16 Bundesländer im Bund, d. h. gegenüber Bundestag und Bundesregierung zur Geltung. Er ist ein zweites Organ der Gesetzgebung.

  Gesetze, die auch die Bundesländer betreffen, sog. Zustimmungsgesetze, können nur verabschiedet werden, **wenn sowohl der Bundesrat, als auch Bundestag** jeweils mehrheitlich zustimmen. Man unterscheidet Einspruchsgesetze und Zustimmungsgesetze.

  Die Bundesländer entsenden zusammen 69 Mitglieder in den Bundesrat. Das Stimmengewicht der Länder orientiert sich an deren Einwohnerzahl.

- Die **Bundesregierung** besteht aus dem Bundeskanzler und seinen Ministern.

  Der **Bundeskanzler** ist der Chef der Bundesregierung und bestimmt die Richtlinien der Politik (Richtlinienkompetenz).

  Die Arbeitsweise der Bundesregierung ist durch drei Prinzipien gekennzeichnet:

  Kanzlerprinzip, Ressortprinzip, Kollegialprinzip

- Der **Bundespräsident** ist das Staatsoberhaupt der Bundesrepublik Deutschland.

  Er wird von der Bundesversammlung gewählt.

  Seine wichtigsten Aufgaben sind:

  Repräsentation
  Völkerrechtliche Vertretung
  Integration

- Das **Bundesverfassungsgericht** (BVG) in Karlsruhe – höchstes Organ der Judikative – wacht darüber, dass Regierung, Parlament und Rechtsprechung das Grundgesetz einhalten. Man bezeichnet es deshalb auch als die Hüterin der Verfassung.

WISSENS-CHECK

❶ Wie bewertet der Kommentar (Seite 315) die Reaktionen der Parteien auf das Ergebnis der Bundestagswahl 2017?

❷ Erklären Sie einem Ihrer Mitschüler **drei** der folgenden Begriffe.

Parlament; Mandat; Fraktion; Plenum; Debatte; Fachausschuss; Koalition; Opposition

❸ Warum verfügt der Bundestag über eine **besondere Legitimation**?

❹ Nach Artikel 38 Abs. 2 des GG sind Abgeordnete „Vertreter des ganzen Volkes, an Aufträge und Weisungen nicht gebunden und nur ihrem Gewissen unterworfen." (Freies Mandat).

In welchem Verhältnis steht **Artikel 38 GG** zur Aussage der nebenstehenden Karikatur?

❺ Nennen und erläutern Sie die **Aufgaben des Deutschen Bundestages**.

❻ Der Petitionsausschuss des Deutschen Bundestages ermöglicht es den Bürgern,
sich direkt an ihr Parlament zu wenden. In den letzten Jahren ist die Zahl der Bürgereingaben stetig angestiegen. Versuchen Sie, dies zu begründen.

Bürgerpetitionen
Jeder Bürger hat das Recht, einzeln oder in Gemeinschaft mit anderen eine Petition beim Petitionsausschuss des Deutschen Bundestag einzureichen. In einer Petition kann beispielsweise eine Gesetzesänderung angeregt oder eine Beschwerde geäußert werden.
Die Befugnisse des Petitionsausschusses zur Überprüfung von Beschwerden sind weitreichend. So kann er beispielsweise von der Bundesregierung und Bundesbehörden Akteneinsicht verlangen, Informationen erbitten und er hat Zutritt zu ihren Einrichtungen. Der Petitionsausschuss darf auch Zeugen und Sachverständige vernehmen. Damit verfügt der Petitionsausschuss über wirksame Mittel, Bürgerpetitionen zu überprüfen.

❼ Warum kommt es im politischen System Deutschlands meistens zu **Koalitionen**?

❽ „Koalitionen sind **Zweckbündnisse auf Zeit**, in denen es durchaus zu Spannungen kommen kann." Erklären Sie diese Aussage.

❾ Wie erklären Sie sich, dass bisher alle Bundeskanzler im **ersten Wahlgang** gewählt wurden?

❿ Wie beurteilen Sie die Position eines Kanzlers, der nach einem **erfolglosen** ersten Wahlgang mit der relativen Stimmenmehrheit zum Kanzler gewählt würde?

11 Zählen Sie die **Kontrollinstrumente** des Bundestages auf.

12 In welcher Weise hat sich die klassische Lehre von der Gewaltenteilung in **modernen parlamentarischen Demokratien** verändert?

13 Erklären Sie, in wie weit die nachfolgend angesprochenen Punkte **Kontrolle** und **Beschränkung der Macht** der Regierenden ermöglichen.

Gewaltenverschränkung
Statt durch eine strikte Trennung der Gewalten ist die parlamentarische Demokratie gekennzeichnet durch eine Gewaltenverschränkung. Legislative und Exekutive sind miteinander verknüpft, getrennt von ihnen ist dagegen die Rechtsprechung. In der Bundesrepublik Deutschland ist die Beschränkung und Kontrolle der Macht der Regierenden gewährleistet durch

- die Opposition im Bundestag,
- das föderalistische System mit der Aufteilung der staatlichen Gewalt und der staatlichen Aufgaben auf Bund, Länder und Gemeinden,
- die unabhängige Justiz,
- die öffentliche Meinung.

14 Welche Rolle spielt der **Bundesrat** im Gesetzgebungsprozess?

15 Was kann dazu führen, dass sich ein Bundesland bei einer Abstimmung im Bundesrat der Stimme enthält?

16 Worin liegt die Schwierigkeit, wenn im Bundesrat **andere Mehrheitsverhältnisse** herrschen als im Bundestag?

17 Mit Horst Köhler und Christian Wulff sind zwei Bundespräsidenten in Folge, wenn auch aus unterschiedlichen Gründen, vom Amt des Bundespräsidenten zurückgetreten. Recherchieren Sie im Internet die jeweiligen Hintergründe.

18 Recherchieren Sie im Internet die Hintergründe dieses für die Bundesrepublik Deutschland nahezu einmaligen Vorgangs.

Presse

Machtprobe führte zum Tumult

Stolpe löst mit seiner Ja-Stimme den größten Eklat in der Bundesrats-Geschichte aus – Stoiber: Verfassungskrise

Wutausbrüche und Auszug der Union: Der Bundesrat erlebte nach der Abstimmung über das Zuwanderungsgesetz die größten Tumulte in seiner Geschichte. Wann und ob die Reform aber je in Kraft tritt, ist völlig unklar.

RZ, 23. März 2002

19 Warum kann es im Verhältnis der **drei Regierungsprinzipien** untereinander zu Spannungen kommen?

20 Welche Aufgabe hat die **Bundesversammlung** und wie setzt sie sich zusammen?

㉑ Warum wird das Bundesverfassungsgericht als „**Hüterin der Verfassung**" bezeichnet?

㉒ Aus welchen Gründen kann das **Bundesverfassungsgericht** angerufen werden?

㉓ Welche Meinung vertritt der Autor zu einer möglichen Direktwahl des Bundespräsidenden? Wie begründet er seine Position?

Presse SPIEGEL

Mit den Stimmen des Volkes

Eben weil der Präsident gleichsam über den Parteien steht und das gesamte Volk vertreten soll, wäre es fatal, würde er direkt vom Volk gewählt. Denn das hieße: Wahlkampf, Polarisierung, Festlegung. (...) Dies würde die Überparteilichkeit des Amtes nicht stärken, sondern sie beeinträchtigen. Auch wäre es naiv zu glauben, die Parteien könnten herausgehalten werden. Wer, wenn nicht sie, könnte für die Organisation und die Kosten des Wahlfeldzuges des jeweiligen Kandidaten aufkommen. Die Parteien selbst wären gezwungen, Bewerber ins Rennen zu schicken, die ... einen zweifellos harten Wahlkampf durchstehen müssten. Es wären in jedem Fall Politiker von anderem Schlage als jene, die bisher in das Amt des Bundespräsidenten gelangt sind. Dass diese Vollblutpolitiker dann noch in der Lage wären, nach errungenem Wahlsieg politische Zurückhaltung zu üben und sozusagen über die Parteien hinweg Integrationskraft zu entfalten, ist mehr als fraglich. Um die Mehrheit zu gewinnen müssten sich die Bewerber auf politische Aussagen festlegen, mit denen sie dann für den Rest ihrer Amtszeit identifiziert würden. Die Wähler des jeweiligen Kandidaten würden von diesem Entscheidungen einfordern, die er wegen des Zuschnitts des Amtes nicht erbringen könnte. Enttäuschung wäre die Folge. (...).

Stuttgarter Zeitung

㉔ a) Recherchieren Sie im Internet, was sich hinter dem sozialpolitischen Fachbegriff „Hartz-IV" verbirgt!

b) Arbeiten Sie die Argumente für die jeweilige Position aus den Texten auf Seite 310 heraus!

c) Formulieren und begründen Sie eine eigene Position zu einer möglichen Abschaffung von Hartz-IV!

Technischer Fortschritt und Sozialer Wandel

Ohne den technischen Fortschritt gäbe es in einer modernen Gesellschaft weder Wirtschaftswachstum noch Wohlstand. Technischer Fortschritt setzt jedoch Wissen voraus, das im Produktionsprozess, z. B. bei neuen Gütern oder bei Qualitätssteigerung, angewandt und für die Produktion nutzbar gemacht werden muss. Moderne Informations- und Kommunikationstechniken haben den Produktionsprozess stark verändert.

In diesem Zusammenhang befürchten viele Menschen, dass der technische Fortschritt mehr Arbeitsplätze wegrationalisieren könnte, als dass er neue Arbeitsplätze schaffen würde.

Tatsache ist, dass durch den technischen Fortschritt neue Qualifikationsanforderungen an Arbeitnehmerinnen und Arbeitnehmer gestellt werden und damit auch andere, qualifizierte und neue Arbeitsplätze in Zukunft entstehen werden, um neue Produkte herstellen zu können.Oft werden diese neuen Produkte mit neu konstruierten Maschinen hergestellt.

Durch den technischen Fortschritt vollzieht sich auch ein Wandel in der Arbeitswelt. Arbeitsformen werden flexibilisiert. Faktoren wie Kommunikation, Vertrauen und Netzwerkkompetenzen werden immer wichtiger.

Veränderungen des sozialen Gefüges

Vor diesem Hintergrund prophezeiten Experten eine immense Knappheit an Fachkräften schon ab dem Jahre 2011.

Mitarbeiterbindung wird somit ein wichtiges Thema für Unternehmen. Unternehmensethik und Verantwortung für die Mitarbeiter gewinnen dabei immer mehr an Bedeutung.

Gleichzeitig vollzieht sich ein starker gesellschaftlicher, sozialer Wandel; wir erleben eine zunehmende Spaltung der Gesellschaft; die Gesellschaft überaltert.

Der Zusammenhang zwischen sozialer Herkunft und Bildungserfolg ist höher als in jedem anderen vergleichbaren Land. Vielfältige Lebensformen sind entstanden. Neben der Zwei-Eltern-Familie findet man heute die Ein-Eltern-Familie, das kinderlose Paar mit oder ohne Trauschein sowie Singles.

Ungleicher Wohlstand, Wandel der Werte und Änderungen politischer Einstellungen, z. B. das Abnehmen fester Bindungen an bestimmte Parteien, verdeutlichen den sozialen Wandel.

Die Veränderungen des sozialen Gefüges und der Wertvorstellungen bedingen einen Umbau des Sozialstaates und werfen die Frage nach Gerechtigkeit und Umverteilung neu auf.

Zunehmende Migration, mehr Eigenverantwortung für die eigene Alterssicherung, steigende Gesundheitskosten bei der Kranken- und Pflegeversicherung, aber auch „schrumpfende" Regionen, entleerte Stadtviertel und zunehmende Segregation, d. h. Trennung bestimmter gesellschaftlicher Gruppen (nach Rasse, Sprache, Religion) erschüttern den gesellschaftlichen Zusammenhalt und erschweren die soziale Sicherung.

Prinzipien des Sozialstaates

Unter Sozialstaat versteht man alle staatlichen Einrichtungen, Steuerungsmaßnahmen und Normen, durch die die Lebensrisiken und deren soziale Folgen in der Marktwirtschaft aufgefangen werden. Neben den Sozialversicherungen gehören dazu auch das Arbeitsrecht, das Arbeitnehmer vor ungerechtfertigter Entlassung schützt, sowie staatliche Fürsorge und Jugendhilfe.

Das **Sozialstaatsprinzip** bedeutet, dass der Staat die Pflicht hat, seinen Bürgern soziale Sicherheit, Chancengleichheit und erträgliche Lebensbedingungen zu ermöglichen. Dies wird jedoch vor dem Hintergrund sozialer Gegensätze und auch sozialer Notlagen zunehmend schwieriger.

Der Generationenvertrag ist allein aufgrund der demographischen Veränderungen nicht mehr zu finanzieren.

Die Prinzipien des Sozialstaates sind unveränderlich und zeitlos gültig. Soziale Gerechtigkeit, die zentrale Zielsetzung des Sozialstaates, lässt sich nicht ein für allemal verbindlich definieren.

Das **Solidaritätsprinzip** ist ein grundlegendes Sozialprinzip, nach dem Motto: „Einer für Alle, Alle für Einen". Grundsätzlich erhalten zum Beispiel bei der gesetzlichen Krankenversicherung alle Versicherten dieselbe Leistung, obwohl die Beiträge aufgrund der unterschiedlichen Einkommen (Bruttolohn) der Arbeitnehmer/-in verschieden hoch sind. Wer mehr verdient, zahlt auch höhere Beiträge.

Das **Subsidiaritätsprinzip**, auch Nachrangigkeitsprinzip genannt, besagt, dass staatliche oder gesellschaftliche Aufgaben immer von der kleinstmöglichen Einheit übernommen werden sollen. Übergeordnete Instanzen sollen erst eingreifen, wenn die Bewältigung der Aufgaben durch die kleinste mögliche Einheit nicht umsetzbar ist.

Beispiel:

Ist der Einzelne nicht mehr in der Lage, die Sicherung der eigenen Existenz zu übernehmen, haben die Familienangehörigen die Pflicht und die Aufgabe, ihm zu helfen und zu unterstützen. Erst, wenn dies nicht mehr möglich ist, stehen staatliche Leistungen zur Verfügung.

Sozialversicherungen

Entstehung der Sozialversicherung

Schon im 19. Jahrhundert gab es mit dem Beginn der Großindustrie auch Arbeitslosigkeit. Die Notlage der arbeitenden Bevölkerung wurde immer größer, die allgemeinen sozialen Verhältnisse immer schlimmer. Lange Arbeitszeiten, hohe Unfallraten, niedrige Löhne und schlechte Wohnverhältnisse mussten die Arbeiter in Kauf nehmen.

Die Folge waren neben Arbeitslosigkeit auch Hunger, Krankheit und frühe Sterblichkeit. Die Selbsthilfeeinrichtungen, z. B. die Bruderschaft der Bergleute oder die Knappschaft, die kranken und verunglückten Arbeitskameraden sowie deren Familien Krankheitskosten, Arzneien oder gar Sterbegeld gewährten, reichten nicht mehr aus. Zudem wehrten sich die Betroffenen in verstärkten Maße gegen Elend und Not durch Streiks (Weberaufstand), Auswanderung und Unterstützungskassen.

Im Jahre 1881 führte dann Reichskanzler Bismarck das große Sozialgesetzgebungswerk ein.

In der Folgezeit entstanden:

- 1883 die Krankenversicherung
- 1884 die Unfallversicherung
- 1889 die Invaliditäts- und Rentenversicherung

Die Arbeitslosenversicherung wurde 1927 eingeführt. Durch diese Sozialgesetze waren die Arbeiter jetzt durch den Staat gegen die Risiken von Krankheit, Unfall, Alter und Arbeitslosigkeit abgesichert.

Erstmals sorgte der Staat für die breite Schicht der Industriearbeiterschaft und schaffte mit diesen bedeutenden Sozialgesetzen ein Musterbeispiel für die damalige Zeit, das Jahrzehnte später von anderen Industrieländern übernommen wurde.

Die Sozialversicherung ist auch heute noch eine Pflichtversicherung, da bei Erfüllung gesetzlich festgelegter Voraussetzungen (z. B. Einkommensgrenzen) der Zwang zur Mitgliedschaft besteht.

Daher ergibt sich für das einzelne Mitglied die Pflicht, mit seinen Beiträgen die gemeinschaftliche Vorsorge mitzufinanzieren, jedoch auch das Recht, die Leistungen der Gemeinschaftsvorsorge in Anspruch zu nehmen.

Krankenversicherung

Die **Krankenversicherung** hat die Aufgabe, dem Arbeitnehmer und seinen Angehörigen im Krankheitsfalle zu helfen, um die Gesundheit wieder herzustellen und um Not abzuwenden.

Träger der Krankenversicherungen sind:

Träger, Personenkreis, Leistungen

die Ortskrankenkassen, Betriebskrankenkassen, Innungskrankenkassen, Landwirtschaftliche Krankenkassen, Ersatzkassen, Seekrankenkasse und Bundesknappschaft.

Die mitgliederstärksten Krankenversicherungsträger sind die Allgemeinen Ortskrankenkassen (AOK) und die zugelassenen Ersatzkassen (z. B. DAK, BEK).

Gesetzlich versicherte Personengruppen sind alle Auszubildenden, Anlernlinge, Arbeiter, Angestellte und Rentner und deren unterhaltsberechtigte Angehörige.

Alle Arbeitnehmer müssen sich pflichtversichern, wenn ihr Monatsgehalt unter 5.062,50 € (2019) liegt. Ab 5.062,50 € Monatsgehalt ist ein Wechsel in eine private Krankenversicherung möglich.

Die Beitragsbemessungsgrenze, also der Höchstbetrag zur Berechnung des Beitrages zur Krankenversicherung, beträgt im Jahre 2019 4.537,50 € monatlich.

Arbeitslose, die Arbeitslosengeld oder Arbeitslosenhilfe beziehen, Wehrpflichtige, die zum Eintritt der Einberufung versicherungspflichtig waren, sind ebenfalls versicherungspflichtig.

Die Einnahmen der gesetzlichen Krankenversicherung beliefen sich laut Pressemittteilung der vorherigen Legislaturperiode des Bundesministeriums für Gesundheit im Jahre 2017 auf insgesamt 233,89 Milliarden Euro.

Dem gegenüber standen Ausgaben von 230,4 Milliarden Euro. Damit haben die gesetzlichen Krankenkassen im Jahre 2017 ein Überschuss von mehr als 3 Milliarden Euro erzielt.

Insgesamt haben die Kassen Reserven von ca. 19 Milliarden Euro angehäuft, was auf die gute Konjunktur der letzten Jahre zurückzuführen ist. Ob diese positive Entwicklung in den zukünftigen Jahren beibehalten werden kann, wird sich zeigen.

Schon jetzt wird der Ruf von der Deutschen Krankenhausgesellschaft (DKG) laut, die angehäuften Überschüsse für die Versorgung frei zu stellen. Der GKV-Spitzenverband hingegen mahnt Zurückhaltung, um zum Beispiel bei einer großen Grippewelle oder anderen unvorhersehbaren Ereignissen auf Rücklagen zurück greifen zu können.

Leistungen der Krankenversicherung:

- **Arztbesuch** (Arzt, Zahnarzt, Psychotherapeut).
- **Arznei- und Verbandmittel** Zuzahlung von 10 % des Preises, mindestens 5 Euro, höchstens 10 Euro je Mittel.
- **Gesundheitsförderung und Krankheitsverhütung** durch Aufklärung/Beratung und Vorsorgebehandlung (Regeluntersuchungen).
- **Regelmäßige Gesundheitsuntersuchungen zur Früherkennung von Krankheiten**. Ab dem 35. Lebensjahr alle zwei Jahre. Frauen haben ab dem 20. Lebensjahr und Männer ab dem 45. Lebensjahr Anspruch auf eine Untersuchung zur Früherkennung von Krebskrankheiten. Die Untersuchung kann jedes Jahr neu durchgeführt werden.

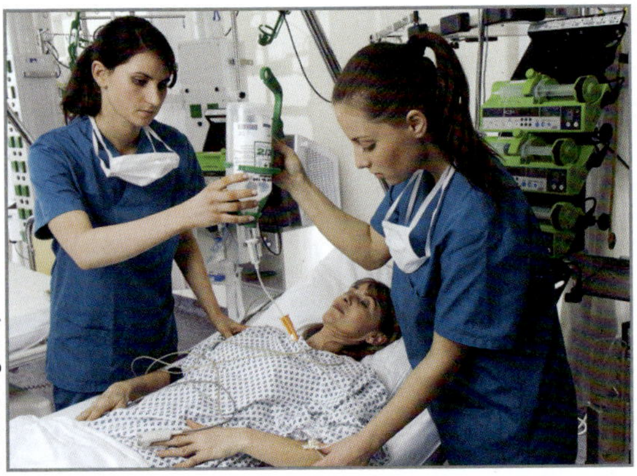
© MEV Agency UG

- **Krankenbehandlungskosten**, d. h. ärztliche und zahnärztliche Behandlung sowie Versorgung mit verschreibungspflichtigen Arznei- und Verbandmitteln.
- **Zahlung von Krankengeld**, 70 % des zuletzt regelmäßig erzielten Bruttolohnes. Hat ein Arzt festgestellt, dass man arbeitsunfähig ist, hat man Anspruch auf Krankengeld. Krankengeld wird wegen derselben Krankheit bis zu 78 Wochen innerhalb von drei Jahren gezahlt.
- **Zahnersatz**, an die Stelle des früheren prozentualen Anteils der gesetzlichen Krankenkassen an den Kosten für Zahnersatz sind nach den Regelungen des GKV-Modernisierungsgesetzes befundbezogene Festzuschüsse zur im Einzelfall notwendigen Versorgung getreten.
  Die Höhe der befundbezogenen Festzuschüsse ist für die Versicherten aller Krankenkassen bundesweit gleich hoch. Sie umfassen 50 % für die zahnärztliche Behandlung. Patienten, die regelmäßig Vorsorgeuntersuchungen beim Zahnarzt wahrnehmen, erhalten einen höheren Zuschuss zum Zahnersatz.
- **Krankenhausbehandlung**, Zuzahlung 10 Euro pro Tag, maximal 28 Tage pro Jahr.
- **Ambulante Versorgung in Krankenhäusern**
  Schwere oder seltene Krankheiten können in geeigneten Krankenhäusern ambulant behandelt werden. Welche Klinik dafür zugelassen wird, entscheidet das jeweilige Bundesland.
- **Fahrtkosten** in bestimmten Fällen, z. B. Fahrten zur Dialyse, Strahlenbehandlung, Chemotherapie sowie Fahrten für Patienten, die körper-, geh- und sehbehindert sind.

- **Häusliche Krankenpflege**, wenn Krankenhauspflege geboten, jedoch nicht ausführbar. Sie wird auch in Wohngemeinschaften, anderen neuen Wohnformen (z.B. Einrichtungen der Lebenshilfe) und in besonderen Ausnahmen auch in Heimen erbracht. Darauf besteht ein Rechtsanspruch.
- **Rehabilitationsmaßnahmen**, z.B. Rehabilitationskur, Zuzahlung 10 Euro/Tag.
- **Ambulante und stationäre Rehamaßnahmen** sind Pflichtleistungen der Kassen.
- **Geriatrische Rehabilitation**
  Die Reha-Versorgung älterer Menschen kann wohnortnah oder durch mobile Reha-Teams durchgeführt werden, was die Unterbringung in einem Pflegeheim vermeiden kann.
- **Vorsorge- und Rehabilitationseinrichtungen**
  Kassenpatienten können zugelassene und zertifizierte Vorsorge- und Rehabilitationseinrichtungen selbst auswählen und müssen sich nicht mehr nach den Vorgaben ihrer Kasse richten. Sind die Kosten höher als bei den Vertragseinrichtungen der Kassen, zahlt der Patient die Mehrkosten.
- **Hilfsmittel**
  Die Versorgung mit Hilfsmitteln (z.B. Hörhilfen, Gehhilfen, Rollstühle) erfolgt durch Vertragspartner der Kassen.
- **Selbstverschuldete Behandlungsbedürftigkeit**
  Die Kassen können Patienten im Regressweg an den Kosten beteiligen, wenn eine Erkrankung als Folge von Komplikationen nach Schönheitsoperationen, Piercings, Tätowierungen etc. entstanden ist.
- **Mutterschaftsleistungen**, z.B. ärztliche Betreuung, Hebammenhilfe, Versorgung mit Arznei-, Verband- und Heilmittel, Mutterschaftsgeld.

Leistungen

- **Mutter/Vater-Kind-Kuren** sind Pflichtleistungen der Krankenkassen und müssen bezahlt werden.
- **Nicht verschreibungspflichtige Medikamente** werden nicht erstattet. Brillen (Kinder, Jugendliche und Sehbehinderte ausgenommen) müssen selbst bezahlt werden.
- **Impfungen**
  Von der Ständigen Impfkommission des Robert-Koch-Instituts empfohlene Impfungen sind Pflichtleistungen der Kassen.
- **Palliativversorgung**
  Gesetzlich Versicherte haben Anspruch auf eine spezialisierte ambulante Palliativversorgung. Dafür werden „Palliative Care Teams" aus ärztlichem und pflegerischem Personal zugelassen.
- **Kinderhospize**
  Die Rahmenbedingungen für stationäre Kinderhospize wurden verbessert. Sie müssen nur noch 5 % (bisher 10 %) ihrer Kosten selbst tragen – insbesondere durch Spenden werden die Kinderhospize finanziert.
- **Neue Arzneimittel**
  Vor der Verordnung spezieller **neuer oder kostenintensiver Arzneimittel**, z.B. sehr stark wirksamer Krebsmedikamente oder biotechno-

© MEV Agency UG

logisch hergestellter Medikamente, muss künftig vom behandelnden Arzt eine Zweitmeinung eines fachlich besonders ausgewiesenen Arztes eingeholt werden. Welche Mittel unter diese Regelung fallen werden, bestimmt der Gemeinsame Bundesausschuss.

Termingarantie beim Facharzt
Die gesetzl. Versicherten haben einen Anspruch auf einen zeitnahen Facharzttermin. Binnen einer Woche muss der überweisende Arzt einen Termin für einen Facharzt nennen, auf den der Erkrankte nicht länger als 4 Wochen warten muss.
Neue Arzneimittel können in Zukunft daraufhin untersucht werden, wie sehr sie den Patienten nutzen und welche Kosten dabei entstehen.
Dazu werden die neuen Arzneimittel im Rahmen einer Kosten-Nutzen-Bewertung vorhandenen Arzneimitteln gegenübergestellt. Die Kosten-Nutzen-Bewertung nimmt das Institut für Qualität und Wirtschaftlichkeit im Gesundheitswesen vor.
Gemeinschaftseinrichtungen, z. B. Hospize und Pflegeheime, die Arzneimittel vorrätig haben können, dürfen bestimmte nicht genutzte Betäubungsmittel an andere Patienten abgeben.

➤ **Wahltarife in der Krankenkasse**
Die Krankenkassen können ihren Versicherten verschiedene Wahltarife anbieten:

Hausarzttarif
Krankenkassen müssen ihren Versicherten seit 2007 einen Wahltarif „Hausarztmodell" anbieten. Das bedeutet: Patienten können sich künftig für einen Hausarzt als ständigen Partner entscheiden und gehen im Krankheitsfall immer zunächst zu ihm, damit er stets den Überblick über die gesamte Behandlung behält.
Für Patienten, die im Krankheitsfall zuerst den Hausarzt aufsuchen, sind auch finanzielle Vorteile möglich, denn die Krankenkasse kann die Teilnahme am Hausarztmodell mit einem Bonus belohnen. Die Teilnahme an Hausarztmodellen ist für Ärzte und Versicherte freiwillig.

Tarife für spezielle Versorgungsformen
Für chronisch kranke Menschen (z. B. bei Diabetes mellitus Typ 1/2, Asthma bronchiale, chronische Lungenerkrankung, Brustkrebs) soll die medizinische Versorgung durch sogenannte strukturierte Behandlungsprogramme (Disease Management Programme) verbessert werden.
Im Rahmen der Programme werden Behandlungsmethoden eingesetzt, die in wissenschaftlichen Studien auf Wirksamkeit, Sicherheit und Nutzen überprüft worden sind.
Die Patienten erhalten damit eine Versorgung, die das Risiko von Folgeschäden und akuten Verschlechterungen der Krankheit soweit wie möglich verhindert und die Lebensqualität der Patienten verbessert.

Wahltarife

Kostenerstattungstarife
Der Kassenpatient und die Familienversicherten zahlen ihre Behandlung selbst und reichen die Rechnung danach bei der Krankenkasse ein. Die Krankenkasse erhebt für die Bearbeitung der Rechnung eine Gebühr.

Werden Leistungen, welche die Krankenkassen nicht übernehmen, in Rechnung gestellt, muss der Patient diese selbst bezahlen. Auch den Honoraraufschlag für die privatärztliche Leistung übernimmt die Kasse nicht.

Selbstbehalttarife
Der Kassenpatient zahlt bis zu einer bestimmten Höhe seine Behandlungskosten selbst. Dafür bekommt er von der Kasse z. B. eine Prämie. An den Tarif ist der Versicherte drei Jahre lang gebunden. Dies ist nicht möglich für Mitglieder, die ihre Beiträge nicht selbst zahlen, z. B. Empfänger von Arbeitslosengeld.

Beitragsrückerstattung
Wenn das Krankenkassenmitglied und die Familienversicherten ein Jahr lang keine Leistungen in Anspruch genommen haben (außer Vorsorge und Früherkennung), belohnt das die Kasse mit einer Prämie oder Zuzahlungsermäßigung. An den Tarif ist der Versicherte 3 Jahre gebunden.

- **Änderungen für Apotheken**
Medikamente eines Arzneimittelherstellers, mit dem die Krankenkasse einen Rabattvertrag geschlossen hat, können ganz oder zur Hälfte zuzahlungsbefreit an den Versicherten abgegeben werden. Die Abgabe von einzelnen Tabletten („Auseinzelung") wird erleichtert.

- **Elektronische Gesundheitskarte**
Jeder gesetzlich Versicherte, der zum Arzt gehen möchte, braucht die elektronische Gesundheitskarte.
Auf der Karte sind Name, Geburtsdatum, Adresse, Geschlecht, Krankenkasse und Versicherungsnummer gespeichert.
Andere weiterführende Daten wie Medikamente, Diagnosen und Therapien sollen ebenfalls ergänzt bzw. aufgenommen werden.

- **Private Krankenversicherung**
Freiwillig Versicherte dürfen aus der gesetzlichen Krankenversicherung in die private Krankenversicherung wechseln, wenn das Jahresarbeitsentgelt die aktuelle Versicherungsgrenze (2019: 60.750,00 €) überschreitet.
Private Krankenversicherungen sind seit 01.01.2009 verpflichtet, einen „Basistarif" anzubieten, der den jetzigen „Standardtarif" ersetzt. Leistungsbedingungen und -umfang des Basistarifs sind vergleichbar der gesetzlichen Krankenversicherung. Der Basistarif muss allen offen stehen, bereits Versicherten ebenso wie Neukunden. Die privaten Versicherer dürfen die Aufnahme in den Basistarif nicht ablehnen (Kontrahierungszwang); die Prämien dürfen sich nur aufgrund von Alter und Geschlecht unterscheiden.

- **Gesundheitsfonds und einheitlicher Beitragssatz**
Seit 1. Januar 2009 gilt für Versicherte der gesetzlichen Krankenversicherung (GKV) der Gesundheitsfonds. Jede Kasse verlangt seitdem einen einheitlichen Beitragssatz. In den Gesundheitsfonds fließen die Gelder der Versicherten, der Arbeitgeber und Steuermittel.

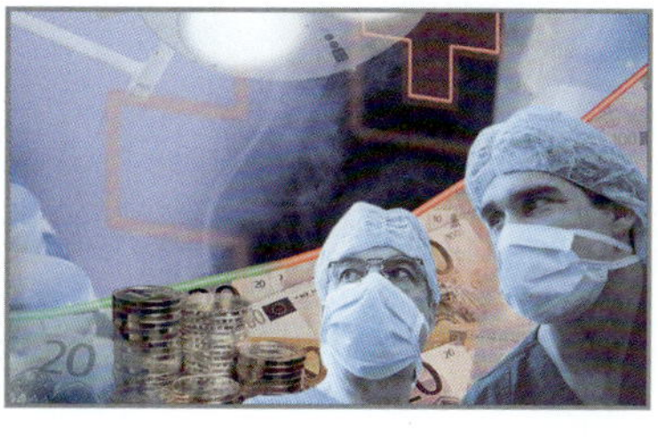

Der Gesundheitsfonds hat einen Einheitssatz von 14,6 %. Durch den Gesundheitsfonds soll das Geld der Beitragszahler an die gesetzlichen Krankenkassen neu verteilt werden.

Presse SPIEGEL

SPIEGELONLINE

21. Juni 2018, 13:03 Uhr

Üppige Reserve

Krankenkassen machen Überschuss in Millionenhöhe

Die Krankenkassen häufen aufgrund der guten wirtschaftlichen Lage immer höhere Finanzreserven an. Bundesgesundheitsminister Jens Spahn will die Kassen zum Abbau dieser Geldpolster verpflichten.

Die gesetzlichen Krankenkassen haben in den ersten drei Monaten 2018 einen Überschuss von rund 416 Millionen Euro erzielt, wie das Bundesgesundheitsministerium mitteilte.

Die nun ebenfalls vorliegenden endgültigen Jahresergebnisse für 2017 ergaben einen Überschuss von 3,5 Milliarden Euro. Damit sind die Finanzreserven der Krankenkassen deutlich gestiegen. Im Durchschnitt haben die Krankenkassen dadurch eine Reserve, die höher als eine gesamte Monatsausgabe ist. Damit entspricht sie dem Vierfachen der gesetzlich vorgesehenen Mindestreserve.

Bundesgesundheitsminister Jens Spahn verteidigte vor dem Hintergrund der Zahlen seine Gesetzespläne, vermögende Kassen zu zwingen, ihre Finanzreserven ab 2020 abzubauen, sodass diese eine Monatsausgabe nicht mehr überschreiten.

„Die Krankenkassen häufen aufgrund der guten wirtschaftlichen Lage immer weiter Finanzreserven an", sagte der CDU-Politiker. „Deshalb ist es richtig, dass Krankenkassen sobald wie möglich ihre übermäßig hohen Rücklagen abbauen müssen, um Arbeitnehmer und Rentner zu entlasten."

Quelle: hej/Reuters

http://www.spiegel.de/wirtscha/soziales/krankenkassen-machen-ueberschuss-inmillionenhoehe-a-1214218.html

Belastungsgrenzen

Die jährliche Eigenbeteiligung (Zuzahlungsobergrenze) darf zwei Prozent (bei chronisch Kranken ein Prozent) der Bruttoeinnahmen nicht überschreiten. Deshalb sollten Zuzahlungsquittungen aufbewahrt werden.

Kinder und Jugendliche sind bis zum 18. Lebensjahr von Zuzahlungen befreit.

Um sich in ärztliche Behandlung begeben zu können, erhält der Versicherte einen Krankenversicherungsausweis. Über diesen Ausweis rechnet der behandelnde Arzt mit der zuständigen Krankenkasse seine Leistungen ab.

Im Krankheitsfalle haben je nach Tarifvertrag die Arbeitnehmer Anspruch auf Lohn- oder Gehaltsfortzahlung für sechs Wochen.

Lohnfortzahlung

Erst ab der siebten Woche zahlt die Krankenkasse ein Krankengeld in Höhe von 70 % des beitragspflichtigen üblichen Arbeitsentgeltes.

Beiträge

Für das Jahr 2019 beträgt der allgemeine Beitragssatz 14,6 Prozent des Bruttoeinkommens.

Er wird von Arbeitgebern und Arbeitnehmern zu gleichen Teilen bezahlt:

- 7,3 Prozent trägt der Arbeitnehmer + 0,5 Prozent Zusatzbeitrag
- 7,3 Prozent zahlt der Arbeitgeber + 0,5 Prozent Zusatzbeitrag

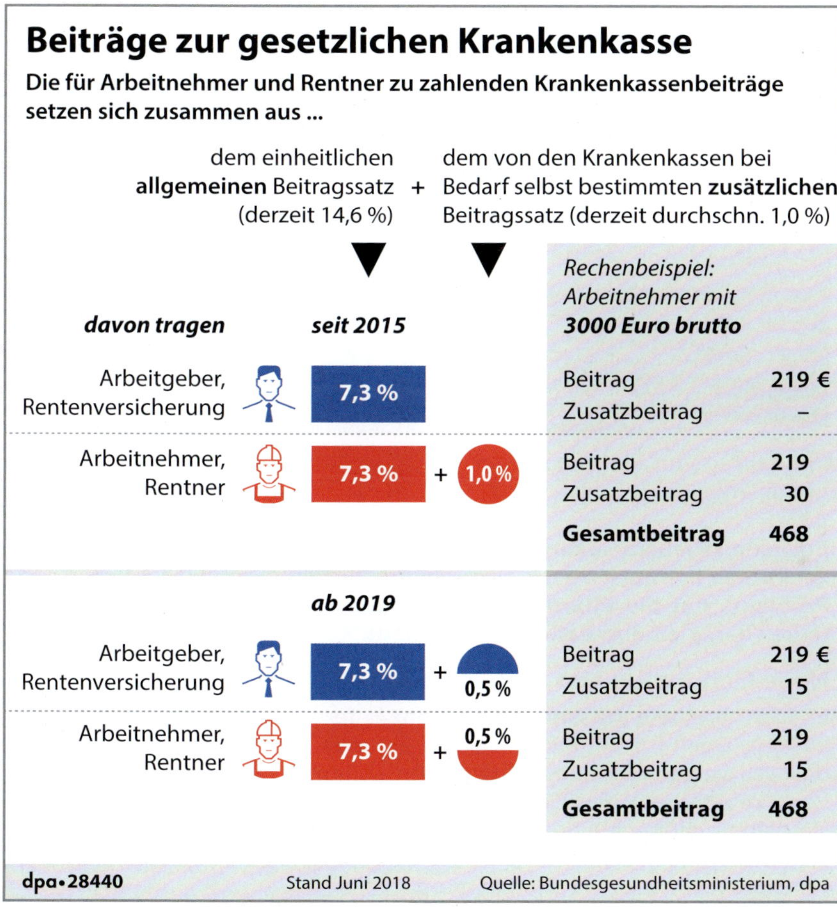

Kernstück der Gesundheitsreform ist der Zusatzbeitrag, der zusätzlich zum allgemeinen Beitragssatz erhoben wird. Seit 2011 dürfen die Kassen Zusatzbeiträge erheben.

Pflichten

Der erkrankte Arbeitnehmer muss im Zeitraum von drei Kalendertagen dem Arbeitgeber eine ärztliche Bescheinigung vorlegen, aus der auch die vermutliche Dauer der Arbeitsunfähigkeit hervorgeht.

Presse

Neue Krebsmedikamente – Sollen Hersteller nur bei Erfolg bezahlt werden?

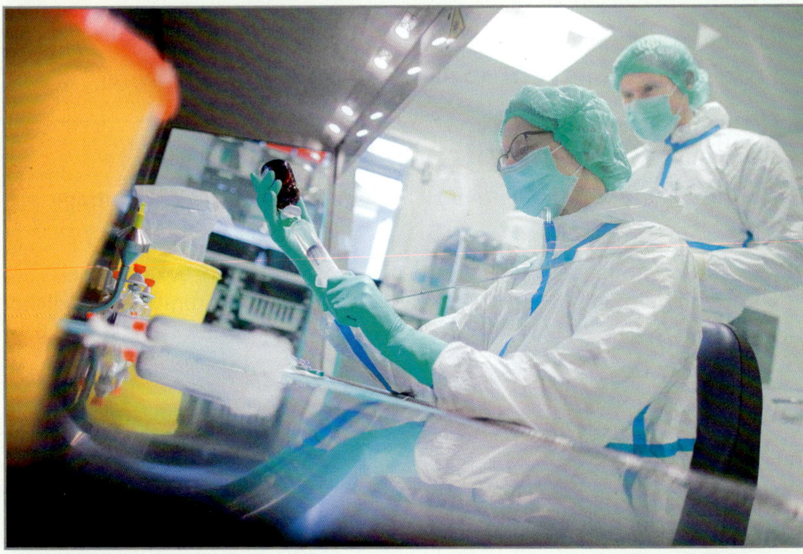

© dpa/Rolf Vennenbernd

Ein Beitrag von Barbara Berner

Stand: 19.07.2018 09:37 Uhr

Bei neuen Krebsmedikamenten gehen die Preise durch die Decke. Krankenkassen kommen an die Grenzen des Bezahlbaren. Eine Lösung des Problems hat die Pharmabranche parat: Bezahlt wird nur, wenn die teure Therapie beim Patienten anschlägt.

Neue Generation von Krebsmitteln

Es sieht aus wie Wasser, was Patient Peter Wohlfahrt an Medizin bekommt. Doch im Beutel sind seine eigenen, aufbereiteten Zellen, die den schwarzen Hautkrebs blockieren sollen. – Eine neue Generation von Krebsmitteln: Für Kranke eine Riesenhoffnung. Im Tumorzentrum Heidelberg sind viele neue, und vor allem teure Krebsmittel im Einsatz. Das Mittel von Peter Wohlfahrt kostet pro Beutel 5.000 Euro. Alle drei Wochen braucht er das Medikament.

Bis zu 360.000 Euro für eine Behandlung

In der Summe wenig im Vergleich zu den neuen Medikamenten, die jetzt auf den Markt drängen. Voraussichtlich 360.000 Euro kostet eine Behandlung mit „Kymriah, von „Novartis", gegen Leukämie. Das Konkurrenzprodukt von „Gilead" wird mit voraussichtlich 300.000 Euro zu Buche schlagen. Beide Medikamente sind in Deutschland ab Herbst zugelassen. – Fast monatlich kommen neue hinzu, mit Preisen, die alles sprengen, was bisher in der Medizin üblich war.

„Das kann unser Solidarsystem auf Dauer nicht finanzieren", sagt Gesundheitsökonom Jürgen Wasem, Vorsitzender der Schiedsstelle Arzneimittelpreise. „Wir stecken als Gesellschaft sicher in einem Dilemma:

Auf der einen Seite wollen wir, dass alle Versicherten bei dem Fortschritt dran teilhaben. Das heißt natürlich – auch neue, wertvolle Therapien bekommen sollen. Auf der anderen Seite sind viele Arzneimittel so teuer, dass wir uns fragen müssen, ob wir uns das leisten wollen.

Eine Frage, die längst auf der Krebsstation angekommen ist. Peter Wohlfahrts Ärztin Jessica Hassel, Onkologin am Nationalen Tumorzentrum Heidelberg, ist täglich damit konfrontiert. Sie kann bei ihren Entscheidungen die Kosten nicht immer außer Acht lassen. „Natürlich gibt man keine wahnsinnig teure Therapie, um vier Monate länger zu leben. Das macht keinen Sinn. Für mich liegt der Nutzen darin, einem Patienten eine langfristige Tumorkontrolle mit hoher Lebensqualität zu ermöglichen", so die Ärztin.

Was die Ärztin täglich am Patienten entscheiden muss, hat für ihren Chef, Professor Doktor Dirk Jäger, Ärztlicher Direktor am Nationalen Tumorzentrum Heidelberg, eine ganz andere Dimension. Verantwortlich für 40 Ärzte in der Onkologie, hat für ihn das Thema Preise nichts im Klinikalltag zu suchen. „Wir versuchen grundsätzlich immer wirtschaftlich zu denken, aber was ich nicht tun kann: eine bestimmte Prognose – eine Lebensverlängerung in Geld aufzuwiegen. Es ist eine gesundheitspolitische Diskussion, die wir selbst nicht führen können – und die wir auch nicht entscheiden können."

Der Vorschlag – Krankenkassen zahlen nur bei Erfolg in der Therapie

Ein Blick in die Krankenhaus Apotheke macht das Problem deutlich: 60.000 Euro für ein Krebs Medikament oder 51.000 Euro. Eines kostet zum Beispiel fast 22.000 Euro. Preise nur für eine Monatsgabe. Während sich die Solidargemeinschaft noch fragt, wer das bezahlen soll, kommen ausgerechnet die weltweit größten Pharmaunternehmen mit einem neuen Preismodell. Der Vorschlag: Krankenkassen zahlen nur bei Erfolg in der Therapie.

Das Pharmaunternehmen „Roche" erklärt „Plusminus" auf Anfrage: „Bei Roche halten wir das Konzept der leistungsabhängigen Vergütung für einen geeigneten Ansatz." Der Konzern „Novartis" antwortet: „Novartis ist eines der ersten Unternehmen, das das Feld Kosten-Nutzen basierter Verträge betritt."

„Ich denke das macht Sinn, dass wir, wenn Arzneimittel wirken, hohe Preise zahlen – und wenn sie nicht wirken eben keine Preise dafür zahlen.", sagt Gesundheitsökonom Professor Jürgen Wasem.

Was in Deutschland Neuland ist, hat sich im Ausland schon bewährt. Auch aus Deutschland kommt jetzt ein neues Krebsmittel auf den Markt. „Plusminus" ist zu Besuch bei „Miltenyi Biotec" in Bergisch Gladbach. Dort hat man ein Präparat gegen Leukämie entwickelt. Doktorin Iris Bürger, Leiterin des Forschungsteams, erklärt die hohen Kosten so: „Sie sind deswegen so teuer, weil wir hohe Entwicklungskosten haben, und diese Produkte individuell hergestellt werden. Das heißt, für jeden Patient einzeln, in sehr aufwendigen, biotechnischen Verfahren."

Das Unternehmen hat schon im Vorfeld geschafft, die Herstellungskosten zu senken. Trotzdem ist das Medikament noch im sechsstelligen Euro Bereich. „Der medizinische Bedarf ist sehr hoch, dem gegenüber steht der hohe Preis, den die Gesellschaft nicht tragen kann. Die Industrie muss sich da mit Modellen auf die Krankenkassen zu bewegen", meint Iris Bürger bei „Miltenyi Biotec".

Verhandlungen mit Pharmafirmen

Genau das passiert gerade – fast unbemerkt. Von der Krankenkasse „DAK Gesundheit" sitzt Doktor Detlev Parow am Verhandlungstisch, mit dem Pharmariesen „Novartis". Konkret geht es um das teuerste Mittel „Kymriah" für etwa 360.000 Euro. „Wir haben die Möglichkeit mit einem direkten Vertrag mit den Herstellern Konditionen zu erreichen, die für beide Seiten zufriedenstellend sind. Was man nicht vergessen darf, wir hatten in der Vergangenheit schon so teure Medikamente, dass diese nicht angewandt wurden. Insofern hat der Hersteller durchaus ein Interesse, in einer Preisregion zu sein, die hinterher auch dazu führt, dass das Medikament genutzt wird."

Preisregion heißt hier konkret: Nur Geld für die Hersteller, wenn das Medikament auch anschlägt. Schon jetzt ist der Druck groß. Die neuen Krebsmittel sind die Kostentreiber Nummer eins bei den Krankenkassen.

Die Ausgaben der neuen Krebsmittel stiegen 2011 von 104,5 Millionen Euro auf 270,5 Millionen im Jahr 2017 – die Ausgaben haben sich mehr als verdoppelt, in nur sechs Jahren. Die Motivation der Kassen ist also hoch, den Schulterschluss mit der Industrie zu suchen. Doch das Ganze funktioniert nur, wenn die Daten ausgetauscht werden, und zwar zwischen Patient, Arzt und Kasse und dem Hersteller. Und das hat durchaus einen Nutzen.

Daten sind die neue Währung

„Ein Grund warum Arzneimittelunternehmen jetzt anbieten, dass sie Geld zurückzahlen, wenn das Arzneimittel nicht wirkt, ist auch gleichzeitig ein Ansatz, dass man die Datenlage damit verbessern kann. Da ist man gezwungen zu dokumentieren, an wie vielen Patienten das Arzneimittel wirkt – und bei wie vielen nicht", sagt Gesundheitsökonom Wasem. Daten sind also die neue Währung.

Patient Peter Wohlfahrt sieht das gelassen. Schließlich hat ein Krebsmittel der neuen Generation sein Leben gerettet. „Ich habe von Anfang an auch meine ganzen Werte zu Verfügung gestellt, um letztendlich auch anderen Menschen zu helfen. Ich denke, das gehört sich so".

Der medizinische Fortschritt hat einen hohen Preis – im wahrsten Sinne des Wortes. Höchste Zeit für neue Wege.

EXKURS:

„Hintergrundinformation zu hohen Preisen zellulärer Krebstherapien

In der Therapie von Krebs, insbesondere von Blutkrebs, findet derzeit eine Revolution statt: Endstadium-Patienten, die auf konventionelle Chemo- und Strahlentherapie nicht mehr ansprechen, können mit der neuen Generation von Arzneimitteln geheilt werden! Dieser kurative Effekt basiert auf körpereigenen, vom Patienten selbst gespendeten Blutzellen, die außerhalb des Körpers in einem biotechnologischen Verfahren aufwendig aufgearbeitet, und zu hochwirksamen Effektorzellen gegen den Tumor umgewandelt werden. Vereinfacht gesprochen erlangen die Zellen des Patienten die Fähigkeit, Krebszellen zu erkennen und gänzlich zu eliminieren.

Bei derart personalisierter Medizin wird das Arzneimittel für jeden Patienten individuell hergestellt und der wesentliche Unterschied zur klassischen Arzneimittelherstellung ist: War es bisher möglich, viele Tausende von Arzneimittelanwendungen für entsprechend viele Patienten in einer Produktion herzustellen, so ist es mit den Anforderungen an neue Tumortherapien genau umgekehrt. Für jeden Patienten muss eine einzelne Arzneimittelanwendung in nur einer einzigen Produktion basierend auf den körpereigenen Zellen individuell hergestellt werden. (Quelle: Miltenyi Biotec)."

https://www.daserste.de/information/wirtschaft-boerse/plusminus/sendung/hr/neue-krebsmedikamente-102.html, gekürzt

Versicherungsträger der **Unfallversicherung** sind die nach Gewerbezweigen gegliederten Berufsgenossenschaften oder die Gemeindeunfallversicherungsverbände. Die gesetzliche Unfallversicherung erfasst alle Arbeitnehmer, die in einem Arbeits-, Dienst- oder Ausbildungsverhältnis stehen.

Unfallversicherung

Weiterhin sind auch Kinder während des Kindergartenbesuches, Schüler während des Schulbesuches, gleichgültig ob allgemein- oder berufsbildende Schule, Studenten an Hochschulen sowie Personen, die bei Unfällen Hilfe leisten und selbst verunglücken, unfallversichert.

Aufgaben:
Unfälle verhüten,
Rehabilitation gewährleisten,
finanziell sichern

Der Versicherungsschutz bezieht sich auf alle Betriebsunfälle und Berufskrankheiten. Dazu gehören auch Unfälle, die auf **direktem Wege** zu und von der Arbeitsstelle bzw. Berufsschule geschehen.

Im Einzelnen gewährt die Unfallversicherung folgende Leistungen:

Leistungen, Beiträge

- Unfallverhütung
- Heilbehandlung
- Verletztengeld
- Berufshilfe (Arbeitsvermittlung, Umschulung)
- Pflege oder Pflegegeld
- Verletztenrente
- Rente an Hinterbliebene
- Sterbegeld

Risiko am Arbeitsplatz

Arbeits- und Wegeunfälle in Deutschland
UV der gewerblichen Wirtschaft und UV der öffentlichen Hand

Unfälle in Zahlen

	2016	2017	Veränderung in Prozent
Meldepflichtige			
Arbeitsunfälle	877.071	873.522	– 0,40
Wegeunfälle	186.070	190.968	+ 2,63
Zusammen:	**1.063.141**	**1.064.490**	**+ 0,13**
Neue Unfallrenten			
Arbeitsunfälle	14.132	13.625	– 3,59
Wegeunfälle	4.716	4.607	– 2,31
Zusammen:	**18.848**	**18.232**	**– 3,27**
Tödliche			
Arbeitsunfälle	424	451	+ 6,37
Wegeunfälle	311	280	– 9,97
Zusammen:	**735**	**731**	**– 0,54**

Quelle: www.dguv.de (gekürzt)

Im Gegensatz zu den anderen Sozialversicherungszweigen trägt die Beiträge zur Unfallversicherung **allein der Arbeitgeber**.

Sie richten sich nach der Jahreslohnsumme der Betriebsangehörigen, nach dem Grade der Unfallgefahr (Gefahrenklasse) des betreffenden Berufszweiges und der Inanspruchnahme der Leistungen im vergangenen Jahre.

Die Höhe der Beiträge wird jährlich festgesetzt.

Bei Betrieben mit nicht mehr als 5 Beschäftigten können Pauschalbeträge erhoben werden.

Pflichten der Unfallversicherten

- Unfallverhütungsvorschriften beachten
- Arbeitsunfälle unverzüglich melden
- Unfallzeugen müssen gegenüber zuständigen Behörden wahrheitsgetreu über Ursache und Hergang des Unfalles aussagen
- Ärztlich angeordneten Maßnahmen ist Folge zu leisten

Rentenversicherung

Aufgabe der gesetzlichen **Rentenversicherung** ist die **Versorgung der Versicherten im Alter**, bei Berufs- und Erwerbsunfähigkeit sowie die Versorgung der Hinterbliebenen.

Durch die Dynamisierung der Renten, d. h. durch die regelmäßige Anpassung der Renten an die Lohnentwicklung, soll das Rentenniveau der Lohn- und Preisentwicklung angepasst werden, um ein starkes Nachhinken der Rentenkaufkraft zu verhindern.

Mit der schon im Jahr 2005 in Kraft getretenen Organisationsreform wurde die Unterscheidung zwischen Arbeitern und Angestellten zugunsten eines einheitlichen Versichertenbegriffs aufgegeben.

Die **Träger** der **gesetzlichen Rentenversicherung** treten nun einheitlich als

- **„Deutsche Rentenversicherung“** auf.

Die **BfA** firmiert künftig zusammen mit dem **Verband Deutscher Rentenversicherungsträger** als

- **„Deutsche Rentenversicherung Bund“**.

Bundesknappschaft, Seekasse und **Bundesbahnversicherungsanstalt** wurden zur

- **„Deutsche Rentenversicherung Knappschaft-Bahn-See“**.

Neben diesen beiden Bundesträgern gibt es noch die Regionalträger, die bisherigen Landesversicherungsanstalten. Bei ihnen wird „Deutsche Rentenversicherung“ um die regionale Bezeichnung ergänzt.

Wie bei der Krankenversicherung, setzt sich der versicherte Personenkreis der Rentenversicherung aus gesetzlich Versicherungspflichtigen und freiwillig Versicherten zusammen.

Versicherungspflichtig sind alle Arbeiter, Angestellten und Auszubildende (ohne Rücksicht auf Verdiensthöhe), die aufgrund eines Arbeits-, Dienst- oder Berufsausbildungsverhältnisses beschäftigt werden.

Hinzu kommen Personen, die Wehr- oder Zivildienst bzw. ein freiwilliges soziales Jahr ableisten, sowie Entwicklungshelfer. Ferner sind Personen mit arbeitnehmerähnlichem Status pflichtversichert, z. B. Seelotsen, Hausgewerbetreibende, Artisten.

Selbstständige Handwerker sind dann versicherungspflichtig, wenn sie in die Handwerksrolle eingetragen sind.

Sie können jedoch nach 216 Beitragsmonaten (= 18 Jahre) entscheiden, ob sie sich freiwillig weiterversichern wollen.

Freiwillig versichern können sich Selbstständige. Freiwillig weiterversichern können sich aus dem Berufsleben ausgeschiedene Personen, z.B. Hausfrauen, um ihre Rentenansprüche zu erhalten.

Ferner ist eine freiwillige Höherversicherung möglich.

Der Nachteil der freiwilligen Versicherung liegt darin, dass der volle Versicherungsbeitrag vom Versicherten allein getragen werden muss.

Träger, Personenkreis, Leistungen

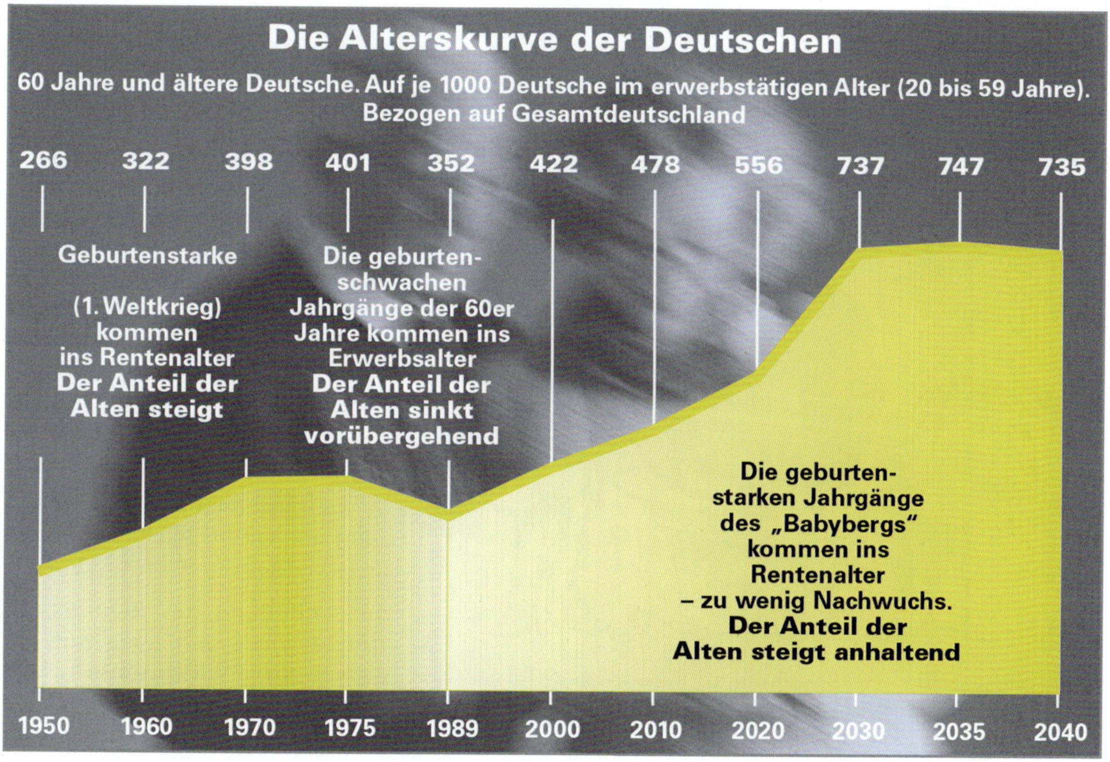

Die Rentenversicherung gewährt folgende **Leistungen:**

- **Gesundheitsmaßnahmen** zur Erhaltung, Besserung und Wiederherstellung der Erwerbsfähigkeit, Berufsförderung und soziale Betreuung.
- **Altersruhegeld**
  Arbeitnehmer müssen seit 2012 länger arbeiten, bis sie in Rente gehen können. Vor dem Hintergrund der weiter steigenden Lebenserwartung und sinkender Geburtenzahlen wurde eine stufenweise Anhebung der Regelaltersgrenze von 65 Jahren auf 67 Jahre beschlossen.

  Ausnahme: Seit dem 1. Juli 2014 können Versicherte, die 45 Jahre Beiträge in die Rentenversicherung gezahlt haben, mit Vollendung des 63. Lebensjahres ohne Abzüge in den Ruhestand gehen.
- **Erwerbsminderungsrente**
  Erwerbsminderungsrente (früher Erwerbsunfähigkeitsrente) ist dann

gegeben, wenn der Versicherte eine Erwerbstätigkeit nicht mehr regelmäßig ausüben kann.

Auch bei der Erwerbsminderungsrente sieht das Gesetz parallel zu der Anhebung der Regelaltersgrenze Rechtsänderungen vor. Bei der Erwerbsminderungsrente ist die Altersgrenze für den abschlagsfreien Rentenbeginn, die früher beim vollendeten 63. Lebensjahr lag, grundsätzlich ebenfalls um 2 Jahre auf das vollendete 65. Lebensjahr angehoben worden.

Wer die Erwerbsminderungsrente jedoch mit 64 Jahren in Anspruch nimmt, hat einen Rentenabschlag von 3,6 Prozent, mit 63 Jahren von 7,2 Prozent und ab dem 62. Lebensjahr und jünger den Höchstabschlag von 10,8 Prozent.

➤ **Witwen- und Waisenrente**

Verwitwete Ehegatten und Waisen erhalten Hinterbliebenenrente, wenn der verstorbene Versicherte mindestens 5 Jahre Versicherungszeit hat. Die Witwenrente beträgt 55 % der Versicherungsrente; vor dem 45. Lebensjahr 2/3 der vollen Witwenrente.

Ferner werden Waisenrente (Vollwaisen- und Halbwaisenrente) sowie Kinderzuschuss bis zum 18. Lebensjahr (bei Berufsausbildung und Gebrechlichkeit bis zum 25. Lebensjahr) gewährt.

Die Anhebung der Regelaltersgrenze wirkt sich auch auf die Witwen- bzw. Witwerrente aus.

Analog zur Regelaltersrente erhöht sich auch das Alter für den Bezug der Witwen- beziehungsweise Witwerrente. Die Altersgrenze wird abhängig vom Todesjahr des Versicherten, seit dem Jahr 2012 beginnend stufenweise vom 45. auf das 47. Lebensjahr angehoben.

Die Stufen der Anhebung betragen zunächst einen Monat pro Jahr (45 bis 46), dann 2 Monate pro Jahr (46 bis 47). Für Todesfälle ab dem Jahr 2029 gilt die Altersgrenze 47 Jahre für die große Witwen- beziehungsweise Witwerrente.

Die **Pflichtbeiträge** werden je zur Hälfte von Arbeitgeber und Arbeitnehmer aufgebracht. Der Beitragssatz beträgt zur Zeit (2019) 18,6 % des Bruttoarbeitsverdienstes der jährlich neu festzulegenden Beitragsbemessungsgrenze. Die Beitragsbemessungsgrenze beträgt 2019 in den neuen Bundesländern 6.150,00 € (alte Bundesländer 6.700,00 €). Monatliche Einkommen, die über der Beitragsbemessungsgrenze liegen, sind nicht versicherungspflichtig.

Pressespiegel

Umstellung startet mit Jahrgang '47

Das Rentenalter wird schrittweise auf 67 Jahre erhöht

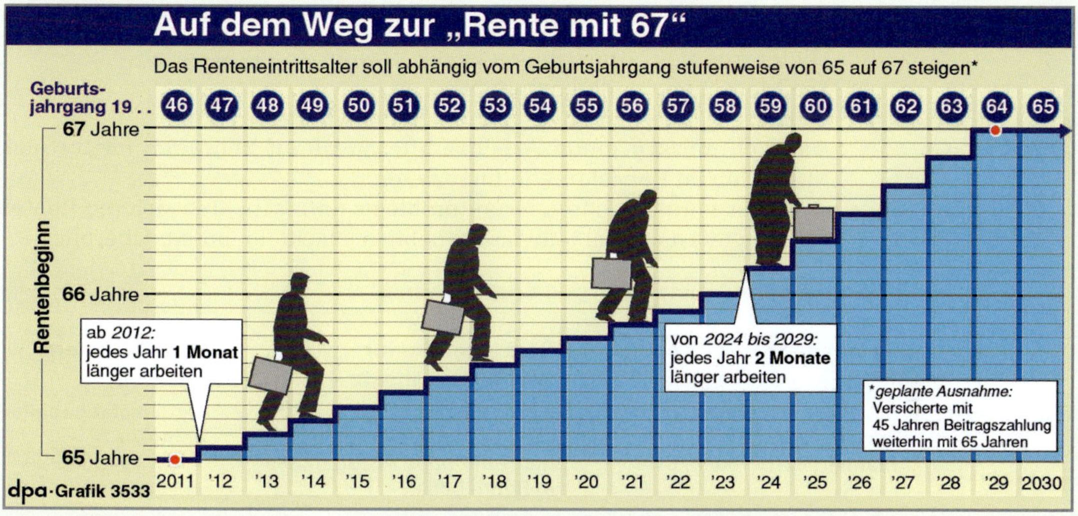

Berlin. Nun hat auch der Bundesrat der Rente mit 67 und der Beschäftigungsinitiative 50plus zugestimmt.

Nachfolgend ein Überblick über das Gesamtkonzept:

Regelaltersgrenze: Von 2012 an steigt das gesetzliche Renteneintrittsalter für die abschlagfreie Rente schrittweise auf 67 Jahre. Die Umstellung beginnt mit dem Geburtsjahrgang 1947, der bis zur vollen Rente einen Monat länger arbeiten soll. Der Geburtsjahrgang 1964 ist dann der erste Jahrgang, für den das neue Rentenalter 67 gilt. Die 2012 beginnende Anhebung vollzieht sich bis 2023 (Geburtsjahrgang 1958) in Monatsschritten, danach bis 2029 in Zwei-Monatsschritten.

Ausnahmen: Wer 45 Jahre Beiträge bezahlt hat, soll mit 65 Jahren ohne Abschläge in Rente gehen können. Bei den Beitragszeiten zählt Kindererziehung bis zum 10. Lebensjahr des Kindes mit. Allerdings kommt derzeit nur der kleinere Teil der Beschäftigten auf 45 Beitragsjahre: Bei den Männern waren es zuletzt 28 Prozent, bei den Frauen knapp 4 Prozent.

Abschläge: Wer 35 Versicherungsjahre vorweisen kann, soll ab 63 in Rente gehen können – muss dafür aber Abschläge in Kauf nehmen: 0,3 Prozent für jeden Monat, den man vor der gesetzlichen Regelaltersgrenze aufhört.

Erwerbsminderungsrenten: Wer aus gesundheitlichen Gründen nur eingeschränkt arbeiten kann, erhält maximal 10,8 Prozent Abschlag. Er kann als Erwerbsgeminderter weiter mit 63 Jahren abschlagfrei in Rente gehen, aber erst nach 35 Beitragsjahren. Nach 2023 sind 40 Beitragsjahre erforderlich.

Altersrente für Schwerbehinderte mit 35 Versicherungsjahren: Auch hier wird das Eintrittsalter stufenweise angehoben von 63 auf 65 Jahre. Wer Abschläge in Kauf nimmt, kann als Schwerbehinderter mit 62 in Ruhestand gehen.

Witwenrente: Die Altersgrenze für Witwenrenten wird von 45 auf 47 Jahre angehoben.

Beitragsatz: Ziel der Reform ist es, den Beitragssatz zur Rentenversicherung – seit Jahresbeginn 19,9 % – trotz zunehmender Alterung der Gesellschaft bis 2020 nicht über 20 % und bis 2030 nicht über 22 % steigen zu lassen.

Initiative 50 Plus: Sie soll die Rente mit 67 flankieren und Älteren bessere Beschäftigungschancen geben. Vorgesehen ist ein Kombilohn, der älteren Arbeitslosen die Lohn-Differenz bei Annahme einer schlechter bezahlten Stelle im ersten Jahr zur Hälfte, im zweiten zu 30 % ausgleicht. Rentenbeiträge werden auf 90 % des früheren Wertes aufgestockt. Hinzu kommen Eingliederungszuschüsse von 30 bis 50 % für Arbeitgeber, wenn sie Arbeitslose einstellen und mindestens ein Jahr beschäftigen.

Böhme-Zeitung, Soltau, 31.03.2007

Rentensysteme im Vergleich

Wer muss am längsten arbeiten?

- In Frankreich protestierten viele Menschen dagegen, dass sie zwei Jahre länger arbeiten sollen und erst mit 62 Jahren in Rente gehen können.
- In Deutschland regt sich neuer Widerstand gegen die bereits beschlossene Anhebung des Renteneintrittsalters von 65 auf 67 Jahre.
- Andere Länder planen ähnliche Schritte oder setzten sie bereits um.

Hintergrund der Änderungen ist der demografische Wandel:
Die Menschen werden immer älter.
Gleichzeitig werden aber immer weniger Kinder geboren.
Dadurch müssen junge Arbeitskräfte mit ihren Beiträgen immer mehr Menschen im Ruhestand mitfinanzieren.
Trotz des vergleichbaren Grundproblems unterscheiden sich die Rentensysteme international teilweise erheblich. Nachfolgend ein Überblick.

Renteneintrittsalter und Rentensystem

	gesetzliches Eintrittsalter tatsächliches Eintrittsalter	Beitragsjahre für vollen Rentensatz	Rentensystem
Deutschland	• 65, ab 2012 schrittweise Anhebung auf 67 • Männer: 62,1/Frauen: 61,0	Nach Anhebung auf 67 gilt: Wer 45 Jahre Beiträge gezahlt hat, kann ohne Abzug mit 63 in Rente gehen	verdienstabhängige Rente
USA	• 66, Anhebung auf 67 geplant • Männer: 64,6/Frauen: 63,9	kein Konzept einer „vollen" Rente	verdienstabhängige Rente
Japan	• 65 • Männer: 69,5/Frauen: 66,5	40	Grundrente + verdienstabhängige Zusatzrente
Groß-britannien	• Männer: 65/Frauen: 60 bis 2020 für alle 65 • Männer: 63,2/Frauen: 61,9	kein Konzept einer „vollen" Rente	Grundrente + verdienstabhängige Zusatzrente
Kanada	• 65 • Männer: 63,3/Frauen: 61,9	40	Grundrente + verdienstabhängige Zusatzrente
Frankreich	• 60, Anhebung auf 62 geplant • Männer: 58,7/Frauen: 59,5	40,5, bis 2012 Anhebung auf 41 alternativ: bei Erreichen des 65. Lebensjahres	verdienstabhängige Rente + obligatorische betriebliche Altersvorsorge + soziale Grundrente
Italien	• Männer: 65/Frauen: 60 • Männer: 60,8/Frauen: 60,8	40	verdienstabhängige Rente
Spanien	• 65 • Männer: 61,4/Frauen: 63,1	35	verdienstabhängige Rente
Polen	• Männer: 65/Frauen: 60 • Männer: 61,4/Frauen: 57,7	kein Konzept einer „vollen" Rente	verdienstabhängige Rente
Schweden	• 61 • Männer: 65,7/Frauen: 62,9	kein Konzept einer „vollen" Rente	verdienstabhängige Rente + obligatorische betriebliche Altersvorsorge
Niederlande	• 65 • Männer: 61,6/Frauen: 61,3	volle Rente bei ununterbrochener Versicherung zwischen der Vollendung des 15. u. 65. Lebensjahres	Grundrente + verdienstabhängige betriebliche Altersvorsorge

Quelle: OECD

Presse

Rente mit 70? Das wird nicht reichen

Veröffentlicht am 20.02.2018

Von ***Holger Zschäpitz***
Leitender Wirtschaftsredakteur

© picture alliance/dpa

Eine neue Berechnung offenbart, dass sogar ein Renteneintritt im Alter von 70 Jahren keinen finanziell sorglosen Ruhestand beschert. Und dieses Problem trifft nicht nur die Geringverdiener – im Gegenteil.

Wenn es um die gesetzliche Rente geht, geben sich die Bundesbürger inzwischen keinen Illusionen mehr hin. Aktuelle Umfragen offenbaren immer wieder, dass die heute Unter-50-Jährigen fest damit rechnen, erst mit 70 in den Ruhestand zu gehen. Nur so lasse sich der Lebensabend finanziell aushalten.

Doch eine neue Prognose dürfte auch diese Idee erschüttern. Selbst wer freiwillig bis 70 arbeitet und damit drei Jahre länger als vom Gesetzgeber vorgesehen in die Rentenkasse einzahlt, steht vor einer Wohlstandslücke. Das offenbart eine Studie der Ruhr-Universität Bochum im Auftrag der Investmentgesellschaft Fidelity, die WELT exklusiv vorliegt.

Danach kann niemand darauf vertrauen, allein durch längeres Arbeiten den Lebensstandard im Alter aufrechtzuerhalten: weder die Friseurin, der Facharbeiter, die Versicherungskauffrau noch der Ingenieur.

Bei leitenden Angestellten, die bis 70 arbeiten, kann die monatliche Rentenlücke noch gut 1.000 Euro betragen, rechnen die Autoren vor. Und es könnte noch schlimmer kommen, sollte das gesetzliche Renteneintrittsalter wegen der alternden Bevölkerung wie vielfach erwartet weiter angehoben werden.

Altersarmut ist programmiert

Die Studie widerlegt die bei vielen Bundesbürgern vorherrschende Vorstellung, man müsse nur lange genug arbeiten, um auch im Alter gut leben zu können. Die Autoren erneuern die bittere Wahrheit, dass die Deutschen künftig kräftig sparen müssen. Sie rechnen detailliert vor, wie hoch die ergänzende Altersvorsorge monatlich jeweils sein muss, um den Lebensstandard im Alter zu sichern.

Danach dürften es sich in Zukunft immer weniger Bundesbürger leisten können, pünktlich oder gar vorzeitig in Rente zu gehen. Denn wer erst mit 40 anfängt zu sparen, müsste teilweise bis zu 20 Prozent des aktuellen Bruttoeinkommens auf die Seite legen, um sich einen auch finanziell entspannten Lebensabend zu gönnen.

Immerhin können die Deutschen ihre staatlichen Altersbezüge durch die Wahl des Renteneintrittsalters selbst beeinflussen. Vor Erreichen der Regelgrenze gibt es die Rente nur mit Abstrichen. Pro Jahr einer vorzeitigen Inanspruchnahme sinkt die Summe um 3,6 Prozent. Wer dagegen länger arbeitet, kann seine Anwartschaften und Auszahlungen erhöhen. Pro Jahr steigt die Rentensumme um sechs Prozent.

Derzeit liegt das reguläre Renteneintrittsalter bei gut 65 Jahren. Diese Grenze wird bis zum Jahr 2029 stufenweise angehoben; ab dem Geburtsjahrgang 1964 müssen die Bundesbürger für eine abschlagfreie Rente bis 67 arbeiten. Doch auch wer freiwillig länger einzahlt und damit Rentenpunkte sammelt, kann sich nicht entspannt zurücklehnen.

Lebensstandard ist in Gefahr

Als Rentenlücke gilt jene Differenz, die sich zwischen der jeweils erreichten gesetzlichen Rente und jenem Alterseinkommen auftut, das den Lebensstandard sichert. Als lebensstandardsichernd setzen die Autoren 85 Prozent des letzten, in der Erwerbsphase erzielten Nettoeinkommens an. In verschiedenen Umfragen habe sich gezeigt, dass bei diesem Wert die Zufriedenheit mit der finanziellen Lebenssituation über den Renteneintritt hinweg unverändert bleibt.

Auf dieser Basis sind die Rentenlücken erheblich. Ein 1975 geborener Ingenieur mit einem Bruttojahresentgelt von rund 57.000 Euro steht bei einem regulären Renteneintritt von 67 Jahren vor einer monatlichen Lücke von fast 1.300 Euro. Die kann er immerhin auf unter 1.000 Euro drücken, wenn er noch drei Jahre länger arbeitet.

https://www.welt.de/wirtschaft/article173757495/Altersvorsorge-Rente-mit-70-Das-wird-nicht-reichen.html, überarbeitet und gekürzt

„Riester"-Rente

Das Fundament der staatlichen Rentenversicherung ist stark ins Wanken geraten. Zu wenige Erwerbstätige müssen für zu viele Rentner arbeiten. Geburtenrückgang, steigende Lebenserwartung und vorzeitiger Ruhestand haben die Finanzgrundlage der gesetzlichen Rentenversicherung erschüttert. Ausweg aus diesem Dilemma kann die sogenannte **„Riester"-Rente** bieten.

Bei der Riester-Rente wird eine zusätzliche private Altersversorgung vom Staat gefördert. Wer die volle Förderung erreichen möchte, muss einen Mindestbeitrag pro Jahr einzahlen. Seit 2008 liegt der Mindestbeitrag bei 4 % des Vorjahresbruttoeinkommens. Die Riester-Rente wird durch eine sogenannte Grundzulage von 175,00 € (2018) für den Sparer plus Kinderzulage gefördert. Dabei ist die Kinderzulage gestaffelt. Kinderzulage für Kinder, vor 2008 geboren, 185 Euro; Kinder, ab 2008 geboren, 300 Euro. Junge Sparer (bis 25 Jahre) erhalten einmalig einen Bonus als Berufseinsteiger von 200,– Euro.

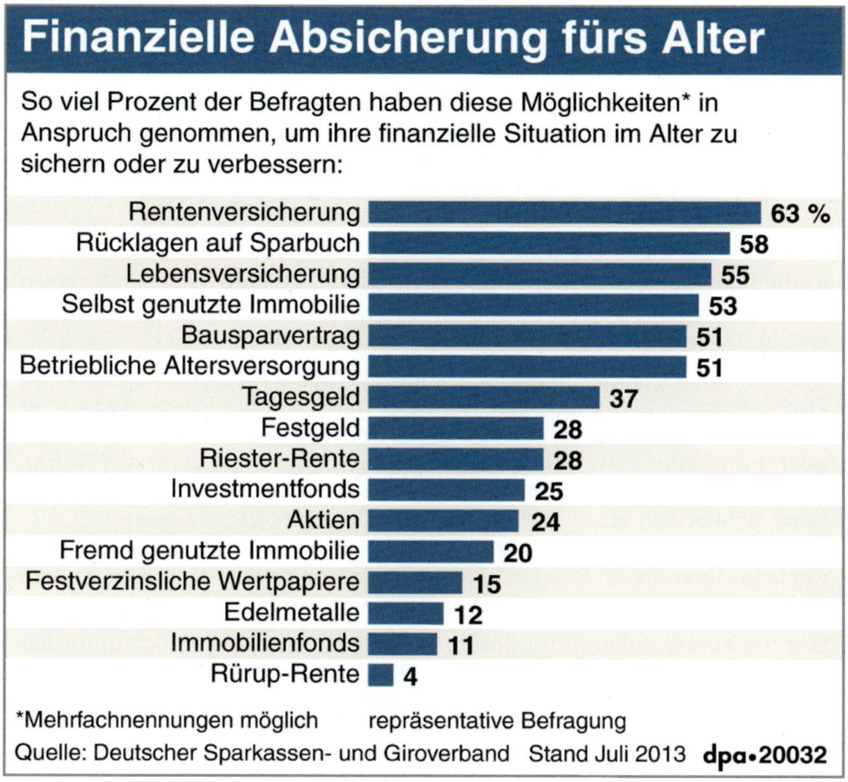
Finanzielle Absicherung fürs Alter
So viel Prozent der Befragten haben diese Möglichkeiten* in Anspruch genommen, um ihre finanzielle Situation im Alter zu sichern oder zu verbessern:
Rentenversicherung 63 %
Rücklagen auf Sparbuch 58
Lebensversicherung 55
Selbst genutzte Immobilie 53
Bausparvertrag 51
Betriebliche Altersversorgung 51
Tagesgeld 37
Festgeld 28
Riester-Rente 28
Investmentfonds 25
Aktien 24
Fremd genutzte Immobilie 20
Festverzinsliche Wertpapiere 15
Edelmetalle 12
Immobilienfonds 11
Rürup-Rente 4
*Mehrfachnennungen möglich
repräsentative Befragung
Quelle: Deutscher Sparkassen- und Giroverband
Stand Juli 2013
dpa•20032

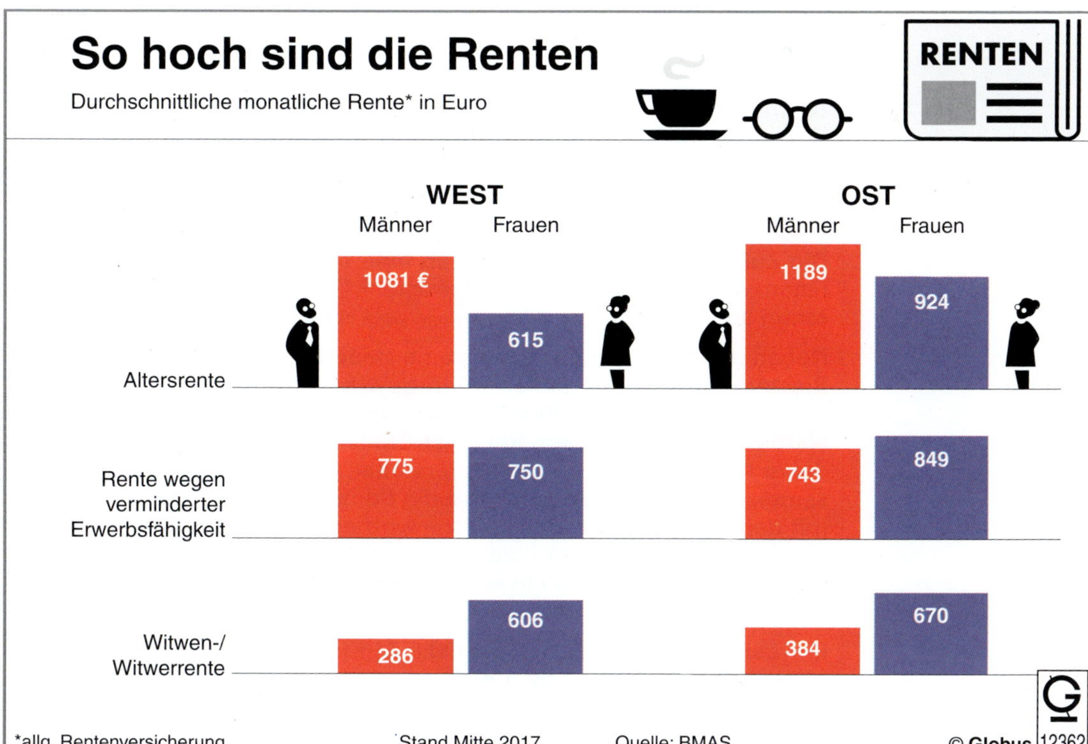
So hoch sind die Renten
Durchschnittliche monatliche Rente* in Euro
RENTEN
WEST
Männer
Frauen
OST
Männer
Frauen
Altersrente
1081 €
615
1189
924
Rente wegen verminderter Erwerbsfähigkeit
775
750
743
849
Witwen-/ Witwerrente
286
606
384
670
*allg. Rentenversicherung
Stand Mitte 2017
Quelle: BMAS
© Globus
12362

Presse

RIESTER-RENTE

Die höhere Zulage entpuppt sich als Luftnummer

von Niklas Hoyer

07. Juli 2017

Endlich ist der Staat mal spendabel: Statt 154 Euro zahlt er Sparern künftig 175 Euro. Doch die meisten freuen sich zu früh. Ihnen bringt das wenig. Um genau zu sein: nichts.

Der Vertrieb darf sich die Hände reiben. Wenn die Riester-Zulage Anfang 2018 von bislang 154 Euro auf 175 Euro steigt, hat der Riester-Vermittler ein Verkaufsargument mehr. Diese im neuen Betriebsrentenstärkungsgesetz enthaltene Anhebung – der Bundesrat hat das Gesetz am Freitag verabschiedet – dürfte den lahmenden Riester-Verkauf ein wenig ankurbeln: Schließlich schenkt der Staat den Sparern jetzt noch mehr Geld, so wird zu hören sein. Das Problem ist nur: Die Werbebotschaft führt in die Irre. Die meisten Riester-Sparer profitieren von der höheren Zulage überhaupt nicht.

Um das zu verstehen, muss man die Grundzüge der staatlich geförderten Altersvorsorge à la Riester verstehen. Anspruch auf die Förderung haben alle Pflichtversicherten in der Rentenversicherung, aber auch Beamte – um nur die zwei größten Personengruppen zu nennen. Wenn Sparer aus diesen Gruppen mit eigenen Beiträgen und den staatlichen Zulagen wenigstens vier Prozent ihres Brutto-Vorjahreseinkommens in den Vertrag einzahlen (maximal aber 2.100 Euro), dann haben sie Anspruch auf die volle staatliche Förderung.

Diese staatliche Förderung sieht so aus: Der Staat schießt direkt Geld zu, pro Sparer bislang 154 Euro, künftig dann 175 Euro im Jahr. Für Kinder haben Eltern Anspruch auf Extra-Zulagen, wobei nur ein Elternteil diese bekommt. Die Höhe der Kinderzulage beträgt 300 Euro oder, wenn das Kind vor 2008 geboren ist, 185 Euro. Diese Kinderzulage fließt solange, wie auch Anspruch auf Kindergeld besteht.

Die Zulagen waren von Anfang an eine tolle Werbebotschaft für den Finanzvertrieb. Denn ein „Geldgeschenk" vom Staat – wer sollte das schon ausschlagen?

Neben den Zulagen gibt es noch eine steuerliche Förderung. Die in den Riester-Vertrag eingezahlten Beiträge werden nicht mit Einkommensteuer belastet, sie dürfen also aus dem Brutto-Einkommen gezahlt werden. Wer die Beiträge in seiner Steuererklärung angibt, bekommt daher die gezahlte Steuer wiedererstattet. Doch, Achtung, nicht die gesamte, rechnerische Steuer – also die Summe der Beiträge multipliziert mit dem persönlichen Steuersatz – wird erstattet. Stattdessen werden die bereits ausgezahlten Zulagen vom rechnerischen Steuervorteil abgezogen. Nur wenn sich ein höherer Steuervorteil ergibt, bekommt der Steuerzahler wirklich Geld zurück.

Ein Zahlenbeispiel zeigt den Effekt: Ein Riester-Sparer, 45 Jahre alt, ohne Kinder und mit 52.500 Euro zu versteuerndem Einkommen im Jahr, hat insgesamt 2.100 Euro im Jahr in den Vertrag eingezahlt. 154 Euro Grundzulage hat der Staat zugeschossen.

Der Steuersatz auf jeden zusätzlichen Einkommens-Euro (auch Grenzsteuersatz genannt) setzen wir mit 40 Prozent an. Soviel Steuer spart der Sparer also auch, wenn vom zu versteuernden Einkommen etwas abgezogen wird. Damit liegt die rechnerische Steuerersparnis hier bei 40 Prozent von 2.100 Euro, also 840 Euro. Doch weil der Sparer 154 Euro ja schon als Zulage bekommen hat, werden sie abgezogen. Unter dem Strich bekommt er über die Steuererklärung daher nur 686 Euro zurück (840 Euro minus 154 Euro).

Kleines Plus mit Kindern

Für die meisten Normal- bis Gutverdiener sind die Zulagen daher unwichtig. Jeder zusätzliche Euro Zulage ist ein Euro weniger beim Steuervorteil. Anders sieht es erst bei mehreren Kindern aus. Wäre der Sparer im Beispielfall verheiratet und das gemeinsame Einkommen läge genauso hoch wie beim ledigen Sparer, also bei 52.500 Euro, dann würde der Grenzsteuersatz des Paares auf etwa 30 Prozent sinken. Der rechnerische Steuervorteil macht dann nur noch 630 Euro aus. Hätte der Sparer zudem noch zwei Kinder, läge die Summe der Zulagen bei 754 Euro – jetzt also höher als der Steuervorteil von nur 630 Euro. Er bekäme über die Steuererklärung daher nichts für seine Riester-Beiträge zurück, aber dürfte die Zulagen behalten. Dieser Sparer würde daher von der Erhöhung Anfang 2018 profitieren, statt 754 Euro bekäme er dann künftig 775 Euro vom Staat.

Ein Anstieg der Zulagen nutzt daher vor allem Geringverdienern (bei denen der rechnerische Steuervorteil wegen ihres geringen Steuersatzes klein ist) und Normalverdienern mit mehr als einem Kind (erst dann übersteigt die Summe der Zulagen ihren rechnerischen Steuervorteil). Nach Daten des Statistischen Bundesamtes von 2013 haben unter den Familien in Deutschland 42 Prozent nur ein Kind, weitere 42 Prozent haben zwei Kinder und nur 15 Prozent drei oder mehr Kinder. Schon das zeigt: Ein großer Teil der Sparer wird von der höheren Zulage nicht profitieren.

Ihnen bleibt dann der Steuervorteil. Doch auch der ist einen zweiten Blick wert. Denn wer bei der Riester-Rente nur auf die Einzahlungsphase schaut, wird fehlgeleitet. Das ist leider die Regel, etwa in Verkaufsgesprächen, wo Berater gerne Förderquoten errechnen („Schauen Sie mal, 40 Prozent ihrer Beiträge zahlen Sie gar nicht selbst? Wo gibt es das denn sonst?"). Solche Berater informieren weder umfassend, noch neutral. Die Wahrheit ist: Das Gegenstück der staatlichen Förderung in der Einzahlungsphase ist ein großer Nachteil der Riester-Rente bei der Auszahlung: Die Riester-Rente muss zu 100 Prozent versteuert werden. Das heißt natürlich nicht, dass der Staat 100 Prozent davon behält, sondern dass auf die komplette Auszahlung der persönliche Steuersatz anfällt.

Quelle: https://www.wiwo.de/finanzen/vorsorge/riester-rente-die-hoehere-zulage-entpuppt-sich-als-luftnummer/20022634.html

Vorsorge lohnt

Dass die gesetzliche Rentenversicherung nur eine minimale Grundversorgung bietet, hat sich mittlerweile herumgesprochen. Daher fördert der Staat auch die private Vorsorge. Denn schon im Jahre 2020 entwickelt sich die Versorgungsschere eines durchschnittlichen Arbeitnehmerverdienstes mit und ohne Privatvorsorge immens auseinander.

Nur zehn Jahre später im Jahre 2030 muss ein gleich gestellter Arbeitnehmer mit 68 % Altersrente auskommen, während sein Kollege mit der zusätzlichen privaten Altersvorsorge 76 % zur Verfügung hat.

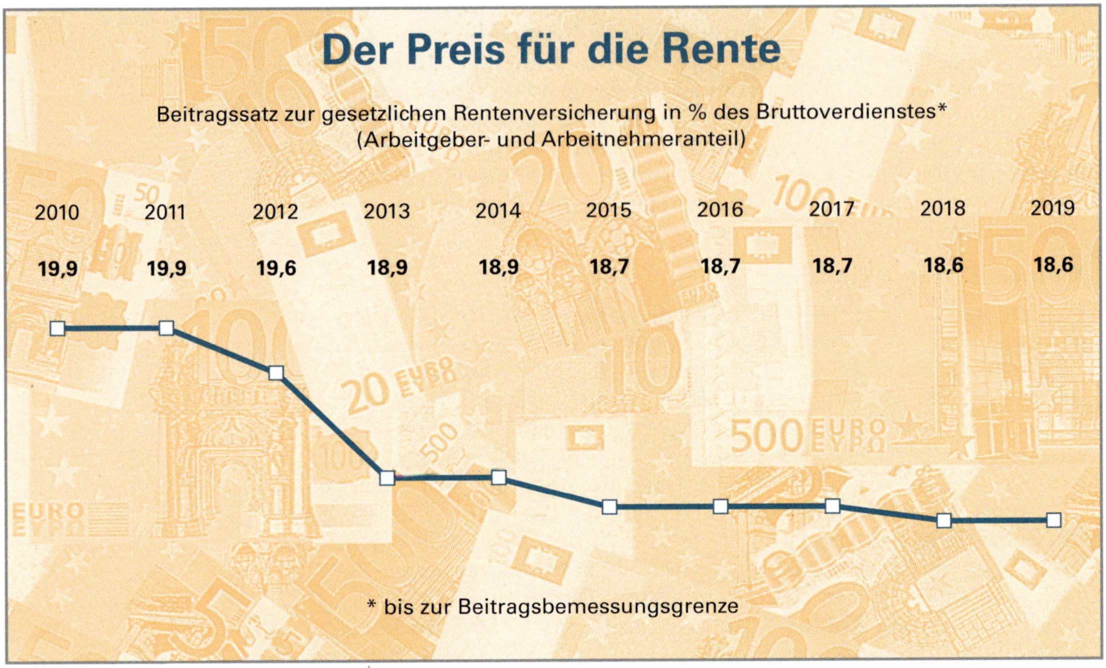

Wie notwendig die Eigenvorsorge in Zukunft ist, zeigt anschaulich die folgende Grafik „Probleme der Rentenversicherung". Da auch künftig aufgrund der steigenden Lebenserwartung und der einer niedrigen Geburtenrate immer mehr Ältere der jungen Generation gegenüberstehen, werden die Beitragszahler mehr Rentner finanzieren müssen. Die Bundesregierung reagierte auf diese Problematik mit einem neuen Rentenpaket 2019, in dem beispielsweise das Rentenniveau und der Beitragssatz bis 2025 festgeschrieben wurde.

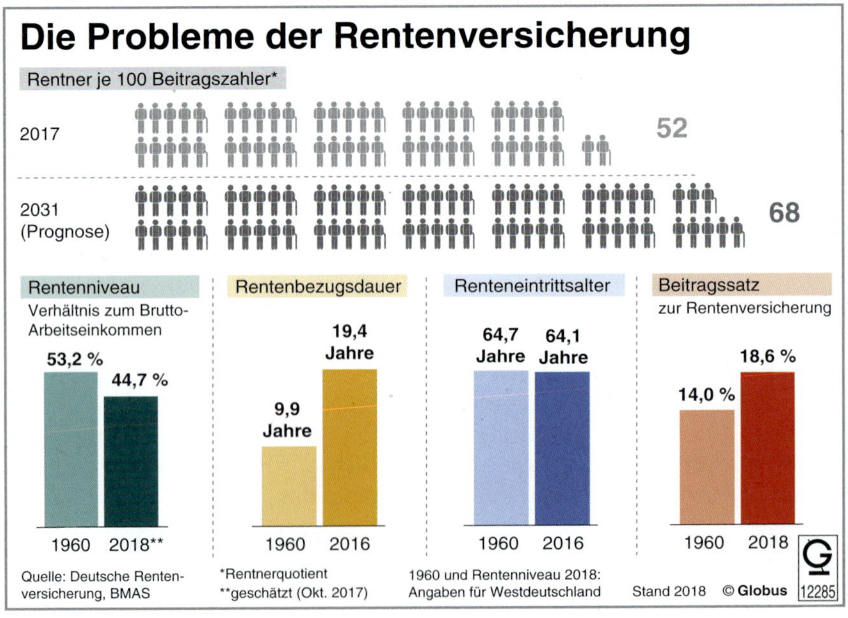

Beispiel

Der ledige Tischlergeselle Tim Schreiner schließt einen Riester-Rentenvertrag ab. Er hat im Jahr 2018 einen Bruttolohn von 35.000,00 €. Davon müssen 4 % Mindestbeitrag berechnet werden. Ergibt 1.400,00 €. Abzüglich der Grundzulage von 175,00 € liegt für Tim Schreiner der Mindestbeitrag zu seiner Riesterrente bei 1.225,00 € jährlich oder bei rund 103,00 € monatlich.

Arbeitslosenversicherung

Durch den Wandel einzelner Wirtschaftszweige oder eines gesamten Wirtschaftsgefüges (Strukturwandel) und auf Grund veränderter wirtschaftlicher Rahmenbedingungen entsteht die so genannte **strukturell bedingte Arbeitslosigkeit**.

Dies kann beispielsweise durch ausländische Konkurrenten geschehen, die wettbewerbsfähiger geworden sind oder durch Verhaltens- und Geschmacksänderungen der Verbraucher ursächlich sein.

Unter **konjunkturell bedingter Arbeitslosigkeit** versteht man ein zu langsames Wachsen der Wirtschaft, das allen Arbeitssuchenden in dieser Situation keine Beschäftigungsmöglichkeiten bietet. Tarifvertragsparteien und Regierungen müssen daher verantwortungsbewusst reagieren.

Aufgabe der Arbeitslosenversicherung ist es, den Versicherten vor Arbeitslosigkeit durch Arbeitsvermittlung zu schützen sowie bei unfreiwilliger Arbeitslosigkeit zu unterstützen und in besonderen Fällen Berufsumschulung zu gewähren.

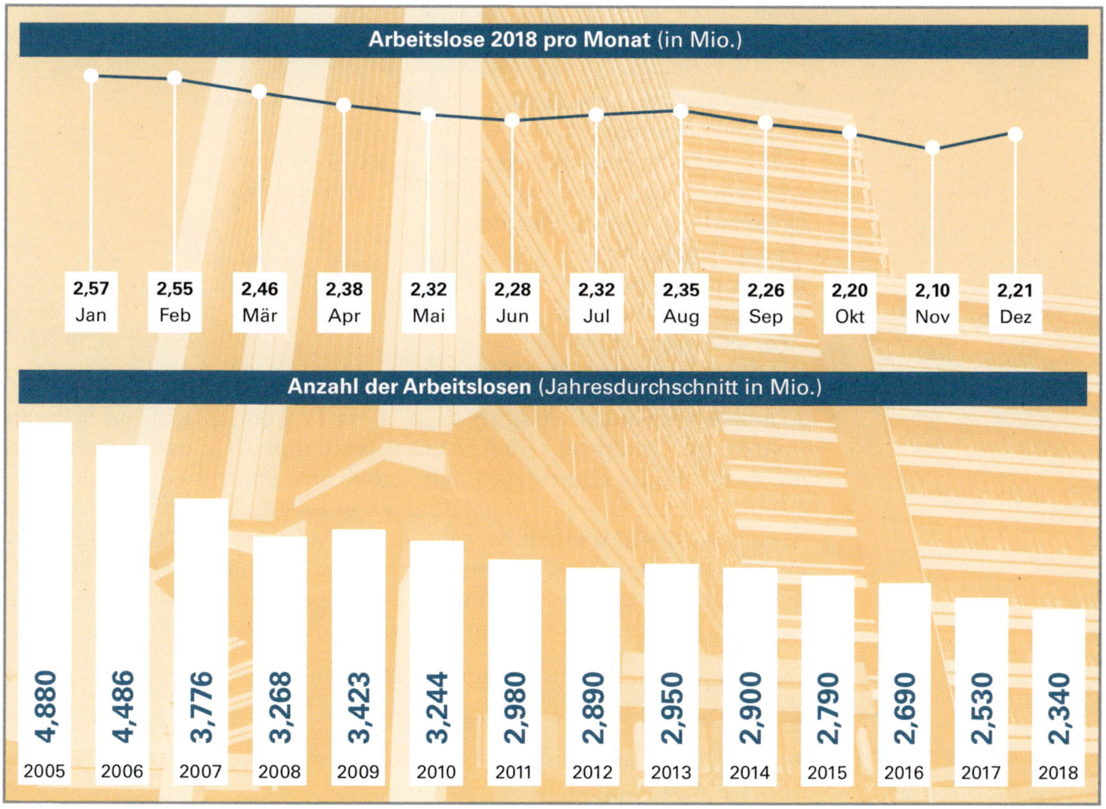

Die Bundesagentur für Arbeit ist vor Jahren durch Arbeitsmarktreformen zu einem modernen Dienstleister am Arbeitsmarkt umgebaut worden. Dies wurde durch neue Strukturen und Vereinfachungen im Leistungsrecht sowie in einer effizienteren Vermittlung umgesetzt. Dabei regeln die Gesetze Hartz III und IV den Umbau der Bundesagentur für Arbeit und die Zusammenlegung von Arbeitslosen- und Sozialhilfe zum Arbeitslosengeld II.

Damit wurden das Nebeneinander von zwei unterschiedlichen Systemen abgeschafft und erwerbsfähige Sozialhilfeempfänger in die aktive Arbeitsvermittlung eingebunden.

Beiträge

Der Gesamtbeitragssatz zur Arbeitslosenversicherung beträgt (seit 2019) 2,5 % des Bruttoentgelts. Den Beitragssatz teilen sich Arbeitgeber und Arbeitnehmer paritätisch.

Die Arbeitslosenversicherung gewährt folgende **Leistungen**:

Leistungen

- **Arbeitslosengeld I** (ALG I) ist eine Lohnersatzleistung. Sie erhält jeder, der unfreiwillig arbeitslos, jedoch arbeitsfähig ist. Die Dauer beträgt maximal 1 Jahr, bei über 55-Jährigen höchstens 18 Monate. Die Höhe des ALG I richtet sich nach dem „Bemessungsentgelt".
  Seit dem 1. Januar 2005 ist das Bemessungsentgelt im Regelfall das im letzten Jahr vor Beginn der Arbeitslosigkeit im Durchschnitt auf einen Tag entfallende, versicherungspflichtige Entgelt. Die Höhe des Arbeitslosengeldes I pro Tag ergibt sich aus der Multiplikation des Leistungsentgeltes mit dem so genannten Leistungssatz (60–67 %).
  Das monatlich auszuzahlende ALG I beträgt das 30-fache des täglichen ALG I.

  Beispiel

Familienvater, verheiratet, 1 Kind, Lohnsteuerklasse 3,		
bisheriges, monatliches,		
beitragspflichtiges Arbeitsentgelt	*2.000,00 Euro*	
wöchentliches Bemessungsentgelt	*460,00 Euro*	
wöchentliches Leistungsentgelt		
(Leistungsgruppe C		
Leistungssatz 67 %	*348,98 Euro*	*233,73 Euro*
Arbeitslosengeld wöchentlich		*233,73 Euro*
Arbeitslosengeld pro Tag		*33,39 Euro*
Arbeitslosengeld monatlich		*1.001,70 Euro*

- **Arbeitslosengeld II** (ALG II, auch Hartz IV genannt) ist eine steuerfinanzierte Grundsicherung. ALG II bekommen Langzeitarbeitslose, die in der Regel länger als 1 Jahr arbeitslos, aber erwerbsfähig sind. Das ALG II liegt in aller Regel deutlich unter dem ALG I.
  Arbeitslosengeld II erhält, wer bisher Arbeitslosen- oder Sozialhilfe bekommen hat, dessen Arbeitslosengeld I ausläuft und wer seinen Lebensunterhalt oder den des gesamten Haushalts nicht aus eigenen Kräften sichern kann. Das gilt auch für Erwerbstätige mit geringen Einkommen.

  Empfänger von Arbeitslosengeld II müssen:

  - zwischen 16 und 65 Jahre alt sein,
  - täglich mindestens drei Stunden arbeiten können,
  - in Deutschland leben.

Sanktionen bei Pflichtverletzungen

Wer Arbeitslosengeld II bezieht und seine Pflichten verletzt, also zum Beispiel eine zumutbare Beschäftigung ablehnt, muss in Zukunft schneller als bisher mit Kürzung des Arbeitslosengeldes rechnen. Das ALG II wird bei der ersten Pflichtverletzung um 30 Prozent gekürzt, bei der zweiten Pflichtverletzung innerhalb eines Jahres um 60 Prozent.
Seit dem 01.01.2018 ist der Regelbedarf für das Arbeitslosengeld II von 409,00 Euro auf nunmehr 416,00 Euro für Alleinstehende bzw. Alleinerziehende erhöht worden.
Volljährige Partner, die innerhalb einer Bedarfsgemeinschaft leben, erhalten 374,00 Euro. Für Kinder von 0 bis 5 Jahren beträgt das ALG II 240,00 Euro, von 6 bis 13 Jahren 296 Euro und ab 14 bis 17 Jahren 316,00 Euro.
Die Sozialreform Hartz IV ist die Grundsicherung für Arbeitssuchende. Die Regelsätze sollen den laufenden bzw. einmaligen Bedarf für Ernährung, Kleidung, Körperpflege, Hausrat, Strom (ohne Heizung) und die Bedürfnisse des täglichen Lebens sowie in vertretbarem Umfang auch die Beziehungen zur Umwelt und die Teilnahme am kulturellen Leben decken.

- **Sozialgeld** (Sozialhilfe) bekommt, wer nicht erwerbsfähig ist und in einer Bedarfsgemeinschaft mit Empfängern von Arbeitslosengeld II lebt. Das sind vor allem minderjährige Kinder. Das Sozialgeld ist ebenso hoch wie das des Arbeitslosengeld II. Alle anderen erhalten weiter Sozialhilfe. Deren Regelsätze und weitere Leistungen sind an die von ALG II/Sozialgeld angeglichen.
- **Kurzarbeitergeld**, wenn der Betrieb zur Kurzarbeit gezwungen ist. Dauer: längstens 6 Monate. Höhe: Für Arbeitnehmer mit mindestens einem Kind 67 %, für die übrigen Arbeitnehmer 60 % des Nettoentgelts.
- **Arbeitsvermittlung** mit Zuschüssen zur Fortbildung oder Umschulung.
- **Berufsberatung für Schulabgänger aller Schularten.**
- **Erhaltung und Schaffung von Arbeitsplätzen.**
- **Arbeitsmarkt- und Berufsforschung**, um dem Arbeitnehmer Möglichkeiten und Grenzen des Arbeitsmarktes speziell in seiner Berufssparte transparent zu machen.

Presse

Bildungspaket für Hartz-IV-Empfänger
Das Geld kommt oft nicht an

Gutes Schulmaterial, Musikunterricht, Klassenfahrten oder Nachhilfe: Dafür reicht in vielen armen Familien das Geld nicht. Seit einigen Jahren gibt es deshalb das Bildungs- und Teilhabepaket. Das Konzept wird allgemein begrüßt, an der Umsetzung gibt es jedoch teils heftige Kritik.

von Philip Banse

Durch das Bildungs- und Teilhabepaket können Schulen Geld beantragen, damit arme Kinder das Schulessen nicht bezahlen müssen.

© dpa

Eine Kita in Berlin-Neukölln. Aische möchte ihren richtigen Namen nicht im Radio hören. Sie hat drei Kinder, zwei davon gehen zur Schule. Aische ist verheiratet und bekommt Hartz IV. Deswegen haben sie und ihre Kinder Recht auf Leistungen aus dem Bildungs- und Teilhabepaket – zum Beispiel pro Schuljahr 100 Euro für Schulmaterial: „Wenn man gutes Schulmaterial kaufen will, muss man drüber zahlen. 20 bis 30 Euro. Kommt auch drauf an, was die Schule verlangt."

Vor gut acht Jahren wurde das Bildungs- und Teilhabepaket beschlossen. Seitdem können Schulen Geld beantragen, damit arme Schüler nichts zahlen müssen für Klassenfahrten, Schulessen oder Nachhilfe. Das scheint gut zu klappen, sagen Sozialverbände und auch Aische, die Mutter aus Neukölln: „Ich finde es sehr schön und bin dankbar dafür."

30 Prozent für die Verteilung des Geldes

Viele Leistungen müssen Eltern jedoch selber beantragen, etwa Geld für Schulmaterial oder Musikunterricht. Und das klappt nicht so gut. „Es ist eines der schlechtesten Gesetze, die ich kenne", sagt Maria Lingens von der Arbeiterwohlfahrt AWO, einem Verein, der sich um arme Menschen kümmert. „Weil das Geld nur sehr bürokratisch bei den Betroffenen ankommt und weil über 30 Prozent der Mittel in den Verwaltungsaufwand gehen.
Und das, finde ich, ist einfach ganz schlecht gemacht."

30 Prozent des Geldes für die Verteilung des Geldes? Wie hoch sind die Verwaltungskosten? „Hierzu liegen keine Daten vor", schreibt die Bundesregierung im Mai als Antwort auf eine Kleine Anfrage der FDP-Bundestagsfraktion. In dem 30-seitigen Schreiben offenbart die Bundesregierung peinliche Ahnungslosigkeit über die Wirkung ihres Gesetzes: Wie viele Anträge wurden gestellt? „Keine Erkenntnisse." Wie viele Menschen hätten Anspruch? Hierzu „liegen der Bundesregierung Keine Erkenntnisse vor".

Der Kinder-Experte der oppositionellen FDP im Bundestag, Matthias Seestern-Pauly, findet das Bildungs- und Teilhabepaket zwar im Kern gut. „Es ist aber schon so, dass an vielen Stellen die Mittel nicht ankommen."

Schwieriger Antrag

Das sei durchaus beabsichtigt, sagt Frank Steger vom evangelischen Verein „Berliner Arbeitslosenzentrum". Der Staat habe sich bewusst dafür entschieden, Geld für Schulmaterial, Freizeitaktivitäten und Klassenfahrten aus dem Hartz-IV-Satz für Kinder herauszunehmen: „Eine Berücksichtigung hätte zu einer deutlichen Erhöhung der entsprechenden Hartz-IV-Sätze geführt. So wird die Erhöhung – und damit auch das Paket – nur wirksam auf Antrag. Das heißt, faktisch kommt nicht jedes Kind in den Genuss des Pakets. Der Staat spart auf diese Weise Mittel ein – völlig unzulässig, wie ich finde."

Dazu kommt, dass das Bildungs-Geld für die Kinder sehr schwer zu beantragen ist, sagt Aische, die Mutter in der Neuköllner Kita, die Hartz IV bekommt: „Ist ein bisschen kompliziert, ganz ehrlich. Wer nicht gut Deutsch versteht und nicht gut schreiben kann, es ist wirklich ein schwerer Antrag."

Zuständig sind zudem – je nach Kommune – oft mehrere Ämter, die oft auch nicht sehr hilfreich seien. „Das Jobcenter hat mir gar nicht gesagt, dass man diese 70 Euro und die 30 Euro beantragen kann. Wenn man jetzt nicht hier und hier nachfragt, erhält man leider diese Infos vom Amt gar nicht."

Dabei würden Hartz-IV-Empfänger noch vergleichsweise gut über die möglichen Hilfen für ihre Kinder informiert, sagt FDP-Politiker Seestern-Pauly, einfach weil sie oft Kontakt zu Behörden hätten. Neben Hartz-IV-Empfängern können nämlich noch drei weitere Gruppen unter Umständen Geld für ihre Kinder beantragen:

Sozialhilfe-Empfänger, Asylbewerber und besonders arme Menschen, die Wohngeld oder einen Zuschlag aufs Kindergeld bekommen, den Kinderzuschlag.

Das Problem: 70 Prozent derer, die diesen Kinderzuschlag beantragen können, beantragen ihn nicht und bekommen daher auch kein Bildungs-Geld aus dem Teilhabepaket, sagt FDP-Mann Seestern-Pauly und rechnet vor, dies führe dazu, dass bis 380.000 Familien und ihre Kinder leer ausgehen – obwohl sie Anspruch hätten. FPD-Politiker Seestern-Pauly fordert daher, die Hilfen automatisch auszuzahlen, wenn jemand berechtigt ist: „Und zum zweiten brauchen wir ganz klar mehr Transparenz bei der Zuständigkeit. Ich muss als Betroffener wissen, wer für mich eigentlich zuständig ist."

https://www.deutschlandfunk.de/bildungspaket-fuer-hartz-iv-empfaenger-das-geld-kommt-oft.680.de.html?dram:article_id=420184

Die soziale Absicherung der Pflegebedürftigen war noch vor 20 Jahren unbefriedigend. Erst 1995 wurde die **Pflegeversicherung** als fünfte Säule der Sozialversicherung eingeführt. Sie ist ein eigenständiger Zweig der Sozialversicherung. Seitdem gilt:

Pflegeversicherung

Jeder, der gesetzlich krankenversichert ist, ist auch gleichfalls gesetzlich pflegeversichert. Jeder, der privat krankenversichert ist, muss sich auch privat pflegeversichern. Die Pflegeversicherung hat die Aufgabe, Pflegebedürftigen Hilfe zu leisten.

Personenkreis

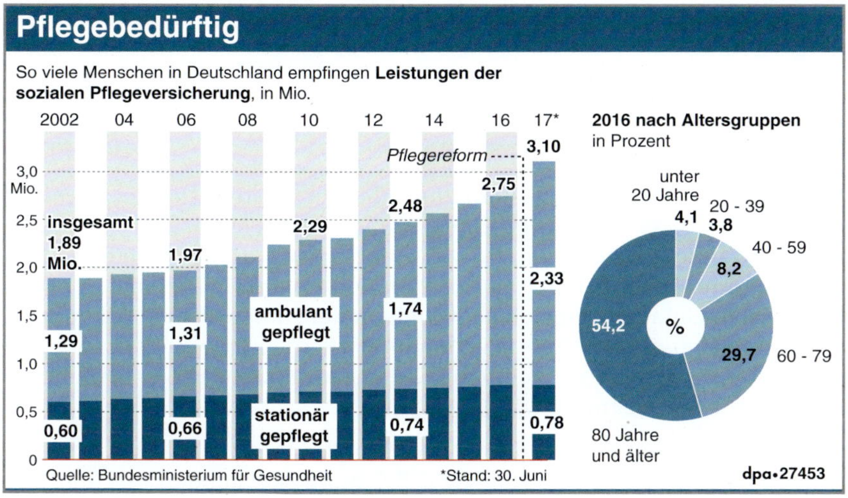

Seit Januar 2016 gibt es in Rheinland-Pfalz deutschlandweit die erste Pflegekammer. Sie soll für die professionellen Pflegekräfte Ansprechpartner sein und deren Arbeitssituation verbessern.

Alle Mitglieder der gesetzlichen Krankenversicherung sind auch gegen Pflegebedürftigkeit pflichtversichert. Die in einer privaten Krankenversicherung versicherten Personen (Beamte, Freiberufler, Selbstständige) müssen eine private Pflegeversicherung abschließen.

Ehegatten und Kinder (innerhalb bestimmter Altersgrenzen) sind grundsätzlich beitragsfrei mitversichert, wenn ihr Gesamteinkommen monatlich 405,00 € nicht übersteigt.

Personenkreis, Leistungen

Mit der großen Pflegereform im Jahre 2017 wurde der Begriff der Pflegebedürftigkeit neu definiert. Dabei wurden für das Vorliegen einer Pflegebedürftigkeit hauptsächlich Beeinträchtigungen der Selbstständigkeit bzw. Fähigkeitsstörungen in sechs verschiedenen Bereichen (Module) zu Grunde gelegt.

Diese sind:

Module der Pflegeversicherung

- **Mobilität**
  (z. B. Fortbewegen innerhalb des Wohnbereichs, Treppensteigen etc.)
- **Kognitive und Kommunikative Fähigkeiten**
  (z. B. örtliche und zeitliche Orientierung etc.)
- **Verhaltensweisen und psychischen Problemlagen**
  (z. B. nächtliche Unruhe, selbstschädigendes und autoaggressives Verhalten)
- **Selbstversorgung**
  (z. B. Körperpflege, Ernährung etc.)

- **Bewältigung von und selbstständiger Umgang mit krankheits- oder therapiebedingten Anforderungen und Belastungen**
  (z. B. Medikation, Wundversorgung, Arztbesuche, Therapieeinhaltung)
- **Gestaltung des Alltagslebens und sozialer Kontakte**
  (z. B. Gestaltung des Tagesablaufes)

Mit der Reform wurden die bisherigen drei Pflegestufen in **fünf Pflegegrade** umgewandelt.

Die Neueinteilung wurde deshalb vorgenommen, um psychische und physische Beschwerden gleich zu behandeln. Dies war vorher nicht der Fall, da Demenzkranke zwar körperlich oft noch gesund sind, psychisch aber dennoch viel Betreuung brauchen.

Die nun eingeführten Pflegegrade unterscheiden sich nach der **Schwere der Behinderung**.

Die Einstufung in einen bestimmten Pflegegrad erfolgt aufgrund eines gründlichen Gesprächs durch einen Gutachter des medizinischen Dienstes der Krankenversicherung (MDK). Bei der Einstufung durch den MDK werden sogenannte Alltagkompetenzen kontrolliert. Diese Kompetenzen zeigen dem Gutachter, in welchem Umfang der Kranke seinen Alltag noch selbst bewältigen kann. Die Leistungen werden aufgrund des ermittelten Pflegegrades angeboten, wobei die Selbstständigkeit des Kranken einem Punktesystem zugeordnet wird.

Dabei gilt: Je mehr Punkte der Kranke erhält, umso höher wird sein Pflegegrad bzw. umso mehr Pflege- und Betreuungsleistungen gewährt ihm seine Pflegekasse.

Pflegegrade

Pflegegrade

Pflegegrad 1:
Geringe Beeinträchtigung der Selbstständigkeit
(12,5 bis unter 27 Punkte)

Pflegegrad 2:
Erhebliche Beeinträchtigung der Selbstständigkeit
(27 bis unter 47,5 Punkte)

Pflegegrad 3:
Schwere Beeinträchtigung der Selbstständigkeit
(47,5 bis unter 70 Punkte)

Pflegegrad 4:
Schwerste Beeinträchtigung der Selbstständigkeit
(70 bis unter 90 Punkte)

Pflegegrad 5:
Schwerste Beeinträchtigung der Selbstständigkeit mit besonderen Anforderungen an die pflegerische Versorgung (90 bis 100 Punkte).

Ausnahme: Pflegebedürftige mit besonderen Bedarfskonstellationen, die einen spezifischen, außergewöhnlich hohen Hilfebedarf mit besonderen Anforderungen an die Pflegeversorgung haben, können auch in den Pflegegrad 5 eingestuft werden, obwohl sie die dafür notwendigen Mindestpunkte von 90 bei der Überprüfung durch den MDK nicht erreicht haben.

Leistungen

Leistungen

Pflegegrad 1

- Anspruch auf Beratungsbesuche halbjährig
- Entlastungsbetrag ambulant durch Angehörige (zweckgebunden): 125 Euro

Pflegegrad 2

- Geldleistung für ambulante Pflege durch Angehörige: 316 Euro
- Sachleistung für ambulante Pflege durch ambulanten Dienst: 689 Euro
- Entlastungsbetrag ambulant durch Angehörige (zweckgebunden): 125 Euro
- Leistungsbeitrag für vollstationäre Pflege: 770 Euro

Pflegegrad 3

- Geldleistung für ambulante Pflege durch Angehörige: 545 Euro
- Sachleistung für ambulante Pflege durch ambulanten Dienst: 1.298 Euro
- Entlastungsbetrag ambulant durch Angehörige (zweckgebunden): 125 Euro
- Leistungsbeitrag für vollstationäre Pflege: 1.262 Euro

Pflegegrad 4

- Geldleistung für ambulante Pflege durch Angehörige: 728 Euro
- Sachleistung für ambulante Pflege durch ambulanten Dienst: 1.612 Euro
- Entlastungsbetrag ambulant durch Angehörige (zweckgebunden): 125 Euro
- Leistungsbeitrag für vollstationäre Pflege: 1.775 Euro

Pflegegrad 5

- Geldleistung für ambulante Pflege durch Angehörige: 901 Euro
- Sachleistung für ambulante Pflege durch ambulanten Dienst: 1.995 Euro
- Entlastungsbetrag ambulant durch Angehörige (zweckgebunden): 125 Euro
- Leistungsbeitrag für vollstationäre Pflege: 2.005 Euro

Der in jedem Pflegegrad einheitliche **Entlastungsbetrag** soll die pflegenden Angehörigen entlasten, zum Beispiel für

- Betreuung der Korrespondenz mit Behörden
- Übernahme von Gebühren für Betreuungsgruppen für leicht Demenzkranke bzw. leicht Hilfsbedürftige, die die körperlichen und geistigen Fähigkeiten fördern
- Haushalts- und Putzhilfen in der eigenen Wohnung
- Einkaufshilfen
- Beaufsichtigung bei Spaziergängen und Anregungen und Unterstützung bei Gesprächen

Pflegeleistungen			
	bei häuslicher Pflege	**bei häuslicher Pflege/Pflege-sachleistungen**	**bei vollstationärer Pflege**
	durch Angehörige	durch ambulanten Dienst	durch Pflegeheim
	Pflegegeld monatlich		
Pflegegrad 1	0,– Euro	0,– Euro	125,– Euro
Pflegegrad 2	316,– Euro	689,– Euro	770,– Euro
Pflegegrad 3	545,– Euro	1.298,– Euro	1.262,– Euro
Pflegegrad 4	728,–. Euro	1.612,– Euro	1.775,– Euro
Pflegegrad 5	901,– Euro	1.995,– Euro	2.005,– Euro

Kurzzeitpflege

Dies ist die Pflege in einer vollstationären Einrichtung, wenn Pflegebedürftige vorübergehend nicht zu Hause betreut werden können, weil Angehörige selbst krank sind oder Urlaub machen wollen. Pflegebedürftige mit Pflegegrad 1 haben keinen Anspruch auf Kurzzeitpflege. Erst ab Pflegegrad 2 wird die Kurzzeitpflege gewährt. Dabei kann der Anspruch der Kurzzeitpflege auf bis zu acht Wochen im Kalenderjahr verteilt werden. Die Aufwendungen dürfen 1.612,00 Euro nicht übersteigen. Das Pflegegeld wird für acht Wochen bis zu 50 % weiterbezahlt.

Verhinderungspflege

Die Verhinderungspflege hilft, wenn die Pflegeperson, beispielsweise eine Angehörige oder ein Angehöriger, die Pflege nicht übernehmen kann, weil sie/er selbst krank geworden ist oder weil sie/er dringend einen Erholungsurlaub benötigt. Bevor die Verhinderungspflege gewährt wird, muss die Pflegeperson den Pflegebedürftigen vor der erstmaligen Verhinderung mindestens sechs Monate in seiner häuslichen Umgebung gepflegt haben und der Pflegebedürftige muss zum Zeitpunkt der Verhinderung mindestens in Pflegegrad 2 eingestuft sein. Die Verhinderungspflege beträgt pro Kalenderjahr maximal 1.612,00 Euro.

Verhinderungspflege und Kurzzeitpflege können kombiniert werden.

Tages- oder Nachtpflege

Kann häusliche Pflege nicht in ausreichendem Umfang sichergestellt werden, haben Pflegebedürftige ab Pflegegrad 2 Anspruch auf stationäre Tages- oder Nachtpflege. Dazu zählt auch die notwendige Beförderung des Pflegebedürftigen von seiner Wohnung zur Einrichtung und zurück.

Die Pflegekasse übernimmt bei Tages- oder Nachtpflege **monatlich** folgende Kosten:

Pflegegrad 1:	0 Euro
Pflegegrad 2:	689,00 Euro
Pflegegrad 3:	1.298,00 Euro
Pflegegrad 4:	1.612,00 Euro
Pflegegrad 5:	1.995,00 Euro

Hilfsmittel

Zu den Hilfsmitteln zählen beispielsweise Rollstühle, Körperersatzstücke (Beinprothesen), Brillen, Hörgeräte oder auch Kompressionsstrümpfe, die medizinisch erforderlich sind. Dabei übernehmen Pflegeheim und Krankenkassen nicht alle Kosten. Hat ein Arzt aber dem Patienten das Hilfsmittel verordnet, zahlen die gesetzlichen Krankenkassen. Allgemein übliche Hilfsmittel (z. B. Toilettenrollstühle, spezielle Matrazenauflagen gegen Druckgeschwüre) stellen jedoch die Pflegeheime zur Verfügung.

Pflegehilfsmittel

Pflegehilfsmittel (Bettschutzeinlagen, Einmalhandschuhe, Infektionsmittel), die zum Verbrauch bestimmt sind, werden von den Pflegekassen finanziert, wenn sie zur Erleichterung der Pflege und zur Linderung der Beschwerden beitragen bzw. eine selbstständigere Lebensführung ermöglichen. Die Pflegekassen übernehmen monatlich bis zu 40,– Euro.

Die Ausgaben für die Pflegeversicherung werden durch die Beiträge der Mitglieder und der Arbeitgeber finanziert.

Die Höhe der Beiträge richtet sich nach dem Beitragssatz und den beitragspflichtigen Einnahmen der Mitglieder.

Familienversicherte zahlen keinen Beitrag.

Der Beitragssatz beträgt seit 2019 3,05 % (Kinderlose 3,3 %).

Arbeitnehmer, die in der Krankenversicherung versicherungspflichtig sind sowie ihre Arbeitgeber, tragen die Beiträge jeweils zur Hälfte selbst.

In Deutschland kostet ein Pflegeplatz für eine vollstationäre Pflege des Pflegegrades 4 im Durchschnitt 3.290,00 € monatlich.

Davon übernimmt die Pflegeversicherung 1.775,00 € pro Monat.

Somit müssen die Angehörigen in einem solchen Pflegefall 1.515,00 € Monat für Monat aufbringen.

Für die meisten Familien ist dies eine enorme finanzielle Belastung, die sie in vielen Fällen nicht über Jahre leisten können.

Versicherung	Kranken versicherung	Unfall-versicherung	Renten-versicherung	Arbeitslosen-versicherung	Pflege-versicherung
Versicherungs-träger	Allg. Ortskrankenkasse (AOK) Ersatzkassen DAK, BEK	Berufsgenossenschaften	Landesversicherungsanstalten Bundesversicherungsanstalt	Bundesagentur für Arbeit, vertreten durch die Arbeitsämter	Pflegekasse jeder Krankenkasse
Versicherungs-pflichtiger Personenkreis	Arbeiter, Angestellte, Azubis, Rentner	Arbeiter, Angestellte, Azubis	Arbeiter, Angestellte, Azubis	Arbeiter, Angestellte, Azubis	Alle, die in der gesetzlichen KV sind
Gesamtübersicht					
Leistungen	Krankenhilfe, wie Krankenpflege Krankenhauspflege Krankengeld Mutterschaftshilfe Kurbehandlung Gesundheitsvorsorge	Unfallverhütung Krankenhilfe Unfallrente Hinterbliebenenrente Sterbegeld Berufshilfe (Umschulung)	Altersruhegeld Erwerbsminderungsrente Witwen- und Waisenrente Maßnahmen zur Erhaltung und Wiederherstellung der Erwerbsfähigkeit	Arbeitslosengeld I Arbeitslosengeld II Kurzarbeitergeld Arbeitsvermittlung Berufsberatung Arbeitsmarkt- und Berufsforschung Erhaltung und Schaffung von Arbeitsplätzen	Pflegesachleistungen Pflegegeld Pflegevertretung Pflegehilfsmittel Tagespflege oder Nachtpflege Kurzeitpflege Vollstationäre Pflege
Sozialversicherungen					
Beiträge	Arbeitgeber 7,3 % Arbeitnehmer 7,3 %, je zur Hälfte plus Zusatzbeitragssatz 1 % (0,5 % AG; 0,5 % AN)	Arbeitgeber zahlt Beiträge allein	Arbeitgeber und Arbeitnehmer je zur Hälfte	Arbeitgeber und Arbeitnehmer je zur Hälfte	Arbeitgeber und Arbeitnehmer je zur Hälfte Arbeitnehmer-Kinderlosenbeitrag 0,25 %
Beitragshöhe	z. Zt. 14,6 % vom Bruttoeinkommen	Beitragshöhe wird jährlich festgelegt	z. Zt. 18,6 % vom Bruttoeinkommen	z. Zt. 2,5 % vom Bruttoeinkommen	z. Zt. 3,05 % vom Bruttoeinkommen
Zuständiges Gericht	**Sozialgerichte**				
Sozialversicherungen in Schwierigkeiten					
Reformbedarf	Steigende Ausgaben durch Bevölkerungsentwicklung und med.-techn. Fortschritt.	–	Weniger Beiragszahler, mehr Rentner. Finanzierung nicht gewährleistet.	Steigende Ausgaben durch Bevölkerungsentwicklung und med.-techn. Fortschritt.	Steigende Ausgaben durch Bevölkerungsentwicklung und med.-techn. Fortschritt.
Reformansätze	Gesundheitsrefom Patienten müssen mehr selbst zahlen	–	Rentenalter wird angehoben, Renten steigen langsamer, mehr Eigenvorsorge	Leistungskürzungen	Rentner müssen gesamten Beitrag selbst zahlen.

Sozialleistungen aus Steuergeldern

Die Sozialleistungen umfassen alle Geld- und Sachleistungen, die privaten Haushalten oder Einzelpersonen vom Staat bzw. von öffentlich-rechtlichen Körperschaften oder von Unternehmen zur Deckung bestimmter sozialer Risiken und Bedürfnisse gewährt werden.

Sie dienen der sozialen Absicherung gegenüber Risiken, dem Familienleistungsausgleich sowie anderen sozialpolitischen Aufgaben wie der Jugendhilfe oder der Unterstützung Behinderter. Finanziert werden sie im Wesentlichen durch Beiträge der Versicherten und der Arbeitgeber sowie durch Zuweisungen des Staates.

Die Strukturen und Zusammenhänge des Systems der sozialen Sicherung werden im Sozialbudget der Bundesregierung sehr deutlich. Diese jährliche Zusammenstellung bietet in einer Gliederung nach Institutionen einen Überblick über die sozialen Leistungen der staatlichen Einrichtungen, der öffentlichen Körperschaften und der Arbeitgeber. Außerdem gruppiert sie nach Funktionen, d.h. nach Zweckbestimmung der Leistungen (z.B. Alter und Hinterbliebene, Gesundheit, Familie und Ehe). Zu den Sozialleistungen gehören beispielsweise Kinder- und Jugendhilfe, Sozialhilfe, Kindergeld, Wohngeld, Arbeitslosengeld, Asylbewerberleistungen.

Probleme der sozialen Sicherung und Zukunftstendenzen

Die Sozialversicherung ist eine wichtige Grundlage im sozialen Netz unseres Sozialstaates. Sie ist für den Bürger die soziale Absicherung. In der Vergangenheit machte die Finanzierung der einzelnen Versicherungszweige immer wieder Probleme. Seit dem Jahre 2012 stehen einzelne Zweige die Sozialversicherung (Gesetzliche Krankenversicherung) auf einem stabilen finanziellen Fundament, da die Mitglieder in die Solidargemeinschaft in den zurückliegenden Jahren einen hohen Betrag angespart haben. Trotzdem sind diese positiven Entwicklungen mit Vorsicht zu genießen, da mit dem Wegfall der Praxisgebühr sich die Situation in einigen Jahren wieder grundlegend ändern könnte. Auch die gute wirtschaftliche Lage trägt momentan dazu bei, dass es weniger Probleme bei der Sozialversicherung gibt. Hinzu kommt auch, dass die Mitglieder heutzutage immer öfter Zusatz-Versicherungen abschließen, um einen vollen Versicherungsschutz zu erreichen.

Probleme

Presse SPIEGEL

60 Milliarden Euro Überschuss

Rekordplus für Bund, Länder, Gemeinden und Sozialversicherungen

Die Wirtschaft läuft, die Beschäftigung wächst und der Staat freut sich: Die öffentlichen Kassen verzeichnen das fünfte Jahr in Folge ein Plus. Es fällt nach SPIEGEL-Informationen so hoch aus wie nie zuvor.

Freitag, 23.11.2018 13:31 Uhr

Bund, Länder, Gemeinden und Sozialversicherungen werden dieses Jahr einen Rekordüberschuss von mehr als 60 Milliarden Euro erwirtschaften. Diese Größenordnung geht aus einer Vorlage des Bundesfinanzministeriums für den Stabilitätsrat hervor – ein finanzpolitisches Koordinierungsgremium von Bund und Ländern.

- Auf den Bund entfällt ein Kassenplus von knapp zehn Milliarden Euro.
- Auf die Länder etwa doppelt so viel.

Laut der Vorlage steigt der gesamtstaatliche Überschuss dieses Jahr auf rund 1,8 Prozent der Wirtschaftsleistung. 2019 soll er auf ein Prozent sinken, in absoluten Zahlen etwa 36 Milliarden Euro.

http://www.spiegel.de/wirtschaft/steuereinnahmen-rekordplus-bei-bund-laendern-und-gemeinden-a-1240022.html, gekürzt

Um künftig die gesetzliche **Rentenversicherung** für die nachfolgenden Generationen attraktiv und finanzierbar zu gestalten, gibt es verschiedene Lösungsansätze wie Verlängerung der Lebensarbeitszeit, Kürzung der Renten, Erhöhung der Beiträge, Reduzierung der Frühverrentung und mehr bzw. höhere Eigenvorsorge für das Alter.

Bei den bisherigen Reformen der **Krankenversicherung** geht es vor allem um die Senkung der Kosten und um die Stabilität der Beiträge. Diese Ziele sind erreichbar, wenn die Versorgung billiger wird, die Nachfrage der Patienten weniger wird oder die Patienten bereit sind, mehr Leistungen der Krankenversicherung aus eigener Tasche zu zahlen.

Zukunftstendenzen

In der Diskussion um die Reform des Solidarprinzips in der Krankenversicherung stehen zum einen die Bürgerversicherung und zum anderen die Kopfpauschale.

Bei der Bürgerversicherung wird versucht, einen sozialen Ausgleich über einkommensabhängige Versicherungsbeiträge zu erzielen.

Neben Arbeitseinkommen sollen auch andere Einkünfte für Beiträge herangezogen werden können. Bei der Kopfpauschale soll jeder Versicherte den gleichen Beitrag zahlen und der soziale Ausgleich über Steuern erfolgen.

In den vergangenen Jahren ist in Deutschland die Zahl der Arbeitslosen kontinuierlich gesunken, weil der deutsche Arbeitsmarkt in den letzten Jahren durch die gute Konjunkturlage in sehr guter Verfassung war. Die Arbeitslosenzahl lag im Jahr 2018 bei 2,34 Millionen. Dies ist der niedrigste Wert seit der Wiedervereinigung. Folge: Die Beiträge zur **Arbeitslosenversicherung** wurden Januar 2019 deutlich gesenkt, nämlich von 3,0 auf 2,5 Prozent des Bruttoeinkommens.

Das Polster der **Pflegeversicherung** schmilzt schneller dahin, als Experten dies noch in den letzten Jahren erwartet hätten.

Seit Jahren steigen die Ausgaben für die vollstationäre Pflege stark an, obwohl der Großteil der Pflegebedürftigen wünscht, möglichst lange zuhause in den eigenen vier Wänden zu bleiben.

Damit wird die demografische Entwicklung angezeigt, die in den nächsten Jahren gemeistert werden muss:

Immer weniger Erwerbstätige müssen immer höhere Kosten tragen.

Nirgendwo zeigen sich die dramatischen Auswirkungen der Vergreisung in Deutschland so deutlich wie im Pflegebereich.

Heute deckt der Höchstsatz der gesetzlichen Pflegekasse keineswegs die Kosten eines Heimaufenthaltes. Für die Differenz, die bis zu 100 Prozent betragen kann, muss der Pflegebedürftige selbst aufkommen.

Reicht das eigene Einkommen oder die Rente nicht, müssen die Kosten für einen Heimaufenthalt vom Vermögen des Pflegebedürftigen finanziert werden. Ist das Vermögen aufgebraucht, muss sich der Ehepartner um die Kosten kümmern. Darüber hinaus können danach auch die Kinder für den Elternunterhalt herangezogen werden. Kinder stehen nämlich für ihre pflegebedürftigen Eltern in der Pflicht. Dabei werden ihr Einkommen und das gesamte Vermögen unter die Lupe genommen.

Ein Trost: Die finanziellen Forderungen dürfen nicht so hoch sein, dass die Nachkommen eine dauerhafte Einschränkung ihres Lebensstandards in Kauf nehmen müssen.

Künftige Finanzierung der Pflegeversicherung

Eine mögliche Lösung zur Finanzierung der Pflegeversicherung ist der Vorschlag, den Kapitalstock der Pflegeversicherung zu erhöhen.

Allerdings werde der Kapitalstock, so die Gegner dieses Lösungsansatzes, zu schnell aufgebraucht.

Sie bevorzugen den Aufbau einer kapitalgedeckten privaten Ergänzungsversicherung.

Nur so könne die dringend notwendige Dynamisierung der Leistungsbeträge finanziert werden; ferner sei so eventuell ein weiterer Anstieg des Beitragssatzes der Pflegeversicherung zu vermeiden.

Im Vordergrund der Diskussion um die Pflege steht somit das Geld.

Doch mit steigender Lebenserwartung nimmt folglich auch die Nachfrage nach ausgebildetem Pflegepersonal zu.

Schon heute lassen Familien pflegebedürftige Angehörige aus finanziellen Gründen von nicht in Deutschland ausgebildeten Pflegepersonal rund um die Uhr versorgen.

Zukünftig werden wahrscheinlich noch mehr alte Menschen gepflegt werden müssen als dies augenblicklich der Fall ist.

Gesellschaft und Politik muss diese Tatsachen erkennen und auch hier die Weichen für die Zukunft stellen.

Sozialgerichtsbarkeit

Rechtsstreitigkeiten aus der Sozialversicherung, dem Kindergeld und der Kriegsopferversorgung werden – nach erfolglos durchgeführten Widerspruchsverfahren beim jeweiligen Versicherungsträger (Vorverfahren) – von den Sozialgerichten entschieden.

Beispiele für solche Rechtsstreitigkeiten sind die Verweigerung von Versicherungsleistungen oder die Nichtanrechnung von Beitragszeiten. Berufungsinstanzen für die Urteile der Sozialgerichte sind die Landessozialgerichte. Revisionsinstanz ist das Bundessozialgericht in Kassel.

Das Verfahren vor den Gerichten der Sozialgerichtsbarkeit ist grundsätzlich kostenfrei.

Den Aufbau der Sozialgerichtsbarkeit zeigt die folgende Übersicht:

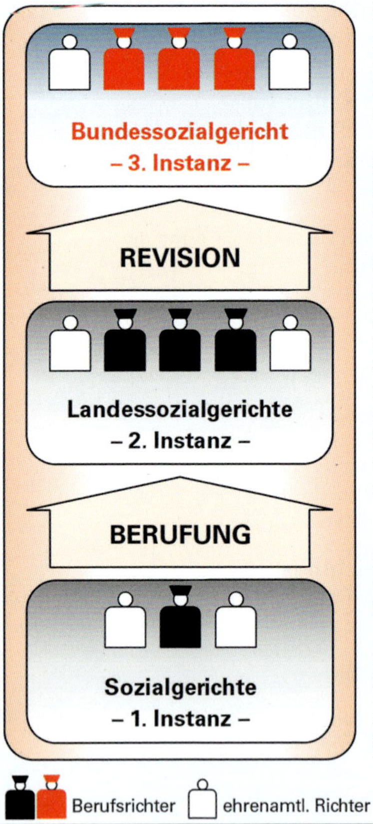

Bundessozialgericht (BSG)

Das BSG entscheidet als letzte Instanz über Revisionen gegen Urteile des LSG. Unter bestimmten Voraussetzungen kann ausnahmsweise auch gegen ein Urteil des SG Revision unmittelbar beim BSG eingelegt werden **(sog. „Sprungrevision").** Das BSG hat grundsätzlich nur über Rechtsfragen zu entscheiden.

Landessozialgerichte (LSG)

Über die Berufung gegen ein Urteil des SG entscheidet das LSG. Das Berufungsgericht ist ebenso wie das erstinstanzliche Gericht Tatsachengericht.

Sozialgerichte (SG)

In erster Instanz entscheiden grundsätzlich die Sozialgerichte. Lediglich in eng begrenzten Ausnahmen (z.B. bei bestimmten Streitigkeiten nichtverfassungsrechtlicher Art zwischen Bund und Ländern oder zwischen verschiedenen Ländern) entscheidet das Bundessozialgericht in erster und letzter Instanz. Das SG ist Tatsachengericht und hat damit den Streitstoff in rechtlicher wie auch in tatsächlicher Hinsicht zu überprüfen. Demgemäß betreibt es auch selbst Sachaufklärung, z.B. durch Vernehmung von Zeugen, Einholung von Gutachten usw. Diese Sachaufklärung hat von Amts wegen zu erfolgen und somit auch ohne entsprechende Anträge oder Anregungen der Prozessbeteiligten.

Die Gerichte sind unabhängig und insbesondere von den Verwaltungsbehörden organisatorisch getrennt. Die Sozialgerichtsbarkeit ist – wie in der Verwaltungsgerichtsbarkeit und anders als bei der Finanzgerichtsbarkeit – dreistufig gegliedert.

In allen drei Instanzen der Sozialgerichtsbarkeit und somit auch beim BSG wirken an den Urteilen ehrenamtliche Richter mit. Die Urteile der Sozialgerichte werden von einer Kammer unter Mitwirkung eines Berufsrichters und zweier ehrenamtlicher Richter, diejenigen des LSG und des BSG von einem Senat unter Mitwirkung dreier Berufsrichter und zweier ehrenamtlicher Richter erlassen.

Quelle: www. bundessozialgericht.de

LERN-BOX

- den **technischen Fortschritt** werden neue Qualifikationsanforderungen an Arbeitnehmerinnen und Arbeitnehmer gestellt, es vollzieht sich ein Wandel in der Arbeitswelt.

  Vor diesem Hintergrund prophezeien Wissenschaftler eine immense Knappheit an Fachkräften schon ab dem Jahre 2016.

  Die **Veränderungen des sozialen Gefüges** und der Wertvorstellungen bedingen einen Umbau des Sozialstaates und werfen die Frage nach Gerechtigkeit und Umverteilung neu auf.

- Das Sozialstaatsprinzip bedeutet, dass der Staat die Pflicht hat, seinen Bürgern soziale Sicherheit, Chancengleichheit und erträgliche Lebensbedingungen zu ermöglichen. Dies wird jedoch vor dem Hintergrund sozialer Gegensätze und sozialer Notlagen zunehmend schwieriger.

- Die gesetzliche **Sozialversicherung** setzt sich aus Kranken-, Unfall-, Renten-, Arbeitslosen- und Pflegeversicherung zusammen.

- Die gesetzliche **Krankenversicherung** als Solidargemeinschaft hat die Aufgabe, die Gesundheit der Versicherten zu erhalten, wiederherzustellen oder zu verbessern.

- Die gesetzliche **Unfallversicherung** soll Unfälle verhüten, Rehabilitation gewährleisten, und Betroffene oder Angehörige finanziell sichern.

- Aufgabe der gesetzlichen **Rentenversicherung** ist die Versorgung der Versicherten im Alter, bei Berufs- und Erwerbsunfähigkeit sowie die Versorgung der Hinterbliebenen. Ohne private, ergänzende Altersvorsorge (z. B. Riesterrente) wird in Zukunft das heutige Versorgungsniveau der Renten nicht gehalten werden können.

- Die gesetzliche **Arbeitslosenversicherung** soll durch Leistungen der Arbeitsförderung dazu beitragen, dass ein hoher Beschäftigungsstand erreicht und die Beschäftigungsstruktur ständig verbessert wird.

  Da Vollbeschäftigung nicht erreicht werden kann, will die gesetzliche Arbeitslosenversicherung zumindest die finanziellen Folgen von Arbeitslosigkeit mindern und die Integration in den Arbeitsmarkt unterstützen.

- Die gesetzliche **Pflegeversicherung** hat die Aufgabe, Pflegebedürftigen Hilfe in Form von Geld- und Sachleistungen zu leisten, soweit diese wegen der Schwere der Pflegebedürftigkeit auf die Unterstützung der Solidargemeinschaft angewiesen sind.

  Die Leistungen richten sich nach dem Pflegegrad und danach, ob eine ambulante oder stationäre Pflege erforderlich ist.

- Die **Sozialleistungen** umfassen alle Geld- und Sachleistungen, die privaten Haushalten oder Einzelpersonen vom Staat bzw. von öffentlich-rechtlichen Körperschaften oder von Unternehmen zur Deckung bestimmter sozialer Risiken und Bedürfnisse gewährt werden.

- Die Finanzierung der Leistungen unserer sozialen Sicherungssysteme in Deutschland steht auf wackligen Füßen. Die **Probleme der sozialen Sicherung** sind vielschichtig.

  Einerseits steigen die Ausgaben durch immer höhere Lebenserwartungen der Menschen und zunehmende Kosten im Gesundheitsbereich.

  Andererseits fallen die Einnahmen durch längere Ausbildungszeiten und eventuelle Arbeitslosigkeit und weniger Beitragszahler.

- Die **Sozialgerichtsbarkeit** wird im Rahmen eines dreistufigen Gerichtsaufbaus (SG, LSG, BSG) durch unabhängige Richter unter Einbeziehung der Betroffenen ausgeübt (ehrenamtliche Richter aus dem Kreis der Versicherten, der Arbeitgeber).

  Das Verfahren vor den Sozialgerichten richtet sich nach einer eigenständigen Verfahrensordnung – dem Sozialgerichtsgesetz. Verfahren, an denen Versicherte beteiligt sind, sind für die Versicherten grundsätzlich gerichtskostenfrei, trotz oft hoher Verfahrenskosten.

WISSENS-CHECK

1. Wieso vollzieht sich durch den technischen Fortschritt auch ein Wandel in der Arbeitswelt?

2. Welche Kriterien führen in unserer Gesellschaft zu Veränderungen im sozialen Gefüge?

3. Erläutern Sie die Prinzipien des Sozialstaates.

4. Wie und warum ist die gesetzliche Sozialversicherung entstanden?

5. Wie finanziert sich die gesetzliche Sozialversicherung?

6. Wer zahlt die Beiträge für die gesetzliche Sozialversicherung?

7. Wie hoch sind die einzelnen **Beitragssätze** für den Arbeitnehmer?

8. Listen Sie die Leistungen der einzelnen Versicherungen **tabellarisch** auf.

9. Wegen der Kostensteigerung im Gesundheitswesen sind Beitragserhöhungen kaum vermeidbar.

   Was könnte von Seiten der Versicherten, der Kassen, der Ärzte unternommen werden, um die **Kosten** im Gesundheitswesen zu **stabilisieren** bzw. zu senken?

10. Die durch Beiträge erzielten Einnahmen zur Finanzierung der gesetzlichen Rentenversicherung decken nicht die Ausgaben.

    Die **„Geschäftsgrundlage“** des Generationenvertrages stimmt nicht mehr.

    Wie könnte die Rentenversicherung neu finanziert werden?

11. Warum ist die Notwendigkeit der gesetzlichen Pflegeversicherung unumstritten?

12. Die Sozialversicherung steckt in Schwierigkeiten.

    Zeigen Sie (in Gruppenarbeit) für die einzelnen Versicherungszweige den Reformbedarf auf und erarbeiten Sie Reformansätze als Lösungen für die augenblickliche Misere.

    Präsentieren Sie ihre Reformansätze.

13. Nennen Sie mindestens **zwei** Fallbeispiele, die von Sozialgerichten entschieden werden müssen.

14. Unterscheiden Sie die Begriffe: **Berufung, Revision**.

Lernbaustein 3

In Europa und der globalisierten Welt orientieren

Europäische Union – Entwicklung, Organe, Herausforderungen, Wirkungsmöglichkeiten

Gestern noch hieß es: „Wir sind ein Volk!"
und heute schon: „Wir sind Europäer?"

Der Umbruch in Europa findet in verschiedenen Geschwindigkeiten auf dem politischen Parkett einerseits und in den Köpfen der Bürger andererseits statt. Die Entwicklung scheint den einen rasant, den anderen geht der Prozess der Integration und der Erweiterung zu langsam. Die einen rücken die wirtschaftlichen Vorteile einer starken Europäischen Union in den Vordergrund; die anderen erheben massive Vorwürfe:

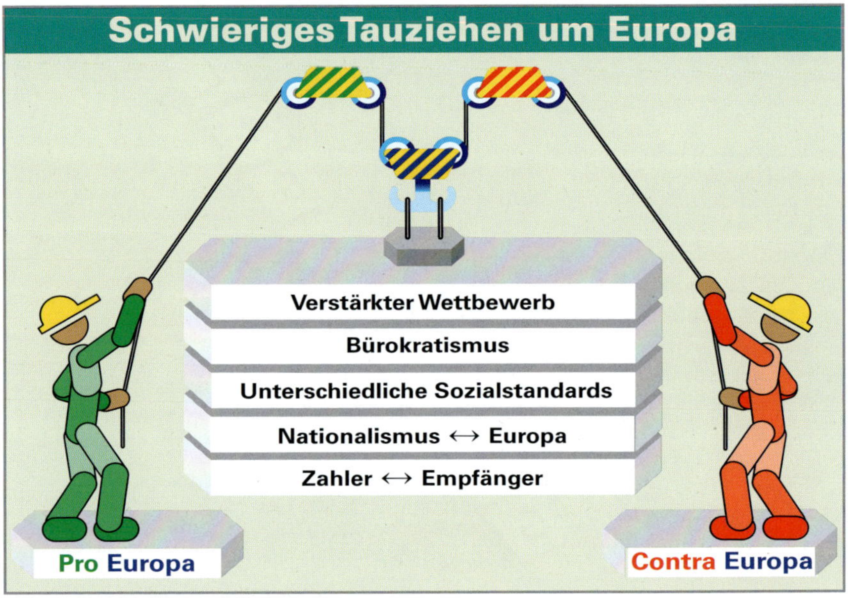

EU: Einstellungen, Ängste, Erwartungen

Europa erstrecke sich aufgrund der Ost-Erweiterung schließlich von Gibraltar bis zur russischen Grenze. Die Mehrzahl der Bundesbürger sieht der EU-Erweiterung allerdings optimistisch entgegen.

Je näher jedoch die Menschen zu den Ostgrenzen leben, um so pessimistischer werden die wirtschaftlichen und politischen Veränderungen gesehen.

Sorgen bereiten den Deutschen bei der Ost-Erweiterung die eventuelle Zunahme der Kriminalität durch die offenen Grenzen und eine Verstärkung der europäischen Bürokratie.

Die EU-Neulinge haben erhebliche Bedenken hinsichtlich steigender Preise und einer weiteren Verschärfung der Konflikte zwischen den armen und reichen Bevölkerungsgruppen.

Winston Churchills in Zürich vorgetragene Vision von den „Vereinigten Staaten von Europa" entsprang der bitteren Erfahrung des Zweiten Weltkrieges und führte zur Gründung des Europarates.

Die damals genannten Motive für die europäische Integration sind bis heute aktuell:

- die Sicherung von Frieden und Sicherheit,
- der Abbau der Grenzen,
- die wirtschaftliche Gesundung,
- die Überwindung des Nationalismus.

Entwicklung der EU und ihre Zukunftsperspektiven

Im Jahre 1929 erlebte der europäische Gedanke seinen ersten großen Auftritt. Der als Pionier der europäischen Entwicklung zu beschreibende französische Außenminister Aristide Briand (1862–1932) forderte in einer Rede vor dem Völkerbund eine föderative Union für Europa.

Obwohl der deutsche Außenminister Gustav Stresemann dem Plan auf wirtschaftlichem Gebiet zustimmte, fanden die Gedanken Briands für die Organisation einer europäischen Bundesordnung in den übrigen Staaten Europas wenig Sympathie.

Zu berücksichtigen ist, dass um diese Zeit der Boden für Briands Bestrebungen der Vernunft immer rascher durch die Weltwirtschaftskrise sowie das Anschwellen radikaler und nationalistischer Kräfte in Europa unterspült wurde.

Die europäische Union: Zeittafel der europäischen Einigung

09. Mai 1950: Erklärung von Robert Schumann

„Europa lässt sich nicht mit einem Schlage herstellen und auch nicht durch eine einfache Zusammenfassung: es wird durch konkrete Tatsachen entstehen, die zunächst eine Solidarität der Tat schaffen. Die Vereinigung der europäischen Nationen erfordert, dass der Jahrhunderte alte Gegensatz zwischen Frankreich und Deutschland ausgelöscht wird. Das begonnene Werk muss in erster Linie Deutschland und Frankreich erfassen.

Zu diesem Zweck schlägt die französische Regierung vor, in einem begrenzten, doch entscheidenden Punkt sofort zur Tat zu schreiten. Die französische Regierung schlägt vor, die Gesamtheit der französisch-deutschen Kohlen- und Stahlproduktion unter eine gemeinsame Oberste Aufsichtsbehörde zu stellen, in einer Organisation, die den anderen europäischen Ländern zum Beitritt offensteht."

1951: Gründung der EGKS (Montanunion)

Sechs Staaten (Belgien, die Bundesrepublik Deutschland, Frankreich, Italien, Luxemburg und die Niederlande) gründeten in Paris die Europäische Gemeinschaft für Kohle und Stahl. Dadurch wurde der Grundstein für eine weitere und vertiefte Gemeinschaft der europäischen Staaten gelegt. Der Vertrag trat am 23. Juli 1952 in Kraft.

1957: Gründung der EWG

Die sechs EGKS-Staaten gründeten in Rom die Europäische Wirtschaftsgemeinschaft (EWG) und die Europäische Atomgemeinschaft (EURATOM). In der EWG wird die gemeinsame Politik vom vom Bereich Kohle und Stahl auf weitere Bereiche der Wirtschaft (z. B. Landwirtschaft, Fischerei, Verkehrswesen, Wettbewerbsrecht und Außenhandel) ausgedehnt. Der Vertrag trat am 01.01.1958 in Kraft.

In der Präambel des EWG-Vertrages heißt es, dass die Staats- und Regierungschefs der sechs Länder beschlossen haben, eine Europäische Wirtschaftsgemeinschaft zu gründen:

- in dem festen Willen, die Grundlagen für einen immer engeren Zusammenschluss der europäischen Völker zu schaffen,
- in dem Entschluss, durch gemeinsames Handeln den wirtschaftlichen und sozialen Fortschritt ihrer Länder zu sichern, indem sie die Europa trennenden Schranken beseitigen,
- in dem Bestreben, ihre Volkswirtschaften zu einigen und deren harmonische Entwicklung zu fördern, indem sie den Abstand zwischen den einzelnen Gebieten und den Rückstand weniger begünstigter Gebiete verringern,
- in dem Wunsch, durch eine gemeinsame Handelspolitik zur fortschreitenden Beseitigung der Beschränkungen im zwischenstaatlichen Wirtschaftsverkehr beizutragen,
- mit dem Ziel, durch diesen Zusammenschluss ihrer Wirtschaftskräfte Frieden und Freiheit zu wahren und zu festigen, und mit der Aufforderung an die anderen Völker Europas, die sich zu dem gleichen hohen Ziel bekennen, sich diesen Bestrebungen anzuschließen.

1968: Vollendung der Zollunion

Die EWG hat die Zollunion vollendet. Von nun an sind Import und Export zwischen den EWG-Staaten zollfrei.

1973: Erster Beitritt

Dänemark, Irland, Großbritannien treten der Europäische Wirtschaftsgemeinschaft bei.

1979: Erste Direktwahl des Europäischen Parlaments

Zum ersten Mal werden die Abgeordneten des Europäischen Parlaments direkt gewählt.

1981: Zehn Mitgliedsstaaten

Griechenland tritt als 10. Staat der EWG bei.

1986: 12 Staaten

Die Anzahl der Mitgliedsstaaten erhöht sich durch den Beitritt von Spanien und Portugal auf zwölf.

1992: Maastrichter Vertrag

Die Regierungen unterzeichnen in Maastricht den „Vertrag über die Europäische Union". Sie erweitern damit die Bereiche der Politik, in denen sie zusammenarbeiten, z. B. Bildung, Kultur, Außen- und Sicherheitspolitik, Justiz.

1993: EU-Binnenmarkt

Am 1. November 1993 tritt der Vertrag über die Europäische Union in Kraft, damit ist die EU gegründet.

1995: 15 Mitgliedsstaaten

Drei weitere Staaten treten der EU bei: Finnland, Österreich und Schweden.

1999: Europäische Währungsunion

Die Europäische Währungsunion tritt in Kraft.

2002: Euro

Alle Euro-Staaten führen das neue Bargeld ein.

2004: EU-Erweiterung

Seit 1. Mai 2004 gehören Estland, Lettland, Litauen, Malta, Polen, Slowakei, Tschechien, Slowenien, Ungarn und Zypern (griech. Teil) zur EU. Der Beitritt des türkischen Teils Zyperns zur EU scheiterte auf Grund einer Volksabstimmung an der Zustimmung durch den griechischen Teil. Die EU umfasst nun 25 Mitgliedsstaaten mit rund 452 Mio. Mitbürgern.

2005: Ablehnung der EU-Verfassung, Beitrittsverhandlungen

Mit einem Nein zur EU-Verfassung haben bei Volksabstimmungen die Wähler in Frankreich und den Niederlande der Einigung Europas einen schweren Rückschlag versetzt.
Am 3. Oktober 2005 beginnen die Beitrittsverhandlungen mit der Türkei und Kroatien.

2007: Slowenien bekommt den Euro, EU-Erweiterung

Am 1. Januar 2007 wird in Slowenien der Euro eingeführt. Damit löst die europäische Währung den Tolar als Währung Sloweniens ab.

Seit dem 1. Januar 2007 sind Rumänien und Bulgarien Mitglieder der Europäischen Union.

2008: Malta und Zypern bekommen den Euro

2009: Die Slowakei erhält den Euro

Inkrafttreten des Vertrages von Lissabon (01.12.2009)

2011: Einführung des Euro in Estland

2013: Kroatien tritt als 28. Mitglied in die EU ein

Weitere Bewerberländer sind: Albanien, Mazedonien, Serbien, Montenegro und die Türkei.

Europäische Union: Gemeinsame Ziele der Mitglieder

In den vergangenen Jahren und Jahrzehnten war die EU darauf ausgerichtet, hauptsächlich mit dem Wegfall der Zölle die Erweiterung des europäischen Marktes voranzutreiben.

Inzwischen gehören neben der Stärkung der Mitgliedsstaaten gegenüber der restlichen Welt die Außen- und Sicherheitspolitik, die Währungspolitik, die Umwelt- und Bildungspolitik zu den gemeinsamen Aufgaben der Europäischen Union. Mit allen Mitgliedsstaaten bei wichtigen Entscheidungen einen Konsens zu erzielen, ist naturgemäß nicht einfach.

Dies zeigte sich schon bei der Euro-Einführung im Jahre 2002, bei der Schweden und Großbritannien den Euro nicht einführten, sondern ihre alten Währungen behielten. Mittlerweile möchten die Bürgerinnen und Bürger des Vereinigten Königreichs nach einer Abstimmung im Jahre 2016 aus der EU austreten (Brexit).

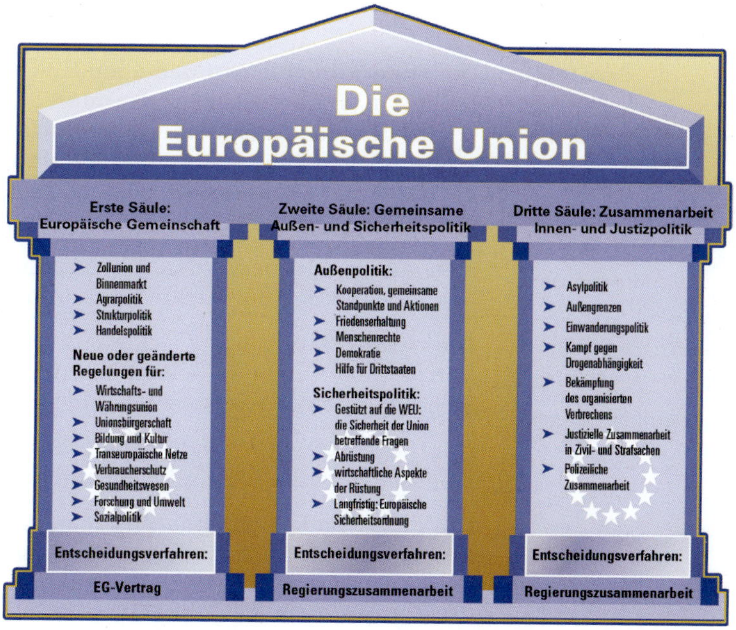

Die Europäische Union

	Beitrittsjahr	Einwohner 2014[1] in Mio.	BIP[2] 2013 pro Kopf in Tausend Euro
Belgien	★1958	11,2 Mio.	30,5 Tsd. €
Deutschland	★1958	80,8	32,0
Frankreich	★1958	65,9	27,8
Italien	★1958	60,8	25,2
Luxemburg	★1958	0,5	67,9
Niederlande	★1958	16,8	32,6
Dänemark	★1973	5,6	32,1
Großbritannien	★1973	64,3	27,2
Irland	★1973	4,6	32,5
Griechenland	★1981	11,0	19,5[3]
Portugal	★1986	10,4	19,4
Spanien	★1986	46,5	24,5
Finnland	★1995	5,5	28,7
Österreich	★1995	8,5	33,2
Schweden	★1995	9,6	32,7
Estland	★2004	1,3	18,8
Lettland	★2004	2,0	17,3
Litauen	★2004	2,9	19,1
Malta	★2004	0,4	22,7
Polen	★2004	38,5	17,5
Slowakei	★2004	5,4	19,6
Slowenien	★2004	2,1	21,3
Tschechien	★2004	10,5	20,6
Ungarn	★2004	9,9	17,2
Zypern	★2004	0,9	22,1
Bulgarien	★2007	7,2	12,0
Rumänien	★2007	19,9	13,9
Kroatien	★2013	4,2	15,6

10127 © Globus [1]zum Teil vorläufig, [2]kaufkraftbereinigt, [3]2012 Quelle: Eurostat

Erste Säule: Europäische Gemeinschaft

Die erste Säule umfasst den alten EWG-Vertrag. Zu den alten Bereichen Zollunion, Binnenmarkt, Agrarmarkt und Handelspolitik treten neue Felder der Integration: eine Währungsunion, Verbraucher- und Umweltschutz, Gesundheitswesen, Bildung und Sozialpolitik, wobei die Zuständigkeiten der EU in den einzelnen Politikbereichen sehr unterschiedlich sind. Dazu wird eine „Unionsbürgerschaft" eingeführt.

Neu aufgenommen wurden die Verpflichtungen zu größerer Bürgernähe und die Stärkung der Rechte des Europäischen Parlaments.

Zweite Säule: Gemeinsame Außen- und Sicherheitspolitik

Die zweite Säule bezieht sich auf die Außen- und Sicherheitspolitik. Der Vertragstext spricht zurückhaltend davon, eine gemeinsame Außen- und Sicherheitspolitik zu erarbeiten und zu entwickeln.

Nach bestimmten Verhaltensregeln können die Mitgliedstaaten zu gemeinsamen Positionen und Aktionen gelangen.

Dritte Säule: Zusammenarbeit bei Innen- und Justizpolitik

Die dritte Säule sieht eine Zusammenarbeit in der Innen- und Justizpolitik vor, nennt Stichworte wie Asyl- und Einwanderungsfragen, Kampf gegen Drogen und Kriminalität und empfiehlt eine engere polizeiliche Zusammenarbeit.

Organe der EU

Die Europäische Union ist kein souveräner Staat, aber sie nimmt Funktionen wahr, die sonst nur Staaten zustehen. Ihre auf einzelnen Gebieten weitreichenden Entscheidungsbefugnisse sind unmittelbar geltendes Recht in allen Mitgliedstaaten und für alle Bürger. Damit die EU nun ihre Aufgaben wahrnehmen kann, bedarf es einiger Organe, die die verschiedenen Aufgaben erledigen.

Sitz der Europäischen Kommission in Brüssel

Europäische Kommission

Die Europäische Kommission („Regierung") mit Sitz in **Brüssel** besteht aus **28 Mitgliedern**.

Ihre durch die Mitgliedsregierungen für jeweils fünf Jahre ernannten Mitglieder bilden ein von den Einzelstaaten unabhängiges Gremium, das vom Europäischen Parlament bestätigt wird, sein Amt jedoch unabhängig ausübt. Die Kommission ist einerseits ein **„Kontrollorgan"**, indem es die Einhaltung der Verträge überwacht, andererseits ein ausführendes Organ (**„Exekutivorgan"**), da es die Beschlüsse des Ministerrates durchführt. Darüber hinaus kann die Kommission Vorschläge erarbeiten und dem Ministerrat unterbreiten („Initiativorgan").

Europäischer Rat

Der Europäische Rat als höchste Instanz besteht aus den **28 Staats- und Regierungschefs** sowie dem **Kommissionspräsidenten** und trifft **Grundsatzentscheidungen** von weitreichender Bedeutung. Darüber hinaus befasst sich der Europäische Rat mit den Integrationsvorgängen außerhalb der EU-Verträge und erlässt Leitlinien einer gemeinsamen Außen- und Sicherheitspolitik. Der Europäische Rat tagt mindestens zweimal jährlich.

Ministerrat

Die Zuständigkeit für alle wichtigen Entscheidungen liegt beim Ministerrat; er **erlässt die Gesetze** der Gemeinschaft. Zu den Sitzungen entsenden die nationalen Regierungen ihren für die anstehenden Fragen jeweils zuständigen **Fachminister**. Der Vorsitz im Ministerrat wechselt halbjährlich.

Europäisches Parlament

Sitz des Europäischen Parlamentes in Straßburg

Das Europäische Parlament mit Sitz in **Straßburg** wird seit 1979 direkt alle **fünf Jahre** von den Bürgern der EU gewählt. Es ist das Parlament der annähernd 500 Mio. Gemeinschaftsbürger.

Die nächste Wahl findet im Jahre 2019 statt.

Wie alle Parlamente hat das Europäische Parlament drei grundlegende Befugnisse:

- **Gesetzgebungsbefugnis**
  Das Europäische Parlament wirkt aktiv an der Ausarbeitung und Annahme der gemeinschaftlichen Rechtsvorschriften mit und kann die Kommission auffordern, ihm den einen oder anderen Initiativvorschlag zu unterbreiten, den es für wichtig erachtet. Durch die Prüfung des jährlichen Tätigkeitsprogramms der Kommission kann das Parlament seine Schwerpunkte hervorheben.
- **Haushaltsbefugnis**
  Das Europäische Parlament stellt den Haushaltsplan fest. Erst wenn der Präsident des Europäischen Parlaments den Haushaltsplan der Union unterzeichnet hat, verfügt die Union über die finanziellen Mittel für das darauf folgende Jahr. Die Union finanziert u. a. die Agrarpolitik, die Strukturfonds für die Regionen, Maßnahmen im Rahmen der Sozial- und Beschäftigungspolitik sowie bestimmte Bereiche der Innenpolitik.
- **Kontrolle der Exekutive**
  Das Parlament übt eine demokratische Kontrolle über sämtliche Gemeinschaftstätigkeiten aus. Diese Kontrolle, die ursprünglich lediglich die Arbeit der Kommission betraf, wurde später auch auf den Ministerrat und den Europäischen Rat ausgedehnt.

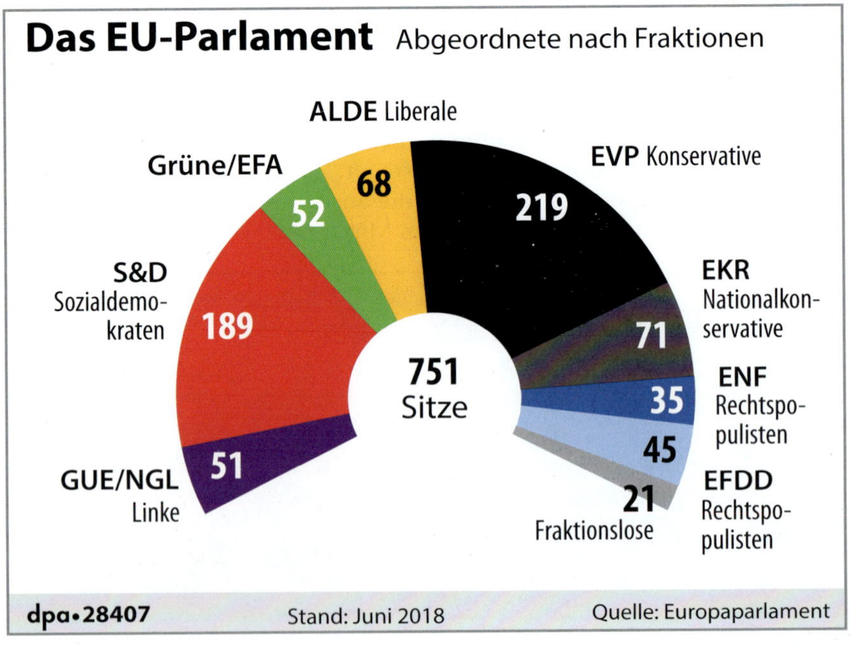

Quelle: https://portal.picture-alliance.com/portal/resultview/searchresult/print/66499115

Legt ein Abgeordneter sein Mandat nieder, so muss der entsprechende Mitgliedstaat dem Europäischen Parlament dessen Nachfolger mitteilen.

Dennoch kann die offizielle Anzahl der Sitze von der tatsächlichen Anzahl der Abgeordneten kurzfristig abweichen.

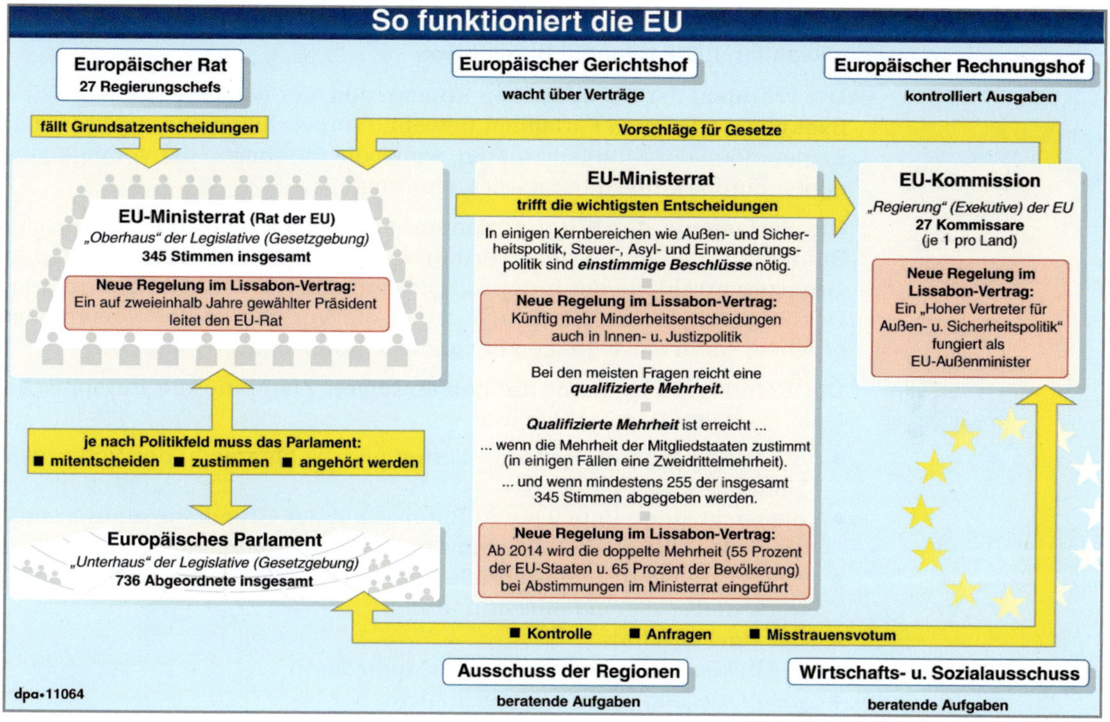

Die Europäische Union steht heute trotz Erweiterung vor tiefgreifenden Veränderungen:

Die Mitgliedsstaaten waren sich einig, dass die Europäische Union mit den bestehenden Verträgen nicht für die Herausforderungen des 21. Jahrhundert (Wirtschaftskrise, Klimawandel, Sicherung der Energieversorgung, Bekämpfung der grenzüberschreitenden Kriminalität usw.) gerüstet ist.

Vertrag von Lissabon

Die damals 27 EU-Mitgliedsstaaten hatten sich schließlich am 18.10.2007 beim Gipfeltreffen in der Hauptstadt Portugals auf die Modernisierung der EU geeinigt. Obwohl der Vertrag bereits am 13.12.2007 von den Mitgliedsstaaten unterzeichnet wurde, trat er erst zum 1.12.2009 in Kraft, da der Vertrag von allen EU-Staaten angenommen werden musste.

Der folgende Abschnitt gibt einen Überblick über die wichtigsten Neuerungen in der Europäischen Union.

EU wird demokratischer

Die Union erhält durch die **EU-Charta der Grundrechte** einen der modernsten Grundrechtskataloge der Welt. Dadurch können die Bürger beim Europäischen Gerichtshof klagen, wenn sie sich durch einen europäischen Rechtsakt in ihren Grundrechten verletzt fühlen. Diese Grundrechte sind z. B. das Verbot der Todesstrafe, der Folter, der Sklaverei, die Gewissens- und Religionsfreiheit, das Streikrecht und das Recht auf unparteiische Gerichte.

Eine Millionen EU-Bürger können mit dem **europäischen Volksbegehren** durch ihre Unterschrift die Europäische Kommission auffordern, einen Gesetzesvorschlag vorzulegen.

Das Europäische Parlament erhält praktisch die volle **Mitwirkung in der europäischen Gesetzgebung** neben dem Rat. Nahezu alle EU-Gesetze werden im Zusammenwirken zwischen dem Ministerrat und dem direkt gewählten EU-Parlament beschlossen.

Der **Präsident der Europäischen Kommission**, der politische Chef der EU-Exekutive, wird vom Parlament gewählt. Vorgeschlagen wird er von den Regierungen der Mitgliedsstaaten, wobei die Ergebnisse der vorangegangenen Europawahl zu berücksichtigen sind.

Die **Parlamente der Mitgliedstaaten**, also beispielsweise der Deutsche Bundestag, haben mit dem Vertrag von Lissabon die Möglichkeit, alle **Gesetzesvorschläge** der Europäischen Kommission direkt zu überprüfen. Der Bundestag kann Einspruch gegen die Vorschläge der Kommission erheben, wenn ein Vorhaben in nationale Kompetenzen eingreift.

EU wird verständlicher

Der Reformvertrag nennt die **gemeinsamen Ziele**, die die Europäische Union verfolgt. Dazu zählen u. a.:

- die Förderung von Frieden, Werten und Wohlergehen der Völker der Union,
- die nachhaltige Entwicklung Europas auf der Grundlage eines ausgewogenen Wirtschaftswachstums und von Preisstabilität,
- eine wettbewerbsfähige soziale Marktwirtschaft, die auf Vollbeschäftigung und sozialem Fortschritt abzielt,
- der Umweltschutz,
- die Bekämpfung von sozialer Ausgrenzung,
- die Förderung sozialer Gerechtigkeit.

Durch den Reformvertrag wird zum ersten Mal die **Verteilung von Aufgaben und Zuständigkeiten** zwischen der EU und ihren Mitgliedsstaaten klar geregelt. Zu den Zuständigkeiten der Europäischen Union zählen die Wettbewerbsregeln für das Funktionieren des Binnenmarktes, die Zollunion, die Handelspolitik und die Währungspolitik für die EU-Staaten. Zu den zwischen der Union und den Mitgliedsstaaten geteilten Zuständigkeiten zählen Landwirtschaft, Umwelt und Energie.

Die Europäische Union erhält durch den Reformvertrag erstmalig eine **eigene Rechtspersönlichkeit**. Das heißt, dass die EU selbstständig völkerrechtlich bindende Verträge schließen kann.

Der Vertrag von Lissabon regelt erstmal auch das Recht der Mitgliedsstaaten zum **freiwilligen Austritt** aus der EU und klärt das dafür anzuwendende Verfahren.

EU wird handlungsfähiger

Der Ministerrat entscheidet nach dem Vertrag von Lissabon seit 2014 mit der sogenannten **„Doppelten Mehrheit"**. Ein Mehrheitsbeschluss muss von mind. 55 % der Staaten getragen werden, die mindestens 65 % der EU-Bevölkerung repräsentieren. Diese Regelung trat jedoch erst 2017 voll in Kraft.

Die Verteilung der Abgeordneten im Europäischen Parlament auf die Mitgliedsstaaten wurde neu berechnet. Danach hat das Parlament insgesamt 751 Abgeordnete.

Die Zahl der deutschen Abgeordneten beträgt 96 (Stand: 03.07.2018).

Probleme ausgewählter EU-Politikfelder

Verkehrspolitik

„Die Erdbeeren stammen aus Polen, die Joghurtkulturen aus Schleswig-Holstein, die Aluminiumdeckel werden aus dem Rheinland nach Stuttgart gekarrt:

Bis ein simpler Fruchtjoghurt im Supermarkt-Regal landet, fahren LKW durch halb Europa, mehr als 9000 km.“

Stefanie Böge vom Institut für Klima, Umwelt und Energie in Wuppertal hat am Beispiel der Joghurtherstellung die Transportintensität von Alltagswaren unter die Lupe genommen.

Das Güterverkehrsaufkommen steigt stetig an. Experten gehen von einem Anstieg des Güterverkehrs um 50 Prozent bis zur Mitte dieses Jahrhunderts aus.

Bis zum Jahr 2050 wird ein Anstieg des Verkehrsaufkommens um 50 % erwartet

Es wird nicht nur mehr transportiert als je zuvor, auch die Distanzen werden immer größer. Ökonomen sprechen, um diese Entwicklung zu beschreiben, von einer immer geringeren Fertigungstiefe – was meint, dass die Unternehmen immer weniger Teile selbst herstellen und immer mehr von Fremdunternehmen beziehen, wodurch wiederum mehr Lastwagen fahren.

Hinzu kommt die Tendenz zur so genannten „Just-in-time-Produktion“, bei der der Gütertransport möglichst synchron zur Herstellung läuft, was den Unternehmen erlaubt, ihre Lager abzubauen, indem sie sie auf die Straße verlagern.

Die Auswirkungen sind verheerend: Immer mehr Regionen in Europa leiden unter immer mehr Transitverkehr in Form von Lärm, Luftverschmutzung und zerstörter Landschaft.

Finanzpolitik

Seit dem 1. Januar 1999 gilt der **Euro als Währung** der Europäischen Währungsunion. Der amtliche Umrechnungskurs Euro/DM stand ein für allemal fest. Die endgültige Fixierung galt nicht nur für die DM, sondern für alle Währungen der 12 Euro-Teilnehmerstaaten.

Damit begann die Währungsumstellung im Finanz- und Bankensektor. Die Europäische Zentralbank mit Sitz in Frankfurt am Main übernahm von der Deutschen Bundesbank mit diesem Datum die Zuständigkeit für die Geldpolitik.

Die Prognosen hinsichtlich des starken Anstiegs des Defizits und des Schuldenstands der öffentlichen Haushalte in den Euro-Ländern gaben gerade nach der Finanzkrise Anlass und Grund zur ernsthaften Sorge.

Die Defizitquote ist ein Kriterium zur Einhaltung der Haushaltsdisziplin eines Landes und gilt als Konvergenzkriterium für die Aufnahme in die europäische Währungsunion. Demnach bezeichnet die Defizitquote das Verhältnis des geplanten oder tatsächlichen öffentlichen Schuldenstandes zum Bruttoinlandsprodukt.

EXKURS:

Defizitquote: Alle Euroländer im grünen Bereich

Die niedrigen Zinsen und die gute Konjunktur im Euroraum haben Folgen: Alle Staaten dürften 2018 den Maastrichter Referenzwert unterschreiten.

Das Wirtschaftswachstum im Euroraum war 2017 so hoch wie seit zehn Jahren nicht mehr und bleibt auch in diesem und im kommenden Jahr auf ähnlichem Niveau. Dies hat Folgen für die Verschuldung der Staaten: Erstmals seit Beginn der Währungsunion dürften in diesem Jahr alle Euroländer den Maastrichter Referenzwert für das Staatsdefizit von 3 Prozent der jeweiligen Wirtschaftsleistung, gemessen am Bruttoinlandsprodukt (BIP), unterschreiten. Im Euroraum-Durchschnitt wird die Defizitquote wohl nur noch 0,7 Prozent des BIP betragen. Dies sind die positiven Eckwerte der Frühjahrs-Konjunkturprognose der EU-Kommission, die Währungskommissar Pierre Moscovici Anfang Mai in Brüssel vorgestellt hat.

Schuldenquote noch immer deutlich über 60 Prozent

Schon 2017 hatten bis auf Spanien und Portugal alle EU-Staaten den Maastricht-Wert unterschritten. Dabei lag Frankreich mit einem Defizit von 2,7 Prozent erstmals seit 2007 unter dem Referenzwert. Zwölf der 28 EU-Staaten und acht der 19 Eurostaaten wiesen 2017 sogar einen Haushaltsüberschuss aus, darunter auch Deutschland. Bedingt durch die gute Konjunkturentwicklung und die niedrigen Zinsen, so die Kommission, werde auch die Staatsschuld weiter sinken. Bereits zwischen 2016 und 2017 ist die Schuldenquote von 89,0 auf 86,7 Prozent des BIP im Euroraum bzw. von 83,3 auf 81,6 Prozent in der gesamten EU gesunken. Diese Durchschnittswerte liegen allerdings immer noch deutlich über dem Maastrichter Referenzwert von 60 Prozent des BIP. Eine besonders hohe Schuldenlast tragen weiterhin Griechenland (178,6 Prozent), Italien (131,8 Prozent), Portugal (125,7 Prozent), Belgien (103,1 Prozent) und Spanien (98,3 Prozent). Von diesen fünf Ländern haben nur Belgien und Portugal die Schuldenquote nach 2014 deutlich gesenkt.

Quelle: https://bankenverband.de/blog/defizitquote-alle-eurolander-im-grunen-bereich, gekürzt

Presse Spiegel

Europa unter Druck 02.06.2018

Der getriebene Kontinent

Eine gestürzte Regierung in Spanien, Italien von Populisten regiert und die USA setzen Europa mit Strafzöllen zu. Steht die EU vor ihrer größten Herausforderung?

VON GERD APPENZELLER

Europa – hin- und hergerissen. FOTO: © romantiche – stock.adobe.com

Seit dem 1. Juni sind die Fronten klar. Der kämpferische Begriff „Fronten" ist hier durchaus passend. Was US-Präsident Donald Trump den Ländern der Europäischen Union – und anderen Staaten – androht, ist nichts Geringeres als ein Handelskrieg. Europa bemüht sich demgegenüber um eine einheitliche Position. EU-Kommissionspräsident Jean-Claude Juncker redet von Vergeltungsmaßnahmen. Außerdem wird die Europäische Union bei der WTO, der Welthandelsorganisation, nicht nur Klage gegen das nach europäischer Ansicht rechtswidrige Verhalten der Vereinigten Staaten einreichen, sondern auch Vergeltungszölle ankündigen.

Europa ist alles andere als einig

Tatsächlich ist die Europäische Union längst nicht so einig, wie sie tut. Während ihr transatlantischer Gegenspieler, die USA, ihrem alten Leitspruch „E pluribus unum" entsprechend, „aus vielen eines", Weltpolitik macht, lebt Europa zwar Vielfalt, ist vom „Einen" aber weit entfernt. Das gilt auch in einem Handelsstreit, den die EU nur durchstehen kann, wenn sie einig ist. Tiefe Gräben trennen im Europa der 27 die nicht dem Euro verpflichteten Staaten von jenen 19, die die Gemeinschaftswährung eingeführt haben. Erstere befürchten ein Europa der zwei Geschwindigkeiten, in dem sich die EU-Staaten mit Euro wirtschaftlich und haushaltspolitisch immer enger zusammenschließen, zum Nachteil vor allem von Ländern wie Dänemark, das den Euro nicht einführen will, und Schweden, das sich in einer Volksabstimmung dagegen entschieden hat.

Aber auch nordeuropäische Länder, die den Euro als Zahlungsmittel einführten, jedoch gegen eine Vergemeinschaftung immer neuer Politikgebiete sind, sträuben sich gegen Alleingänge. Dazu gehören Finnland, die Niederlande und Irland. Eine einheitliche Linie zu erreichen, ist schwierig.

Der gesamte Süden ist gesellschaftlich tief gespalten

Ein wichtiger Aspekt ist der der Sicherheit. Die baltischen Staaten und auch Polen vertrauen angesichts der von ihnen als immer bedrohlicher empfundenen Präsenz Russlands im Nordosten Europas fest auf den militärischen Schutzschirm der USA, an dessen Zuverlässigkeit sie auch über die Bündnisverpflichtung der Nato hinaus glauben. Diese Länder werden sich nicht in einen Handelskrieg gegen die USA hineinziehen lassen.

Ein weiteres Handicap bei der Suche nach übereinstimmenden Interessen im Handelskonflikt ist die innenpolitische Situation jener Staaten, deren eigene wirtschaftliche Lage labil ist. Der gesamte Süden der Europäischen Union wird durch eine seit Jahren währende Rezession in seinem inneren staatlichen Zusammenhalt erschüttert und gesellschaftlich tief gespalten.

Italiens wirtschaftliche Lage ist desolat

Die italienische Regierungskrise, die gerade jetzt durch den neuerlichen Versuch einer Koalitionsbildung zwischen zwei populistischen Parteien, der Lega Nord und der Fünf-Sterne-Bewegung, bewältigt werden könnte, ist ein Reflex auf die desolate wirtschaftliche Lage. Das Land ist mit 130 Prozent seines Bruttoinlandsproduktes verschuldet (der EU-Rahmen erlaubt maximal 60 Prozent). Die italienische Verschuldung ist eine direkte Folge der Verbilligung der Kredite von dem Moment an, ab dem klar war, dass Italien 2002 Euro-Land werden würde: Während Italien vorher, weil es als finanziell unsolide galt, auf dem Kapitalmarkt nur zu exorbitanten Bedingungen Geld aufnehmen konnte, profitierte es nun von der Bonität der Nordeuropäer, der Deutschen vor allem. Allerdings flossen die Milliarden nicht in die Infrastruktur. Die Folge: Während das Pro-Kopf-Einkommen der Italiener bei der Euro-Einführung 2002 noch bei 92 Prozent desjenigen der Deutschen lag, macht es heute nur noch 72 Prozent aus. Im gleichen Zeitraum ist die industrielle Produktion um 25 Prozent gesunken, die Jugendarbeitslosigkeit stieg auf 32 Prozent. Dennoch ist Italien, vor allem durch die Lombardei, noch immer die drittstärkste Volkswirtschaft Europas. Wenn die EU-Kommission Italien zu einer klaren Positionierung gegen die US-Sanktionen bringen wollte, würde das teuer: Die Regierung von Giuseppe Conte ist eher europafeindlich eingestellt und spekuliert auf Erleichterungen bei der Lösung des Verschuldungsproblems.

Die Verschuldung treibt Griechenland und Spanien um

Gegen die gewaltige Dimension der italienischen Staatsverschuldung ist die des „alten" Sorgenkindes Griechenland eher leicht zu lösen. Beim nächsten Umschuldungsprogramm wird der Internationale Währungsfonds nicht mehr dabei sein, was Deutschland eigentlich zur Voraussetzung für eine Verlängerung gemacht hatte. Doch der IWF verlangte einen Schuldenschnitt. Den hält die Bundesregierung im Bundestag für nicht durchsetzbar.

Verschuldungssorgen hätte auch Spanien genug, um die politische Agenda zu füllen. Die Landflucht junger, gut ausgebildeter Spanier vor der Arbeitslosigkeit im eigenen Land liegt jedoch wie ein dunkler Schatten über den Entwicklungsperspektiven des Landes. Vorrangig ist jetzt die Bildung einer neuen Regierung, nachdem der konservative Ministerpräsident Mariano Rajoy über eine hässliche Korruptionsaffäre stolperte. Immerhin gibt es in Spanien keine populistischen Bewegungen wie in Italien, die das Land instabil machen könnten.

Der Schulmeister des Kontinents wirkt nachdenklich

Diese Phase der Unsicherheit hat Portugal hinter sich. Angela Merkel, die sonst bei Besuchen in Südwesteuropa kaum ohne das Wort „Haushaltsdisziplin" auskommt, lobte Portugal gerade als Beweis dafür, wie man Krisen bewältigt. Vielleicht war das auch Ausfluss einer generellen Erkenntnis über deutsches Verhalten gegenüber anderen EU-Staaten. Wer sich, wie gerade die Bundeskanzlerin und die sie tragenden Schwesterparteien, immer wieder als Schulmeister des Kontinentes aufführt, darf sich nicht wundern, wenn er kein Verständnis findet, falls er selbst einmal in eine schwierige Lage kommt.

Positiver Nebeneffekt der Krise

Die ist jetzt da. So exportabhängig wie Deutschland ist kein anderes Land der EU, auch Frankreich nicht, dessen Präsident gegenüber dem von ihm offenbar als persönlicher Widersacher empfundenen Donald Trump als Wortführer und Verfechter einer harten Linie auftritt. Deutschland wird vielleicht in den kommenden Wochen auch dafür bestraft, dass es in der Vergangenheit wenig Verständnis für die Sorgen anderer Staaten der EU hatte. Wenn eine (Berliner) Lehre daraus sein sollte, sich als stärkste Nation der EU lieber einmal klein und nicht immer riesengroß zu machen, hätte das Trump'sche Wüten gegen Europa zumindest einen positiven Nebeneffekt.

https://www.tagesspiegel.de/politik/europa-unter-druck-der-getriebene-kontinent/22635070.html, gekürzt

Die europäische Zentralbank

Die Europäische Zentralbank wurde nach dem Vorbild der Bundesbank aufgebaut und ist mit einem klaren Stabilitätsauftrag ausgestattet.

Das entscheidende Qualitätsmerkmal ist die Unabhängigkeit der Zentralbank von politischen Weisungen jeder Art.

Der Maastrichter Vertrag ist in diesem Punkt kompromisslos und stattet die Europäische Zentralbank mit einer dreifach gesicherten Unabhängigkeit aus: Sie ist institutionell, operativ und personell unabhängig.

Ihr erster Präsident war der Niederländer Wim Duisenberg, seit November 2003 war es der Franzose Jean-Claude Trichet und seit November 2011 ist es der Italiener Mario Draghi.

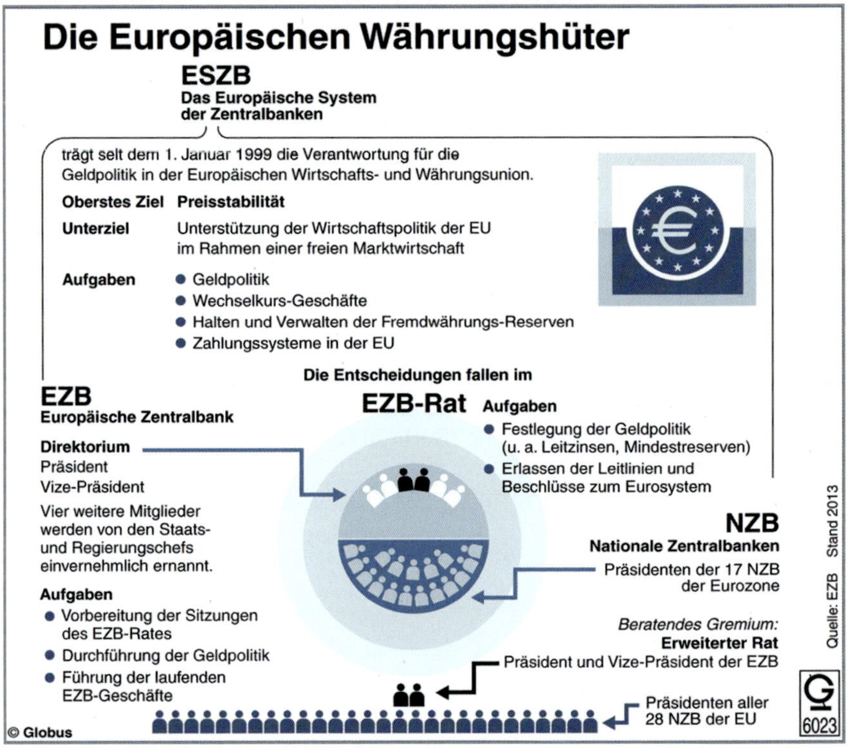

Die grundlegenden Aufgaben des Europäischen Systems der Zentralbanken bestehen darin,

- die Geldpolitik der Gemeinschaft festzulegen und auszuführen
- Devisengeschäfte durchzuführen
- die offiziellen Währungsreserven der teilnehmenden Mitgliedsstaaten zu halten und zu verwalten
- das reibungslose Funktionieren der Zahlungssysteme zu fördern.

© dpa – Boris Roessler

3. EZB-Präsident: M. Draghi

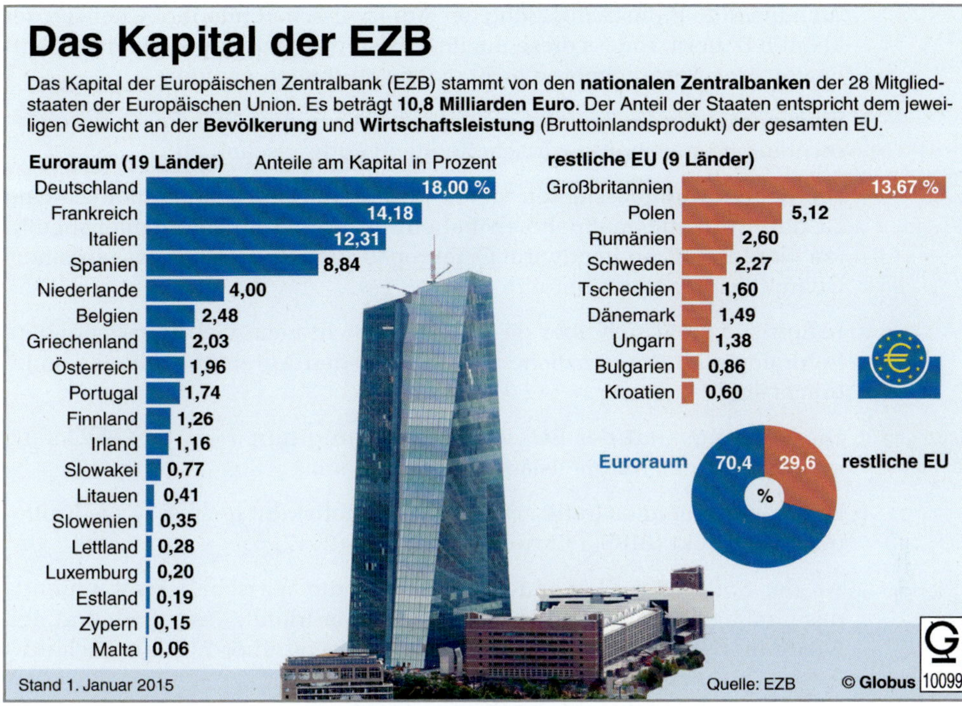

Agrarpolitik

Der Anteil der Agrarausgaben am EU-Gesamtbudget war in den vergangenen 20 Jahren stark rückläufig.

Er ging von rund 75 % auf 38 % (2014) zurück.

Laut EU-Kommission soll der Anteil für die gemeinsame Agrarpolitik (GAP-Mittel) zukünftig gar unter 33 % sinken.

Die traditionellen Ziele der Agrarpolitik sind:

- Versorgungssicherheit für die Bevölkerung zu angemessenen Preisen,
- Erhöhung der Produktivität in der Landwirtschaft,
- Gewährung eines angemessenen landwirtschaftlichen Einkommens,
- Sicherung von Entwicklung und Beschäftigung in ländlichen Gebieten.

Preisgarantien mit zu hohen Überschüssen, der Konflikt zwischen der traditionellen Landwirtschaft und den umweltpolitischen Bemühungen der EU sowie die Abschottung der Landwirtschaft nach außen führten zu immer neuen Reformen in der Agrarpolitik.

Inzwischen erfolgte eine deutliche Absenkung der Garantiepreise.

Zum Ausgleich erhalten die bäuerlichen Betriebe seitdem direkte Einkommensbeihilfen.

Doch in der Kritik der Öffentlichkeit und der EU-Kommission stehen gerade die Agrarsubventionen. Sie sollen künftig so umgestaltet werden, dass Direktzahlungen nicht mehr bedingungslos ausgezahlt, sondern an konkrete Umweltmaßnahmen gekoppelt werden.

Nicht zuletzt sind Direktzahlungen für den Steuerzahler nicht nachvollziehbar.

Zunehmende Industrialisierung der Agrarwirtschaft mindern Chancen der kleinen Bauern, sodass diese um ihre Existenz bangen, weil sie dem Wettbewerb der Agrarkonzerne nicht mehr standhalten können.

Ein wachsender Stellenwert kommt inzwischen dem Ziel einer umweltgerechten und nachhaltig wirtschaftenden Landwirtschaft zu.

Die neuen Mitgliedsstaaten werden zwar von Beginn an vollen Zugang zu den Stützungsmaßnahmen haben, die direkten Einkommensbeihilfen werden für die Landwirte Osteuropas aber erst schrittweise in einem Übergangsprozess eingeführt.

Langfristig stellt sich aber die Frage, ob nicht noch viel grundlegendere Reformen oder der gänzliche Ausstieg aus den Agrarsubventionen angebracht sind.

Wirtschaftsleistungen in der EU

Die Leistungskraft der EU wird auch künftig durch ein großes Gefälle innerhalb der 28 Mitgliedsländer geprägt sein.

Die nebenstehende Grafik zeigt die Wirtschaftskraft gemessen am Bruttoinlandsprodukt (BIP) je Einwohner im Jahre 2017.

An der Spitze der EU-Länder steht – was die Wirtschaftskraft angeht – das Großherzogtum Luxemburg, gefolgt von Irland, Österreich und den Niederlanden. Auf Platz sechs – und damit weit über EU-Durchschnitt – liegt Deutschland. Wirtschaftlich schwache Länder in der EU sind Bulgarien, Kroatien, Rumänien und Lettland. Aber auch Italien, Spanien, Malta und Portugal liegen, was die EU-Wirtschaftskraft an geht, unter dem Durchschnitt.

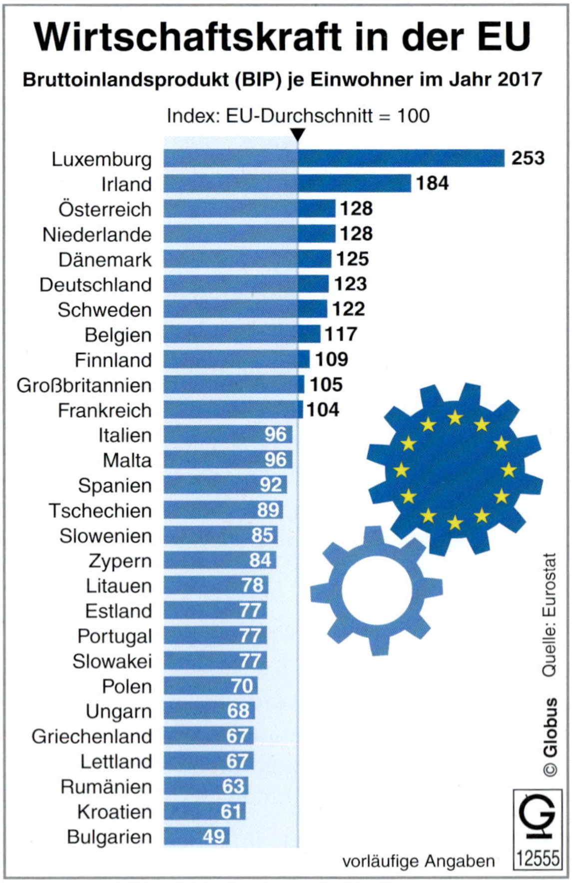

TTIP

Seit geraumer Zeit verhandelt die EU über ein Handels- und Investitionsabkommen mit den USA, TTIP (Transatlantic Trade and Investment Partnership) genannt.

TTIP

Hierbei soll TTIP den Bürgern und Unternehmen durch Öffnung der US-Märkte, durch Abbau von Bürokratie beim Export und durch Vereinfachung von Vorschriften bei Aus- bzw. Einfuhren Vorteile bringen.

Regeln und Vorschriften in der Wirtschaft Europas und den USA sollen langfristig so gestaltet werden, dass diese besser zusammenpassen.

Skeptiker führen jedoch aus, dass die aus den USA in die EU eingeführten Produkte dann auch den hiesigen, hohen Standards zum Schutz der Gesundheit und Sicherheit der Verbraucher sowie den Umweltschutz entsprechen müssen.

Ferner muss gewährleistet werden, dass die nationalen Regierungen in vollem Umfang ihr Recht wahren können, d.h., dass sie weiterhin zum Schutz der Menschen und der Umwelt Gesetze und Vorschriften erlassen und öffentliche Dienste ohne Einschränkungen wie bisher anbieten dürfen.

Leider fanden die bisherigen Verhandlungen nicht öffentlich, sondern hinter verschlossenen Türen statt.

Daher glauben TTIP-Kritiker, dass das geplante Freihandelsabkommen nicht mit den demokratischen Prinzipien vereinbar ist, da Abgeordnete im Gegensatz zu Lobbyisten und Wirtschaftsvertretern nicht in den Entwicklungsprozess eingebunden waren bzw. sind.

Weiterhin bemängeln TTIP-Gegner, dass bei Rechtsstreitigkeiten zwischen Unternehmen und Staaten nicht unabhängige Richter, sondern von der Wirtschaft bestellte Anwälte agieren sollen.

So könnten bestehende Gesetzte umgangen werden.

Eine Paralleljustiz wäre die Folge.

Der amerikanische Präsident Donald Trump hat jedoch unmittelbar nach seinem Amtsantritt die Verhandlungen zum TTIP-Abkommen gestoppt. Was aus dem Freihandelsabkommen werden soll, ist ungewiss. Bundeskanzlerin Angela Merkel ist dafür, dass das Abkommen zwischen der EU und den USA neu verhandelt wird.

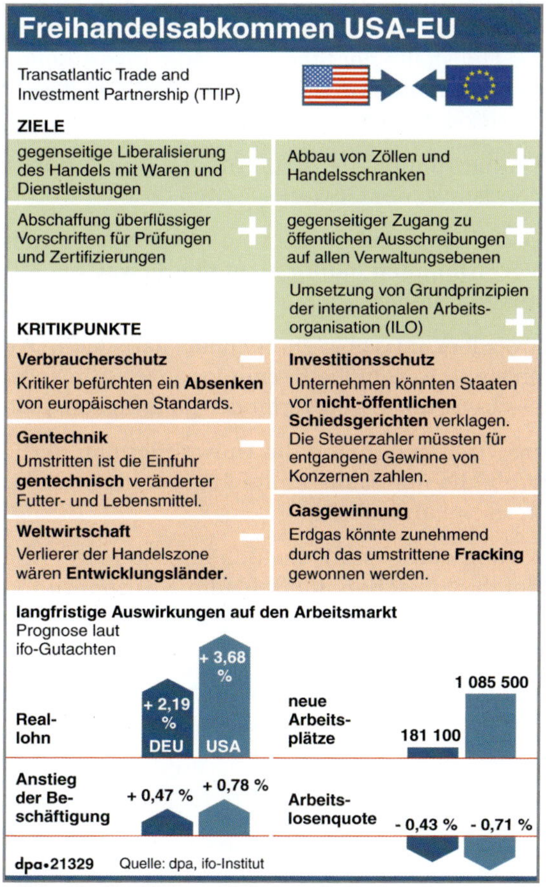

Umweltpolitik

Die Umwelt des Menschen wird durch viele Faktoren belastet: Industrie und Landwirtschaft, Verkehr und Haushalte verursachen Abgase, Abwässer und Abfälle, die für Luft, Wasser und Boden schädlich sind. Immer deutlicher wird die internationale Dimension dieser Gefährdungen:

50 Prozent der Luftverschmutzung überschreiten die Grenzen eines Landes, 80 Prozent der Gewässer der Gemeinschaft haben zwei oder mehr Anliegerstaaten. Zwei weitere Gründe haben dazu geführt, dass die EU eine gemeinsame Umweltpolitik begonnen hat.

Einmal fordert der EWG-Vertrag die stetige Besserung der Lebens- und Beschäftigungsbedingungen, zum anderen verursachen die unterschiedlichen Gesetzgebungen in den Mitgliedstaaten Verzerrungen im Wettbewerb und Handelshemmnisse.

Inzwischen wurden mehrere langjährige Aktionsprogramme gestartet, zahlreiche Verträge geschlossen und Richtlinien verabschiedet. Sie betreffen die Reinhaltung des Wassers und der Luft, Schutz vor Lärm und der Zerstörung der Ressourcen.

Bei der Abfassung von Richtlinien treten nicht nur die **Interessengegensätze zwischen Industrie und Ökologie** auf, sondern auch weit auseinanderklaffende nationale Prioritäten. Die deutsche Klage über das Waldsterben wird in anderen Ländern nicht immer verstanden, Intensiv-Landwirtschaft und Industrialisierung stehen noch häufig im Vordergrund. Außerdem sind Umweltschutz-Auflagen sehr kostenträchtig und belasten die Haushalte der Staaten und die Investitionen der Industrie. Die Europäische Kommission muss bei der Vorlage ihrer Vorschläge viele Interessen berücksichtigen:

Die der nationalen Regierungen, der Industrie, der Landwirtschaft, des Tourismus, der Gewerkschaften und der Verbraucher.

Daher entsprechen die vom Ministerrat verabschiedeten **Richtlinien und Verordnungen häufig nicht den Erwartungen, da sie nur einen Kompromiss darstellen**.

Trotzdem muss man anerkennen, dass dadurch ein einheitlicher Rechtsraum entsteht, in dem die Bemühungen um Umweltschutz harmonisiert, Wettbewerbsverzerrungen verhindert und Kosten gleichmäßig verteilt werden.

Inzwischen gehören die Umweltnormen der EU zu den schärfsten in der Welt, die über Jahrzehnte überarbeitet wurden und heute viele Themenbereiche abdecken.

Gegenwärtig sind die Bekämpfung des Klimawandels, die Erhaltung der biologischen Vielfalt, die Verringerung verschmutzungsbedingter Gesundheitsprobleme und eine noch verantwortungsvollere Nutzung der natürlichen Ressourcen Themen, die Vorrang haben.

Arbeitsmarktpolitik

In Europa ist das Phänomen **„Arbeitslosigkeit“** nach wie vor ein zentrales wirtschaftspolitisches Problem mit regionalen Unterschieden.

Durch Rationalisierungen, Produktionsverlagerungen oder Betriebsschließungen waren 2017 rund 18,8 Millionen in der EU arbeitslos.

Das entspricht einem Durchschnitt von rund 8 Prozent der arbeitsfähigen EU-Bevölkerung.

EUROPA 2017

Arbeitslosenquote und Wirtschaftswachstum in Prozent innerhalb der EU

Quellen: Statista/EU-Kommission

Arbeitslose (%)	Veränderung gegenüber dem Vorjahr	Wirtschaftswachstum (%)
7,2	Belgien	1,7
6,3	Bulgarien	3,6
5,8	Dänemark	2,3
5,7	Deutschland	2,2
5,8	Estland	4,9
8,7	Finnland	2,8
9,4	Frankreich	2,2
21,4	Griechenland	1,4
4,4	Großbritannien	1,7
6,7	Irland	7,2
11,3	Italien	1,5
8,7	Lettland	4,5
7,0	Litauen	3,8
5,1	Luxemburg	2,3
4,0	Malta	6,4
5,1	Niederlande	2,9
8,5	Österreich	3,0
4,9	Polen	4,6
8,9	Portugal	2,7
4,9	Rumänien	6,9
6,7	Schweden	2,3
8,1	Slowakei	3,4
6,8	Slowenien	5,0
17,2	Spanien	3,1
2,9	Tschechien	4,3
4,0	Ungarn	4,0
11,1	Zypern	3,9

Während Deutschland und Österreich z. B. eine Jugendarbeitslosigkeit 2017 von ca. 7 % bis 10 % haben, ist die Situation in Südeuropa für junge Leute äußerst prekär. Hier sind ca. 30 % der jungen Italienerinnen und Italiener bis 25 Jahre arbeitslos.

In Griechenland haben sogar über 40 % keinen Job oder Ausbildungsplatz. Obwohl die Zahl der Arbeitslosen in Spanien in den letzten Jahren kontinuierlich gesunken ist, haben dort gar ca. 38 % der unter 25jährigen keine Perspektive auf Ausbildung bzw. auf Arbeit.

Dabei ist die jüngere Generation heute besser qualifiziert als die ältere Bevölkerung. Laut einer OECD-Studie ist sogar der Anteil der gut qualifizierten jungen Menschen mit Hochschulabschluss an der Arbeitslosigkeit sehr hoch.

Die Gründe für die hohe Arbeitslosigkeit sind gerade in Südeuropa unter anderem die europäische Schuldenkrise an den Finanzmärkten, Strukturprobleme, mangelnde Infrastruktur und fehlende Investitionen sowie eine verstärkte Sparpolitik.

Finden Arbeitslose nach langer Suche einen begehrten Arbeitsplatz, so ist es keineswegs sicher, dass sie mit dem erarbeitenden Lohn ihren Lebensunterhalt bestreiten können, da es kaum Vollzeitarbeitsplätze gibt. Die meisten Menschen müssen von Teilzeitjobs oder Minijobs mehr schlecht als recht leben.

Zwar sinkt die Arbeitslosigkeit in der gesamten EU – die Jugendarbeitslosigkeit jedoch beharrt gerade im Süden Europas auf einem hohen Niveau. Das heißt: Junge Südeuropäer finden trotz guter Ausbildung keinen geeigneten Job, damit auch keine eigene Wohnung und können keine Familie gründen. In vielen Fällen wohnen sie aus Kostengründen auch mit 30 Jahren noch bei den Eltern.

Das Europäische Parlament hatte im Jahre 2016 zwar schon im Haushalt zusätzlich 473 Millionen Euro zur Unterstützung junger Arbeitsloser in der EU eingeplant, doch das Versprechen, die sogenannte Jugendgarantie, allen Jugendlichen einen Job, eine Ausbildung oder ein Praktikum anzubieten, wurde nicht eingehalten. Dies monierte auch der Europäische Rechnungshof in Luxemburg in einem Bericht aus dem Jahre 2017.

Der europäische Eingungsprozess

Auswirkungen des europäischen Einigungsprozesses

Der mit der EU eingeschlagene Weg, vor der politischen zunächst die wirtschaftliche Einigung in Angriff zu nehmen, warf mit Fortschreiten der Wirtschaftsintegration immer dringlicher die Frage nach einer **gemeinschaftlichen Außenpolitik** auf. Eine Koordinierung der Außenpolitik der Mitgliedstaaten war in den EG-Verträgen zunächst nicht vorgesehen. Mit der 1987 in Kraft getretenen „Einheitlichen Europäischen Akte" steht die außenpolitische Zusammenarbeit erstmals auf einer verbindlichen vertraglichen Grundlage.

Ansätze einer gemeinsamen Außen- und Sicherheitspolitik

Der Golfkrieg und der Krieg im ehemaligen Jugoslawien waren mithin Anstoß für einen erneuten Anlauf auf diesem Gebiet.

Die Auflösung des Warschauer Paktes (1991) sowie die Beitrittsanträge von traditionell neutralen Staaten und solchen des früheren Ostblocks verlangten auf Grund der neuen Gegebenheiten nach einer Veränderung der Sicherheits-, Verteidigungs- und Außenpolitik.

Auf der Grundlage des Maastrichter Vertrages wurde eine **„Gemeinsame Außen- und Sicherheitspolitik" (GASP)** entwickelt und als zweite Säule – neben der wirtschaftlichen Integration – in die Architektur der Europäischen Union eingeführt.

Sie soll stärker darauf gerichtet sein, auf krisenhafte Entwicklungen vorbeugend einzuwirken und nicht erst auf bereits entstandene Konflikte und kriegerische Auseinandersetzungen zu reagieren. Die GASP ist aber nur eine freiwillig vereinbarte Form der Zusammenarbeit ohne rechtliche Verbindlichkeit. Vor allem für die komplizierten Abstimmungs- und Entscheidungsverfahren bedarf es noch grundsätzlicher Kompromissbereitschaft von seiten aller EU-Regierungen.

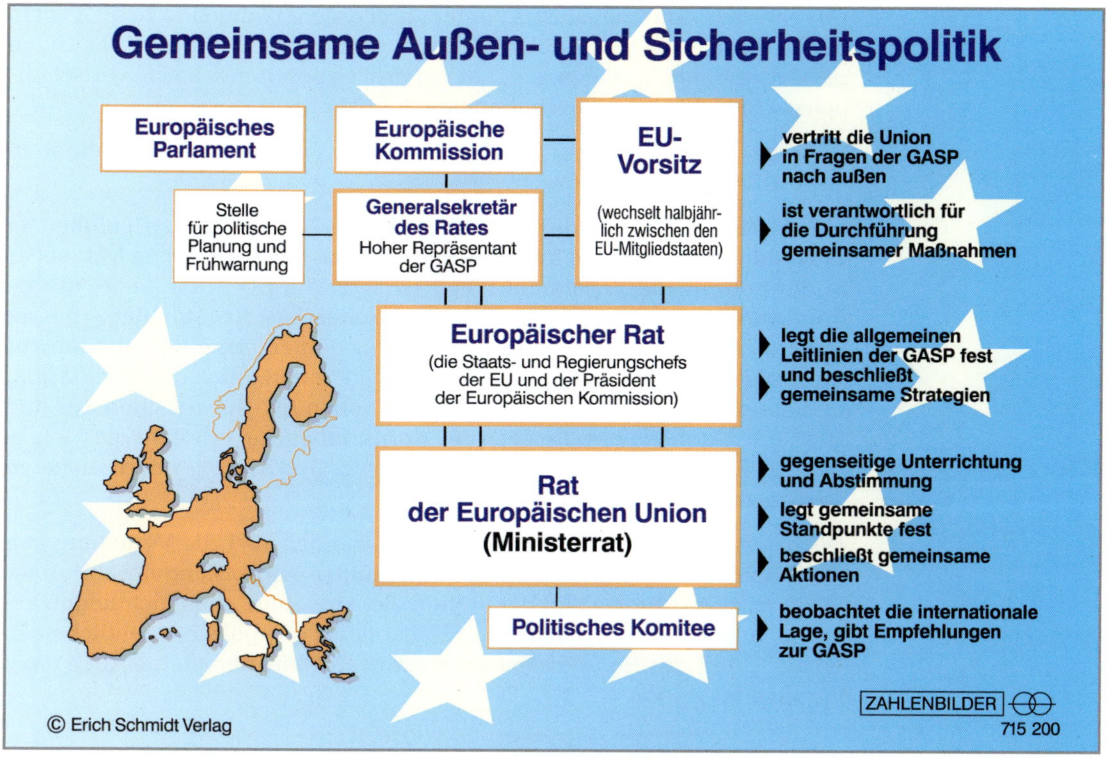

Will Europa künftig gegenüber der restlichen Welt an Bedeutung gewinnen, ist die Übertragung nationaler Souveränitätsrechte auf die Europäische Union zwingend.

Übertragung nationaler Souveränitätsrechte

Um eine volle Freizügigkeit herzustellen, muss man unter anderem

- die unterschiedlichen Steuern angleichen,
- die technischen Normen vereinheitlichen (es gibt allein über 20.000 deutsche Industrienormen),
- berufliche Qualifikationen anerkennen,
- grenzüberschreitende Dienstleistungen ermöglichen (z. B. Versicherungen)
- öffentliche Ausschreibungen auch in den Nachbarländern zugänglich machen,
- nationale Preissysteme korrigieren (Arzneimittel sind in Deutschland im Durchschnitt ca. 50 Prozent teurer als bei den europäischen Nachbarn),
- die Angleichung in den Bereichen Energieversorgung, Luftfahrt, Umweltschutz und Lebensmittelkontrolle anstreben.

Diese Forderungen sind nur zu erreichen, wenn nationale Souveränitätsrechte zu Gunsten europäischer Gesetze und Vorschriften aufgegeben werden. Die Erweiterung hat die geopolitische Lage der EU verändert und tiefgreifende Auswirkungen auf die Entscheidungsfähigkeit und den Zusammenhalt in der Union.

Der Sprung von 15 auf 28 Mitgliedsstaaten hat zahlreiche Einbeziehungen, die in ihrer Tragweite nicht oder nur schwer abzuschätzen sind. Die Erweiterung führt zunächst zu einem größeren außenpolitischen Gewicht der EU. Die Staaten Europas werden mehrheitlich Mitglieder der Union sein, zusammen verfügen sie über ein großes politisches sowie wirtschaftliches Gewicht in der internationalen Politik.

Zugleich hat die EU neue direkte Nachbarn (Weißrussland, Ukraine) an der östlichen Außengrenze.

In zahlreichen Politikfeldern kann die EU ihre Problemlösungsfähigkeit im Zuge der Erweiterung optimieren. Die Einbeziehung der neuen Mitglieder in die polizeiliche Zusammenarbeit versetzt die EU in die Lage, grenzüberschreitende Probleme – wie die organisierte Kriminalität – besser lösen zu können. Auch die Aussichten für gemeinsame Regelungen zur Einwanderungs- und Asylpolitik in Europa können durch die Erweiterung verbessert werden. Die Ausdehnung der hohen EU-Umweltstandards und strengen Normen, zum Beispiel für Kernkraftwerke, erhöhen die Sicherheit für Europa insgesamt und stärken sein Gewicht bei internationalen Verhandlungen über Umweltstandards.

Doch seit einigen Jahren streiten die EU-Länder über die Verteilung von Flüchtlingen in Europa. Die Mittelmeerländer sind bislang absolut überlastet, die Ost-Mitgliedsländer lehnen die Aufnahme von Flüchtlingen ab; sie kommen ihren Verpflichtungen nicht nach, obwohl sie eigentlich nach einem Urteil des Europäischen Gerichtshofes aus dem Jahre 2017 dazu verpflichtet wären.

Die „EURO-Krise"

Seit 2010, und noch mehr im Jahre 2011, steht der Euro unter Druck: Euro-Länder wie Griechenland, Portugal, Spanien oder Italien finden nur noch schwer Kreditgeber für die Finanzierung ihrer Haushaltsdefizite. Mit immer neuen Gipfeltreffen versuchen die Euro-Staaten und die Europäische Union auf Vertrauensverlust in die gemeinsame europäische Währung zu reagieren. Die Bankenkrisen in Zypern und Slowenien verschärfen die Situation.

Die Krise brach aus, als Griechenland nach einer neuen Regierungsbildung im Oktober 2009 das tatsächliche Ausmaß des bisher verschleierten Schuldenstandes offenlegte und EU sowie IWF um Hilfe bat.

Die Schuldenkrise resultierte aus einer Vielzahl unterschiedlicher Faktoren. Insbesondere im Fall Griechenlands wird die Entwicklung der Staatsschulden als Hauptursache der Krise angesehen.

Darüber hinaus werden auch die volkswirtschaftlichen Ungleichgewichte im Euroraum als eigentlich ausschlaggebend für die Refinanzierungsprobleme gesehen. Weiterhin werden die Folgen der Finanzkrise ab 2007 verantwortlich gemacht.

Rettungsschirme haben seitdem Hochkonjunktur in Europa: Erstes Griechenlandpaket, Einrichtung der EFSF, Hilfspakete für Irland und Portugal, zweites Griechenlandpaket und Errichtung des ESM lautet die chronologische Reihenfolge der EU-Maßnahmen zur Rettung des Euro bisher.

EURO-Rettungsschirm

Mit dem **Euro-Rettungsschirm** wird die Gesamtheit der Maßnahmen der Europäischen Union und der Mitgliedstaaten der Euro-Zone bezeichnet, um die finanzielle Stabilität im gesamten Euro-Währungsgebiet zu sichern.

© Eisenhans-Fotolia.com

1. Kredite als Unterstützungspaket für **Griechenland** in Höhe von 100 Milliarden Euro.
2. **Ankauf von Staatsanleihen** gefährdeter Euro-Staaten durch die Europäische Zentralbank um eine ausreichende Versorgung der Banken mit Liquidität zu gewährleisten und um geldpolitische Maßnahmen zur mittelfristigen Preisstabilität zu ermöglichen.
3. Europäischer Finanzstabilisierungsmechanismus (EFSM) und Europäische Finanzstabilisierungsfazilität (EFSF).
4. Europäischer Stabilitätsmechanismus (ESM).
5. **Europäischer Fiskalpakt:** Hiermit bezeichnet man Inhalte und Maßnahmen, die sich auf den Vertrag von Maastricht bzw. auf die EU-Konvergenzkriterien (60 % Verschuldungsobergrenze in Relation zum jeweiligen Bruttoinlandsprodukt und 3 % jährliche Neuverschuldung in Relation zum jeweiligen BIP) beziehen.

Griechenland-Paket

Bei der Bereitstellung des ersten Griechenlandpakets im April 2010 gingen die Beteiligten noch davon aus, die Krise in den Griff zu bekommen. Wenig später, im Juni 2010, mussten sie aber die Europäische Finanzstabilisierungsfazilität (EFSF) errichten, um ein Überspringen der griechischen Krise auf andere Euroländer abwehren zu können.

Das 1. Griechenland-Paket

Im April 2010 einigten sich die Euroländer, die EZB und der Internationale Währungsfonds mit der griechischen Regierung über ein auf drei Jahre angelegtes Hilfspaket. Die deutschen Kredite laufen über die staatliche Bank KfW.

Gesamtvolumen (in Milliarden Euro): 110

Davon:

IWF 30 **Euroländer 80**

Verteilung der Garantiesummen auf die Euroländer:

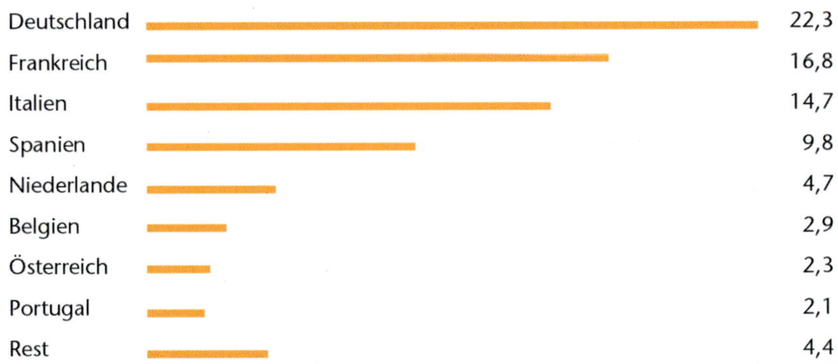

EFSF

Der EFSF (Europäische Finanzstabilsierungsfazilität)

Gegründet im Juni 2010, um weiteren Krisenstaaten helfen zu können. Die Euroländer bürgen für die EFSF-Anleihen. Geld aus der EFSF erhielten bisher Griechenland, Irland und Portugal.

Garantiesumme der Euroländer (in Milliarden Euro): 780

Davon:

maximales EFSF-Kreditvolumen 440

Verteilung der Garantiesummen auf die Euroländer:

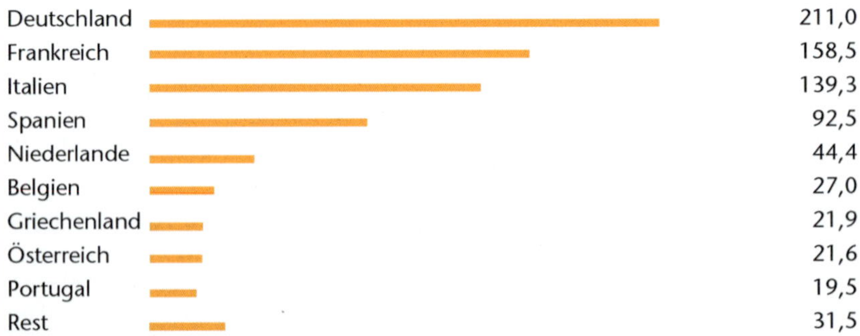

Aus dem EFSF-Topf und aus dem EU-Haushalt wurde der europäische Anteil an den Hilfspaketen für Irland im November 2010 und für Portugal im Mai 2011 finanziert.

Die Iren erhielten insgesamt 85 Milliarden Euro an Hilfskrediten, die Portugiesen 78 Milliarden Euro. Wie schon beim ersten Griechenland-paket leistete der Internationale Währungsfonds (IWF) auch einen Beitrag zur Rettung Irlands (22,5 Milliarden Euro) und Portugals (26 Milliarden Euro).

Aus dem EFSF wurde der EU-Anteil am zweiten Griechenlandpaket gezahlt in Höhe von 103 Milliarden Euro, die restlichen 30 Milliarden steuert der IWF bei. Griechenland hat als Hauptnutznießer der Rettungsmaßnahmen insgesamt bereits 240 Milliarden Euro an Unterstützung bewilligt bekommen. Hinzu kommt der Beitrag der privaten Gläubiger durch den Schuldenschnitt in Höhe von 107 Milliarden Euro.

An die Stelle der vorübergehend eingerichteten EFSF trat ab Juli 2012 der dauerhafte **Europäische Stabilitätsmechanismus (ESM)**

ESM

Anders als die EFSF verfügt der ESM über 80 Milliarden Euro eigenes Kapital. Den deutschen Anteil daran in Höhe von 22 Milliarden Euro muss aus dem Bundeshaushalt überwiesen werden.

Die Haftung der Länder bemisst sich am Kapitalanteil an der Europäischen Zentralbank, der im Falle von Deutschland bei 27,1 Prozent liegt.

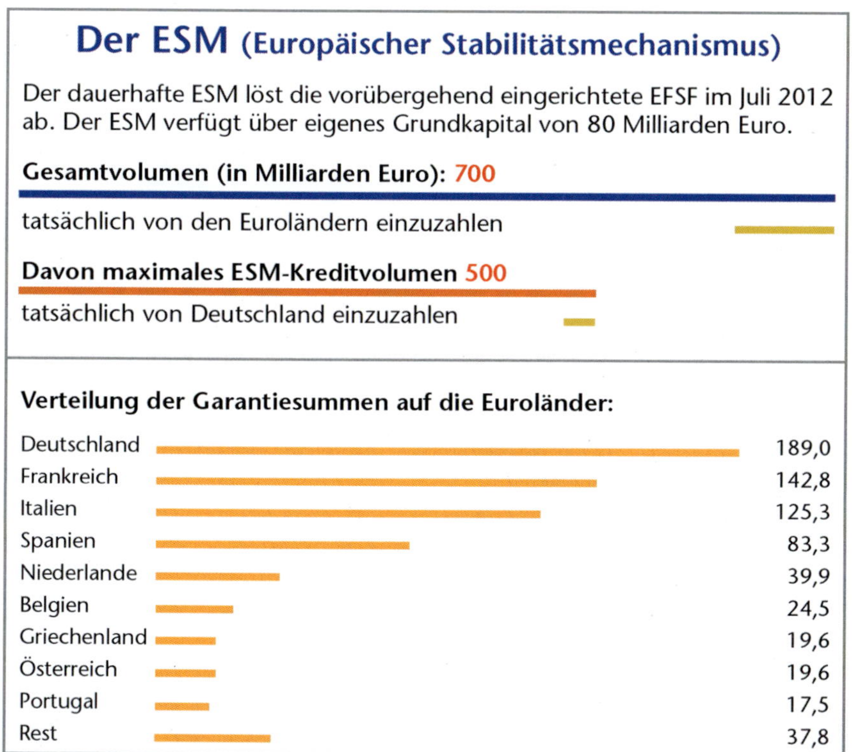

Die nachfolgende Grafik veranschaulicht eindrucksvoll die Hilfsgelder für Griechenland seit dem Jahre 2010.

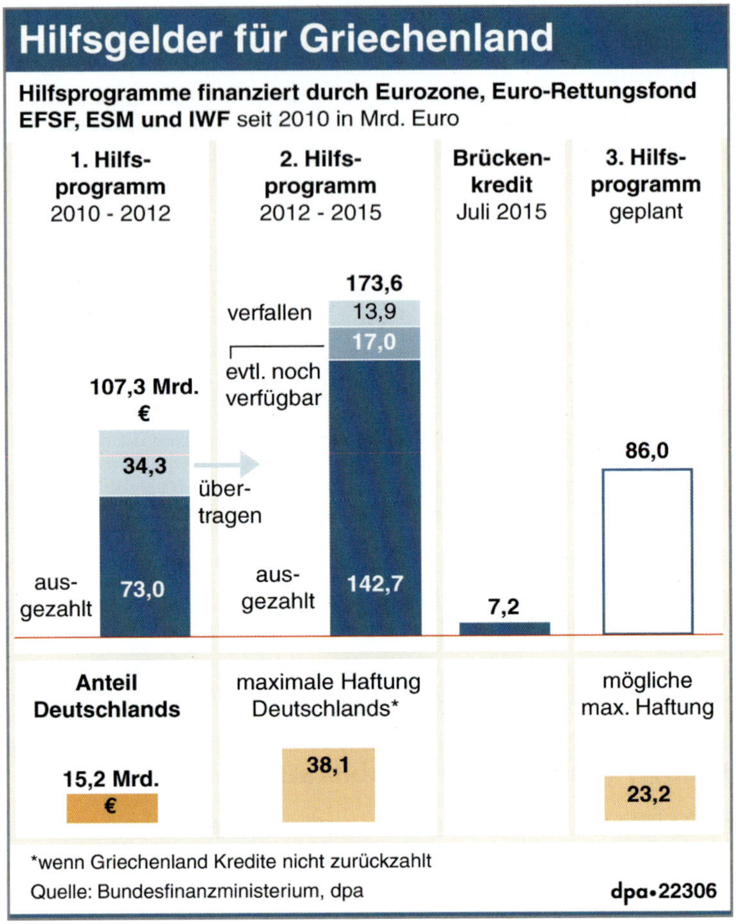

EXKURS:

Bisherige Euro-Rettungspakete

So viel Geld floss nach Griechenland

Auf rund 263 Milliarden Euro summieren sich die bisherigen Zahlungen aus den drei Rettungspaketen an Griechenland. Das Geld floss teils in Form direkter Kredite der Euro-Staaten, teils über die Rettungsschirme EFSF und ESM und teils über den IWF.

Von David Rose, tagesschau.de

Griechenland war das erste hoch verschuldete Land, für das die europäischen Partner im Jahr 2010 ein Rettungspaket schnürten. Später folgten ein zweites Rettungspaket und ein Schuldenschnitt. 2015 wurde ein drittes Rettungspaket notwendig. Die in den vergangenen Jahren überwiesenen Notkredite und Hilfen summieren sich bereits jetzt auf rund 241 Milliarden Euro.

Das erste Rettungspaket

Das erste Rettungspaket für Griechenland aus dem Frühjahr 2010 umfasste Zusagen über 110 Milliarden Euro.

© Claudio Divizia – Fotolia.com

Es handelte sich um bilaterale Kredite der Euro-Staaten und des IWF.

Ein Euro-Rettungsschirm fehlte damals noch. Von den gewährten Hilfen flossen allerdings nur 73 Milliarden Euro tatsächlich nach Athen. Die noch nicht ausbezahlten Kredite der Euro-Staaten wurden 2012 auf das zweite Hilfsprogramm übertragen.

Für die bilateralen Kredite – später auch als „Greek Loan Facility" (GLF) bezeichnet – muss Griechenland den anderen Euro-Staaten bereits kontinuierlich Zinsen bezahlen – 2014 waren das etwa 400 Millionen Euro. Die eigentliche Tilgung der Kredite mit einer Laufzeit von 30 Jahren beginnt erst 2020.

Bei den Bedingungen – das betrifft sowohl die Laufzeit als auch die Verzinsung – kamen die Euro-Staaten der Regierung in Athen bei Nachverhandlungen bereits weit entgegen.

Die IWF-Hilfen des ersten Rettungspakets – insgesamt 20,1 Milliarden Euro – zahlt Griechenland bereits seit dem Jahr 2013 zurück. Bis Ende Oktober 2015 hatte Griechenland etwa 18,2 Milliarden Euro aus den Hilfen des ersten Rettungspakets an den IWF zurückgezahlt – zuzüglich Zinsen. Die verbliebenen Raten sollen bis 2016 schrittweise folgen.

Deutschland steuerte über die KfW-Bankengruppe direkte Kredite in Höhe von 15,2 Milliarden Euro zum ersten Griechenland-Paket bei. Sollte die Regierung in Athen das Geld nicht zurückzahlen, bleibt die Bundesrepublik auf diesem Verlust sitzen.

Als IWF-Mitglied trägt Deutschland in letzter Konsequenz auch anteilig Verluste für mögliche Kreditausfälle des Internationalen Währungsfonds mit. Allerdings sorgen mehrere Maßnahmen und Sicherheitsvorkehrungen dafür, dass hier eine unmittelbare Belastung für den deutschen Staatshaushalt unwahrscheinlich ist.

Rettungspaket I für Griechenland (2010–2013)

Geldgeber	Zusagen	Ausgezahlt	Übertrag auf 2. Programm
Euro-Staaten	80,0 Mrd. €*	52,9 Mrd. €	24,4 Mrd. €
IWF	30,0 Mrd. €	20,1 Mrd. €	9,9 Mrd. €
GESAMT	**110,0 Mrd. €**	**73,0 Mrd. €**	**34,3 Mrd. €**

Quelle: EU-Kommission

* Von den ursprünglichen 80 Milliarden Euro standen letztlich nur 77,3 Milliarden Euro zur Verfügung. Denn die Slowakei beteiligte sich von Anfang an nicht an den Zahlungen, Portugal und Irland schieden als Geldgeber aus, nachdem sie selbst Hilfspakete in Anspruch genommen hatten.

Das zweite Rettungspaket

Das zweite Rettungspaket für Griechenland aus dem Jahr 2012 umfasste Hilfen des EFSF und des IWF in Höhe von insgesamt 163,7 Milliarden Euro – einschließlich 24,4 Milliarden Euro noch nicht ausgezahlter Kreditzusagen aus dem ersten Programm.

Nach monatelangen Verhandlungen mit den Griechen gaben die Euro-Finanzminister im Dezember 2012 eine erste Tranche von 34,3 Milliarden Euro frei. Danach folgten weitere Überweisungen.

Allerdings war die weitere Auszahlung ausstehender Tranchen stets daran gebunden, dass die griechische Regierung die vereinbarten Maßnahmen umsetzte.

Die Verhandlungen über die Auszahlung der letzten noch fehlenden Tranche wurden im Dezember 2014 ausgesetzt.

Ursprünglich sollten die letzten noch ausstehenden 1,8 Milliarden Euro an EFSF-Geldern Ende 2014 nach Athen fließen.

Wegen der ausstehenden Einigung bei der letzten Tranche stimmten die Euro-Staaten aber zu, die Frist bis Ende Februar 2015 zu verlängern. Eine weitere Verlängerung von bis zu vier Monaten wurde im Februar 2015 zwischen der Eurogruppe und der neuen griechischen Regierung ausgehandelt.

Allerdings wurde auch in den folgenden Monaten keine Einigung über eine Reformliste erzielt, deren Umsetzung den Weg zur Auszahlung der letzten Tranche des Rettungspakets ebnen sollte. Am 30. Juni 2015 endete das Programm.

Im Zuge wiederholter Nachverhandlungen während der Laufzeit des Programms kamen die Euro-Staaten den Griechen mehrmals entgegen.

Die Laufzeit der EFSF-Kredite wurde gegenüber der ursprünglichen Vereinbarung um 15 Jahre verlängert. Zudem muss die Regierung in Athen bis 2022 keine Zinsen auf das geliehene Geld zahlen.

Insgesamt sollten im Zuge des zweiten Rettungsprogramms allein über den Rettungsschirm EFSF 144,6 Milliarden Euro nach Athen fließen. Davon waren 48 Milliarden Euro als Kapitalhilfen für Banken vorgesehen und weitere 61,1 Milliarden Euro für allgemeine Kredithilfen.

Zusätzlich sagte der EFSF bis zu 35,5 Milliarden Euro zu, um den Schuldenschnitt zu ermöglichen.

Dabei verzichteten private Gläubiger im Frühjahr 2012 durch den Umtausch ihrer Papiere auf hohe Forderungen. Sie erhielten im Gegenzug auch EFSF-Papiere.

Dieser finanzielle Anreiz sollte dazu beitragen, eine hohe Beteiligung an dem Umtauschprogramm zu erreichen. 34,5 Milliarden Euro des EFSF wurden dafür in Anspruch genommen -- und damit 0,9 Milliarden Euro weniger als maximal möglich.

Von den 48 Milliarden Euro, die für mögliche Kapitalhilfen zugunsten der Banken bereits komplett an den griechischen Bankenrettungsfonds geflossen waren, wurden die bis dahin nicht benötigten 10,9 Milliarden Euro im Februar 2015 an den EFSF zurücküberwiesen.

Dieses Geld stand bis zum Ende des Programms im Juni 2015 bereit – wäre aber ausdrücklich nur für Finanzspritzen an die Banken nutzbar gewesen.

Rettungspaket II für Griechenland (2012–2014)

Geldgeber	Zusagen	Ausgezahlt
EFSF	144,5 Mrd. €	130,9 Mrd €
IWF	19,1 Mrd. €	11,8 Mrd. €
GESAMT	**163,6 Mrd. €**	**142,7 Mrd. €**

Quelle: BMF/EFSF; Stand: April 2015

Die Zusagen des IWF für ein zweites Kreditpaket laufen länger als die EFSF-Hilfen, und zwar bis zum Frühjahr 2016. Insgesamt will der IWF dabei 28 Milliarden Euro an Krediten bereitstellen – davon betrafen 19,1 Milliarden Euro den Zeitraum bis Ende 2014 und weitere 8,9 Milliarden Euro die Jahre 2015 und 2016.

Die Auszahlung des Geldes war und ist aber ebenso wie beim EFSF an die Umsetzung geforderter Reformen und Sparmaßnahmen geknüpft. Im Dezember 2014 stoppte der IWF die Gespräche über die Auszahlung der nächsten Tranche, um die Regierungsbildung in Athen nach den vorgezogenen Neuwahlen abzuwarten.

Nach dem Amtsantritt der neuen Regierung wurden die Gespräche zwar wiederaufgenommen, aber bislang keine weiteren Tranchen ausbezahlt, weil der IWF auf die Einhaltung der zugesagten Reformen der früheren Regierungen – oder vergleichbarer Reformen – beharrt. Die Rückzahlung der IWF-Mittel aus dem zweiten Kreditpaket soll 2016 beginnen und bis 2026 abgeschlossen sein.

Falls Griechenland die Kredite des EFSF nicht zurückzahlen sollte, hätte das auch Milliardenverluste für Deutschland zur Folge. Denn der EFSF besorgt sich das Geld für Kredite an die Krisenstaaten seinerseits auf den Kapitalmärkten. Deutschland tritt dabei neben den anderen Euro-Staaten als Bürge auf. Ursprünglich hätte Deutschland dabei für rund 27 Prozent der Gesamtsumme geradestehen müssen.

Nachdem Griechenland, Irland und Portugal als Bürgen ausfielen, stieg der deutsche Anteil auf etwa 29 Prozent – im Fall des zweiten Griechenland-Pakets entspricht das knapp 38 Milliarden Euro.

Überbrückungskredit vor dem dritten Rettungspaket

Im Juli 2015 einigten sich die Euro-Staaten mit Griechenland auf Bedingungen für die Aufnahme von Verhandlungen über ein drittes Hilfsprogramm, das über den dauerhaften Euro-Rettungsschirm ESM laufen soll.

Damit die Regierung in Athen während der Verhandlungen und bis zum geplanten Inkrafttreten des Programms seine Zahlungsverpflichtungen gegenüber dem IWF und der EZB erfüllen konnte, wurde dem Land ein Überbrückungskredit gewährt. Die Regierung in Athen erhielt im Juli 2015 insgesamt 7,16 Milliarden Euro aus einem alten, seit Jahren nicht mehr genutzten EU-Rettungsschirm, dem EFSM.

Dieses Geld musste nach spätestens drei Monaten zurückgezahlt werden – und zwar sollte dies mit Hilfe der Mittel aus dem dritten Rettungsprogramm geschehen. Als dieses im August 2015 in Kraft trat, war ein Teil der ersten Tranche dann auch ausdrücklich für die Rückzahlung der EFSM-Brückenfinanzierung vorgesehen, was nach Angaben des Bundesfinanzministeriums planmäßig geschah.

Der EFSM wird aus dem EU-Haushalt finanziert und damit von allen 28 EU-Staaten getragen. Um die EU-Staaten, die nicht der Eurozone angehören, vor finanziellen Risiken durch einen möglichen Zahlungsausfall zu schützen, wurden im Vorfeld der Gewährung der Brückenfinanzierung neuen Regeln für dem EFSM eingeführt.

Falls Griechenland den Überbrückungskredit nicht zurückgezahlt hätte, hätten die dadurch entstandenen Verluste letztlich ausschließlich die anderen Euro-Staaten auffangen müssen.

Für Deutschland summierten sich die Risiken aus diesem Überbrückungkredit auf etwa 1,6 Milliarden Euro.

Das dritte Rettungspaket

Nach wochenlangen Verhandlungen einigten sich Griechenland und die europäischen Partner im August 2015 auf die Bedingungen für ein drittes Rettungspaket. Es ist auf drei Jahre befristet und endet im August 2018.

Die Stabilitätshilfen laufen über den dauerhaften Rettungsschirm ESM und umfassen bis zu 86 Milliarden Euro.

Griechenland muss eine Reihe von Reformen umsetzen und Schritte zur Haushaltskonsolidierung unternehmen, um das Geld schrittweise ausgezahlt zu bekommen. Die ersten Tranchen flossen einen Tag, nachdem mehrere nationale Parlamente das Paket gebilligt hatten und der ESM-Gouverneursrat am 19. August 2015 formell zugestimmt hatte.

Die Euro-Staaten hoffen darauf, dass sich der IWF noch an der Finanzierung beteiligt – möglicherweise mit bis zu einem Drittel der Gesamtsumme. Der IWF lehnte aber eine rasche Entscheidung über eine Beteiligung ab und wollte erst nach der Umsetzung wichtiger Reformen in Griechenland und möglichen weiteren Schuldenerleichterungen durch die Euro-Staaten einen endgültigen Entschluss fassen.

Im Juli 2017 willigte der IWF grundsätzlich ein, ein Programm in Höhe von umgerechnet 1,6 Milliarden Euro aufzulegen, das bis Ende August 2018 befristet ist – bis Oktober 2017 war davon aber noch kein Geld geflossen.

Am 20. August flossen die ersten Tranchen des dritten Rettungspakets. Auf ein ESM-Sonderkonto wurden 10,0 Milliarden Euro überwiesen, die ausschließlich für Kapitalhilfen griechischer Banken oder Kosten bei der möglichen Abwicklung von Instituten vorgesehen sind. Von diesen zehn Milliarden gab das ESM-Direktorium am 1. Dezember 2015 eine Kapitalhilfe von 2,72 Milliarden Euro für die Piraeus Bank frei und am 8. Dezember 2015 eine Kapitalhilfe von 2,71 Milliarden Euro für die private National Bank of Greece.

An die griechische Staatskasse gingen aus dem Rettungspaket zunächst 13,0 Milliarden Euro, die auch der Rückzahlung der EFSM-Brückenfinanzierung dienten. Am 23. November 2015 beschloss der ESM-Gouverneursrat die Auszahlung von weiteren 2,0 Milliarden Euro an die griechische Regierung. Im Dezember 2015 folgte nochmals eine Milliarde Euro – nachdem Griechenland eine erste Liste geforderter Reformen, die sogenannten „Meilensteine", nach Ansicht der Geldgeber zufriedenstellend umgesetzt hatte. Im Mai 2015 stimmte die Eurogruppe der Auszahlung von weiteren 10,3 Milliarden Euro in zwei Tranchen zu. Die erste Tranche in Höhe von 7,5 Milliarden Euro wurde im Juni 2016 überwiesen. Von den restlichen 2,8 Milliarden Euro, die im Herbst 2016 fließen sollten, gab die Eurogruppe am 10. Oktober 2016 zunächst eine Tranche von 1,1 Milliarden Euro frei. Die übrigen 1,7 Milliarden Euro folgten zwei Wochen später, nachdem Griechenland fehlende Zahlen vorgelegt hatte und die Institutionen eine positive Bewertung der Begleichung griechischer Zahlungsrückstände vorgenommen hatten. Die gesamten 2,8 Milliarden Euro überwies der ESM schließlich am 26. Oktober 2016 an die griechische Regierung.

Im Juli 2017 gab der ESM von der dritten Tranche zunächst 7,7 Milliarden Euro frei, die umgehend nach Athen flossen. Die Auszahlung weiterer 0,8 Milliarden Euro nach dem 1. September 2017 wurde an signifikante Fortschritte der griechischen Regierung gekoppelt und erfolgte am 30. Oktober 2017.

Im März 2018 beschloss die Eurogruppe, dass Griechenland die politischen Voraussetzungen für die Auszahlung einer weiteren Tranche von insgesamt 6,7 Milliarden Euro erfüllt habe. Die erste Teiltranche in Höhe von 5,7 Milliarden Euro überwies der ESM am 28. März 2018, die restlichen 1,0 Milliarden Euro am 15. Juni 2018.

Im Juni 2018 beschloss die Eurogruppe, vor Abschluss des Hilfsprogramms im August eine letzte Kredittranche in Höhe von 15,0 Milliarden Euro freizugeben. Zugleich wurde vereinbart, dass die Laufzeit der EFSF-Kredite aus den zweiten Rettungspaket von durchschnittlich 32,5 auf 42,5 Jahre verlängert werden soll und die Tilgung nun erst 2033 – statt bereits 2023 – beginnen soll. Das Geld ist wegen der nationalen Verfahren der Mitgliedsstaaten aber noch nicht nach Athen geflossen.

Rettungspaket III für Griechenland (2015–2018)

Geldgeber	Zusagen	Ausgezahlt
ESM	86,0 Mrd. €	46,9 Mrd €
GESAMT	**86,0 Mrd. €**	**46,9 Mrd. €**

Quellen: https://www.tagesschau.de, gekürzt, Stand 05.07.2018
ESM; Stand: 30. Juni 2018

Presse SPIEGEL

Ausstieg aus Hilfsprogramm

Athen erhält eine Milliarde Euro aus Rettungsfond

15.06.2018, 00:45 Uhr | Takis Tsafos, dpa, aj

Eine Europa-Flagge mit dem Euro-Symbol bei einer Demonstration in Athen: Griechenland hat den Ausstieg aus dem Hilfsprogramm abgesegnet. (Quelle: dpa)

Griechenland ist auf der Zielgeraden, um aus den Hilfsprogrammen entlassen zu werden. Athen will nicht mehr das Problem Europas sein. Doch ausgerechnet diese letzten Meter sind schmerzhaft. Nun gibt es eine weitere Finanzspritze.

Das Direktorium des Eurorettungsfonds (ESM) hat am Donnerstag einer weiteren Auszahlung an das hochverschuldete Griechenland in Höhe von einer Milliarde Euro zugestimmt. Damit ist die letzte Tranche der von den Finanzministern der Eurogruppe im Januar bewilligten Zahlung von 6,7 Milliarden Euro ausgezahlt. Die EU-Behörden belohnten damit die jüngsten Reformen Griechenlands. Im März waren bereits 5,7 Milliarden Euro nach Athen geflossen.

Die Entscheidung des ESM-Gremiums sei „ein gutes Omen für die Diskussionen über den Austritt aus dem Programm", schrieb Eurogruppen-Chef Mario Centeno im Kurzbotschaftendienst Twitter. Die Eurogruppe kommt in der nächsten Donnerstag mit Experten der EU, der Europäischen Zentralbank (EZB) und des Internationalen Währungsfonds (IWF) zusammen, um über eine Ende des Hilfsprogramms für Griechenland zu beraten.

Mit der Auszahlung vom Donnerstag hat Griechenland insgesamt 46,9 Milliarden Euro aus dem dritten Hilfspaket bekommen, das 2015 vereinbart wurde. Es läuft bis August dieses Jahres. Danach hofft Athen sich wieder vollständig über den Markt finanzieren und somit wieder auf eigenen Füßen stehen zu können. Das mehrfach vom Staatsbankrott bedrohte Griechenland hängt seit 2010 am Tropf internationaler Geldgeber.

Athen segnet Ausstieg aus Hilfsprogramm ab

Das griechische Parlament hat die Weichen für den für August geplanten Ausstieg aus dem internationalen Hilfsprogramm gestellt – nach mehr als acht Jahren unter dem Rettungsschirm. Dafür billigte eine Mehrheit der Abgeordneten ein neues Reform- und Sparprogramm, wie das Parlamentspräsidium mitteilte. Das Sparpaket ist absolut notwendig: Am kommenden Donnerstag (21. Juni) will die Eurogruppe über mögliche Maßnahmen zur Reduzierung des griechischen Schuldenbergs beraten und erwartet dafür weitere Reformzusagen. Das aktuelle dritte griechische Hilfsprogramm in Höhe von bis zu 86 Milliarden Euro läuft im August aus. Athen hofft, sich von diesem Zeitpunkt an, wieder allein finanzieren zu können.

Die Billigung war nach den Worten des griechischen Regierungschefs Alexis Tsipras von „historischer Bedeutung". Griechenland habe alle seine Verpflichtungen erfüllt. „Griechenland ist nun nicht mehr das Problem, aber Teil der Lösungen in Europa", sagte Tsipras während der Debatte.

Bis 2022 fünf Milliarden Euro sparen

Aus Sicht der EU-Kommission muss Athen auch nach dem absehbaren Ende der langjährigen Hilfsprogramme weitere Reformen angehen. Griechenland nähere sich dem Ende einer „sehr langen Reise, einer Odyssee", sagte Währungskommissar Valdis Dombrovskis in Athen. Die Zahlen zeigten, dass die Anstrengungen Früchte trügen.

Das vermeintlich letzte Sparpaket sieht unter anderem Rentenkürzungen bis zu 18 Prozent ab 1. Januar 2019, Erhöhungen der Rentenbeiträge und die Senkung des Steuerfreibetrags ab 1. Januar 2020. Damit sollen bis 2022 gut fünf Milliarden Euro gespart werden.

Wichtigster Punkt: Im Reformpaket sind auch Versicherungen für die Gläubiger vorgesehen. Zahlt Griechenland eine oder mehrere Raten seiner Schulden in den kommenden Jahren nicht, werden die Gläubiger über den europäischen Rettungsfonds ESM selbstständig Vermögen des griechischen Staates verkaufen können, um das Geld einzutreiben.

Sozial schwache Schichten unterstützen

Aus Protest gegen die neuen Sparmaßnahmen demonstrierten rund 3.000 Staatsbedienstete um die Mittagszeit vor dem Parlament. Zudem streiken die Taxifahrer und Mitarbeiter im Athener Nahverkehr, berichtete das Staatsfernsehen (ERT).

Athen hat in den kommenden Jahren große Ziele und will im Haushalt relativ große Primärüberschüsse erreichen. Bei dieser wichtigen Kennziffer wird der Schuldendienst ausgeblendet. Die Geldgeber fordern einen Überschuss von 3,5 Prozent der Wirtschaftsleistung. Athen will dieses Jahr 3,56 Prozent, 2019 3,96 und 2020 4,15 Prozent schaffen. Für 2021 sind 4,53 Prozent und für 2022 sogar 5,19 Prozent vorgesehen. Mit einem Primärüberschuss von 3,5 Prozent kann Athen nach Einschätzung der europäischen Geldgeber seinen Schuldendienst leisten. Mit Überschüssen darüber hinaus will Regierungschef Alexis Tsipras sozial schwache Bevölkerungsschichten unterstützen und mit Staatsinvestitionen die Wirtschaft ankurbeln.

Quelle: https://www.t-online.de/nachrichten/ausland/id_83938258/griechenland-athen-segnet-sparprogramm-ab.html, gekürzt

Herausforderungen der Europäischen Union

Die Europäische Union steht seit geraumer Zeit vor gewaltigen Herausforderungen. Der Handelsstreit mit den USA, die Auseinandersetzungen mit Ungarn, Polen und Rumänien aufgrund mangelnder Rechtsstaatlichkeit, die noch nicht solidarisch gelöste Frage der Verteilung von Flüchtlingen, das Erstarken der Nationalisten allgemein in Europa, der Austritt von Großbritannien aus der Europäischen Union und die sehr hohe Staatsverschuldung in Italien zeigen einige Herausforderungen, denen sich die EU stellen muss.

Viele Jahre hat die Europäische Union ihren Bürgerinnen und Bürgern Frieden, Wohlstand und Sicherheit gebracht.

Doch die Situation in Europa hat sich seit 2015, seitdem Millionen von Flüchtlingen, die vor Krieg und Terror aus Syrien und anderen Kriegsgebieten geflohen sind und einen Antrag auf internationalen Schutz in der EU gestellt haben, stark verändert. Nur eine **gemeinsame Migrations- und Asylpolitik** der Europäischen Union kann Europa helfen, die großen Herausforderungen der Migration wirksam zu meistern.

Migrations- und Asylpolitik

Bei Terrorismus, organisierter bzw. schwerer Kriminalität, Cyberkriminalität, gewaltbereitem Radikalismus müssen EU und die Mitgliedsstaaten noch stärker zusammenarbeiten und die **EU-Außengrenzen** sicherer machen, damit die Bürgerinnen und Bürger mehr die Freiheit aber auch die Sicherheit wahrnehmen.

Die Wirtschafts- und Währungsunion sowie der Euro stellen die gemeinsame Grundlage für Arbeitsplätze und Wachstum.

Soziale Sicherheit

Dabei darf jedoch nicht die **soziale Sicherheit** der Menschen außer Acht gelassen werden. Nicht nur die Unterstützung und Hilfe für gute Arbeitsplätze, die geschafft werden müssen, sind wichtig, sondern auch die Förderung von Kompetenzen und die Möglichkeiten zur Weiterbildung in den jeweiligen europäischen Ländern müssen stark verbessert werden. Angemessene soziale Standards, die in der Vergangenheit mit dem **Europäischen Sozialfonds** eingeführt wurden, müssen weiterentwickelt und finanziell besser ausgestattet werden.

Soziale Gerechtigkeit

Die EU muss auch darauf achten, dass wieder mehr **soziale Gerechtigkeit** Beachtung findet. Soziale Ungleichheit bedroht den Zusammenhalt einer Gesellschaft. In diesem Zusammenhang ist es notwendig, dass transparent gemacht wird, welche Gewinne die großen Konzerne in welchem Land erzielen und welche Steuern sie auf den Gewinn zahlen. Leider ist die Einführung einer sogenannten **EU-Digitalsteuer** für Internetfirmen wie Google und Facebook in Europa gescheitert. Große Digitalunternehmen zahlen in bestimmten europäischen Ländern trotz hoher Umsätze deutlich weniger Steuern als klassische Industriebetriebe. Die europäischen Finanzminister konnten sich auf einen deutsch-französischen Kompromissvorschlag, der diese Ungerechtigkeit aufheben sollte, nicht einigen, nicht zuletzt deshalb, weil Steuerentscheidungen in der EU einstimmig beschlossen werden müssen. In diesem Zusammenhang sollten immer noch vorhandene Steueroasen von der EU wirksam sanktioniert bzw. trockengelegt werden.

Eine weitere Herausforderung der Europäischen Union ist der **Umweltschutz**. Wir Menschen leben von der Natur und sind von ihr abhängig. Wir müssen sorgsam mit den Ressourcen wie Wasser, Luft, Wälder und Bodenschätzen umgehen.

Viele europäische Großstädte stehen heute vor dem Problem der **Luftverschmutzung** durch zunehmenden Straßenverkehr. Doch auch durch Energieerzeugung (Kohlekraftwerke), durch die Industrie, durch die Landwirtschaft und durch Gebäudeheizungen und Holzöfen ist die Luftverschmutzung sehr hoch. Neue Studien ergaben, dass gerade Feinstaub, aber auch Schwefeldioxid (SO_2), Kohlenmonoxid (CO), Stickstoffoxide (NO_x) und Kohlenwasserstoffe hauptsächlich zu Atemwegserkrankungen und Erkrankungen des Kreislaufsystems führen und so die durchschnittliche Lebenserwartung von Europäern um circa zwei Jahre verkürzt.

Klimawandel

In Zukunft muss die Europäische Union verstärkt an der Reinhaltung von Luft, an der Sauberhaltung von Wasserressourcen und an der Bewirtschaftung der Ökosysteme arbeiten, um letztlich auch dem **Klimawandel** zu begegnen. Denn auch für die Europäer ist das Thema Klimawandel von großer Bedeutung. Konkrete und greifbare Ergebnisse, wie die anstehenden Probleme durch gemeinsames europäisches Handeln gelöst werden können, sind für die Bürgerinnen und Bürger der Europäischen Union von größter Wichtigkeit.

Ein weiteres Umweltproblem in vielen europäischen Ländern ist die ansteigende **Lärmbelastung** für viele Bürgerinnen und Bürger entlang der Hauptverkehrsstraßen und Haupteisenbahnstrecken sowie in der Nähe von Großflughäfen. Hier muss auch die Europäische Union Lösungen ausarbeiten und anbieten, um die vom Lärm belastete Bevölkerung zu schützen.

Wirkungsmöglichkeiten der Europäischen Union

Die EU war immer bestrebt, den freien Handel zwischen ihren Mitgliedstaaten zu fördern und den Welthandel zu liberalisieren. Heute ist die Europäische Union für viele Länder einerseits der größte Einfuhrmarkt und andererseits exportiert sie weltweit den höchsten Anteil an Industrieerzeugnissen in alle Welt.

Humanitäre Hilfen

Die EU und ihre Mitgliedsländer stellen weltweit die meisten **Mittel für humanitäre Hilfe** zur Verfügung. Sie geben jedes Jahr Millionen Menschen, die in Notsituationen geraten sind, Unterstützung. Viele internationale und lokale Partnerorganisationen sowie eine Vielzahl von europäischen Freiwilligen fördern ebenfalls die humanitäre Hilfe.

Mit den Mitteln der Diplomatie spielt die EU eine wichtige Rolle bei Lösungen von Konflikten und bei der Einhaltung internationaler Regeln. Damit setzt sie sich für die Wahrung des Friedens und für die Stärkung der internationalen Sicherheit und für Förderung von Demokratie und Rechtsstaatlichkeit und die Achtung der Menschenrechte in aller Welt ein.

Diplomatie

Der **Europäische Auswärtige Dienst (EAD)** wurde als diplomatische Vertretung der EU, die sich auch um Außen- und Sicherheitspolitik kümmert, geschaffen. Der EAD hat über 140 Delegationen und Büros weltweit.

Europäischer Gerichtshof

Heute haben EU-Bürgerinnen und EU-Bürger das Recht und die Möglichkeit, in anderen EU-Ländern zu leben, zu arbeiten, zu studieren und zu heiraten. Der **Gerichtshof der Europäischen Union** ist als **EU-Organ** Garant dafür, dass das EU-Recht in allen EU-Ländern gleich angewandt wird.

Europol

Europol (Europäisches Polizeiamt), die Strafverfolgungsbehörde der Europäischen Union mit Sitz in Den Haag, unterstützt die EU-Mitgliedsaaten und andere Länder bei der Bekämpfung von internationaler Kriminalität und von internationalem Terrorismus. Ziel und Wirkungsmöglichkeit der Behörde ist es, Europa sicherer zu machen.

Verbraucherrechte

EU-Bürgerinnen und EU-Bürger müssen sich darauf verlassen können, dass ihre **Verbraucherrechte** beim Kauf von Waren oder Dienstleistungen aus anderen EU-Ländern eingehalten werden. Die EU hat hier schon in der Vergangenheit **verbindliche Sicherheitsnormen** auf Spielzeug, Elektrogeräte, Kosmetika, Arzneimittel, Lebensmittel, persönliche Schutzausrüstung, Maschinen und Sportboote erarbeitet.

Produkte, die Fehler aufweisen, weil sie den Vorschriften nicht entsprechen, werden zurückgerufen. So werden jährlich eine Vielzahl von Waren von der EU überprüft. Können sie die strengen Sicherheitsnormen nicht erfüllen, dürfen sie nicht verkauft werden. Meistens handelt es sich um Kleidung und Textilien, Spielzeuge oder um giftige Chemikalien, die in den Produkten enthalten sind.

Um seine EU-Rechte durchzusetzen, kann die EU-Bürgerin/der EU-Bürger Rechtsmittel einlegen. Doch hier ist noch eine bessere Absprache unter den Mitgliedstaaten notwendig. Gerade Gerichtsverfahren sind wegen der oft unterschiedlichen Rechtssysteme der Mitgliedstatten langwierig und sehr teuer.

EU-Ausschüsse

Auch die **EU-Ausschüsse** haben Wirkungsmöglichkeiten. Sie erarbeiten Vorschläge, reichen Änderungsanträge zur Prüfung im Plenum ein, organisieren Anhörungen teils mit Sachverständigen und kontrollieren die anderen Einrichtungen und Organe der EU. Die Debatten sind öffentlich. Es gibt etwa 20 ständige Fachausschüsse.

So ist beispielsweise der **Ausschuss für Beschäftigung und soziale Angelegenheit** zuständig für die

Zuständigkeiten

- Beschäftigungspolitik und alle Aspekte der Sozialpolitik, einschließlich Arbeitsbedingungen, sozialer Sicherheit, sozialer Inklusion und sozialen Schutzes,
- Arbeitnehmerrechte,
- Maßnahmen für Gesundheit und Sicherheit am Arbeitsplatz,
- den Europäischen Sozialfonds,
- die Politik auf dem Gebiet der Berufsbildung einschließlich beruflicher Qualifikationen,
- die Freizügigkeit der Arbeitnehmer und Rentner,
- den sozialen Dialog,
- alle Formen der Diskriminierung am Arbeitsplatz, ausgenommen die Diskriminierung aufgrund des Geschlechtes
- die Beziehungen zu
  - dem Europäischen Zentrum für Förderung der Berufsbildung (Cedefop)
  - der Europäischen Stiftung zur Verbesserung der Lebens- und Arbeitsbedingungen,
  - der Europäischen Stiftung der Berufsbildung
  - der Europäischen Agentur für Sicherheit und Gesundheitsschutz am Arbeitsplatz
  - anderen einschlägigen Einrichtungen der Union und internationalen Organisationen.

Quelle: Geschäftsordnung der Europäischen Parlaments, 8. Wahlperiode – Februar 2019, Anlage V: Zuständigkeiten der ständigen Ausschüsse des Parlaments, VII. Ausschuss für Beschäftigung und soziale Angelegenheiten

Weitere Wirkungsmöglichkeiten

Weitere **Wirkungsmöglichen** dieses **EU-Ausschusses** sind die Bekämpfung der Arbeitslosigkeit, besonders der Jugendarbeitslosigkeit, die Bekämpfung prekärer Beschäftigungsverhältnisse, die Verhinderung von Fällen des Missbrauchs, wie nicht angemeldeter Erwerbstätigkeit oder der Umgehung von Rechtsvorschriften zum Schutz der Arbeitnehmer sowie die Verbesserung der Vorschriften über Gesundheit und Sicherheit am Arbeitsplatz.

Quelle: www.europarl.europa.eu/committees/de/empl/home.html

LERN-BOX

- Im Jahre 1951 erfolgt durch die Gründung der **Montanunion** die Grundsteinlegung für eine Gemeinschaft europäischer Staaten.
- Durch die Gründung der **Europäischen Wirtschaftsgemeinschaft** im Jahre 1957 wird durch eine gemeinsame Politik auf weiten Teilen der Wirtschaft ein wichtiger Schritt in Richtung europäische Einigung gemacht.
- Erste Direktwahl zum **Europäischen Parlament** findet 1979 statt.
- 1992 Unterzeichnung des **Masstrichter Vertrages**.
- 1999 tritt die **Europäische Währungsunion** in Kraft.
- Die wichtigsten **Organe** der Europäischen Union sind:
  - Europäische Kommission,
  - Europäischer Rat,
  - Ministerrat,
  - Europäisches Parlament.
- Seit 1. Januar 2002 hat Europa ein einheitliches Bargeld: Euro und Cent.
- Der Vertrag von Lissabon bringt entscheidende Veränderungen in der EU.
- Die **Europäische Zentralbank** ist nach dem Vorbild der Bundesbank aufgebaut und mit einem klaren Stabilitätsauftrag ausgestattet.
  Sie ist unabhängig von politischen Weisungen jeder Art.
- Verschiedene Euroländer, EZB, der internationale Währungsfonds schnüren ein **Hilfspaket** (Rettungspaket I) für Griechenland über 110 Milliarden Euro. Tatsächlich ausgezahlt werden allerdings nur 73 Milliarden Euro.
- Im **Rettungspaket II** (2012–2014) wurden an Griechenland 142,7 Milliarden Euro ausgezahlt.
  Auf Deutschland entfällt bei diesem Rettungspaket ein Anteil von fast 38 Milliarden Euro.
- Im August 2015 einigen sich Griechenland und die europäischen Partner auf die Bedingungen für ein drittes Rettungspaket. **Rettungspaket III** (2015–2017) umfasst Stabilitätshilfen von bis zu 86,0 Milliarden Euro.
- Die bisherigen Zahlungen aus den drei Rettungspaketen an Griechenland summieren sich auf rund 263 Milliarden Euro.
- **Herausforderungen der EU**: Handelsstreit mit USA, mangelnde Rechtsstaatlichkeit in Ungarn, Polen, Rumänien, noch nicht solidarisch gelöste Frage der Verteilung von Flüchtlingen, Erstarken der Nationalisten in Europa, Probleme mit Großbritannien, hohe Staatsverschuldung in Italien.
- **Wirkungsmöglichkeiten der EU**: Bereitstellung humanitärer Hilfen, Konfliktlösungen durch Diplomatie, Garant für gleiches Recht in EU-Ländern (Europäischer Gerichtshof), Einhaltung der Verbraucherrechte in der EU (Verbindliche Sicherheitsnormen)
- Fortentwicklung der Wirkungsmöglichkeiten der EU durch Fachausschüsse, die sich z.B. um Bekämpfung von Arbeitslosigkeit, besonders Jugendarbeitslosigkeit etc. kümmern.

WISSENS-CHECK

❶ Nennen Sie die **wichtigsten Motive** für die Gründung der Europäischen Union.

❷ Welche Staaten gründeten 1951 die **EGKS?**

❸ An welchem Tag erfolgte die **erste Direktwahl** zum Europäischen Parlament?

❹ Nennen Sie die **Staaten,** die zur Zeit der Europäischen Union angehören.

❺ Beschreiben Sie die **drei Säulen,** auf denen die Europäische Union aufbaut.

❻ Welche **Aufgabe** hat die Europäische Kommission?

❼ Welches Gremium trifft **Grundsatzentscheidungen** und woraus setzt sich dieses Gremium zusammen?

❽ Beschreiben Sie die drei **grundlegenden Befugnisse** des Europäischen Parlaments.

❾ Beschreiben Sie die **prognostizierte Entwicklung** des Verkehrsaufkommens in Europa.

❿ Welche Länder sind am so genannten **„Euroland"** beteiligt?

⓫ Begründen Sie, wieso am 01. Januar 2002 **keine Währungsreform** in Kraft trat sondern vielmehr eine Währungsumstellung.

⓬ Welche Ziele verfolgt die **„Gemeinsame Außen- und Sicherheitspolitik?"**

⓭ Nennen Sie Bereiche, bei denen nationales Recht auf europäischer Ebene angesiedelt worden sind bzw. werden müssen.

⓮ Welche Aufgaben bezüglich gemeinsamer **Außen- und Sicherheitspolitik** hat der Europäische Rat?

⓯ Erläutern Sie den Unterschied zwischen „Europäischer Rat" und „Rat der Europäischen Union"?

⓰ Was verbirgt sich hinter der Abkürzung **„GASP"**?

⓱ Welche **politischen und wirtschaftlichen Gründe** werden für eine erneute Erweiterung der EU angeführt?

⓲ Wie entstand die Euro-Krise?

⓳ Wie hoch war das erste Rettungspaket für Griechenland aus dem Jahre 2010 und wie viel Geld steuerte Deutschland zum ersten Griechenland-Paket bei?

⓴ Wer sind die Geldgeber für das zweite Rettungsprogramm (2012–2014) und wie viel Milliarden Euro wurden insgesamt an Griechenland ausgezahlt?

㉑ Sind die geplanten Maßnahmen, die im Artikel von Takis Tsafos „Ausstieg aus Hilfsprogramm" auf der Seite 413 beschrieben werden, für sozial schwache Griechen akzeptabel?

㉒ Welchen großen **Herausforderungen** steht die Europäische Union in den nächsten Jahren gegenüber.

㉓ Was versteht man unter der sogenannten **EU-Digitalsteuer** und warum ist die Einführung dieser Steuer gescheitert?

㉔ Wieso haben viele deutsche und europäische Städte Probleme mit der **Luftverschmutzung**?

㉕ „Lärm macht krank!" Erläutern Sie diese Aussage und geben Sie Beispiele für hohe **Lärmbelastungen**.

㉖ Zählen Sie **Wirkmöglichkeiten** auf, die die Europäische Union umsetzt.

㉗ Wofür ist der EU-Ausschuss für Beschäftigung und soziale Angelegenheiten zuständig? Führen Sie Beispiele auf.

Globalisierung

Wenn Politiker und Ökonomen die moderne Weltwirtschaft beschreiben, dann verweisen sie regelmäßig auf ein Phänomen besonderer Art: die Globalisierung.

Für die einen bedeutet sie einen Rückfall in den Frühkapitalismus, der eine ruinöse Konkurrenz der Staaten mit sich bringt und der somit den Sozialstaat auf der Strecke lässt.

Für die anderen ist mit der fortschreitenden Internationalisierung und Vernetzung der Märkte die einzigartige Chance verbunden, Wirtschaft und Gesellschaft in neue, moderne Bahnen zu lenken.

Nur in einer Hinsicht herrscht offenbar Einigkeit: Globalisierung ist nicht etwas, das wieder aufgehalten oder sogar nach Belieben zurückgedreht werden kann. Ihre Begleiterscheinungen können allenfalls eine Zeit lang ignoriert werden, entziehen kann sich ihnen auf die Dauer keiner.

> **„Die Welt zeigt sich zusammengeschrumpft unter Aufhebung bisher gültiger Grenzen von Raum und Zeit."**
>
> *(Gebhard Schweigler, Professor für internationale Politik, National War College, Washington)*

Wirtschaftsstandort Deutschland

Die Attraktivität des Produktionsfaktors Boden ist in den letzten Jahren in Deutschland vor allem als Standort für Industrie- und Dienstleistungsunternehmen in die Diskussion gekommen. Dabei weist der Standort Deutschland erhebliche Nachteile auf:

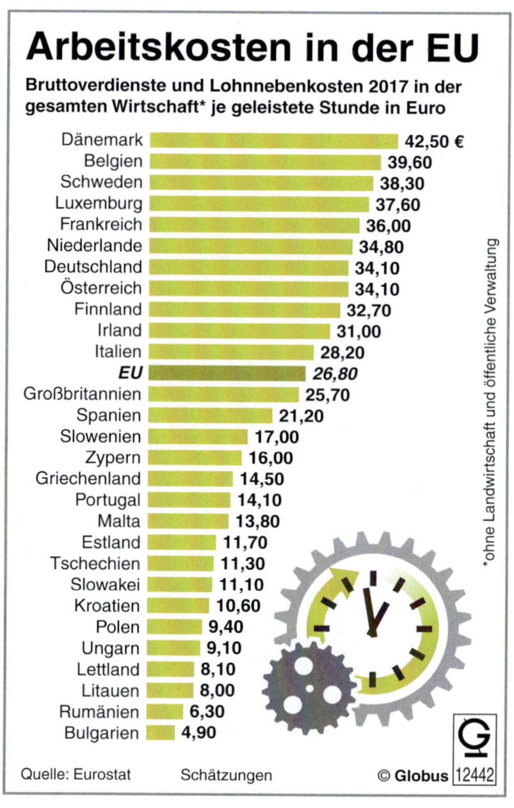

1. Arbeitskosten

Im internationalen Vergleich kostete im Jahre 2017 in Deutschland eine geleistete Stunde (Arbeitskosten = Bruttoverdienste und Lohnnebenkosten) in der gesamten Wirtschaft im Durchschnitt 34,10 Euro.

Damit liegt die Bundesrepublik im Vergleich auf Platz sieben. In Dänemark sind die Arbeitskosten mit 42,50 Euro je geleistete Stunde am höchsten, es folgt Belgien mit 39,60 Euro pro geleistete Stunde. In der Europäischen Union liegen die Arbeitskosten im Mittelfeld bei 26,80 Euro. Am wenigsten kostet die geleistete Stunde in Bulgarien (4,90 Euro), gefolgt von Rumänien (6,30 Euro) und Litauen (8,00 Euro).

Im Vergleich der tariflichen Belastung des Gewinns von Kapitalgesellschaften liegt Deutschland mit 29,8 % auf Platz sechs und damit nach wie vor im oberen Drittel.

2. Unternehmensteuern

Zum Vergleich: Noch 2017 wiesen die USA den höchsten Steuersatz (39,2 %) auf, gefolgt von Malta mit 35 %. Bulgarien (10 %) und Ungarn (10,82 %) hatten im gleichen Jahr die niedrigsten Steuersätze für die Unternehmensbesteuerung.

Quelle: https://www.bundesfinanzministerium.de/Monatsberichte/2018/07/Inhalte/Kapitel-3-Analysen/3-5-Steuern-im-internationalen-Vergleich.html

3. Tarifliche Arbeitszeit

Mit 44,6 Stunden arbeitete ein Arbeitnehmer in Griechenland im Jahre 2016 rund 3,3 Stunden in der Woche mehr als ein deutscher Beschäftigter. Die geringsten Wochenstunden arbeiten die Dänen (38,7 Stunden), gefolgt von Litauen (39,7 Stunden) und Finnland (40,1 Stunden). Deutschland liegt mit 41,3 Stunden pro Woche in Mittelfeld der EU-Staaten. Der Durchschnittswert der Europäischen Union beträgt 41,4 Wochenstunden.

Durchschnittliche Wochenarbeitszeit von Vollzeitbeschäftigten in den Ländern der Europäischen Union (EU-28) im Jahr 2016 (in Stunden)	
Griechenland	44,6
Vereinigtes Königreich	42,8
Österreich	42,8
Zypern	42,2
Portugal	42,1
Polen	42,1
Tschechien	41,7
Belgien	41,4
Malta	41,4
EU-28	41,4
Slowakei	41,4
Slowenien	41,4
Deutschland	41,3
Bulgarien	41,2
Spanien	41,2
Niederlande	40,9
Luxemburg	40,9
Kroatien	40,8
Schweden	40,7
Ungarn	40,7
Italien	40,6
Frankreich	40,5
Irland	40,5
Estland	40,5
Lettland	40,5
Rumänien	40,4
Finnland	40,1
Litauen	39,7
Dänemark	38,7

Quelle: https://de.statista.com/statistik/daten/studie/75864/umfrage/durchschnittliche-wochenarbeitszeit-in-den-laendern-der-eu/

Damit ist durch Globalisierung eine weltweite wirtschaftliche Vernetzung entstanden, die einen globalen Austausch von Gütern, Technologien und Kapital in den Mittelpunkt gestellt hat.

Heute kann kein Unternehmen, kein Betrieb mehr ohne den Zugriff auf das Internet existieren.

Noch vor wenigen Jahren – etwa in den 1980ern – war es undenkbar, dass man beispielsweise von einem privaten Anbieter in den USA eine Jeanshose, einen Computer oder eine seltene CD hätte kaufen können.

Alles das ist Globalisierung.

Dies geschieht im kleinen Rahmen, aber auch, wie das folgende Beispiel der Weltreise einer Jeans zeigt, im großen Stil.

Weltreise einer Jeans

Kasachstan	Die Baumwolle wird in Kasachstan oder Indien von Hand oder mit der Maschine geerntet und anschließend in die Türkei versandt.
4.800 km	
Türkei	In der Türkei wird die Baumwolle zu Garn gesponnen.
15.000 km	
Taiwan	In Taiwan wird die Baumwolle mit chemischer Indigofarbe aus Deutschland gefärbt.
27.000 km	
Polen	Aus dem gewebten Garn werden in Polen die Stoffe gewebt.
28.600 km	
Frankreich	Innenfutter und die kleinen Schildchen mit dem Wasch- und Bügelhinweisen kommen aus Frankreich, Knöpfe und Nieten aus Italien.
42.300 km	
Philippinen	Alle Zutaten werden auf die Philippinen geflogen und dort zusammengenäht.
54.000 km	
Griechenland	In Griechenland erfolgt die Endverarbeitung mit Bimsstein.
56.300 km	
Deutschland	Die Jeans werden in Deutschland verkauft, getragen und schließlich in die Altkleidersammlung einer karitativen Organisation gegeben.
57.100 km	
Holland	In einem holländischen Betrieb wird die Kleidung sortiert und dann ...
64.000 km	
Afrika	... mit Schiffen und LKW auf den afrikanischen Kontinent gebracht.

Der folgende Text „Wie US-Präsident Trump die internationale Handelsordnung zerstört" zeigt deutlich, wie der amerikanische Präsident gewillt ist, die Welt in seinem Sinne zu verändern.

Lesen Sie den Text von Stefan Kaiser sorgfältig durch,

- fassen Sie die Fakten stichwortartig zusammen,
- zeigen Sie die Folgen für Deutschland, die EU und die Weltwirtschaft auf und
- präsentieren Sie die Aussagen vor dem Klassenplenum.

Presse

Debakel bei G7-Gipfel

Wie US-Präsident Trump die internationale Handelsordnung zerstört

Von Stefan Kaiser

Der freie Welthandel gilt als Dogma. Mit seinem Eklat beim G7-Gipfel hat Donald Trump dessen Ende eingeläutet. Denn ohne die USA dürfte es für die Globalisierung schwer werden. Das wird auch Deutschland spüren.

Ein Tweet reichte Donald Trump, um vieles von dem zu zerstören, was seine Vorgänger und andere Regierungschefs in den vergangenen Jahrzehnten aufgebaut haben. „Ich habe unsere US-Repräsentanten angewiesen, das Kommuniqué nicht zu unterstützen", schrieb ein offensichtlich wütender Trump nach seiner Abreise vom G7-Gipfel in Kanada. Und schob gleich noch eine Drohung hinterher: „Wir werden uns Zölle auf Autos anschauen, die den US-Markt fluten."

Mit seinem Wutausbruch per Twitter verursachte Trump nicht nur einen beispiellosen diplomatischen Eklat in den Beziehungen mit den westlichen Bündnispartnern der USA – er machte auch noch einmal mehr als deutlich, dass er gewillt ist, eine Ära der internationalen Handelsbeziehungen zu beenden.

In den vergangenen Jahrzehnten bewegte sich der Welthandel stetig in eine Richtung: Liberalisierung. Im Rahmen der Welthandelsorganisation WTO und des Vorläuferabkommens GATT verpflichteten sich die beteiligten Staaten zum immer weitergehenden Abbau von Zöllen und anderen Handelshemmnissen. Hinzu kamen multilaterale Freihandelszonen wie die EU, die nordamerikanische Nafta oder die asiatisch-pazifische Apec. Weitere Abkommen wie das transatlantische TTIP oder das transpazifische TPP waren auf dem Weg – bis Trump mitmischte.

Seit der US-Präsident regiert, ist die Liberalisierung des Welthandels zum Stillstand gekommen, weil eine neue Denkweise Einzug gehalten hat. Zwar haben die beteiligten Staaten natürlich schon immer darauf geschaut, dass die jeweiligen Handelsabkommen im Ergebnis positiv für sie waren – was im Rahmen der WTO häufig auch zu Rückschlägen und Verzögerungen führte. Doch am Ende einte alle relevanten Wirtschaftsmächte der Glaube daran, dass ein möglichst ungehinderter Handel irgendwie zum Wohle aller Nationen sei.

Gestützt und verbreitet wurde diese Überzeugung maßgeblich von den USA, die ihren Unternehmen möglichst freien Zugang zu möglichst vielen Märkten verschaffen wollten – und die leidvoll aus der Geschichte gelernt haben, was ein Handelskrieg bedeuten kann. Während der Großen Depression in den Dreißigerjahren haben die USA angesichts ihrer Wirtschaftskrise nämlich schon einmal Hunderte Importzölle erhöht. Viele Handelspartner reagierten damals ihrerseits mit Schutzzöllen, wodurch die Krise nur verlängert wurde.

Auf ein solches Szenario steuert die Welt im schlimmsten Fall auch jetzt wieder zu. Noch sind wir zwar weit entfernt vom Dreißigerjahre-Szenario, die bisher verhängten US-Strafzölle betreffen einen ähnlich geringen Teil des Handels wie die angekündigten Gegenmaßnahmen von EU, Kanada, China oder Japan. Doch je stärker der Streit eskaliert – und genau darum scheint es Trump zu gehen – desto größer wird die Bedrohung für die Weltwirtschaft.

Wie weit wird Trump gehen?

Schon die von Trump in seinem Wut-Tweet angekündigten Zölle auf Autos wären eine ganz andere Dimension als die bisher verhängten Strafaufschläge auf Stahl- und Aluminiumimporte. Und in Washington gehen mittlerweile viele Beobachter davon aus, dass er damit ernst machen wird.

Trump stört sich offenbar besonders an den vielen deutschen und japanischen Autos auf US-Straßen – und sieht die amerikanische Wirtschaft dabei ungerecht behandelt. Tatsächlich werden auf Autos, die aus der EU in die USA eingeführt werden, bisher nur 2,5 Prozent Zölle fällig, umgekehrt sind es bei Einfuhren in die EU 10 Prozent. Trump droht nun mit Aufschlägen von bis zu 25 Prozent – ein Schritt, der nicht nur Deutschland und Japan hart treffen würde, sondern auch die US-Nachbarn Kanada und Mexiko, wo viele Autos für den US-Markt produziert werden.

Bleibt die Frage, warum Trump das alles macht. Auch sein Land würde schließlich darunter leiden, wenn es zu einem wirklichen Handelskrieg käme. Zwar exportieren die Amerikaner tatsächlich seit Jahren weniger Waren als sie importieren (siehe Grafik). Bei Dienstleistungen sieht es aber schon ganz anders aus: Da erwirtschaften die USA stetige Überschüsse. Auch das wäre im Falle eines Handelskriegs gefährdet.

Meint Trump es also wirklich ernst, wenn er schreibt, die anderen Volkswirtschaften bräuchten die USA mehr als umgekehrt? Und wenn er droht, den Handel mit anderen Staaten einfach ganz einzustellen, falls diese nicht spuren?

Eigentlich ist diese Drohung so absurd, dass man sie für leer halten muss. Doch bei Donald Trump scheint derzeit nichts ausgeschlossen. Nicht mal, dass er sein Land zurück in die Vorglobalisierungsära führt.

Für die Weltwirtschaft wäre das eine Katastrophe – und Deutschland würde wohl mit am schlimmsten darunter leiden. Kaum ein anderes Land ist so abhängig vom Export wie die Bundesrepublik. Und das wichtigste Zielland sind dabei noch immer die USA. Allein im vergangenen Jahr flossen deutsche Waren im Wert von mehr als 111 Milliarden Euro in die Vereinigten Staaten – fast ein Zehntel der gesamten Exporte. Darauf lässt sich nicht so einfach verzichten.

Und genau das macht auch die Reaktion auf solche Drohungen so schwierig. Bei Trumps Mischung aus Dreistigkeit und Unberechenbarkeit scheint all das möglich, was man anderen Verhandlungspartnern nie zutrauen würde.

Quelle: http://www.spiegel.de/wirtschaft/soziales/donald-trump-beim-g7-gipfel-so-zerstoert-der-us-praesident-die-handelsordnung-a-1212171.html, 10. Juni 2018, 16:23 Uhr, gekürzt

global player

Der Begriff „global player“ steht als Formel für die Zusammenführung aller ökonomischen Aussagen in Gestalt des internationalen Unternehmens. Immer mehr Unternehmen entdecken mehr und mehr Vorteile eines gezielten unternehmerischen Engagements in anderen Ländern:

1. Ein Unternehmen kann die absatzstrategisch besten Standorte auswählen, um Märkte und Kunden beliefern zu können.
2. Ein Unternehmen kann am kostengünstigsten Standort produzieren.
3. Ein Unternehmen kann einen Standort-Mix in verschiedenen Ländern anstreben, um Kosten, Know-how, Qualität und Produktivitätsniveau der unterschiedlichen Standorte auszugleichen (z. B. Airbus).
4. Ein Unternehmen kann durch Auslands-Engagements Wechselkurs-Risiken und Handelshemmnisse gezielt umgehen.

Ursachen der Globalisierung

Mit der Idee der **Liberalisierung der Märkte** begann das Zeitalter der wirtschaftlichen Globalisierung. Sie war zunächst jedoch vor allem auf die Erscheinungsform „Handel" beschränkt. Noch zu Beginn der dreißiger Jahre tobte ein Handelskrieg, in dem viele Länder ihre Märkte abschotteten.

Heute ist der freie Welthandel laut Welthandelsorganisation (WTO) bedroht, da der amerikanische Präsident Donald Trump sich von eben dieser WTO schlecht behandelt fühlt.

Presseecho

Die EU muss die WTO retten

Donald Trump tritt die Welthandelsorganisation mit Füßen. Die EU muss endlich ihre Reform anstoßen – denn sie ist die letzte Bastion für freien Welthandel.

Kommentar von Nikolaus Piper

Mittlerweile muss man sich ernsthaft um das Schicksal der Welthandelsorganisation sorgen. Präsident Donald Trump drohte unverhohlen: Die WTO habe die USA „sehr schlecht behandelt" und er hoffe, sie ändere dies. Solche Schimpfereien können, wie man weiß, alles oder nichts bedeuten, Propaganda für die eigenen Wähler ebenso wie den Auszug der Vereinigten Staaten aus der WTO. Dass Trump genau dies plane, dementierten seine Leute wenig glaubwürdig. Entsprechende Berichte in den Medien seien „voreilig". Zuvor hatte Trump schon seine Missachtung der Organisation bezeugt, indem er Zölle mit Gefahren für die nationale Sicherheit der USA begründet, was offenkundiger Unfug war und nur dazu diente, die WTO-Regeln zu umgehen. Kein Zweifel aber besteht daran, dass die WTO am Ende wäre, sollte ihr wichtigstes Mitglied austreten. Die WTO ist so etwas wie die letzte Instanz – oder heute auch die letzte Bastion – des auf festen Regeln basierenden Welthandels. Und nicht nur das. Ihr Vorgänger, das allgemeine Zollabkommen Gatt, gehört – wie UN, IWF und Weltbank – zu den Institutionen, welche die Sieger des Zweiten Weltkriegs eingerichtet hatten, um die Welt sicherer zu machen. Die WTO ist damit auch Teil eines Friedensprojekts. Sie wacht über ein System von Regeln, auf die sich jedes der 164 Mitglieder, und sei es auch noch so klein, berufen kann. Und sie verfügt über Schiedsgerichte, vor denen ein Staat klagen kann, wenn er sich von einem anderen diskriminiert fühlt. Diese Gerichte, sagt Trump, haben die Vereinigten Staaten schlecht behandelt. Tatsächlich haben die USA bisher 83 Prozent der Klagen gewonnen, die sie selbst eingereicht haben, und in 75 Prozent der Fälle verloren, in denen sie selbst beklagt wurden. Die Zahlen belegen keine Benachteiligung, sondern zeigen einfach, dass bei der WTO selten aussichtslose Klagen eingereicht werden.

Die EU sollte die Initiative ergreifen für eine Reform der WTO. Entscheidend ist, dass Europa aus der Defensive herauskommt und nicht nur auf die Zumutungen aus Washington reagiert. Es war richtig, die Zölle auf Stahl und Aluminium zu vergelten, es wäre auch richtig, sich gegen mögliche Zölle auf deutsche Autos zu wehren. Und es wäre schließlich geboten, gegen Trumps Politik bei der WTO zu klagen. Das darf aber nicht alles sein. Die EU sollte die Initiative ergreifen für eine Reform der WTO. Die Organisation hat es nötig, insofern liegt ein Körnchen Wahrheit an Trumps Kritik. Am wichtigsten wäre es, die Schiedsverfahren dadurch zu stärken, dass die Gerichte schneller entscheiden können und dass deren Kompetenzen genauer umschrieben werden. Nur will Trump eben diese Kompetenzen einschränken, während man sie in Wirklichkeit ausweiten müsste. Schon heute schwächen die USA mutwillig die WTO, indem sie

> Richterstellen nicht neu besetzen. Und dann sollte die EU dem protektionistischen Furor in den USA und anderswo dadurch begegnen, dass sie eine neue, allgemeine Zollsenkungsrunde anbietet, also nicht nur Zugeständnisse an die USA (die würden ohnehin dem Prinzip der Nichtdiskriminierung in der WTO widersprechen), sondern niedrigere Zölle für alle.
>
> Die Aussichten, damit Trump zu beeindrucken, wären zugegebenermaßen nicht besonders groß. Aber wenigstens würde einmal jemand der zunehmenden Unvernunft etwas entgegenstellen.
>
> *https://www.sueddeutsche.de/wirtschaft/2.220/freihandel-die-eu-muss-die-wto-retten-1.4038542, gekürzt, SZ vom 04.07.2018/vit*

GATT = General Agreement on Tariffs and Trade = Allgemeines Zoll- und Handelsabkommen

Erst mit der Gründung des GATT nach dem Zweiten Weltkrieg begann der Siegeszug des freien Welthandels.

Das GATT hat in mehreren Zollsenkungsrunden die mengenmäßigen Handelsbeschränkungen weitgehend beseitigt.

WTO = World Trade Organization = Welthandelsorganisation

Im Jahr 1995 wurde das GATT durch die WTO abgelöst. Mittlerweile exportiert die internationale Staatengemeinschaft jährlich Waren für knapp 7000 Milliarden US-Dollar.

Rechnet man den rasant wachsenden Handel mit Dienstleistungen, Informationen und Kapital hinzu, so summieren sich die grenzüberschreitenden Umsätze sogar auf fast 10.000 Milliarden Dollar pro Jahr.

Technologische Fortschritte

Sprunghaft beschleunigt wurde diese weltweite Öffnung der Märkte sowohl für Waren wie für Geld durch eine ganze Reihe sehr unterschiedlicher Faktoren. An erster Stelle zu nennen sind die Innovationen im Bereich der Mikroelektronik, der Telekommunikation sowie Methoden zur Gewinnung, Übertragung und Speicherung von Informationen. Sie haben es möglich gemacht, die Welt mit einem dichten Kommunikationsnetz zu überspannen, das nahezu jeden Punkt dieser Erde in oft nur Bruchteilen von Sekunden erreichbar werden lässt.

Mobilität des Kapitals

Nirgendwo hat sich die Globalisierung so deutlich beschleunigt wie auf den Finanzmärkten. Seit weltweit nicht mehr oder kaum noch Kapitalverkehrsbeschränkungen existieren, können Anleger minutenschnell ihr Geld in den verschiedensten Währungen anlegen.

Vor allem Banken und andere große institutionelle Anleger wie Lebensversicherungen, Investment- und Pensionsfonds „fahnden" für das ihnen anvertraute Kapital rund um

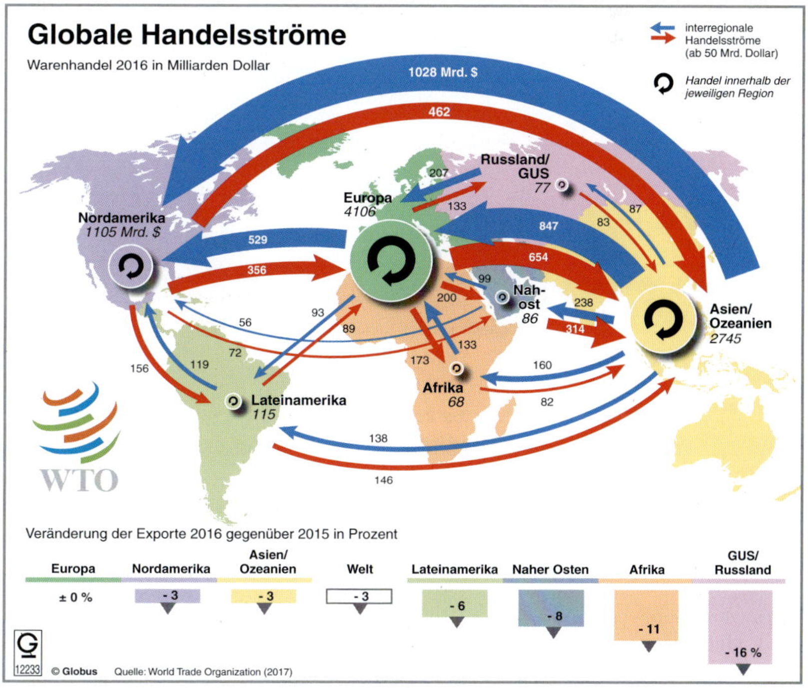

den Globus nach den günstigsten Anlagemöglichkeiten – das heißt nach den Anlagen, die unter Berücksichtigung der Risiken die höchste Rendite abwerfen.

Dabei lassen sich die Investoren in erster Linie von den so genannten Fundamentaldaten einer Volkswirtschaft leiten, also dem Wirtschaftswachstum, der Leistungs- und Handelsbilanz, der Inflationsrate und dem staatlichen Finanzen. Auch die politische Stabilität eines Landes spielt eine wichtige Rolle. In Deutschland erreichen die grenzüberschreitenden Finanzströme im Handel von Aktien und Anleihen inzwischen das Dreieinhalbfache der jährlichen Wirtschaftsleistung.

Die globalen Handelsbeziehungen lassen sich in Handelströme zwischen Regionen (interregional) und innerhalb von Regionen (intraregional) unterscheiden. Die äußeren Kreise stellen das gesamte Warenhandelsvolumen der jeweiligen Region dar, die inneren Kreise stehen für den intraregionalen Handel, die Verbindungsbalken repräsentieren den interregionalen Handel.

Die genaue mengenmäßige Größe der Handelstsröme ist der dazugehörenden Aufstellung zu entnehmen.

Immer wieder ist durch Fernsehreportagen und Zeitungsartikel von der zunehmenden Ungleichverteilung der Einkommen zu erfahren. Die Tendenz ist immer die gleiche: Die Reichen werden immer reicher, die Armen dagegen immer ärmer.

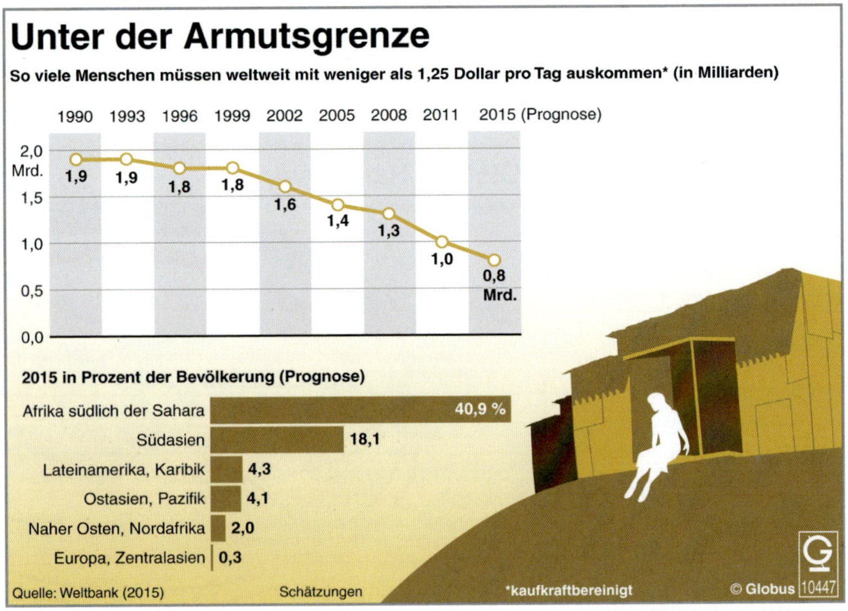

Und wiederum steht die Globalisierung am Pranger, die für die zunehmende Ungerechtigkeit verantwortlich zeichne. Allerdings scheint dieses Horrorgemälde übertrieben.

Gewinnorientierung und/oder soziale Verantwortung

Der Vergleich der wirtschaftlichen Entwicklung zwischen den so genannten Industrieländern und den Entwicklungsländern zeigt, dass die Globalisierung unter den Entwicklungsländern stetig gewachsen sind. So ist das reale Bruttoinlandsprodukt pro Kopf in den Ländern, die sich für den Weltmarkt geöffnet haben, zwischen 1990 und 2006 um fast 50 Prozent, bei den Nicht-Globalisierern dagegen nur um rund 20 Prozent gewachsen.

Die Globalisierung birgt für die Erwerbstätigkeit Chancen und Gefahren. In den Staaten Ostasiens, die dem Außenhandel besonders aufgeschlossen gegenüber stehen, sank zum Beispiel die Zahl der Armen zwischen 1980 und dem Ende der neunziger Jahre von rd. 360 Millionen auf etwas über 50 Millionen Menschen. Zählten noch 16 Prozent der Bevölkerung im gleichen Zeitraum zu den Mittellosen, so schrumpfte diese Zahl auf nur zwei Prozent zusammen. Anders verhält es sich in Afrika. Hier schotten sich weiterhin viele Staaten vom Welthandel ab. Fazit: Der Anteil der Bevölkerung unter der Armutsgrenze ist kaum rückläufig.

Globalisierung und Entwicklungsländer

Auf den ersten Blick scheint die Globalisierung an den Entwicklungsproblemen der sog. „Dritten Welt" vorbeizugehen: Armut und Unterentwicklung haben ihren Schrecken nicht verloren. Vor allem weite Teile Afrikas und Südasiens sind nach wie vor von Unterernährung, Analphabetismus und mangelnder Gesundheitsversorgung geprägt.

Die Grafik auf Seite 428 zeigt, dass die Anzahl der Menschen, die weltweit mit weniger als 1,25 Dollar pro Tag auskommen müssen, rückläufig ist. Trotzdem leben z. B. in Afrika südlich der Sahara noch über 40 Prozent unter der Armutsgrenze. Ähnlich wie in den Industrieländern gehören einige Entwicklungsländer zu den **Globalisierungsgewinnern**, andere zu den **Globalisierungsverlierern**.

Zu den langfristigen Gewinnern gehören vor allem die „Tiger-Staaten" Ostasiens (u. a. Malaysia, Südkorea, Taiwan, Thailand) und einige Staaten Lateinamerikas (u. a. Chile, Mexiko, Argentinien, Brasilien). Gerade diejenigen Staaten konnten die größten Entwicklungserfolge verbuchen, die sich am stärksten in die Weltwirtschaft integriert haben.

EXKURS:

S. ISWARAN

Singapurs Handelsminister hält das „Wie-du-mir-so-ich-dir-Geplänkel" mit Zöllen für besorgniserregend

S. Iswaran ist Singapurs Minister für Handelsbeziehungen. Im Interview spricht er über die Gefahren von Protektionismus und ein EU-Abkommen mit den Asean-Staaten.

Frederic Spohr

20.08.2018 – 16:11 Uhr

Singapur. *Minister S. Iswaran ist seit 2011 in Singapurs Kabinett für die Handelsabkommen zuständig. Er kennt die Wirtschaft aus der Praxis, war Geschäftsführer von Singapurs Staatsfonds.*

Minister Iswaran, Singapur ist für den Welthandel so etwas wie der Kanarienvogel im Kohlebergwerk. Spüren Sie erste Auswirkungen der globalen Handelsstreitigkeiten?

Noch sind wir in einem frühen Stadium. Die Zölle wurden gerade erst bekanntgegeben und zeigen nun erste Effekte. Es ist aber auf einzelne Güter und Branchen beschränkt. Was mir Sorgen macht, sind die gravierenden, langfristigen Konsequenzen.

© dpa/AP Photo

S. Iswaran

Singapurs Minister für Kommunikation und Information beobachtet die globalen wirtschaftlichen Entwicklungen mit Sorge. (Foto: AP)

Welche meinen Sie zum Beispiel?
Die Unterbrechung der globalen Lieferketten. Wir alle werden hier Auswirkungen spüren, und diese können permanent sein. Denn wer bei seinen Lieferketten einmal einen neuen Weg gehen muss, der kehrt so schnell nicht mehr auf den alten zurück.

Ist die Stimmung in der Wirtschaft bereits gekippt?
Schon jetzt wird das Thema in den Führungsetagen der Unternehmen bei Investitionsentscheidungen berücksichtigt. Alles, was zwischen der amerikanischen und der chinesischen Volkswirtschaft passiert, strahlt auf die ganze Welt aus. Die Tatsache, dass sie nun in dieses „Wie-du-mir-so-ich-dir"-Geplänkel mit Zöllen eingestiegen sind, ist besorgniserregend. Wir befinden uns in einem kritischen Moment der Weltwirtschaft.

Hat US-Präsident Donald Trump nicht recht, wenn er insbesondere China wegen unfairer Handelspraktiken angreift und handelt?
Jedes Land hat andere Vorstellungen darüber, was fair ist und was nicht. Das ist doch vollkommen normal. Aber das Entscheidende ist: Es gibt legitime Mittel, damit umzugehen, beispielsweise innerhalb der WTO.

US-Präsident Trump scheint kein Vertrauen in diese Institution zu haben.
Wenn man alles bilateral regelt, zerstören wir die regelbasierte globale Handelsordnung der WTO und damit eine Institution, die massiv zum Wachstum der Weltwirtschaft in der Nachkriegszeit beigetragen hat. Sie ist fragil und kostbar. Wenn wir nicht vorsichtig sind, könnte zerbrechen, was wir über Jahrzehnte aufgebaut haben. Die USA waren übrigens einer der größten Profiteure dieser Ordnung.

Wie wollen Sie die Kooperation mit der EU ausbauen?
In Asean und EU gibt es den Wunsch, sich in Richtung eines EU-Asean-Handelsabkommens zu bewegen. Es gibt bereits bilateral ausgehandelte Verträge, beispielsweise ein ausgehandeltes EU-Singapur-Handelsabkommen. Diese Abkommen sollten als Meilensteine funktionieren, damit die Gesetzgeber der EU eine Vorstellung von unserer heterogenen Region bekommen.

Schon einmal verhandelten die beiden Blöcke über ein Handelsabkommen. Die Gespräche wurden vor rund zehn Jahren abgebrochen.
Vor allem in Anbetracht der Weltlage wäre jetzt eine engere wirtschaftliche Kooperation sinnvoll. Die EU muss aber pragmatisch sein: Manche sensiblen Bereiche und Branchen wird man ausklammern müssen, auch weil unsere Region sehr unterschiedlich entwickelt ist. Ein „One-Size-Fits-All-Approach" wird nicht funktionieren. Dann verlieren wir das große Ganze.

Die EU hat noch nicht einmal das Freihandelsabkommen mit Singapur ratifiziert. Wann rechnen Sie mit Fortschritten?
Wir hoffen, dass die EU-Kommission das Handelsabkommen mit Singapur noch in diesem Jahr unterzeichnet, 2019 könnte dann das Europäische Parlament folgen. Sobald ein oder zwei bilaterale Handelsabkommen in Kraft sind, sollten die EU-Asean-Verhandlungen beginnen.

Die Ratifizierung des Abkommens zieht sich jetzt rund fünf Jahre hin.
Abgesehen von den positiven wirtschaftlichen Effekten, hätte das Abkommen mit Singapur auch eine wichtige Signalwirkung. Es zeigt, dass die EU der ganzen Rhetorik von Sanktionen und Strafzöllen standhält und dass die EU und Singapur als gleichgesinnte Staaten zusammenarbeiten, damit es unseren Bürgern wirtschaftlich besser geht. Das ist ein wichtiges politisches und strategisches Statement.

Herr Minister, vielen Dank für das Interview!

https://www.handelsblatt.com/politik/international/s-iswaran-singapurs-handelsminister-haelt-das-wie-du-mir-so-ich-dir-geplaenkel-mit-zoellen-fuer-besorgniserregend/22931526.html

Am Beispiel China werden jedoch auch die Schattenseiten eines durch Wirtschaftsaufschwung gekennzeichneten Landes deutlich: Seitdem sich China in den 1980er Jahren für ausländische Investoren geöffnet hat, schaut die ökonomische Welt gebannt dorthin.

Rund 1,3 Milliarden potentielle Kunden, das hohe Wirtschaftswachstum (10 % pro Jahr) und geringe Lohnkosten haben unzählige europäische, amerikanische und japanische Unternehmen nach China gelockt.

Am stärksten zieht es Unternehmen mit arbeitsintensiven Produktionsprozessen nach China, wie Hersteller von Bekleidung, Schuhen und Unterhaltungselektronik.

Den rosigen Wirtschaftsaussichten stehen **negative soziale und ökologische Auswirkungen** gegenüber:

- Niedrige Löhne und schlechte Arbeitsbedingungen sind Kehrseite der attraktiven Lohnkosten.
- Unabhängige Gewerkschaften und betriebliche Mitarbeitervertretungen sind in China nicht willkommen.
- China hat zwar in den letzten Jahren eine relativ umfassende Umweltgesetzgebung geschaffen, deren ungenügende Umsetzung ist jedoch ein Problem. Nach offiziellen Angaben sind 70 % aller chinesischen Flüsse und Seen sowie 90 % des Grundwassers in Städten durch giftige Industrieabfälle stark belastet.
- Chinesische Unternehmen verbrauchen bei der Warenproduktion zehnmal so viel Wasser wie deutsche Unternehmen.
- Eine ordnungsgemäße Müllentsorgung ist nur in seltenen Fällen gegeben.

Dies macht deutlich, dass die oftmals von Inkompetenz, Korruption, staatlichen Interventionismus und autoritären Regimen geprägte Wirtschaftspolitik entwicklungspolitisch manchmal katastrophale Folgen hatte.

Presse

Trotz Handelsstreit mit USA

Chinas Exporte kräftig gestiegen

Die Nachfrage nach chinesischen Waren steigt. Dem Handelsstreit mit den USA zum Trotz konnte das Land im Oktober mehr Güter ins Ausland verkaufen als erwartet. Ein Grund könnten vorgezogene Exporte sein.

Donnerstag, 08.11.2018 06:41 Uhr

Die chinesischen Ausfuhren haben trotz des Handelsstreits mit den USA im Oktober unerwartet stark zugelegt. Chinas Zoll meldete in Peking einen Anstieg der Exporte in Dollar um 15,6 Prozent im Vergleich zum Vorjahreszeitraum. Im Vormonat war es ein Plus von 14,5 Prozent.

Chinesischer Frachter

© Olaf Schulz – stockadobe.com

Die Importe wuchsen ebenfalls unerwartet um 21,4 Prozent. Im September waren sie nur um 14,3 Prozent gestiegen. Experten hatten mit einem deutlich geringeren Anstieg sowohl der Aus- wie der Einfuhren gerechnet.

Chinas hoher Handelsüberschuss ist US-Präsident Donald Trump ein Dorn im Auge. Er wirft der Volksrepublik unfaire Handelspraktiken vor und hat deswegen Strafzölle verhängt. China reagierte mit Gegenzöllen.

Angesichts der durch den Streit mit den USA getrübten Exportaussichten und des abgekühlten Wachstums der chinesischen Wirtschaft hat die Führung in Peking zuletzt auch verstärkt zu Konjunkturhilfen gegriffen. Dazu gehören höhere Steuernachlässe auf Exporte und mehr Unterstützung für Privatunternehmen.

Handelsüberschuss mit USA rückläufig

In dem Handelsstreit mit den USA hält sich der chinesische Außenhandel zumindest bisher besser als vorhergesagt. Experten sahen einen Grund darin, dass viele chinesische Exporteure aus Angst vor weiteren Strafzöllen der USA ihre Ausfuhren vorgezogen haben könnten.

So dürfte es wohl in den nächsten Monaten schwieriger werden. Allerdings kompensiert der Kursverfall der chinesischen Währung gegenüber dem Dollar auch die Auswirkungen der Strafzölle.

Als weiterer Grund wird darauf verwiesen, dass das robuste Wirtschaftswachstum in den USA und dem Rest der Welt die Nachfrage nach chinesischen Waren ankurbelt. Der chinesische Handelsüberschuss erreichte im Oktober 34,01 Milliarden Doller – nach knapp 32 Milliarden im Vormonat.

Der Überschuss im Warenaustausch mit den USA ging allerdings auf 31,78 Milliarden Dollar von dem Rekordhoch von 34,13 Milliarden Dollar im September zurück. Seit Jahresanfang ist der Außenhandel Chinas um 16,1 Prozent im Vergleich zum Vorjahreszeitraum gestiegen. brt/dpa/Reuters

http://www.spiegel.de/wirtschaft/soziales/handelsstreit-mit-usa-chinas-exporte-kraeftig-gestiegen

Insgesamt betrachtet ergeben sich Chancen als auch Risiken der Globalisierung:

Chancen der Globalisierung	Risiken der Globalisierung
• Weltweit vernetzte Systeme und Abhängigkeiten verringern die Gefahr militärischer Auseinandersetzungen.	• Wirtschaftliche Macht großer Konzerne führt zu Einfluss auf politische Systeme.
• Eine dynamische industrielle Entwicklung führt zu einer Erhöhung des Lebensstandards weltweit.	• Einflussnahme durch verschiedene Varianten von Korruption.
• Weltweit zusammenwirkende Forschung und Entwicklung führen zu großen Entwicklungssprüngen, z. B. medizinische Forschung, Gentechnologie, Kommunikationstechnologie, Energiegewinnung und -einsatz, Erhöhung des Bildungsniveaus weltweit.	• Manipulation der Bevölkerung durch Kommunikationsmonopole. • Weltweites Wachstum und höherer Wohlstand führen zu starker Umweltbelastung und einem hohen Verbrauch an Rohstoffen.

Die Globalisierung nimmt weltweit gesehen zu wenig Rücksicht auf den Umweltschutz und die Menschenrechte.

Demokratiebestrebungen von Entwicklungsländern werden oft im Keime erstickt.

Die Länder der **G-8-Staaten** (Deutschland, Frankreich, Großbritannien, Italien, Japan, Kanada, die USA und Russland) trafen in der Vergangenheit mehrmals wichtige Entscheidungen für die gesamte Welt, ohne die restlichen Staaten in diese Entscheidungsprozesse mit einzubeziehen.

So haben viele Menschen in den Entwicklungsländern das Gefühl, bewusst am Wohlstand „vorbei zu leben".

Zwischenzeitlich sind aus den Ländern der G-8-Staaten Länder von G-7-Staaten geworden, weil Russland aufgrund der Annexion der ukrainischen Schwarzmeerhalbinsel Krim von den anderen Industriestaaten ausgeschlossen wurde.

Die Globalisierung hat hier vieles verändert, doch die Ungleichheit der einzelnen Lebenssituationen muss in diesem Zusammenhang angeprangert werden, da es einerseits extrem wohlhabende Menschen gibt, anderseits der größte Anteil der Bevölkerung in Slums ähnlichen Verhältnissen leben muss.

In den westlichen Industrieländern lässt die rasante Geschwindigkeit der Globalisierung hauptsächlich den älteren (50- bis 60-jährigen) Menschen, die gerne arbeiten, kaum Zeit, sich auf neue Situationen anzupassen:

Arbeitslosigkeit ist oft die Folge.

Gerade die Arbeitnehmer dieser Altersgruppe sehen in der Schnelllebigkeit der Wirtschaft ein Problem.

Ihre Erfahrungen werden einerseits gebraucht und sollen an jüngere Mitarbeiter weitergegeben werden, anderseits können Sie sich nicht mehr in kürzester Zeit umstellen und sich auf neueste Situationen schnellstens anpassen, indem sie umschulen oder umlernen.

Ein vernünftiges Miteinander ist hier das Gebot der Stunde.

EU und Wechselwirkungen in der Globalisierung

Die Globalisierung in der EU hat den Menschen einerseits einen höheren Lebensstandard gebracht, andererseits führt die wirtschaftliche Macht großer Konzerne zu einem gewissen Einfluss auf politische Systeme. Weltweites Wachstum bedingen auch starke Umweltbelastungen und führen zu einem hohen Verbrauch an Rohstoffen. Daher ist es nur logisch, dass in einer weltweit vernetzten Wirtschaft auch Gesetze zur Kontrolle der globalisierten Wirtschaft vorhanden sein müssen. Hierfür trägt zum Beispiel die UNO (United Nations Organization), auch kurz UN bezeichnet, Verantwortung, die nicht nur eine Wächterfunktion für die wirtschaftliche Seite darstellt, sondern auch bekanntermaßen sich ebenso für Frieden, Demokratie, Freiheit und Natur einsetzt.

Viele Menschen begrüßen die Vorteile eines vereinten Europas, das durch die Globalisierung einen internationalen Austausch auf vielen Sektoren leichter möglich gemacht hat.

Nicht nur Staaten und Unternehmen sind an der Globalisierung beteiligt, sondern auch so genannte **Nichtregierungsorganisationen (NGOs)** engagieren sich weltweit.

NGO = Nichtregierungsorganisation

© Kagemusha– stockadobe.com

Eine NGO (Non-Government Organization) ist eine nichtstaatliche, private Organisation, die nicht gewinnorientiert ist und auf freiwilliger Arbeit basiert. Sie vertritt gesellschaftliche Interessen und ist weder dem Staat noch der Regierung unterstellt. Schon im 18. Jahrhundert engagierten sich NGOs zum Beispiel für den Kampf gegen Sklaverei. Im 19. Jahrhundert traten sie beispielsweise für das Wahlrecht von Frauen ein.

Die Nichtregierungsorganisationen arbeiten sehr eng mit den **Vereinten Nationen (UN)** zusammen. Sie unterstützen die Arbeit der UN.

NGOs übernehmen heute eine **Vielzahl von Leistungen und humanitären Funktionen**. Sie engagieren sich im Umweltschutz, bei der Armutsbekämpfung oder für Menschenrechte.

Beispiele für NGOs:

- **Ärzte ohne Grenzen** *(leistet in über 60 Ländern medizinische Hilfe)*
- **Amnesty International** *(setzt sich für Menschenrechte ein)*
- **Brot für die Welt** *(Entwicklungswerk der evangelischen Kirche)*
- **Care** *(Entwicklungszusammenarbeit und Armutsminderung)*
- **Foodwatch** *(Qualität von Lebensmittel, Verbraucherschutz)*
- **Human Rights Watch** *(Menschenrechtsorganisation)*
- **NABU** *(Naturschutzbund)*
- **Terre des hommes** *(Kinderhilfswerk)*
- **WWF** *(World Wide Fund for Nature, Naturschutz)*

Alle NGOs bieten Stellen für Fachkräfte und für Freiwillige (Praktika) an.

Wandel der Arbeitsformen in der globalisierten Welt

Wandel der Arbeitsformen

Die Arbeitsformen und die Wirtschaftsstruktur haben sich in den vergangenen Jahren in der globalisierten Welt und in der Bundesrepublik stark verändert.

Ursachen hierfür sind einerseits die internationale Arbeitsteilung, denn viele Hersteller produzieren oft im billigeren Ausland.

Andererseits hat sich der technische Fortschritt in der Vergangenheit besonders rasch entwickelt, da beispielsweise die Einführung moderner Informations- und Kommunikationstechniken nicht nur den Bürobereich, sondern auch die Produktion stark veränderten und noch verändern werden.

Damit haben auch **tiefgreifende Veränderungen** bei den Qualifikationsanforderungen, den Arbeitsplätzen und in der gesamten Gesellschaft stattgefunden. Weiterhin tragen z. B. Rohstoff- und Energieknappheit und veränderte Verbrauchergewohnheiten zum Wandel der Wirtschaft bei.

Viele Menschen befürchten jedoch, dass nach der so genannten technischen Revolution eine soziale Revolution folgt, indem sie glauben, dass ihre bisherigen Qualifikationen durch die schnellen Veränderungen für die Berufs- und Arbeitswelt nicht mehr ausreichen könnten und sie eher arbeitslos würden.

Ein hoch entwickeltes Industrieland wie die Bundesrepublik kann seine Wettbewerbsfähigkeit nur halten oder ausbauen, wenn es gelingt, einen technischen und qualitativen Vorsprung bei möglichst vielen zukunftsträchtigen Produkten zu erzielen und im Vergleich mit anderen konkurrierenden Industrieländern überlegene Problemlösungen anzubieten.

Neue Qualifizierungsanforderungen

Dies verlangt **neue, wettbewerbsfähige Produkte und Verfahren** mit der entsprechenden Technologie. Neue Techniken in der Industrie fordern jedoch von den Beschäftigten veränderte Qualifikationen; um aber mit technisch hochwertigen Produkten längerfristig erfolgreich im Geschäft zu bleiben, ist ein hohes Qualifikationsniveau erforderlich

Dies bedingt, dass bei den schnelllebigen Veränderungen auch die damit einhergehenden Qualifikationsanforderungen für Arbeitnehmer und Arbeitnehmerinnen zügig und umfassend angepasst werden müssen. **Daher sind Fort- und Weiterbildungsmöglichkeiten ein wichtiger Bestandteil für die eigene Karriereplanung**. Lebenslanges Lernen ist heute wichtiger denn je.

Neben der betrieblichen Weiterbildung bieten Handwerks-, Industrie- und Handelskammern, private Institutionen und Berufsbildende Schulen Seminare, Kurse und andere Fort- und Weiterbildungsmaßnahmen an.

Zudem erleichtert mittlerweile die **Gleichwertigkeit von beruflicher und akademischer Bildung**, die stark vorangeschritten ist, die Berufswahl und das Weiterkommen im Beruf.

Seit einigen Jahren enthalten beispielsweise Meisterbriefe den Hinweis, dass der Abschluss im Deutschen und Europäischen Qualifikationsrahmen (DQR/EQR) dem Niveau 6, dem Bachelor, entspricht. Dadurch werden Bildungsabschlüsse gerade im europäischen Vergleich transparent und Bewerbungen innerhalb der Europäischen Union vereinfacht.

Mit dem Meisterabschluss ist es jungen Menschen möglich, zu studieren. Ausführliche Informationen in Rheinland-Pfalz erhält man u. a. beim Ministerium für Bildung, Wissenschaft, Weiterbildung und Kultur in Mainz (www.studium-ohne-abitur-rlp.de).

Unterstützungssysteme

Um in Europa beruflich leichter Fuß zu fassen, gibt es unterschiedliche **Unterstützungssysteme**. Eine Unterstützungsmaßnahme ist der so genannte **Europass**. Er ist eine Hilfe, um Bewerbungen, Qualifikationen, Fähigkeiten und Kompetenzen übersichtlich, aussagekräftig und korrekt europaweit verständlich darzustellen. Die Nutzung erfolgt online. Sie ist kostenlos. Der Europass schafft damit Transparenz und ermöglicht Studenten, Auszubildenden oder auch Arbeitssuchenden die Chancen eines vereinten Europas optimal zu nutzen (www.europass-info.de).

Auch **Mobilitätsprogramme** unterstützen junge Menschen, die gerne mobil sind und Europa und die Welt kennenlernen möchten. Dabei erwerben sie Sprachkenntnisse, sammeln neue berufliche Erfahrungen beispielsweise in einem Praktikum, in einem Ausbildungsberuf oder an einem Arbeitsplatz und lernen so ein anderes kulturelles Umfeld und andere Lebensweisen kennen.

Dies führt dazu, dass junge Menschen nach einem Auslandsaufenthalt ihre Sprachkenntnisse verbessern und selbstbewusster, anpassungsfähiger und aufgeschlossener werden und ihre Chancen auf dem Arbeitsmarkt in einer immer globaler werdenden Welt erhöhen.

Die Mobilitätsprogramme stellen eine Unterstützung für die konkrete Umsetzung eines Auslandsaufenthaltes dar. Sie tragen den Gedanken der europäischen Toleranz, Offenheit und Vielfalt weiter (www.jugend-in-aktion.de; www.eu-bildungsprogramme.info).

Ein weiteres Unterstützungssystem für Leben, Lernen und Arbeiten in Europa ist die **Europäische Sozialcharta**. Sie ist ein Abkommen, dass vom

Europarat initiiert und von einer Mehrheit seiner Mitglieder 1961 als völkerrechtlich verbindliches Abkommen beschlossen wurde. Die Europäische Sozialcharta trat am 26. Februar 1965 in Kraft und wurde 1999 durch eine revidierte Fassung ergänzt. Sie garantiert der Bevölkerung innerhalb der Unterzeichnerstaaten umfassende soziale Rechte und Freiheiten. Dabei sind die Unterzeichnerstaaten verpflichtet, mindestens zehn der neunzehn Artikel der Charta anzuerkennen.

Die sieben **wichtigen sozialen Rechte**, die so genannten „bindenden Sozialrechte" lauten:

1. Recht auf Arbeit
2. Vereinigungsrecht
3. Recht auf Kollektivverhandlungen
4. Recht auf soziale Sicherheit
5. Recht auf soziale Fürsorge
6. Recht auf besonderen gesetzlichen, wirtschaftlichen und sozialen Schutz der Familie
7. Recht für Wanderarbeiter/innen und ihre Familien auf Schutz und Beistand

Die in der Sozialcharta garantierten Rechte und Freiheiten können von Einzelpersonen nicht eingeklagt werden. Bestimmten Arbeitnehmerorganisationen und Gewerkschaften ist es jedoch erlaubt, beim Europäischen Ausschuss für soziale Rechte des Europarates zu klagen.

Vereinbarkeit von Familie und Arbeitswelt

Die Vereinbarkeit von Familie und Arbeitswelt ist auch heute noch mit vielen Hürden und Schwierigkeiten verbunden. Das richtige Gleichgewicht zwischen beruflichem Erfolg, Karriere und ausgeglichenem Familienleben zu finden, gleicht einer Quadratur des Kreises. Es gibt viele Probleme, die es Arbeitnehmern schwer machen, Beruf und Familie gut zu koordinieren.

Gerade junge Arbeitnehmer müssen sich oft mit einem befristeten Arbeitsplatz zufriedengeben und können daher aufgrund der großen Unsicherheit nicht ihre Familienzukunft planen. In vielen Städten fehlen entweder Kitaplätze oder es gibt zu wenige Betreuungsmöglichkeiten für Kinder. Darüber hinaus sind zum Beispiel die Betreuungskosten für eine Ganztagsbetreuung oft extrem hoch, so dass ein Elternteil nur halbtags arbeiten gehen kann.

Die Unternehmen haben jedoch erkannt, dass Familienfreundlichkeit ein äußerst wichtiges Kriterium für den Betrieb und für die Mitarbeiter ist. Bietet ein Unternehmen zum Beispiel einen Betriebskindergarten für die Kinder seiner Mitarbeiter an, wissen die Arbeitnehmer, dass der Nachwuchs gut versorgt ist. Dies wiederum schlägt sich positiv auf die Motivation und Leistungsbereitschaft der Arbeitnehmer im Unternehmen nieder.

Familienfreundliche Arbeitszeitmodelle

Auch flexible, familienbewusste Arbeitszeitmodelle, die immer mehr von Unternehmen angeboten werden, helfen die Probleme von Vereinbarkeit von Familie und Arbeitswelt zu lösen. Die Beschäftigten erhalten so die notwendige Flexibilität und Verlässlichkeit, die sie benötigen, um sich mehr um die Familie kümmern zu können.

Arbeitszeitmodelle, die eine bessere Vereinbarkeit von Familie und Arbeitswelt ermöglichen:

Gleitzeit
Beschäftigte können im Rahmen bestimmter Regeln Beginn und Ende der Arbeitszeit selbst festlegen. Manche Unternehmen lassen ihren Arbeitnehmer/-innen sogar die Freiheit, die tägliche Arbeitsdauer unter Berücksichtigung betrieblicher Erfordernisse selbst zu bestimmen.

Teilzeit
Bei Teilzeit handelt es sich um eine Arbeitszeit, die kürzer ist, als die betrieblich vereinbarte Regelarbeitszeit eines vergleichbaren Vollzeitarbeitnehmers.

Vertrauensarbeitszeit
Bei der Vertrauensarbeitszeit steht die Erledigung bestimmter Aufgaben im Vordergrund. Arbeitnehmer/-innen verteilen die Arbeitszeit eigenständig und selbstverantwortlich. Die zu erbringende Leistung wird nicht anhand der Arbeitszeit, sondern anhand der Arbeitsergebnisse gemessen. Der Arbeitgeber legt nur die wöchentliche bzw. monatliche Arbeitszeit fest. Wann und wie lange der/die Arbeitnehmer/-in arbeitet, entscheidet er/sie selbst. Damit überträgt der Arbeitgeber an den Beschäftigten viel Vertrauen.

Home-Office
Unter Home-Office versteht man das flexible, telekommunikationsgestützte Arbeiten von zu Hause aus. Hierbei werden oft bestimmte Tage in der Woche als Home-Office-Tage festgelegt. Die restlichen Tage arbeitet der/die Arbeitnehmer/-in im Betrieb.

Jobsharing
Die Aufteilung eines Arbeitsplatzes durch zwei oder mehr Mitarbeiter ist als Jobsharing bekannt. Dabei werden die Arbeitszeiten und Aufgaben individuell durch die Jobsharer festgelegt. Jobsharer müssen sich untereinander exakt absprechen, Aufgaben und Abläufe sehr gut organisieren, sich absolut auf den anderen verlassen können und kompromissbereit sein.

Digitalisierung

Seit einigen Jahren hat der **Digitale Wandel** einen enormen Einfluss auf die Wirtschaft genommen. Viele neue Geschäftsmodelle sind durch die Digitalisierung entstanden. Ob der Versandhändler Amazon, der Zahlungsdienstleister PayPal, der papierlose Ticketkauf bei der Bahn oder bei Fluggesellschaften – alle Ideen und Geschäftsmodelle fußen auf der Digitalisierung. Auch klassische Produktionsprozesse zeigen zukünftig immer stärker eine Verschmelzung von Maschinen und IT (Informationstechnik), wobei die IT-Anforderungen stets größer werden (Industrie 4.0). Damit ist für die künftige Wettbewerbsfähigkeit der Unternehmen die Digitalisierungskompetenz überlebenswichtig.

Beispiele der Digitalisierung im Alltag

3D Druck
Dreidimensionale Objekte werden von einem 3D-Drucker durch Übereinanderlegen vieler einzelner Materialschichten erschaffen.

Bioprinting
Spezieller 3D-Drucker, der computergesteuert passgenaues Gewebe wie Organe, Muskeln, Knochen aus vorher im Labor gezüchteten Zellen herstellen kann.

Virtual Reality
Unter Virtual Reality versteht man eine computergenerierte Welt. Mit Hilfe einer VR-Brille kann man im 360-Grad-Winkel sehen und sich auch fortbewegen.

Mobile Payments
Monetäre Transaktionen werden mit Hilfe von Smartphones oder auch einfacheren Handys durchgeführt.

Robotics
Roboter übernehmen beispielsweise mechanische Arbeiten. Die Robotik beschäftigt sich mit der Entwicklung und Steuerung von Robotern.

Künstliche Intelligenz
Hier werden eigenständig Probleme von Computersystemen gelöst. Im Idealfall kann die Künstliche Intelligenz sogar lernen und sich selbst verbessern.

Semantic Web
Sämtliche verfügbaren Informationen werden untereinander und miteinander verbunden, um im Netzwerk die Wirklichkeit möglichst genau darzustellen.

Voice Recognition
Durch Spracherkennung ist eine Kommunikation von Menschen und Maschine möglich.

Autonomous Driving
Fahrzeuge bringen Personen ohne deren Kontrolle sicher an ein vorgegebenes Ziel.

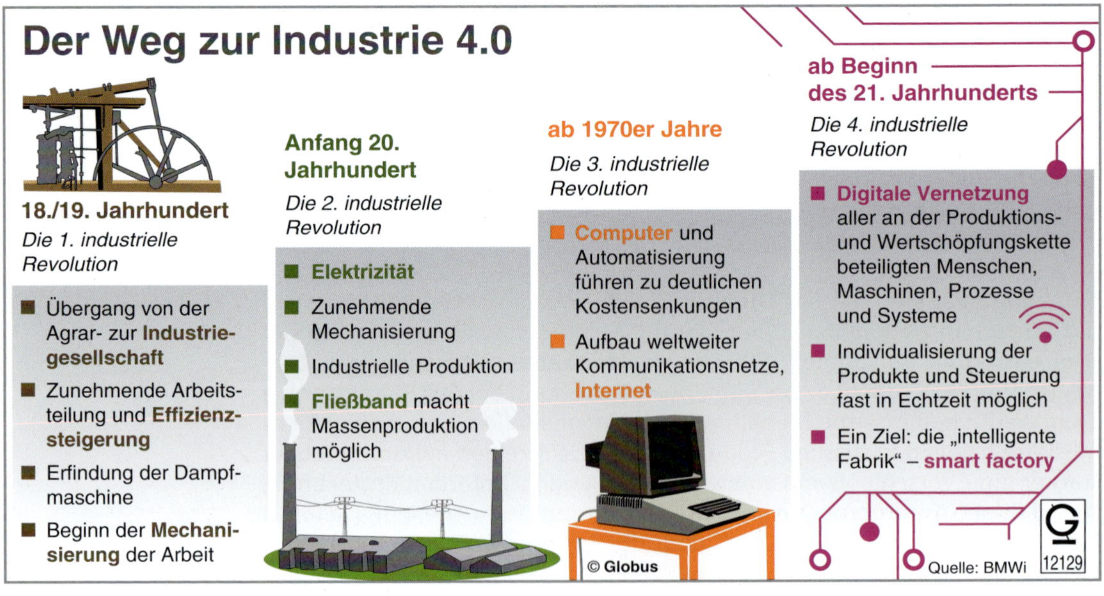

EXKURS:

WIRTSCHAFT

VODAFONE-STUDIE

Mehrheit der Deutschen sieht keine Vorteile durch Digitalisierung

Stand: 03.10.2018 |

Von Thomas Heuzeroth
Wirtschaftsredakteur

Digitales China: Der Internet-Gigant Alibaba ermöglicht sogar das digitale Versenden von Heiratsurkunden *Quelle: picture alliance/dpa*

Menschen in Asien stehen neuen Technologien sehr viel positiver gegenüber als Europäer. Und in kaum einem Land löst die Digitalisierung so viel Angst aus wie in Deutschland, zeigt eine Studie. Das hat auch mit Robotern zu tun.

Weltweit gibt es kaum ein Land, das der Digitalisierung kritischer gegenübersteht als Deutschland. Noch nicht einmal jeder Zweite würde hierzulande seine Einstellung zur Digitalisierung und zu neuen Technologien als positiv oder sehr positiv bezeichnen.

Das ist das Ergebnis einer repräsentativen Studie des Meinungsforschungsinstituts Ipsos im Auftrag des Vodafone-Instituts, die WELT in Teilen vorliegt. Die Studie untersucht die Einstellung der Bevölkerung in neun Ländern in Asien, Nordamerika und Europa.

Zwar ist eine positive Einstellung zur Digitalisierung weit verbreitet. Aber es gibt große Unterschiede vor allem zwischen Asien und Europa. In Deutschland sehen nur 48 Prozent die Digitalisierung eher positiv, in Großbritannien sogar nur 47 Prozent. In Indien sind es fast 90 Prozent, in China 83 Prozent.

Skepsis bei Frauen noch ausgeprägter

Große Unterschiede gibt es allerdings auch innerhalb Europas. In Bulgarien sind fast drei Viertel der Bevölkerung eher optimistisch, und selbst in Spanien sind es noch 70 Prozent.

Offenbar sehen die aufstrebenden Nationen die Digitalisierung eher als Chance an, wohlhabende Volkswirtschaften eher als Risiko. „Wir erleben durch die Digitalisierung eine grundlegende Veränderung", sagt Christoph Igel vom Deutschen Forschungszentrum für Künstliche Intelligenz.

„In Europa geht das einher mit Ängsten vor Automatisierung und Jobverlust, diese Grundangst haben Sie in weiten Teilen Asiens nicht", sagt Igel. Dort seien durch die Digitalisierung viele Jobs überhaupt erst entstanden. Dementsprechend optimistisch schaue man in die Zukunft.

In Europa gibt es bei der Bewertung der Digitalisierung auch große Unterschiede zwischen Männern und Frauen. In Großbritannien und Deutschland ist nur jede vierte Frau dem Thema gegenüber eher positiv eingestellt. Bei den aufstrebenden Nationen sind die Unterschiede zwischen Männern und Frauen hingegen kaum auszumachen.

Kollektivismus hilft dem Digitalen

Den größten Nutzen der Digitalisierung sehen die Befragten im Sparen von Ressourcen durch smarte Systeme und in der Verbesserung der Verkehrssysteme. Weniger Potenzial wird dem Einsatz von Robotern zugeschrieben.

In Asien wird den neuen Technologien offenbar ein größerer Nutzen zugeschrieben. So gehen deutliche Mehrheiten in China und Indien davon aus, dass durch die Digitalisierung ältere Menschen mehr am gesellschaftlichen Leben teilhaben können. In Europa findet sich der Studie zufolge für diese These keine Mehrheit.

„Früher waren Infrastrukturen und Gesellschaftssysteme in Asien sehr schlecht. Die Menschen haben jetzt das Gefühl, dass die Vorteile der neuen Technologien und die Gewinne durch die Akzeptanz neuer Technologien auf dem asiatischen Markt höher sind", sagt Lifeng Liu, Chef des Marktforschers Ipsos in China.

Allein das mobile Bezahlen, das praktisch von jedem genutzt werde, habe gewaltige Vorteile gebracht. „Zudem herrscht gerade in China ein kollektiver Geist", sagt Liu: „Das Land und die Familie stehen über dem Individuum." Auch das helfe, die Digitalisierung voranzutreiben.

www.welt.de/wirtschaft/article181751052/Mehrheit-der-Deutschen-fuerchtet-Nachteile-durch-die-Digitalisierung.html, gekürzt

PresseSpiegel

Qualifizierungdigital

Das Portal zum Einsatz digitaler Medien in der Berufsbildung

Qualifizierungdigital.de informiert umfangreich über den Einsatz digitaler Medien in der beruflichen Qualifizierung und bietet detaillierte Informationen zu den Fördermaßnahmen des Bundesministeriums für Bildung und Forschung (BMBF). Der Schwerpunkt liegt in der beispielhaften Darstellung von Projektergebnissen und -erkenntnissen mit einem besonderen Nutzen für die berufliche Bildung.

© GOODLUZ – FOTOLIA.COM

Digitale Medien in der beruflichen Bildung

Digitale Medien sind heute allgegenwärtig und lassen sich vielfältig einsetzen – sei es im öffentlichen oder im privaten Leben. Die Digitalisierung mit allen daraus folgenden Konsequenzen betrifft besonders auch die Berufs- und Arbeitswelt. Der daraus resultierende Wandel in Aus- und Weiterbildungsprozessen und in der täglichen Facharbeit kann mithilfe digitaler Medien gezielt durch die Unterstützung von Lehr-Lernprozessen gestaltet werden.

Lernen mit digitalen Medien

Sich stetig verändernde Arbeitsprozesse fordern ein verändertes Lehren und Lernen. Wie in anderen Lehr- und Lernkontexten bieten digitale Medien auch in der beruflichen Aus- und Weiterbildung optimale Möglichkeiten, Bildungsangebote flexibler und anforderungsgerechter zu gestalten.

Dabei übernehmen digitale Medien wichtige unterstützende Funktionen. Sie verbinden räumlich getrennte Lernorte. Sie ermöglichen individuelle sowie zeit- und ortsunabhängige Aus- und Weiterbildung. Sie erleichtern den Zugang zu Bildungsangeboten. Sie ermöglichen es, technische Systeme zu visualisieren und in ihrer Komplexität zu reduzieren. Sie erleichtern eine schnelle Anpassung von Inhalten an neue Entwicklungen und Anforderungen. Sie schaffen nicht zuletzt auch neue Austausch- und Kooperationsmöglichkeiten.

Förderprogramm „Digitale Medien in der beruflichen Bildung"

Vor dem Hintergrund der zunehmenden Bedeutung digitaler Medien in der beruflichen Qualifizierung hat das Bundesministerium für Bildung und Forschung (BMBF) verschiedene Fördermaßnahmen zum Einsatz didaktischer Konzepte für Aus- und Weiterbildung mit digitalen Medien auf den Weg gebracht.

Ziel des Förderprogramms des BMBF „Digitale Medien in der beruflichen Bildung" ist es, die Potenziale für das Lehren und Lernen mittels digitaler Medien zu heben, hierdurch die berufliche Aus- und Weiterbildung zu stärken und letztlich attraktiver zu machen.

Grundvoraussetzung für effizientes Lehren und Lernen mittels digitaler Medien ist eine umfassende Medienkompetenz sowohl des Lehrpersonals als auch der Lernenden selbst. Die Stärkung der digitalen Medienkompetenz als Schlüsselqualifikation für das Lernen und Arbeiten in unserer heutigen Gesellschaft steht deshalb auch im Fokus des Förderprogramms.

https://www.bibb.de/de/1470.php, gekürzt

Verteilungsgerechtigkeit

In der globalisierten Welt sind eigene Wertvorstellungen wie **Verteilungsgerechtigkeit** und **Nachhaltigkeit** wichtige Voraussetzungen für verantwortungsbewusstes Handeln. Alle und besonders junge Menschen sollen sich als Teil der globalisierten Welt verstehen, ein Problembewusstsein für Globalisierung und Verteilungsgerechtigkeit entwickeln und durch eigenes verantwortungsbewusstes Handeln nachhaltige Entwicklungen fördern.

Die ungleiche Verteilung von Reichtum und Wohlstand ist bekannt – rund 90 Prozent des weltweiten Vermögens privater Haushalte verteilt sich laut DGB Bildungswerk BUND, auf Europa, Nordamerika, Japan und Australien.

EXKURS:

Verteilungsgerechtigkeit

Superreiche reicher, breite Masse verarmt

Während Milliardäre 2018 im Schnitt um zwölf Prozent reicher geworden sind, hat die ärmere Hälfte der Weltbevölkerung elf Prozent an Vermögen eingebüßt. Das geht aus dem Bericht „Public Good or Private Wealth" der Entwicklungsorganisation Oxfam hervor.

Foto: Marion Lenzen *Text: Oxfam/UmweltDialog.de:*

Bessere öffentliche Bildungs- und Gesundheitsangebote sowie soziale Sicherung würden helfen, Armut und Ungleichheit zu reduzieren. Eine angemessene Besteuerung von Konzernen und Vermögen könnte Investitionen finanzieren, so Oxfam.

Ungleichheit nimmt zu

„Während die Superreichen ihr Vermögen in Lichtgeschwindigkeit vermehren, geht es für die ärmere Hälfte der Weltbevölkerung wirtschaftlich bergab", warnt Jörn Kalinski, Kampagnenleiter von Oxfam Deutschland. Denn seit der Finanzkrise hat sich die Zahl der Milliardäre weltweit fast verdoppelt. Ihr Gesamtvermögen ist vergangenes Jahr um rund 900 Milliarden Dollar gewachsen – rund 2,5 Milliarden Dollar pro Tag. Extreme Armut dagegen nimmt seit 2013 immer langsamer ab, in Teilen Afrikas ist diese sogar wieder im Ansteigen.

Soziale Ungleichheit trifft besonders Frauen hart. Im globalen Schnitt besitzen Männer 50 Prozent mehr Vermögen als Frauen, die zudem um 23 Prozent weniger verdienen und die Hauptlast der unbezahlten Pflege- und Sorgearbeit tragen – im Wert von geschätzten zehn Billionen Dollar. In den Genuss politischer Steuergeschenke kommen indes eher Vermögende. So sind laut Oxfam in reichen Ländern von 1970 bis 2013 die Spitzensteuersätze auf Einkommen von durchschnittlich 62 auf 38 Prozent gefallen. In manchen Ländern, beispielsweise Großbritannien, wenden die ärmsten zehn Prozent der Bevölkerung einen höheren Anteil ihres Einkommens für Steuern auf als die reichsten zehn Prozent.

Mehr Fairness gefordert

„Extreme Ungleichheit ist kein Naturgesetz. Sie ist die Folge einer verfehlten Politik – und diese Politik müssen wir im Jahr der Europawahl verändern", meint Kalinski. Oxfam fordert daher von der Bundesregierung und der EU, Investitionen in soziale Gerechtigkeit zu erhöhen. Gebührenfreie öffentliche Bildung, Gesundheitsversorgung und soziale Sicherungsnetze seien unverzichtbar im Kampf gegen Ungleichheit und ein wesentlicher Ansatzpunkt für mehr Geschlechtergerechtigkeit. Deutschland und die EU müssten nicht nur daheim investieren, sondern auch Mittel der Entwicklungs-zusammenarbeit für entsprechende Maßnahmen erhöhen.

> Freilich erfordern solche Maßnahmen auch Geld. Oxfam fordert also, Konzerne und Vermögende angemessen zu besteuern und gegen Tricks zur Steuervermeidung vorzugehen. Denn Konzerne und Superreiche müssten ihren fairen Beitrag zur Finanzierung des Gemeinwesens leisten. Um das durchzusetzen, schlägt die Entwicklungsorganisation etwa europa- und weltweite Mindeststeuersätze vor. Dafür brauche es Transparenz, beispielsweise in Form öffentlicher länderbezogene Berichterstattung von Konzernen über erzielte Gewinne und tatsächlich gezahlte Steuern.
>
> *www.umweltdialog.de/de/politik/verteilungsgerechtigkeit/2019/Superreiche-reicher-breite-Masse-verarmt, gekürzt*

Nachhaltigkeit

Das Prinzip Nachhaltigkeit bedeutet, dass die heutige Generation nur so viel Ressourcen verbrauchen sollte, wie die nachfolgende Generation diese in ausreichendem Maße auch noch vorfinden. Denn die natürlichen Ressourcen sind begrenzt. Ebenso die Aufnahmekapazität der Schadstoffe. **Nachhaltig und damit auch zukunftsfähig wirtschaften heißt, verantwortungs-bewusst mit den endlichen Ressourcen umzugehen, damit unsere Kinder und Enkelkinder künftig auch in einer ökologisch intakten Welt leben können.**

Nachhaltiges Handeln ist auf unterschiedlichsten Gebieten notwendig.

In der Forstwirtschaft bedeutet Nachhaltigkeit beispielsweise die Einhaltung des Gleichgewichts der Regenerationsfähigkeit des Waldes bei jährlich gleichbleibender Nutzung. Es dürfen also nicht mehr Bäume gefällt werden, als jeweils nachwachsen können.

Auch in anderen Bereichen ist die Nachhaltigkeit sehr wichtig. Beim Tourismus versteht man darunter die Form des **umweltfreundlichen Reisens**. Wenn wir also in Urlaub fahren, sollten wir darauf achten, dass wir der Umwelt so wenig wie möglich schaden, dabei durchaus die Natur intensiv und ursprünglich erleben und sich der Landeskultur anpassen.

In vielen Ländern ist der Tourismus ein wesentlicher volkswirtschaftlicher Faktor, der aber auch ökologische und soziale Probleme mit sich bringt. Es gibt viele bekannte und schöne Orte und Städte, die berühmte Sehenswürdigkeiten (Sagrada Familia in Barcelona, Eiffelturm in Paris, Kanäle in Venedig) haben. Alle teilen leider jedoch die große Unannehmlichkeit: zu viele Touristen (Overtourism) und damit einher gehend zunehmende Umweltprobleme.

Die Gründe für die Touristenmassen in vielen Städten und Regionen sind vielfältig. Immer mehr Kreuzfahrtpassagiere werden in Hafenstädten zum Problem (Dubrovnik), extremgünstige Angebote von Billigfliegern überschwemmen den Markt und Vermittler privater Unterkünfte stellen ihre Wohnungen lieber Urlaubern, als Einheimischen zur Verfügung. Folge: Die Einheimischen können die Wohnungsmieten nicht mehr bezahlen; sie müssen wegziehen und weite Anfahrtswege zum Arbeitsplatz in Kauf nehmen.

Presse

Trend zur Nachhaltigkeit

Unternehmen verbannen Einwegplastik aus Kantinen

Große Unternehmen in Deutschland setzen in ihren Kantinen verstärkt auf Alternativen zu Einwegplastik. Sie kommen damit dem geplanten EU-Verbot zuvor – und folgen einem gesellschaftlichen Trend.

Weniger Kaffeebecher, Strohhalme und Salatschalen aus Plastik: Große Unternehmen in Deutschland verzichten auf Einweg-Behältnisse in ihren Kantinen und Kaffeeküchen. So ersetzt der Telekommunikationskonzern Vodafone nach eigenen Angaben an all seinen Standorten hierzulande Kunststoff-Wegwerfprodukte wie Trinkbecher, Deckel, Rührstäbchen oder Strohhalme durch plastikfreie Alternativen. Auch Siemens, Sky und die Allianz teilten mit, den Einsatz solcher Produkte in den vergangenen Jahren stark eingeschränkt zu haben.

© dpa/Alexander Heinl

Plastikgeschirr liegt auf einem Mülleimer.

Aus reinem Gutmenschentum machen die Firmen das aber nicht, vielmehr folgen sie einem gesellschaftlichen Trend zu mehr Nachhaltigkeit. Außerdem kommen sie einem EU-Verbot zuvor, das voraussichtlich 2021 in Kraft treten wird und bestimmtes Einweg-Plastikgeschirr aus dem Handel und der Gastronomie verbannt. Die Umweltorganisation Greenpeace begrüßte die Bemühungen der Wirtschaft, forderte die Firma aber zu weiteren Schritten auf.

Besonders bei den umstrittenen Bechern für Kaffee zum Mitnehmen samt Plastikdeckeln gibt es den Unternehmen zufolge Fortschritte. Siemens und die Allianz verzichten in ihren Betriebsrestaurants komplett auf solche Becher. Damit spare man mehr als 700.000 Einweg-Kaffeebecher pro Jahr, sagte Stefan Burghart, Gastronomie-Chef der Allianz in München. Auch Sky und Vodafone wollen sie komplett verbannen, bei der Deutschen Telekom gibt es ein Pilotprojekt mit Mehrwegbechern.

Die Deutschland-Zentrale von Vodafone in Düsseldorf kommt inzwischen ganz ohne Einweg-Plastik aus, die weiteren Standorte sollen bald folgen. „Die Plastikartikel werden entweder ersatzlos aus dem Sortiment genommen oder durch wiederverwertbare Materialien wie Bambus oder Holz ersetzt", sagt ein Vodafone-Sprecher. Man werde im Jahr etwa 15 Tonnen weniger Plastikmüll verursachen als zuvor.

Dr. Oetker und Siemens verzichten bei der Vor-Ort-Verpflegung nach Unternehmens-angaben ebenfalls auf zahlreiche Einwegprodukte. Der Pay-TV-Sender Sky will bis 2020

Einwegplastik ganz aus seinen Produkten und Geschäftsprozessen entfernen. Bereits im vergangenen Jahr habe man knapp vier Tonnen Plastik eingespart, den Großteil in Kantinen. Einige Einweg-Produkte könne man aber bisher nicht ersetzen, hieß es von verschiedenen Unternehmen – weil das Angebot an plastikfreien Produkten fehle oder wegen hygienischer Vorschriften.

Daumen rauf, signalisieren Umweltschützer. „Wenn die großen Firmen das in ihren Kantinen machen, ist das gut, weil es zeigt, dass man gut klarkommt mit normalem Geschirr und Besteck", sagte Manfred Santen von Greenpeace. „Das reicht aber natürlich bei weitem nicht aus." Das größere Problem sei der Plastikmüll, den die Firmen mit den Verpackungen ihrer Produkte erzeugen.

Quelle: dpa

www.faz.net/aktuell/wirtschaft/unternehmen-verbannen-einwegplastik-aus-kantinen-1597048, 03.01.2019

Entwicklungsländer – Entwicklungspolitik, Handel, Tourismus

Als Entwicklungsländer werden Länder bezeichnet, deren Entwicklungsstand und Lebensstandard sehr niedrig sind. Kennzeichen sind u. a. eine hohe Analphabeten- und Arbeitslosenquote, mangelhafte Infrastruktur, Monokultur, mangelhafte Kapitalausstattung, Massenarmut und Unterernährung.

Oft herrschen in Entwicklungsländern Militärdiktaturen, bürgerkriegsähnliche Zustände oder Krieg. Demokratische Strukturen aufzubauen ist äußerst schwierig.

Die wirtschaftlichen Abhängigkeiten der Entwicklungsländer sind i. d. R. sehr groß.

Hohe Schulden, wenig Industrie, unproduktive Arbeitsweisen und hohe Arbeitslosigkeit sind weitere Merkmale der Entwicklungsländer.

Die Menschen leiden unter diesen Verhältnissen sehr. Ihre medizinische Versorgung ist schlecht, Unterernährung oder Mangelernährung sind die Regel, die Lebenserwartung ist gering.

Entwicklungspolitik

Unter Entwicklungspolitik versteht man ein zielgerichtetes Konzept westlicher Staaten oder Staatengemeinschaften um die wirtschaftlichen, sozialen und politischen Defizite in Entwicklungsländern zu überwinden und so erträgliche Lebensverhältnisse nach westlichem Vorbild zu schaffen. Die Entwicklungspolitik schließt alle Mittel und Maßnahmen, die dieses Ziel verfolgen, mit ein.

Millenniumskonferenz

Im September 2000 kamen die Staats- und Regierungschefs von 150 Ländern zu einem Gipfeltreffen in New York zusammen. Als Ergebnis des Treffens verabschiedeten sie die sogenannte Millenniumserklärung. Sie ist der Beginn einer neuen globalen Partnerschaft für Entwicklung.

In der Erklärung setzten sie sich acht internationale Entwicklungsziele, die „Millennium Development Goals“:

1. Den Anteil der Weltbevölkerung, der unter extremer Armut und Hunger leidet, halbieren
2. Allen Kindern eine Grundschulausbildung ermöglichen
3. Die Gleichstellung der Geschlechter und die politische, wirtschaftliche und soziale Beteiligung von Frauen fördern, besonders im Bereich der Ausbildung
4. Die Kindersterblichkeit verringern
5. Die Gesundheit der Mütter verbessern
6. HIV/AIDS, Malaria und andere übertragbare Krankheiten bekämpfen
7. Den Schutz der Umwelt verbessern
8. Eine weltweite Entwicklungspartnerschaft aufbauen

Mit vereinten Kräften wollte die internationale Gemeinschaft diese Ziele bis zum Jahr 2015 erreichen; dies gelang leider nicht.

Grundlage für Art und Umfang der Zusammenarbeit sind fünf Kriterien – die so genannten Bestimmungsfaktoren der Entwicklungszusammenarbeit:

- Achtung der Menschenrechte
- Rechtsstaatlichkeit und Rechtssicherheit
- Beteiligung der Bevölkerung am politischen Prozess
- Schaffung einer marktfreundlichen und sozial orientierten Wirtschaftsordnung
- Entwicklungsorientierung des staatlichen Handelns

Die genannten Kriterien sind nicht das „Maß aller Dinge", sie dienen aber der Orientierung darüber, ob ein Engagement sinnvoll ist. Die Entscheidung über eine Zusammenarbeit wird von Fall zu Fall getroffen. Wichtig für eine solche Entscheidung können auch globale Interessen sein. Um zum Beispiel den Frieden zu sichern oder um Seuchen auszurotten, kann auch ein Engagement in einem Land wichtig sein, das die fünf Kriterien nicht erfüllt.

Länder mit schwierigen politischen Rahmenbedingungen sollen nicht isoliert werden. Auch mit ihnen soll ein Dialog aufrechterhalten werden. Dadurch können unter Umständen drohende Konflikte, ökologische Katastrophen oder Hungersnöte vermieden werden.

Pressespiegel

WASSERQUALITÄT HAT IHREN PREIS

Die Bewohner der Städte Mbeya, Iringa und Mwanza haben nicht genug Wasser. Gründe dafür sind die fehlenden Kapazitäten der Wasserwerke, Wasserverschwendung und die zahlreichen Lecks in den Wasserrohren, die zu hohen Verlusten führen und auch die Qualität des Wassers vermindern.

© dpa

Im Rahmen der finanziellen Zusammenarbeit fördert Deutschland gemeinsam mit der Europäischen Union (EU) die Verbesserung der Trinkwasserversorgung in Mbeya, Iringa und Mwanza. Gleichzeitig wird die Regierung dabei unterstützt, öffentliche Dienstleistungen wie das Wassermanagement zu dezentralisieren und kostendeckend zu betreiben.

Dazu werden vorhandene Leitungssysteme in Stand gesetzt und ausgebaut und die Speicherkapazitäten werden erhöht. Eingebaute Wasserzähler sollen sichere Daten über den Verbrauch liefern und sind Teil der Maßnahmen zur Einführung von Wassergebühren, die sich nach dem Verbrauch richten. So soll die Verschwendung reduziert werden. Betriebsmodelle, an deren Ausarbeitung die Bevölkerung beteiligt ist, stellen sicher, dass die Leistungen erschwinglich bleiben. Die Regierung wird bei der Ausarbeitung klarer Regeln beraten, um die Zahlungsmoral öffentlicher Einrichtungen zu verbessern.

Die tansanisch-deutsche Zusammenarbeit kann bei diesem Vorhaben auf eine langjährige Erfahrung im Wassermanagement zurückgreifen. Erfolgreiche Ansätze sollen auf möglichst viele Regionalstädte in Tansania übertragen werden. (Text gekürzt)

Text: Bundesministerium für wirtschaftliche Zusammenarbeit und Entwicklung

Handel

Die Entwicklungspolitik setzt sich für die faire und gleichberechtigte Teilnahme der Entwicklungsländer am Welthandel ein. Hierzu müssen wettbewerbsverzerrende Maßnahmen abgebaut und der Marktzugang der Entwicklungsländer verbessert werden. Die Institution, in der internationale Handelsfragen behandelt werden, ist die Welthandelsorganisation (World Trade Organization – WTO). Durch bestimmte Maßnahmen sollen den Entwicklungsländern verbesserte Chancen im Welthandel eingeräumt werden. Auch die EU räumt den Entwicklungsländern einseitig besondere Handelsbedingungen ein. Beispiele für die Sonderbehandlung sind das Allgemeine Präferenzsystem (APS), die Everything-But-Arms-Initiative (EBA) und das AKP-Abkommen (Afrika-, Karibik-, Pazifik-Staaten). Unter dem APS versteht man eine einseitige Gewährung von Zollvergünstigungen bei Importen aus Entwicklungsländern in das Wirtschaftsgebiet der EU. Die Everything-But-Arms-Initiative (EBA) ist eine Sonderregelung zum Allgemeinen Präferenzsystem und ermöglicht den ärmsten Ländern zollfreien Handel mit der EU für alle Produkte außer Waffen. Das AKP-Abkommen besteht zwischen der EU auf der einen und Staaten Afrikas, der Karibik und des pazifischen Raums auf der anderen Seite. Diese Staaten wurden hauptsächlich deshalb ausgewählt, weil die europäischen Staaten dort früher als Kolonialmacht aufgetreten sind. Im AKP-Abkommen werden die Bereiche Politik, Handelspolitik und Entwicklungspolitik kombiniert, um den Bedürfnissen dieser Staaten näher gerecht zu werden.

Presse Special

KLEINEN UNTERNEHMEN EINE STIMME GEBEN

© photothek.net

Eine Vielzahl von multilateralen, regionalen und bilateralen Handelsabkommen stellt die kleinen zentralamerikanischen Länder vor besondere Herausforderungen. Eine solche Herausforderung ist die Umsetzung des Freihandelsabkommen CAFTA (Central America Free Trade Agreement), das sechs zentralamerikanische Länder gemeinsam mit den USA vereinbart haben. Neben dem Aufbau einer Zollunion stehen die zentralamerikanischen Länder in Vertragsverhandlungen mit der Europäischen Union und arbeiten im Rahmen des regionalen Integrationsbündnisses (SICA) an einer verstärkten Harmonisierung untereinander.

Die Verhandlung und Verwaltung der geschlossenen Handelsabkommen stellt die zentralamerikanischen Wirtschaftsministerien sowie die dortigen Unternehmerinnen und Unternehmer unter erheblichen Handlungsdruck. Gerade Klein- und Mittelunternehmerinnen und -unternehmer haben große Schwierigkeiten, die Vertragsfolgen abzuschätzen, Chancen und Risiken zu erkennen und ihre Interessen verständlich zu artikulieren. Hier setzt die deutsche Entwicklungszusammenarbeit an. Im Rahmen eines GTZ-Vorhabens werden in Honduras, Guatemala und El Salvador Unternehmerinnen und Unternehmer gezielt durch Beratung unterstützt.

Das Projekt wird sich mit folgenden Fragestellungen befassen:

- Was sind Ursprungsregeln, welche Bestimmungen gelten dabei für US- und EU-Märkte?
- Welche Einfuhrbarrieren müssen überwunden, welche Qualitätsstandards eingehalten werden, um Agrarprodukte zu exportieren?
- Wie können Kleinunternehmer befähigt werden, die sie betreffenden Informationssysteme wirkungsvoller einzusetzen – zum Beispiel zur Marktanalysen oder zur Klärung von Zollbestimmungen?
- Wie wirken sich Umwelt- und Sozialstandards, Bestimmungen zum Schutz von Investitionen oder geistigem Eigentum, sowie die Öffnung von Dienstleistungsbereichen auf die Wettbewerbsfähigkeit betroffener Wirtschaftssektoren aus?
- Neben der Vermittlung von Kenntnissen sollen wichtige Dialogprozesse zwischen Staat und Privatwirtschaft angestoßen werden.(Text gekürzt)

Text: Bundesministerium für wirtschaftliche Zusammenarbeit und Entwicklung

Tourismus

Eine Chance für Entwicklungsländer besteht heute mehr im Bereich Tourismus als im produzierenden Bereich:

Hier liegt eine Möglichkeit für Länder, deren Industrialisierung wohl noch lange hinter konkurrierenden Ländern auf dem Weltmarkt bleiben wird.

Die Tendenz ist eindeutig, dass seit den neunziger Jahren der Tourismus in den Entwicklungsländern zugenommen hat und die landschaftliche wie menschliche Einzigartigkeit dieser Länder das Potenzial sind, aus dem sie Kapital schöpfen können.

Die Welttourismusorganisation der Vereinten Nationen (UNWTO) hat festgestellt, dass die Zahl der Touristen, die Entwicklungsländer bereisen, stetig steigt.

EXKURS:

Wirtschaft, Wachstum und Beschäftigung

Nachhaltiger Tourismus – eine Chance für Entwicklungsländer

Hochland von Lesotho. *© Dirk Vonten – Fotolia.com*

Auf der ganzen Welt werden die Menschen mobiler. Allein im grenzüberschreitenden Reiseverkehr werden rund eine Milliarde Ankünfte pro Jahr gezählt. Die vielen Millionen Touristen, die das eigene Land bereisen, werden von den internationalen Statistiken nicht erfasst. Der Tourismussektor erwirtschaftet neun Prozent des globalen Bruttoinlandsproduktes (BIP). Weltweit arbeiten etwa 260 Millionen Menschen im Reisegeschäft – das sind fast neun Prozent aller Beschäftigten.

Auch immer mehr Entwicklungsländer schöpfen ihr touristisches Potenzial aus – zum Beispiel ein warmes Klima, kulturelle Reichtümer und eine intakte Natur mit reichhaltiger Artenvielfalt. Die Einnahmen aus dem Tourismus zählen in diesen Ländern inzwischen zu den wichtigsten Devisenquellen. Zudem steigt die Zahl der Menschen aus Entwicklungs- und Schwellenländern, die selbst auf Reisen gehen. Die Zahl der Flugpassagiere aus diesen Regionen nimmt rapide zu.

Tourismus bietet den Entwicklungsländern große Chancen, Infrastruktur aufzubauen, Arbeitsplätze zu schaffen, lokale Wirtschaftskreisläufe zu fördern, Naturschätze zu bewahren und so auch die Armut der Bevölkerung zu reduzieren. Andererseits birgt die touristische Entwicklung auch große Risiken; sie kann Gesellschaft, Kultur und Natur eines Landes schwer schädigen.

Nachhaltigkeit und Verantwortung sind daher die Leitmotive der deutschen Entwicklungspolitik im Bereich Tourismus.

Eine nachhaltige Entwicklung bringt wirtschaftliches Wachstum mit ökologischer Tragfähigkeit in Einklang. Nachhaltiger Tourismus ist langfristig ausgelegt und versteht sich als ethisch und sozial gerecht und kulturell respektvoll.

Die deutsche Entwicklungszusammenarbeit zielt darauf ab, die Chancen des Tourismus zu nutzen und gleichzeitig die Risiken zu minimieren.

Auch trägt sie dazu bei, einen Ausgleich zwischen öffentlichen und privaten Aufgaben und Verantwortlichkeiten zu schaffen.

Denn ohne das Engagement des Privatsektors und der Zivilgesellschaft ist kein nachhaltiger Tourismus möglich.

Tourismus als Instrument zur Armutsbekämpfung

© ullstein bild – CARO/Stefan Trappe

In vielen Entwicklungsländern hat sich der Tourismus von einem Nischen- zu einem Massenprodukt entwickelt. In den vergangenen 25 Jahren konnten die Entwicklungsländer ihren Marktanteil am weltweiten Reiseverkehr mehr als vervierfachen. Als beschäftigungsintensive Branche leistet der Tourismus einen wichtigen Beitrag zur nachhaltigen Wirtschaftsentwicklung: Es wird geschätzt, dass in den nächsten zehn Jahren allein in Afrika fünf Millionen neue Arbeitsplätze durch den Tourismus entstehen könnten. In den Schwellenländern, insbesondere den Boom-Regionen Asiens, gehen Experten im gleichen Zeitraum von 40 Millionen neuen Arbeitsplätzen aus.

Auch benachteiligte Bevölkerungsgruppen sowie Klein- und Kleinstunternehmer können an dieser Entwicklung teilhaben. Für viele Jobs im Tourismus sind weder spezielle Fachkenntnisse noch hohe Investitionen erforderlich. Neben der Hotel- und Gastronomiebranche profitieren auch Bereiche wie Landwirtschaft, Handwerk und Kunsthandwerk und der Transportsektor von der zunehmenden Zahl ausländischer Gäste. Tourismus dient so als unmittelbares Instrument zur Armutsbekämpfung.

Quelle: http://www.bmz.de, gekürzt

LERN-BOX

- Unter **Globalisierung** versteht man das durch den technischen Fortschritt beschleunigte **Zusammenwachsen der Weltwirtschaft**, verbunden mit verschärften Konkurrenzdruck.
- Durch die Globalisierung wurden und werden Arbeitsplätze verlagert.
- Im Zuge der Verzahnung der technologischen Entwicklungen, wirtschaftlichen Interessen und politischen Zielsetzungen kam es zur sogenannten **„Informationsrevolution"**, die durch drei Entwicklungen gekennzeichnet ist:
  1. Leistungsfähige Rechner ermöglichen die Verarbeitung immer größerer Datenmengen.
  2. Sehr schneller Ausbau von internationalen Kommunikationsnetzen, z. B. Telefon, Fax.
  3. Bereitstellung von Breitbandkanälen ermöglichen die direkte Übermittlung von Bild/Ton.
- Das **Internet** ist zum Inbegriff des Globalisierungseffektes geworden.
- Der Begriff **„global player"** steht für große Unternehmen, die **weltweit geschäftlich tätig** sind und Niederlassungen bzw. Fertigungsstätten in vielen Ländern besitzen.
- Ziel des GATT ist der Abbau der Hemmnisse im internationalen Handelsverkehr (Zölle, Kontingente, willkürliche Preisunterbietungen). Anfang 1995 wurde das GATT aufgelöst und eine neue **Welthandelsorganisation (WTO)** errichtet.
- Auf den Finanzmärkten hat sich die Globalisierung rasant beschleunigt, da weltweit kaum noch Kapitalverkehrsbeschränkungen existieren.
- Grundmodell für die internationale Arbeitsteilung ist das **Prinzip der komparativen Kostenvorteile**, d. h., jedes Land hat auf Grund unterschiedlicher Traditionen, Ressourcen und Technologien unterschiedliche Kosten für die Erzeugung gleicher Produkte.
- Die Entwicklungsländer gehören sowohl zu den **Globalisierungsgewinnern** (Tigerstaaten, Mexiko, Brasilien, Argentinien), als auch zu den **Globalisierungsverlierern** (Länder Afrikas, Südasiens, Mittlerer Osten).
- Die **Arbeitsformen** in der globalisierten Welt haben sich gewandelt.
- **Fort- und Weiterbildungsmöglichkeiten** sind ein wichtiger Bestandteil für die eigene Karriereplanung.
- Die **Gleichwertigkeit** von beruflicher und akademischer Bildung ist vorangeschritten.
- Um in Europa leichter Fuß zu fassen, gibt es unterschiedliche **Unterstützungssysteme** (Europass, Mobilitätsprogramme, europäische Sozialcharta)
- Die **Vereinbarkeit von Familie und Arbeitswelt** ist noch mit Hürden und Schwierigkeiten für die Arbeitnehmer verbunden.

- **Familienfreundliche Arbeitsmodelle**, die eine bessere Vereinbarkeit von Familie und Arbeitswelt ermöglichen, sind Gleitzeit, Teilzeit, Vertrauensarbeitszeit, Home-Office, Jobsharing.
- Viele neue Geschäftsmodelle sind durch die **Digitalisierung** entstanden. Klassische Produktionsprozesse zeigen immer stärker eine Verschmelzung von Maschinen und Informationstechnik (IT), wobei die IT-Anforderungen stets größer werden (Industrie 4.0).
- **Verteilungsgerechtigkeit** in der globalisierten Welt ist eine wichtige Voraussetzung für verantwortungsbewusstes Handeln. Bessere Bildungs- und Gesundheitsangebote könnten helfen, die Kluft zwischen Armut und Reichtum zu reduzieren.
- Das Prinzip der **Nachhaltigkeit** meint soziale Gerechtigkeit, aber auch den schonenden und verantwortungsbewussten Umgang mit den endlichen Rohstoffen.
- Unter **Entwicklungspolitik** versteht man ein zielgerichtetes Konzept westlicher Staaten oder Staatengemeinschaften um die wirtschaftlichen, sozialen und politischen Defizite in Entwicklungsländern, zu überwinden und so erträgliche Lebensverhältnisse nach westlichem Vorbild zu schaffen.
- Die Entwicklungspolitik setzt sich für die **faire und gleichberechtigte Teilnahme der Entwicklungsländer** am Welthandel ein. Um diese zu ermöglichen, müssen wettbewerbsverzerrende Maßnahmen abgebaut und ein verbesserter Marktzugang gewährleistet werden.
- Seit einigen Jahren hat der **Tourismus in den Entwicklungsländern** zugenommen; die landschaftliche wie menschliche Einzigartigkeit dieser Länder sind das Potenzial, aus dem sie Kapital schöpfen können.

WISSENS-CHECK

1. Erläutern Sie den Begriff **Globalisierung**.
2. Erläutern Sie die Grafik **„Arbeitskosten in Europa"** auf Seite 421.
3. Erklären Sie den Begriff **„Informationsrevolution"**.
4. Wie ist das **Internet** entstanden?
5. Was versteht man unter dem Begriff **„global player"**?
6. Was hat das **GATT** mit der Globalisierung zu tun?
7. Erklären Sie den Unterschied zwischen dem **GATT** und der **WTO**.
8. Wieso haben sich die **Kapitalströme** von den **Warenströmen** abgekoppelt?
9. Erläutern Sie die Grafik „Unter der Armutsgrenze" auf Seite 428.
10. Wieso haben **alle** Bevölkerungsschichten am wachsenden Wohlstand teil?
11. Begründen Sie ausführlich, warum es bei der Globalisierung sowohl **Gewinner-** als auch **Verliererstaaten** gibt.
12. Welche **Gründe** werden in dem Zeitungsartikel für die Fusionswelle genannt?

Presse SPIEGEL

Globalisierung treibt die Fusionswelle an

Düsseldorf. Sie schmieden Allianzen und Fusionen, schließen sich zu Branchenriesen zusammen und drücken auf die Kostentube. Kein Tag vergeht, an dem nicht irgendwo in der Welt ein Zusammenschluss von Unternehmen Schlagzeilen macht. Von Telecom Italia/Olivetti, über MCI Worldcom/Sprint, Viacom/CBC bis zu Veba/Viag, Deutsche Bank/Bankers Trust und Hoechst/Rhone Poulenc – die Liste der spektakulären Firmenhochzeiten ist lang. Die „Fusionitis" hat praktisch alle Branchen erfasst und macht auch vor Deutschland nicht mehr halt.

Als Hauptmotiv der Konzentrationswelle wird immer wieder ein Argument genannt: „Fusionen sind angetrieben durch die Globalisierung der Märkte", sagt Christian von Weizsäcker, Ökonomieprofessor an der Universität Köln.

Bei den Zusammenschlüssen ginge es den Unternehmen um eine Vergrößerung ihrer Absatzmärkte und günstigere Kosten. Die Freiheit des Kapitalverkehrs, der Binnenmarkt in Europa und das Fallen der nationalen Barrieren machen es möglich.

In die vergrößerten Märkte wollten die Unternehmen hineinwachsen, begründet Ulrich Hombrecher, Leiter der volkswirtschaftlichen Abteilung der WestLB, den Fusionstrend. In Europa hat nach seiner Meinung vor allem die Währungsunion diesen Prozess beschleunigt. Die Globalisierung, meint auch Unternehmensberater Roland Berger, zwinge die Unternehmen, sich Größenvorteile zu sichern und im Verbund neue Regionen zu erschließen.

Ein wesentlicher Antrieb der Fusionswelle in Deutschland sieht IMA-Gründer Stephan Jansen vor allem in der Deregulierung vieler Märkte wie die Energiewirtschaft und die Telekommunikation.

(Bonner General-Anzeiger, gekürzt)

⑬ Welche beruflichen **Fort- und Weiterbildungsmöglichkeiten** kennen Sie? Nennen Sie auch die Träger und die Inhalte.

⑭ Wieso ist die **Gleichwertigkeit** von beruflicher und akademischer Bildung vorangeschritten? Führen Sie Beispiele auf.

⑮ Führen Sie mindestens vier familienfreundliche **Arbeitsmodelle** auf und erläutern Sie diese.

⑯ Was versteht man unter dem Begriff „**Industrie 4.0**"?

⑰ Geben Sie mindestens drei Beispiele aus dem Alltag der **Digitalisierung**.

⑱ Recherchieren Sie im Internet, welche **Entwicklungsprojekte** momentan von der Bundesrepublik Deutschland in welchen **Ländern** unterstützt werden und wie erfolgreich diese Projekte bisher sind.

⑲ Welche Kriterien sind unverzichtbar, um eine **faire und gleichberechtigte Teilnahme** der Entwicklungsländer am Welthandel zu ermöglichen?

⑳ Bilden Sie in Ihrer Klasse jeweils Dreier- oder Vierergruppen und suchen Sie sich ein Entwicklungsland aus, für das Sie in den nächsten 6 bis 8 Unterrichtsstunden ein **Reiseangebot** verfassen. Machen Sie in einer interessanten Werbung für dieses Land Geschmack auf Urlaub, indem Sie **geographische, kulturelle, soziale und ökologische Aspekte** in Ihre Werbung einbeziehen. Stellen Sie Ihr Angebot dann in einer Präsentation in der Klasse vor.

㉑ Je nach Klassenstärke haben Sie unterschiedlich viele Gruppen mit Reiseangeboten. Machen Sie daraus einen **Wettbewerb** zwischen Reiseveranstaltern, die auf dem Markt konkurrieren und bieten Sie Ihre Reise in der Klasse an, denn alle Schüler sind ja auch Nachfrager.

Es gewinnt diejenige Gruppe, deren Reise die meisten Mitschüler buchen.

Friedensbedrohung – Nationalismus, Kampf um Naturressourcen, Ethnische Konflikte, Religion

IMAGINE*

Imagine there's no heaven It's easy if you try No hell below us Above us only sky Imagine all the people Living life in peace.	**Stell dir vor, es gibt keinen Himmel Es ist leicht, wenn du es versuchst Keine Hölle ist unter uns Über uns ist allein Himmel Stell dir vor alle Menschen Leben ein Leben in Frieden.**
Imagine there's no country It isn't hard to do Nothing to kill or die for And no religion, too Imagine all the people Sharing all the world	**Stell Dir vor, es gibt keinen Staat Es ist gar nicht so schwer Nichts wofür man töten oder sterben muss Und auch keine Religion Stell dir vor alle Menschen Teilen sich die Welt**
You may say I'm a dreamer But I'm not the only one I hope some day you'll join us And the world can live as one	**Du könntest sagen ich sei ein Träumer Aber ich bin nicht der einzige Ich hoffe, eines Tages wirst du zu uns kommen Und die Welt kann einig leben**

John Lennon

** Auszug*

Nationalismus

»Imagine there's no country«

Stell dir vor, es gibt keinen Staat

John Lennon

Nation

Der Begriff **Nation** kommt ursprünglich aus dem Lateinischen. Dort hieß „nasci" geboren werden, und von diesem Begriff wurde „Nation" abgeleitet. Man könnte daraus schließen, dass Nation eine Art Herkunftsbezeichnung ist: dort wo man geboren wird, spricht man eine gemeinsame Sprache, lebt in einem bestimmten Gebiet, hat gemeinsame Regeln und Gesetze – dort ist man eine Nation.

Doch leider können wir es uns mit dem Begriff Nation so einfach nicht machen. Seltsamer Weise hat fast jede politische Führung und jede Gesellschaft versucht, eigene Definitionen für den Begriff Nation zu finden. Und so ist es nicht verwunderlich, dass das Verständnis dafür sehr unterschiedliche Ausformungen annimmt.

Beispiel

Klaus aus München hat seinen französischen Austauschschulfreund Pierre aus Marseille zu Besuch. Die beiden nehmen sich für heute Abend vor, ins Fußballstadion zu gehen, denn dort spielt Bayern München gegen Olympique Lyon. Dazu zieht Klaus sein Trikot der Münchener Mannschaft an, das er von seinem Vater geschenkt bekommen hat, Pierre zieht das Trikot der französischen Mannschaft an.

Beide wünschen sich, dass sie heute ein schönes Fußballspiel sehen, und dass beide Teams fair spielen. Doch in dem Punkt wer gewinnen soll, sind beide völlig verschieden: Klaus hält zu der deutschen Mannschaft, Pierre zu der französischen. Und als das Spiel beginnt, fiebern beide für „ihre Teams", feuern sie lautstark an und ihre Gefühle erleben Höhen und Tiefen, je nach dem, wer Chancen hat, sie nutzt oder vergibt.

Nach dem Spiel gehen sie gemeinsam nach Hause, unterhalten sich noch über Tore, den Schiedsrichter und den Spielverlauf und freuen sich schon auf das nächste Spiel, das sie dann, wieder gemeinsam, vielleicht in Frankreich sehen werden.

© dpa

Sicher kennen Sie dieses Gefühl, wenn man sich mit einem Team freut oder mit ihm leidet. Dass Klaus, der Deutsche, zur deutschen Mannschaft hält, und Pierre, der Franzose, zur französischen, ist selbstverständlich. Sogar wenn die Mannschaft schlecht spielt oder man einige Spieler nicht leiden kann, hält man zu dem Team des Landes aus dem man kommt.

In diesem Fall spricht man davon, dass Klaus und Pierre jeweils für ihr Land ein „Nationalgefühl" besitzen. Nationalgefühl ist eine eher schwache und positive emotionale Bindung an die Nation aus der man kommt. Und so besteht auch eine emotionale Bindung an vieles, das diese Nation ausmacht oder hervorbringt, wie zum Beispiel eine Nationalmannschaft.

Der Begriff **Nationalismus** unterscheidet sich hiervon deutlich. Als nationalistisch wird bezeichnet, wenn jemand so handelt oder argumentiert, dass er die Interessen der Nation seinen eigenen Interessen oder denen anderer Nationen rücksichtslos überordnet[1].

1 Peter Alter: Nationalismus, in: Kontrovers, Bundeszentrale für politische Bildung

In einem solchen Fall kann man nicht mehr von einer schwachen, positiven Bindung einer Person zu seiner Nation sprechen. Wenn jemand tatsächlich die nationalen Interessen seinen eigenen und denen anderer Nationen rücksichtslos voranstellt, dann wird diese Gesinnung **gefährlich für das friedliche Zusammenleben** der Nationen und somit zu einem friedensbedrohenden Phänomen. Nationalismus wird zu einer Ideologie, die den Gedanken der Nation militant nach innen und außen vertritt. Dies geschieht durch überzogene nationale Identifikation. Oft vereint sich in Nationalismus die Überzeugung, anders und besonders zu sein und führt zwangsläufig zur Abwertung oder Geringschätzung anderer Völker.

Kampf um Naturressourcen

»Imagine all the people sharing all the world«

Stell dir vor, alle Menschen teilen sich die ganze Erde

Naturressourcen sind nicht überall und unbegrenzt vorhanden. Sie werden aber überall und immer gebraucht.

Der Mensch benötigt zum Anbau von Getreide gute Böden, er benötigt Wasser zum Trinken, er nutzt zum Leben **Naturressourcen** wie Rohöl und Gas. Alle Güter, die der Mensch sich aus der Natur entnimmt sind knapp, das heißt, ihr Vorrat geht irgendwann zu Ende. Der Mensch braucht aber die Ressourcen zum Überleben.

Somit wird das Konfliktpotential offensichtlich: Findet er diese Mittel nicht in seinem Land, so muss er sich in andere Regionen orientieren. Dies wird in den meisten Fällen sehr friedlich ablaufen, indem man Handel treibt mit anderen Staaten und für die Güter bezahlt.

Stellt man sich aber nun einmal die Situation vor, dass die ganze Welt eine Ressource, z. B. Erdöl benötigt (um Wohnungen zu beheizen, um Autos zu bewegen), der Vorrat an Erdöl jedoch zu Ende geht, so ist die Gefahr sehr groß, dass der Kampf um die letzten Erdölreserven zum Gegenstand kriegerischer Auseinandersetzungen wird. Und gerade das Beispiel Erdöl ist realistisch.

Immer stärker werden auch gesunder Boden, gesundes Wasser und gesunde Luft zu knappen Naturressourcen. **Schon heute gibt es Flächen auf dem Globus, in denen die dort lebenden Menschen nur noch mit teilweise großen Einschränkungen leben können.** In Australien ist, verursacht durch das Ozonloch, ein Sommer nur mit Hautschutzcremes Faktor 30 bis 40 erträglich. Schützt man sich nicht ausreichend vor den gefährlichen Sonnenstrahlen, so droht tödlicher Hautkrebs.

Systematische Vernichtung unserer Wälder

Der globale Klimawandel, der nach Expertenmeinung hauptsächlich durch die massive Rodung des tropischen Regenwaldes und den Verbrauch fossiler Energien verursacht wird, bei deren Verbrennung CO_2 in die Luft abgegeben (emittiert) wird, führt seit Jahren schon zu verheerenden Naturkatastrophen, die man früher in Anzahl und Ausmaß so nicht kannte.

Wirbelstürme in den USA, Überflutungen weltweit, jährliche, nie vorher gemessene Hitzerekorde, ebenso wie Kälterekorde, Schmelzen der Pole – kurzum, das Wetter wird immer extremer. Und das weltweit. Experten befürchten, dass die Durchschnittstemperatur der Erde um mehr als 2 °C ansteigen könnte.

Das hört sich undramatisch an, hat jedoch katastrophale Folgen. Denn der Wasserspiegel der Weltmeere würde ansteigen und erst Küsten und dann die dahinter liegenden Regionen überfluten und sie unbewohnbar machen.

Auch Deutschland wäre davon massiv betroffen, da Berechnungen davon ausgehen, dass eines Tages der Kölner Dom meterhoch unter Wasser stehen könnte. Die Menschen, die dort jetzt leben, müssten auf die Gebiete ausweichen, die von einer Überflutung nicht betroffen wären und es würde eng auf der Erde. Man mag sich gar nicht das Szenario ausmalen wollen, bei dem in letzter Konsequenz ein Kampf um den bewohnbaren Boden auf der Erde entfacht würde.

Deshalb versucht man heute schon weltweit, den CO_2-Ausstoß zu verringern. Doch Weltklimakonferenzen endeten bisher enttäuschend. Die Konferenz vom Dezember 2009 in Kopenhagen, stand kurz vor dem Scheitern, weil Länder wie China, Indien und selbst die USA, die am meisten Treibhausgas produzieren und in Zukunft auch produzieren werden, nicht bereit waren, sich auf ausreichend hohe und verbindliche Ziele der CO_2-Reduzierung festzulegen. Dies liegt nicht etwa daran, dass es keine technischen Möglichkeiten gäbe, das Treibhausgas zu reduzieren, sondern daran, dass es mit hohen Kosten verbunden ist, klimafreundlich zu produzieren. Die Staaten befürchten durch die Kostensteigerung, dass Arbeitsplätze verloren gehen und die Produkte im globalen Wettbewerb nicht mehr konkurrenzfähig sein könnten, weil sie teurer würden.

Auch die letzte Weltklimakonferenz im polnischen Kattowitz im Dezember 2018 brachte nur geringe Fortschritte. Immerhin einigten sich die fast 200 Länder auf die Absicht, das Pariser Klimaabkommen umzusetzen. Ein Regelwerk zum Klimaschutz soll helfen, die schlimmen Folgen wie Starkregen, Überschwemmungen, Stürme und Dürren zu reduzieren. In Kattowitz haben die fast 200 Staaten beschlossen, zukünftig zu berichten, wie viel Treibhausgase sie in ihrem Land ausstoßen und was sie tun wollen, den Ausstoß zu verringern.

Ziel soll es sein, die Erderwärmung auf deutlich unter zwei Grad zu begrenzen. Bei einer Erderwärmung von mehr als 1,5 Grad drohen laut IPCC-Bericht (Intergovernmental Panel on Climate Change) des Weltklimarates fatale Folgen.

Europa und mit an erster Stelle Deutschland, können Modell-Länder für aktiven Umweltschutz sein. Denn schaut man sich den Ehrgeiz an, mit dem die Auflagen beim Bau von Häusern dazu führen, dass private Einfamilienhäuser zu kleinen Kraftwerken werden, die Energie produzieren, dann reduziert sich der Verbrauch von Öl oder Gas zum Aufheizen der Heizung oder des Wassers um 70 % und mehr im Vergleich zu Häusern, die noch vor zwei Jahrzehnten hier gebaut wurden. Intelligente Konzepte, die Solartechnik (Photovoltaik) und ausgereifte Dämmung des Hauses verbinden, sind hoch effiziente CO_2-Senker.

Presse

15.12.2018

Weltklimakonferenz in Kattowitz beschließt weltweit gültige Regeln für den Klimaschutz

© dpa

Nach drei Jahren Verhandlungen hat sich die Staatengemeinschaft auf gemeinsame Regeln zur Umsetzung des Pariser Klimaschutzabkommens verständigt. Zum ersten Mal wird es ab 2024 gemeinsame verbindliche Mindeststandards zur Berichterstattung der Staaten über ihre Treibhausgas-Emissionen oder andere Klimaschutzmaßnahmen geben. Bislang galten vergleichbare Standards nur für die dem Kyoto-Protokoll unterworfenen Industrieländer, die für weniger als 15 Prozent der Emissionen verantwortlich sind.

Bundesumweltministerin Svenja Schulze: „In Paris haben wir 2015 beschlossen, dass wir alle gemeinsam das Klima schützen wollen. Jetzt haben wir beschlossen, wie wir das tun werden. Wir haben erreicht, dass sich zum ersten Mal nicht nur die halbe, sondern die ganze Welt beim Klimaschutz in die Karten schauen lässt. Das Pariser Abkommen beruht auf dem gegenseitigen Vertrauen, dass alle Staaten ihren Beitrag zum Klimaschutz leisten. Darum ist es entscheidend, dass jeder sehen kann, was der andere tut. Von Kattowitz geht darüber hinaus das Signal aus, dass wir beim Klimaschutz nicht stehen bleiben dürfen, sondern gemeinsam immer besser werden müssen."

In Paris wurde 2015 festgelegt, dass die Staaten spätestens 2020 überprüfte und möglichst verbesserte Klimaschutzbeiträge vorlegen werden. Die EU-Staaten legen ihren Klimaschutzbeitrag gemeinsam bei den Vereinten Nationen vor. Danach sollen alle fünf Jahre neue Beiträge folgen, die jeweils besser sein müssen. In Kattowitz wurden nun Mindeststandards festgelegt, welche Informationen diese Beiträge enthalten müssen, um sie vergleichbar zu machen.

Auch der Erfolg der Klimaschutzmaßnahmen wird künftig nach einheitlichen Regeln gemessen und berichtet. Ab 2022 gelten die neuen Standards für Industrieländer und ab 2024 für Schwellen- und Entwicklungsländer. Dann werden weltweit Treibhausgasemissionen nach vergleichbaren Standards gemessen und transparent an die Vereinten Nationen berichtet.

Ab 2023 wird es – ebenfalls alle fünf Jahre – eine globale Bestandsaufnahme geben, wo die Welt beim Klimaschutz steht. In Kattowitz wurde festgelegt, welche Informationen in diese Bestandsaufnahme einfließen werden, damit sie ein möglichst vollständiges und realistisches Bild ergibt.

Die Frage, ob Staaten ihre Klimaschutzmaßnahmen über Marktmechanismen wie CO_2-Handel auch in anderen Staaten erbringen können, soll bei der nächsten Weltklimakonferenz 2019 in Chile geklärt werden. Aus Sicht der Bundesregierung sind weitere Verhandlungen nötig, um Schlupflöcher auszuschließen, die die Klimaschutzwirkung solcher Marktmechanismen gefährden könnten.

Bundesumweltministerin Schulze: „Europa hat in diesen schwierigen Verhandlungen nicht nur mit einer Stimme gesprochen – wir Europäer waren aktive und starke Vorkämpfer für robuste und klare Regeln für den Klimaschutz. Mit unserem Einsatz für Klimaschutz und Solidarität haben wir den Schulterschluss mit den Staaten geschafft, die am meisten unter dem Klimawandel leiden. Das Ergebnis von Kattowitz ist auch ein Erfolg für den Multilateralismus. In geopolitisch schwierigen Zeiten hat diese Konferenz gezeigt, dass es sich lohnt, beharrlich an einem globalen Konsens zu arbeiten."

https://www.bmu.de/pressemitteilung/weltklimakonferenz-in-kattowitz-beschliesst-weltweit-gueltige-regeln-fuer-den-klimaschutz/; Nr. 285/18

Oberhorngletscher/Schweiz *© greenphotoKK – stock.adobe.com*

Auch in der Kraftfahrzeugtechnik sucht man nach Alternativen zum Öl. Hybridfahrzeuge, Elektroautos und Wasserstoff-Wagen – alles dies sind aktive Maßnahmen zur Senkung des CO_2-Ausstosses. Welches System sich zukünftig durchsetzen wird, steht noch nicht fest. China und Japan setzen beim Automobilantrieb auf die Brennstoffzelle, die Europäische Union dagegen auf die Batterie.

Beim Hausbau ist die Entwicklung mittlerweile vom Passivhaus zum Nullenergiehaus vorangeschritten. Dabei sagt der Begriff „Null" nicht aus, dass auch null Energie verbraucht wird, sondern meint, dass dieses Haus im Jahresdurchschnitt so viel Energie produziert, dass die Bilanz am Jahresende ausgeglichen ist. Das Nullenergiehaus produziert die benötigte Energie zu 100 Prozent selbst aus erneuerbaren Energien unter Zuhilfenahme von Solar- und Photovoltaikanlage, Wärmepumpe und Kleinwindanlage.

Aber auch jeder einzelne von uns kann Vorbild sein, was die CO_2 Neutralität angeht. Es lohnt sich immer die Frage zu stellen, ob es sinnvoll ist, jeden Weg mit dem Auto zurückzulegen oder ob öffentliche Verkehrsmittel oder auch das Fahrrad eine Alternative sind. Auch beim Kauf neuer Produkte sollten wir darauf achten, dass diese bei der Herstellung, im Gebrauch und bei der späteren Entsorgung umweltfreundlich sind. Lebensmittel müssen zum Beispiel nicht in Folie oder Plastik verpackt werden.

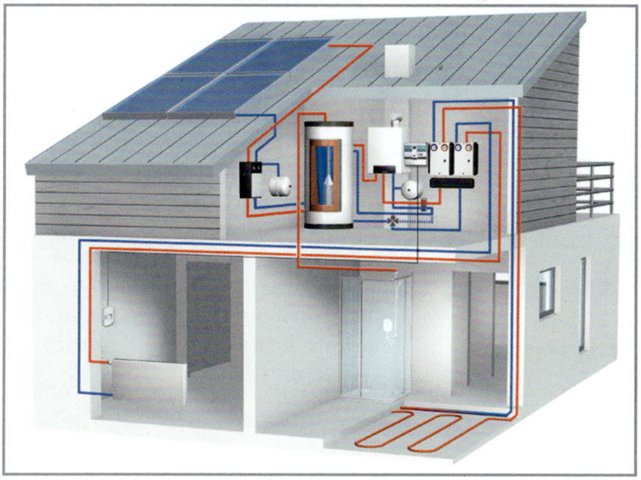

© Klaus Wendler Haustechnik GmbH

Ethnische Konflikte

»Nothing to kill or die for ...«

Nichts, wofür man töten oder sterben muss

Ethnie

Der Begriff „ethnisch" bzw. „Ethnie" hat seinen Stamm im Griechischen und bedeutet Volk. Damit jedoch keine Missverständnisse aufkommen: Es kommt häufig vor, dass in einem Land eine Reihe von ethnischen Gruppen leben. Im ehemaligen Jugoslawien lebten z.B. vier Ethnien (Slawen, Serben, Bosnier und Albaner).

Eine genaue Beschreibung bzw. Definition für das Wort „Ethnie" ist sehr schwierig. Im Lexikon werden dazu meist Bezüge von Menschen zu einer bestimmten Kultur angeführt. Schwierig ist eine Definition deshalb, weil die Menschen, die sich einer bestimmten Ethnie zurechnen, der Kultur häufig andere Kriterien zurechnen als andere Ethnien.

Zur Kultur gehören z.B. eine gemeinsame Sprache. Nur derjenige, der diese Sprache spricht, kann zu dieser Ethnie gehören. Andere Kriterien könnten Abstammung, Riten, Sitten, Bräuche, Traditionen sein. Die Kriterien äußern sich dann im Sprechen der Sprache oder im Ausleben z.B. dieser Bräuche. Die gegenseitige Akzeptanz für die jeweils andere Sprache oder die jeweils anderen Bräuche ist oft nicht sehr groß und so kommt es zu **Konflikten zwischen den ethnischen Gruppen**. Eskalieren diese Konflikte, wird der Frieden zwischen den Gruppen bedroht.

Beispielhaft für einen Konflikt, der in Europa durch Ethnien hervorgerufen wurde und in einem Krieg eskalierte, war Mitte bis Ende der 90er Jahre das ehemalige Jugoslawien. Hier gab es vier ethnische Gruppen – Slawen, Serben, Bosnier und Albaner. Diese waren untereinander so verfeindet, dass es zum Bürgerkrieg kam und das Land Jugoslawien zerfiel. Erst durch Luftangriffe der NATO im Jahre 1999 konnten die Gräuel beendet werden.

Religion

Fundamentalismus

Der Begriff „Fundamentalismus"[1] geht auf eine 1910 bis 1915 in den Vereinigten Staaten von Amerika erschienene Schriftenreihe mit dem Titel „The Fundamentals – A Testimony to the Truth" (Die Grundlagen – Ein Bekenntnis zur Wahrheit) zurück.

In ihr versuchten Theologen verschiedener protestantischer Bekenntnisse in einer gesellschaftlichen Umbruchsituation, die sie als kulturelle Krise bewerteten, den wesentlichen Kern ihres Wertesystems zu erhalten. Dabei ging es ihnen insbesondere um das Festhalten an jenen Grundlagen (fundamentals) ihres Glaubens, die für sie unaufgebbar waren. Diese Bewegung trug Fundamentalisten ganz allgemein den Ruf ein, einen zutiefst irrationalen Kampf gegen die Moderne zu führen. Beide Aspekte über Fundamentalismus – irrational zu sein und einen Kampf gegen die Moderne zu führen – wurden in der Vergangenheit ohne weitere Prüfung auf andere Formen des Fundamentalismus übertragen.

Internationaler Terrorismus

Am 11. September 2001, wurde durch einen terroristischen Akt, bei dem zwei entführte Passagierflugzeuge in die beiden Türme des New Yorker World Trade Centers flogen und eine weitere entführte Maschine in das Verteidigungsministerium der USA, dem Pentagon, stürzte, eine neue Dimension der Friedens bedrohenden Maßnahmen offenbar: Terror.

Man kannte bisher Terrorismus national. Auch Deutschland blieb in den 70er Jahren nicht davon verschont, als nationale linksradikale Gruppierungen, die die Gesellschaft verändern wollten, hochrangige Politiker und Wirtschaftsbosse entführten und töteten. Doch am 11. September 2001 wurde dieser Terrorismus international.

Das Ausmaß des Terrors und seine Kaltblütigkeit ließen die ganze Welt innehalten. Der mächtigsten Nation der Welt, den Vereinigten Staaten von Amerika, wurde innerhalb weniger Sekunden vor Augen gehalten, wie leicht sie in ihrem Herzen verwundbar ist.

1 Prof. Dr. Friedemann Büttner: „Der fundamentalistische Impuls und die Herausforderung der Moderne", in Leviathan, Zeitschrift für Sozialwissenschaft, 24 (1996), Heft 4, S. 469–492.

1.100 Menschen starben bei den Anschlägen des 11. September. Dieser Tag wird in die Geschichtsbücher eingehen als der Tag, der die Welt verändern sollte. Denn wenige Wochen nach den Anschlägen fand man den Drahtzieher. Es war die Terrorgruppe al Kaida um ihren Führer Osama bin Laden, der von Afghanistan aus den 11. September geplant hatte, in dem er auf ein weltweites Terrornetzwerk zurückgreifen konnten.

© ddp images GmbH

Die USA wollten nun alles daran setzen, diesen Mann, der als gefährlichster Terrorist der Welt galt und dem man die Bezeichnung „Top-Terrorist" gab zu fangen.

Der damalige Präsident der USA, George W. Bush jun., kündigte der Welt an, dass er Truppen nach Afghanistan schicken werde, um Osama bin Laden und sein Terrornetzwerk zu zerstören – dies bedeutete Krieg mit Afghanistan.

Obwohl die Welt am 11. Sept. mit den USA fühlte und der Schmerz und die Trauer über die Opfer weltweit ungetrübt waren, sprachen sich viele Länder gegen einen Krieg mit Afghanistan aus.

Auch die Weltgemeinschaft UNO wollte die USA davon abhalten, gegen dieses Land, das zu den ärmsten Ländern der Welt zählt, Krieg zu führen. Doch der Wille von George W. Bush war ungebrochen.

Er ließ sich auch nicht durch die UNO davon abbringen, in Afghanistan einzumarschieren und begann gegen den Willen der Vereinten Nationen einen Kampf gegen Afghanistan.

Der Erfolg, den die Amerikaner und ihre Verbündeten mit ihrer Mission hatten, ist heute fraglich. Anfang 2015 endete der Nato geführte Kampfeinsatz nach 13 Jahren. Talibankämpfer liefern sich jedoch heute immer wieder Gefechte mit afghanischen Sicherheitskräften, die von Soldaten, darunter auch Bundeswehrsoldaten, aus 40 Ländern ausgebildet und beraten werden.

EXKURS:

ZEIT ONLINE

Terrorismus: Terroristen können nicht gewinnen

Von MICHAEL BRÖNING*

Mit terroristischer Gewalt lassen sich politische Ziele nicht erreichen, zeigt eine US-Studie. Aber das ist kein Grund zum Aufatmen. Im Gegenteil.

In Zeiten, in denen die Terrormiliz IS den halben Nahen Osten überrennt und islamistische Gruppierungen wie Boko Haram im westlichen Afrika Angst und Schrecken verbreiten, gilt das Postulat eines allmächtigen Terrorismus fast schon als Binsenweisheit. Der Global Terrorism Index der Universität Maryland verweist auf 48.000 „terroristische Ereignisse" seit 2001 mit mehr als 100.000 Todesopfern.

---

* Seit 1976 leitet Michael Bröning das Referat Internationale Politikanalyse der Friedrich-Ebert-Stiftung und ist verantwortlicher Redakteur der Zeitschrift Internationale Politik und Gesellschaft.

Nicht von Ungefähr warnt daher die Nationale Sicherheitsstrategie des Weißen Hauses vor der „anhaltenden und direkten Bedrohung des Terrorismus". Auch das in Überarbeitung befindliche deutsche Weißbuch Sicherheitspolitik beschreibt den internationalen Terrorismus als „zentrale Herausforderung" für Frieden und Sicherheit.

Insbesondere seit den Terroranschlägen von 9/11 ist dabei offensichtlich, dass terroristische Anschläge nicht nur die globale politische Agenda beeinflussen, sondern auch gravierende Auswirkungen auf die innenpolitische Entwicklung in westlichen Ländern haben.

Schließlich haben Regierungen immer wieder mit der Einschränkung bürgerlicher Freiheiten auf Terrorakte und die Verunsicherungen ihrer Bevölkerungen reagiert – zuletzt durch die Verabschiedung des USA Freedom Act im US-Kongress.

Also: Terrorismus wirkt, oder?

„Im Gegenteil", meint Professorin Page Fortna von der Columbia University. „Wahllose Angriffe gegen Zivilisten sind Furcht erregend, aber nicht effektiv."

Zumindest nicht, wenn man unter Effizienz das tatsächliche Erreichen politischer Ziele verstehe, denen sich die Terrorgruppen verschrieben haben.

Fortnas Urteil ist keine Spekulation, sondern beruht auf einer umfassenden Studie, die die Professorin jetzt im amerikanischen Fachblatt International Organization vorgelegt hat.

Das Neue an ihrem Ansatz: Die Terrorexpertin hat erstmals Anliegen, Methoden und Erfolg von Terrorgruppen im Vergleich zu militanten, aber eben nicht terroristischen Gruppen untersucht.

Hierzu hat Fortna das Verhalten von insgesamt 104 militanten Rebellengruppen ausgewertet, die zwischen 1989 und 2004 in bürgerkriegsähnliche Auseinandersetzungen verstrickt waren.

Das Spektrum reichte von Afghanistan über Sri Lanka bis nach Kolumbien, Bosnien und den Philippinen.

Ein Mitglied einer Bürgerwehr vor einem von Kämpfern von Boko Haram niedergebrannten Haus in Gubio im Nordosten Nigerias. Bei dem Überfall auf die Stadt Ende Mai wurden 37 Einwohner getötet und 400 Häuser zerstört.

Die Kernfrage der Untersuchung: Welchen Einfluss hat die Verwendung von spezifisch terroristischer Gewalt auf die Erfolgsaussichten von Bewegungen wie Hisb-i-Islami, Abu Sayyaf, Hamas oder Farc?

Dabei ist sich die Autorin der Komplexität des Untersuchungsgegenstands durchaus bewusst. Schließlich gilt des einen Freiheitskämpfer anderen nicht ganz zu Unrecht als Terrorist. Die Wissenschaftlerin setzt auf eine pragmatische Definition und versteht Terrorismus als „systematische Kampagne unterschiedsloser Gewalt gegen zivile Ziele".

Dieser Ansatz und der globale Fokus sind durchaus sinnvoll. Denn anders als in der verbreiteten westlichen Wahrnehmung wird der größte Teil terroristischer Anschläge eben nicht von Einzeltätern in westlichen Kapitalen verübt, sondern von regionalen Akteuren in Bürgerkriegsgebieten Afghanistans, Syriens, Pakistans, des Iraks oder Nigerias.

Der Fokus auf vier Kontinente und dort ausgefochtene Bürgerkriege ermöglicht der Forscherin den entscheidenden Kunstgriff, die Erfolgsbilanz verschiedener Akteure in ein und derselben Konfliktsituation vergleichen zu können. Hierzu entwickelte Fortna ein Bewertungsraster für den Konfliktausgang. Auf einer Skala bewertete sie den Verlauf eines jeden Kampfes vom „Sieg der Regierung" über „anhaltende Gewalt" bis hin zu einem

„Friedensabkommen" und dem „Sieg der Rebellen".

Strategische Nachteile

Das Ergebnis der Untersuchung ist eindeutig: Die Verwendung terroristischer Gewalt reduziert die Aussichten auf eine siegreiche Rebellenkampagne auf nahezu Null. Zugleich aber verringern terroristische Methoden auch die Chancen auf ein verhandeltes Friedensabkommen mit Zugeständnissen der Gegenseite.

„Keine der hier untersuchten Gruppen, die durch gezielte Terroroperationen große Zahlen an Zivilisten getötet haben, konnten den Kampf für sich entscheiden", heißt es in der Studie. „Die kurze Antwort auf die Frage „Können Terroristen gewinnen?" lautet also „Nein"".

Zwar blieben Terrorattacken eine kostengünstige Art, dem Gegner Schmerz zuzufügen und Aufmerksamkeit zu generieren, doch diese taktischen Vorteile verwandeln sich in strategische Nachteile. Warum? „Weil es in jedem Bürgerkrieg zum großen Teil um die Frage der Legitimität geht", erläutert Fortna. „Das sind die sprichwörtlichen Hearts and Minds der Bevölkerung –Terrorismus schadet da nur."

Bleibt die Frage, weshalb bewaffnete Gruppen dennoch weiterhin auf die Anwendung terroristischer Gewalt setzen. Auch hier liefert die Untersuchung Antworten. Denn obwohl die Anwendung terroristischer Gewalt ihren Urhebern nicht zum Triumph verhilft, kann sie zumindest die Terrororganisation selbst stärken und ihr „organisationelles Überleben" sichern, zeigt Fortna. „Die Hauptlehre meiner Studie ist deshalb, dass wir uns eher weniger vor dem potenziellen Sieg terroristischer Gruppen wie IS und Boko Haram fürchten sollten", erklärt sie.

Doch etwas anderes sei problematischer. Denn Terror heize kriegerische Auseinandersetzungen zugleich derart auf, dass diese im statischen Vergleich deutlich länger dauern als andere Konflikte. Nicht zuletzt vor dem Hintergrund der anhaltenden militärischen Auseinandersetzungen mit dem „Islamischen Staat", Boko Haram und Al-Kaida sind das nicht gerade optimistische Aussichten. Denn Fortna warnt: „Eine weitere Lehre meiner Arbeit ist, dass die aktuellen Kriege andauern werden. Wir werden die Terrorgruppen auch auf lange Sicht nicht loswerden."

Nato und Vereinte Nationen (UNO)

Der Begriff NATO steht für die Bezeichnung *North Atlantic Treaty Organization.* Ihre Entstehung ist zurückzuführen auf die Auswirkungen des Zweiten Weltkrieges und die Bedrohung, die von den unterschiedlichen Weltanschauungen im Osten und Westen der Welt ausging.

Am 4. April 1949 unterzeichneten zwölf Staaten (Belgien, Dänemark, Frankreich, Großbritannien, Island, Italien, Kanada, Luxemburg, Niederlande, Norwegen, Portugal und die USA) den Nordatlantikvertrag (engl.: *North Atlantic Treaty*), dessen Ziel die Gewährleistung von Sicherheit und Freiheit ihrer Mitglieder mit politischen und militärischen Mitteln ist. Dabei wird innerhalb des Bündnisses ein bewaffneter Angriff auf ein Mitgliedsland als Angriff gegen alle angesehen. Es wird vereinbart, dem angegriffenen Partner mit den als erforderlich betrachteten Maßnahmen, einschließlich Waffengewalt, Beistand zu leisten. (Artikel 5 des Nordatlantikvertrages).

Sicherheitssysteme

Deutschland gehörte 1949 noch nicht zur NATO. In diesen Tagen besaß die Bundesrepublik noch nicht einmal eigene Streitkräfte. Der Grund dafür war, dass die Staaten Europas sowie die USA die Sorge hatten, dass Deutschland, sobald es „bewaffnet" war, wieder ein Aggressionsfaktor in Europa werden könnte.

Andererseits beobachteten die westlichen Staaten, dass der Osten Europas „sowjetisiert" wurde. Sie sahen eine Lösung, sich gegen diese Macht zu verteidigen darin, Deutschland in das Verteidigungsbündnis Westeuropas einzubeziehen.

© dpa

Nach komplizierten Verhandlungen der Westmächte untereinander einschließlich der Bundesrepublik, nahm man Westdeutschland schließlich am 6. Mai 1955 ins Nordatlantische Bündnis auf. Als Reaktion darauf, verbündeten sich schon acht Tage später, am 14. Mai 1955 die UdSSR mit Albanien, Bulgarien, der DDR, Polen, Rumänien, der Tschechoslowakei und Ungarn zum Warschauer Pakt. Diese beiden Militärblöcke lieferten sich über Jahrzehnte einen „Kalten Krieg"[1] und standen sich bis Mitte der 1980er Jahre in Europa gegenüber.

In dieser Zeit näherten sich die USA und die Sowjetunion an. Das Wettrüsten wurde beendet, ein Demokratisierungsprozess im Osten setzte ein, Grenzen öffneten sich und die Berliner Mauer fiel am 9. November 1989. Mit dem Zusammenbruch des Kommunismus, der über 4 Jahrzehnte Feindbild Nummer eins der NATO war, brach auch der Warschauer Pakt zusammen und löste sich 1991 auf.

1 Der Begriff „Kalter Krieg" steht für die gegenseitige militärische Bedrohung, die zwischen dem Osten und Westen, bzw. zwischen den beiden Militärblöcken Warschauer Pakt und NATO bestand. Eng damit verbunden ist auch der Begriff „gegenseitiges Wettrüsten", in dem eine Partei versucht, stets mehr und qualitativ bessere Waffen aufzubieten als die Gegenseite. Bezwecken wollte man damit eine Abschreckungsstrategie. Mit der Reformpolitik Michail Gorbatschows und der Öffnung des Ostens für westliche Werte, wurde diese Bedrohung beendet.

Der Zusammenschluss von einzelnen Staaten zu einem Bündnis hat bewirkt, dass Europa nach dem Zweiten Weltkrieg fünf Jahrzehnte lang frei von Kriegen war. Erst mit dem Einsatz im ehemaligen Jugoslawien fand im Jahre 1999 wieder ein bewaffneter Einsatz statt. Somit hat sich die NATO als wirksames und sicheres System erwiesen, Frieden zu bewahren. Es zeigt sich jedoch auch, dass ein Bündnis keine Garantie für Frieden ist. So sucht die NATO heute, nach dem Zusammenbruch des Kommunismus, nach neuen Aufgaben.

Seit 1991 ist die NATO das einzige Militärbündnis. Es wird seit dieser Zeit darüber nachgedacht, ob sie auch bereit stehen solle, wenn jenseits ihrer Grenzen Kriege wüten. Dass diese Frage mittlerweile positiv beantwortet werden kann, zeigt eine Betrachtung der Politik. So zeichnete sich im ehemaligen Jugoslawien, das ja kein Mitgliedsstaat im Bündnis war, mit dem dortigen Einsatz in der Tat eine neue Aufgabe des Bündnisses ab. Die NATO sieht heute ihren Aufgabenbereich darin, Hand in Hand mit der UNO zu einem Garanten für Frieden, Demokratie und Freiheit weltweit zu sein.

UNO

Die UNO steht als Abkürzung für *„United Nations Organization"* (deutsch: Organisation der Vereinten Nationen") und wurde am 26. Juni 1945 in San Francisco (USA) gegründet. Damals unterschrieben die Vertreter von 50 Staaten eine Charta (= schriftliche Vereinbarung) zur neuen Organisation der Welt gleich nach dem Zweiten Weltkrieg. Motiv für die Gründung der UNO war der feste Wille der Unterzeichner, dass sich die Katastrophe, die der Zweite Weltkrieg mit sich führte, nie mehr wiederholen dürfe.

Dies gelang der UNO auch. Durch die Zusammenarbeit der Mitgliedstaaten, die sich mittlerweile mit 193 im Vergleich zur Gründung mehr als verdreifacht hat, konnte ein weiterer Weltkrieg verhindert werden. Doch auch wenn die Gefährdung des internationalen Friedens stetig abgenommen hat, gibt es wenig Grund zur Euphorie. Denn die UN befinden sich, wenn es um die Sicherung des Friedens geht, in großen Schwierigkeiten. Immer wieder treten Konfliktherde auf, in denen Staaten, ethnische oder religiöse Gruppen gewaltsam gegen andere auftreten.

Die UNO hatte sich vorgenommen, bei Verletzungen des Friedens schnell zu handeln. Dies wäre bei 193 Mitgliedern wahrscheinlich nicht möglich.

Deshalb übergab man die Sicherung des Friedens dem UNO Sicherheitsrat (SR).

Der SR ist eine Unterorganisation der UNO, dessen Aufgabe die Wahrung des Friedens auf der Welt ist. Ihm gehören nur fünf Ständige Mitglieder an:

China, Frankreich, Großbritannien, Russland und die USA sowie 10 weitere Staaten (Nichtselbstständige Mitglieder).

Friedensmahnmal vor dem UNO-Hauptquartier

Welche Möglichkeiten hat die UNO gegen Aggressoren vorzugehen?

In den Zeiten des Kalten Krieges überwog der Interessenkonflikt zwischen den USA und der UdSSR so stark, dass keine militärischen Einsätze beschlossen werden konnten, die Zustimmung beider Supermächte erhielten. Denn die Legitimation zu militärischen Einsätzen ist nur dann gegeben, wenn alle Mitglieder des Sicherheitsrates zustimmten.

Doch seit der Beendigung des Kalten Krieges hatte sich der Handlungsspielraum der Vereinten Nationen stark verändert. Nun war es möglich, dass die UNO Frieden schaffende Maßnahmen in der Welt durchführen konnte. Die erste fand 1991 statt, als die UNO unter Führung der USA Truppen nach Kuwait entsandte, und dort die Aggression Iraks gegen seinen benachbarten Staat erfolgreich zu beenden.

Der zweite Einsatz folgte ein Jahr später, als die UNO, wieder unter Führung der USA, in Somalia für die Beendigung des Massensterbens aufgrund von Bürgerkrieg und Hunger sorgte und bemüht war, ein sicheres Umfeld herzustellen.

Instrument der Friedenssicherung: Blauhelme

Große Erfolge erzielte die UNO zu Beginn der neunziger Jahre auch mit einem anderen Instrument der Friedenssicherung, den Blauhelmen. Als Blauhelme werden UNO Soldaten beschrieben, die allein durch ihre Präsenz in Gebieten, in denen ein Krieg droht, den Frieden sichern. Sie tragen blaue Helme mit dem Abzeichen der UNO. Sie waren so erfolgreich (z. B. in Namibia und Nicaragua), dass ihnen im Jahre 1988 der Friedensnobelpreis verliehen wurde. Die Euphorie über die Blauhelme wurde jedoch Mitte der neunziger Jahre durch Rückschläge, die sie erlitten, wieder gedämpft. Auch im Krieg des ehemaligen Jugoslawien, der als interne Auseinandersetzung zwischen verschiedenen Bevölkerungsgruppen begann und sich später zu einer internationalen Bedrohung des Friedens entwickelte, scheiterte die Mission der Blauhelme.

© Corbis, Berlin

Zu Beginn des 21. Jahrhunderts definierte sich die UNO als die Institution, die weltweit entscheidet, ob und wann es zu militärischen Einsätzen kommen soll. So entschied die UNO, wann in Jugoslawien ein Militäreinsatz begonnen wurde. Die Mitglieder der UNO stimmten mehrheitlich, häufig sogar einstimmig, diesen Kampfeinsätzen zu. Die Krisen, die der 11. September hervorrief, veränderten das Bild der UNO erheblich. War es zu Beginn noch die UNO, die mehrheitlich dafür stimmte, einen Einsatz in Afghanistan zu führen, so war es in der Irak-Frage George Bush, der ohne Erlaubnis der UNO seinen und den alliierten Truppen befahl, in den Irak einzumarschieren. Er unterlief die Politik der UNO und setzte sie außer Kraft. Weil das Mandat der UNO fehlte, entschied der Bundeskanzler der Bundesrepublik Deutschland, sich an dem Irak-Krieg nicht zu beteiligen. Auch Frankreich und Russland hielten sich aus diesem Krieg aufgrund der fehlenden Legitimation durch die UNO heraus. Es wurde durch Präsident Bushs Engagement sehr deutlich, wie schwierig es ist, der UNO die Macht zu geben, die beabsichtigt ist. Der ehemalige UNO-Generalsekretär Ban Ki-moon war in öffentlichen Reden immer wieder kritisch auf das Verhalten der USA eingegangen, wollte jedoch weiterhin auf Kooperation mit dem mächtigsten Land der Erde setzen. Ban Ki-moons Ziel war es immer gewesen, die UNO zu stärken und sie zu der einzigen Institution zu machen, die über militärische Einsätze entscheidet. Es wurde jedoch deutlich, dass dies nur dann realisierbar ist, wenn sich alle Regierungschefs an diese Abmachung halten. Nachfolger von Ban Ki-moon ist seit Januar 2017 der Portugiese Antonio Guterres.

Ursachen für kriegerische Konflikte

Betrachtet man sich die Vergangenheit mit ihren Kriegen, so stellen Wissenschaftler fest, dass es hauptsächlich drei Gründe gibt (soziale, wirtschaftliche, religiös/ideologische), die zu Konflikten bis hin zu bewaffneten Auseinandersetzungen führen. Sie treten meist nicht allein sondern gemeinsam auf, man spricht hier von Mischformen.

http://rhein-zeitung.de/tick/

Rhein-Zeitung online

Ticker rund um die Uhr aktuell!

- Verfassungsschutzbericht 2018: Keine Entwarnung bei Terror und Extremismus
- Nordkorea im Besitz von Atombomben?
- Spannungen zwischen USA und Iran
- Amerika prüft militärische Optionen in Libyen
- Israels Friedensbewegung lebt auf
- Ölpreis auf Rekordhoch
- Grauenhafte Anschläge in Kabul
- Polizei verstärkt den Schutz staatlicher Einrichtungen wegen Drohung radikaler Gruppen
- Ägypten: Hundertausende demonstrieren
- Afrika: Kontinent der Krisen und Kriege
- Indien: Anschläge in Kaschmir
- Kongo: Kämpfe zwischen Milizen
- Attentat in Mali: Rebellen bekennen sich zu Selbstmordanschlag
- Extremistische Ausländerorganisationen auf dem Vormarsch
- Anschlagserie in der Türkei
- Gefechte zwischen Israelis und Hisbollah
- Russland kämpft an Assads Seite
- Atomkonflikt mit Nordkorea
- Nahostkonflikt flammt neu auf
- Flüchtlingskrise in Europa
- Somalia im Fadenkreuz
- Sudan nach freien Wahlen bald zweigeteilt
- Libyen: Armee schlägt Demonstration für Demokratie nieder
- Syrien verkündet großangelegte Offensive
- Baut der Iran heimlich die Atombombe?
- Grenzen der Toleranz wurden maßlos überschritten
- Mehr als 700 Flüchtlinge ertrinken im Mittelmeer
- Politische Entwicklungen im Nahen Osten besorgniserregend
- EU für friedliche Veränderungen im Nahen Osten
- In Europa drohen enorme Flüchtlingswellen wegen des Klimawandels
- Meilenstein auf dem Weg zur Abrüstung
- Dramatische Rettung vor Lampedusa
- 100 Tote bei Rebellenüberfall im Südsudan
- Ägypten: Tödliche Konflikte zwischen Kopten und Islamisten
- EU sieht den Freiheitsbewegungen in Nordafrika tatenlos zu
- EU: Öl wichtiger als Demokratie in Nordafrika?
- Weitet sich der demokratische Flächenbrand in Nordafrika aus?
- Wahl in Nigeria von Gewalt überschattet

dpa-kurz Wirtschaft

LERN-BOX

➔ Man unterscheidet vier Arten von **Phänomenen, die den Frieden bedrohen:**

- **Nationalismus**
- **Religiöse/Ethnische Konflikte**
- **Terrorismus**
- **Kämpfe um Naturressourcen.**

➔ Als Resultat, vor allem aus dem Zweiten Weltkrieg, haben Staaten **Sicherheitssysteme** installiert, **die dazu dienen, den Frieden zu bewahren.**

Bemerkenswert ist hier vor allem die Allianz nationaler Sicherheitssysteme (BRD – Bundeswehr) mit anderen Staaten zur NATO.

Der Staatenverbund schließt nun in der UNO West- und Oststaaten ein.

➔ Aus Beobachtungen über Ursachen von Kriegen stellen sich drei Schwerpunkte dar, die meist nicht allein sondern in Mischform zu einem Krieg führen:

- **Soziale Ursachen**
- **Wirtschaftliche Ursachen**
- **Religiös/Ideologische Ursachen.**

➔ Nicht nur Politiker, auch wir selbst können zum Frieden beitragen, in dem wir uns zum Beispiel Gruppen anschließen, die sich für den Frieden einsetzen, in dem wir im alltäglichen Leben unsere Umwelt mit ihren Menschen respektieren und achten, in dem wir versuchen anders denkende Menschen zu verstehen oder in dem wir uns sensibel machen für Sprache und Handeln, das sich gegen die Rechte anderer richtet.

WISSENS-CHECK

Auf der Welt scheint es nie überall friedlich zu sein.

❶ Bilden Sie in Ihrer Klasse Gruppen und finden Sie aus der Tagespresse Konflikte, die den Frieden bedrohen.

❷ Recherchieren Sie Hintergründe, Ursachen, Fakten Dimensionen und erstellen Sie eine Präsentation für die Klasse, die die Aspekte, die im Buch dargestellt sind, berücksichtigt.

Dazu sind auch Statements von Politikern, Journalisten, Befürwortern und Gegnern des Krieges wichtig.

Stellen Sie diese gegenüber und bilden Sie sich eine eigene Meinung zu diesem Konflikt.

Multikulturelle Gesellschaft, Integration und Zuwanderung

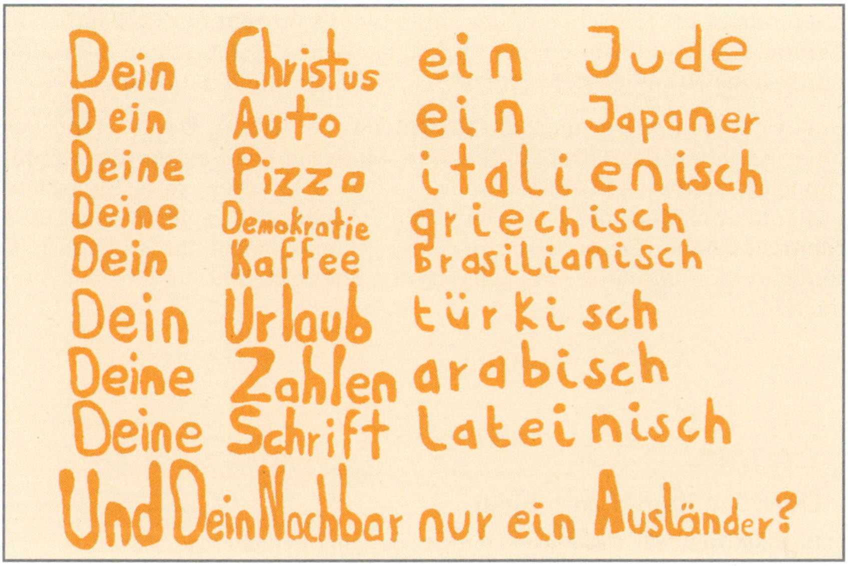

Quelle: Stöer, Out-of-Home Media AG, Haus der Geschichte, Bonn

Die Zuwanderung in Deutschland begann in den 50er Jahren, als die Regierung Adenauer zum Beginn des wirtschaftlichen Aufschwungs, der zum so genannten Wirtschaftswunder führte, versuchen musste, Arbeitskräfte für die boomende Wirtschaft zu finden. Es herrschte Vollbeschäftigung in Deutschland, das heißt, die Arbeitslosigkeit war faktisch gleich null. Im Gegenteil – es gab mehr Arbeit als Menschen, die diese Arbeit verrichten konnten.

In den ersten Jahren gelang es noch, Menschen aus der ehemaligen DDR und Ost-Berlin zu gewinnen, doch der Mauerbau im Jahre 1961 unterbrach diese Strategie jäh.

Und so entschloss man sich in Deutschland, vermehrt Gastarbeiter aus dem Ausland zu gewinnen. Es war geplant, sie vorübergehend nach Deutschland kommen zu lassen, so lange dieser Aufschwung anhielt. Deren Zahl stieg dann auch von 0,7 Millionen im Jahre 1961 auf 2,5 Millionen in 1970.

War es der wirtschaftliche Aufschwung, der zur Anwerbung der Gastarbeiter führte, so beendete der erste Wirtschaftsabschwung in Deutschland, der mit der Ölkrise zu Beginn der 70er Jahre einsetzte, das Anwerben der Gastarbeiter. Denn in Nachkriegs-Deutschland machte zum ersten Mal ein „Gespenst" von sich reden: die Arbeitslosigkeit.

1973 beschloss die damalige Bundesregierung einen „Anwerbestopp", jedoch durften nun die Familienmitglieder der Gastarbeiter nach Deutschland kommen. Somit ging die Zahl der Menschen mit ausländischer Herkunft nicht zurück sondern stieg konstant, denn natürlich wurden in diesen Jahren auch Kinder in den ausländischen Familien geboren. 1982 lebten 4,7 Millionen Ausländer in Deutschland.

Als dann 1989 der Sozialismus und die DDR zusammenbrachen, die Mauer fiel und Gesamt-Deutschland neue Grenzen bekam, suchten viele Asylsuchende und Bürgerkriegsflüchtlinge in Deutschland Schutz.

Heute (Anfang 2018) leben mehr als 10,6 Millionen Ausländer und Ausländerinnen in Deutschland, das sind etwa 13 Prozent der Gesamtbevölkerung. Ein Drittel von ihnen ist schon länger als 30 Jahre hier, die Hälfte mindestens 10 Jahre, 22 % sind bereits in Deutschland geboren.

Somit hat sich, wenn man die Geschichte betrachtet, Deutschland aus einer Situation des vorübergehenden Aufenthalts zu einem Einwanderungsland entwickelt. Es ist heute selbstverständlich, dass Menschen ausländischer Herkunft nach Deutschland kommen und hier leben. Diese Menschen haben Deutschland zu ihrer Heimat gemacht, ihren Lebensmittelpunkt hier gefunden und sich darauf eingestellt, hier längere Zeit oder auch für immer zu bleiben.

EXKURS:

Über den Kampf zum Spiel

Die multikulturelle Gesellschaft fordert uns zum Streit um Überzeugungen heraus. Gut so!

Von Carlos Fraenkel*

Als ich vor zwölf Jahren Arabisch in Kairo lernte, freundete ich mich mit ägyptischen Studenten an. Je näher wir uns kamen, umso mehr interessierten wir uns für unsere ganz verschiedenen Lebensweisen.

Sie wollten mich zum Islam bekehren, um meine Seele vor ewiger Verdammnis in der Hölle zu retten.

Ich wollte sie von meiner säkularen Weltsicht überzeugen, um sie von der Illusion eines Lebens nach dem Tod zu befreien.

In einer unserer Diskussionen fragten sie mich, ob ich sicher sei, dass es Gott nicht gebe. Die Frage überraschte mich. Dort, wo ich intellektuell sozialisiert wurde, galt dies als selbstverständlich. Ich führte ein Argument an, auf das sie ein Gegenargument hatten. Die Diskussion endete ergebnislos.

Und doch wurde mir bewusst, dass ich viele meiner Grundüberzeugungen nicht richtig durchdacht hatte – von der Frage, ob Gott existiere, bis zu der, wie man leben solle.

Die Herausforderung durch meine ägyptischen Freunde zwang mich, Ansichten zu verteidigen, die in meinem kulturellen Milieu selten hinterfragt werden. Seitdem habe ich philosophische Workshops in verschiedenen Teilen der Welt organisiert, zum Beispiel an einer palästinensischen Universität in Jerusalem, mit chassidischen Juden in New York und mit Mohawk-Indianern in einem Reservat in Kanada.

Dadurch habe ich gelernt, wie unterschiedlich wir alle fundamentale, moralische, religiöse und philosophische Fragen beantworten.

Ist das bedauerlich? Nein. Uneinigkeit ist gut, wenn sie zu einem respektvoll geführten Streitgespräch führt.

* CARLOS FRAENKEL lehrt Philosophie an der McGill University in Montreal, Kanada

Wie können wir schließlich sicher sein, dass unsere Ansichten über die Welt mit der Welt übereinstimmen oder dass das, was wir für gerecht halten, wirklich gerecht ist? Es gibt viele Gründe, die Wahrheit zu schätzen: weil wir ein Leben führen möchten, das gut ist und nicht nur so scheint; weil für uns die Kenntnis der Wahrheit ein wesentlicher Bestandteil des guten Lebens ist; weil wir ein auf Wahrheit gegründetes Leben als moralische Verpflichtung betrachten; oder weil wir, wie meine ägyptischen Freunde, größere Nähe zu Gott suchen, der die Wahrheit ist (al-Haqq, einer der Namen Gottes im Islam).

Natürlich würden wir nicht an unseren Ansichten festhalten, wenn wir nicht davon überzeugt wären, dass sie wahr sind. Aber das bietet natürlich keine Garantie. Waren meine ägyptischen Freunde nicht ebenso überzeugt wie ich?

Betrachten wir verschiedene Epochen und Kulturen, finden wir eine verwirrende Vielfalt oft widersprüchlicher Ansichten, die alle von starker Überzeugung getragen werden. Genau deshalb sollten wir Streitgespräche begrüßen: Weil sie sich hervorragend dazu eignen, Überzeugungen kritisch zu überprüfen.

Theoretisch müssen wir dazu nicht bis nach Kairo reisen, sondern können auch zu Hause, gemütlich im Sessel sitzend, nachdenken.

In der Praxis aber scheinen wir eine verstörende Erfahrung zu brauchen, die uns mit unserer Fehlbarkeit konfrontiert oder – wie es der große muslimische Denker al-Ghazali (gestorben 1111) ausdrückte – die die „Fesseln des Taqlid" löst:
jener Ansichten, die von den zufälligen Umständen unserer Sozialisation herrühren.

Bei ihm selbst, so al-Ghazali, hätten sich die Fesseln des Taqlid gelöst, als ihm klar geworden sei, dass er mit ebenso glühender Überzeugung Jude oder Christ hätte sein können, wie er Muslim sei, wenn er statt in einer muslimischen Gemeinde in einer jüdischen oder christlichen aufgewachsen wäre.

Er erklärt Taqlid als die Autorität von „Eltern und Lehrern", was wir allgemeiner als all das beschreiben können, was unsere Ansichten bestimmt, ohne dass wir sie selbst durchdacht haben:

Medien, Mode, Marketing, aber natürlich auch politische und religiöse Rhetorik.

Gerade weil das so ist, können wir uns glücklich schätzen, in einer Zeit zu leben, in der Gesellschaften zunehmend heterogen und multikulturell werden und in der die Globalisierung uns zwingt, über nationale, kulturelle und religiöse Grenzen hinweg zu diskutieren – so wie ich es in Kairo tun musste. Sie bietet uns Gelegenheiten, unsere Grundüberzeugungen und Autoritäten zu überdenken.

Natürlich ist Verschiedenheit allein noch keine Garantie für ein kultiviertes Streitgespräch (sonst wären der Mittlere Osten und der Balkan die vornehmsten Debattierclubs). Stattdessen erzeugt sie oft Frustration oder schlimmer: schlägt in Gewalt um.

Deshalb brauchen wir eine ausgefeilte und akzeptierte Kultur des Streitgesprächs.

Philosophie ist notwendig für die Ausübung der Staatsbürgerschaft

Die letzten Schuljahre sind aus meiner Sicht die beste Zeit, um die Grundlage für eine solche Kultur zu legen. Dazu müsste sich der Unterricht auf zwei Dinge konzentrieren:

Diskussionstechniken – logische und semantische Werkzeuge, mit deren Hilfe die Schüler ihre Ansichten klären sowie Argumente bilden und kritisieren können.

Und Tugenden für ein produktives Streitgespräch: die Wahrheit mehr zu lieben als das Gewinnen und den Standpunkt des Gegners ernsthaft verstehen zu wollen.

Mit jungen Palästinensern zum Beispiel spielte ich ein Gedankenexperiment aus Platons „Der Staat" durch:

Würden sie auch dann noch den Geboten Gottes folgen, wenn sie einen Zauberring hätten, der sie vor jeder Vergeltung für Übertretungen schützt?

So mussten sie neu darüber nachdenken, ob ein gottgefälliges Leben etwas ist, das um seiner selbst willen gut ist.

Mit chassidischen Juden in New York diskutierte ich die Frage aus Platons „Euthyphron-Dialog":

Dürfen wir nicht stehlen, weil es die Bibel verbietet, oder verbietet es die Bibel, weil es objektiv falsch ist? Und wenn wir ohne die Bibel einsehen können, dass Stehlen falsch ist, wozu brauchen wir sie dann noch?

Mit Mohawk-Indianern in Kanada hinterfragte ich das Ideal der Rückkehr zur Zeit vor der Kolonisierung. Ist alles, was aus der eigenen Tradition kommt, gut und alles, was der Europäer gebracht hat, schlecht, oder ist ein alternatives Ideal vorstellbar?

In Brasilien sind seit 2008 drei Stunden Philosophie pro Woche in der Oberstufe vorgeschrieben. Die Begründung: Philosophie sei notwendig für die Ausübung der Staatsbürgerschaft.

Sobald es gelingt, Verschiedenheit in eine Kultur des Streitgesprächs zu verwandeln, ist sie keine Bedrohung für den sozialen Frieden mehr. Natürlich ist es wichtig, dass wir trotz unserer tiefen moralischen, religiösen und philosophischen Meinungsverschiedenheiten zusammenarbeiten können, um die Güter und Dienstleistungen bereitzustellen, die wir alle, ungeachtet unserer Weltanschauung, brauchen.

Aber das heißt nicht, dass wir ganz darauf verzichten müssen, uns mit unserer Verschiedenheit auseinanderzusetzen.

Einige Verfechter des Multikulturalismus fordern, Verschiedenheit zu feiern, nicht nur zu tolerieren, als sei sie kein Grund für Uneinigkeit, sondern etwas rein Schönes – ein multikulturelles „Mosaik"! Andere argumentieren, dass unsere religiösen Überzeugungen nicht die Privatsphäre verlassen dürften – nach dem Muster des französischen Laizismus:

Öffentlich bin ich Citoyen, zu Hause Jude, Christ oder Muslim.

Beide Modelle versuchen, die Gründe für die Zurückweisung fremder Ansichten aufzuheben:

Das erste will die Zurückweisung ganz beseitigen, das zweite will sie unsichtbar machen. Eine Kultur des Streitgesprächs könnte mehr erreichen: Sie würde es ermöglichen, sich mit Verschiedenheit auf eine respektvolle und für alle gewinnbringende Weise auseinanderzusetzen.

Quelle: DIE ZEIT Nr. 14/2013

»I hope some day you'll join us and the world can live as one«

Ich hoffe, eines Tages wirst Du bei uns sein und die Welt kann einig leben.

Beitrag der multikulturellen Gesellschaft zur Friedenssicherung

Vielleicht erinnern Sie sich noch an Klaus aus München und seinen französischen Freund Pierre aus dem Abschnitt Nationalismus. Pierre, Klaus und sein Großvater (Herr Buchner) sitzen gerade im Wohnzimmer und unterhalten sich. Herr Buchner sagt den beiden, wie sehr er sich über ihre Freundschaft freut.

Herr Buchner: Ihr beiden versteht Euch ja richtig gut.

Pierre: Oui Monsieur, wir sind dicke Freunde.

Klaus: Schade Pierre, dass Du morgen schon wieder nach Hause fahren musst. Opa, hast Du eigentlich auch einen französischen Bekannten?

Herr Buchner: Nein, leider nicht. Als ich so alt war wie ihr, hätte ich niemals einen Freund aus Frankreich haben dürfen.

Klaus: Und warum?

Herr Buchner: Frankreich und Deutschland waren Kriegsgegner. Es ist durchaus möglich, dass sich Pierres' Großvater und ich irgendwo schon einmal mit Waffen gegenüberstanden, um uns gegenseitig umzubringen.

Das können Klaus und Pierre nun überhaupt nicht verstehen, dass sich ihre Großväter gegenseitig umbringen sollten. Sie sind aber auch froh, dass sie es nicht verstehen, denn für die beiden Freunde ist es absolut **undenkbar, gegeneinander Krieg zu führen.** Statt dessen besuchen sie sich und helfen sich bei ihren Problemen gegenseitig.

Kennen gelernt hatten sie sich vor vier Jahren als sie mit ihren Fußballclubs einen Austausch vorgenommen haben. Klaus fuhr damals zehn Tage nach Marseille, lebte dort mit Pierre und seinen Eltern. Er lernte das Land, die Menschen, die Sprache, die Kultur kennen. Ein halbes Jahr später erfolgte der Gegenbesuch von Pierre in München. Seit dem sehen sie sich regelmäßig.

Viele andere in Klaus' Fußballclub übrigens auch. Bernd hat sogar eine französische Freundin. Dass man gegen diese Menschen Krieg führt, ist undenkbar.

Pierre: Ob man wohl sagen kann, dass der Sportaustausch Frieden sichert? Dass das Kennenlernen der Menschen, des Landes, der Kultur dazu beiträgt Frieden zu bewahren?

Klaus: Wenn das wirklich so ist, dann beginnt ja Friedensengagement nicht bei der UNO, oder bei den Politikern oder bei Armeen, sondern es beginnt bei mir und zu Hause. Ich selbst trage zur Friedenssicherung bei, indem ich offen bin für fremde Länder und Kulturen und mich darauf einlasse, sie kennen zu lernen.

Pierre: ch glaube das stimmt. Jeder einzelne kann in seinem Umfeld dazu beitragen, dass Frieden entsteht und erhalten bleibt. Dass wir zum Beispiel, wenn wir verschiedener Meinung sind, Kompromisse finden, dass wir im Fußball zwar Gegner aber keine Feinde sind und wir gegenseitig akzeptieren, für andere Teams im Fußball zu halten ...

Klaus: Ja genau, all das trägt dazu bei, dass wir friedlich miteinander leben.

Jetzt, da sie so engagiert über dieses Thema diskutieren fallen ihnen noch viel mehr Dinge ein, die zum Frieden beitragen: Sie denken an Simone, die vor zwei Wochen an der Demonstration gegen Ausländerfeindlichkeit und Rassismus demonstriert hat.

Ihnen fällt Thomas ein, der seit zwei Jahren in einer karitativen Gruppe arbeitet, die die Dritte Welt unterstützt.

Und ihnen fällt auch Claudia ein, die sich beim letzten Grillabend des Vereins als einzige getraut hat zu Herrn Busch zu sagen, dass sie es nicht gut findet, dass er Türkenwitze erzählt.

Zuerst hatten sie ihren Einwand gar nicht verstanden. Jetzt wird ihnen aber deutlich warum und bewundern Claudia für ihren Mut.

Intetgration

Schon immer hat Deutschland Zuwanderer angezogen. Dabei war es stets das Ziel, nicht das Zusammenleben von Menschen unterschiedlicher Nationalitäten und Kulturen zu organisieren, sondern Zuwanderer in das gesellschaftliche, wirtschaftliche und politische Leben in Deutschland zu integrieren. Eine elementare Voraussetzung für eine erfolgreiche Integration ist eine gute Kenntnis der deutschen Sprache.

Alle Zuwanderer mit dauerhaftem Aufenthalt in Deutschland, Spätaussiedler und EU-Bürger erhalten ein staatliches Grundangebot zur Integration, dass ihre eigene Eingliederungsbemühungen in unsere Gesellschaft unterstützt.

In so genannten Integrationskursen werden Sprachkenntnisse, Grundwissen zur Rechtsordnung sowie die Geschichte und die Kultur Deutschlands vermittelt.

Insbesondere Orientierungskurse, die die Bedeutung der freiheitlich-demokratischen Grundordnung, des Parteiensystems, des föderalen Aufbaus Deutschlands, der Sozialstaatlichkeit, der Gleichberechtigung, der Toleranz und Religionsfreiheit vermitteln, sollen Verständnis für das deutsche Staatswesen wecken.

Ziel ist es, den Zuwanderern das Zurechtfinden in der neuen Gesellschaft zu erleichtern und Identifikationsmöglichkeiten zu schaffen.

PresseSpiegel

Integrationsbarometer 2018

Zusammenleben fördert Akzeptanz

Migration bereichert Deutschland – kulturell, wie wirtschaftlich. Davon ist eine Mehrheit der Deutschen laut einer neuen Studie überzeugt. Besonders positiv wird sie von denen beurteilt, die im Alltag Kontakt zu Migranten haben. Wer kulturelle Vielfalt nicht erlebt, neigt dagegen zu Skepsis.

Von Claudia van Laak

Integrationsbarometer 2018: Wer Kontakt zu Migranten hat, ist Migration gegenüber offener eingestellt

Eine Mehrheit der in Deutschland lebenden Menschen bewertet das Zusammenleben von Einheimischen und Zuwanderern positiv. Dies gilt für knapp 64 Prozent der Deutschen und für knapp 69 Prozent der Migranten, so eine Studie im Auftrag des Sachverständigenrats Deutscher Stiftungen für Integration und Migration. Damit hat sich – anders als erwartet – die aufgeregt geführte Flüchtlings-Debatte kaum negativ auf die Einstellung der Bevölkerung ausgewirkt.

Annette Widman-Mauz, Integrationsbeauftragte der Bundesregierung:

„Das Integrationsklima in der Bevölkerung ist im Vergleich zu 2015 auf hohem Niveau geblieben, das ist ein gutes Zeichen. Die weit überwiegende Mehrheit der Bevölkerung steht Migration und Flüchtlingen positiv gegenüber, und ist der Meinung, dass Migration und Flüchtlinge Deutschland kulturell bereichern und zu wirtschaftlichem Erfolg dieses Landes beitragen."

Ob jemand das Integrationsklima im Land positiv oder negativ beurteilt, hängt in erster Linie von konkreten Alltagserfahrungen ab und nicht von der Berichterstattung in den Medien oder von Debatten in sozialen Netzwerken – so sehen es die Wissenschaftler vom Sachverständigenrat.

Zusammenleben fördert das Verständnis

Überall dort, wo Deutsche am Arbeitsplatz, im Sportverein oder in der Schule Ausländer träfen, bewerteten sie das Zusammenleben in der Regel positiv –Thomas Bauer, Vorsitzender des Sachverständigenrates

„Was wir auch feststellen, ist, dass Eintrübungen des Integrationsklimas auf Seiten der Mehrheitsbevölkerung insbesondere dort festzustellen ist, wo kulturelle Vielfalt nicht erlebt wird. Das betrifft nicht nur, aber vor allem Menschen in Ostdeutschland, wo deutlich weniger Zugewanderte leben."

Ob Menschen das Integrationsklima eher positiv oder eher negativ bewerten, hängt auch vom Geschlecht ab – Frauen sind optimistischer als Männer. Vergleicht man die Zuwanderergruppen untereinander, beurteilen diejenigen mit türkischen Wurzeln das Zusammenleben am negativsten.

Die repräsentative Studie hat auch die Haltung zu Flüchtlingen abgefragt. Danach sind 60 Prozent dafür, weiterhin Flüchtlinge aufzunehmen, allerdings müsse der Zuzug begrenzt werden. Auch hier gibt es Unterschiede zwischen den Zuwanderergruppen – Spätaussiedler haben das negativste Flüchtlingsbild – sie sind mehrheitlich davon überzeugt, dass speziell durch diese Migranten die Kriminalität zugenommen habe.

Vielfalt muss sich auch in den Klassenzimmern widerspiegeln

Insgesamt bewertet die Integrationsbeauftragte der Bundesregierung das Ergebnis der Studie positiv. Wichtig sei es nun, so Annette Widmann-Mauz, mehr Orte der Begegnung zu schaffen. Den Schulen käme hier eine besondere Bedeutung zu, die Vielfalt in der Gesellschaft müsse sich stärker als bislang auch im Lehrerzimmer widerspiegeln.

„Schulen sind Kompetenzzentren für Integration. Und die Schule hat hier eine besondere Schlüsselrolle, eine Schlüsselrolle, wenn es darum geht, Zukunftschancen für junge Menschen zu bieten, und zwar mit und ohne Migrationshintergrund."

Kopftuchtragende Lehrerinnen lehnt übrigens die Mehrheit der Befragten ab, weniger skeptisch wird das Tragen eines Kopftuches zum Beispiel im Einwohnermeldeamt gesehen.

https://www.deutschlandfunk.de/integrationsbarometer-2018-zusammenleben-foerdert-akzeptanz.1766.de.html?dram:article_id=428308

EXKURS:

Flüchtlingskrise – Migrationsforscher sicher:

„In zehn Jahren wird man Kanzlerin Merkel dankbar sein"

© dpa/Stefan Sauer

Zwei Flüchtlinge aus Syrien besuchen einen Deutschkurs.

„Wir schaffen das" ist Angela Merkels Mantra in der Flüchtlingskrise. Doch die Kritik am Kurs der Kanzlerin wird immer größer. Kann Deutschland es wirklich schaffen? Ein Migrationsforscher sagt nun, dass Deutschland Merkel in zehn Jahren dankbar sein werde – auch aus wirtschaftlichen Gründen.

Der Flüchtlingsstrom stellt den Sozialstaat auf eine harte Probe. Doch die Herausforderung ist lösbar, glaubt der Migrationsforscher Rainer Bauböck. In einem Interview mit der österreichischen Zeitung „Der Standard" verwies er darauf, dass der demografische Wandel auch Deutschland bedrohe, da die Bevölkerung schrumpfe. Der Zuzug von Flüchtlingen sei eine Chance, dem Wandel entgegenzuwirken.

Zuwanderung muss kontrolliert erfolgen

„Langfristig können europäische Sozialstaaten ihr Überalterungsproblem nur vermindern, indem sie auf Zuwanderung setzen", sagt Bauböck.

Der Idealfall sei, wenn die Zuwanderung kontrolliert erfolgen würde und die Zielländer sich die Zuwanderer aussuchen könnten. Deshalb werde es kurzfristig zu Schwierigkeiten kommen, weil das Sozialsystem nur auf eine geringe Einwanderung vorbereitet sei.

Der Migrationsforscher ist sicher, dass Deutschland richtig gehandelt habe – sowohl aus humanitärer als auch aus wirtschaftlicher Sicht. „In zehn Jahren wird man Kanzlerin Merkel wahrscheinlich dankbar sein", erklärt Bauböck.

Angst vor Jobverlust unbegründet

Die Sorge vieler Menschen, dass Flüchtlinge ihnen später die Arbeitsplätze wegnehmen werden, ist aus Sicht Bauböcks nicht berechtigt. Zwar werde es zu einem Verdrängungswettbewerb auf dem Niedriglohnsektor kommen. Ursache sei aber nicht die Zuwanderung, sondern der technische Fortschritt und die Verlagerung von Arbeitsplätzen ins Ausland.

„Es gibt ein generelles Problem für schlecht qualifizierte Gruppen der Einheimischen und zuvor Eingewanderten", so der Forscher. Damit Deutschland aus der Zuwanderung das Beste herausholt, müsse die Politik vor allem in Bildung investieren.

Quelle: http://www.focus.de, gekürzt

Zuwanderung

Die Zuwanderung hat in Deutschland eine lange Tradition. Schon vor dem ersten Weltkrieg arbeiteten im Ruhrgebiet über 200.000 Polen.

Nach dem zweiten Weltkrieg kamen überwiegend Zuwanderer aus osteuropäischen Ländern, die so genannten Vertriebenen, nach Deutschland.

In den 50er und 60er Jahren des letzten Jahrhunderts warb die Bundesrepublik Deutschland viele Gastarbeiter aus Italien, Spanien, Griechenland, Jugoslawien und aus der Türkei an.

Nach dem Fall der Mauer nahm Deutschland in den 90er Jahren des vorigen Jahrhunderts vermehrt Zuwanderer aus dem Ostblock auf.

Durch die so genannte „Greencard" versuchte die Bundesrepublik ab dem Jahre 2000 eine begrenzte Zuwanderung von Spezialisten zu ermöglichen.

Am 10. September 1964 traf in Deutschland der einmillionste Gastarbeiter ein (siehe unten stehendes Bild):

Der Portugiese Armando Rodrigues war durch Los ermittelt. Der 38-jährige Zimmermann bekam bei seiner Ankunft in Köln-Deutz ein Moped geschenkt – als Willkommensgruß.

Deutschland lebt vom internationalen Austausch von Waren, Dienstleistungen und von der Mobilität der Menschen.

Deshalb muss sich Deutschland nicht nur heute, sondern auch in der Zukunft dem internationalen Wettbewerb um die besten Köpfe stellen.

Mit dem seit 01.01.2005 in Kraft getretene Zuwanderungsgesetz wird ein Rechtsrahmen vorgegeben, durch den die Zuwanderung im Ganzen gesteuert und wirksam begrenzt werden kann.

Ein neues Zuwanderungsgesetz soll unter anderem die Fachkräftezuwanderung regeln und die sogenannte Duldungsregelung für Flüchtlinge, die schon in den Arbeitsmarkt integriert sind, in einem weitren Gesetz festschreiben.

EXKURS:

Zuwanderung hat viele Gesichter

Viele verschiedene Menschen wandern jedes Jahr nach Deutschland ein. Die Motive, warum sie ihre Heimat verlassen, sind dabei ebenso vielfältig, wie ihre biografischen Hintergründe.

Geduld im Verstehen

Als Agu Agustian vor sieben Jahren ein Angebot eines führenden deutschen Unternehmens erhielt, fiel die Entscheidung, seine Doktorarbeit in Deutschland zu schreiben, schnell. Nach seinem Studium in Indonesien hatte er sich auf Produktionsmanagement spezialisiert und in verschiedenen Projekten als Manager in der Industrie gearbeitet.

Agu Agustian: Doktorand beim Fraunhofer Institut

Jetzt entwickelt Agustian am Fraunhofer Institut in Berlin als Forschungsingenieur Softwarelösungen für große und kleinere Unternehmen, die unter anderem regionale Kooperationen zwischen den Firmen unterstützten.

„Man muss Geduld im Verstehen haben", empfiehlt Agu Agustian allen, die sich mit einer fremden Kultur vertraut machen. Durch seine Lust am Zuhören hat er so viel über die deutsche Mentalität erfahren. Deutschland ist für ihn zu einem wirklichen Zuhause geworden. Neben beruflichen Herausforderungen in der Forschung binden ihn heute auch familiäre Gründe an Deutschland. Zuhören ist ebenso im Kreis seiner Kollegen wie auch für das Zurechtfinden im Alltag wichtig. Von der Forschungsarbeit erholt sich Agustian, wenn er abends einen Blues auf seiner Gitarre zupft.

Konsequenz einer Begegnung

Deutsche Sprache und Kultur waren für Sandra Carreras durch ihr wissenschaftliches Interesse an deutscher Geschichtsphilosophie nicht völlig neu. Dennoch dachte die Argentinierin nie daran, einmal in Deutschland zu leben – bis sie ihren Mann kennen lernte, der damals als Gastdozent in Buenos Aires lehrte. Seit ihrer Ankunft 1987 in Deutschland arbeitet Sandra Carreras an verschiedenen Universitäten. Momentan organisiert sie im Ibero-Amerikanischen Institut in Berlin wissenschaftliche Tagungen und betreut als Redakteurin eine internationale Fachzeitschrift.

Sandra Carreras: Interkulturell belesen

Ihre Bindung zu Deutschland ist mit den Jahren intensiver geworden: „Es gab einzelne Aha-Erlebnisse, wie zum Beispiel der Moment, in dem ich anfing, mich mit deutschen Problemen zu beschäftigen". Inzwischen hat Sandra Carreras die deutsche Staatsbürgerschaft angenommen und kann sich kaum vorstellen, in ihre Heimat zurückzukehren. Einmal im Jahr jedoch ruft Südamerika: Dann zieht sie die Nostalgie für ein paar Wochen nach Argentinien.

Von der Wolga nach Marzahn

Eine richtige Heimat haben die Wolgadeutschen in Russland seit ihrer Verfolgung im Zweiten Weltkrieg nicht gefunden.

Als auch nach dem Fall des Eisernen Vorhangs eine sichere Zukunft für die Minderheit nicht abzusehen war, empfand es Alexander Reiser als „das Vernünftigste, einen anderen Platz zu finden."

1996 verließ der gelernte Journalist Wladiwostok und lebt seitdem zusammen mit seiner Familie in Deutschland.

Alexander Reiser: Macht sein Quartier für Migranten zur Heimat

In Berlin arbeitet er als Quartiersmanager in Marzahn, einem Stadtteil, in dem viele Spätaussiedler und Migranten leben.

Mit seiner Hilfe entstehen hier kulturelle Angebote und soziale Treffpunkte. Damit erleichtert Alexander Reiser anderen Zuwanderern die Integration, die ihm schon gelungen ist.

Die Brücken zwischen seiner Vergangenheit in Russland und seinem Leben in Deutschland sind aber nicht völlig abgebrochen:

Demnächst will er seiner Tochter, die „wunderbar berlinert", Russisch beibringen und plant eine Reise nach Wladiwostok.

Neue politische und persönliche Basis Berlin

Arfasse Gamada floh 1979 aus politischen Gründen mit ihrer Familie aus Oromia/Äthiopien nach Deutschland.

Hier hatte sie zuvor schon durch verschiedene Stipendien sechs Jahre gelebt.

Heute arbeitet die Diplom-Psychologin als Referentin der Heinrich-Böll-Stiftung in Berlin.

„Für mich ist Deutschland wie ein Haus mit unterschiedlichen Räumen", erklärt Arfasse Gamada.

Arfasse Gamada: Politisch engagiert

„In einigen Räumen fühle ich mich respektiert und herausgefordert. Dort ist interkulturelles Zusammenleben selbstverständlich und keine Ausnahme."

In anderen Räumen hingegen fühlen sich Menschen auf Grund ihrer Herkunft und Hautfarbe verunsichert.

Diese annehmbarer und sicherer zu gestalten, hat sich Arfasse Gamada zur politischen Aufgabe gemacht.

Ihr Engagement gehört der Unterstützung von Selbstorganisationen und der Förderung von Empowerment und Partizipation von Migrantinnen und People of Colour.

Dabei hat Arfasse Gamada einen besonderen Wunsch: „Ich hoffe auf ein wirkungsvolles Antidiskriminierungsgesetz."

Quelle: http://www.zuwanderung.de

Text und Fotos: Stefanie Klein ([]init]AG), im Auftrag des Bundesministeriums des Innern

Presse 13.03.192

Armutsmigration:

Wie Wirtschaftsflüchtlinge Deutschland geprägt haben

Von Stefan Kaiser

Sie kommen nach Deutschland, auf der Suche nach einem besseren Leben – und gelten doch als Flüchtlinge zweiter Klasse. Dabei sind es gerade die Arbeits- und Armutsmigranten, die für die Geschichte des Landes so wichtig waren.

Auswanderer am Hamburger Hafen: Hoffen auf ein besseres Leben

Wer ins Duisburger Telefonbuch schaut, entdeckt sie auf den ersten Blick:

die Kwasniewskis, Pawlowskis, Özdemirs und Diaz. Die Menschen hinter diesen Namen sind meist längst deutsche Staatsbürger. Doch ihre Vorfahren kamen einst ins Ruhrgebiet, weil sie sich hier Arbeit und ein besseres Leben versprachen. Sie sind geblieben, haben das Land mitgeprägt. Ohne sie sähe die Bundesrepublik anders aus.

Heute stehen die sogenannten Wirtschaftsflüchtlinge ganz unten in der Hierarchie der Migranten. Den syrischen Anwalt, der vor dem Bürgerkrieg geflüchtet ist, heißen die deutschen Bürger und Behörden mittlerweile gleichermaßen willkommen. Den albanischen Maurer wollen viele aber lieber nicht hier haben.

Dabei können auch die Armutsmigranten ein Land bereichern. „Wer wandert, ist motiviert und bringt oft genug Kenntnisse und Fähigkeiten schon mit", sagt der Wirtschaftshistoriker Albrecht Ritschl von der London School of Economics. „Die sprichwörtliche amerikanische Tellerwäscherkarriere ist eine Einwandererkarriere."

Die Armutsmigration gehört von Beginn an auch zu Deutschland. So lange es dem Land gut ging, wanderten immer wieder große Bevölkerungsgruppen ein – in der Hoffnung, hier eine Arbeit zu finden und damit genügend Geld zu verdienen, um ihre Familie zu ernähren. In schlechten Zeiten hingegen suchten viele Deutsche ihr Glück im Ausland. So wie sich in Duisburg heute viele polnische, türkische, spanische oder serbische Namen finden, durchziehen deutsche Namen Städte in den USA oder in Brasilien.

„Das Kommen und Gehen ist charakteristisch für Deutschland", sagt Simone Eick, Direktorin des Deutschen Auswandererhauses in Bremerhaven. Vor allem im 19. Jahrh. hätten Millionen Menschen ihr Glück in Übersee gesucht. „Zugleich hat sich die deutsche Wirtschaft schon immer an ausländischen Arbeitskräften bedient." So sei etwa das deutsche Wirtschaftswunder in den Fünfzigerjahren „auch durch Türken, Spanier und Portugiesen zustande gekommen".

Die wichtigsten Einwanderungsbewegungen:

„Ruhrpolen":

Das Deutsche Reich ist gerade mal gegründet, da kommen die Polen. Sie suchen Arbeit und finden sie in den Zechen an der Ruhr.

Die aufkommende Industrialisierung hat aus dem verschlafenen Ruhrgebiet die Boom-Region des Landes gemacht.

Entsprechend groß ist die Nachfrage nach Arbeitskräften. Innerhalb weniger Jahrzehnte vervielfacht sich ab 1870 die Einwohnerzahl.

1914 leben mehr als 400.000 polnischsprachige Arbeiter im Ruhrgebiet. Nur etwa 150.000 bleiben dauerhaft.

Bergarbeiter an der Ruhr: Nur rund ein Drittel der „Ruhrpolen" blieb dauerhaft

Gastarbeiter:

Türkische Gastarbeiter (1962): Teil des Wirtschaftswunders

Der Krieg ist noch keine zehn Jahre vorbei, da beginnt in Deutschland das Wirtschaftswunder. Die heimische Bevölkerung kann die Nachfrage der Unternehmen nach Arbeitskräften kaum stillen. 1955 schließt die Bundesrepublik deshalb das erste Anwerbeabkommen mit Italien.

In den Sechzigerjahren folgen entsprechende Vereinbarungen mit Ländern wie Spanien, der Türkei, Griechenland und Jugoslawien.

Insgesamt ziehen so zwischen 1955 und 1973 rund 14 Millionen sogenannte Gastarbeiter in die Bundesrepublik. Rund drei Millionen von ihnen bleiben und holen später ihre Familienangehörigen nach.

Übersiedler aus der DDR:

Insgesamt 4,5 Millionen Menschen zieht es zwischen 1950 und 1990 aus der DDR in die Bundesrepublik, die meisten von ihnen kommen in den Fünfzigerjahren, noch vor dem Mauerbau.

Sie sind auf der Suche nach politischer Freiheit, doch viele lockt auch das bundesdeutsche Wirtschaftswunder.

Ein Kühlschrank, ein Fernseher, ein Auto – plötzlich scheinen die Vorzüge des Kapitalismus greifbar.

Notaufnahmelager Marienfelde im August 1961: Raus aus der DDR

Aussiedler und Spätaussiedler:

Aussiedlerfamilie in Unna-Massen (1989): Flucht aus der Sowjetunion

Deutschstämmige in Osteuropa dürfen bereits ab den Fünfzigerjahren als sogenannte Aussiedler nach Deutschland zurückkehren. Bis Anfang der Achtzigerjahre machen davon aber vergleichsweise wenige Menschen Gebrauch. Erst dann beginnt eine größere Migrationsbewegung.

Von 1980 bis 1999 kommen rund drei Millionen Aussiedler und Spätaussiedler nach Deutschland. Ihren Höhepunkt erreicht diese Welle Anfang der Neunzigerjahre, als die Sowjetunion zerfällt. Zwischen 1990 und 1994 erreichen fast 1,3 Millionen Menschen die Bundesrepublik.

Die wichtigsten Auswanderungsbewegungen:

Flucht nach Amerika

Ein harter Winter trifft 1816 das Gebiet des Deutschen Bundes. Vor allem im Südwesten entschließen sich deshalb erste Bauernfamilien auszuwandern. Ihr Ziel ist Amerika.

Im Laufe der Jahre breitet sich der Ruf aus der Neuen Welt auch im Norden aus. Viele Kleinbauern merken, dass sich ihr Beruf ohne Nebentätigkeiten kaum mehr lohnt.

Oft sind Missernten dann der konkrete Anlass für sie, zu gehen.

Sie packen ihr Hab und Gut zusammen und brechen auf – mit dem Schiff über den Atlantik.

Bis Anfang des 20. Jahrhunderts sind es mehr als fünf Millionen Menschen, die sich auf den Weg machen.

Ellis Island in New York:
Eine deutsche Einwandererfamilie wird registriert

Die Bewegung verläuft in Wellen. Höhepunkte gibt es in den Jahren 1852 bis 1854 und 1880 bis 1882 mit jeweils mehr als einer halben Million Auswanderern. Die meisten von ihnen zieht es in die USA, aber auch Brasilien und Argentinien sind beliebte Ziele.

Die große Inflation

Nach dem ersten Weltkrieg beginnt eine weitere Auswanderungswelle.

Viele Menschen sehen im Nachkriegsdeutschland für sich keine Perspektive – auch sie zieht es in die USA, wo die Möglichkeiten noch immer groß sind.

In Deutschland ist vor allem die Krise groß. Im Jahr der Hyperinflation 1923 wandern 115.000 Menschen aus.

Hyperinflation 1923:
Wenn das Geld nichts mehr wert ist

Nachkriegszeit

Nach dem Zweiten Weltkrieg liegt Deutschland am Boden. Städte und Industrieanlagen sind zerstört. Viele Menschen sehen hier keine Zukunft. Millionen Vertriebene strömen aus den ehemaligen Ostgebieten in die neu entstehende Bundesrepublik. Aber viele von ihnen finden sich nur schwer zurecht – da hilft auch das Wirtschaftswunder wenig. Es beginnt eine neue Auswanderungswelle

Zwischen 1948 und 1961 besteigen mehr als eine halbe Million Menschen die Schiffe nach Übersee. Außer den USA sind die Hauptzielländer diesmal Kanada und Australien.

Trümmerfrauen in Berlin: Nicht alle erwarten ein gutes Leben in Deutschland *© dpa – Keystone*

Die Kinder der Globalisierung

Kurz nach der Jahrtausendwende gilt Deutschland als „kranker Mann Europas" – geprägt von verkrusteten Strukturen, schwachem Wirtschaftswachstum und fast fünf Millionen Arbeitslosen. Die deutsche Tristesse treibt gerade junge Menschen ins Ausland auf der Suche nach einem Job landen sie in den USA, in Österreich oder in der Schweiz.

Im Privatfernsehen werden Sendungen wie „Goodbye Deutschland" zum Quotenhit.

Insgesamt wandern zwischen 2004 und 2013 rund 1,5 Millionen Deutsche aus.

Schweizer Plakat gegen Masseneinwanderung: Nicht überall willkommen

Mit gut 200.000 Personen ist die Schweiz das wichtigste Aufnahmeland. Doch nicht überall sind die deutschen Migranten willkommen. In der Schweiz spricht sich bei einer Volksabstimmung Anfang 2014 eine knappe Mehrheit gegen die vermeintliche „Masseneinwanderung" aus – gemeint sind auch die deutschen Zuwanderer.

Quelle: www.spiegel.de

Seit 2015 haben vermehrt Menschen aus Syrien, Irak, Afghanistan und Somalia ihre Heimatländer aufgrund von jahrelangen Kriegen und fortschreitender Perspektivlosigkeit verlassen.

Da die Menschen wegen der kriegerischen Verhältnisse größtenteils kein Visum bekommen können, ist es für sie nicht möglich, legal mit Schiff oder Flugzeug nach Europa zu gelangen. Weil sie aufgrund kriegerischer Auseinandersetzungen keinerlei Lebensperspektive haben und in den Ruinen ihrer Dörfer und Städte nicht überleben können, verlassen sie ihre Heimat um ihr nacktes Leben zu retten. Dabei begeben sie sich in die Hände von verantwortungslosen Schleppern, die sie für viel Geld in meist untauglichen Booten oder Schiffen über das Mittelmeer nach Europa bringen.

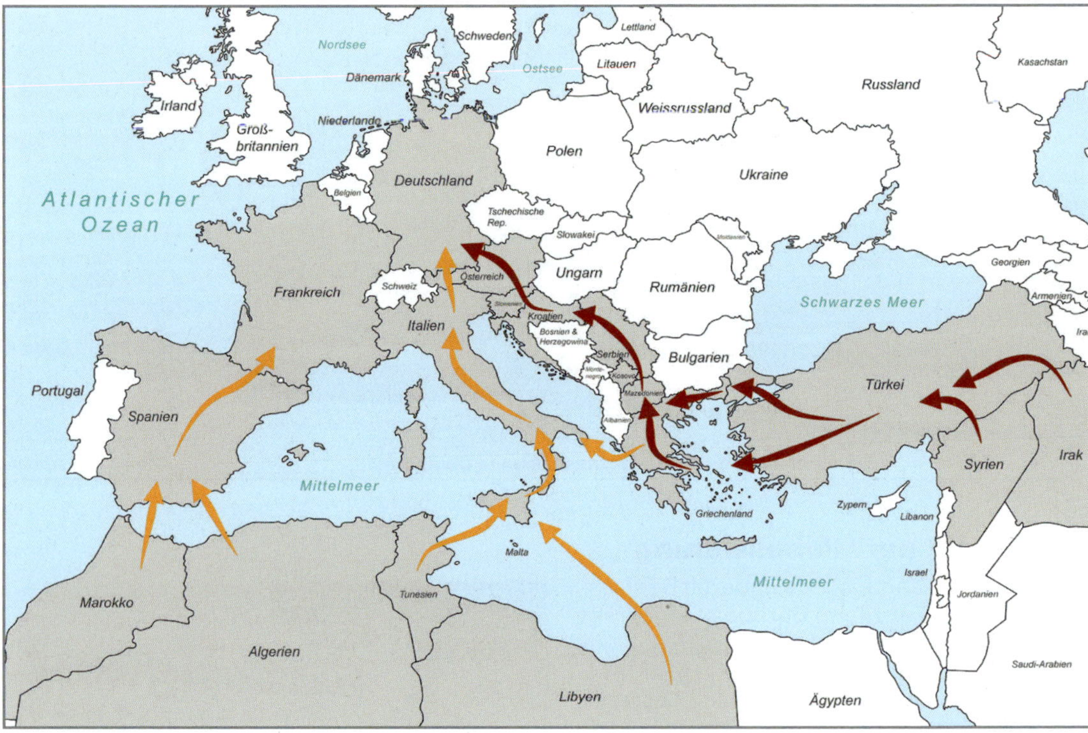

Flüchtlingsrouten nach Europa

Nach Angaben des UNHCR (United Nations High Commissioner for Refugees = Hochkommissar der Vereinten Nationen für Flüchtlinge) sind allein im Jahr 2015 circa 700.000 Menschen über das Mittelmeer nach Europa geflüchtet. Mindestens 2.000 Flüchtlinge sind dabei ertrunken.

Über den Landweg versuchten und versuchen auch heute noch viele weiter nach Österreich, Deutschland, Frankreich, England, Schweden oder nach anderen europäischen Staaten zu gelangen, um ein friedvolles, neues Leben zu beginnen. Allein in Deutschland kamen im Jahre 2015 ca. eine Million Flüchtlinge an. Auf diese außerordentlich hohe Zahl war Deutschland nicht vorbereitet, da ein Jahr zuvor (2014) nur 202.000 Asylanträge gestellt wurden.

Angesichts der hohen Zahl von Flüchtlingen wird über die Verteilung innerhalb der Europäischen Union gestritten. Leider verhalten sich bei der Verteilung der Flüchtlinge viele EU-Länder unsolidarisch.

Viele deutsche Politiker und Wirtschaftsexperten sehen in dem Zustrom von Tausenden Flüchtlingen nicht nur eine große Herausforderung für Deutschland, sondern auch eine außergewöhnliche Chance.

Wegen des demografischen Wandels der Gesellschaft im Hinblick auf künftig fehlende Arbeitskräfte sind Zuwanderer willkommen, um den bisher erreichten Wohlstand zu sichern. Langfristig sind gerade junge Zuwanderer für unsere Sozialsysteme eine Entlastung.

Hauptaufgabe ist es jedoch, die Menschen mit Bleibeperspektiven möglichst schnell und gut in die Gesellschaft, in unser Bildungssystem und in den Arbeitsmarkt zu integrieren.

LERN-BOX

- Als **multikulturelle Gesellschaft** bezeichnet man eine Gesellschaft, in der Menschen unterschiedlicher Herkunft, Nationalitäten, Sprachen, Religionen und Ethnien zusammenleben. Durch die kulturellen Unterschiede ergeben sich verschiedene Traditionen, Lebensstile und Vorstellungen von Werten und Ethik.
- **Integration** ist ein langfristiger Prozess, der zum Ziel hat, alle Menschen, die dauerhaft und rechtmäßig in Deutschland leben, in die Gesellschaft einzubeziehen. Zuwanderern soll eine umfassende, möglichst gleichberechtigte Teilhabe an allen gesellschaftlichen Bereichen ermöglicht werden. Zuwanderer haben die Pflicht, die deutsche Sprache zu erlernen sowie die Verfassung und die Gesetze zu kennen, zu respektieren und zu befolgen.
- Für **Zuwanderer** und bereits in Deutschland lebende Ausländerinnen und Ausländer wurde mit dem Zuwanderungsgesetz, das zum 1. Januar 2005 in Kraft trat, erstmals ein Grundangebot an Integrationsleistungen für alle Zuwanderer gesetzlich geregelt und zugleich ein Mindestrahmen staatlicher Integrationsangebote geschaffen.
- Im Jahre 2015 kamen ca. eine Million Flüchtlinge nach Deutschland. Darauf war Deutschland nicht vorbereitet. Angesichts der großen Zahl, wird über die Verteilung innerhalb der EUgestritten. **Viele EU-Länder** verhalten sich bei der **Verteilung der Flüchtlinge unsolidarisch**.

WISSENS-CHECK

1. Schauen Sie sich das Plakat zu Beginn des Kapitels (Seite 469) an. Was, glauben Sie, ist die Aussage, die hinter diesen Sätzen steht?
2. Warum ist es notwendig, dass man mit diesem Aufkleber oder Plakat, Menschen in Deutschland darauf aufmerksam macht, wie multikulturell unser Leben hier geworden ist?
3. Prüfen Sie, in wieweit Ihr eigenes Leben von ausländischen Menschen, Lebensweisen, Produkten oder kulturellen Aspekten geprägt wird. Schließen Sie dabei Bereiche wie beispielsweise Mitschülerinnen und Mitschüler, Ihren Wohnort, Musik oder auch Ernährung mit ein.
4. Finden Sie, dass wir es in Deutschland unseren ausländischen Mitbürgerinnen und Mitbürgern leicht machen, sich zu integrieren? Nennen Sie Beispiele, wo Sie die Integration gelungen finden und wo Sie Nachholbedarf in unserer Gesellschaft sehen, damit sich multikulturelle Dynamik in Deutschland entfalten kann.
5. Die Integrationspolitik der Bundesregierung folgt dem Grundsatz des „Förderns“ und „Forderns“. Erläutern Sie diese Aussage.
6. Warum wird die Bundesrepublik immer mehr zu einem Zuwanderungsland?
7. Die vielen Flüchtlinge sind für Deutschland eine große Herausforderung. Erarbeiten Sie Vorschläge, wie die hohen Zahlen der Flüchtlinge bewältigt werden können. Bilden Sie dazu in der Klasse unter verschiedenen Gesichtspunkten Gruppen und tragen Sie Ihre Ergebnisse im Klassenplenum vor.

Sachwortverzeichnis

Symbole

A

B

D

L

M

N

O

P